AF743109

Les normes internationales du travail entre global et local

Étude internationale et comparée
de l'interprétation des instruments de l'OIT

Logiques Juridiques

Fondée par Gérard Marcou
Dirigée par Jean-Claude Némery et Thomas Perroud

Le droit n'est pas seulement un savoir, il est d'abord un ensemble de rapports et pratiques que l'on rencontre dans presque toutes les formes de sociétés. C'est pourquoi il a toujours donné lieu à la fois à une littérature de juristes professionnels, produisant le savoir juridique, et à une littérature sur le droit, produite par des philosophes, des sociologues ou des économistes notamment.

Parce que le domaine du droit s'étend sans cesse et rend de plus en plus souvent nécessaire le recours au savoir juridique spécialisé, même dans des matières où il n'avait jadis qu'une importance secondaire, les ouvrages juridiques à caractère professionnel ou pédagogique dominent l'édition, et ils tendent à réduire la recherche en droit à sa seule dimension positive. À l'inverse de cette tendance, la collection « Logiques juridiques » des éditions L'Harmattan est ouverte à toutes les approches du droit. Tout en publiant aussi des ouvrages à vocation professionnelle ou pédagogique, elle se fixe avant tout pour but de contribuer à la publication et à la diffusion des recherches en droit, ainsi qu'au dialogue scientifique sur le droit. Comme son nom l'indique, elle se veut plurielle.

Dernières parutions

Cyprien DAGNICOURT, La protection de l'environnement en période de conflit armé, 2020.
Nawel BELHAJ, *La notion de droit réel*, 2020.
Gilles TOULEMONDE, *Le droit constitutionnel de la Ve République*, quatorzième édition, 2020.
Daniel BORRILLO & Félicien LEMAIRE, *Les discriminations fondées sur le sexe, l'orientation sexuelle et l'identité de genre,* 2020.
Charles Christian K. CAKPO, *Les institutions démocratiques au Bénin, Analyse comparée avec des évolutions en France et aux États-Unis,* 2020
Gaëtan MARAIN, *Méthode du commentaire des arrêts de la Cour de cassation,* 2020.
Jackeline Patricia CÉSPEDES ARTEAGA, *La Communauté andine variante du droit communautaire*, 2020.
Alice PHILIPPE, *Le monopole de fait*, 2020.
Matthieu ZOLOMIAN, *Le contrôle de la gestion des sociétés cotées,* 2020.
Yingyi LI, *Les contrats administratifs en Chine, Une perspective comparative,* 2020.
Basile MERAND, *Les fonctions du consentement des administrés en droit administratif français*, 2020

Rachid NACER

Les normes internationales du travail entre global et local

Étude internationale et comparée de l'interprétation des instruments de l'OIT

L'Harmattan

© L'Harmattan, 2020
5-7, rue de l'Ecole-Polytechnique, 75005 Paris

www.editions-harmattan.fr

ISBN : 978-2-343-19370-0
EAN : 9782343193700

Cet ouvrage constitue une version révisée et actualisée d'une thèse de doctorat en droit soutenue le 19 octobre 2016 à l'Université Paris Nanterre.

Intitulée *L'interprétation des instruments de l'Organisation internationale du travail. Perspectives internationale et comparée*, elle a été réalisée sous la direction du Professeur Sophie Robin-Olivier (Université Paris 1 Panthéon-Sorbonne). Elle a été soutenue devant un jury composé du Professeur Adelle Blackett (Université McGill), de Mme Isabelle Daugareilh (Directrice de recherche au CNRS – COMPTRASEC), du Professeur Antoine Lyon-Caen (Professeur émérite de l'Université Paris Nanterre) et du Professeur Marie-Ange Moreau (Professeur émérite de l'Université Lyon 2).

Elle a été récompensée en 2017 par l'attribution du Prix Francis Blanchard de l'Association française pour l'Organisation internationale du travail.

***

La révision a principalement visé à alléger certains passages et à apporter quelques précisions.

Le travail d'actualisation a essentiellement consisté à compléter la thèse initiale au vu d'évolutions intervenues jusqu'au mois de mai 2020. Les exemples figurant dans la thèse n'ont en revanche pas été modifiés dès lors qu'ils restaient pertinents. Par ailleurs, les différentes thematiques initialement abordées ont été conservées.

Il importe de signaler qu'au moment de l'achèvement de cette dernière version, les débats relatifs aux mécanismes d'interprétation n'étaient pas clos au sein de l'OIT.

***

Les analyses et opinions exposées dans cet ouvrage (au même titre que les inévitables défauts de ce dernier) n'engagent que leur auteur.

PRINCIPALES ABREVIATIONS

ACI	Accord-cadre international
al.	Alinéa
art.	Article
Ass.	Assemblée
Ass. Plén.	Assemblée plénière de la Cour de cassation
BIT	Bureau international du travail
Bull.	Bulletin
Bull. civ.	Bulletin civil de la Cour de cassation
CA	Cour d'appel
Cass.	Cour de cassation
Cass. Civ.	Cour de cassation, Chambre civile
Cass. Com.	Cour de cassation, Chambre commerciale
Cass. Crim.	Cour de cassation, Chambre criminelle
Cass. Req.	Cour de cassation, Chambre des requêtes
Cass. Soc.	Cour de cassation, Chambre sociale
CCT	*Constitutional Court*
CE	Conseil d'Etat
CEACR	Commission d'experts pour l'application des Ccnventions et des Recommandations
CEDH	Convention européenne des droits de l'Homme
CEDS	Comité européen des droits sociaux
CIJ	Cour internationale de justice
CIT	Conférence internationale du travail
CJUE	Cour de justice de l'Union européenne
CLS	Comité de la liberté syndicale
Cour EDH	Cour européenne des droits de l'Homme

CPH	Conseil des prud'hommes
CPJI	Cour permanente de justice internationale
éd.	Edition
ETN	Entreprise transnationale
FMI	Fonds monétaire international
GATT	*General Agreement on Tariffs and Trade*
JCP	Jurisclasseur périodique (Semaine juridique)
JDI	Journal de droit international
J.O / JORF	Journal officiel de la République française
LC	*Labour Court*
LRA	*Labour Relations Act*
OMC	Organisation mondiale du commerce
OIT	Organisation internationale du travail
ONU	Organisation des Nations Unies
PIDCP	Pacte international relatif aux droits civils et politiques
PIDESC	Pacte international relatif aux droits économiques, sociaux et culturels
RCADI	Recueil des cours de l'Académie de droit international de La Haye
Rec.	Recueil
Req.	Requête
Rev.	Revue
RGDIP	Revue générale de droit international public
RJS	Revue de jurisprudence sociale
RTD civ.	Revue trimestrielle de droit civil (Sirey)
RTD com.	Revue trimestrielle de droit commercial (Sirey)
RTD eur.	Revue trimestrielle de droit européen (Sirey)
RTDH	Revue trimestrielle des droits de l'Homme

S.	Recueil Sirey
SCA	*Supreme Court of Appeal*
SdN	Société des Nations
TGI	Tribunal de grande instance
trad.	Traduction
UE	Union européenne

SOMMAIRE

Introduction

« Si un organe juridique doit appliquer le droit, il faut nécessairement qu'il établisse le sens des normes qu'il a pour mission d'appliquer (...). L'interprétation est donc un processus intellectuel qui accompagne nécessairement le processus d'application du droit »[1]. A l'image de KELSEN, de nombreux auteurs se sont déjà penchés sur la place de l'interprétation dans la mise en œuvre du droit, notamment, en droit international[2] ou en droit du travail[3]. Le sujet, qui a pu être qualifié de *« pont aux ânes du droit international »*[4], demeure un domaine à explorer lorsqu'il porte sur le droit international du travail et plus précisément sur les instruments de l'Organisation internationale du travail (OIT), tant il recouvre de questions théoriques et pratiques[5].

Lorsque l'on s'interroge sur les instruments élaborés sous l'égide de l'OIT, deux éléments ressortent avec une acuité particulière : d'une part, la richesse des textes permettant à l'organisation de concrétiser ses valeurs (I) et, d'autre part, la diversité, à la fois institutionnelle et régionale, des entités susceptibles de procéder à leur application (II). En mettant en perspective

---

[1] KELSEN (H.), *Théorie pure du droit*, trad. française de la 2ème éd. De la Reine Rechtslere par EISENMANN (C.), Paris, DALLOZ, 1962, p. 453 cité par SIMON (D.), *L'interprétation judiciaire des traités d'organisations internationales*, Editions A. Pedone, 1981, p. 6

[2] Pour un développement (ancien) à propos du travail doctrinal passé en matière de droit international public, voir SIMON (D.), *L'interprétation judiciaire des traités d'organisations internationales*, op. cit., pp. 3-5

[3] GEA (F.), *Contribution à la théorie de l'interprétation jurisprudentielle, Droit du travail et théorie du droit dans la perspective du dialogisme*, LGDJ, 2009

[4] SIMON (D.), *L'interprétation judiciaire des traités d'organisations internationales*, op. cit., p. 3

[5] Pour quelques études doctrinales en la matière, voir notamment : MAUPAIN (F.), « L'interprétation des Conventions internationales du travail » in DUPUY (J-R.) (dir.), *Mélanges en l'honneur de Nicolas Valticos, Droit et Justice*, Editions A. Pedone, Paris, 1999, pp. 567-584 ; DROUIN (R-C.), DUPLESSIS (I.), « La régulation internationale du travail de 1998 à 2008 : un Eldorado normatif ou un désert interprétatif ? », Lex Electronica, vol. 14, n° 2, Automne 2009 ; LA HOVARY (C.), « The ILO's supervisory bodies' "soft law jurisprudence" » in BLACKETT (A.), TREBILCOCK (A.) (dir.), *Research handbook on transnational labour law*, Edward Elgar Publishing, 2015, pp. 316-328 ; TREBILCOCK (A.), « The International Labour Organization » in BOWMAN (M.), KRITSIOTIS (D.) (ed.), *Conceptual and Contextual Perspectives on the Modern Law of Treaties*, Cambridge, 2018, pp. 848-880 ; VALTICOS (N.), *Droit international du travail*, 2ème éd., Dalloz, Paris, 1983, pp. 133-135. Sur les travaux du BIT, cf. infra. Première partie, Titre 1

cette dernière particularité avec les spécificités de l'OIT et de ses textes de droit, on s'aperçoit de l'intérêt des débats relatifs à leur interprétation (III), lesquels s'inscrivent dans une pluralité de cadres d'analyse (IV).

I/ Cadre de l'étude : l'OIT et ses instruments, vigie et piliers de la justice sociale

L'édification de l'organisation créatrice des normes internationales de référence dans le domaine du travail s'est faite progressivement, sur fond de vifs débats. Les normes internationales du travail, aussi techniques que politiques, se trouvent à la croisée des chemins entre la poursuite d'un idéal et la concrétisation de valeurs.

A/ Une organisation tripartite en quête de justice sociale

Il importe de remonter aux origines de l'OIT pour comprendre le sens actuel de son action. Plus concrètement, au-delà des valeurs qu'elle poursuit, sa vocation universaliste et représentative s'exprime dans sa structure.

1. *Genèse : la nécessité d'agir pour améliorer le sort des ouvriers et lutter contre la concurrence sociale entre Etats*[6]

Créée après la Première Guerre mondiale par le traité de Versailles en 1919, l'OIT résulte du constat qu' *« une paix universelle et durable ne peut être fondée que sur la base de la justice sociale »*[7].

Au cours du XIXème siècle, en Europe essentiellement, quelques voix[8] ont commencé à se faire entendre afin de demander la prise en charge internationale des questions relatives au travail, par la mise en place d'une législation internationale voire la création d'une association internationale ayant vocation à traiter des questions sociales. Ces appels résultaient tant de la nécessité de se préoccuper du sort des ouvriers que du souhait d'établir des règles harmonisées, permettant de repousser les objections tirées de la

---

[6] Pour une présentation particulièrement détaillée des origines et des circonstances de la création de l'OIT, voir VALTICOS (N.), *Droit international du travail*, op. cit., pp. 5-67

[7] Préambule de la Constitution de l'OIT

[8] Par exemple, le Britannique Robert OWEN, le Français Daniel LE GRAND ou le Belge Edouard DUPECTIAUX. VALTICOS (N.), *Droit international du travail*, op. cit., pp. 5-10. Pour une présentation de certains précurseurs, voir MIALHE (J.), « Les origines du droit international social (jusqu'aux premières années de l'Organisation internationale du travail) » in THOUVENIN (J-M.), TREBILCOK (A.) (dir.), *Droit international social*, Tome 1, Bruylant, Paris, 2013, pp. 34-48

concurrence entre Etats (les employeurs, qui aspiraient au développement du commerce international, étaient particulièrement sensibles à cet argument[9]).

Les milieux politiques, scientifiques et industriels étant peu à peu sensibilisés à la question, plusieurs réunions furent organisées, à la suite d'une première Conférence tenue à Berlin en 1890. Celles-ci permirent l'édification progressive d'une entité internationale en charge des questions relatives au travail : dès le mois de septembre 1901, l'Association internationale pour la protection légale des travailleurs, une association privée, était ouverte à tous ceux qui considéraient *« la législation protectrice des travailleurs comme nécessaire »*[10] et *« servit de laboratoire aux activités ultérieures de l'OIT »*[11].

Rapidement, deux projets de Conventions furent adoptés[12] en septembre 1906, à l'issue d'une Conférence diplomatique organisée à Berne. Celles-ci contenaient une ébauche des principes de fonctionnement de l'OIT et, plus particulièrement, du mécanisme de suivi de l'application de ses normes[13]. En effet, conformément à une proposition britannique, les conventions contenaient une disposition prévoyant non seulement une obligation pour les Etats de prendre toutes les mesures nécessaires pour leur stricte application sur leur territoire mais également une obligation de se communiquer par la voie diplomatique, les lois et règlements sur les matières traitées ainsi que des rapports périodiques sur l'application de ces textes[14].

Tout au long de la Première Guerre mondiale, les initiatives syndicales se multiplièrent afin qu'un lien soit établi entre la condition des travailleurs et la construction d'une paix durable[15]. La Conférence de Leeds du 1er mai 1916 fut l'occasion pour les dirigeants syndicaux français, britanniques, belges et italiens d'émettre le souhait que le Traité de Paix assure *« à la classe ouvrière de tous les pays un minimum de garanties d'ordre moral et matériel relatives au droit du travail, au droit syndical, aux migrations, aux assurances sociales, à la durée, à l'hygiène et à la sécurité du travail »*[16] et

---

[9] RODGERS (G.), LEE (E.), SWEPSTON (L.), VAN DAELE (J.), *L'Organisation internationale du travail et la quête de justice sociale, 1919-2009*, Bureau international du travail, Genève, 2009, p. 5

[10] VALTICOS (N.), *Droit international du travail*, op. cit., p. 23

[11] RODGERS (G.), LEE (E.), SWEPSTON (L.), VAN DAELE (J.), *L'Organisation internationale du travail et la quête de justice sociale, 1919-2009*, op. cit., p. 5

[12] Sur l'interdiction du travail de nuit des femmes dans l'industrie ainsi que sur l'interdiction de l'utilisation du phosphore blanc dans la fabrication des allumettes

[13] VALTICOS (N.), *Droit international du travail*, op. cit., p. 25

[14] Ibid.

[15] Ibid., p. 30

[16] Ibid., p. 31

la mette *« hors des atteintes de la concurrence capitaliste internationale »*[17]. Les participants à la Conférence demandèrent par ailleurs la création d'une Commission en charge du suivi de l'exécution des clauses du traité relatives à ces sujets ainsi que la création d'un Office international du Travail, chargé de la coordination des *« enquêtes, études, statistiques, rapports internationaux sur l'application des lois ouvrières, de l'unification des méthodes de statistique, des rapports comparatifs sur les conventions internationales, de l'étude de tout ce qui a trait au développement et à l'application de la législation du travail, à la protection et à l'hygiène et à la sécurité des travailleurs »*[18].

Dans les mois qui suivirent, les discussions foisonnèrent au sein des gouvernements et des organisations de travailleurs. En particulier, le Royaume-Uni se saisit du sujet et le ministère du travail britannique se prononça en faveur de la création d'un mécanisme international qui traiterait des questions du travail, doté d'une organisation permanente tenant des réunions périodiques auxquelles seraient conviés les représentants des travailleurs et des employeurs, aux côtés de ceux des gouvernements[19]. L'idée du tripartisme était née[20].

Entre le 1er février et le 24 mars 1919, une Commission de la législation internationale du travail[21] se réunit à trente-cinq reprises[22] et posa les bases de la future organisation internationale : une institution encadrée par le Traité de Paix, le siège de l'élaboration d'une réglementation internationale du travail par le biais de l'adoption de Conventions internationales, un organe tripartite réunissant représentants des gouvernements, des travailleurs et des employeurs[23].

La Commission s'accorda par ailleurs sur un préambule proposé par la délégation britannique. Comme l'a souligné Nicolas VALTICOS, celui-ci

---

[17] Ibid.

[18] Ibid.

[19] Ibid., pp. 38-39

[20] Jusqu'alors, un certain nombre de pays avaient développé des structures tripartites à l'échelle nationale. L'originalité de la proposition britannique résidait dans l'adoption de cette organisation au niveau international. AKPOKAVIE (C.), *Tripartism, social dialogue and democracy*, International Labour Organization, 2008 cité par RODGERS (G.), LEE (E.), SWEPSTON (L.), VAN DAELE (J.), *L'Organisation internationale du travail et la quête de justice sociale, 1919-2009*, op. cit., p. 15

[21] Composée de neuf pays : Belgique, Cuba, Etats-Unis, France, Italie, Japon, Pologne, Royaume-Uni et Tchécoslovaquie

[22] VALTICOS (N.), *Droit international du travail*, op. cit., p. 42

[23] Ibid.

contenait les justifications guidant aujourd'hui encore l'action de l'OIT : *« politique (assurer des bases solides à la paix universelle), humanitaire (lutter contre l'existence de conditions de travail impliquant l'injustice, la misère et les privations) et économique (argument de la concurrence internationale comme obstacle à une amélioration des conditions sociales à un niveau national) »*[24]. Surtout, la Commission s'entendit sur le fondement de la paix mondiale, considérée comme ne pouvant être atteinte que *« sur la base de la justice sociale »*[25]. Partant, elle établit les fondations de l'Organisation internationale du travail, de ses organes, de l'effet juridique de ses Conventions ou bien encore du suivi de l'application de ces dernières.

La première session de la Conférence internationale du travail se réunit à Washington du 29 octobre au 29 novembre 1919 et engagea le fonctionnement de l'OIT, avec l'élection du Conseil d'administration du Bureau international du travail puis celle du Directeur de cette dernière, structure administrative de l'OIT[26].

Bien qu'ayant évolué avec le temps, les objectifs poursuivis par l'OIT ainsi que son organisation restent fidèles à ce qui avait été imaginé en 1919.

2. L' « Organisation internationale pour la justice sociale »[27]

La Constitution de l'OIT[28] énonce en son préambule les fondements et principes qui guident son action. Ceux-ci restent fortement liés à l'idée de justice sociale, indissociable de la recherche d'une *« paix universelle et durable »*. Ils intègrent la nécessité d'améliorer les conditions de travail qui

---

[24] Ibid., p. 44

[25] 18ème séance, 28 février 1919, B.O., p. 97 cité par VALTICOS (N.), *Droit international du travail*, op. cit., p. 45

[26] VALTICOS (N.), *Droit international du travail*, op. cit., p. 65

[27] Selon l'expression du Professeur James SHOTWELL, délégué américain à la Conférence de Paix de Paris de 1919 et artisan majeur de l'institution. D'après lui, eu égard à l'importance de l'idée de justice sociale dans l'action de l'OIT qui représentait tous les intérêts et pas uniquement ceux du travail, il aurait été *« plus exact de parler d'une organisation internationale pour la justice sociale »*. SHOTWELL (J.), cité par BEGUIN (B.), « Le tripartisme dans l'Organisation internationale du travail », BIT, Genève, 1956, préambule

[28] Etablie en 1919 (dans le cadre de la partie XIII du Traité de paix signé à Versailles le 28 juin 1919) et modifiée à plusieurs reprises : par un amendement de 1922, entré en vigueur le 4 juin 1934 ; par un amendement de 1945, entré en vigueur le 26 septembre 1946 ; par un amendement de 1946, entré en vigueur le 20 avril 1948 ; par un amendement de 1953, entré en vigueur le 20 mai 1954 ; par un amendement de 1962, entré en vigueur le 22 mai 1963 ; par un amendement de 1972, entré en vigueur le 1er novembre 1974

impliquent *« pour un grand nombre de personnes l'injustice, la misère et les privations »* (lesquelles conduisent à un *« tel mécontentement que la paix et l'harmonie universelle sont mises en danger »*) ainsi que les effets de la non-adoption par une nation d'un régime de travail humain, qui font obstacle aux efforts déployés par les autres nations en la matière.

La Déclaration de Philadelphie de 1944[29] (inspiratrice de la Déclaration de l'OIT relative aux principes et droits fondamentaux au travail de 1998[30] et de la Déclaration de l'OIT sur la justice sociale pour une mondialisation équitable de 2008[31]), résume la justice sociale telle qu'elle est envisagée et promue par l'OIT[32]. Adoptant le point de vue du bien-être des travailleurs, elle énonce une série de principes :
« a) le travail n'est pas une marchandise ;
b) la liberté d'expression et d'association est une condition indispensable d'un progrès soutenu ;
c) la pauvreté, où qu'elle existe, constitue un danger pour la prospérité de tous ;
d) la lutte contre le besoin doit être menée avec une inlassable énergie au sein de chaque nation et par un effort international continu et concerté dans lequel les représentants des travailleurs et des employeurs, coopérant sur un pied d'égalité avec ceux des gouvernements, participent à de libres discussions et à des décisions de caractère démocratique en vue de promouvoir le bien commun ».

En complément, elle consacre notamment un droit pour tous les êtres humains, *« quelles que soient leur race, leur croyance ou leur sexe (...) de poursuivre leur progrès matériel et leur développement spirituel dans la liberté et la dignité, dans la sécurité économique et avec des chances égales ».*

De manière plus précise, le préambule de la Constitution de l'OIT énonce, à titre d' *« exemple »*, les domaines dans lesquels il est *« urgent d'améliorer »* les conditions de travail : *« la réglementation des heures de travail, la fixation d'une durée maximum de la journée et de la semaine de travail, le recrutement de la main-d'œuvre, la lutte contre le chômage, la garantie d'un salaire assurant des conditions d'existence convenables, la protection des travailleurs contre les maladies générales ou professionnelles et les*

---

[29] CIT, 26ème session, Philadelphie, 10 mai 1944
[30] CIT, 86ème session, Genève, 18 juin 1998 (Annexe révisée le 15 juin 2010)
[31] CIT, 97ème session, Genève, 10 juin 2008
[32] Pour une réflexion autour de l'évolution de l'idée de justice sociale au cours du XXème siècle, voir SUPIOT (A.), *L'esprit de Philadelphie, La justice sociale face au marché total*, Editions du Seuil, Paris, 2010

accidents résultant du travail, la protection des enfants, des adolescents et des femmes, les pensions de vieillesse et d'invalidité, la défense des intérêts des travailleurs occupés à l'étranger, l'affirmation du principe "à travail égal, salaire égal", l'affirmation du principe de la liberté syndicale, l'organisation de l'enseignement professionnel et technique et autres mesures analogues ».

Globalement, face aux diverses façons dont elle a pu être envisagée tant par les juristes que par les économistes[33], la justice sociale peut être présentée *« comme un processus socio-économique dont la redistribution équitable des richesses est une des finalités et, les droits sociaux fondamentaux, un outil »*[34]. Il ne s'agit pas *« d'égaliser uniformément (...) les conditions sociales »* mais, à l'opposé *« de corriger ou de compenser au mieux les inégalités »*[35]. Afin d'élaborer les instruments normatifs lui permettant d'atteindre cet objectif, l'OIT base son action sur une architecture adaptée à son objet.

3. *Une organisation tripartite*

L'OIT compte aujourd'hui 187 Etats membres. Elle se distingue parmi les institutions onusiennes en ce qu'elle est basée sur une structure tripartite, où les représentants des gouvernements des Etats membres côtoient les

---

[33] Dans sa thèse (BURDA (J.), *Le droit international économique et les droits sociaux fondamentaux : pour une dimension sociale de la libéralisation des échanges*, Université Panthéon-Assas Paris II, 2009), Julien BURDA rappelle les principales approches ayant été proposées, tout en soulignant la complexité du concept (pp. 138-141). Le Professeur Bertrand GUILLARME, par exemple, développant une approche utilitariste, émet l'idée selon laquelle une société juste est organisée de façon à optimiser la quantité de satisfactions individuelles (GUILLARME (B.), « Les théories contemporaines de la justice sociale » in Pouvoirs, n° 94, 2000). A l'opposé, RAWLS soutient que la justice sociale doit permettre la mise en place d'une société dans laquelle les plus désavantagés doivent également bénéficier des avantages obtenus par une fraction de la population (RAWLS (J.), *Justice et démocratie*, Editions du Seuil, 1993 et RAWLS (J.), *Théorie de la justice*, Editions du Seuil, 1997). Enfin, en réaction à cette dernière vision qui tendrait à être inégalitaire en ne prenant pas en compte la diversité des individus et en ne répondant pas concrètement aux situations d'inégalité, Amartya SEN (SEN (A.), *Ethique et économie*, PUF, 1987), avec DWORKIN (DWORKIN (R.), « What is equality? » in Philosophy and Public Affairs, 1981), émet l'idée selon laquelle la justice sociale viserait à compenser les inégalités naturelles entre individus.

[34] BURDA (J.), *Le droit international économique et les droits sociaux fondamentaux : pour une dimension sociale de la libéralisation des échanges*, op. cit., p. 141. L'on peut considérer que l'ensemble des droits sociaux, au-delà des droits fondamentaux, visent à atteindre la justice sociale

[35] Ibid.

délégations de travailleurs et d'employeurs de ces mêmes pays[36], que ce soit au sein de la Conférence internationale du travail[37], qui est l'organe législatif de l'OIT, ou au sein du Conseil d'administration[38], qui exerce un rôle exécutif[39].

En associant les partenaires sociaux aux gouvernements, elle s'appuie sur l'idée britannique selon laquelle le mécanisme parlementaire n'est pas la solution la mieux adaptée lorsqu'il s'agit d'élaborer des normes du travail[40]. En conséquence et de fait, cette organisation lui a permis à de voir sa légitimité unanimement reconnue. Elle constitue, selon l'ancien Directeur général du BIT David MORSE, l'organisation nécessaire pour conserver le contact avec les réalités sociales dans l'ensemble des pays[41].

L'OIT présente encore le tripartisme comme un *« forum unique où les gouvernements et les partenaires sociaux de ses Etats Membres peuvent discuter ouvertement, en toute liberté, de leurs expériences et comparer leurs politiques nationales »*[42]. S'agissant des mandants non-gouvernementaux, comme le soulignait Georges SCELLE, il ne s'agit pas ici de représenter leur pays ou organisation d'origine mais bien de constituer une composante des représentants des patronat et salariat internationaux[43].

---

36 Pour une étude de la question de la représentativité au sein de l'OIT, voir LOUIS (M.), *Qu'est ce qu'une bonne représentation ? L'Organisation internationale du travail de 1919 à nos jours*, Dalloz, 2016. Pour une étude historique du tripartisme, voir BEGUIN (B.), « Le tripartisme dans l'Organisation internationale du travail », op. cit.

37 « Conférence générale des représentants des membres » selon la Constitution de l'OIT. Elle est communément désignée sous le seul terme de « Conférence ». Voir les articles 3 à 5 et 14 à 18 de la Constitution

38 Article 7 de la Constitution de l'OIT

39 En revanche, le Bureau international du travail (BIT), qui est le siège de la structure administrative de l'OIT, n'est composé que de fonctionnaires internationaux indépendants et est dirigé par un Directeur général. Ce dernier est néanmoins désigné par le Conseil d'administration à qui il est tenu de rendre des comptes s'agissant de la bonne marche du Bureau. Sur l'importance du Bureau dans les activités normatives de l'OIT, cf. infra. Première partie, Titre 1, Chapitre 2

40 BEGUIN (B.), « Le tripartisme dans l'Organisation internationale du travail », op. cit., p. 9

41 MORSE (D.), *The Origin and Evolution of the ILO and Its Role in the World Community*, New York State School of Industrial and Labour Relations, Ithaca, New York, 1969, pp. 40-41

42 Site internet de l'OIT : http://www.ilo.org/global/about-the-ilo/who-we-are/tripartite-constituents/lang--fr/index.htm

43 SCELLE (G.), *L'Organisation Internationale du Travail et le BIT*, Paris, Rivière, 1930, p. 54

En définitive, cette structure permet de garantir la réunion de trois facteurs fondamentaux dans l'élaboration des normes internationales du travail : l'expertise des représentants des personnes concernées au premier chef par les questions du travail ; une meilleure acceptabilité des normes conçues par les partenaires sociaux (avec les gouvernements) ; une forte sensibilité des mandants aux questions sociales et politiques qui tend à dynamiser l'activité normative de l'organisation[44].

Cette idée de tripartisme se retrouve dans les différentes instances émanant du Conseil d'administration et de la Conférence, lesquelles veillent notamment à l'application des normes internationales du travail.

B/ Les instruments de l'OIT

La force du système normatif de l'OIT, au même titre que sa complexité, réside au moins autant dans la diversité de ses instruments normatifs[45] que dans l'aboutissement de leurs mécanismes de supervision.

1. La notion de « normes internationales du travail »

Ce que les juristes désignent communément sous l'expression *« normes internationales du travail »* vise le plus souvent les Conventions et Recommandations élaborées au sein de l'OIT.

Il faut toutefois souligner que l'OIT ne dispose pas du monopole de l'élaboration des normes internationales à vocation sociale. L'Organisation des Nations Unies (ONU) joue également un rôle actif en la matière, sur la base de la mise en œuvre de la Charte des Nations Unies signée le 26 juin 1945 ou du Pacte international relatif aux droits économiques, sociaux et culturels du 26 décembre 1966[46]. En complément, des institutions

[44] OATES (S.), « International Labour Standards: The Challenges of the 21st Century » cité par BLANPAIN (R.), ENGELS (C.), *The ILO and the Social Challenges of the 21st Century, The Geneva lectures*, Kluwer Law International, 2001, p. 94

[45] Pour une présentation détaillée des procédures d'élaboration et de suivi, voir Département des normes internationales du travail, *Manuel sur les procédures en matière de conventions et recommandations internationales du travail*, Bureau international du Travail, Genève, Rev. 2019

[46] Bien qu'en vertu d'arrangements conclus entre l'OIT et l'ONU, d'une part, et le Conseil de l'Europe, d'autre part, l'organisation genevoise soit amenée à contribuer à la mise en œuvre du Pacte international relatif aux droits économiques, sociaux et culturels et du Code européen de sécurité sociale (CIT, 73ème session, 1987, Rapport du CEACR, Rapport III, Partie 4A, para. 12), il convient, dans le cadre du présent

internationales spécialisées peuvent adopter des textes, contraignants ou non, ayant un impact en matière de droit social international (OMS[47], UNESCO[48]...). De même, à un niveau inférieur, nombre de textes de dimension régionale visent à traiter des questions sociales[49].

Au plan formel, il importe de distinguer entre, d'une part, les *« normes internationales du travail »* qui guident la conduite des acteurs et, d'autre part, leur support textuel (les instruments élaborés sous l'égide de l'OIT), tous deux étant parfois assimilés par abus de langage. En effet, *« l'objet de l'interprétation est d'abord constitué d'énoncés (...) auxquels il revient aux interprètes d'attribuer la signification – la modalité – de norme. Ce n'est qu'une fois admis que tel énoncé a la signification de norme qu'il est ensuite envisageable d'en faire application. Et c'est au cours de cette application qu'on éprouvera le besoin de "clarifier" son sens »*[50]. Les normes internationales du travail sont donc déduites des instruments de l'OIT dans le cadre de leur interprétation.

2. *Diversité des textes*

A ce jour[51], 190 Conventions[52] et 206 Recommandations ont été élaborées et adoptées dans le cadre de l'OIT. Alors que les premières obligent les Etats qui les ont ratifiées à en appliquer le contenu, les secondes ne sont pas ouvertes à ratification et énoncent des règles non-contraignantes vers lesquelles doivent tendre les Etats membres de l'organisation.

---

ouvrage, de se limiter aux seuls textes issus des travaux de l'OIT, par mesure de cohérence et de clarté

[47] Voir par exemple la Convention-cadre de l'OMS pour la lutte antitabac du 21 mai 2003 qui encourage notamment l'adoption par les Etats de mesure de protection contre l'exposition au tabac sur le lieu de travail ainsi que le reclassement des travailleurs du tabac

[48] Voir par exemple la Convention sur l'enseignement technique et professionnel du 10 novembre 1989 qui a notamment trait à la formation professionnelle

[49] Comme la Charte sociale européenne adoptée par le Conseil de l'Europe du 18 octobre 1961 (révisée le 3 mai 1996) ou, au sein de l'Union européenne, la Charte communautaire des droits sociaux fondamentaux des travailleurs du 9 décembre 1989

[50] BRUNET (P.), « Aspects théoriques et pratiques de l'interprétation normative », RGDIP, Tome 115, n° 2, 2011, p. 316

[51] Au mois de mai 2020, après l'adoption, au mois de juin 2019, de la Convention et de la Recommandation concernant l'élimination de la violence et du harcèlement dans le monde du travail

[52] Complétées par six protocoles

Sources de droit international[53], ces textes traitent de sujets divers A côté des Conventions dites fondamentales[54] dont le respect constitue un préalable indispensable à l'application d'autres normes, un nombre important de Conventions et Recommandations traitent de sujets aussi variés que les congés payés[55], l'amiante[56], la maternité[57] ou les peuples indigènes et tribaux[58]. Ces normes s'adressent avant tout aux Etats qui peuvent ainsi harmoniser leurs législations et pratiques et, parfois, servir de fondement à des décisions de justice[59].

Il est important de noter qu'au-delà des Conventions, l'OIT a fait le choix de s'orienter vers des *« méthodes souples de régulation sociale »*[60]. En particulier, en réponse aux problématiques nouvelles soulevées par la mondialisation, trois Déclarations ont été adoptées en 1998, en 2008 et en 2019. La première porte sur les principes et droits fondamentaux au travail. La deuxième est relative à la justice sociale pour une mondialisation équitable. La troisième a été adoptée en réaction aux conséquences sociales *« de l'innovation technologique, de l'évolution démographique, des changements environnementaux et climatiques, de la mondialisation, et des*

---

[53] L'organisation tripartite de l'OIT rend toutefois nécessaire un aménagement du droit des traités (réserves inapplicables…). Voir LA ROSA (A-M.), DUPLESSIS (I.), « L'expérience singulière du tripartisme au sein de l'OIT », ILO ITC, 2000

[54] Adoptée en 1998 la Déclaration relative aux principes et droits fondamentaux au travail vise à assurer que le progrès social accompagne le progrès de l'économie et du développement. Elle oblige les Etats Membres de l'organisation, signataires ou non des conventions dites fondamentales, à respecter et à promouvoir les principes et les droits, classés selon quatre catégories, à savoir : la liberté d'association et la reconnaissance effective du droit de négociation collective (Convention n° 87 sur la liberté syndicale et la protection du droit syndical – 1948 ; Convention n° 98 sur le droit d'organisation et de négociation collective – 1949), l'élimination de toute forme de travail forcé ou obligatoire (Convention n° 29 sur le travail forcé – 1930 ; Convention n° 105 sur l'abolition du travail forcé – 1957), l'abolition effective du travail des enfants (Convention n° 138 sur l'âge minimum -1973 ; Convention n° 182 sur les pires formes de travail des enfants – 1999), l'élimination de la discrimination en matière d'emploi et de profession (Convention n° 100 sur l'égalité de rémunération – 1951 ; Convention n° 111 concernant la discrimination (emploi et profession) – 1958)

[55] Convention n° 132 sur les congés payés (révisée) - 1970

[56] Convention n° 162 sur l'amiante - 1986

[57] Convention n° 183 sur la maternité - 2000

[58] Convention n° 169 relative aux peuples indigènes et tribaux - 1989

[59] Cf. infra. Seconde partie

[60] DUPLESSIS (I.), « Un abrégé de l'histoire des normes de l'OIT et de leur application » in VERGE (P.) (dir.), *Droit international du travail, Perspectives canadiennes*, Editions Yvon Blais, 2010, p. 116

inégalités persistantes »[61]. Sans fixer d'obligation juridique contraignante, les *« déclarations constituent généralement des documents juridiques solennels, intemporels, porteurs d'aspirations et d'un grand poids moral »*[62].

Finalement, au-delà de la diversité des thématiques abordées, la richesse dans la nature des instruments adoptés au sein de l'OIT implique autant de façons différentes d'envisager la question de leur application et de leur interprétation. Tous ces instruments convergent en revanche en ce qui concerne les modalités de leur élaboration.

3. Elaboration des instruments de l'OIT

En raison de la prévalence du tripartisme, le mécanisme d'élaboration des instruments de l'OIT débouche sur l'adoption de traités *sui generis*[63] et constitue une exception dans le droit international, en ce qu'il remet en cause l'idée classique selon laquelle l'Etat est l'acteur exclusif, créateur et destinataire de la règle juridique internationale[64].

Tout d'abord, il appartient au Conseil d'administration de déterminer un sujet qui, par son importance, impose une action normative. Selon la Constitution de l'OIT, il se prononce notamment sur la base des propositions formulées par les gouvernements et les organisations nationales de travailleurs et d'employeurs[65].

S'engage ensuite un cycle de discussion s'étalant, en principe, sur deux années dans le cadre de la procédure dite de double discussion[66]. A cet effet,

---

[61] Déclaration du centenaire de l'OIT pour l'avenir du travail adoptée par la Conférence à sa 108ème session, Genève, 21 juin 2019, I. Sur le sujet (et pour une brève présentation des autres Déclarations), voir DAUGAREILH (I.), « La Déclaration du centenaire de l'OIT : tout un programme ! », Droit social, n° 1, janvier 2020, pp. 5-17

[62] DUPLESSIS (I.), « Un abrégé de l'histoire des normes de l'OIT et de leur application », op. cit., p. 121. Cf. infra. Première partie, Titre 2, Chapitre 2

[63] LYON-CAEN (G.), LYON-CAEN (A.), *Droit social international et européen*, Dalloz, 8ème éd., 1993, p. 133

[64] LA ROSA (A-M.), DUPLESSIS (I.), « L'expérience singulière du tripartisme au sein de l'OIT », ILO ITC, 2000

[65] Article 14§1 de la Constitution de l'OIT

[66] Article 39 du Règlement de la Conférence adopté le 21 novembre 1919 lors de la 1ère session de la Conférence et modifié par la suite. L'article 34.5 du Règlement prévoit une procédure de simple discussion *« en cas d'urgence spéciale ou si d'autres circonstances exceptionnelles le justifient »*. En tout état de cause, cette dernière obéit à un schéma proche de celui suivi dans le cadre de la double-discussion, les partenaires sociaux exerçant un rôle de premier plan

des questionnaires sont envoyés aux gouvernements qui sont alors tenus de consulter les partenaires sociaux. Si la Conférence (ou l'une de ses Commissions techniques) juge, sur la base des réponses à ces questionnaires, que le sujet est susceptible de faire l'objet d'un Convention ou d'une Recommandation, elle peut décider d'inscrire la question à l'ordre du jour de la session suivante ou demander au Conseil d'administration de l'inscrire à l'ordre du jour d'une session ultérieure. Le Bureau établit ensuite un projet de texte qu'il soumet aux gouvernements, qui sont tenus de consulter leurs organisations professionnelles nationales, avant de formuler des suggestions et des commentaires. Les trois mandants de l'OIT restent ensuite les acteurs centraux de la procédure, au travers notamment des commissions techniques de la Conférence internationale du travail puis du vote final de la Conférence.

4. Suivi de l'application des normes internationales du travail

L'efficacité et l'originalité de l'OIT résident notamment dans le système de suivi des normes internationales du travail.

Le suivi des normes intervient dans le cadre d'un mécanisme régulier de contrôle mais également à l'occasion de la mise en œuvre de procédures particulières (réclamation, plainte, procédure spéciale en matière de liberté syndicale...)[67].

Ces diverses procédures font intervenir des entités variées : experts juridiques reconnus (Commission d'experts pour l'application des Conventions et Recommandations), représentants des mandants de l'OIT (Comité de la liberté syndicale ou Commission de l'application des normes de la Conférence internationale du travail). Cette pluralité d'acteurs est le moyen de légitimer doublement le mécanisme de supervision de l'application des normes internationales du travail, qui s'appuie à la fois sur d'éminents spécialistes, dont les compétences sont reconnues, mais également sur des représentants des gouvernements, des travailleurs et des employeurs. Ces organes, notamment, contribuent à réaliser le travail d'interprétation des textes de l'OIT.

II/ Objet de l'étude : l'interprétation, élément indissociable de l'application des instruments de l'OIT

Comme pour toute disposition juridique, particulièrement en matière internationale, la mise en œuvre des instruments de l'OIT suppose un travail

[67] Cf. infra. Première partie, Titre 1, Chapitre 2

d'interprétation. En ce qui concerne spécialement ces textes, l'exercice est déterminant pour des raisons liées tant à leur contenu qu'à leur vocation.

A/ Nécessité générale du recours à l'interprétation

L'interprétation a été définie comme l'opération *« qui consiste à discerner le véritable sens d'un texte obscur »*[68]. Il s'agit tant des éclaircissements donnés par l'auteur même de l'acte (dans le cadre d'une loi interprétative, d'un jugement interprétatif…), que du travail d'un interprète étranger à l'acte (doctrine, juge appliquant une convention, interprétation ministérielle d'une loi)[69].

L'herméneutique, l'art d'interpréter selon les philosophes, a vu sa définition et sa finalité évoluer au fil du temps. Dans l'Antiquité, les Grecs désignaient l'interprétation sous le terme *« hermeneuein »*, qui possède deux sens. En premier lieu, il désigne le processus d'élocution, celui par lequel quelque chose est énoncé, dit ou affirmé. Ensuite, il vise l'interprétation dans sa dimension se rapportant à la traduction[70]. Quelques siècles plus tard, l'herméneutique se voit prêter une autre fonction : il s'agit d'accéder à la compréhension du sens[71]. Par la suite, les liens inextricables entre herméneutique et application du texte sont mis en avant[72].

Pour les juristes, l'interprétation constitue *« un moment central de la vie du droit »*[73]. Selon le Professeur Paul AMSELEK, *« l'interprétation ou reconstruction du sens communiqué par des signes (...) est (...), dans l'expérience juridique, le préalable nécessaire à la préhension intérieure – à la compréhension – des normes juridiques exprimées par le législateur et à*

---

68 CORNU (G.), *Vocabulaire juridique*, PUF, 2011, p. 565

69 Ibid.

70 GRONDIN (J.), *L'herméneutique*, P.U.F. « Que sais-je ? », 2008, p. 9

71 DANNHAUER (J-C.), *Hermeneutica sacrasive methodus exponendarum sacrarum litterarum*, Strasbourg, Straedelius, 1654 cité par GRONDIN (J.), *L'herméneutique*, op. cit., p. 9 ; DILTHEY (W.), *Origines et développement de l'herméneutique* (1900), Le monde de l'esprit, Aubier, 1947, t. I, p. 313 cité par GRONDIN (J.), *L'herméneutique*, op. cit, p. 24 ; plus récemment, RICOEUR (P.), *Les conflit des interprétations, essais d'herméneutique*, Editions du Seuil, « L'ordre philosophique », 1969, p. 8

72 RICOEUR (P.), *Les conflit des interprétations, essais d'herméneutique*, op cit, p. 330

73 BATTIFOL (H.), « Questions de l'interprétation juridique », 17, APD 1972, 9 cité par SIMON (D.), *L'interprétation judiciaire des traités d'organisations internationales*, op. cit., p. 6

leur pratique, à leur utilisation »[74]. Comme l'a montré KELSEN, cette étape indissociable du processus d'application du droit[75] désigne tant *« la méthode qui inspire la recherche »*[76] que le résultat de cette recherche[77].

A titre préliminaire, il faut préciser que le travail d'interprétation peut être réalisé par différents acteurs : auteur de l'acte, avocats, doctrine, juges[78]... Parmi toutes ces interprétations, il est d'usage de distinguer les interprétations dites *« authentiques »*, à savoir celles rendues par l'auteur de l'acte lui-même, qui dispose d'un monopole en la matière[79], et celles résultant des organes chargés de l'application du droit[80].

---

[74] AMSELEK (P.), « L'interprétation à tort et à travers » in AMSELEK (P.) (dir.), *Interprétation et droit*, Bruylant, Presses universitaires d'Aix-Marseille, 1995, p. 12

[75] KELSEN (H.), *Théorie pure du droit*, op. cit., p. 6

[76] Ibid.

[77] Ibid.

[78] S'agissant du rôle du juge en matière d'interprétation, dès le Moyen-âge, au temps des glossateurs, il avait été reconnu que les juges (comme les professeurs de droit) disposaient de la faculté d'interpréter la loi mais que le produit de leurs réflexions, aussi correct soit-il, ne pouvait en aucun cas être obligatoire, les décisions de justice ne pouvant lier les autres juges. La conception romaine s'opposait ainsi à un droit anglais largement formé à la même époque par les décisions des juges royaux. DAWSON (J.), *Oracles of the law*, The University of Michigan, 1968, pp. 2 et 125

[79] Deux arguments justifient l'exclusivité de cette prérogative. D'abord, l'auteur de l'acte est celui qui en connaît le mieux la signification. Ensuite, et il s'agit ici du principal argument, l'opération de détermination de la signification de l'acte permet *« de le refaire »* : autoriser une entité autre que le législateur à interpréter la loi reviendrait à lui confier le pouvoir législatif. TROPER (M.), *La philosophie du droit*, PUF, Collection Que Sais-Je ?, 2010, p. 98

[80] KELSEN distingue deux types d'interprétation et attache une importance fondamentale à leurs auteurs. Il donne une acception plus large aux interprétations authentiques, réalisées par des organes d'application du droit (les tribunaux, les autorités administratives...), par opposition aux interprétations scientifiques, qui sont le fait d'acteurs n'étant pas des organes du droit comme la doctrine ou les avocats (KELSEN (H.), *Théorie pure du droit*, op. cit., pp. 335). En ce qui concerne l'interprétation des instruments de l'OIT, la distinction proposée par KELSEN conduit à qualifier indifféremment d'authentiques l'ensemble des interprétations élaborées tant dans le cadre notamment de procédures juridictionnelles nationales que parajuridictionnelles internationales, la nature de l'activité exercée par l'interprète (juridiction nationale, organe international de supervision de l'application des normes internationales du travail...) important davantage que son rapport avec le texte mis en œuvre. Pour cette raison, afin de préserver la pertinence de la distinction, il convient ici d'entendre par interprétations authentiques celles rendues par l'auteur de l'acte lui-même

La nécessité de recourir à l'interprétation peut se poser à diverses occasions, pour une pluralité de raisons[81].

1. L'imprécision des termes de la langue juridique

L' *« indétermination sémantique »* et l' *« ambigüité syntaxique »* sont sources d'imprécision du droit et justifient la nécessité d'interpréter les textes juridiques[82]. Les termes employés dans un texte de droit peuvent offrir plusieurs possibilités aux acteurs juridiques. Une telle indétermination peut, par exemple, être caractérisée lorsqu'une disposition légale vise de façon générale *« la pénibilité au travail »*[83], notion éminemment générale intégrée au débat social français dès 2003[84] et dont le sens s'est précisé au fil du temps, jusqu'à l'adoption de dix critères de détermination par décret en 2011[85].

En outre, la construction syntaxique d'une proposition juridique peut être équivoque. Des difficultés de compréhension se posent par exemple lorsqu'une phrase subordonne la réalisation d'un événement à plusieurs éléments. Dans ce cas, l'interprétation porte sur la question de savoir si ces éléments doivent être pris en compte de manière cumulative ou isolée pour permettre la réalisation de l'événement[86].

---

[81] Sont ici reprises les raisons énumérées dans GUASTINI (R.), « Théorie et ontologie du droit chez Dworkin », Droit et société, 2-1986, pp. 16-17

[82] Ibid., p. 16

[83] Article L. 4121-1 du Code du travail en sa rédaction applicable du 11 novembre 2010 au 1er octobre 2017, le code du travail visant désormais la notion de *« facteurs de risques professionnels »*

[84] HEAS (F.), « La pénibilité, un enjeu de santé au croisement du travail et de la retraite », Droit social, n° 7-8, juillet 2014, pp. 598-603

[85] Décret n° 2011-354 du 30 mars 2011 (JO 31 mars, p. 5707)

[86] GUASTINI (R.), « Théorie et ontologie du droit chez Dworkin », op. cit., p. 16. Par exemple, l'article L. 3121-3 du code du travail prévoit que les contreparties au temps nécessaire aux opérations d'habillage et de déshabillage *« sont accordées (...) lorsque le port d'une tenue de travail est imposé par des dispositions légales, par des stipulations conventionnelles, le règlement intérieur ou le contrat de travail et que l'habillage et le déshabillage doivent être réalisés dans l'entreprise ou sur le lieu de travail »*. Dans un arrêt du 18 novembre 2011, l'Assemblée plénière de la Cour de cassation a estimé que ces deux conditions étaient cumulatives, alors que chambre sociale avait dans un premier temps considéré que l'accomplissement de la première permettait de considérer la seconde comme remplie. Ass. Plén., 18 novembre 2011, 10-16.491, Publié au bulletin. JOHANSSON (A.), « Durée du travail. Habillage. Contreparties. Conditions cumulatives », Droit social, n° 3, mars 2012, pp. 307-309

2. *Les lacunes du droit*

La question de l'interprétation peut encore se poser dans le cas où les sources du droit ne proposent aucune solution pour une question donnée. L'autorité d'application du droit se trouve alors démunie, face à des textes juridiques qui n'envisageraient pas une solution concrète.

Certains auteurs contestent l'existence des lacunes. Ainsi, selon KELSEN, *« la théorie de la lacune a (...) un caractère idéologique très marqué »* : lorsque le juge estime inopportun d'appliquer la loi pour des raisons de politique juridique, la théorie prétend qu'il est *« logiquement impossible de l'appliquer »*[87].

Il ne s'agit pas ici de discuter l'opportunité de l'utilisation du terme « lacune ». Quelles que soient les motivations et les conséquences de l'argument selon lequel une autorité d'application du droit serait face à une « lacune », force est de constater que la formulation de certaines dispositions est inadaptée à bon nombre de faits, parce qu'elle ne les envisage pas ou de manière imparfaite, en ce que les termes employés ne permettent pas de désigner ou de qualifier de manière univoque certaines pratiques[88].

Les lacunes doivent ici être entendues comme les points sur lesquels *« la loi, muette ou insuffisante, a besoin d'être complétée par celui qui l'applique ou l'interprète (grâce notamment à d'autres sources du droit) »*[89]. Ces lacunes peuvent être volontaires (*intra legem*), et se traduire par l'usage délibéré de termes vagues ou le renvoi à la coutume, à des usages ou à la pratique. Il en va ainsi des notions d' *« ordre public »* et de *« bonnes mœurs »* prévues à l'article 6 du Code civil[90], aux contours délimités par la jurisprudence. Elles

---

[87] KELSEN (H.), *Théorie pure du droit*, trad. THEVENAZ, 1988, Ed. de la Baconnière, 2ème éd., 1953, pp. 160-161

[88] Le Professeur SAVATIER écrivait, en citant PORTALIS : *« Il ne faut pas confrondre le droit positif avec la loi écrite. Dans la loi écrite, les lacunes sont inévitables. Et Portalis a tenu à le déclarer dans le discours préliminaire au Code civil : "Les besoins de la société sont si variés, la communication des hommes si active, leurs intérêts sont si multipliés, et leurs rapports si étendus qu'il est impossible, disait-il, au législateur de pourvoir à tout". Mais, ajoutait-il, le droit n'est pas, pour cela, défaillant ; et il faisait alors appel à "l'usage de la raison naturelle" »*. SAVATIER (R.), « Les creux du droit positif au rythme des métamorphoses d'une civilisation » in PERELMAN (C.) (dir.), *Le problème des lacunes en droit*, Bruylant, 1968, p. 521

[89] CORNU (G.), *Vocabulaire juridique*, PUF, 2011, p. 594

[90] BACH (L.), « "Comblement" des "lacunes volontaires" de la loi », Répertoire de droit civil / Jurisprudence, septembre 2009, para. 127

peuvent également être involontaires et résulter d'une imperfection du texte[91] face, par exemple, au développement de nouvelles pratiques[92].

3. L'applicabilité de normes concurrentes

Dans certains cas, plusieurs textes sont susceptibles de s'appliquer à une même situation. Il appartient alors à l'acteur juridique d'opter pour l'approche qui lui semble la plus appropriée (application alternative des textes, combinaison...). Ce cas de figure peut, par exemple, se présenter lorsqu'une réglementation locale se trouve confrontée à un texte qui a vocation à s'appliquer à un territoire plus étendu. En l'absence de prescription spécifique sur le sujet, le juge est confronté à un concours de normes et il lui appartient de se déterminer.

En 2012, la chambre criminelle de la Cour de cassation s'est ainsi livrée à cet exercice dans l'affaire de l'*Erika*, en confirmant la décision rendue par la Cour d'appel de Paris[93]. Pour condamner les personnes physiques et morales jugées responsables du naufrage du pétrolier *Erika* battant pavillon maltais sur les côtes bretonnes, les juges ont notamment choisi d'appliquer la Convention internationale de Montego Bay du 10 décembre 1982. Ils ont alors pu entendre de façon extensive la compétence juridictionnelle de la France en matière de répression de la pollution marine par hydrocarbures de sa zone économique exclusive[94], alors qu'une application stricte du seul droit français ne permettait pas d'appréhender les rejets de navires survenant au-delà des eaux territoriales[95].

Ces différentes situations de « flou juridique » sont particulièrement prégnantes lorsqu'il s'agit d'appliquer le droit international.

---

[91] CORNU (G.), *Vocabulaire juridique*, op. cit., p. 594

[92] C'est ainsi que le pouvoir réglementaire est intervenu en réponse au développement des drones, lesquels ont posé de nouvelles problématiques de sécurité dans l'espace aérien (Arrêté du 17 décembre 2015 relatif à la conception des aéronefs civils qui circulent sans personne à bord, aux conditions de leur emploi et aux capacités requises des personnes qui les utilisent et Arrêté du 17 décembre 2015 relatif à l'utilisation de l'espace aérien par les aéronefs qui circulent sans personne à bord)

[93] Cass. Crim., 25 septembre 2012, 10-82.938

[94] Laquelle se situe au-delà des eaux territoriales, conformément à la Convention de Montego Bay

[95] MONTAS (A.), ROUSSEL (G.), « Les principaux apports de la décision de la Cour de cassation dans l'affaire *Erika*, Commentaire de l'arrêt Crim. 25 septembre 2012, n° 10-82.938, Erika », AJ pénal 2012, p. 574

B/ L'interprétation et l'application du droit international

Selon un rapport du Conseil d'Etat, *« là où les juristes cherchent la précision, les diplomates pratiquent le non-dit et ne fuient pas l'ambiguïté. Il arrive donc, plus souvent qu'on ne le croit, qu'ils ne se mettent d'accord sur un mot que parce qu'il n'a pas la même signification pour tout le monde »*[96]. La question de l'interprétation se pose ainsi avec une acuité particulière lorsqu'elle concerne un droit international[97] qui a été décrit comme *« malade de ses normes »*, en raison notamment *« de la qualité médiocre du contenu »* de nombre d'entre elles[98] et qui se caractérise par ailleurs par un vocabulaire *« imprécis et flottant »*, à l'origine des *« lacunes et obscurités dans la réglementation »*[99].

S'agissant du langage utilisé, le multilinguisme en vigueur au sein des organisations internationales et la multiplicité des langues de travail induisent l'établissement de textes de droit (traités, conventions...) en plusieurs langues, ayant tous une valeur juridique identique. Ainsi, à côté du problème né de l'appréhension variable d'un même terme en fonction de son contexte géographique d'application[100], une dissonance de traduction entre deux versions d'un texte de droit peut potentiellement déboucher sur l'énonciation d'idées différentes[101].

---

[96] Conseil d'Etat, Rapport public, 1992, Etudes et documents n° 44 cité par FLÜCKIGER (A.), « Le multilinguisme de l'Union européenne : un défi pour la qualité de la législation » in GEMAR (J-C.), KASIRER (N.) (dir.), *Jurislinguistique : entre langues et droits*, Bruylant, 2005, p. 346

[97] Pour des études approfondies de la question, voir notamment KOLB (R.), *Interprétation et création du droit international, Esquisse d'une herméneutique juridique moderne pour le droit international public*, Bruylant, Editions de l'Université de Bruxelles, 2006 ; SIMON (D.), *L'interprétation judiciaire des traités d'organisations internationales : morphologie des conventions et fonction juridictionnelle*, op. cit. ; SUR (S.), *L'interprétation en droit international*, LGDJ, 1974

[98] WEIL (P.), « Vers une normativité relative en droit international ? », RGDIP, Tome 86, 1982, p. 7

[99] SIORAT (L.), *Le problème des lacunes en droit international, contribution à l'étude des sources du droit et de la fonction judiciaire*, Paris, LGDJ, pp. 62-63 cité par SIMON (D.), *L'interprétation judiciaire des traités d'organisations internationales*, op. cit.

[100] BAR (S.), « La question des langues au sein des Nations Unies » in GUILLOREL (H.), KOUBI (G.), *Langues et droits. Langues du droit, droit des langues*, Bruylant, Bruxelles, 1999, p. 300

[101] Par exemple, dans l'affaire *Aquarone*, le requérant, ancien fonctionnaire international établi sur le territoire français, s'était prévalu, devant la cour administrative d'appel, d'une interprétation combinée des versions anglaise et française de l'article 32§8 du statut de la Cour internationale de justice pour soutenir

Plus généralement, l'application du droit international relève largement d'un travail de créativité. Cette situation s'explique notamment, comme il a été relevé par le Professeur Robert KOLB, par l'absence de *« complétude »* d'un droit international non codifié et empli de lacunes, par la *« confrontation »* de systèmes juridiques variés et la mobilisation de juristes d'autant plus divers, par la *« perméabilité »* du droit international à d'autres normes (politiques…), par la *« prédominance de l'auto-interprétation par chaque sujet de droit »* en l'absence de juge régulier ou bien encore par la tendance du droit international à produire des normes inspirées et proches de cas particuliers[102]…

Au-delà du fait qu'ils sont issus d'un système international, les instruments de l'OIT réunissent un certain nombre de caractéristiques qui rendent leur interprétation à la fois nécessaire et source de difficultés particulières.

C/ La nécessité spécifique de recourir à l'interprétation des instruments de l'OIT

La nécessité de procéder à l'interprétation des textes de l'OIT se déduit aisément lorsque l'on procède à leur observation ou lorsque l'on s'interroge quant à leur vocation. En particulier, l'imprécision de leur contenu et la variété de leurs destinataires potentiels posent de délicates questions.

1. La flexibilité des instruments de l'OIT

Le doyen CARBONNIER a rappelé, avant de discuter cette idée, *« l'essentielle mobilité »* prêtée au droit[103], soulignant par ailleurs qu'Henri LEVY-BRUHL *« plaçait sous le patronage d'Héraclite l'affirmation de principe que toutes règles de droit ont un caractère essentiellement provisoire et relatif »*[104]. L'on retrouve une formalisation de cette conception

---

que sa pension de retraite était exemptée d'impôts sur le revenu. La cour, tout en accueillant ces deux versions, a toutefois rejeté son argumentation, au vu de la formulation de ces textes. CAA Lyon, Plénière, 5 avril 1993 (l'argument tiré des différentes versions linguistiques n'a pas été repris devant le Conseil d'Etat ; CE Ass., 6 juin 1997). MEYER (D.), « L'interprétation des traités dont plusieurs versions linguistiques font foi dans la jurisprudence du juge administratif français » in GUILLOREL (H.), KOUBI (G.), *Langues et droits. Langues du droit, droit des langues*, op. cit., pp 320-336

[102] KOLB (R.), *Interprétation et création du droit international, Esquisse d'une herméneutique juridique moderne pour le droit international public*, op. cit., p. 3

[103] CARBONNIER (J.), *Flexible droit. Pour une sociologie du droit sans rigueur*, LGDJ, 10ème éd., 2014, p. 14

[104] Ibid., p. 12

dans les instruments de l'OIT, dont la flexibilité intrinsèque vise à traiter des situations nationales les plus diverses.

Les Conventions et Recommandations de l'OIT souffrent de lacunes inévitables, en raison de leur concision. La plupart des Conventions ne comportent guère plus de 30 articles[105], tout en embrassant des sujets extrêmement vastes et des situations particulièrement variées. Il n'est alors pas difficile d'imaginer la distance séparant les dispositions conventionnelles et les cas concrets susceptibles de se poser.

Plus généralement, la lecture de bon nombre de Conventions montre le degré d'équivoque pouvant les caractériser[106]. Il en va ainsi, par exemple, de l'énonciation de l'article 2 de la Convention n° 158 sur le licenciement, qui accepte, de manière très vague, les périodes d'essai d'une durée *« raisonnable »*. Pour cela, la formulation générale des dispositions sociales internationales a été dénoncée en ce que *« les spécificités rédactionnelles des conventions à objet social et la structure même des normes qu'elles énoncent leur confèrent une place à part dans le droit conventionnel international ; leur rédaction précautionneuse, leur focalisation sur les obligations des États plutôt que sur les droits des personnes placées sous la juridiction de ces derniers, ainsi que la formulation très générale - d'aucuns diraient "vague" - de leurs dispositions ont, de tout temps, gêné le juge et, peut-être plus encore, la doctrine »*[107].

Si la flexibilité figure parmi les principes directeurs des artisans normatifs de l'OIT[108], celle-ci a fait naître des craintes y compris chez l'un de ses plus éminents juristes, Nicolas VALTICOS, qui s'interrogeait : *« le danger ne serait-il pas qu'en voulant rendre ces conventions acceptables à des pays de conditions très différentes on les vide de plus ou moins de leur contenu ? Le danger n'est pas imaginaire et tout l'effort, lors de l'élaboration des*

---

105 Parmi les exceptions notables, il faut relever la Convention n° 188 sur le travail dans la pêche de 2007 qui comporte 54 articles et de nombreuses dispositions annexes

106 LA HOVARY (C.), « The ILO's supervisory bodies' "soft law jurisprudence" », op. cit., p. 318

107 AKANDJI-KOMBE (J-F.), « De l'invocabilité des sources européennes et internationales du droit social devant le juge interne », Droit social, n° 11-12, novembre-décembre 2012, p. 1015

108 POLITAKIS (G.), « Deconstructing flexibility in international labour Conventions » in GERNIGON (B.), JAVILLIER (J-C.) (dir.), *Les normes internationales du travail : un patrimoine pour l'avenir, Mélange en l'honneur de Nicolas VALTICOS*, BIT, Genève, p. 463

conventions, consiste donc à trouver le juste milieu entre l'écueil de l'excessive rigidité et celui d'un trop grand laxisme »[109].

Il est en effet reconnu de longue date que les Conventions et Recommandations de l'OIT doivent tendre à l'universalité. Elles doivent proposer des objectifs de politique sociale et réalistes pour tous les Etats, quel que soit leur niveau de développement économique. La souplesse[110] des textes de l'OIT se traduit d'abord dans le libellé des normes qui se doivent *« d'avoir égard aux pays dans lesquels le climat, le développement incomplet de l'organisation industrielle ou d'autres circonstances particulières rendent les conditions de l'industrie particulièrement différentes »*[111].

En revanche, cette souplesse ne saurait justifier la prise en compte des contraintes économiques ou culturelles subies par un Etat pour justifier des disparités dans l'interprétation d'une norme[112]. Les disparités entre pays en développement et pays industrialisés doivent être réglées au moment de l'élaboration de la norme, si besoin en exemptant les pays en difficulté de dispositions qui leur seraient difficilement applicables. En conséquence, les dispositions des normes internationales de travail doivent être interprétées de manière uniforme[113], la variété des situations nationales tendant à complexifier l'exercice.

Ainsi, par nature, la mise en œuvre des instruments de l'OIT est indissociable de l'idée d'interprétation[114]. En complément, la pratique de l'interprétation de ces textes soulève bon nombre de questions dans un contexte de mondialisation.

2. *La multiplication de problématiques sociales transnationales*

La question de l'interprétation se pose particulièrement lorsqu'elle se rapporte aux instruments de l'OIT dès lors que l'on remarque que, dans un

---

109 VALTICOS (N.), « Normes universelles et normes régionales dans le domaine du travail », Société française pour le droit international, Colloque de Bordeaux, 1976, p. 296 cité par POLITAKIS (G.), « Deconstructing flexibility in international labour Conventions », op. cit., p. 465

110 SERVAIS (J-M.), « La souplesse et la rigueur des normes internationales de travail », Revue internationale du travail, Vol. 125, mars-avril 1986

111 Article 19§3 de la Constitution de l'OIT

112 SERVAIS (J-M.), « Normes internationales et cultures nationales », Revue de droit du travail, 2007, p. 124

113 Cf. infra. Première partie, Titre 2, Chapitre 1

114 LA HOVARY (C.), « The ILO's supervisory bodies' "soft law jurisprudence" », op. cit., p. 318

contexte de mondialisation, les normes internationales du travail font face à de nouveaux enjeux.

L'accélération de la mondialisation économique ces dernières décennies a confirmé la nécessité de voir émerger des standards universels, à même de favoriser un rapprochement des règles de protection des travailleurs. De plus en plus concernés par des questions communes par-delà les frontières des Etats[115] ou confrontés à des entreprises recherchant la main d'œuvre la moins onéreuse, ces derniers voient la diversité de leurs droits du travail nationaux apparaître comme un avantage comparatif[116].

En parallèle, les phénomènes de globalisation ont complexifié les questions posées par l'interprétation des textes de l'OIT. La mondialisation économique a favorisé l'essor de relations sociales transnationales « *dont la logique économique et financière plus que sociale* » heurte les conceptions nationales du droit du travail[117]. Face aux critiques, certaines entreprises transnationales ont par ailleurs choisi de s'autoréguler à travers des démarches de responsabilité sociale des entreprises (RSE), en s'engageant au respect des normes fondamentales du travail ou à la conformité de leurs pratiques avec la Déclaration de l'OIT sur les principes et droits fondamentaux au travail. Le rapport de force entre acteurs privés et acteurs publics conduit finalement à une situation où la faculté pour les autorités publiques de conserver la maîtrise de la détermination du sens de ces obligations devient cruciale dans leur mise en œuvre[118]. Certains acteurs économiques, conscients de la sensibilité croissante des consommateurs pour les conditions de réalisation des produits, pourraient en effet s'intéresser au moins autant à l'argument commercial né d'une référence appuyée aux textes de l'OIT qu'au sens attribué à ces derniers[119].

---

[115] Cf. infra. Première partie, Titre 2, Chapitre 2

[116] HEPPLE (B.), *Labour laws and global trade*, Hart Publishing, 2005, p. 24

[117] MOREAU (M-A.), « De la transnationalité de la relation de travail », Droit social, n° 12, décembre 2011, p. 1174

[118] ALSTON (P.), « Core labour standards and the transformation of the international labour right regime », European Journal of International Law, June 2004, p. 460

[119] Il serait néanmoins inexact de considérer que ces mécanismes sont employés uniquement à des fins de communication. A propos de la tendance à la juridicisation (et à la constitutionnalisation) induite par les codes d'entreprises et de ses causes, voir TEUBNER (G.), « L'auto-constitutionnalisation des ETN ? Sur les rapports entre les codes de conduite "privés" et "publics" des entreprises », Revue interdisciplinaire d'études juridiques, Vol. 73, 2015/2, pp. 1-25

De même, dans un contexte de mondialisation du droit suivant le phénomène économique, les juges nationaux tendent de plus en plus[120] à s'appuyer sur des instruments à vocation universelle, ces derniers étant ainsi susceptibles d'être compris des manières les plus variées et plus ou moins extensives. Par exemple, en fonction des périodes et des lieux où elle a été utilisée, la Convention n° 87 sur la liberté d'association et la protection du droit syndical s'est vue reconnaître des significations inégales. Ainsi, pendant des années, la Cour suprême du Canada a développé une jurisprudence tendant à n'accroître que de la manière la plus précautionneuse et lente l'étendue des droits collectifs reconnus aux travailleurs[121], les juges n'ayant reconnu que récemment que la liberté d'association englobait le droit de négociation collective[122] et protégeait le droit de grève[123]. A l'opposé, en Afrique du Sud, la Cour constitutionnelle est apparue bien moins hésitante lorsqu'il s'est agi de se référer à la Convention n° 87 pour protéger les droits collectifs des travailleurs et renforcer la protection du droit de grève[124].

Finalement, dans ce contexte globalisé contradictoire et fragmenté, où le centre de gravité du droit et du politique reste localisé au niveau de l'Etat-nation[125], l'on assiste à une situation où la question de l'interprétation des instruments de l'OIT se trouve renouvelée, complexifiée et éclatée devant la pluralité des acteurs qu'elle implique[126].

---

[120] THOMAS (C.), OELZ (M.), BEAUDONNET (X.), « The use of international labour law in domestic courts: Theory, recent jurisprudence and practical implications » in GERNIGON (B.), JAVILLIER (J-C.) (dir.), *Les normes internationales du travail : un patrimoine pour l'avenir, Mélange en l'honneur de Nicolas VALTICOS*, op. cit., p. 251 (les auteurs soulignent que des efforts croissants sont faits afin de favoriser une application par les juridictions nationales d'instruments internationaux des droits de l'Homme) ; BEAUDONNET (X.), « L'utilisation des sources universelles du droit international du travail par les juridictions internes », Bulletin de droit comparé et de la sécurité sociale, 2005, pp. 37-77 ; BEAUDONNET (X.), « Quelques observations sur l'utilisation des normes de l'OIT par les tribunaux nationaux » in POLITAKIS (G.), KOHIYAMA (T.), LIEBY (T.) (dir.), *Law for Social Justice*, BIT, Genève, 2019, pp. 745-766

[121] Cf. infra. Seconde partie, Titre 1

[122] *Health Services and Support - Facilities Subsector Bargaining Assn. c. Colombie-Britannique*, 2007 CSC 27, [2007]. Cf. infra. Seconde partie

[123] *Saskatchewan Federation of Labour c. Saskatchewan*, 2015 CSC 4. Cf. infra. Seconde partie

[124] *National Union of Metalworkers of South Africa and Others v Bader Bop (Pty) Ltd and Another* [2002] ZACC 30; 2003 (3) SA 513 (CC). Cf. infra. Seconde partie

[125] TEUBNER (G.), « Legal Pluralism in the Word Society » in TEUBNER (G.) (ed.), *Global law without a State*, Dartmouth Publishing Company, 1997, p. 5

[126] Selon Jean-Philippe ROBE, *« le défi constitutionnel posé par la globalisation actuelle est celui de la possibilité même et de la forme que pourraient prendre des institutions, qu'elles soient aujourd'hui caractérisées de "privées" ou de*

III/ Intérêt de l'étude : l'interprétation des instruments de l'OIT dans le cadre d'un système pluraliste

L'interprétation des instruments de l'OIT est l'œuvre d'une multitude d'entités susceptibles d'en connaître et de procéder à leur application. Les normes internationales du travail ont en effet vocation à produire leurs effets bien au-delà de l'institution où elles sont nées. A l'échelle nationale et régionale, en particulier, les juges et les parties manifestent une sensibilité de plus en plus prononcée pour cette source de droit d'une grande richesse.

Le *« pluralisme juridique mondial »* peut être présenté comme une *« forme particulière de pluralisme juridique induit par les phénomènes de mondialisation du droit et ses différentes déclinaisons (globalisation, transnationalisation, fragmentation, régionalisation, etc.). Même si ce pluralisme n'échappe pas à des formes de standardisation/domination, il décrit la multiplication des lieux de fabrication et d'application du droit qui apparaissent en dehors ou au-delà du modèle strictement étatique »*[127]. A ce titre, la multiplicité des acteurs concernés par la mise en œuvre des instruments de l'OIT, l'absence d'unité de leurs analyses et des significations qu'ils sont susceptibles de leur prêter amène à constater que l'interprétation s'opère dans le cadre d'un système pluraliste, dont il apparaît nécessaire de comprendre l'ordonnancement.

A/ Une application décentralisée des normes internationales du travail

Bien que leur formulation suggère qu'ils ont vocation à régler les relations interétatiques, les instruments de l'OIT sont appliqués bien plus largement, y compris dans les rapports entre personnes. Le mouvement d'intégration des normes internationales du travail dans les ordres juridiques et judiciaires infra-internationaux conduit à une décentralisation de leur application, bien au-delà de l'OIT. La question de l'interprétation des Conventions internationales du travail se pose donc non seulement dans le travail réalisé par les organes de l'OIT mais également s'agissant de l'œuvre juridictionnelle.

La description du processus interprétatif en droit international par les Professeurs Jean COMBACAU et Serge SUR fait ressortir l'une des

---

"publiques", dont le fonctionnement soit démocratique et qui soient tenues de respecter les droits des individus ». ROBE (J-P.), *Le temps du monde de l'entreprise. Globalisation et mutation du système juridique*, Dalloz, 2015, p. 587

127 BERGE (J-S.), *L'application du droit national, international et européen*, Dalloz, 2013, p. 1

difficultés posées. Au niveau international, *« la compétence d'interprétation appartient à l'ensemble des sujets, et individuellement, à chacun d'entre eux. L'éclatement des modes d'interprétation qui en résulte n'est qu'imparfaitement compensé par leur hiérarchie. Les interprétations sont en principe d'égale valeur, et les modes concertés sont facultatifs et par là-même aléatoires »*[128].

Au-delà des difficultés propres à chaque entité d'interprétation à la légitimité parfois contestée, la difficulté réside dans l'éventuelle incohérence des approches herméneutiques mises en œuvre. A propos de textes ayant vocation à s'appliquer dans l'ordre international et dans l'ordre national, le Professeur Karine PARROT a souligné les difficultés de l'exercice d'interprétation en montrant notamment qu'il existait une présomption selon laquelle les catégories juridiques utilisées dans ces deux ordres différaient quant à leur contenu, quand bien même elles seraient désignées par un mot identique[129].

Bien que la Constitution de l'OIT ne leur confère aucune compétence en la matière, le travail d'interprétation est opéré par les organes internes de l'organisation, principalement en charge de la supervision de l'application des normes internationales[130], ces derniers ayant développé au fil des décennies une œuvre particulièrement dense. La question des pouvoirs d'interprétation de ces organes, à l'assise juridique incertaine, se révèle donc pour le moins épineuse et soulève un certain nombre de questions politiques. C'est ainsi qu'en juin 2012, à l'occasion de la 101ème session de la Conférence internationale du travail, la délégation des employeurs s'est vigoureusement opposée[131] à l'interprétation de la Commission d'experts pour l'application des Conventions et Recommandations, selon laquelle le

---

[128] COMBACAU (J.), SUR (S.), *Droit international public*, 10ème éd., Montchrestien, 2012, p. 171 ; les auteurs ajoutent ensuite qu'il ne faut pas surestimer les difficultés pratiques

[129] PARROT (K.), *L'interprétation des conventions de droit international privé*, Dalloz, 2006. Elle souligne, par exemple, que, dans l'affaire *Nottebohm* (CIJ, 6 avril 1955, Rec. 1955, pp. 20 et s.), la Cour a distingué plusieurs catégories juridiques recouvertes par le même terme *« nationalité »*. La première vise les droits et devoirs fixés par un Etat et permet à un individu de bénéficier de la qualité légale de national, au niveau étatique. La seconde, définie par le droit international, permet aux nationaux de bénéficier notamment de la protection diplomatique d'un Etat (pp. 107-109).

[130] VALTICOS (N.), *Droit international du travail*, op. cit., pp. 133-135 ; MAUPAIN (F.), « L'interprétation des Conventions internationales du travail », op. cit., pp. 567-584

[131] Conférence internationale du Travail, 101ème session, Genève, mai-juin 2012, 21ème séance

droit de grève constitue un corollaire du droit syndical protégé par la Convention n° 87 sur la liberté syndicale et la protection du droit syndical[132].

Alors que la Convention de Vienne sur le droit des traités ne permet pas de résoudre les difficultés méthodologiques auxquelles font face les organes genevois[133], les interprétations opérées à l'échelle infra-internationale s'opèrent dans un cadre déterminé localement. Dans une étude de 2005, trois catégories d'utilisation du droit international du travail par les juridictions internes ont été mises en lumière[134] : il peut s'agir de résoudre un litige, d'utiliser le droit international afin de préciser le sens et la portée des dispositions de droit interne, de s'inspirer de textes non obligatoires. De façon générale, la difficulté porte sur la signification qui peut être attribuée aux textes utilisés par les juges dans la mesure où ces derniers ne choisissent pas nécessairement de s'aligner sur les conceptions largement développées à l'échelle internationale.

Ainsi, en 2015, la Cour suprême du Canada a rendu une décision historique, en considérant que le droit de grève avait valeur constitutionnelle, en ce qu'il constituait une composante de la liberté d'association[135]. Dans cette affaire, l'un des juges s'est notamment fondé sur les travaux de la Commission d'experts et du Comité de la liberté syndicale de l'OIT faisant du droit de grève un corollaire de la liberté d'association. Cette décision constitue toutefois un revirement de jurisprudence intervenu après plusieurs décennies pendant lesquelles une interprétation différente avait été retenue.

L'existence de niveaux d'interprétation différents pose ainsi la question de la divergence des significations pouvant être prêtées à un même texte. Surtout, elle interroge quant aux relations entre différents ordres juridiques. Si le juge national peut s'inspirer des analyses dégagées par les organes de l'OIT, ces derniers sont, dans le même temps, sensibles aux pratiques et jurisprudences nationales. Dans ce cadre, les interactions entre les différents niveaux de mise en œuvre des normes internationales du travail laissent entrevoir l'existence d'un système.

---

132 BELLACE (J.), « Pushback on the right to strike: resisting the thickening of soft law » in BLACKETT (A.), TREBILCOCK (A.) (dir.), *Research handbook on transnational labour law*, op. cit., pp. 181-193

133 Cf. infra. Première partie, Titre 2, Chapitre préliminaire

134 BEAUDONNET (X.), « L'utilisation des sources universelles du droit international du travail par les juridictions internes », op. cit., pp. 44-56

135 *Saskatchewan Federation of Labour c. Saskatchewan*, 2015 CSC 4. TRUDEAU (G.), « La constitutionnalisation du droit de grève au Canada. Une avancée juridique remarquable aux effets sociaux limités », Revue de droit du travail, n° 7, juillet 2015, pp. 479-487

B/ L'ébauche d'un système

L'interprétation des textes de l'OIT s'opère par des voies variées, qui contribuent à constituer un ensemble disparate, éclaté. Toutefois, en observant de plus près, il semble pertinent de s'interroger quant à l'existence d'un système ou, tout du moins, d'une ébauche de système.

Il paraît davantage adapté d'évoquer une *« ébauche »* car l'application des normes internationales du travail par le juge interne résulte d'un phénomène relativement récent et insuffisamment répandu pour pouvoir tirer des conclusions fermes et définitives. Toutefois, le mouvement à l'œuvre semble suffisant pour s'interroger sur un début d'organisation[136].

La complémentarité entre différents niveaux d'analyse paraît essentielle dès lors que *« dans le contexte de mondialisation, une exigence de coordination normative s'impose entre la dimension sociale locale et la dimension globale »*[137]. A l'échelle infra-internationale, il convient néanmoins d'approfondir particulièrement l'activité des juridictions nationales. En effet, s'il paraît intéressant d'étudier les dispositifs de RSE qui impliquent une mobilisation des normes internationales du travail, ces derniers produisent des résultats bien trop aléatoires et ont une force juridique bien trop incertaine[138] pour être analysés en tant qu'élément essentiel d'un système global d'interprétation. A côté, s'il peut sembler légitime de considérer les travaux d'organisations ou de juridictions régionales au même niveau que ceux des Etats et de leurs juges, du fait de l'étendue de leur portée juridique et de la sensibilité pour les travaux de l'OIT qu'ils peuvent parfois refléter, l'étude des travaux de la Cour de justice de l'Union européenne (CJUE) ou de la Cour européenne des droits de l'Homme (Cour EDH)[139] ne fournit pas

---

[136] Sans qu'il ne s'agisse ici de prétendre régler l'ensemble des problématiques sociales soulevées par la mondialisation. Pour un autre aspect de la question (lié notamment au risque de concurrence entre les droits découlant de la mobilité des travailleurs et des entreprises) et sur la nécessité de coordonner les systèmes internes, notamment juridictionnels, voir PATAUT (E.), « Concurrence internationale des systèmes juridiques et droit social : quelles méthodes ? » in LYON-CAEN (A.), URBAN (Q.), *Le droit du travail à l'épreuve de la globalisation*, Dalloz, 2008, pp. 19-32

[137] MOREAU (M-A.), « Mondialisation et justice : les enjeux théoriques des conflits sociaux transnationaux » in MUIR-WATT (H.), RODIERE (P.) (dir.), *Justice et Mondialisation en Droit du Travail, Du rôle du juge aux conflits alternatifs*, Dalloz, 2010, p. 7

[138] Cf. infra. Première partie, Titre 2, Chapitre 2

[139] Sur les différences d'approche des normes internationales entre ces deux juridictions (la Cour EDH paraissant particulièrement bien plus accueillante que la

suffisamment de décisions[140] amenant à s'interroger quant à leur apport en matière d'interprétation des instruments de l'OIT.

De son côté, le juge interne, qu'il procède par contrainte ou par choix[141], joue désormais[142] un rôle premier dans la mise en œuvre des normes internationales du travail à l'échelle nationale[143] : à côté de l'enceinte de l'OIT, les juridictions internes constituent un nouveau théâtre de développement du droit international du travail. Dans le même temps, parce que les décisions des juridictions nationales peuvent autant porter atteinte aux droits des travailleurs et violer les dispositions de Conventions de l'OIT que les législations, les organes de l'OIT se sont érigés dans un rôle de supervision du travail des juges. A ce titre, *« quand les lois nationales, y compris celles qui sont interprétées par les tribunaux supérieurs, contreviennent aux principes de la liberté syndicale, le comité [de la liberté syndicale] s'est toujours considéré comme habilité à examiner ces lois, à proposer des orientations et à offrir l'assistance technique du BIT pour les rendre conformes aux principes de la liberté syndicale affirmés dans la Constitution de l'OIT ou aux conventions applicables »*[144].

Si la souveraineté des Etats s'oppose à une suprématie des organes de l'OIT sur les juges internes, il n'en demeure pas moins que les interactions entre les différents cadres d'application des normes internationales du travail se multiplient, à l'image notamment de juges qui n'hésitent pas à se référer aux observations des organes de suivi de l'OIT[145].

CJUE), voir SCHMITT (M.), « L'influence des conventions de l'OIT sur les jurisprudences européennes. Approche comparée en matière de droit de négociation collective », Revue de droit du travail, n° 7-8, juillet 2013, pp. 513-526

[140] Voir, toutefois, pour un certain nombre d'interactions entre leurs travaux et ceux l'OIT, Première partie, Titre 2, Chapitres 1 et 2

[141] Les juges peuvent être obligés d'appliquer les traités ratifiés par le pays. Dans d'autres cas, ils peuvent choisir de s'y référer aux fins d'interprétation ou y être contraints par la loi ou la Constitution. Cf. infra. Seconde partie, Titre 1, Chapitre 1

[142] Comme le souligne le Professeur Marie-Ange MOREAU, alors qu'ils ont longtemps répondu aux problématiques posées par l'internationalisation de l'économie par des concepts nationaux, les juges ont été amenés à dépasser cette approche étatique en cherchant à résoudre *« de nouvelles formes de conflits transnationaux de nature quasi constitutionnelle »* et en répondant à une nouvelle exigence d'articulation des normes. MOREAU (M-A.), « Mondialisation et justice : les enjeux théoriques des conflits sociaux transnationaux », op. cit., p. 5

[143] THOMAS (C.), OELZ (M.), BEAUDONNET (X.), « The use of international labour law in domestic courts: Theory, recent jurisprudence and practical implications », op. cit., p. 251

[144] Comité de la liberté syndicale, 287ème rapport, cas n° 1590, para. 213.

[145] Cf. infra. Seconde partie

Cette tendance, où se mêlent différents cadres d'analyse, évoque le *« pluralisme ordonné »*, décrit par le professeur Mireille DELMAS-MARTY comme visant à *« maintenir une séparation, sans imposer la fusion, et pour autant construire quelque chose comme un ordre, ou un espace ordonné »*[146]. Que ce soit par entrecroisement, harmonisation voire unification, le dessin d'un espace juridique commun pourrait être tracé au niveau mondial. Il serait abusif d'avancer qu'un ordre juridique social global est en place. Toutefois, l'observation de la mise en œuvre des instruments de l'OIT ainsi que de leur interprétation permet d'apercevoir la formation d'un système, où la communication entre autorités permet le tissage de liens, un enchevêtrement[147] du droit.

La difficulté résulte du fait qu'il ne s'agit pas d'agencer des textes les uns avec les autres de manière strictement technique mais que ceux-ci s'inscrivent dans des cadres porteurs de valeurs propres. En particulier, l'action de l'OIT s'illustre en ce qu'elle s'opère fidèlement à son histoire : la quête de la justice sociale nourrit les raisonnements des organes en charge de l'interprétation des textes de l'OIT à l'échelle internationale.

Derrière l'apparent éclatement des mécanismes d'interprétation des Conventions et Recommandations de l'OIT pourrait se former un système, organisé autour des organes genevois : ces derniers produiraient des interprétations fondées sur une aspiration exclusivement sociale. En parallèle, les juges internes, tout en appliquant les mêmes textes, seraient mus par des enjeux plus vastes et contraints d'opérer une balance entre des impératifs économiques et des considérations sociales[148]. Une porosité entre ces deux différents niveaux pourrait permettre d'enrichir les conceptions de la justice sociale dans les différents systèmes par un effet de *« migration »*[149]. Dans le prolongement de cette observation, se pose la question de savoir si ce phénomène favorise la conservation de la substance

---

[146] DELMAS-MARTY M., *Les forces imaginantes du droit : Tome 2, Le pluralisme ordonné*, Seuil, 2006, p. 26

[147] DELMAS-MARTY (M.), *Pour un droit commun*, Seuil, 1989

[148] D'une façon générale, selon le Professeur Sophie ROBIN-OLIVIER et Monsieur Patrick REMY, *« la construction d'un droit du travail international pourrait, du moins, être pensée comme une quête de méthode dans la combinaison des sources, multiples, diversifiées et de niveaux divers, susceptibles d'être mobilisées par les juges. De même, la prise en compte des interprétations variées qui en sont faites, par différents organes, juridictionnels et quasi juridictionnels, mériterait une certaine mise en ordre »*. ROBIN-OLIVIER (S.), REMY (P.), « Les migrations jurisprudentielles, facteur de développement du droit international du travail » in MOREAU (M-A.), MUIR-WATT (H.), RODIERE (P.) (dir.), op. cit., p. 95

[149] Ibid., pp. 65-97

des instruments négociés au sein de l'OIT au regard de la diversité de leurs cadres d'application et les rend aptes à répondre à des problématiques mouvantes.

IV/ Justification du domaine de l'étude : la mise en œuvre des normes internationales du travail par des acteurs internationaux et nationaux variés

En cherchant à comprendre la façon dont s'esquisse un système d'interprétation des instruments de l'OIT, l'on est amené à s'interroger, d'une part, sur la manière dont les normes internationales du travail s'insèrent dans des contextes juridiques différents et, d'autre part, sur les voies par lesquelles elles deviennent effectives. Il s'agit ici d'envisager la diversité des cadres d'analyse qui se présentent. L'étendue du champ d'une telle réflexion impose de circonscrire les contours des domaines internationaux et nationaux d'étude.

A/ La recherche d'effectivité

En sociologie du droit, l'effectivité peut être définie comme le « *degré de réalisation, dans les pratiques sociales, des règles énoncées par le droit* »[150]. Le Professeur Antoine JEAMMAUD souligne la distinction entre, d'une part, l'effectivité d'un système de droit et, d'autre part, l'effectivité de ses normes. La première, qui ne peut être mesurée, réside dans la « *qualité d'un système de droit, ou d'une règle de ce système, qui bénéficie d'un degré de conformité assez élevé* » parmi les agents et dans situations auxquels il s'applique. La seconde, plus précise et susceptible de quantification, concerne la conformité des données empiriques avec les règles juridiques supposées s'appliquer à elles[151].

L'étude ici menée ne vise pas à s'interroger sur l'effet des normes internationales du travail sur la conduite des acteurs sociaux. Plus en amont, il s'agit de s'interroger sur le rôle des interprètes variés et de leurs travaux dans la traduction de textes juridiques en obligations[152]. Autrement dit, il

150 LASCOUMES (P.), « Effectivité » in ARNAUD (A-J.) et al. (éd.), *Dictionnaire encyclopédique de théorie et de sociologie du droit*, LGDJ, 2ème éd., 1993 cité par JEAMMAUD (A.), « Le concept d'effectivité du droit » in AUVERGNON (P.), *L'effectivité du droit du travail. A quelles conditions ?*, Presses universitaires de Bordeaux, 2008, p. 42

151 Ibid., pp. 42-44

152 Sur le rôle des mécanismes de suivi des travaux d'organisations internationales (en-dehors de l'OIT) dans leur quête d'effectivité, voir RUIZ-FABRI (H.),

s'agit ici d'appréhender l'interprétation comme un moyen d'atteindre l'effectivité d'une norme en donnant force à des instruments.

B/ Délimitation de l'analyse internationale et comparative

La compréhension des enjeux soulevés par la question de l'interprétation des instruments de l'OIT ne peut s'opérer en se concentrant exclusivement sur les aspects internationaux ou, à l'inverse, nationaux de la question : le système formé par les acteurs, aux différents niveaux, impose une étude globale. Il convient toutefois de circonscrire le domaine de l'entreprise envisagée face à un champ d'étude particulièrement étendu.

Au plan institutionnel, il apparaît possible de s'interroger sur l'ensemble des acteurs susceptibles de procéder à l'interprétation des instruments à l'échelle internationale, qu'il s'agisse des instances établies au sein de l'OIT ou des acteurs juridictionnels nationaux.

Sur le plan substantiel, il semble pertinent de ne pas opérer de restriction *a priori* en fonction de l'objet des instruments interprétés, même s'il est tentant de se concentrer sur l'étude de quelques Conventions. En effet, si l'on part de l'hypothèse suivant laquelle l'approche interprétative des acteurs concernés par leur mise en œuvre est susceptible de varier en fonction de l'objet des textes envisagés, on ne peut pas, pour la vérifier, se concentrer sur l'un ou certains d'entre eux. Pour autant, en raison de leur importance relative dans l'arsenal conventionnel de l'OIT, certains textes, particulièrement les Conventions fondamentales, font l'objet d'une attention particulière dans le cadre de cet ouvrage[153]. A cet effet, un examen des travaux de la Commission d'experts depuis 1985 permet d'orienter les recherches, sans exclure *a priori* aucune Convention.

A l'échelle nationale, il semble utile d'étudier les jurisprudences d'un certain nombre de juridictions, représentants des systèmes juridiques variés, tant en termes de cultures que dans leurs rapports au droit international. Le choix a ainsi été fait d'envisager les cas sud-africain, canadien et français afin de comparer la situation de droits relevant de différentes traditions juridiques,

---

SICILIANOS (L-A.), SOREL (J-M.) (dir.), *L'effectivité des Organisations Internationales. Mécanismes de suivi et de contrôle*, Editions A. Pedone, 2000

[153] Et en particulier, compte tenu de leur importance quantitative et des difficultés qu'elles ont posé ces dernières années, les questions relatives à l'interprétation de la Convention n° 87 sur la liberté syndicale et au droit de grève sont souvent évoquées

accueillant directement ou non le droit international dans leur ordre interne[154].

Dans le cadre de cette étude, une attention particulière est portée aux travaux des juridictions suprêmes et supérieures nationales. Au Canada, la jurisprudence de la Cour suprême, bien que très concentrée, montre l'évolution suivie par l'interprétation des instruments de l'OIT à l'échelle fédérale. En Afrique du Sud, les jurisprudences de la *Constitutional Court*, de la *Supreme Court of Appeal* et de la *Labour Appeal Court*, plus étendues, révèlent également la place des normes internationales du travail dans l'ordre interne. Enfin, en France, l'analyse en premier lieu des décisions de la Cour de cassation et du Conseil d'Etat permet de comprendre la tendance suivie par les normes internationales du travail devant le juge français. Au-delà de ces formations, de nombreux arrêts et jugements issus de juridictions d'un niveau inférieur permettent de confirmer ou d'affiner certaines observations, sans qu'il ne soit envisageable de se livrer à un recensement et à une étude exhaustifs de l'ensemble des décisions nationales.

Quant à la délimitation historique de l'étude, une analyse centrée, dans les différents systèmes considérés, sur l'histoire récente, postérieure aux années 1990, semble appropriée. En effet, au Canada et en France, un certain nombre d'affaires antérieures à cette époque sont intéressantes (et sont ici évoquées) mais force est de constater que l'essentiel des décisions marquantes en la matière ont été rendues postérieurement. Par ailleurs, s'agissant de l'Afrique du Sud, la fin de l'Apartheid marque un renouveau du droit international dans l'ordre interne. Une étude portant sur l'ère qui a suivi la chute de ce régime permet de décrire avec la précision suffisante le droit qui est actuellement en vigueur dans le pays. De même, au niveau international, l'étude centrée (principalement mais non exclusivement) sur des décisions rendues à compter de la fin des années 1990 révèle les chemins empruntés par les organes de l'OIT en matière d'interprétation, au cours de l'histoire récente. En outre, en ce qu'elle correspond à tournant normatif opéré notamment avec l'adoption de la Déclaration de 1998 sur les principes et droits fondamentaux au travail, cette période paraît particulièrement propice à une réflexion sur l'évolution des tendances interprétatives contemporaines.

***

L'étude de l'interprétation des instruments de l'OIT invite à une analyse successive des différents niveaux dans lesquels ceux-ci sont susceptibles

---

154 Cf. supra. Seconde partie, Titre 1, Chapitre préliminaire pour une justification détaillée du choix des pays étudiés

d'être utilisés. Un tel procédé permet de faire ressortir les subtilités procédurales et substantielles propres à chacun des cadres de mise en œuvre des normes internationales du travail et de révéler les interactions pouvant découler sur la formation d'un système.

Il convient ainsi de raisonner en se plaçant d'abord du point de vue de l'OIT, interprète majeur en tant que siège d'élaboration des textes (Première partie). Ensuite, la réflexion se portera sur les développements dont les juridictions nationales sont à l'origine lorsqu'elles s'approprient les normes internationales du travail (Seconde partie).

Première partie
L'interprétation des instruments de l'OIT à l'échelle internationale

Alors que la Constitution de l'OIT ne lui confère qu'une place restreinte, l'activité interprétative constitue une part majeure de l'œuvre de l'organisation et permet de donner corps aux normes internationales du travail. Nées et développées en marge de l'institution, ces interprétations sont remarquables, tant par leur mode d'élaboration que par leur contenu et leurs objectifs.

Au sein de l'OIT, de multiples organes extra-juridictionnels (quasi-juridictionnels pour un certain nombre d'entre eux) se sont vu reconnaître ou se sont octroyé la faculté d'interpréter les Conventions et Recommandations internationales du travail. Au fil des décennies, la jurisprudence qu'ils ont élaborée a largement contribué à former ce qui a été qualifié de « *corpus juris* » de la justice sociale[1]. Au-delà de leur fonction technique d'éclaircissement du contenu de textes parfois excessivement généraux au regard de situations très diverses, ces interprétations constituent une certaine traduction des valeurs poursuivies par l'OIT et exprimées à travers ses instruments.

Dans ce cadre, où l'origine extraconstitutionnelle des interprétations marque autant que leur importance dans l'œuvre normative de l'OIT, il convient de s'interroger quant à leurs fondements et à leur sens. En d'autres termes, il s'agit de se demander comment ces interprétations ont pu se développer et perdurer avec le temps et en quoi elles sont garantes de l'effectivité de la justice sociale, pierre angulaire de l'OIT.

La permanence des interprétations élaborées au sein de l'OIT tient tant à leurs modalités d'élaboration qu'à leurs qualités intrinsèques. Pour comprendre la façon dont une jurisprudence particulièrement dense a pu se former au cours du temps, il faut en effet relever que celle-ci s'est constituée pour répondre au besoin de précision du sens des textes mis en œuvre, sans se heurter aux particularismes d'une organisation à la structure particulière et aux valeurs marquées. De même, le système formé par les différents acteurs contribuant au processus d'interprétation, la cohérence de leurs travaux et leur intégration dans les activités de l'OIT ont permis de dépasser les faiblesses inhérentes à l'absence de fondement constitutionnel à leur action.

---

[1] JENKS (W.), « The corpus juris of social justice » in *Law, Freedom and Welfare*, Stevens and Sons, 1963, London, p. 101

L'examen du développement et de la pérennité des interprétations amène ainsi à souligner dans un premier temps qu'elles s'inscrivent dans un cadre adapté à la structure de l'OIT (Titre premier). L'étude de leur pertinence dans des contextes variables dans le temps et dans l'espace conduit ensuite à mettre en exergue leur fidélité aux valeurs fondatrices de l'OIT (Titre second).

Titre premier
Le cadre international de l'interprétation : l'adaptation à la structure de l'OIT

L'étude du pouvoir d'interprétation de textes juridiques impose de résoudre la question de la compétence d'interprétation[1]. En effet, *« une recherche sérieuse des problèmes d'interprétation ne serait pas possible sans un aperçu préalable de la question de savoir : quels organes ont autorité pour interpréter des accords internationaux ? »*[2].

Dans le système de l'OIT, une pluralité d'acteurs connaît de l'interprétation des instruments élaborés en son sein. Son texte fondateur traite explicitement du sujet en consacrant un double mécanisme d'interprétation juridictionnelle en son article 37. Mais l'observation de la pratique laisse apparaître qu'à l'exception de quelques recours devant la CPJI lors des premières années d'activité de l'OIT, ces voies constitutionnelles sont restées inutilisées[3].

L'activité normative foisonnante de l'OIT ne s'est pas concentrée sur l'élaboration de normes internationales du travail. Il s'est également agi pour l'organisation genevoise de veiller à leur application, que ce soit en assurant le suivi de leur mise en œuvre ou en conseillant les gouvernements pour veiller à leur applicabilité. Dans ce cadre, l'étude de la conformité des législations et pratiques nationales avec les instruments de l'OIT conduit inévitablement à étudier la signification de ces derniers et à procéder à leur interprétation. A cet égard, les conclusions des organes de contrôle de l'OIT

---

[1] SUR (S.), *L'interprétation en droit international*, LGDJ, 1974, p. 108

[2] DEGAN (V. D.), *L'interprétation des accords en droit international*, La Haye, Nijhoff, 1963, p. 15 cité par SIMON (D.), *L'interprétation judiciaire des traités d'organisations internationales*, op. cit., 1981, p. 15

[3] Le BIT a réalisé plusieurs travaux, soumis au Conseil d'administration, sur l'existence des mécanismes d'interprétation qui existent en son sein et sur le recours à l'article 37 de la Constitution, notamment : 256ème session, Genève, mai 1993, *Article 37, paragraphe 2, de la Constitution et interprétation des Conventions internationales du travail*, GB 256/SC/2/2 ; 322ème session, Genève, novembre 2014, *Initiative sur les normes : Suivi de la session de 2012 de la Commission de l'application des normes de la Conférence internationale du Travail*, GB.322/INS/5 (cette dernière s'appuie notamment sur deux documents informels qui ne sont plus diffusés : *Non-document sur l'interprétation des Conventions internationales du travail* et *Document exploratoire informel sur l'interprétation des Conventions internationales du travail*) ; 338ème session, Genève, mars 2020, *Initiative sur les normes : propositions concernant de nouvelles dispositions en vue d'assurer la sécurité juridique et point sur les autres mesures contenues dans le plan de travail visant à renforcer le système de contrôle*, GB 338/INS/5

« ont fini par constituer une espèce de jurisprudence, ou plus exactement un recueil de recommandations à la disposition des Etats qui cherchent à introduire dans leur droit et leur pratique un instrument donné »[4].

L'activité d'interprétation au sein de l'OIT apparaît ainsi très importante. De fait, les mécanismes officiels juridictionnels d'interprétation ont été supplantés par les procédures courantes de l'OIT, issues le plus souvent de la pratique. Il convient dès lors de s'interroger, d'une part, sur les raisons qui expliquent l'échec des voies d'interprétation consacrées par la Constitution et l'affirmation d'organes variés au fil du temps et, d'autre part, sur les atouts et la viabilité de cette situation en apparence fragile juridiquement.

L'OIT, à la structure tripartite et hautement spécialisée dans les questions du travail, constitue une formation originale sur la scène internationale. Sur un fond diplomatique, s'exerce un rapport de force entre représentants des gouvernements, des travailleurs et des employeurs, amenés à débattre de sujets tant techniques que politiques. Au-delà des aspects juridiques, la nécessité de prendre en compte le contexte diplomatique, social et technique se révèle ainsi essentielle pour comprendre le rôle des interprètes au sein de l'OIT.

Les acteurs juridictionnels officiels d'interprétation, trop éloignés des spécificités de l'OIT, semblent ainsi avoir été très rapidement dépassés (Chapitre 1) par des organes plus adaptés pour faire face à ces particularismes (Chapitre 2).

---

[4] SERVAIS (J-M.), *Normes internationales du travail*, LGDJ, 2004, p. 53

Chapitre 1
Les organes juridictionnels d'interprétation : des mécanismes constitutionnels inutilisés[1]

La Constitution de l'OIT consacre un double mécanisme d'interprétation des Conventions de l'OIT. Son article 37 énonce ainsi :

« 1. Toutes questions ou difficultés relatives à l'interprétation de la présente Constitution et des conventions ultérieurement conclues par les Membres, en vertu de ladite Constitution, seront soumises à l'appréciation de la Cour internationale de Justice.
2. Nonobstant les dispositions du paragraphe 1 du présent article, le Conseil d'administration pourra formuler et soumettre à la Conférence pour approbation des règles pour l'institution d'un tribunal en vue du prompt règlement de toute question ou difficulté relatives à l'interprétation d'une convention, qui pourront être portées devant le tribunal par le Conseil d'administration ou conformément aux termes de ladite convention. Tous arrêts ou avis consultatifs de la Cour internationale de Justice lieront tout tribunal institué en vertu du présent paragraphe. Toute sentence prononcée par un tel tribunal sera communiquée aux Membres de l'Organisation et toute observation de ceux-ci sera présentée à la Conférence ».

Ce double mécanisme a été élaboré en deux temps. Dès 1919[2], il est apparu nécessaire de prévoir un dispositif d'interprétation des Conventions internationales du travail. Une fois la création de la Cour internationale de justice acquise, le délégué britannique à la Conférence de Paix de Versailles émit l'idée d'une interprétation de la *« Constitution et des Conventions ultérieures »* par le Tribunal institué au sein de la SdN[3]. Cette proposition fut non seulement validée mais elle traversa également le temps, puisque l'article 37§1 de l'actuelle Constitution reprend en substance ce dispositif.

Malgré sa longévité, cette disposition ne recueillit jamais les faveurs de l'OIT et de ses organes. C'est en réaction aux critiques considérant le mécanisme initial comme excessivement lourd qu'un second alinéa fut ajouté à l'article 37 de la Constitution en 1945, pour permettre la naissance

---

[1] A la date de révision de cet ouvrage. Il conviendra pour la suite de se référer aux travaux du Conseil d'administration postérieurs au mois de mai 2020

[2] Les réflexions sur l'élaboration de la Constitution s'étaient tenues parallèlement aux travaux de préparation de la Société des Nations (SdN) et de la CPJI

[3] Conférence des préliminaires de paix, Commission de la législation internationale du travail, Séance du 27 février 1919 cité par *La paix de Versailles, Législation internationale du travail*, Les Editions internationales, Paris, 1932, p. 377

d'un tribunal interne à l'OIT[4]. Bien que s'appuyant sur les insuffisances constatées de la voie d'interprétation précédemment tracée, cet alinéa ne fut finalement jamais mis en œuvre : aucune interprétation ne fut jamais rendue par un tribunal interne car aucune formation de ce type ne fut jamais créée.

Pour comprendre la cause de l'inefficacité de ces mécanismes, il convient d'étudier les dispositions prévues à l'article 37 de la Constitution de l'OIT.

Le recours à la CIJ et la formation d'un tribunal interne ne doivent pas uniquement être traités séparément parce qu'ils résultent de dispositions distinctes ou parce qu'ils sont apparus à des époques différentes. Au-delà de ces aspects formels et temporels, il est important de souligner que, même s'il présente des faiblesses certaines, le dispositif créé par le second alinéa paraît intéressant, en raison de sa compatibilité potentielle avec la structure et la philosophie de l'OIT, à la différence de son prédécesseur[5].

Avant de s'interroger sur le mécanisme d'interprétation interne prévu par la Constitution de l'OIT (Section 2), il faut analyser le système d'interprétation des textes de l'OIT par la CIJ et comprendre les raisons de son échec (Section 1).

Section 1 L'interprétation par la Cour internationale de justice

L'article 37§1 de la Constitution de l'OIT prévoit un mécanisme d'interprétation de la Constitution et des Conventions de l'OIT par la CIJ (et, avant 1946, par la CPJI[6]). Inchangée depuis l'origine[7], la formulation de cette disposition n'est pas sans poser de questions. La principale interrogation ne découle pas tant du contenu de ce texte que de son utilisation, d'abord parcimonieuse puis totalement inexistante.

Sous-section 1 : La possibilité de l'interprétation par la CIJ

L'article 37§1 de la Constitution de l'OIT consacre la CIJ comme autorité d'interprétation des Conventions et de la Constitution de l'OIT. Cependant,

---

[4] CIT, 27ème session, Paris, 1945, Rapport IV 1), Fascicule 1 : Relations avec les organismes internationaux, p. 113

[5] HEPPLE (B.), *Labour laws and global trade*, op. cit., p. 56

[6] En 1919, la fonction d'interprétation était dévolue à la CPJI. La succession de la CIJ à la CPJI (dissoute en 1946) n'a entraîné aucune modification dans ce dispositif, la CIJ ayant purement et simplement succédé à la CPJI en tant qu'interprète des Conventions de l'OIT. Les expressions *« la Cour »* ou *« la Cour internationale »* sont ici utilisées pour désigner indistinctement l'une ou l'autre de ces juridictions

[7] Mis à part sur la substution de la CIJ à la CPJI

cette disposition demeure silencieuse quant à la mise en œuvre de ce mécanisme. En revanche, l'article 37§2 se révèle limpide s'agissant de la valeur à accorder aux interprétations fournies par la Cour.

§1. Domaine de l'interprétation

Au vu du premier paragraphe de l'article 37, la CIJ figure en principe comme l'organe de référence pour ce qui est de l'interprétation des textes de l'OIT.

Le choix de termes larges (*« toutes questions ou difficultés »*) laisse entendre qu'il s'agit de confier à la Cour la plus vaste latitude s'agissant du règlement de toute question juridique afférente à la Constitution ou aux Conventions de l'OIT. Il ne s'agit pas de faire appel à elle pour trancher un différend entre parties mais clairement de la considérer comme un *« conseiller juridique »*[8]. Pour autant, après quelques années de pratique de l'OIT, ses mandants ont souligné que les questions pouvant être soulevées se révélaient particulièrement minutieuses[9]. En dépit de l'ambiguité des termes employés, le Bureau estime ainsi que ces différends *« sont à distinguer des simples désaccords exprimés occasionnellement quant au sens des normes internationales du travail, ainsi que des demandes d'éclaircissements [qui lui sont] adressées »*[10].

L'article 37§1 n'évoque pas la question de l'interprétation des autres instruments élaborés au sein de l'OIT et pourrait laisser suggérer que l'OIT n'entend se référer à la CIJ que pour la seule interprétation de ses Conventions (ainsi que de sa Constitution). Cette omission ne constitue en réalité par une difficulté, en prenant en compte l'article 36 du statut de la CIJ : celui-ci prévoit que cette dernière est compétente pour examiner tout point de droit international. Dès lors, il y a lieu de considérer la Cour compétente pour se livrer, notamment, à l'interprétation des Recommandations (même si leur caractère non-contraignant rend l'exercice moins décisif qu'en ce qui concerne l'interprétation des Conventions).

---

[8] FISCHER (G.), *Les rapports entre l'Organisation internationale du travail et la Cour permanente de justice*, Editions A. Pedone, 1946, p. 37

[9] *« Pour les questions ou différends concernant l'interprétation des conventions, la situation est différente. Les points à régler dans ce genre de cas sont souvent si minutieux qu'ils ne valent pas la peine d'être portés devant le principal organe judiciaire de la communauté internationale... »* in CIT, 27ème session, op. cit., p. 113

[10] 338ème session, Genève, mars 2020, *Initiative sur les normes : propositions concernant de nouvelles dispositions en vue d'assurer la sécurité juridique et point sur les autres mesures contenues dans le plan de travail visant à renforcer le système de contrôle*, GB 338/INS/5, p. 4, para. 13

D'une manière générale, la concision de cette disposition n'est pas sans susciter des interrogations.

§2. Une procédure imprécise

L'article 37§1 de la Constitution de l'OIT se révèle pour le moins sibyllin en ce qui concerne la procédure de demande d'interprétation auprès de l'OIT. Il ne fournit aucune indication quant aux modalités de saisine de la Cour et à l'option pour la voie consultative ou contentieuse[11].

Néanmoins, la lecture de l'article 37§1 de la Constitution laisse apparaître une inclination pour la voie consultative (comme l'admet désormais le BIT[12]).

Sur ce point, dans sa thèse, élaborée à l'époque de la CPJI mais dont les arguments se révèlent dans ce cas toujours pertinents, Georges FISCHER explique en quoi la formulation de cet article s'oppose à la mise en œuvre d'une procédure contentieuse[13]. Tout d'abord, celle-ci suppose l'existence de parties. Or, il n'est pas fait mention dans l'article 37§1 de parties. Ensuite, l'utilisation du terme *« appréciation »* pour désigner l'activité de la Cour s'oppose à l'idée du règlement contentieux, en ce que la mission d'un tribunal est d'émettre des jugements portant sur un différend. Par ailleurs, dans le libellé de l'article 37§1, il n'est pas fait usage des termes *« litige »* ou

---

[11] Le mémorandum adressé en 1929 par le BIT au Comité de juristes chargé de réviser le statut de la CPJI n'a pas permis d'opter exclusivement pour le recours à la voie consultative ou pour la seule utilisation de la voie contentieuse. A l'époque, le Bureau avait en effet estimé que la compétence d'interprétation de la Cour devait s'exercer à la fois sous la forme contentieuse et sous la forme consultative, l'article 37 constituant *« la disposition par laquelle les Etats membres de l'OIT ont accepté de soumettre leurs différends à la décision de la Cour »* (Procès-verbaux du Comité de juristes chargé de l'étude du Statut de la CPJI, 1929, pp. 102-104 (SdN, C. 166, M. 66, 1929, V.) cité par FISCHER (G.), *Les rapports entre l'Organisation internationale du travail et la Cour permanente de justice*, op. cit., p. 31

[12] Voir par exemple le document proposé au Conseil d'administration sur le sujet en 2014. Conseil d'administration, 322ème session, Genève, novembre 2014, *Cinquième question à l'ordre du jour, Initiative sur les normes : Suivi de la session de 2012 de la Commission de l'application des normes de la Conférence internationale du Travail*, GB.322/INS/5, p. 2

[13] FISCHER (G.), *Les rapports entre l'Organisation internationale du travail et la Cour permanente de justice*, op. cit., pp. 30-31. Sur le même sujet, voir BOISSON DE CHAZOURNES (L.), « The ILO and International Judicial Mechanisms: A Story of Control and Trust » in POLITAKIS (G.), KOHIYAMA (T.), LIEBY (T.) (dir.), *Law for Social Justice*, BIT, Genève, 2019, pp. 198-199

« différend » mais de celui, bien moins fort, de difficulté. De même, la version anglaise de cet article utilise l'expression *« any question or dispute »*, correspondant aux termes utilisés dans l'article 14 du Pacte de la Société des Nations, à propos de l'activité consultative de la Cour. La version anglaise laisse toutefois subsister un doute concernant la nécessité de solliciter la Cour sous sa forme contentieuse, en ce qu'elle énonce que la Cour doit être sollicitée *« for decision »*[14], suggérant que l'opinion de la Cour devrait être obligatoire, ce qui imposerait un recours à la voie contentieuse.

L'étude des différents cas de figures susceptibles d'être rencontrés en pratique constitue un argument supplémentaire en faveur du recours à la voie consultative comme canal d'interprétation. En premier lieu, conformément au statut de la CIJ et à la Charte des Nations Unies, les organes de l'OIT disposent uniquement de la faculté de saisir la Cour dans le cadre de procédures de demande d'avis consultatif[15]. Les Etats ne peuvent quant à eux engager de procédure contre l'OIT, dans la mesure où il résulte de l'article 34 du statut de la CIJ que seuls les Etats peuvent être attraits dans le cadre d'une procédure contentieuse[16]. Par ailleurs, une action d'un Etat contre un autre Etat devant la CIJ reviendrait à contourner les dispositions de la Constitution de l'OIT[17], selon laquelle la procédure de plainte auprès du BIT

---

[14] *« Any question or dispute relating to the interpretation of this Constitution or of any subsequent Convention concluded by the Members in pursuance of the provisions of this Constitution shall be referred for decision to the International Court of Justice »*

[15] D'une part, l'article 65 du statut de la CIJ prévoit que *« la Cour peut donner un avis consultatif sur toute question juridique, à la demande de tout organe ou institution qui aura été autorisé par la Charte des Nations Unies ou conformément à ses dispositions à demander cet avis »*, tandis que l'article 96 de la Charte des Nations Unies énonce que *« tous autres organes de l'Organisation et institutions spécialisées qui peuvent, à un moment quelconque, recevoir de l'Assemblée générale une autorisation à cet effet ont également le droit de demander à la Cour des avis consultatifs sur des questions juridiques qui se poseraient dans le cadre de leur activité »*. Ensuite, l'article 34 du statut de la CIJ précise que *« seuls les Etats ont qualité pour se présenter devant la Cour »*. En pratique, l'unique avis consultatif d'une Convention de l'OIT rendu par la CPJI en 1932 était intervenu à la suite de divergences d'interprétation entre Etats au sein du Conseil d'administration de l'OIT. Afin de mettre fin au débat, ce dernier avait sollicité la Cour (CPJI, Avis consultatif du 15 novembre 1932, Interprétation de la Convention de 1919 concernant le travail de nuit des femmes, Série A/B, fascicule n° 50)

[16] NGUYEN QUOC (D.), DAILLER (P.), FORTEAU (M.), PELLET (A.), MÜLLER (D.), *Droit international public*, LGDJ, 8ème éd., 2009, p. 992

[17] La Constitution de l'OIT prévoit spécifiquement ce type de situation, une procédure de plainte étant prévue aux articles 26 à 34 de la Constitution de l'OIT.

doit être mise en œuvre lorsque des Etats se reprochent l'exécution insatisfaisante d'une Convention.

Ces différentes hypothèses révèlent que l'OIT et ses organes apparaissent comme les acteurs centraux de la saisine de la CIJ, la voie consultative s'imposant, alors que les situations contentieuses font d'abord l'objet d'un règlement interne au sein de l'organisation genevoise. Le caractère consultatif de la procédure n'implique pas pour autant que les avis rendus par la Cour soient dépourvus de force contraignante.

§3. L'autorité des interprétations de la CIJ

Un avis consultatif est dépourvu de valeur obligatoire, en principe. Toutefois, le second paragraphe de l'article 37 de la Constitution de l'OIT[18] confère aux avis une autorité certaine en les rendant opposables, au même titre qu'un arrêt, à tout tribunal qui serait mis en place pour régler une question d'interprétation[19].

Une telle précision apparaît antinomique avec la fonction première des avis consultatifs qui, comme leur nom l'indique, n'ont pas vocation à être obligatoires[20]. En effet, alors que l'article 59 du traité de la CIJ énonce clairement que ses décisions ont force obligatoire entre les parties, aucune précision de ce type n'est formulée s'agissant des avis consultatifs. La Cour a ainsi eu l'occasion de rappeler que ces avis consultatifs ne sauraient *« avoir d'effet obligatoire »*[21].

Toutefois, cette affirmation mérite d'être tempérée. D'une part, l'autorité de la Cour confère une force certaine à ces avis[22]. D'autre part, en application du principe de bonne foi dans les traités, tout Etat partie à la convention

---

Celle-ci peut notamment déboucher sur l'intervention de la Cour internationale de justice qui peut être saisie du différend (article 29). Cf. infra. Chapitre 2

[18] Cf. infra Sous-section 2

[19] MAUPAIN (F.), « L'interprétation des Conventions internationales du travail », op. cit., pp. 575-576

[20] KDHIR (M.), *Dictionnaire juridique de la Cour internationale de justice*, 2ème éd., Bruylant, Bruxelles, 2000, pp. 42

[21] Voir par exemple : Avis consultatif du 30 mars 1950, Interprétation des traités de paix conclus avec la Bulgarie, la Hongrie et la Roumanie, p. 10

[22] ROSENNE (S.), *The Law and practice of the international Court*, Vol. 2, A. W. SIJTHOFF-LEYDEN, 1965, pp. 745-747

interprétée est lié par le sens qui lui est attribué par l'avis, lequel dispose alors d'une portée normative[23].

La CIJ s'est prononcée[24] s'agissant du statut du Tribunal administratif de l'OIT[25], dont l'article XII est inspiré[26] de l'article 37 de la Constitution de l'OIT et énonce que *« l'avis rendu par la Cour aura force obligatoire »*. Les juges ont souligné que la conséquence de cette stipulation dépassait *« la portée attachée par la Charte et le statut de la Cour à un avis consultatif »*. Parallèlement, elle a relevé que l'objectif de cette disposition visait uniquement à fournir une règle de conduite au Conseil exécutif de l'organisation concernée par le litige examiné par le tribunal, cette règle déterminant *« la suite à donner par lui à l'avis de la Cour »*. Surtout, *« elle n'affecte en rien le mode selon lequel la Cour fonctionne : celui-ci reste fixé par son Statut et son Règlement. Elle n'affecte ni le raisonnement par lequel la Cour formera son opinion, ni le contenu de l'avis lui-même. Par conséquent, le fait que l'avis de la Cour sera accepté comme ayant force obligatoire ne fait pas obstacle à ce que suite soit donnée à la demande d'avis »*[27].

Puisque l'article 37§2 de la Constitution de l'OIT se limite à préciser que les avis et arrêts de la Cour lieront tout tribunal interne sans interférer avec le fonctionnement de la CIJ, cette disposition est conforme aux exigences de la Cour. Sur cet aspect, la doctrine a résumé la valeur des clauses compromissoires identiques à celles prévues par l'article 37§2 en soulignant que si les avis rendus par la Cour dans ce cas avaient une valeur décisoire, celle-ci n'avait qu'une autorité contractuelle ou réglementaire, différente de

---

[23] RUNAVOT (M-C.), *La compétence consultative des juridictions internationales, Reflet des vicissitudes de la fonction judiciaire internationale*, LGDJ, Paris, 2010, p. 210

[24] Avis consultatif du 23 octobre 1956, Jugements du Tribunal administratif de l'Organisation internationale du travail sur requête de l'Organisation des Nations Unies pour l'éducation, la science et la culture

[25] Qui est la structure compétente pour connaître des litiges concernant les fonctionnaires d'un certain nombre d'organisations internationales

[26] *« 1. Au cas où le Conseil d'administration du Bureau international du Travail ou le Conseil d'administration de la Caisse des pensions conteste une décision du Tribunal affirmant sa compétence, ou considère qu'une décision du Tribunal est viciée par une faute essentielle dans la procédure suivie, la question de la validité de la décision rendue par le Tribunal sera soumise par le Conseil d'administration, pour avis consultatif, à la Cour internationale de justice.*
2. L'avis rendu par la Cour aura force obligatoire ».

[27] Avis consultatif du 23 octobre 1956, op. cit., p. 11

l'autorité de la chose jugée de ses arrêts[28].

D'une manière générale, comme l'a souligné le BIT en 2014, *« même si les avis consultatifs ne sont pas obligatoires, pas plus qu'ils n'ont l'autorité de la chose jugée, ils reflètent l'état du droit international et bénéficient de l'autorité de la Cour internationale de Justice, organe judiciaire principal des Nations Unies, et, à ce titre, ils ont un poids juridique important »*[29]. En 2020, il a rappelé que *« l'OIT a[vait] toujours considéré les avis consultatifs comme contraignants »* et estimé qu'il *« appartiendra[it] aux organes exécutifs de l'OIT d'adopter et de mettre en œuvre les mesures (...) nécessaires pour donner plein effet à l'avis de la Cour »*[30].

Finalement, même si la formulation de l'article 37§1 de la Constitution de l'OIT pose bon nombre de questions théoriques, celles-ci se révèlent aujourd'hui dépourvues d'application concrète en raison de la quasi-absence d'utilisation de ce mécanisme.

Sous-section 2 : L'expérience éphémère de l'interprétation par la CIJ

En pratique, seule la CPJI a été sollicitée, à six reprises[31], par le biais de sa procédure consultative habituelle. Plusieurs raisons peuvent être avancées pour expliquer l'insuccès de ce mécanisme.

---

[28] BACOT (G.), « Réflexions sur les clauses qui rendent obligatoires les avis consultatifs de la CPJI et de la CIJ », RGDIP, 1980, p. 1064. Pour une synthèse des positions doctrinales très variées sur le sujet et un point de vue critique d'une procédure jugée trop complexe au regard des objectifs poursuivis, voir AGO (R.), « Les avis consultatifs "obligatoires" de la Cour internationale de justice : problèmes d'hier et d'aujourd'hui », *Mélanges Virally, Le droit international au service de la paix, de la justice et du développement*, Editions A. Pedone, 1991, Paris, pp. 9-25

[29] Conseil d'administration, 322ème session, Genève, 30 octobre-13 novembre 2014, Cinquième question à l'ordre du jour, Initiative sur les normes : Suivi de la session de 2012 de la Commission de l'application des normes de la Conférence internationale du Travail, GB.322/INS/5, para. 26, p. 8

[30] 338ème session, Genève, mars 2020, *Initiative sur les normes : propositions concernant de nouvelles dispositions en vue d'assurer la sécurité juridique et point sur les autres mesures contenues dans le plan de travail visant à renforcer le système de contrôle*, GB 338/INS/5, pp. 8-9, para. 34

[31] CPJI, 31 juillet 1922, *Désignation du délégué ouvrier néerlandais à la troisième session de la Conférence internationale du Travail*, Série B n° 1 ; CPJI, Avis consultatif du 12 août 1922, *Compétence de l'OIT pour la réglementation internationale des conditions du travail des personnes employées dans l'agriculture*, Série B n° 2 ; CPJI, Avis consultatif du 12 août 1922, *Compétence de l'OIT pour l'examen de proposition tendant à l'organisation et à développer les moyens de production agricole*, Série B, n° 3 ; CPJI, Avis consultatif du 23 juillet 1926, *Compétence de l'OIT pour réglementer accessoirement le travail personnel du*

§1. La quasi-absence de saisine de la Cour internationale aux fins d'interprétation des Conventions de l'OIT

Contrairement à ce que pourrait laisser suggérer la Constitution de la l'OIT, la CIJ est bien loin d'incarner l'entité de référence s'agissant de l'interprétation des Conventions internationales du travail. Même si, dans ses premières années d'activité, la CPJI a pu être confrontée aux questions du travail et rendre un certain nombre d'avis renforçant l'OIT, elle ne s'est livrée qu'à une unique analyse de ses Conventions.

A/ L'intérêt de la CPJI pour l'OIT

A six reprises, la CPJI a été saisie par le Conseil de la Société des Nations sur la base de l'article 14 du Traité de Versailles[32], à propos de questions intéressant directement l'OIT. Certes, l'objet de la saisine de la Cour ne portait pas, pour l'essentiel, sur l'interprétation des Conventions de l'OIT mais sur le contenu du texte constitutif de l'OIT, à savoir la Partie XIII du Traité de Versailles. Toutefois, les avis consultatifs rendus témoignent d'une certaine sensibilité pour les questions du travail. Dans le même temps, ils ont été l'occasion pour la Cour d'affirmer l'étendue de son pouvoir d'interprétation. Plusieurs fois, la doctrine a souligné l'importance de ces avis s'agissant de l'affirmation de la compétence de l'OIT[33].

Deux de ces avis, qui portent sur les compétences de l'OIT, illustrent l'importance accordée à l'OIT par la CPJI et à sa convergence de vue avec l'OIT.

La CPJI s'est d'abord prononcée sur la question de savoir si la compétence de l'OIT lui permettait de connaître de la réglementation des conditions du travail des personnes employées dans le secteur de l'agriculture[34]. Un argument avancé par le gouvernement français était à l'origine de cette question. Selon lui, dès lors que le traité de Versailles ne mentionnait pas les

patron, Série B, n° 13 ; CPJI, Avis consultatif du 26 août 1930, *Ville libre de Dantzig*, Série B, n° 18 ; CPJI, Avis consultatif du 15 novembre 1932, *Interprétation de la Convention de 1919 concernant le travail de nuit des femmes*, Série A/B, fascicule n° 50

[32] Traité de Versailles, 28 juin 1919

[33] LAUTERPACHT (H.), *The development of international law by the international court*, Grotius, rééd., Cambridge, 1982, p. 267 ; SIMON (D.), *L'interprétation judiciaire des traités d'organisations internationales*, op. cit., p. 176

[34] CPJI, Avis consultatif du 12 août 1922, *Compétence de l'OIT pour la réglementation internationale des conditions du travail des personnes employées dans l'agriculture*, Série B n° 2

« travailleurs agricoles » au titre des personnes susceptibles d'entrer dans son champ de compétence, il était inopportun pour la Conférence internationale du travail de traiter de la question du travail agricole.

Afin de répondre à la question qui lui était posée, la Cour a favorisé une approche extensive[35] du contenu de la partie XIII du traité de Versailles. Pour justifier le *« caractère compréhensif »*[36] de cette partie, elle a procédé de différentes manières, étudiant tant les objectifs de l'organisation (tendant à entendre la notion de travail le plus largement possible[37]) que les techniques sémantiques et linguistiques employées dans la Convention[38].

Par cet avis, la CPJI a affirmé son pouvoir d'interprétation du texte constitutif de l'OIT, face aux réticences de certains Etats. En effet, il avait été argué que *« l'établissement de l'organisation internationale du Travail comport[ait] une renonciation à certains droits qui dériv[ai]ent de la souveraineté nationale, et que, pour cette raison, la compétence de l'Organisation ne d[evait] pas être étendue par voie d'interprétation »*[39]. La Cour répondit à cet argument que dans chaque cas spécial, *« la question se réduit forcément à celle de savoir quel est le sens exact des termes mêmes du Traité... »*[40].

La conception large des compétences de l'OIT et ce soutien de la Cour ont été accueillis très favorablement au sein de l'organisation[41]. En cela, cet avis

---

[35] Le gouvernement français avait en effet dénoncé l'usage interprétatif des travaux préparatoires, le texte du traité étant suffisamment clair et l'ensemble des parties à ce dernier n'ayant pas eu l'opportunité de prendre par à ces travaux. La Cour refusa toutefois de discuter cet argument, soulignant que l'accès à ces travaux préparatoires n'avait en rien modifié ses conclusions. CPJI, Avis consultatif du 12 août 1922, op. cit., p. 40

[36] Ibid., p. 24

[37] Ibid., pp. 23-24

[38] Il avait en effet été suggéré que le traité constitutif de l'OIT faisait usage de l'adjectif *« industriel »*, cet adjectif devant exclure le secteur agricole. Toutefois, la Cour a relevé que l'adjectif *« professionnel »* était utilisé dans d'autres clauses du traité. Par ailleurs, elle a justifié l'emploi du mot *« industriel »* par le fait qu'il s'agissait du terme le plus adapté pour traduire l'adjectif anglais *« industrial »*, de manière ni trop large, ni trop restrictive

[39] CPJI, Avis consultatif du 12 août 1922, Série B n° 2, p. 22

[40] Ibid.

[41] Albert THOMAS, alors Directeur général, déclara lors de la session du Conseil d'administration qui suivit : *« L'avis de la Cour au sujet de la réglementation du travail agricole a donné au Bureau une autorité nouvelle. La Cour a fait justice des accusations qui pouvaient peser sur lui, de vouloir constamment envahir des domaines qui n'étaient pas les siens ou empiéter sur des droits qui appartenaient à d'autres »*. Conseil d'administration, 14ème session, p. 418 cité par FISCHER (G.),

a été considéré par Nicolas VALTICOS comme le plus décisif tant en raison du sujet traité que par sa portée en ce qui concerne la compétence générale de l'OIT[42]. Par la suite, la CPJI a conforté[43] cette approche large, plus précisément en ce qui concerne les compétences personnelles de l'OIT[44].

En particulier, le 8 juin 1925, à la suite de discussions, la Conférence internationale du travail avait adopté une disposition interdisant le travail de nuit dans les boulangeries, tant pour les salariés qui y étaient employés que pour leurs patrons. Ce faisant, la Conférence avait rejeté un amendement britannique et était allée à l'encontre de la position de la délégation des employeurs, laquelle remettait en cause la compétence de l'OIT s'agissant de la réglementation du travail des patrons. La CPJI avait donc été saisie sur la question de savoir si l'organisation était compétente *« pour élaborer et proposer une réglementation qui, pour assurer la protection de certains travailleurs salariés (workers), vise en même temps et accessoirement le même travail personnel du patron »*.

Après avoir cité différents textes et décisions, la Cour s'est attachée à définir l'esprit général gouvernant l'action de l'OIT[45]. De manière plus explicite, la Cour a notamment souligné que l'organisation se serait vue empêchée de mettre en place un régime de travail humain et de d'assurer la protection des travailleurs salariés si *« elle n'avait pas [eu] compétence pour proposer, afin de protéger les travailleurs salariés, une réglementation qui, pour atteindre*

Les rapports entre l'Organisation internationale du travail et la Cour permanente de justice, op. cit., p. 327

42 VALTICOS (N.), *Droit international du travail*, op. cit., p. 185

43 Alors que dans son avis du 12 août 1922, elle s'était prononcée dans un sens opposé en estimant que *« l'organisation et le développement des moyens de production n['étaient] pas du domaine de l'Organisation »* (toutefois, *« il ne saurait être interdit à l'Organisation de s'occuper des questions qui lui sont expressément attribuées par le Traité, parce qu'il peut en résulter pour elle la nécessité d'examiner, sous certains aspects, les moyens et les méthodes de production, ou l'effet que les mesures proposées pourraient avoir sur la production »*). CPJI, Avis consultatif du 12 août 1922, *Compétence de l'OIT pour l'examen de proposition tendant à l'organisation et à développer les moyens de production agricole*, Série B, n° 3

44 CPJI, Avis consultatif du 23 juillet 1926, *Compétence de l'OIT pour réglementer accessoirement le travail personnel du patron*, Série B, n° 13

45 Ainsi, dans un premier temps, elle a relevé les objectifs poursuivis par l'OIT et leur convergence vers un objectif de justice sociale. En se référant notamment aux dispositions constitutionnelles énonçant les principes généraux guidant son action, elle a mis en avant le fait que les Etats fondateurs de l'Organisation avaient entendu lui confier *« des pouvoirs très étendus pour collaborer avec elles au sujet des mesures à prendre en vue d'assurer un régime de travail humain et la protection des travailleurs salariés »*

son but, [aurait dû] nécessairement s'appliquer dans une certaine mesure au travail des patrons ». Posant les bases de la théorie des compétences implicites[46], la Cour a alors considéré que, bien qu'elles ne soient pas expressément énoncées dans la Constitution, l'OIT disposait d'un certain nombre de compétences nécessaires à l'exercice de ses fonctions.

A travers ces avis portant sur les compétences de l'OIT, la CPJI a fait preuve d'une certaine capacité à traiter des questions du travail, tout en gagnant une adhésion certaine auprès de l'OIT. L'unique occasion d'interprétation d'une Convention internationale du travail s'est opérée de manière moins positive.

B/ L'expérience unique de l'interprétation d'une Convention de l'OIT

Bien que le mécanisme d'interprétation des Conventions internationales du travail soit centenaire, la Cour n'est intervenue qu'à une reprise dans ce cadre, en 1932, s'agissant de l'application de la Convention n° 4 sur le travail de nuit des femmes[47].

1. Examen de la question par la Cour

La Cour internationale avait été sollicitée sur la question de savoir si, dans les établissements visés par la Convention sur le travail de nuit des femmes, les dispositions de cette dernière concernaient également *« les femmes qui occup[ai]ent des postes de surveillance ou de direction et n'effectu[ai]ent pas normalement un travail manuel »*. Le sujet faisait suite à une demande adressée par le gouvernement britannique au BIT le 2 juin 1930, afin que l'article 3 de la Convention[48] soit modifié, dans le but d'exclure ces femmes de son champ d'application.

Dans un premier temps, la Cour s'est livrée à une analyse de la lettre du texte et a souligné que cette disposition ne présentait en elle-même *« aucune difficulté »*, en ce qu'elle était rédigée *« en termes généraux, exempts d'ambiguïté ou d'obscurité »* et n'était contredite ni par le titre, ni par le

---

[46] LAMOUR (M.), « Juridictions à vocation universelle » in THOUVENIN (J-M.), TREBILCOK (A.) (dir.), *Droit international social*, Tome 2, Bruylant, Paris, 2013, p. 635

[47] CPJI, Avis consultatif du 15 novembre 1932, *Interprétation de la Convention de 1919 concernant le travail de nuit des femmes*, Série A/B, fascicule n° 50

[48] Celui-ci était alors rédigé en ces termes : *« Les femmes, sans distinction d'âge, ne pourront être employées pendant la nuit dans aucun établissement industriel, public ou privé, ni dans aucune dépendance d'un de ces établissements, à l'exception des établissements où seuls sont employés les membres d'une même famille »*.

préambule ou les autres dispositions de la Convention[49]. Partant, afin de répondre à la question qui leur était posée, les juges ont recherché si d'autres motifs pouvaient justifier l'attribution d'une signification différente à ce texte. Ainsi, après avoir rappelé que la mission de l'OIT ne se limitait pas aux travailleurs manuels[50], la Cour a notamment relevé que, dans le texte de la Convention de 1919, aucune référence n'était faite à la Convention de Berne de 1906 sur l'interdiction du travail de nuit des femmes employées dans l'industrie (laquelle ne concernait que les femmes affectées à un travail manuel), alors que son préambule citait *« l'emploi des femmes pendant la nuit »*[51]. Par ailleurs, la Cour a fait part de son *« impression »* selon laquelle les auteurs de la Convention avaient dépassé leur intention initiale de se baser sur le texte de la Convention de Berne au moment de l'adoption de la Convention de 1919[52].

En se rattachant principalement à la lettre du texte[53], les juges ont finalement estimé que la Convention concernant le travail de nuit des femmes s'appliquait également aux femmes affectées à des postes de surveillance ou de direction et n'effectuant pas un travail manuel.

Cette décision s'inscrit dans la tendance de la Cour à procéder à une interprétation large[54] des engagements conclus au sein de l'OIT. En même temps, il est intéressant de remarquer qu'elle s'oppose frontalement à la position qui allait être prise par les juges européens quelques décennies plus tard (même si, dans ce dernier cas, il est important de rappeler que la question portait spécifiquement sur l'égalité entre hommes et femmes)[55], ces derniers ayant décidé d'imposer la levée des interdictions du travail de nuit

---

[49] CPJI, Avis consultatif du 15 novembre 1932, op. cit., p. 12

[50] Tout en confirmant le fait que *« l'amélioration du sort des travailleurs manuels [avait] été la préoccupation principale des auteurs de la Partie XIII du Traité de Versailles »*, elle a notamment rappelé que ce dernier texte contenait un certain nombre d'expressions (*« travailleurs »*, *« travailleurs salariés »*) envisageant les travailleurs en leur ensemble, sans se limiter aux travailleurs manuels. CPJI, Avis consultatif du 15 novembre 1932, op. cit., p. 14

[51] Ibid., p. 16

[52] Ibid., p. 19. Ce alors même qu'un certain nombre d'éléments tirés des travaux préparatoires laissaient suggérer que l'intention des rédacteurs était bien de ne traiter que la seule situation des travailleurs manuels. SIMON (D.), *L'interprétation judiciaire des traités d'organisations internationales*, op. cit., p. 176

[53] Ce procédé a été assumé par la Cour, selon laquelle *« il n'y a pas lieu de recourir aux travaux préparatoires lorsque le texte d'une convention est suffisamment clair en lui-même »*. CPJI, Avis consultatif du 15 novembre 1932, Interprétation de la Convention de 1919 concernant le travail de nuit des femmes, p. 17

[54] LAMOUR (M.), « Juridictions à vocation universelle », op. cit., p. 638

[55] CJCE, 25 juillet 1991, *Stoeckel*, aff. C-345/89

des femmes au nom de l'égalité entre les deux sexes. Sans entrer dans le débat de la conception relative de l'égalité professionnelle, il faut remarquer que cette décision de la CPJI s'est révélée lourde de conséquences quant à la portée de la Convention n° 3.

2. *Une solution reflétant la distance entre les juges et la question du travail*

En considérant que l'interdiction du travail de nuit ne s'appliquait pas uniquement aux travailleuses manuelles mais à toutes les femmes, la CPJI a, d'un certain point de vue, conduit à une situation privant les femmes de la faculté d'exercer des activités de surveillance ou de direction de nuit[56].

Bien que l'avis ait été adopté à six voix contre cinq, seule une opinion dissidente a été formulée, par le juge Dionisio ANZILOTTI. Son analyse, tout en conduisant à une solution contraire à celle proposée par la CPJI et adoptant à une position plus nuancée que celle apportée par la Cour, se fonde toutefois sur un argument potentiellement nocif pour l'action de l'OIT.

Le juge prône une interprétation téléologique du texte de la Convention. Il s'agit pour lui de répondre à la question *« de savoir quels sont l'objet et le but de la convention dans laquelle trouve place l'article qu'il s'agit d'interpréter »*[57]. Pour ANZILOTTI, il convient de déterminer la signification de la Convention sur le travail de nuit des femmes à la lueur du texte fondateur de l'OIT et, d'une manière générale, de l'esprit ayant animé sa genèse. Il apparaît, selon lui, au vu notamment du préambule de la Partie XIII du traité de Versailles[58] et de son article 427[59], que l'intention des

---

[56] Les standards de l'époque ne tendant peut-être pas à considérer cette situation comme discriminatoire. Pour un commentaire n'évoquant pas cette question de la discrimination, voir FISCHER (G.), *Les rapports entre l'Organisation internationale du travail et la Cour permanente de justice*, op. cit., pp. 337-348 ; à l'opposé (et plus récemment), voir LAMOUR (M.), « Juridictions à vocation universelle », op. cit., p. 648

[57] CPJI, Avis consultatif du 15 novembre 1932, *Interprétation de la Convention de 1919 concernant le travail de nuit des femmes* (Opinion dissidente de M. ANZILOTTI), p. 22

[58] *«... il existe des conditions de travail impliquant pour un grand nombre de personnes l'injustice, la misère et les privations, ce qui engendre un tel mécontentement que la paix et l'harmonie universelles sont mises en danger, et attendu qu'il est urgent d'améliorer ces conditions : par exemple, en ce qui concerne la réglementation des heures de travail, la fixation d'une durée maxima de la journée et de la semaine de travail, le recrutement de la main-d'œuvre, la lutte contre le chômage, la garantie d'un salaire assurant des conditions d'existence convenables, la protection des travailleurs contre les maladies générales ou*

promoteurs de l'OIT était focalisée sur le travail des ouvriers. Si une convention devait avoir une portée plus large, cette dernière devrait être constatée (or, tel n'est pas le cas s'agissant de la Convention sur le travail de nuit des femmes)[60].

En adoptant un point de vue actuel, une telle approche apparaît aussi discutable par ses fondements que dangereuse par ses conséquences. L'affirmation selon laquelle les objectifs d'amélioration énoncés dans le préambule de la Constitution de l'OIT révéleraient une préoccupation de l'OIT pour les seuls ouvriers semble éloignée des objectifs étendus de l'OIT tels qu'ils allaient être reflétés par la Déclaration de Philadelphie en 1944[61]. En effet, si les considérations liées au travail des enfants par exemple sont propres au monde ouvrier, d'autres, liées par exemple à la durée du travail, apparaissent bien plus universelles. En outre, la confusion entretenue entre les *« revendications ouvrières »* et le développement du droit international du travail conduit à réduire fortement les ambitions de l'OIT. Au-delà de la question du travail des femmes, la conception d'ANZILOTTI aurait eu pour effet de considérer que, sauf stipulation contraire, l'ensemble des instruments conventionnels élaborés au sein de l'OIT n'auraient eu pour vocation de s'appliquer qu'aux seuls travailleurs manuels.

L'opinion du juge ANZILOTTI, lourde de conséquences potentielles, permet de regretter un certain éloignement de la Cour des préoccupations de l'OIT et des spécificités des questions du travail.

3. Une portée certaine

En 1931, la Conférence internationale du travail avait rejeté la proposition de modification de l'article 3 de la Convention, visant à exclure les femmes occupées à des fonctions de supervision et d'encadrement de son champ d'application.

---

professionnelles et les accidents résultant du travail, la protection des enfants, des adolescents et des femmes, les pensions de vieillesse et d'invalidité, la défense des intérêts des travailleurs occupés à l'étranger, l'affirmation du principe de la liberté syndicale, l'organisation de l'enseignement professionnel et technique et autres mesures analogues ». Celui-ci répond, selon ANZILOTTI, aux *« revendications que la classe ouvrière avait formulées depuis longtemps »*. Opinion dissidente de M. ANZILOTTI, op. cit., p. 24

[59] Qui prône l'application de principes et méthodes par *« toutes les communautés industrielles »* afin de répandre *« des bienfaits permanents sur les salariés du monde »*

[60] Opinion dissidente de M. ANZILOTTI, op. cit., p. 26

[61] Cf. infra. Titre 2, Chapitre 1

Consécutivement à l'avis rendu par la CPJI, elle a, lors de sa session de 1934, amendé cette Convention[62], en ajoutant le paragraphe suivant : *« La présente convention ne s'applique pas aux femmes qui occupent des postes responsables de direction et n'effectuent pas normalement un travail manuel »*[63]. Cette modification est intervenue afin de tirer les conclusions de l'avis consultatif rendu par la CPJI.

Une telle prise en compte montre l'autorité de la CPJI et le respect exprimé par l'OIT à l'égard de qu'elle semble considérer comme une *« décision »*[64]. Bien que la solution de la Cour soit apparue insatisfaisante du fait de sa vision trop générale et peut-être même discriminatoire, elle n'en a pas moins été suivie. Au lieu d'ignorer un avis dont les conséquences leur semblaient négatives, les membres de l'OIT ont choisi de clore les débats en se prononçant à nouveau, de manière explicite cette fois, par la voie conventionnelle.

Il est intéressant de souligner l'intervention du délégué des travailleurs belge, laquelle exprima une certaine révérence à l'égard de l'avis de la Cour : *« si nous croyons toujours que les femmes occupant un poste responsable de direction ne tombent pas sous le coup de la convention, nous n'avons pas le droit d'ignorer le jugement rendu par la Cour permanente de Justice internationale. Ce jugement a donné tort à notre interprétation, et il ne serait pas correct de notre part de persister dans notre opinion et d'obliger les 27 pays ayant ratifié la convention dans l'esprit que nous avons indiqué, de modifier leur législation. Par conséquent, il faut se rendre à l'évidence et reconnaître que, dans les circonstances actuelles, on ne peut rien faire d'autre qu'accepter la modification proposée »*[65].

Malgré le crédit accordé à cet avis au sein de l'OIT, il n'en demeure pas moins qu'il s'est agi de l'unique occasion d'interprétation d'une Convention internationale du travail par une Cour internationale. Plusieurs raisons peuvent expliquer cette situation.

§2. Les raisons d'un insuccès

A l'époque de la CPJI, plusieurs voix se sont élevées pour dénoncer une procédure imposant à l'OIT de solliciter l'Assemblée ou le Conseil de la

---

[62] Convention (n° 41) (révisée) concernant le travail de nuit des femmes, 19 juin 1934

[63] CIT, 18ème session, Compte-rendu des travaux, Genève, 1934, p. 196

[64] OSIEKE (E.), *Constitutional law and practice in the International Labour Organization*, Martinus Nijhoff Publishers, 1985, pp. 205-206

[65] CIT, 18ème session, Compte-rendu des travaux, op. cit., p. 195

SdN afin de saisir la Cour[66]. Bien que cette difficulté ait été levée par l'article 65 du statut de la CIJ qui autorise de fait l'OIT à solliciter un avis consultatif de la Cour, la procédure d'interprétation juridictionnelle n'a bénéficié d'aucun regain d'intérêt.

Le non-recours aux instances judiciaires internationales n'apparaît pas lié à l'importance des questions posées. Dans un document établi en 1993 et présenté devant le Conseil d'administration[67], le BIT, conscient qu'une telle entreprise était empreinte d'une subjectivité certaine, avait relevé différents cas qu'il avait considérés comme ne présentant pas moins d'importance que celui qui avait amené la CPJI à se prononcer en 1932[68]. Même si cette analyse portait originellement sur la mise en œuvre de l'article 37§2 de la Constitution, elle s'applique également à son premier alinéa. En effet, d'une manière générale, il s'est agi de souligner qu'aucune juridiction n'avait été sollicitée pour régler des problématiques d'interprétation, que cette juridiction soit externe ou interne.

L'absence de sollicitation de la CIJ (et, avant cela, de la CPJI) n'est pas un phénomène propre à l'OIT. Cependant, un certain nombre de raisons particulières, liées à la façon de traiter les questions, peuvent expliquer

---

[66] En 1930, Georges SCELLE considérait que cette procédure rendrait le mécanisme d'interprétation totalement impraticable alors que Georges FISCHER, en 1946, considérait que la Constitution de l'OIT devait s'imposer face au statut de la CPJI. SCELLE (G.), *L'Organisation internationale du travail et le BIT*, op. cit., p. 219 ; FISCHER (G.), *Les rapports entre l'Organisation internationale du travail et la Cour permanente de justice*, op. cit., p. 273 ; Conférence internationale du travail, 27ème session, Paris, 1945, Rapport IV 1), Fascicule 1 : Relations avec les organismes internationaux, p. 113

[67] GB 256/SC/2/2, op. cit., para. 50, pp. 16-17

[68] L'affaire du *General Communication Headquarters* (GCHQ), pour laquelle la Commission d'experts avait envisagé la possibilité d'un renvoi à la CIJ ; *« l'applicabilité de la Convention n° 96 sur les bureaux de placement payants (révisée), 1949, aux agents de travail temporaire ; l'application de la Convention n° 105 sur l'abolition du travail forcé, 1957, au travail dans les prisons ; l'effet de la résolution n° 8 adoptée par la Conférence en 1921, sur l'application des conventions maritimes aux marins, telle que visée dans l'observation faite par la Commission d'experts à l'Irlande ; l'application de la Convention n° 111 concernant la discrimination (emploi et profession), 1958, aux interdictions professionnelles (cas de la République fédérale d'Allemagne) ; la plainte soumise en 1991 par le délégué employeur de la Suède (...) au sujet des éventuelles implications extraterritoriales du respect de la liberté syndicale et de la négociation collective qui, par sa nature et son objet, déborde le mandat spécifique d'une Commission d'enquête »*. L'on pourrait ajouter aujourd'hui la question de l'interprétation de la convention n° 87 sur la liberté d'association et le droit de grève posée en 2012, à propos de laquelle le recours à la CIJ avait été évoqué, cf. infra. B/

pourquoi cette dernière n'a jamais fait preuve d'un intérêt particulier à l'égard de la Cour de La Haye.

A/ L'absence de spécialisation de la Cour

La spécialisation de l'interprète apparaît comme une nécessité pour l'OIT. Alors que le statut de la CIJ n'apporte pas de réponse institutionnelle définitive sur ce point, cette dernière apparaît en tout état de cause très peu utilisée par les institutions internationales spécialisées, qui semblent réservées face à l'immixtion d'une autorité extérieure dans leur champ d'expertise.

1. L'absence de réponse institutionnelle de la CIJ au besoin d'une formation spécialisée

La nécessité de disposer d'une juridiction spécialisée en matière sociale a été soulignée à plusieurs reprises, et avec insistance, par l'OIT et ses organes[69]. Pour autant, leurs demandes n'ont pas recueilli d'accueil favorable.

De façon moins ambitieuse que le souhaitaient l'OIT et Albert THOMAS[70], le statut de la CPJI a été modifié en 1929, pour prévoir la mise en place

---

[69] Ainsi que par la doctrine et par les juges. Historiquement, dès la fin du XIXème siècle, le Professeur KAMAROWSKY suggérait que si une juridiction internationale venait à être créée, elle devrait être divisée en quatre départements, dont l'un chargé du droit international social (*Le tribunal international*, Durand et Editions A. Pedone, 1887, p. 505 cité par GUILLAUME (G.), *La Cour internationale de justice à l'aube du XXIème siècle, Le regard d'un juge*, Editions A. Pedone, Paris, 2003, p. 58). A l'inverse, d'autres ont minimisé voire dénoncé cette nécessité d'une spécialisation des juges internationaux. Ainsi, le juge KELLOGG, en 1933, avait demandé à ne faire partie d'aucune chambre (FISCHER (G.), *Les rapports entre l'Organisation internationale du travail et la Cour permanente de justice*, op. cit., p. 273) tandis que le juge LAUTERPACHT s'interrogeait sur le niveau de connaissances techniques requis (LAUTERPACHT (E.), *Aspects of the Administration of International Justice*, University of Cambridge, 1991, p. 17 cité par MAUPAIN (F.), « L'interprétation des Conventions internationales du travail », op. cit., p. 578).

[70] Dans le cadre des discussions tenues au moment de l'élaboration du statut de la CPJI en 1920, le BIT, par l'intermédiaire d'Albert THOMAS, avait proposé la mise en place d'une section spéciale, comprenant notamment des juges spécialisés en matière sociale. Pour le BIT, il était fondamental que la Cour amenée à connaître des questions du travail présente toutes les garanties d'impartialité mais également des compétences techniques. C'est ainsi que le Bureau proposa la création, au sein de la CPJI, d'une section spécialisée composée, en-dehors des juges de la section générale, de spécialistes des questions du travail reconnus pour leur impartialité et dont certains auraient été élus par la Conférence internationale du travail et par le

d'une chambre spéciale composée de cinq juges, assistés de quatre assesseurs techniques ayant voix consultative et *« assurant une juste représentation des intérêts en cause »* (parmi lesquels seraient représentés les travailleurs et les employeurs, après désignation par le Conseil d'administration du BIT)[71].

En dépit du souhait de l'OIT de voir émerger au sein de la CIJ (alors en gestation) une chambre spéciale compétente pour donner des avis consultatifs[72], le statut actuel de la Cour se prête difficilement à l'interprétation des Conventions de l'OIT par la voie spécialisée. En effet, celui-ci (tout comme son règlement[73]) se révèle obscur en ce qui concerne l'éventualité d'une procédure consultative devant les chambres spéciales. Or, les interprétations des Conventions de l'OIT sont rendues dans le cadre d'avis consultatifs de la Cour internationale[74] et, selon certains, ils ne peuvent être rendus qu'en formation plénière[75].

La difficulté résulte du fait que le statut de la CIJ ne donne aucune indication quant à la capacité pour les chambres de rendre des avis consultatifs et se révèle par ailleurs source de confusion[76]. L'expérience camérale de la CIJ

Conseil d'administration. Cette proposition fut rejetée par le Comité de juristes chargé de l'élaboration du statut de la Cour, en ce qu'elle aurait conduit à mettre en place deux Cours et à affaiblir de fait la CPJI (laquelle disposait déjà de la faculté de saisir des experts pour résoudre les questions techniques). FISCHER (G.), *Les rapports entre l'Organisation internationale du travail et la Cour permanente de justice*, op. cit., p. 266

[71] Ibid., pp. 265-268

[72] CIT, 27ème session, Paris, 1945, Rapport, op. cit., p. 113

[73] Règlement de la Cour (1978), adopté le 14 avril 1978 et entré en vigueur le 1er juillet 1978

[74] Cf. supra §1.

[75] MAUPAIN (F.), « L'interprétation des Conventions internationales du travail », op. cit., p. 579

[76] En effet, son article 67, selon lequel *« la Cour prononce[ra] ses avis consultatifs en audience publique… »*, laisse suggérer que les avis ne peuvent être prononcés qu'en formation plénière. Dans le même temps, l'article 27 du statut précise que *« tout arrêt rendu par l'une des chambres prévues aux Articles 26 et 29 sera considéré comme rendu par la Cour »*. Ensuite, aux termes de l'article 26§3 du statut, le recours aux chambres impose une demande en ce sens des *« parties »*. Or, en matière consultative, *a fortiori* lorsque la demande peut résulter d'une organisation internationale *« sur toute question juridique »*, il n'existe en principe aucune opposition entre des *« parties »*. Ensuite, un autre doute peut naître de l'opposition entre deux idées. D'un côté, le contenu de l'article 68 (selon lequel, en matière consultative, la Cour s'inspire des dispositions s'appliquant en matière contentieuse) amène à envisager largement les possibilités de mise en œuvre des chambres spéciales. D'un autre côté, le chapitre IV du statut, consacré aux avis

n'apporte pas d'élément permettant d'apprécier la compétence des chambres spéciales en matière consultative. En effet, seule une chambre spéciale (pour les questions d'environnement) a été instituée en vertu de l'article 26§1 du statut de la Cour, en 1993. Régulièrement reconstituée jusqu'en 2006, elle n'a jamais été amenée à se prononcer, aucun Etat n'ayant formulé de demande en ce sens. A côté de cela, six chambres *ad hoc* ont été formées dans les années 1980 et 1990, afin de régler pour l'essentiel des différends terrestres et frontaliers.

L'on peut regretter que, sans aller jusqu'à permettre explicitement à des chambres spécialisées de rendre des avis consultatifs, la Cour n'ait pas eu l'occasion de déployer d'autres moyens permettant aux juges d'être assistés de spécialistes. En particulier, le recours aux assesseurs, prévu par l'article 30 du statut de la CIJ et l'article 9 de son règlement, aurait permis (et permettrait) aux juges de bénéficier de l'appui de spécialistes (bien que ceux-ci soient dépourvus du droit de vote). Seulement, l'absence d'attrait des institutions spécialisées pour la CIJ n'a offert à cette dernière suffisamment d'occasions de mettre en œuvre ce dispositif.

2. *La réticence d'une institution spécialisée à l'égard de l'immixtion d'une entité tierce dans sa politique*

La procédure consultative devant la CIJ apparaît *« sous-utilisée »*[77]. Par leur faible quantité et au regard des sujets qu'elles embrassent, les quelques interprétations demandées par les différentes institutions spécialisées révèlent une certaine réserve à l'égard de la Cour. Cette réticence peut s'expliquer au moins en partie par les spécificités du droit international, à la dimension politique marquée, dans le cadre duquel les organes spécialisés souhaiteraient conserver la maîtrise de leur politique.

Alors que bon nombre d'organes et institutions internationaux sont qualifiés pour demander des avis consultatifs[78], la CIJ n'a que peu eu l'occasion de se

---

consultatifs, n'envisage que la seule Cour et n'évoque pas les chambres spéciales. RANJEVA (R.), « L'environnement, la Cour internationale de Justice et la Chambre spéciale pour les questions de l'environnement », Annuaire français de droit international, Vol. 40, 1994. pp. 439-440

77 Selon la formule de l'ancien Président de la CIJ, Mohamed BEDJAOUI cité par KDHIR (M.), *Dictionnaire juridique de la Cour internationale de justice*, 2ème éd., Bruylant, Bruxelles, 2000, pp. 46

78 En application de l'article 96 du statut de la CIJ, sont notamment qualifiés le Conseil de sécurité, le Conseil économique et social, l'Organisation des Nations unies pour l'alimentation et l'agriculture, l'Organisation Mondiale de la Santé, l'Organisation des Nations unies pour l'éducation, la science et la culture, la Banque

prononcer dans ce cadre. Depuis sa création, elle n'a rendu que vingt-huit avis consultatifs (la CPJI avait rendu un nombre comparable d'avis en vingt-cinq ans[79]). Surtout, parmi ces avis, seuls quatre ont été prononcés à la suite d'une requête formulée par une institution spécialisée[80].

Dans sa thèse, le Professeur Serge SUR a mis en avant le fait que l'interprétation se situait à la croisée des chemins entre le droit et la politique, *« appartenant à l'un comme à l'autre, permettant de passer de l'un à l'autre »*[81]. Des éléments d'opportunité figurent nécessairement dans toute interprétation, permettant de constater l'existence d'une *« politique judiciaire en la forme juridictionnelle »*[82]. Les juges se doivent de faire preuve de prudence dans la combinaison des facteurs juridiques et politiques, particulièrement en droit international où les institutions politiques bénéficient d'une place importante pour ne pas dire essentielle et où les enjeux politiques des décisions sont souvent plus évidents qu'ailleurs[83]. Certes, sur le plan juridictionnel, la CIJ a rappelé à plusieurs reprises qu'elle n'était compétente que pour répondre aux questions juridiques. Cependant, au-delà des questions qui lui sont soumises, son activité comprend nécessairement une part politique et elle dispose d'une certaine liberté dans la délimitation entre les sphères juridiques et politiques[84]. La dimension politique de l'activité de la Cour se retrouve dans un certain nombre de décisions, dans lesquelles les juges ont fait preuve d'un travail d'équilibristes, favorisant le maintien de la paix en premier lieu[85].

---

internationale pour la reconstruction et le développement, le Fonds Monétaire International…

79 EYFFINGER (A.), *La Cour internationale de justice -1996*, Kluwer Law International, 1997, p. 147

80 Par le Fonds international de développement agricole en 2010 sur un jugement rendu par le tribunal administratif de l'OIT ; par l'Organisation Mondiale de la Santé en 1993 sur la licéité de l'utilisation des armes nucléaires par un Etat dans un conflit armé et en 1980 sur l'interprétation de l'accord du 25 mars 1951 conclu avec l'Egypte ; par l'Organisation intergouvernementale consultative de la navigation maritime en 1959 sur la composition de son Comité de la sécurité maritime

81 SUR (S.), *L'interprétation en droit international public*, op. cit., p. 320

82 Ibid.

83 Création de la Cour pénale internationale, impasse du Conseil de sécurité de l'ONU en 2003 sur la question irakienne… REUS-SMIT (C.) (éd.), *The politics of International Law*, Cambridge University Press, 2004, pp. 1-2

84 CIJ, 30 mars 1950, *Interprétation des traités de paix conclus avec la Bulgarie, la Hongrie et la Roumanie*

85 Par exemple dans CIJ, 12 avril 1960, *Situation des enclaves portugaises de Dadra et de Nagar-Aveli en territoire indien* ; CIJ, 2 décembre 1963, *Affaire du Cameroun septentrional* cités par SUR (S.), *L'interprétation en droit international public*, op. cit., p. 337

Compte tenu de la tendance du juge international à intégrer des éléments non juridiques dans son raisonnement, les Etats ont développé une certaine méfiance à l'égard de la Cour et plus précisément, d'un *« gouvernement des juges »*[86]. Bien qu'elle fasse partie du système onusien, l'OIT paraît faire preuve d'une même méfiance à l'égard de la Cour.

L'externalisation du système d'interprétation conduit à ce que l'OIT soit dépossédée de la capacité d'attribuer de manière autonome un sens à ses propres textes. L'insécurité résultant de la place inévitable des questions politiques en droit international a pu motiver l'OIT dans sa volonté de mettre en place un organe d'interprétation interne, d'autant plus qu'au-delà de l'aspect politique lié au jeu des équilibres entre les Etats, la question du rapport de force entre travailleurs et employeurs, au même titre que leur expertise sur les questions professionnelles, est au centre de l'ensemble des débats et actions de l'organisation.

B/ L'attachement au tripartisme

En corollaire du manque de spécialisation des juges internationaux apparaît la question de l'absence de représentation tripartite au sein de Cour de justice. Le tripartisme constitue en effet l'une des principales caractéristiques et l'un des atouts majeurs de l'OIT. De ce fait, une certaine distance entre ce mode d'organisation et le fonctionnement des juridictions internationales contribue à expliquer l'abandon de la procédure judiciaire[87]. Concrètement, l'on a récemment assisté à une démonstration de la préférence des mandants de l'OIT pour le règlement des difficultés d'interprétation par le biais de la discussion plutôt que par le recours à la CIJ.

1. La distance avec la philosophie tripartite de l'OIT

S'il reprend la faculté de mise en place d'une chambre spécialisée en matière de travail en son article 26[88], l'actuel statut de la Cour internationale de justice, tel qu'il résulte de la Charte des Nations Unies[89], n'énonce plus la

---

[86] Ibid., p. 347

[87] MAUPAIN (F.), « L'interprétation des Conventions internationales du travail », op. cit., pp. 576

[88] Du moins en matière contentieuse. Cf. supra. A/

[89] Charte des Nations Unies et Statut de la Cour internationale de justice, 26 juin 1945, San Francisco

possibilité de nommer des assesseurs représentants les employeurs et les travailleurs[90].

Certes, la procédure consultative devant la CIJ permet aux organisations professionnelles de soumettre des observations, puisqu'aux termes de l'article 66 du statut de la CIJ, peut se voir notifier les demandes et soumettre des exposés écrits ou oraux *« toute organisation internationale jugée (...) susceptible de fournir des renseignements sur la question »*[91]. Comme l'a montré le BIT en 2014, *« il est maintenant bien établi que la Cour adopte une approche pragmatique afin de s'assurer que tous les intérêts en jeu sont exprimés et fait preuve d'une certaine souplesse afin d'obtenir le point de vue d'autres parties que les Etats »*[92], en l'occurrence les organisations internationales d'employeurs et de travailleurs. Cependant, bien qu'elle soit l'occasion pour les organisations professionnelles internationales d'exposer leur point de vue devant la Cour, cette procédure menée exclusivement par des juges semble bien éloignée de toute idée de représentation tripartite.

L'intérêt de la représentation des travailleurs et des employeurs ne doit pas être réduit à leur connaissance pratique des réalités du travail. Au-delà du fait qu'elle permet la présence de spécialistes, la représentation tripartite vise à *« inspirer confiance aux représentants des employeurs et des travailleurs, [à] leur donner des responsabilités et [à] associer, en vue de la paix sociale, des parties souvent antagonistes à une œuvre de gouvernement »*[93]. Ainsi, les

---

[90] L'article 30 du statut prévoit uniquement la possibilité pour le règlement de la Cour de prévoir la désignation d'assesseurs, qui ne disposent pas du droit de vote

[91] Déjà, le statut de la CPJI ouvrait une telle possibilité en autorisant également *« toute organisation internationale jugée (...) susceptible de fournir des renseignements »* à s'exprimer (Article 73 du Statut de la CPJI, tel que modifié en 1926 afin de codifier la pratique qui s'était développée jusqu'alors ; HEYMANS (C.), *Statut et règlement de la Cour permanente de justice internationale : éléments d'interprétation*, Institut für Auslandisches Öffentliches Recht und Volkerrecht, 1934, p. 468). A cet égard, dans les différentes procédures menées par la CPJI en matière d'interprétation des textes de l'OIT, la Cour a notifié la requête à un certain nombre d'organisations internationales d'employeurs et de travailleurs, *« considérées comme étant susceptibles de fournir des renseignements sur la question »*, recevant en retour bon nombre d'observations orales ou écrites.

[92] *« ...En outre, s'agissant de l'OIT, il est communément admis que, au regard de la pratique antérieure de la Cour, la possibilité pour les acteurs non étatiques de pouvoir participer aux procédures consultatives est particulièrement forte, les organisations d'employeurs et de travailleurs étant représentées au sein de la structure tripartite de l'OIT et pouvant donc être considérées comme éléments constitutifs de l'Organisation »*. GB.322/INS/5, op. cit., para. 46, p. 14

[93] VALTICOS (N.), *Droit international du travail*, op. cit., pp. 194-195

modalités particulières d'élaboration des normes internationales du travail peuvent expliquer pourquoi l'OIT a été réticente à ce que la CPJI puis la CIJ exercent un rôle de premier plan dans l'interprétation de ses Conventions et Recommandations. Afin d'éviter les distorsions entre le sens voulu par leurs auteurs et les interprétations données au moment de la mise en œuvre des normes internationales du travail[94], il est apparu préférable d'éviter autant que possible d'excentrer leur lieu d'interprétation par rapport au siège de leur élaboration. L'on peut comprendre que la réticence de l'OIT à l'égard de la CIJ ne se soit pas atténuée avec le temps lorsque l'on remarque que ce principe fondateur de l'OIT a été renforcé au fil des décennies (que ce soit à travers l'adoption en 1971 de la résolution *« concernant le renforcement du tripartisme dans l'ensemble des activités de l'Organisation internationale du travail »*[95], l'adoption de la Convention sur les consultations tripartites relatives aux normes internationales[96] ou la Déclaration sur la justice sociale de 2008[97]).

2. *Les discussions tripartites plutôt que la voie juridictionnelle : l'exemple des tentatives de résolution des difficultés liées à l'interprétation de la Convention n° 87 sur la liberté d'association*

La question de la saisine de la CIJ aux fins d'interprétation s'est récemment posée, sans trouver d'issue favorable, la voie de la discussion ayant été favorisée.

Les difficultés suscitées par la protection du droit de grève et la remise en cause des travaux des organes de supervision de l'application des normes internationales du travail en la matière sont venues révéler les limites du système de supervision de l'application des normes internationales du

[94] Sur l'importance de la représentation des partenaires sociaux dans la recherche de *« leurs intérêts et [de] leurs intentions »* devant la CIJ, voir GB 256/SC/2/2, op. cit., para. 48, p. 16

[95] Ibid., p. 196

[96] Convention n° 144 sur les consultations tripartites relatives aux normes internationales du travail, 1976

[97] Celle-ci énonce en son préambule : *« dans un contexte mondial marqué par une interdépendance et une complexité croissantes ainsi que par l'internationalisation de la production (...) le dialogue social et la pratique du tripartisme entre les gouvernements et les organisations représentatives de travailleurs et d'employeurs aux plans national et international sont, aujourd'hui, encore plus pertinents pour parvenir à des solutions et pour renforcer la cohésion sociale et l'Etat de droit, entre autres moyens par le biais des normes internationales du travail »*. Préambule de la Déclaration de l'OIT sur la justice sociale pour une mondialisation équitable adoptée par la Conférence internationale du Travail à sa 97ème session, Genève, 10 juin 2008

travail[98]. Dans ce contexte, en 2014, à la suite de consultations tripartites, le Conseil d'administration avait demandé au Directeur général de préparer *« un document fixant les modalités possibles, la portée et le coût des mesures pouvant être prises au titre des paragraphes 1 et 2 de l'article 37 de la Constitution en cas de question ou de litige concernant l'interprétation d'une convention de l'OIT »*[99]. La saisine de la Cour internationale de justice avait été envisagée pour régler la question relative à la protection du droit de grève sur le fondement de la Convention n° 87 sur la liberté d'association, le BIT étant allé jusqu'à formuler la question pouvant être posée à la Cour[100]. Toutefois, en novembre 2014, le défaut de majorité a empêché la mise en œuvre de l'article 37§1 de la Constitution de l'OIT.

Le Conseil d'administration a néanmoins demandé au Directeur général d'organiser une réunion tripartite sur le droit de grève d'ici à la session de mars 2015 et surtout *« d'inscrire à l'ordre du jour de sa 323ème session [de mars 2015] le résultat des travaux et le rapport de cette réunion afin que, sur cette base, le Conseil d'administration prenne une décision sur la nécessité ou non de demander à la Cour internationale de Justice de rendre d'urgence un avis consultatif concernant l'interprétation de la convention n° 87 sur la liberté syndicale (...) pour ce qui est du droit de grève »*[101].

Si le recours à l'article 37 de la Constitution n'a pas encore totalement été écarté[102], cet exemple rejoint l'idée selon laquelle l'OIT s'est toujours attachée à défendre et promouvoir le tripartisme, qu'elle a toujours voulu lier à son travail normatif. Ainsi, un pas vers la CIJ aux fins d'interprétation d'un texte élaboré au sein de l'OIT pourrait être perçu comme un éloignement par

---

[98] Cf. infra. Chapitre 2

[99] GB.320/LILS/4, L'initiative sur les normes : Suivi des événements relatifs à la Commission de l'application des normes de la Conférence internationale du Travail lors de la session de la CIT en 2012, para. 41

[100] « 1) *Le droit de grève des travailleurs et de leurs organisations est-il protégé par la convention (n° 87) sur la liberté syndicale et la protection du droit syndical, 1948 ?*

2) La Commission d'experts pour l'application des conventions et recommandations était-elle compétente pour :

a) déterminer que le droit de grève découle de la convention (n° 87) sur la liberté syndicale et la protection du droit syndical, 1948, et

b) préciser, lors de l'examen de l'application de la convention, certains aspects du champ d'application du droit de grève, des limites de celui-ci et des conditions dans lesquelles il peut être exercé de façon licite ? ». GB.322/INS/5, op. cit., para. 49, p. 15

[101] GB.322/INS/5/(Add.2) Addendum - Projet de décision révisé à la lumière du débat tenu au sein du Conseil d'administration le 11 novembre 2014, para 1

[102] Cf. infra. Section 2

rapport à cette organisation tripartite, pierre angulaire du mécanisme d'élaboration des normes internationales du travail et de leur suivi. De surcroît, la sollicitation d'un avis consultatif émanant d'un organe tiers serait susceptible de remettre en cause l'esprit de consensus guidant l'élaboration des normes internationales du travail.

Ainsi, très éloignée de la philosophie régissant la structure et le fonctionnement de l'OIT, la procédure juridictionnelle prévue par l'article 37§1 de la Constitution de l'OIT ne s'est jamais imposée, malgré des débuts encourageants. Si les interprétations de la Constitution de l'OIT ont permis de renforcer l'action de cette dernière, l'unique interprétation d'une Convention a certes été respectée au sein de l'OIT mais elle a débouché sur l'adoption d'une Convention destinée à « réparer » les conséquences de cette décision. L'inconvénient majeur de ce dispositif semblant résider dans la nécessité de recourir à une entité étrangère à l'OIT, éloignée de sa philosophie, la Constitution de l'OIT a été modifiée afin de prévoir une procédure additionnelle.

Section 2 L'interprétation par un tribunal interne

En 1930, Georges SCELLE dénonçait déjà les difficultés de mise en œuvre de la procédure d'interprétation unique alors en place et appelait au développement d'une *« procédure d'interprétation intérieure »*[103].

Dans le même sens, à l'occasion du transfert de la compétence juridictionnelle de la CPJI vers la CIJ en 1945, la Commission des questions constitutionnelles, créée par le Conseil d'administration en 1944, avait souhaité assouplir le mécanisme d'interprétation prévu par l'article 37 de la Constitution de l'OIT, sans pour autant confier cette fonction aux organes préexistant au sein de l'OIT. Après s'être satisfaite de la pratique des interprétations officieuses par le BIT, la Commission avait noté que ces dernières n'avaient pas force de loi. Puis, s'agissant du Conseil d'administration, elle avait souligné qu'il ne se sentait pas qualifié à cette fin et qu'il n'estimait *« pas opportun d'autoriser le Comité d'experts pour l'application des conventions à donner de telles interprétations »*[104]. Elle proposa alors de confier au Conseil d'administration le pouvoir d'instituer un tribunal interne, afin de régler rapidement toute question ou différend portant sur l'interprétation d'une Convention, sur le modèle d'autres organisations internationales[105].

---

[103] SCELLE (G.), *L'Organisation internationale du travail et le BIT*, op. cit., p. 219
[104] CIT, 27ème session, op. cit., p. 113
[105] Ibid., 112-114

C'est ainsi que l'article 37 de la Constitution de l'OIT fut complété par un second alinéa. Ces dispositions, bien qu'elles n'aient jamais été mises en œuvre, posent les fondations d'une procédure qui semble praticable.

Sous-section 1 : Dispositions de l'article 37§2 de la Constitution de l'OIT

Le second paragraphe de l'article 37 de la Constitution de l'OIT est fidèle aux principales idées qui ont guidé la délégation de la Conférence pour les questions constitutionnelles en 1946, à savoir la poursuite d'un objectif de simplification de procédure et le maintien d'un lien avec la Cour internationale[106].

Alors que bon nombre de questions subsistent s'agissant de l'organisation et du fonctionnement du tribunal, un point apparaît quant à lui sans équivoque : la procédure vise à donner à l'OIT, de manière officielle, un pouvoir propre d'interprétation.

§1. Domaine de l'interprétation

Comme le premier paragraphe, l'article 37§2 de la Constitution de l'OIT porte sur *« toutes questions ou difficultés relative à l'interprétation »*. Pour ce qui est de l'interprétation des Conventions, la CIJ et le tribunal interne sont donc susceptibles d'intervenir dans des circonstances identiques[107].

Toutefois, le tribunal interne n'est pourvu d'aucune compétence s'agissant de l'interprétation de la Constitution de l'OIT. Au moment de l'adoption de cette disposition, il a en effet été avancé que la CIJ devait conserver une juridiction exclusive en la matière, compte tenu de *« l'importance intrinsèque »* des questions soulevées et *« parce qu'en raison de leur nature même, elles ne pourraient être soumises à la décision d'un organisme établi par l'organisation elle-même »*[108].

---

[106] CIT, 29ème session, Rapport II 1, Questions constitutionnelles. Partie 1 : Rapports de la délégation de la Conférence pour les questions constitutionnelles, pp. 65-67

[107] Une hiérarchisation a pu être établie entre les deux juridictions (BOISSON DE CHAZOURNES (L.), « The ILO and International Judicial Mechanisms: A Story of Control and Trust », op. cit., p. 203). Selon le Bureau (qui se fonde sur les discussions ayant précédé l'adoption en 1946 de l'amendement à l'origine de l'article 37§2), *« on peut considérer que les questions ayant de vastes conséquences à l'échelle de l'Organisation, et au-delà, pourraient être renvoyées à la CIJ, tandis que celles qui sont essentiellement de nature technique et qui ont des incidences limitées en dehors du cadre de la convention concernée pourraient, en premier ressort, être portées devant le tribunal »* (GB 338/INS/5, pp. 10, para. 40)

[108] CIT, 27ème session, op. cit., p. 113

De la même manière que le paragraphe prévu dès 1919, cette nouvelle disposition n'envisage pas les Recommandations. Alors que le statut de la CIJ permet de répondre à cette question à propos des interprétations données par cette dernière, aucune disposition comparable ne permet d'apporter de réponse définitive s'agissant de la procédure d'interprétation interne. En tout état de cause, dans le cas où la question de l'interprétation d'une Recommandation (ou de tout autre instrument n'étant pas qualifié de Convention) se poserait accessoirement à celle portant sur une disposition conventionnelle, le tribunal serait nécessairement contraint de se prononcer sur le sens à attribuer à la première. Et, s'agissant de l'hypothèse, peu probable au vu de son manque d'intérêt pratique, de l'interprétation d'une Recommandation prise isolément, la question reste entière. Si, d'un côté, il semble tentant de considérer qu'une autorité compétente pour interpréter un acte contraignant est *a fortiori* habilitée à connaître d'un acte non-contraignant, il n'en reste pas moins que l'article 37 de la Constitution de l'OIT, de même que les discussions[109] qui ont précédé l'adoption de ses différents paragraphes, ne font mention que des seules Conventions.

L'apport de ce nouveau paragraphe ne réside pas tant dans son champ d'application (qui, finalement, reproduit le dispositif premier) que dans la procédure qu'il met en place au sein de l'OIT.

§2. Une procédure interne

L'article 37§2 de la Constitution de l'OIT vise à mettre en place une procédure d'interprétation officielle qui repose sur la structure de l'organisation. Afin de garantir une certaine souplesse, il ne donne aucune indication sur la composition du tribunal et confie la mission de sa mise en place aux organes de l'OIT. Il appartient ainsi au Conseil d'administration de formuler des règles pour l'institution de cette juridiction et de les soumettre à la Conférence pour approbation. La responsabilité ainsi confiée au Conseil d'administration et à la Conférence permet de doubler la compétence juridique des membres du tribunal d'une légitimité politique.

La mise en place du tribunal repose sur l'organe exécutif du BIT, le Conseil d'administration, *« l'organe régulateur de toute l'organisation et son tuteur moral »*[110]. Compte tenu de son rôle en matière d'orientation de la politique de l'OIT, le Conseil d'administration apparaît pleinement légitime pour initier la mise en place d'un tribunal interne. Ensuite, l'approbation par la Conférence de la procédure établie par le Conseil d'administration renforce

---

[109] Ibid. ; CIT, 29ème session, op. cit., pp. 65-67

[110] SCELLE (G.), *L'Organisation internationale du travail et le BIT*, op. cit., p. 125 cité par GHEBALI (V-Y.), *L'Organisation internationale du travail*, op. cit., p. 182

la légitimité politique du tribunal, au regard de la pratique de l'OIT. En ce qu'elle constitue son organe délibérant, il lui appartient en effet *« d'exercer son contrôle de l'ensemble de l'organisation »*[111]. La composition de la Conférence, constituée de délégués de chacun des Etats membres de l'OIT et caractérisée par son caractère représentatif, la rapproche d'une *« assemblée représentative et légiférante »*[112], permettant à chacun des mandants de discuter de l'opportunité de mise en place d'un tribunal et de ses modalités.

En prévoyant un dispositif qui s'intègre dans le cœur des organes de l'OIT, la procédure prévue par l'article 37§2 de la Constitution de l'OIT garantit donc la mise en place d'une juridiction qui bénéficie d'une solide assise représentative voire morale. Bien que ce mécanisme soit purement interne à l'OIT, il ne s'agit pas pour autant de couper tout lien avec la CIJ. L'autonomie confiée au tribunal par l'article 37§2 est en effet limitée : celui-ci reste lié par *« tous arrêts ou avis consultatifs de la Cour internationale de Justice »*[113], faisant ainsi des deux procédures prévues par l'article 37 des voies d'interprétation complémentaires[114].

Globalement, l'article 37§2 se limite à donner les principaux éléments caractéristiques du tribunal interne. Il omet en effet de donner un certain nombre de précisions relatives à son organisation et à son fonctionnement.

§3. L'imprécision quant au fonctionnement du tribunal

L'article 37§2 de la Constitution de l'OIT ne fournit aucune indication quant à la composition ou à l'organisation du tribunal qui pourrait être institué pour régler les questions d'interprétation[115].

A/ Question de la permanence du tribunal

En premier lieu, la question se pose de savoir si le tribunal envisagé constitue une juridiction permanente ou *ad hoc*.

La formulation de sa disposition fondatrice laisse suggérer qu'il s'agit plutôt d'une formation *ad hoc*. L'idée de laisser au Conseil d'administration la faculté de créer un tribunal pour régler toute question d'interprétation d'*une* convention, au même titre que la grammaire employée (*« lieront <u>tout</u>*

---

111 SCELLE (G.), *L'Organisation internationale du travail et le BIT*, op. cit., p. 137
112 Ibid., p. 141
113 Cf. supra Section 1
114 GB.322/INS/5, op. cit., para. 5, p. 2
115 Pour des propositions formulées par le Bureau, cf. GB 256/SC/2/2, 256ème session, Genève, mai 1993 et GB.322/INS/5, op. cit., pp. 15-26

tribunal » et non « *lieront ce tribunal* » ; « *toute sentence prononcée par un tel tribunal* » et non « *toute sentence prononcée par ce tribunal* »[116]) reflètent difficilement l'idée d'une juridiction permanente, sans pour autant pencher de façon ferme vers la mise en place d'une instance *ad hoc*.

En 1993, dans un document présenté au Conseil d'administration, le BIT a exprimé sa préférence pour l'institution d'un tribunal permanent[117] et mis en avant différents arguments. En particulier, la nécessité de procéder à un « *prompt règlement* » des difficultés ou questions d'interprétation imposerait une « *disponibilité plus ou moins immédiate des juges* ». Ensuite, une certaine constance serait nécessaire afin de favoriser l'émergence de méthodes d'interprétation et d'une jurisprudence continues[118]. Si ces arguments plaident en faveur de la mise en place d'une juridiction permanente sur des arguments pratiques, ils n'en demeurent pas moins insuffisants pour conclure au caractère exclusif d'une formation permanente. Cette incertitude se retrouve dans le nouveau document présenté au Conseil d'administration en 2020, dans lequel le Bureau a estimé que l'institution d'une juridiction permanente « *dépendrait largement de la charge de travail envisagée pour le tribunal* »[119].

B/ Question de la composition du tribunal

Aucune indication n'est fournie quant à la composition du tribunal. En partant des juridictions existant dans l'ordre international, diverses hypothèses pourraient être formulées.

En matière d'arbitrage international, la composition du tribunal résulte du choix des parties, lesquelles peuvent décider de créer un tribunal consécutivement à la naissance d'un conflit ou, en amont, par le biais de la conclusion d'une clause compromissoire. Les parties peuvent convenir de la désignation des membres, des modalités de leur désignation ou bien encore confier cette mission à une entité tierce[120].

Il apparaît difficile d'établir un parallèle entre ce type de procédure et le dispositif d'interprétation interne prévu par la Constitution de l'OIT. En

---

[116] Une remarque identique peut être opérée avec la version anglaise de cet article, qui utilise de son côté les expressions « *any tribunal* » et « *such a tribunal* » et non « *the tribunal* » ou « *this tribunal* »
[117] « *Il semble clair que le tribunal envisagé à l'article 37.2 devrait être un tribunal permanent* ». GB 256/SC/2/2, op. cit., p. 17, para. 53
[118] Ibid., p. 17, para. 53
[119] GB 338/INS/5, pp. 11-12, para. 48
[120] SANTULLI (C.), *Droit du contentieux international*, Montchrestien, 2005, p. 63

effet, ce dernier peut parfaitement être mis en œuvre en-dehors de tout contexte contentieux : il semble alors malaisé de superposer un mécanisme de désignation des juges par deux parties antagonistes là où une interprétation pourrait être requise en l'absence de contentieux.

Une comparaison peut encore être réalisée avec le dispositif en place au sein de l'Organisation Mondiale du Commerce (OMC)[121], qui figure comme l'une des structures internationales disposant du mécanisme de jugement le plus élaboré[122]. L'organe de règlement des différends (ORD) de l'OMC est ainsi constitué de représentants de tous les membres de l'organisation, chacun de ces membres disposant d'un important pouvoir dans la procédure[123]. Pour la même raison que celle invoquée précédemment, la procédure de règlement des différends de l'OMC ne pourrait que très difficilement inspirer le tribunal qui pourrait être mis en place au sein de l'OIT, en ce que celui-ci pourrait être amené à intervenir en-dehors de tout différend. Surtout, l'ORD est un organe politique émanant du Conseil général de l'OMC[124]. Cette vocation politique ainsi que sa structure représentative peuvent, dans une certaine mesure, évoquer le Conseil d'administration du BIT, structure politique et comptant un nombre relativement important de représentants. Or, sans ambigüité, ce dernier a déclaré qu'il n'était pas qualifié pour se livrer à des interprétations[125].

Dans le document présenté en 2014 au Conseil d'administration dans le cadre du suivi de la session de 2012 de la Conférence internationale du travail[126], le Bureau, s'inspirant du statut de cours et tribunaux internationaux, a suggéré la mise en place d'un tribunal composé d'un nombre impair de juges (de façon à faciliter le processus décisionnel). Celui-ci pourrait être composé d'au moins trois juges, (un nombre plus important lui permettant d'asseoir son autorité, particulièrement pour les Conventions déjà discutées par les organes de contrôles, les mandants…)[127]. Continuant à

---

121 FRATERMAN (J.), « Article 37 (2) of the ILO Constitution: can an ILO interpretive tribunal end the hegemony of international trade law? », Georgetown Journal of international law, 2011, Vol. 42, p. 894

122 En-dehors d'instances à vocation régionale telle que la Cour de justice de l'Union européenne ou la Cour européenne des Droits de l'Homme

123 Mémorandum d'accord sur les règles et procédures régissant le règlement des différends

124 LESAFFRE (H.), *Le règlement des différends au sein de l'OMC et le droit de la responsabilité internationale*, LGDJ, Paris, 2007, p. 337

125 Cf. supra. Introduction de la Section 2

126 Une proposition quelque peu différente avait été formulée en 1993. GB/256/SC/2/2

127 En outre, compte tenu du fait que le tribunal pourrait demeurer inactif *« pendant un certain temps »*, le Bureau a proposé la nomination de 12 juges, afin de disposer

tirer des enseignements d'autres formations juridictionnelles internationales, il a posé des conditions précises d'éligibilité aux fonctions de juges : exigences morales et d'indépendance, qualification pour l'exercice de hautes fonctions judiciaires, compétences en droit du travail et en droit international, capacités linguistiques[128] et, idéalement, représentativité de genre et géographique[129]. Finalement, ceux-ci seraient nommés par la Conférence, sur proposition du Conseil d'administration, sur la base de candidatures soumises par le Directeur général du Bureau[130].

De façon générale, en dépit de son imprécision (ou grâce aux marges de manœuvre qu'il accorde), le dispositif prévu par l'article 37§2 de la Constitution s'avère finalement assez praticable, au vu notamment des modalités de mise en œuvre proposées par le Bureau. Malgré cela, force est de constater que ce dispositif n'a jamais été déployé, même s'il est loin d'être tombé dans l'oubli.

Sous-section 2 : Le potentiel d'une procédure inusitée

De nombreuses décennies après son entrée en vigueur, l'article 37§2 de la Constitution de l'OIT n'a jamais été mis en œuvre. Pour autant, ce dernier n'a pas été oublié au sein de l'OIT. Se pose alors la question de savoir pourquoi le tribunal interne n'a, jusqu'à présent, jamais vu le jour.

§1. Une mise en place régulièrement envisagée

L'idée d'un tribunal interne d'interprétation des Conventions au sein de l'OIT, si elle n'a jamais été mise en pratique, n'a pas pour autant été oubliée. Elle a même connu un regain d'attention récemment.

En 1993, le Bureau a présenté un document de travail devant le Conseil d'administration[131]. Malgré les avantages mis en avant, le Bureau a finalement émis un avis mitigé sur la mise en place d'un tribunal, eu égard à l'efficacité du dispositif d'interprétation[132] alors en vigueur, d'une part, et, d'autre part, aux difficultés susceptibles d'être soulevées par la mise en œuvre d'un nouveau mécanisme[133]. Comme l'a souligné Francis MAUPAIN,

---

d'alternatives en cas d'indisponibilités. GB.322/INS/5, op. cit., paras. 59-60, pp. 17-18

[128] Ibid., para. 58, p. 17

[129] Ibid., para. 61, p. 18

[130] Ibid. paras. 62-66, p. 18

[131] GB 256/SC/2/2, op. cit., mai 1993

[132] Cf. infra. Chapitre 2

[133] GB 256/SC/2/2, op. cit., para. 64

alors Conseiller juridique de l'organisation, plusieurs observateurs ont considéré qu'il ne s'agissait que de *« faire passer un message "auto-restreint" à la Commission d'experts en matière d'interprétation, mais sans véritable volonté de revoir ou réformer le système »*[134]. Ainsi, cette situation traduirait une réticence de la part de certains organes de l'OIT face à ce qu'ils considéreraient comme une perte de leur pouvoir de contrôle de l'application des normes internationales du travail[135].

Plus récemment, le débat a été ravivé[136]. En 2010, la Conseillère juridique du BIT a eu l'occasion d'exposer un point de vue favorable à l'égard de ce dispositif. Ainsi, pour elle, dans un contexte globalisé, les textes de l'OIT *« ne restent pas entièrement dans la sphère de l'OIT. C'est la raison pour laquelle la question de l'interprétation authentique par l'OIT des conventions prend toute son importance afin que d'autres ne donnent pas des interprétations des normes qui soient discordantes ou reposent sur de fausses informations, ce qui créerait en définitive de la confusion et pourrait affaiblir le système de contrôle »*[137]. Le tribunal interne prévu à l'article 37§2 figure comme un moyen pouvant permettre de livrer des interprétations officielles et légitimes.

En 2012, pour faire suite aux débats autour de l'interprétation de la Convention n° 87 sur la liberté d'association et la remise en cause de la reconnaissance du droit de grève par le groupe des employeurs, le Bureau a de nouveau formulé une proposition détaillée s'agissant de l'éventualité de la mise en place d'un tribunal[138]. Le Conseil d'administration a opté pour la poursuite de discussions tripartites[139].

Pour autant, la possibilité de recourir à l'article 37 de la Constitution de l'OIT n'a pas été écartée. En 2019, dans le cadre des discussions concernant l'initiative sur les normes et des *« dispositions éventuelles à prendre pour renforcer la sécurité juridique »*, le Conseil d'administration a décidé

---

134 MAUPAIN (F.), « L'interprétation des Conventions internationales du travail », op. cit., p. 582

135 En 1995, les délégués des travailleurs ont regretté que la Commission d'experts n'ait pas réagi dans ce débat. Rapport de la Commission de l'application des Normes, Compte-rendu 1995, pp. 24-25, para. 11 cité par MAUPAIN (F.), « L'interprétation des Conventions internationales du travail », op. cit., p. 582

136 Non-document sur l'interprétation des Conventions internationales du travail, op. cit., paras. 7-8, p. 6

137 CIT, 99ème session, Genève, 2010, Compte-rendu n° 16, Partie I/12, para. 33

138 GB.322/INS/5, op. cit., pp. 15-26

139 Cf. infra. Chapitre 2

d'organiser des consultations informelles tripartites en janvier 2020[140]. A l'issue de ces dicussions, l'option pour l'on ou l'autre des paragraphes de l'article 37 demeure d'actualité[141].

En ce sens, en 2020, le Bureau a souligné les atouts que présenterait l'emploi de la fonction consultative de la CIJ (ainsi que la mise en place d'un tribunal interne), en termes de sécurité juridique : gain de *« stabilité et de prévisibilité en matière d'interprétation des conventions »* ; possibilité pour les mandats de conserver une maîtrise de l'évolution des normes internationales du travail, dans un contexte où elles tendent de plus en plus à être interprétées en-dehors de l'OIT[142].

Finalement, au vu des atouts qu'il présente et de l'intérêt qu'il suscite régulièrement, la question se pose de savoir pourquoi ce dispositif n'a, jusqu'à présent, pas été mis en œuvre.

§2. Une faisabilité juridique se heurtant à des réticences partisanes

La formulation de la Constitution de l'OIT laisse une marge de manœuvre suffisamment grande au Conseil d'administration et à la Conférence pour permettre de contourner les craintes résultant du recours à la CIJ comme interprète[143]. Théoriquement, une juridiction purement composée de techniciens ou, à l'inverse, assurant une représentation tripartite pourrait être créée. Malgré cela, les mandants peuvent se montrer réservés à l'égard de cette procédure, pour des raisons intrinsèques ou extrinsèques à cette dernière.

Comme l'a souligné Francis MAUPAIN, cette situation peut révéler une certaine préférence pour une *« incertitude négociée »*. Les partenaires sociaux peuvent être réticents à confier à des tiers le soin de préciser des dispositions négociées et dont le flou est parfois totalement délibéré[144].

---

[140] En demandant au BIT *« d'établir un document sur les éléments et conditions nécessaires à la mise en place d'un organe indépendant en vertu du paragraphe 2 de l'article 37 et de toute autre option fondée sur un consensus, ainsi qu'en vertu de la procédure prévue au paragraphe 1 de l'article 37 »*. GB.335/INS/5, op. cit., p. 70

[141] GB 338/INS/5, para. 67, pp. 16-17

[142] Ibid., p. 3

[143] Cf. supra Section 1

[144] MAUPAIN (F.), « L'interprétation des Conventions internationales du travail », op. cit., p. 585 et MAUPAIN (F.), « L'efficacité du système de supervision de l'Organisation internationale du travail à l'approche de son centenaire : une Rolls Royce en mal de révision ? », RGDIP, n°3, septembre 2010, p. 489. Dans le même sens, voir BOISSON DE CHAZOURNES (L.), « The ILO and International Judicial Mechanisms: A Story of Control and Trust », op. cit., pp. 207-209

Ainsi, il leur apparaîtrait préférable de conserver une disposition souple et adaptable plutôt que de voir émerger une jurisprudence officielle, qui poserait un certain nombre de principes, au-delà du texte négocié entre les mandants de l'OIT. Certes, la Constitution de l'OIT ne s'oppose en rien à la mise en place d'un tribunal interne d'interprétation qui garantirait une représentation tripartite. Toutefois, eu égard aux arguments mis en avant par le Bureau s'agissant de la nécessité de se doter d'un organe de spécialistes, cette possibilité semble peu envisageable. Même si une telle structure venait à être établie, des réticences à l'égard d'une structure créatrice de normes formellement distincte de la Conférence pourrait être exprimées.

Cette idée se vérifie d'ailleurs dans le discours tenu en 2012 par le vice-président employeur de la Commission de l'application des normes[145]. Même si ses propos ne portaient pas sur l'institution d'un tribunal interne d'interprétation au sein de l'OIT mais sur le développement d'une « jurisprudence » relative au droit de grève par le Comité de la Liberté Syndicale et la Commission d'experts, son argumentaire se révèle éloquent sur l'importance attachée à la Conférence dans la création de règles et sur la place de l'article 37§2 dans ce processus : *« l'organe compétent pour décider de toute règle applicable au droit de grève reconnu par l'OIT est la Conférence ».*

Ce point de vue partisan exprimé par un mandant de l'OIT illustre la circonspection à l'égard des règles qui n'émaneraient pas du circuit classique d'élaboration des Conventions internationales du travail. Il trouve clairement ses limites en ce qu'il supposerait que la Conférence soit en mesure de prévoir précisément (notamment dans les Conventions) l'ensemble des situations concrètes auxquelles les normes internationales du travail auraient vocation à s'appliquer, seul le *« Parlement international du travail »* semblant *in fine* recueillir les faveurs des tenants de cette conception en tant qu'interprète.

Plus récemment, en 2019, le groupe des employeurs s'est montré moins radical dans l'expression de ses arguments qu'il n'avait pu l'être par le passé, tout en précisant néanmoins sa position selon laquelle le contrôle de l'application des normes internationales du travail appartenait en premier lieu aux mandants[146].

---

[145] CIT, Compte rendu provisoire, 101ème session, Genève, mai - juin 2012, pp. 27/2 à 27/5. Cf. infra. Chapitre 2

[146] *« Les mandants de l'OIT sont responsables au premier chef du fonctionnement du système de contrôle des normes. Le pouvoir de décision en la matière ne devrait pas être confié trop rapidement à un nouvel organe, comme cela serait le cas si*

A côté de ce raisonnement fondé sur la défense du rôle des mandants dans la création de normes contraignantes, la principale raison qui explique l'échec de la mise en œuvre de l'article 37§2 tient au succès des voies d'interprétation informelles fournies par les différents organes de l'OIT[147].

Francis MAUPAIN a exprimé cette idée par une formulation négative, en considérant que cette situation résultait de *« résistances instinctives au changement »*, y compris au sein de la Commission d'experts[148]. L'activité foisonnante des différents organes de l'OIT et notamment de ceux chargés de la supervision de l'application des normes internationales du travail[149] pourrait amener à se poser une question provocante : existe-t-il des difficultés relatives à la compréhension des Conventions de l'OIT[150] ? En effet, les opinions et autres observations émises par ces dernières éliminent en pratique bon nombre de difficultés d'interprétation[151]. Se pose néanmoins l'inévitable question de leur légitimité juridique[152].

En définitive, bien qu'elle n'ait jamais été concrétisée, la mise en place d'un tribunal interne en vertu de l'article 37§2 de la Constitution de l'OIT présenterait un certain nombre d'avantages : contournement de la question, coûteuse, juridiquement et politiquement délicate d'une saisine de la CIJ aux fins d'interprétation ; reconnaissance à l'OIT d'un pouvoir d'interprétation officiel écartant sa jurisprudence de toute remise en question ; consécration d'une OIT souveraine dans la mise en place et la composition de l'organe d'interprétation officiel dans le domaine du travail.

Cela étant, aussi séduisant qu'il puisse paraître, ce dispositif est apparu, jusqu'à présent, difficilement conciliable avec la réticence de partenaires sociaux face à la consécration d'un potentiel organe créateur de normes qui s'émanciperait de la Conférence.

---

l'option prévue au titre de l'article 37, paragraphe 2, était retenue ». GB.335/INS/5, op. cit., para. 243, p. 59

147 VALTICOS (N.), *Droit international du travail*, op. cit., p. 134 ; BOISSON DE CHAZOURNES (L.), « The ILO and International Judicial Mechanisms: A Story of Control and Trust », op. cit., p. 206

148 MAUPAIN (F.), « L'efficacité du système de supervision de l'Organisation internationale du travail à l'approche de son centenaire : une Rolls Royce en mal de révision ? », op. cit., p. 489

149 Cf. infra. Chapitre 2

150 En-dehors de la question relative au droit de grève. Cf. infra. Chapitre 2

151 GB 256/SC/2/2, op. cit., para. 10, p. 3

152 Cf. infra. Chapitre 2

Conclusion du premier chapitre

Aucun des deux mécanismes d'interprétation des Conventions internationales du travail prévus par la Constitution de l'OIT ne trouve à s'appliquer aujourd'hui.

Alors que dans les premières années suivant la création de l'OIT, cette dernière et la CPJI avaient révélé une certaine aptitude à travailler en harmonie, dans l'intérêt de l'OIT, il n'a pas fallu plus de deux décennies pour que les liens entre ces deux entités se rompent. Même si un second dispositif d'interprétation a été mis en place pour remédier aux insuffisances révélées par le premier, une réticence à l'égard des juridictions d'interprétation s'est dégagée au sein de l'OIT.

Les raisons qui expliquent cette situation sont multiples et varient d'un mécanisme à l'autre. De manière imagée, la question de l'interprétation pourrait être décrite comme enserrée entre le marteau de la sécurité juridique et l'enclume de la légitimité politique. L'interprète idéal doit être un fin expert, en droit international et dans les questions du travail, connaître les différents contextes nationaux et bénéficier de l'appui de l'ensemble des mandants de l'OIT, si ce n'est les représenter. Si le recours à la CIJ permettrait de réunir des juristes en droit international de premier plan, il ne permettrait pas de remplir les autres critères. Notamment, l'absence de spécialisation de ses membres en matière de questions du travail et la non-représentation du monde professionnel seraient problématiques au regard des spécificités de l'OIT. La souplesse prévue dans le cadre de l'institution du tribunal interne permettrait quant à elle de remplir l'ensemble des qualités attendues d'une telle entité.

Toutefois, la question se pose de savoir pourquoi instituer un nouvel organe lorsque d'autres dispositifs existant par ailleurs permettent de remplir la tâche attendue de celui-ci : en contradiction, d'un certain point de vue, avec la Constitution mais avec une efficacité certaine (bien que non sans limites), l'interprétation des textes de l'OIT intervient exclusivement en-dehors des voies officiellement dédiées à cet effet.

Chapitre 2
Les organes extra-juridictionnels d'interprétation : des mécanismes en action

Dans l'enceinte genevoise, plusieurs organes sont amenés à connaître des normes internationales du travail et à veiller à leur application. D'abord, l'application des instruments de l'OIT renvoie à leurs mécanismes de supervision[1], la Commission d'experts et la Commission d'application des normes[2] jouant un rôle essentiel. Dans le prolongement, de nombreuses activités, plus ponctuelles, impliquent la recherche de la signification d'un texte donné. Il peut s'agir de régler un contentieux qui porte sur l'application d'une Convention par un Etat (avec l'intervention, par exemple, d'instances émanant du Conseil d'administration, comme le Comité de la liberté syndicale), de répondre à une interrogation d'un gouvernement s'agissant de la portée de ses (futurs) engagements (en sollicitant le Bureau)...

Conformément à la formule de KELSEN qui lie l'application du droit à son interprétation[3], les interprétations sont inhérentes à certaines activités des organes de l'OIT, en dépit de l'absence d'habilitation constitutionnelle[4]. Le manuel officiel sur les procédures en matière de Conventions et Recommandations internationales du travail précise ainsi, dans une partie intitulée *« interprétation des conventions et des recommandations »*, que *« les gouvernements qui ont des doutes quant à la signification de dispositions particulières d'une convention ou d'une recommandation internationale du travail peuvent demander »* un avis du Bureau. Il se réfère par ailleurs aux travaux des organes de contrôle[5] et à leurs avis *« sur la portée et la signification des normes de l'OIT »*[6].

---

[1] *« Le système de contrôle de l'OIT est extrêmement sophistiqué et a toujours été considéré, à juste titre, comme le "joyau" de l'Organisation »*. GRAVEL (E.), « Les mécanismes de contrôle de l'OIT : bilan de leur efficacité et perspectives d'avenir » in JAVILLIER (J-C.), GERNIGON (B.), *Les normes internationales du travail : un patrimoine pour l'avenir, Mélanges en l'honneur de Nicolas Valticos*, op. cit., p. 4

[2] Celle-ci constitue une formation de la Conférence internationale du travail

[3] Cf. Introduction générale

[4] Ces interprétations sont parfois désignées sous les termes *« clarifications »*, *« éclaircissements »* ou *« explications »* afin de ne pas empiéter sur les procédures officielles décrites à l'article 37 de la Constitution

[5] *« La CEACR [Commission d'experts pour l'application des Conventions et des Recommandations], la Commission de l'application des normes de la Conférence, les commissions d'enquêtes instituées en vertu de l'article 26 de la Constitution, les commissions instituées en vertu de l'article 24 de la Constitution, le Comité de la liberté syndicale, et la Commission d'investigation et de conciliation en matière de liberté syndicale) »*. Département des normes internationales du travail, *Manuel sur*

La multiplicité des organes et la charge de travail qui leur incombant ont donné lieu à un foisonnement d'interprétations qui ont acquis un poids considérable au fil du temps. Dès lors, se pose la question de savoir comment les missions exercées par les organes de l'OIT peuvent leur permettre de bâtir un corpus d'interprétations à l'autorité et à la portée certaines.

Malgré l'extrême diversité des procédures dans lesquelles elles s'intègrent, une grande cohérence caractérise les interprétations. Elles s'insèrent dans un système global, qui emprunte à de nombreux égards des traits juridictionnels. Ce système s'équilibre entre deux types de forces, juridiques et politiques, non sans tensions.

La compréhension du système d'interprétation développé au sein de l'OIT impose donc d'envisager en profondeur chacun de ses organes, en analysant leurs spécificités et la manière dont ils sont amenés à exercer un rôle d'interprète (Section 1). Elle nécessite ensuite d'étudier ce système quasi-juridictionnel, aussi efficace qu'imparfait (Section 2).

Section 1 La diversité des procédures

Pour comprendre comment un système d'interprétation a pu se développer au sein de l'OIT, en-dehors du cadre constitutionnel, il convient d'examiner ses différents acteurs internes susceptibles de connaître des normes internationales du travail. Une étude de leurs caractéristiques et de leurs missions explique en quoi la détermination de la signification des instruments normatifs apparaît consubstantielle à l'accomplissement de leurs fonctions et tire sa force d'assises variées[7].

Le rôle de ces acteurs peut d'abord consister à fournir un éclairage juridique sur la mise en œuvre d'une norme internationale. Ensuite, il peut s'agir de se

---

les procédures en matière de conventions et recommandations internationales du travail, op. cit., para. 75, p. 44

[6] Ibid., paras. 74-75, pp. 43-44

[7] Pour une étude synthétique réalisée par le Bureau, voir Non-document sur l'interprétation des Conventions internationales du travail, février 2010, op. cit., pp. 12-27. Pour un point de vue interne détaillé, voir également PICARD (L.), « Le contrôle de la mise en œuvre des instruments adoptés par l'Organisation internationale du travail » in THOUVENIN (J-M.), TREBILCOK (A.) (dir.), *Droit international social*, Tome 1, op. cit., pp. 702-756. Un certain nombre de procédures évoquées dans le cadre de cette section pourraient voir leurs modes de fonctionnement et méthodes de travail évoluer dans les prochaines années (sur le sujet, voir notamment GB.335/INS/5, op. cit.)

prononcer sur une question concrète et d'apprécier le comportement d'acteurs juridiques, comme le ferait une juridiction. En outre, dans le cadre de la structure tripartite de l'OIT, il faut souligner que le rôle des partenaires sociaux n'est pas négligeable.

Sous-section 1 : Le point de vue juridique des fonctionnaires du BIT

Le Bureau international du travail est régulièrement sollicité par les Etats afin de délivrer un point de vue sur le sens à attribuer aux Conventions et Recommandations de l'OIT. Bien qu'aucune base textuelle ne l'autorise explicitement à fournir des interprétations officielles, il apparaît comme une autorité ayant permis l'édification d'un corpus d'interprétations.

§1. Une base juridique incertaine

La Constitution n'autorise pas plus qu'elle n'empêche explicitement le BIT à se livrer à un travail d'interprétation, cette activité découlant de ses attributions. Cette absence de fondement explicite ferme prive ces interprétations de force obligatoire.

En lui confiant la *« centralisation et la distribution de toutes informations concernant la réglementation internationale de la condition des travailleurs et du régime du travail »* et une fonction d'assistance aux gouvernements en ce qui concerne notamment *« l'élaboration de la législation sur la base des décisions de la Conférence »*, l'article 10 de la Constitution de l'OIT consacre le Bureau comme un organe de support documentaire et technique[8]. De fait, le Bureau est amené à préciser le sens d'un certain nombre de textes de droit, dont le contenu ou la portée peuvent paraître obscurs. A cet égard, il a très rapidement et clairement souligné qu'il lui était nécessaire de répondre aux demandes d'interprétation formulées par les Etats membres[9], compte tenu de ses attributions[10].

---

[8] Les interprétations rendues par le Bureau à la demande des gouvernements ne représentent qu'une partie du travail de recherche et d'édition du cet organe en matière juridique. Pour une étude ancienne sur le travail de recherche du BIT, voir « The research work of the International Labour Office », International Labour Review, 1955, pp. 128-147

[9] Le Bureau précise qu'il *« s'efforce d'aider de la même manière les organisations d'employeurs et de travailleurs »*. Département des normes internationales du travail, *Manuel sur les procédures en matière de conventions et recommandations internationales du travail*, op. cit., para. 74, p. 43

[10] *« Le Bureau a toujours fait remarquer que, bien qu'aucune autorité spéciale ne lui eût été conférée pour donner des interprétations sur les dispositions des projets de convention, il considérait, cependant, qu'il remplissait la mission pour laquelle il a été créé en s'efforçant de donner des informations aussi complètes que possible*

L'affirmation par le BIT de son pouvoir d'interprétation, en-dehors de toute habilitation expresse, peut susciter un certain nombre d'interrogations quant à l'autorité juridique de ses travaux. En aucun cas, il ne s'agit ici pour le Bureau d'imposer ses vues à l'ensemble des organes de l'OIT. Néanmoins, si elles ne disposent d'aucun caractère officiel eu égard à la Constitution de l'OIT, les interprétations apportées par le Bureau constituent bien plus que de simples éclaircissements[11].

Pendant de nombreuses décennies, la procédure a été acceptée par l'ensemble des membres de l'OIT, jusqu'au début des années 1980[12]. Des critiques furent notamment formulées en ce qui concerne les mémoranda préparés par le Bureau international du Travail en réponse à des demandes d'éclaircissements relatifs à des instruments adoptés par la Conférence internationale du Travail. Certains mandants dénonçaient l'implication du Conseil d'administration dans la procédure, puisque ces mémoranda lui étaient soumis[13]. Finalement, pour faire suite aux critiques, il fut décidé de

---

sur les intentions de la commission ou de la Conférence qui avait élaboré la convention et en veillant ainsi à ce que la décision prise par ces Etats soit toujours d'accord avec l'interprétation qui semblait résulter de ces informations. Le Bureau estime qu'en agissant ainsi il remplit une fonction utile en assurant, dans une mesure aussi large que possible, l'uniformité des interprétations données aux conventions par les membres de l'Organisation. Lorsque des consultations de cette nature ont été données, elles ont été portées à la connaissance de tous les Membres de l'Organisation par le Bulletin officiel. Aucune des interprétations ainsi formulées par le Bureau n'a été, en aucun cas, contestée par le Membre de l'Organisation intéressé et aucune objection n'a été soulevée par aucun des Membres de l'Organisation ». Procès-verbaux du Conseil d'administration, 9ème session, octobre 1921, p. 382. Voir MAUPAIN (F.), « L'interprétation des Conventions internationales du travail », op. cit., p. 569

[11] Cf. infra §2

[12] En 1982, le Professeur MALINTOPPI reprochait au Bureau de rogner sur les compétences de la Commission d'experts et de la Commission de l'application des conventions et recommandations de la Conférence en se livrant à des interprétations (GB 256/SC/2/2, op. cit., para. 14, p. 5). Il avait proposé que le Conseil d'administration envisage la possibilité que la fonction interprétative soit confiée à la responsabilité des organes compétents de l'OIT (GB.220/PV (Rev.), 220ème session, Genève, mai-juin 1982, III / 19)

[13] Notamment, le vice-président employeur se demandait si la communication des interprétations par le Bureau au Conseil d'administration n'allait pas conduire à une discussion sur le fond des normes internationales du travail au sein de ce dernier organe, qui empiéterait alors sur les compétences de la Conférence. De son côté, le vice-président travailleur s'interrogeait quant à la place du Conseil d'administration dans cette procédure, compte tenu du fait que la demande d'interprétation impliquait une question posée par un gouvernement unique au Bureau : selon lui, l'implication

ne plus présenter ces derniers à l'organe exécutif, leur publication au Bulletin Officiel restant maintenue pour des raisons de transparence et d'information à l'égard de l'ensemble des Etats membres de l'OIT[14]. Désormais, les interprétations doivent, en principe[15], figurer uniquement dans le Bulletin Officiel annuel du BIT[16].

Constante depuis la création de l'OIT et indirectement autorisée par la Constitution, la pratique de l'interprétation par le Bureau a évolué au cours du XXème siècle. Même si un certain nombre de réactions suggèrent une faible marge de manœuvre juridique du Bureau pour affirmer son autorité en la matière, le recours a globalement perduré, porté par une caractéristique constante : son autorité morale.

§2. L'autorité morale d'un travail technique

A défaut de légitimité juridique, les interprétations données par le Bureau tirent leur force de l'autorité dont jouissent leurs auteurs en tant que spécialistes, ainsi que de son indépendance et de sa probité.

A/ Des gages d'indépendance et de probité

La valeur des interprétations apportées par le BIT s'explique d'abord par l'indépendance de leurs auteurs : les garanties constitutionnelles se sont révélées aussi importantes que l'affirmation d'un « Bureau fort », sous l'égide d'Albert THOMAS[17].

---

du Conseil d'administration dans un échange bilatéral entre un gouvernement et le BIT était dépourvue d'intérêt. GB 224/PV (Rev.), 224ème session, Genève, 15-18 novembre 1983, IV / 8

[14] GB 256/SC/2 /2, op. cit., p. 5

[15] En 2018, Anne TREBILCOCK relevait que, depuis 2002, aucune réponse apportée à un Etat n'avait été publiée. TREBILCOCK (A.), « The International Labour Organization », op. cit., p. 869

[16] Dans le cas où un gouvernement ne formule pas de demande d'avis formel ou officiel formalisé à travers le Bulletin Officiel ou si le Bureau ne considère pas que la question relève de l'intérêt général, la réponse est apportée par simple lettre. Département des normes internationales du travail, *Manuel sur les procédures en matière de conventions et recommandations internationales du travail*, op. cit., para. 74, p. 43

[17] Selon son biographe, B. W. SCHAPER, *« les débuts de THOMAS dans l'OIT consistèrent en une série d'actes d'audace. Ces actes surprirent aussi bien ses proches collaborateurs que les divers organes officiels auxquels il eut affaire pour la formation et l'installation de l'OIT. Ils tendaient à donner à la nouvelle institution le statut le plus indépendant, comme aussi l'impulsion la plus forte possible, et à intégrer complètement dans les forces sociales et politiques de*

Depuis 1946, la Constitution de l'OIT garantit d'abord cette autonomie en soulignant le caractère strictement international des fonctions du personnel du Bureau. Selon son article 9§4, les fonctionnaires du BIT (ainsi que leur Directeur général) se doivent d'exercer leurs fonctions dans le seul intérêt de l'OIT, celles-ci ayant un *« caractère exclusivement international »*. Hermétiques à l'influence de tout gouvernement ou de toute autorité extérieure à l'organisation, ils ne sauraient ainsi recevoir ni solliciter d'instruction de leur part. De même, conformément à l'article 9§5 de la Constitution, les membres de l'OIT sont tenus de respecter ce caractère purement international en s'abstenant de chercher à influence les membres du BIT dans l'exécution de leur tâche.

Tout en veillant à la promotion de la justice sociale et même si la Constitution n'aborde pas ce point, le Bureau se doit également d'être neutre vis-à-vis de chacun des trois groupes de mandants de l'OIT. Ce faisant, il ne peut en aucune manière prendre parti pour les gouvernements[18], les représentants des employeurs ou des travailleurs. Dans la pratique, la capacité de résistance du BIT aux pressions des différents groupes lui a permis de bénéficier d'une crédibilité incontestée au cours des années.

Dans un même ordre d'idées, l'indépendance du Bureau apparaît également à l'égard des autres organes de l'OIT. Selon la Constitution de l'OIT, le Directeur général et le BIT relèvent de l'autorité du Conseil d'administration. Toutefois, par l'action d'Albert THOMAS, le BIT a pu s'émanciper de cet organe et devenir bien plus qu'un secrétariat[19]. Depuis ses premières années d'existence, il est entendu que le Bureau dispose de la faculté d'exposer son propre point de vue sur l'ensemble des questions dont

---

l'époque ». Pour Albert THOMAS, *« les directeurs du BIT ne se contenteront en aucun cas d'une routine administrative, de la publication de rapports périodiques et de cette fuite devant les difficultés des initiatives, si caractéristiques des institutions bureaucratiques. Le BIT doit être une institution nouvelle avec des attributions indépendantes, fondée sur une politique d'action »*. SCHAPER (B. W.), *Albert Thomas. Trente ans de réformisme social*, Assen, Von Gorcum, 1959 cité par BONVIN (J-M.), *L'Organisation internationale du travail, Etude sur une agence productrice de normes*, op. cit., pp. 168 et 170

[18] Des gouvernements ont parfois pu chercher à tirer profit de la présence d'experts, voire à présenter les opinions fournies par ces derniers comme des supports à leur action. Les clarifications alors apportées par le Bureau ont alors pu conduire à des tensions. BRONSTEIN (A.), « The role of the international labour office in the framing of national labour law », Comparative Labour Law and Policy Journal, vol. 26 : 339, 2004-2005, p. 348

[19] BONVIN (J-M.), *L'Organisation internationale du travail, Etude sur une agence productrice de normes*, op. cit., p. 168

il est susceptible de connaître. Ce faisant, même s'il convient de ne pas exagérer ce trait, les travaux du BIT, bien que mettant en œuvre les instructions générales du Conseil d'administration, sont éloignés de la vision politique propre à la structure tripartite.

Tout en ayant sa propre approche des questions qui lui sont transmises, le BIT apparaît totalement détaché de toute influence partisane. Sans doute est-ce par ailleurs parce qu'elles résultent d'un travail de spécialistes que ces interprétations sont respectées.

B/ Des clarifications de spécialistes : l'autorité de la compétence

Le BIT est composé de fonctionnaires, placés sous l'autorité du Directeur général. Selon l'article 9§2 de la Constitution, *« le choix fait par le Directeur général devra porter, dans toute la mesure compatible avec le souci d'obtenir le meilleur rendement, sur des personnes de différentes nationalités »*. Dans les faits, la reconnaissance de la compétence de fonctionnaires disposant de moyens techniques considérables[20] est incontestée. Ceci explique pourquoi les interprétations fournies par le Bureau bénéficient d'un certain crédit.

Les multiples publications et travaux de recherche du BIT lui ont rapidement permis de montrer son expertise et de bénéficier d'une autorité incontestée auprès des Etats membres de l'organisation[21]. Originaires de régions variées, les spécialistes qui traitent des problèmes d'interprétation forment un service de référence en matière de droit social international et comparé, ne connaissant pas la barrière de la langue. Au plan matériel, ils disposent d'un accès à une base de données très étendue (législations nationales, publications…) puisque le Bureau compile et analyse l'ensemble des questions ayant trait à la matière sociale.

Par ailleurs, l'implication fréquente de spécialistes techniques (santé et sécurité, négociation collective…) permet de consolider les positions juridiques. La sollicitation éventuelle des organisations d'employeurs et de travailleurs s'agissant de l'identification de difficultés permet également de bénéficier d'un avis des principaux intéressés[22]. Ce faisant, aucune

---

[20] En complément des capacités linguistiques et de la pratique de l'interprétation des services intéressés. Non-document sur l'interprétation des Conventions internationales du travail, février 2010, op. cit., para. 53, p. 25

[21] DUPLESSIS (I.), « Un abrégé de l'histoire des normes de l'OIT et de leur application », op. cit., p. 83

[22] BRONSTEIN (A.), « The role of the International Labour Office in the framing of national labour law », op. cit., p. 345

administration nationale n'apparaît en mesure de rivaliser avec une telle formation, ni même de remettre en cause la qualité scientifique de ses analyses.

Il est vrai que le degré d'expertise de ses chercheurs et les moyens techniques du Bureau apparaissent moins extraordinaires aujourd'hui qu'ils ne le furent par le passé, du fait de la facilitation de l'accès aux sources de droit (étranger ou international) grâce aux nouvelles technologies[23], de la banalisation des parcours internationaux individuels et du développement de réseaux scientifiques internationaux et pluridisciplinaires. Toutefois, l'observation des travaux doctrinaux révèle que le BIT demeure le centre de référence en matière de recherche s'agissant des normes internationales du travail : que ce soit par ses publications propres ou par les liens fréquents entre les milieux académiques et le BIT, ce dernier demeure l'épicentre des travaux de recherche concernant les questions sociales internationales[24].

Le travail d'interprétation des conventions internationales du travail demeure ainsi doublement soutenu par l'expertise et la probité reconnues au BIT. L'on comprend que Georges SCELLE ait défini cet organe et son dirigeant comme *« dépositaires de cette force de pression qu'engendrent le souci du bien public, la possession de la vérité technique, la discipline de l'objectivité »*[25]. Dans un contexte de forte demande des gouvernements, le BIT a pu édifier un corpus d'interprétation.

§3. L'édification d'un corpus d'interprétations

L'autorité morale et la compétence technique du Bureau lui ont permis d'édifier un corpus d'interprétations (encore appelées *« clarifications »* ou *« éclaircissements »*[26]), 147 avis ayant été publiés au Bulletin Officiel entre 1921 et 2002[27]. Au-delà de leur objet, leur originalité réside dans leur portée

---

[23] Le Bureau lui-même contribue lui-même à disséminer largement l'ensemble de la documentation brute dont il dispose en multipliant l'édition de bases de données accessibles au public (NORMLEX, NATLEX, Labordoc…)

[24] En attestent, par exemple, les références récurrentes dans la doctrine à des travaux de recherche effectués sous l'égide de l'OIT

[25] SCELLE (G.), *L'Organisation internationale du travail et le BIT*, Paris, Marcel Rivière, 1930, p. 37 cité par BEGUIN (B.), « Le tripartisme dans l'Organisation internationale du travail », op. cit., p. 9

[26] Les débats soulevés dans les années 1980 n'ont pas été étrangers aux précautions prises par le BIT dans l'emploi du terme « interprétation », cette dernière relevant de la procédure prévue à l'article 37 de la Constitution. Pour une invitation expresse à l'emploi du terme *« clarifications »* plutôt qu' *« interprétations »*, voir GB 256/SC/2/2, op. cit., para. 16, p. 5

[27] TREBILCOCK (A.), « The International Labour Organization », op. cit., p. 869

si bien qu'il fut une époque où Wilfred JENKS, alors Directeur général du BIT, n'hésitait pas à affirmer qu'elles contribuaient à l'édifice d'une *« jurisprudence de la justice sociale »*[28].

A/ L'objet des interprétations

Les interprétations du Bureau peuvent porter, d'une manière générale, sur tout instrument normatif de l'OIT sur lequel il viendrait à être interrogé. Ensuite, de manière bien plus indirecte (et quelque peu embryonnaire), un autre canal d'interprétation se trouve dans le cadre du suivi de la Déclaration de 1998 sur les principes et droits fondamentaux au travail, à travers le rapport global établi chaque année sous la responsabilité du Directeur général[29].

Concernant particulièrement l'interprétation à la suite de la demande d'un membre de l'OIT, celle-ci peut intervenir à la suite de demandes formulées par les gouvernements[30]. Le plus souvent, il s'agit pour les Etats de s'informer sur la portée d'une Convention sur leur législation nationale, dans la perspective d'une ratification[31].

Les très rares auteurs ayant consacré des écrits aux interprétations fournies par le Bureau ont énuméré un certain nombre de requêtes[32]. Un état des lieux identique permet d'apprécier la diversité des questions dont a été saisi le

---

[28] JENKS évoque par ailleurs une idée de « *Corpus juris of social justice* ». JENKS (W.), *Law, Freedom and Welfare*, Stevens and Sons, 1963, London, pp. 101-136 et p. 122

[29] Aux termes de l'annexe à la Déclaration de 1998, *« l'objet de ce rapport est d'offrir une image globale et dynamique relative à chaque catégorie de principes et droits fondamentaux, observée au cours de la période quadriennale écoulée, et de servir de base pour évaluer l'efficacité de l'assistance apportée par l'Organisation et déterminer des priorités pour la période suivante, sous forme de plans d'action en matière de coopération technique ayant notamment pour objet de mobiliser les ressources internes et externes nécessaires à leur mise en œuvre »*. Cf. infra. B/

[30] En pratique, ces derniers adressent une lettre au BIT, en lui posant des questions précises sur le sens à donner à une disposition conventionnelle donnée

[31] « L'interprétation des Conventions internationales du travail : Document préparé par le département des Normes internationales du travail en concertation avec le Bureau du Conseiller juridique en vue du processus de consultation initié par le Conseil d'administration à sa 306ème session (novembre 2009) » (Non-document sur l'interprétation des Conventions internationales du travail, février 2010), para. 53, p. 25

[32] Jusqu'à la fin de années 1970, voir OSIEKE (E.), *Constitutional law and practice in the International Labour Organization*, op. cit., p. 207 ; jusqu'à la fin des années 1930, voir JENKS (W.), « The interpretation of international labour Conventions by the international labour office », op. cit., pp. 134-141

Bureau (même s'il faut noter que les Bulletins Officiels de ces deux dernières décennies ne fournissent quasiment aucune matière[33]). Par exemple, en 2002[34], le Bureau a été amené à se prononcer à la suite de questions formulées, d'une part, par le gouvernement du Mexique, s'agissant de la signification de dispositions prévues à l'article 9 de la Convention n° 143 sur les travailleurs migrants de 1975 et, d'autre part, par la Suisse concernant les conséquences juridiques de l'application de la Convention n° 184 sur la sécurité et la santé dans l'agriculture de 2001 et son application aux travailleurs indépendants. Avant cela, en 2001, la Suisse a par exemple interrogé le Bureau concernant la convention n° 169 relative aux peuples indigènes et tribaux de 1989, afin de savoir notamment si celle-ci avait vocation à s'appliquer aux gens du voyage[35].

Il n'est pas nécessaire de procéder à une énumération exhaustive des différentes demandes d'interprétations qui ont été formulées auprès du BIT. Un certain nombre de constantes peuvent être relevées. Les gouvernements posent deux types de questions. Le plus souvent, elles se révèlent extrêmement précises et techniques. Il s'agit pour les Etats d'obtenir une précision concrète (« l'alinéa x de la Convention XX doit-il être entendu au sens où… ? »), de s'assurer de la compatibilité de sa législation ou d'un projet avec le contenu d'une disposition y compris en interrogeant le Bureau sur la pratique des organes de contrôle de l'OIT. Dans d'autres situations, l'interrogation porte davantage sur une question de principe[36]. Dans tous les cas, l'objectif est d'évaluer concrètement la portée de la ratification d'une convention et son effet sur la législation en vigueur[37].

B/ Le contenu des interprétations

Le contenu des interprétations apportées par le Bureau varie selon qu'elles résultent d'une demande d'un Etat ou s'inscrivent dans le cadre du rapport global sur les principes et droits fondamentaux au travail.

Les avis du BIT se révèlent *« généralement très circonstanciés »*[38]. En plus d'étudier l'instrument faisant l'objet d'une question, le travail du Bureau se base sur l'ensemble des documents pertinents prévus au niveau international : Conventions de l'OIT, Recommandations, avis des organes de suivi de l'OIT, travaux préparatoires… Il s'agit de mobiliser les travaux

---

[33] Cf. supra. §1
[34] Bulletin Officiel, vol. 85, 2002, série A, pp. 184-191
[35] Bulletin Officiel, vol. 84, 2001, série A, pp. 60-64
[36] VALTICOS (N.), *Droit international du travail*, op. cit., p. 135
[37] Cf. infra B/
[38] VALTICOS (N.), *Droit international du travail*, op. cit., p. 134

pertinents afin de dégager la solution la plus conforme à la pratique antérieure de l'OIT. Dans le même temps, l'objectif consiste à faire preuve de pédagogie.

Le Bureau apporte systématiquement une réponse sans équivoque aux gouvernements qui l'interrogent. Toutefois, bien que suffisamment précis pour les Etats, son raisonnement reste centré sur l'éclaircissement de la signification du texte international : il ne s'agit pas de proposer des formulations s'agissant de la mise en œuvre du droit national[39]. En revanche, la réponse permet à chaque gouvernement de connaître les limites fixées par la Convention évoquée.

Dans le cadre des rapports globaux, les interprétations apparaissent accessoires. En effet, l'annexe de la Déclaration qui définit ses modalités de suivi ne confère aucune fonction interprétative à ces travaux. Toutefois, l'observation des quelques rapports édités permet de constater que la recherche de la signification des principes promus par la Déclaration[40] constitue une étape incontournable dans la préparation du rapport, à travers la détermination d'une *« une image globale et dynamique relative à chaque catégorie de principes et droits fondamentaux, observée au cours de la période quadriennale écoulée »*[41].

Par exemple, le rapport-global relatif à l'égalité au travail, dans lequel des exemples de mesures ou pratiques discriminatoires sont présentés illustre cette idée. Il précise que *« certains motifs de discrimination sont spécifiquement couverts par la Convention n° 111, certains cas par d'autres instruments de l'OIT, et quelques-uns ne font encore l'objet d'aucune convention de l'OIT »*. La multiplication d'exemples concrets (règlement intérieur d'une entreprise prévoyant le licenciement de salariés d'origine étrangère employant plus de trois fois une langue différente de la langue nationale[42]…) et, plus largement, en précisant différents critères susceptibles

---

[39] En tout état de cause, le Bureau ne vise ici qu'à fournir une indication au gouvernement qui le sollicite. Sur la complémentarité de ces clarifications avec les travaux des organes de supervisions de l'application des normes internationales du travail, cf. infra. C/

[40] La liberté d'association et la reconnaissance effective du droit de négociation collective ; l'élimination de toute forme de travail forcé ou obligatoire ; l'abolition effective du travail des enfants ; l'élimination de la discrimination en matière d'emploi et de profession

[41] Annexe de la Déclaration de l'OIT relative aux principes et droits fondamentaux au travail de 1998

[42] L'égalité au travail : un objectif qui reste à atteindre, Rapport du Directeur général Rapport global en vertu du suivi de la Déclaration de l'OIT relative aux principes et droits fondamentaux au travail, op. cit., para. 136, pp. 39-40

de constituer une discrimination (liberté de ne pas révéler sa religion[43], discrimination à l'égard des personnes atteintes du VIH organisation de tests de dépistage en entreprise[44]...). Au-delà des évolutions sociales, le rapport-global prend notamment en compte l'application de nouvelles connaissances scientifiques, susceptibles de déboucher sur des discriminations (discrimination génétique fondée sur un dépistage[45]).

Le Bureau figure finalement comme une source reconnue d'interprétations des normes internationales du travail, en particulier à la suite de demandes des Etats. Il faut toutefois souligner que les interprétations réalisées depuis peu dans le cadre du suivi de la Déclaration, indirectement et de manière assez restreinte, ont une importance moindre (en termes quantitatifs) par rapport à celles fournies à la suite des demandes formulées par les Etats.

C/ La portée des interprétations du Bureau

Les interprétations rendues par le BIT ne sont pas des interprétations authentiques. Il ne s'agit que de clarifications, dépourvues d'effet obligatoire mais bénéficiant d'une portée certaine.

Chacune des réponses aux demandes d'interprétation adressée par le BIT est précédée d'une formule de réserve, par laquelle le Bureau précise que, conformément aux dispositions de la Constitution de l'OIT, il ne dispose d'aucune autorité pour interpréter les Conventions et Recommandations[46]. A plusieurs reprises, le BIT a souligné qu'il n'agissait qu'à titre informatif. De même, il a clairement souligné qu'en procédant à des interprétations, il n'entendait pas altérer le sens ou la portée des décisions telles que discutées et adoptées au sein de la Conférence[47]. Par ailleurs, le Bureau mentionne

---

[43] Ibid., para. 156, p. 45

[44] Ibid., paras. 174 et 177, pp. 49-50

[45] Ibid., paras. 212-216, pp. 57-58

[46] La formule utilisée pouvant varier mais reprenant toujours la même idée : *« En communiquant ces réponses, le Directeur général a formulé la réserve habituelle que la Constitution de l'OIT ne contient pas de disposition l'autorisant à interpréter les décisions de la Conférence internationale du Travail »* (Bulletin Officiel, 1977, n° 1, Vol. LX, Série A, n° 1, p. 298) ; *« Bien que le Traité de paix n'ait conféré au Bureau international du Travail aucune autorité spéciale pour interpréter le texte des projets de convention et des recommandations adoptés par la Conférence, le Bureau international a la possibilité d'examiner les rapports et des sessions la Conférence et de ses diverses commissions et par là, il est à même d'éclairer les gouvernements dans la mise au point des dispositions qui prêtent à controverse »* (Bulletin Officiel, janvier-juin 1921, vol. III, p. 415)

[47] *« Il ne saurait donc appartenir an Bureau d'adoucir ou de renforcer les textes qui out été votes et qui sont actuellement soumis à la ratification des Etats ».* Lettre du

dans ses réponses qu'il appartient aux gouvernements eux-mêmes d'apprécier si leurs législation et pratique sont conformes aux Conventions de l'OIT (sous réserve, en cas de ratification, de l'application des procédures de contrôles propres à l'organisation).

Toutefois, même en l'absence de consécration textuelle de la force obligatoire des interprétations apportées par le Bureau, celles-ci disposent d'effets certains, tant à l'égard de l'ensemble des membres de l'OIT que de ses organes. Il a été souligné qu'une Convention créant des obligations réciproques entre les parties, une interprétation apportée à un Etat était opposable à l'ensemble des membres de l'OIT, dès lors qu'aucune contestation n'était formulée à l'égard de cette interprétation[48].

Dans le cadre du document de travail proposé au Conseil d'administration en 1993 concernant l'opportunité de mettre en œuvre l'article 37§2 de la Constitution de l'OIT, le Bureau a fait valoir que ses interprétations / clarifications n'avaient *« d'autre autorité que celle que leur confère la solidité des recherches et des analyses dont ils sont le fruit »*[49]. Dans le même temps, il a rappelé qu'elles n'étaient pas obligatoires à l'égard des destinataires et des tiers. En revanche, s'agissant des organes de suivi de l'OIT, il s'est révélé plus nuancé, précisant que s'ils n'étaient pas liés par ses interprétations, ils ne pouvaient *« s'en écarter ou les ignorer sans dûment s'expliquer »*[50].

Bureau international du Travail au Département suisse de l'Economie publique, Bulletin Officiel de l'OIT, vol. III, janvier-juin 1921, pp. 421-422 citée par OSIEKE (E.), *Constitutional law and practice in the International Labour Organization*, op. cit., pp. 209

[48] En effet, l'absence de contestation d'une interprétation du Bureau par un Etat (qui créerait de fait une *« difficulté »* ou une *« question »* d'interprétation justifiant la mise en œuvre de l'article 37 de la Constitution) déboucherait sur une situation dans laquelle l'ensemble des Etats parties à la Convention seraient liés de manière uniforme par l'interprétation donnée par le Bureau. OSIEKE (E.), *Constitutional law and practice in the International Labour Organization*, op. cit., pp. 209-210

[49] GB 256/SC/2/2, op. cit., p. 6

[50] Plus volontariste encore, dans une opinion émise en 1938, le Bureau a fait valoir que bien que la Constitution de l'OIT ne lui conférait *« aucune autorité spéciale pour interpréter les textes des conventions adoptées par la Conférence internationale du travail, il apparaît que, lorsqu'un avis donné par le Bureau a été soumis au Conseil d'administration et publié dans le Bulletin Officiel sans avoir soulevé d'opposition, la Conférence devrait, lorsque, par la suite, elle introduit dans une autre convention une disposition identique ou équivalente aux dispositions qui ont fait l'objet d'une interprétation du Bureau, en l'absence de toute évidence contraire, être présumée avoir eu l'intention de donner à cette disposition le sens dans lequel le Bureau l'a interprétée »*. Bulletin Officiel, vol. XXIII, janvier-décembre 1938, p. 36

En dehors des questions soulevées au début des années 1980[51], force est de constater que les interprétations du Bureau n'ont jamais été remises en cause. Sans doute parce qu'elles étaient conformes à leurs positions, les organes de contrôle de l'OIT ne se sont jamais opposés à leur contenu.

La formule employée par le BIT pour qualifier son rôle paraît justifiée : *« tout à la fois irremplaçable et relativement limité »*[52]. A côté, d'autres organes de spécialistes sont amenés à exercer un rôle d'interprète. Leur originalité réside dans la renommée de leurs membres.

Sous-section 2 : L'expertise de spécialistes impartiaux et renommés

Le suivi de l'application des normes internationales du travail est l'occasion de confronter la pratique et la législation des Etats au contenu de leurs obligations[53]. A cet égard, le rôle de la Commission d'experts est fondamental. Sa situation, au cœur du système de supervision de l'application des normes de l'OIT, multiplie les occasions pour elle de jouer un rôle d'interprète. Cette instance doit être distinguée des Commissions d'enquête formées à la suite de plaintes, également constituées de spécialistes reconnus.

§1. La Commission d'experts[54] : pièce-maîtresse de la procédure de contrôle régulier de l'application des normes de l'OIT

Réunie pour la première fois en 1927, la Commission d'experts constitue aujourd'hui la pièce-maîtresse de la procédure de contrôle régulier de l'application des normes de l'OIT[55]. La Commission a été décriée à l'époque

---

51 Cf. supra. §1

52 GB 256/SC/2/2, op. cit., p. 5

53 Pour le Professeur CORNIL, *« le contrôle est, dans l'ordre international, assumé essentiellement par l'Organisation internationale du travail, au point qu'on a pu dire que les conventions internationales du travail ne liaient pas les Etats membres entre eux, mais chacun d'eux à l'Organisation »*. CORNIL (P.), « Le rôle de la Commission d'experts de l'O.I.T. dans le contrôle de l'application des conventions internationales du travail », Revue belge de droit international, 1970, pp. 267

54 Officiellement appelée « *Commission d'experts pour l'application des Conventions et des Recommandations* » (CEACR)

55 Même si son rôle peut sembler de prime abord comparable, il convient de distinguer la Commission d'experts de l'entité formée par les experts-conseillers mis en place dans le cadre du suivi de la Déclaration de 1998, dont l'œuvre apparaît incomparable en termes quantitatifs. L'annexe de la Déclaration de 1998 sur les principes et droits fondamentaux au travail prévoit la nomination d'experts-conseillers chargés d'introduire les rapports transmis annuellement par les Etats

où elle n'était qu'un projet et dans ses premières années d'existence, certains la considérant comme inconstitutionnelle en ce qu'elle ne découlait que d'une résolution adoptée dans le cadre de la Conférence internationale du travail[56]. Alors que les employeurs étaient initialement opposés à sa création, les encouragements d'Albert THOMAS et de la Conférence ont permis l'émergence de l'organe central du suivi de l'application des normes[57].

Différents éléments expliquent et expriment l'importance prise par la Commission d'experts au fil des années : sa composition, son omniprésence dans le cadre de la procédure de suivi de l'application des normes et la portée de ses observations.

A/ Une commission composée d'experts indépendants et autonomes

Très rapidement après la création de l'OIT, il s'est avéré que la Conférence internationale du travail serait dans l'impossibilité matérielle d'examiner la quantité croissante de rapports transmis par les gouvernements afin d'exposer leurs modalités d'application des normes internationales du travail. Il a donc semblé nécessaire de lui adjoindre un organe afin de l'aider à accomplir sa tâche[58]. Par ailleurs, compte tenu de la complexité juridique des questions posées par la mise en œuvre des Conventions, il est apparu utile de mettre en place un organe technique de spécialistes, exempt de toute influence partisane[59].

Représentants différents systèmes et cultures juridiques[60], les vingt experts sont nommés à titre personnel par le Conseil d'administration[61], sur

---

membres de l'OIT n'ayant pas ratifié les Conventions fondamentales de l'OIT. Alors que leurs fonctions pourraient les amener à exercer de fait un rôle comparable à celui occupé par la Commission d'experts, les expert-conseillers (essentiellement des professeurs de droit, de gestion ou d'économie ou encore d'anciens praticiens du système des Nations Unies) respectent strictement le mandat qui leur a été fixé par l'annexe de la Déclaration de l'OIT et le Conseil d'administration et se limitent à élaborer un travail de synthèse. Pour une description du mandat confié aux experts-conseillers par le Conseil d'administration, voir Conseil d'administration, procès-verbaux de la 274ème session, sixième séance in GB.295/5, 295ème session, Genève, mars 2006, p. 2

[56] CIT, 8ème session, *Compte-rendu définitif*, annexe V, pp. 393-408

[57] LANDY (E. A.), *The effectiveness of international supervision, Thirty years of ILO experience*, London, Stevens and Sons, 1966, pp. 20-21

[58] CIT, 81ème session, 1994, Rapport de la CEACR, Rapport III, Partie 4A, para. 25, pp. 12-13

[59] Ibid.

[60] En mai 2020, les membres de la Commission étaient originaires des pays suivants : Allemagne, Australie, Argentine, Brésil, Cameroun, Etats-Unis, France,

proposition du Directeur général. Cette procédure permet de garantir l'indépendance d'individus totalement indépendants du gouvernement de leur pays d'origine[62].

Le niveau d'expertise des personnalités figure parmi les critères de nomination, avec les garanties d'indépendance et d'impartialité[63]. En pratique, la Commission se compose de professeurs de droit reconnus, de juges issus de juridictions supérieures ou suprêmes dans leur pays d'origine ou bien encore d'anciens membres de la CIJ. Une telle composition permet de garantir un degré de compétence juridique extrêmement avancé, tant en matière de droit international que de droit social.

Plusieurs principes fondamentaux régissent le fonctionnement de la Commission d'experts. Bien qu'ils n'aient pas été fixés de manière officielle, ils gouvernent l'action de la Commission, qui les qualifie de *« traditions »*[64]. Pour elle, son *« travail n'a de valeur que dans la mesure où elle demeure fidèle à sa tradition d'indépendance, d'objectivité et d'impartialité en indiquant dans quelle mesure la situation, dans chaque Etat, apparaît conforme aux termes des conventions et aux obligations assumées par cet Etat en vertu de la Constitution de l'OIT »*[65]. L'affirmation et le respect de ces principes lui permettent de conserver la plus grande crédibilité en tant qu'organe technique, ses analyses juridiques restant affranchies de toute influence politique, syndicale ou professionnelle.

Grèce, Inde, Japon, Liban, Madagascar, Maroc, Panama, Royaume-Uni, Russie, Sierra Leone, Thaïlande, Trinité et Tobago. Historiquement, l'évolution de la composition de la CEACR au regard de la nationalité de ses membres a plus ou moins correspondu avec l'expansion de l'influence de l'OIT. La nomination des deux premiers experts non-européens en 1934 et en 1936 (le premier était originaire d'Uruguay et le second d'Inde) a irrévocablement marqué le caractère international de la Commission (LANDY (E.A.), *The effectiveness of international supervision, Thirty years of ILO experience,* op. cit., p. 22).

[61] Chaque membre est nommé pour une période de trois ans renouvelable, dans la limite de quinze ans au total. Une telle possibilité garantit une certaine stabilité à cet organe collégial dont les membres peuvent rester en fonction pour une durée relativement conséquente, tout en évitant une installation durable d'une personnalité au sein de la Commission. Par ailleurs, la nomination individuelle des experts permet d'assurer la continuité des travaux, à l'expiration du mandat de l'un d'eux

[62] GRAVEL (E.), CHARBONNEAU-JOBIN (C.), *La Commission d'experts pour l'application des conventions et recommandations : Dynamique et impact*, BIT, Genève, 2003, p. 8

[63] Ibid.

[64] CIT, 73ème session, 1987, Rapport du CEACR, Rapport III, Partie 4A, para. 19, p. 12

[65] Ibid.

L'indépendance des experts est doublée d'une autonomie de la Commission quant à ses méthodes de travail[66], dès lors qu'elle respecte ses principes fondamentaux. S'il lui a déjà été reproché de dépasser ses prérogatives en interprétant de façon large les Conventions[67], il ne lui a en revanche pas été fait grief de manquer à l'un de ses principes fondateurs. C'est pourquoi en 2014, après avoir vu son autorité remise en cause[68], elle a choisi d'introduire son rapport en rappelant son mandat et en mettant en exergue sa légitimité historique, tirée de *« son impartialité, son expérience et son expertise »*[69]. Forte de ces qualités[70], elle apparaît comme l'organe pivot du mécanisme de suivi régulier de l'application des normes internationales du travail.

B/ Le pivot de la procédure de suivi de l'application des normes

Le rôle de la Commission ne se limite pas à s'assurer de la bonne transcription dans les législations nationales du droit international. Il porte plus largement sur la pratique des Etats, qu'elle soit législative, juridictionnelle ou administrative. Pour ce faire, la Commission procède à l'examen de rapports[71] transmis au Bureau à échéance régulière par les gouvernements[72]. Cette collecte d'information est complétée par un certain

---

[66] CIT, 73ème session, 1987, op. cit., para. 11, p. 11

[67] Cf. infra Section 2

[68] A propos de la question du droit de grève. Cf. infra. Section 2

[69] BIT, Rapport de la Commission d'experts pour l'application des conventions et recommandations (articles 19, 22 et 35 de la Constitution) Troisième question à l'ordre du jour : Informations et rapports sur l'application des conventions et recommandations Rapport III (Partie 1A) Rapport général et observations concernant certains pays, Conférence internationale du Travail, 103ème session, 2014, para. 31

[70] LA HOVARY (C.), « The ILO's supervisory bodies' "soft law jurisprudence" », op. cit., p. 323

[71] Détaillés ou simplifiés. Sur le sujet, voir Département des normes internationales du travail, *Manuel sur les procédures en matière de conventions et recommandations internationales du travail*, op. cit., paras. 37-38, pp. 26-28

[72] Selon le mandat qui lui a été confié par le Conseil d'administration en 1947 (Procès-verbaux de la 103ème session du Conseil d'administration, Genève, 12-15 décembre 1947), la Commission d'experts est appelée à examiner :
« I) les rapports annuels prévus par l'article 22 de la Constitution et portant sur les mesures prises par les Membres afin de donner effet aux dispositions des conventions auxquelles ils sont parties, ainsi que les informations fournies par les Membres concernant les résultats des inspections ;
ii) les informations et rapports concernant les conventions et recommandations communiqués par les Membres, conformément à l'article 19 de la Constitution ;
iii) les informations et rapports sur les mesures prises par les Membres, en vertu de l'article 35 de la Constitution ». Voir Département des normes internationales du

nombre de moyens basés sur un échange, avec les gouvernements ou les partenaires sociaux.

L'originalité du système de soumission de rapports établi au sein de l'OIT réside dans le fait qu'au-delà des obligations afférentes aux Conventions qu'ils ont ratifiées[73], les Etats sont tenus de rendre des comptes s'agissant des Conventions qu'ils n'ont pas ratifiées et des Recommandations, conformément à l'article 19 de la Constitution de l'OIT[74]. La mise en œuvre de cet article est d'abord présentée comme devant permettre l'exercice d'une fonction d'évaluation[75]. Cette dernière doit permettre à l'OIT d'apprécier *« l'efficacité et la valeur actuelle des instruments soumis au contrôle »*[76]. En outre, elle met les gouvernements en mesure d'analyser leurs législations et pratiques au regard d'une convention donnée et de s'interroger quant à l'opportunité d'une ratification.

A côté de l'examen de rapports, le dialogue avec les partenaires sociaux permet dans certains cas la résolution au niveau national de difficultés d'application des normes de l'OIT, ce qui permet d'éviter la remontée de difficultés au niveau de l'OIT[77]. L'expression du point de vue des travailleurs et des employeurs donne ensuite un aperçu concret des pratiques nationales, permettant notamment à la CEACR de disposer d'opinions distinctes de celles des gouvernements. Plus simplement, l'implication des partenaires sociaux dans la procédure de préparation des avis permet à ces derniers de rappeler leur gouvernement à leurs obligations, tant sur le principe que sur les délais.

---

travail, *Manuel sur les procédures en matière de conventions et recommandations internationales du travail*, op. cit., paras. 60-63, pp. 36-38 ; pour une présentation par le CEACR, voir CIT, 73ème session, 1987, Rapport du CEACR, Rapport III, Partie 4A, paras. 9-52, pp. 8-22

73 Article 22 de la Constitution de l'OIT

74 Selon les articles 19§5 e) et 19§6 d), en l'absence de ratification d'une Convention par un Etat ou en ce qui concerne les Recommandations désignées par le Conseil d'administration, l'Etat sera tenu de *« faire rapport au Directeur général du Bureau international du travail, à des périodes appropriées (...) sur l'état de la législation et sur sa pratique concernant la question qui fera l'objet »* du texte, en indiquant les mesures qu'il a adoptées afin d'y donner suite. Cette disposition est utilisée de façon plus spécifique dans le cadre du suivi promotionnel de la Déclaration de 1998 relative aux principes et droits fondamentaux au travail.

75 Département des normes internationales du travail, *Manuel sur les procédures en matière de conventions et recommandations internationales du travail*, op. cit., para. 50, p. 32

76 Ibid.

77 GB 258/6/19 in CIT, 81ème session, 1994, Rapport de la CEACR, Rapport III, Partie 4A, para. 50, p. 20

Les échanges directs entre les gouvernements et la CEACR sont également privilégiés afin de faciliter les travaux de cette dernière. Les demandes directes[78] permettent en effet à la Commission d'accomplir sa mission en obtenant des informations complémentaires sur un point donné, de façon à évaluer la conformité de la pratique ou de la législation d'un Etat au regard d'une Convention[79].

Les modalités d'information du CEACR ont beaucoup évolué avec le temps. L'enjeu a toujours été de permettre aux experts de disposer de la meilleure vue d'ensemble de la situation nationale de chaque pays, de façon à superviser le plus efficacement possible l'application des normes internationales du travail.

C/ L'apport d'un interprète des Conventions et Recommandations de l'OIT

En 1990, la Commission d'experts a elle-même rappelé qu'en vertu de l'article 37 de la Constitution, elle n'était pas habilitée à donner des interprétations définitives d'une Convention, la CIJ étant seule compétente en la matière. Dans le même temps, elle a souligné qu'elle se devait *« d'examiner le contenu et la signification des dispositions de ladite convention, d'en déterminer la portée juridique et, le cas échéant, d'exprimer ses vues à ce sujet »*. S'agissant de la portée de ses analyses, la Commission a précisé qu'en l'absence de contradiction par la CIJ, elles étaient *« réputées valables et communément admises »*[80].

Même si les documents et délibérations de la Commission d'experts, qui se réunit à huis clos, sont confidentiels, ses commentaires sont rendus publics.

---

78 A ne pas confondre avec la procédure de « contacts directs », éloignée des préoccupations de la CEACR, qui repose sur le déplacement dans les pays concernés, avec le consentement des autorités nationales, de représentants du Directeur général. Voir VALTICOS (N.), « Une nouvelle forme d'action internationale : les contacts directs de l'OIT », Annuaire français de droit international, 1981, pp. 447-489 ; GERNIGON (B.), « La liberté syndicale et les missions sur place de l'OIT » in GERNIGON (B.), JAVILLIER (J-C.) (dir.), *Les normes internationales du travail : un patrimoine pour l'avenir*, op. cit., pp. 107-120

79 Mis en place en 1958 afin permettre à la Commission d'experts d'obtenir tout éclaircissement nécessaire pour accomplir sa mission, ce moyen d'information complémentaire se mua assez rapidement en voie d'échange. CIT, 42ème session, Genève, 1958, Rapport de la CEACR, Rapport III, Partie 1, p. 2

80 CIT, 77ème session, 1990, Rapport de la CEACR, Rapport III (Partie 4A), para. 7, p. 8

Chaque année, elle publie un rapport[81] qui est soumis au Conseil d'administration avant d'être transmis à la Conférence.

Trois éléments constituent le produit principal des travaux de la Commission d'experts : les demandes directes, les observations et l'étude d'ensemble. Alors que les demandes directes ne possèdent aucune finalité interprétative[82], les observations et études d'ensemble fournissent de nombreuses indications sur le sens des Conventions et Recommandations. Le travail d'interprétation étant indissociable des travaux de la Commission d'experts, se pose la question de la valeur juridique de son œuvre.

1. Les différentes formes des interprétations de la CEACR

Le contenu des observations et des études d'ensemble de la Commission d'experts apparaît comme un support d'interprétation des Conventions et Recommandations de l'OIT.

a. Les observations

Les observations de la Commission, qu'elles concernent un pays individuellement ou aient une vocation générale, portent sur *« i) l'application des conventions ratifiées par les Etats Membres ; ii) l'application des conventions aux territoires non métropolitains dont les Etats Membres assurent les relations internationales ; iii) la soumission des conventions et recommandations aux autorités nationales compétentes »*[83].

Chaque rapport adressé par un gouvernement ne débouche pas sur la formulation d'une observation par la CEACR. Celles-ci sont généralement utilisées afin de traiter des *« cas graves ou prolongés de non-exécution des*

---

[81] Ce rapport se compose de trois parties: la première comporte un rapport général qui donne un aperçu des travaux de la Commission et met en exergue un certain nombre de points particuliers ; la deuxième comprend des observations portant sur l'application des Conventions par certains pays (y figurent également un certain nombre de demandes directes adressées aux Etats ainsi que des remerciements adressés aux gouvernements ayant fourni des informations suffisantes à la CEACR) ; la troisième (la plus volumineuse) consiste en une étude d'ensemble de la législation et de la pratique nationale, faisant rapports soumis par les gouvernements au titre de l'article 19. Département des normes internationales du travail, *Manuel sur les procédures en matière de conventions et recommandations internationales du travail*, op. cit., para. 62, p. 37-38

[82] Cf. supra. B/

[83] Département des normes internationales du travail, *Manuel sur les procédures en matière de conventions et recommandations internationales du travail*, op. cit., para. 62, p. 37

obligations »[84]. En ce qu'elles mettent en avant les manquements d'un gouvernement s'agissant de la mise en œuvre d'un point donné d'une Convention[85], elles résultent du travail interprétatif de la Commission qui se doit de préciser la signification des instruments dont elle supervise l'application.

L'exemple le plus célèbre concerne sans nul doute l'affirmation par la Commission d'experts d'un droit de grève, sur le fondement de la liberté d'association garantie par la Convention n° 87. Par exemple, la Commission a notamment souligné que l'encadrement du droit de grève par la législation des Bahamas portait atteinte à cette Convention, en prévoyant notamment la supervision des votes de grève par un fonctionnaire du ministère du travail, l'interdiction des grèves de solidarité ou bien encore la sanction des violations des règles encadrant le droit de grève par de lourdes sanctions pouvant aller jusqu'à deux ans d'emprisonnement[86].

A côté des observations, les études d'ensemble constituent un second moyen d'expression des interprétations de la Commission d'experts.

b. Les études d'ensemble

Les études d'ensemble portent sur une thématique donnée et permettent de dresser un état des lieux des législations et pratiques nationales. Ces travaux se basent les rapports fournis par les gouvernements et les informations apportées par les organisations d'employeurs et de travailleurs[87].

---

[84] Ibid., para. 60, p. 37

[85] Elles n'emportent pas nécessairement une dimension négative : elles peuvent également être adressées aux gouvernements ayant tiré les conclusions des précédents commentaires de la Commission. A cet égard, une liste des cas de progrès constatés par la Commission est publiée chaque année dans le rapport général. En 2019, la Commission a recensé que 3 077 cas avaient été signalés depuis qu'elle a commencé à les formaliser dans son rapport (CIT, 108ème session, 2019, Rapport de la CEACR, Rapport III, Partie 1A, para. 88, p. 25). Depuis 2008, la Commission relève également les cas de bonne pratique mis en œuvre par certains gouvernements et qui peuvent inspirer les Etats afin de contribuer à la mise en œuvre des Conventions ratifiées.

[86] Observation (CEACR) - adoptée 2012, publiée 102ème session CIT (2013), Convention (n° 87) sur la liberté syndicale et la protection du droit syndical, 1948 - Bahamas (Ratification : 2001)

[87] Cf. supra. B/

Les études d'ensemble traitent de thématiques générales[88] et détaillent leurs modalités d'application par les gouvernements. Dans le même temps, la Commission d'experts rappelle aux gouvernements les mesures pouvant et devant être prises afin d'agir en conformité avec les normes internationales du travail. Cette volumineuse étude juridique (plusieurs centaines de pages chaque année) constitue par ailleurs l'occasion de synthétiser les décisions des organes de suivi de l'OIT sur un thème donné.

Par exemple, en 2012, la Commission d'experts a consacré son étude d'ensemble aux Conventions fondamentales[89]. Ce faisant, elle a étudié les mesures prises par les gouvernements et afférant au contenu de ces huit Conventions. En particulier, elle s'est prononcée sur la notion de *« valeur égale »* de rémunération entre hommes et femmes prévue par la Convention n° 100 sur l'égalité de rémunération[90]. Après avoir rappelé les différentes déclarations qu'elle avait formulées par le passé[91], elle a procédé à une revue des législations et jurisprudences nationales. Finalement, elle a regretté que beaucoup de règles et pratiques nationales se soient révélées particulièrement restrictives, les experts appelant les gouvernements à modifier leur législation afin de favoriser les progrès dans la lutte pour l'élimination de la discrimination en matière de rémunération fondée sur le sexe[92].

Si la quantité d'interprétations dégagées par la Commission d'experts apparaît incontestable et impressionnante à certains égards, leur valeur n'en est pas moins discutée.

---

[88] Depuis une décision du Conseil d'administration lors de sa 303ème session en novembre 2008, le choix des sujets faisant l'objet d'une étude d'ensemble reprend le thème des discussions annuelles tenues dans le cadre de la Conférence, en application du suivi de la Déclaration sur la justice sociale pour une mondialisation équitable du 10 juin 2008. GB 303/PV, 303ème session, Genève, novembre 2008

[89] CIT, 101ème session, 2012, Rapport du CEACR, Rapport III, Partie 1B, Donner un visage humain à la mondialisation (Etude d'ensemble sur les conventions fondamentales)

[90] Ibid., para. 672-679, pp. 292-296

[91] Et notamment l'acception large recouverte par la notion de valeur égale : *« La notion de "travail de valeur égale" est cruciale pour lutter contre la ségrégation professionnelle fondée sur le sexe qui existe sur le marché du travail de presque tous les pays car elle permet un large champ de comparaison et comprend le travail "égal", le "même" travail et le travail "similaire" mais va au-delà en englobant le travail de nature entièrement différente et néanmoins de valeur égale »*. CEACR, observation générale, Convention n° 100, 2007, para. 3

[92] CIT, 101ème session, 2012, Rapport du CEACR, Rapport III, Partie 1B, Donner un visage humain à la mondialisation (Etude d'ensemble sur les conventions fondamentales), para. 679, p. 296

2. *La valeur discutée des interprétations*

La Commission d'experts a eu l'occasion de s'exprimer s'agissant de la valeur juridique de ses avis et recommandations. Son analyse apparaît pour le moins opportune.

Dans un premier temps, au début des années 1990, la Commission avait lié l'autorité de ses interprétations à la *« sécurité juridique »*[93]. Plus récemment, la remise en cause de l'autorité de ses travaux l'a amenée à décrire plus modestement son rôle comme consistant à signaler à la Commission d'application des normes de la Conférence tout écart entre les pratiques nationales et les normes internationales du travail, ce rôle impliquant une étape d'interprétation. Elle a relevé qu'au fil des années, cette mission l'avait conduite à élaborer un certain nombre d'orientations, relevant du domaine des avis et des recommandations, *« comme cela est le cas de celles énoncées par des organes de supervision de certaines conventions ou traités dans le cadre des Nations Unies ou de certaines organisations régionales »*. Dès lors, les experts ont affirmé sans ambiguïté que leurs avis et recommandations n'avaient *« pas de force obligatoire dans le contexte du processus de contrôle de l'OIT ou en dehors de l'OIT, sauf lorsqu'un instrument international la leur donne expressément ou lorsque la Cour suprême d'un pays le décide sans que ceci ne lui soit imposé »*[94]. De façon plus éloquente encore, la Commission a souligné que ses orientations relevaient de la *« soft law, c'est-à-dire des points de vue et des décisions non obligatoires mais appelés à orienter l'action des autorités nationales »*.

Cette définition de la *soft law*[95] envisagée par la Commission d'experts rejoint d'autres approches. En doctrine, notamment, le Professeur Mireille DELMAS-MARTY souligne la double signification de l'expression *soft law* en langue française, *« droit mou et droit doux, ce qui pourrait suggérer que la faiblesse du droit, ou sa souplesse si l'on veut rester neutre, peut affecter soit la force obligatoire (l'intensité des normes serait graduée entre le dur et*

---

[93] *« Tant que ses vues ne sont pas contredites par la Cour internationale de justice, elles sont réputées valables et communément admises (...). L'acception des considérations qui précèdent est indispensable à l'existence même du principe de légalité et, partant, de la sécurité juridique nécessaire au bon fonctionnement »* de l'OIT. CIT, 77ème session, 1990, Rapport III (Partie 4A), Rapport de la CEACR, para. 7 cité dans Non-document sur l'interprétation des Conventions internationales du travail, op. cit., para. 35, p. 15

[94] CIT, 102ème session, 2013, Rapport du CEACR, Rapport III, Partie 1B, Etude d'ensemble relative aux relations de travail et à la négociation collective dans la fonction publique, 2013, para. 6, p. 2

[95] Indifféremment appelé *« soft law »* ou « droit souple » dans le cadre de la présente étude

le mou), soit la force contraignante (l'intensité des sanctions, entre dur et doux) »[96]. De même, une caractérisation plus détaillée est proposée dans l'étude annuelle du Conseil d'Etat consacrée au droit souple. Ce dernier est défini comme *« l'ensemble des instruments réunissant trois conditions cumulatives : (...) ils ont pour objet de modifier ou d'orienter le comportement de leurs destinataires en suscitant, dans la mesure du possible, leur adhésion ; (...) ils ne créent pas par eux-mêmes de droits ou d'obligations pour leurs destinataires ; (...) ils présentent, par leur contenu et leur mode d'élaboration, un degré de formalisation et de structuration qui les apparente aux règles de droit »*[97].

Sans évoquer leur défaut de force contraignante, les experts se sont limités à relever le caractère non-obligatoire de leurs travaux, en soulignant leur finalité incitatrice. Le troisième critère suggéré par le Conseil d'Etat, formel, même s'il n'a pas été utilisé par la Commission apparaît quant à lui satisfait, dans la mesure où les décisions des organes de contrôle s'inscrivent dans le cadre des procédures empruntant bon nombre de traits aux juridictions[98] et débouchent sur l'élaboration de décisions motivées.

A côté de cette qualification de *soft law*, les experts ont justifié la portée de leur observations (et plus généralement, de l'ensemble des travaux des organes de supervision de l'application des normes internationales du travail) non pas par leur portée juridique mais par la rationalité et la légitimité de la Commission, en place depuis de nombreuses décennies[99].

Ce point de vue, formulé en 2013 en introduction de l'étude d'ensemble de la Commission d'experts, apparaît aussi justifié qu'opportun, dans son contexte de formulation. Cette mise au point de la Commission d'experts doit se lire à la lumière des déclarations de la délégation des employeurs, lors de la Conférence internationale du travail tenue en juin 2012. Réagissant au contenu de l'étude d'ensemble consacrée aux Conventions fondamentales[100], cette délégation avait en effet vigoureusement dénoncé les interprétations extensives des experts qui empiétaient, selon elle, sur les

---

[96] DELMAS-MARY (M.), *Le relatif et l'universel*, op. cit., p. 182

[97] Conseil d'Etat, *Le droit souple, Etude annuelle 2013*, La documentation française, 2013, p. 61

[98] Cf. infra Section 2

[99] CIT, 102ème session, 2013, Rapport du CEACR, Rapport III, Partie 1B, Etude d'ensemble relative aux relations de travail et à la négociation collective dans la fonction publique, 2013, para. 7, p. 2

[100] CIT, 101ème session, 2012, Rapport du CEACR, Rapport III, Partie 1B, Donner un visage humain à la mondialisation (Etude d'ensemble sur les conventions fondamentales), 2013

fonctions dévolues aux seuls gouvernements et partenaires sociaux, tout en conduisant la Commission à exercer une fonction judiciaire. Revenant sur la question du droit de grève déduit de la Convention n° 87 par la Commission d'experts, le représentant des employeurs rappela l'opposition de son groupe *« contre toute vue selon laquelle les interprétations du droit de grève par les experts feraient jurisprudence ou constitueraient même une "soft law" »*[101].

Si l'affirmation de son rôle par la Commission d'experts apparaît ainsi volontariste, dans son contexte d'affirmation, l'on peut néanmoins s'interroger sur le caractère non-contraignant de ses observations, compte tenu de l'utilisation dont elles peuvent faire l'objet par les Commissions d'enquête, lesquelles possèdent un certain pouvoir d'exécution[102].

§2. Les Commissions d'enquête dans le cadre de la procédure de plainte : les atouts de procédures assises sur la Constitution

Les Commissions d'enquête s'inscrivent dans le cadre de la procédure de plainte prévue aux articles 26 à 34 de la Constitution de l'OIT. L'article 26 prévoit ainsi que si un membre de l'OIT ayant ratifié une Convention n'en assure pas l'exécution de manière satisfaisante, il peut faire l'objet d'une procédure de plainte, initiée par un autre membre de l'organisation ou par le Conseil d'administration.

La Constitution fixe le cadre général d'intervention des Commissions d'enquête. Celles-ci disposent d'importants pouvoirs, concernant tant la détermination de la procédure suivie que les moyens qu'elles peuvent mettre en œuvre. Finalement, par leurs missions, elles sont amenées à procéder à l'interprétation des textes de l'OIT.

A/ Contexte de mise en place des Commissions d'enquête

En théorie, le dépôt de plainte et l'établissement d'une Commission d'enquête semblent relativement aisés à mettre en œuvre. Toutefois, l'observation de la pratique laisse apparaître que ce dispositif semble réservé aux cas « extrêmes ».

1. Une formation aisée à mettre en œuvre

Si la condition de double-ratification préalable au dépôt d'une plainte peut sembler contraignante, il apparaît que celle-ci ne constitue pas réellement un obstacle.

---

101 CIT, Compte rendu provisoire, 101ème session, Genève, mai - juin 2012, p. 27/5

102 En vertu de l'article 33 de la Constitution. Cf. infra. §2 et Section 2

Seul un membre de l'OIT ayant ratifié une Convention donnée peut déposer une plainte contre un autre Etat membre de l'OIT ayant ratifié ce même texte. Le plaignant doit alors soutenir que l'Etat visé par la plainte n'exécute pas la Convention *« de manière satisfaisante »*. L'article 26§1 laisse une grande marge d'appréciation au plaignant en ce qui concerne ce caractère *« satisfaisant »*, en se référant à *« son avis »*[103]. Il n'est ainsi pas nécessaire que l'Etat plaignant se prévale d'un préjudice direct. Dès lors qu'un Etat estime que le manquement d'un membre de l'OIT porte atteinte à l'intérêt général, il lui est permis d'engager une procédure de plainte[104].

En complément, la procédure de plainte visant à protéger l'intérêt général, elle peut être enclenchée par le Conseil d'administration, *« soit d'office, soit sur la plainte d'un délégué à la Conférence »*[105]. Si la procédure a rarement été mise en œuvre à l'initiative du Conseil d'administration[106], les délégués à la Conférence ont en revanche régulièrement pris part à son engagement.

Le dépôt d'une plainte par un délégué à la Conférence apparaît bien plus ouvert que ne l'est la procédure offerte aux Etats, puisque le seul fait d'être membre de la Conférence permet ici d'exercer cette voie de recours. En pratique, la très grande majorité des plaintes ont été déposées par des délégués employeurs ou travailleurs[107]. En-dehors de l'obstacle imposé aux Etats par l'obligation de double-ratification, peut-être cette situation traduit-

---

[103] *« Chacun des Membres pourra déposer une plainte au Bureau international du Travail contre un autre Membre qui,* à son avis*, n'assurerait pas d'une manière satisfaisante l'exécution d'une convention que l'un et l'autre auraient ratifiée en vertu des articles précédents »*. Le dépôt d'une plainte est donc subordonné à une appréciation subjective. OSIEKE (E.), *Constitutional law and practice in the International Labour Organization*, op. cit., p. 221

[104] VALTICOS (N.), *Droit international du travail*, op. cit., p. 607

[105] Article 26§4 de la Constitution

[106] A l'encontre du Nigéria en 1998 pour violation des Conventions n° 87 et 98 ou de la RFA en 1985 pour violation de la Convention n° 111

[107] De manière très solennelle, sans que cette procédure ne soit expressément prévue par la Constitution, la Conférence a, en 1974, adopté une résolution par laquelle elle a demandé au Conseil d'administration de mettre en place une Commission d'enquête s'agissant du non-respect par le Chili des Conventions n° 1 sur la durée du travail et n° 111 sur la discrimination. En l'espèce, il était reproché à la junte militaire au pouvoir d'avoir augmenté la durée hebdomadaire de travail de quatre heures, tout en bloquant les salaires, et d'avoir procédé au licenciement de dizaines de milliers de travailleurs en raison de leurs opinions. Voir le Rapport de la commission instituée en vertu de l'article 26 de la Constitution de l'Organisation internationale du Travail pour examiner l'observation par le Chili de la convention (n° 1) sur la durée du travail (industrie), 1919, et de la convention (n° 111) concernant la discrimination (emploi et profession), 1958, BIT, Genève, 1975

elle une certaine frilosité de ces derniers à l'égard d'une procédure à la connotation symbolique très marquée.

2. *Le recours exceptionnel aux plaintes et aux Commissions d'enquête*

Dans les faits, le recours à la procédure de plainte se révèle très rare et le nombre de cas de mise en place des Commissions d'enquête très faible.

a. *La rareté des plaintes*

Jusque dans le courant des années 1960, la procédure de plainte, mise en place dès 1919, n'avait jamais été déclenchée. Plusieurs raisons ont été avancées, notamment par Nicolas VALTICOS[108]. D'abord, les intéressés (généralement les organisations de travailleurs) manifestent une certaine préférence pour le contrôle via la procédure régulière de supervision, plus discrète, moins formelle et d'apparence moins agressive que la procédure de plainte[109]. Par ailleurs, dans quelques cas, la procédure de réclamation prévue aux articles 24 et 25 a permis d'éviter le dépôt de plainte. Surtout, à compter des années 1950, bon nombre d'allégations portant sur de graves violations de Conventions ont été traitées par le Comité de la liberté syndicale. Par ailleurs, le caractère « inamical » de la procédure a dissuadé certains acteurs, en particulier gouvernementaux, de s'engager dans une procédure de plainte. Dans un même ordre d'idées, comme l'a relevé Wilfred JENKS, bon nombre d'organisations professionnelles sont réticentes à entamer une procédure de plainte extrêmement lourde à l'encontre de leur propre pays[110].

Sans doute est-ce aussi cette raison liée au caractère symbolique extrêmement fort qui a incité un certain nombre de délégués gouvernementaux et travailleurs à recourir à la procédure de plainte à partir des années 1960, dans un contexte marqué par de fortes tensions et des oppositions idéologiques[111]. De même, la préoccupation croissante des Etats

---

[108] VALTICOS (N.), « Les Commissions d'enquête de l'Organisation internationale du travail », RGDIP, n° 91, 1987, pp. 849-951

[109] De même, Victor-Yves GHEBALI a avancé une préférence pour les organisations professionnelles pour les procédures internes, compte tenu de leur efficacité ou de façon à ne pas dissuader leurs gouvernements de ratifier de nouvelles Conventions. GHEBALI (V-Y.), *L'Organisation internationale du travail*, op. cit., p. 282

[110] JENKS (C. W.), *The International Protection of Trade Union Freedom*, London, Stevens, 1957 cité par GHEBALI (V-Y.), *L'Organisation internationale du travail*, op. cit., p. 282

[111] VALTICOS (N.), « Les Commissions d'enquête de l'Organisation internationale du travail », op. cit., p. 852

pour le respect des droits de l'Homme à l'échelle internationale à compter des années 60 a probablement favorisé la mise en œuvre de ce mécanisme et surtout, des Commissions d'enquête.

b. La mise en place facultative des Commissions d'enquête

Toutes les plaintes ne débouchent pas nécessaire sur la mise en place d'une Commission d'enquête. A ce jour[112], 35 procédures de plainte ont été entamées, contre 29 pays. Dans ce cadre, 14 Commissions d'enquête ont été mises en place[113].

Alors que la gravité des événements ayant conduit à la constitution de Commissions d'enquête est indéniable, il faut souligner que bon nombre de situations examinées dans d'autres cadres auraient tout également pu faire l'objet d'une procédure de plainte. Il en va ainsi régulièrement de cas examinés par le Comité de la liberté syndicale concernant des allégations d'assassinats de syndicalistes[114].

Toutefois, la mise en place d'une Commission d'enquête apparaît comme une procédure extrême, n'intervenant qu'en cas de défaut de coopération de l'Etat incriminé avec le Conseil d'administration[115], le plus souvent dans un contexte de violation des droits de l'Homme. Lorsque l'on observe la liste des pays ayant été concerné par une Commission d'enquête, l'on remarque qu'au moment où ils ont été visés par une plainte, ils connaissaient une situation politique préoccupante et faisaient déjà l'objet de la plus grande attention de la communauté internationale pour des motifs liés à d'autres

---

[112] En mai 2020

[113] Dans certains cas, le Conseil d'administration a décidé de ne pas former de Commission d'enquête, la question faisant l'objet d'une plainte étant traitée par le Comité de la liberté syndicale. Plainte concernant l'exécution par la Côte d'Ivoire de la Convention (n° 87) sur la liberté syndicale et la protection du droit syndical, 1948, présentée par des délégués travailleurs à la 79e session (1992) de la Conférence Internationale du travail, en vertu de l'article 26 de la Constitution de l'OIT (GB.253/15/29), BO Vol. LXXV, 1992, Series B, No. 3, BO Vol. LXXVI, 1993, Series B, No. 2, BO Vol. LXXVII, 1994, Series B, No. 3)

[114] Par exemple : Comité de la liberté syndicale, Cas n° 2859 (Guatemala) - Date de la plainte : 27 mai 2011 ; Comité de la liberté syndicale, Cas n° 2761 (Colombie) - Date de la plainte : 8 février 2010 ; Comité de la liberté syndicale, Cas n° 2706 (Panama) - Date de la plainte : 30 mai 2009…

[115] Selon l'article 26§2 de la Constitution, *« le Conseil d'administration peut, s'il le juge à propos, et avant de saisir une Commission d'enquête selon la procédure indiquée ci-après, se mettre en rapport avec le gouvernement mis en cause de la manière indiquée à l'article 24 »*

matières que la question du travail[116]. Les Commissions d'enquête ont essentiellement été amenées à traiter de plaintes ayant trait à des cas de discrimination[117], de travail forcé[118], de violation de la liberté syndicale et du droit syndical[119], chacun de ces thèmes étant aujourd'hui protégé par les Conventions fondamentales de l'OIT.

B/ Une instance de spécialistes aux pouvoirs étendus

Les Commissions d'enquête se caractérisent principalement par deux éléments : leur composition, marquée par le haut niveau de spécialisation de leurs membres, et l'étendue de leur mandat, qui ne se limite pas simplement à enquêter sur des faits.

Les Commissions d'enquête se composent de trois membres, dont un président. Alors qu'en 1919, il avait été envisagé que soient désignés des représentants des mandants de l'OIT[120], le choix de l'expertise a finalement été fait. Aucun représentant gouvernemental ou des partenaires sociaux n'a jamais siégé dans ces commissions systématiquement constituées d'éminents spécialistes. Ceux-ci sont le plus souvent des professeurs de droit, des praticiens de premier plan (anciens membres de la Cour internationale de justice ou hauts magistraux nationaux) ou bien encore des diplomates.

Comme au sein de la Commission d'experts, le degré d'expertise juridique des membres des Commissions d'enquête ainsi que leur impartialité

[116] C'est ainsi que parmi les treize pays concernés figurent, par exemple, la Biélorussie d'Alexandre LOUKACHENKO (2003), le Chili d'Augusto PINOCHET (1975), la Grèce des Colonels (1968), la République d'Haïti de Jean-Claude DUVALIER (1983), la République de Myanmar tenue par la junte militaire (1996), la Pologne communiste (1982), le Portugal de SALAZAR (1962), la Roumanie de CEAUCESCU (1989), le Zimbabwe de Robert MUGABE (2003) et, plus récemment, le Vénézuela de Nicolás MADURO (2018). Le cas polonais s'illustre parmi les autres plaintes. Celui-ci demeure exceptionnel en raison de sa gravité et de la place du syndicat Solidarność dans l'histoire du pays (sur le sujet, voir BLANCHARD (F.), « Une page d'histoire de l'OIT : la Pologne » in JAVILLIER (J-C.), GERNIGON (B.), *Les normes internationales du travail : un patrimoine pour l'avenir, Mélanges en l'honneur de Nicolas Valticos*, op. cit., pp. 83-88)

[117] RFA, Chili et Roumanie

[118] Haïti, Libéria, Myanmar, Portugal, et République dominicaine

[119] Biélorussie, Grèce, Haïti, Nicaragua, République dominicaine, Vénézuela et Zimbabwe

[120] VALTICOS (N.), « Les Commissions d'enquête de l'Organisation internationale du travail », op. cit., pp. 855-856

identique à celle attendue de juges[121] confère aux interprétations des instruments de l'OIT une assise certaine, tant à propos de leur valeur scientifique qu'en ce qui concerne leur autorité morale.

Dans ce cadre, les fonctions des Commissions d'enquête apparaissent particulièrement étendues. En vertu de l'article 28 de la Constitution de l'OIT[122], il leur incombe en effet d'exercer trois missions : rassembler les constatations de fait, évaluer les faits constatés au regard des obligations pesant sur les Etats et formuler des recommandations en cas de non-respect de ses obligations par un Etat[123]. Pour accomplir ces tâches, les membres des Commissions d'enquête disposent de larges pouvoirs d'organisation[124], qui leur permettent d'auditionner les parties, d'effectuer des missions dans les pays mis en cause…

Le parallèle établi entre ces formations et les juridictions[125] est d'autant plus pertinent que ses membres ont choisi de suivre certaines pratiques propres à

---

[121] Les membres des Commissions d'enquête s'engagent à exercer les devoirs et attributions qui leur ont été confiés *« en tout honneur et dévouement, en pleine et parfaite impartialité et en toute conscience »*, de la même manière que les juges de la Cour internationale de justice. VALTICOS (N.), *Droit international du travail*, op. cit., p. 609. Cf. article 4 du Règlement de la Cour adopté le 14 avril 1978 et entré en vigueur le 1er juillet 1978

[122] *« La Commission d'enquête, après un examen approfondi de la plainte, rédigera un rapport dans lequel elle consignera ses constatations sur tous les points de fait permettant de préciser la portée de la contestation, ainsi que les recommandations qu'elle croira devoir formuler quant aux mesures à prendre pour donner satisfaction au gouvernement plaignant et quant aux délais dans lesquels ces mesures devraient être prises »*

[123] Rapport de la Commission d'enquête instituée en vertu de l'article 26 de la Constitution de l'Organisation internationale du Travail pour examiner l'observation par la République dominicaine et Haïti de certaines conventions internationales du travail concernant l'emploi de travailleurs haïtiens dans les plantations de canne à sucre de la République dominicaine, op. cit., para. 415, p. 127 cité par VALTICOS (N.), « Les Commissions d'enquête de l'Organisation internationale du travail », op. cit., p. 857

[124] En pratique, le Conseil d'administration leur accorde en effet le soin de déterminer ces procédures, sous réserve de respecter les directives fixées par la Constitution et par le Conseil lui-même. Département des normes internationales du travail, *Manuel sur les procédures en matière de conventions et recommandations internationales du travail*, op. cit., para. 89, p. 51

[125] Les recommandations rendues par les Commissions d'enquête ont été comparées à des sentences arbitrales ou à des jugements (VUKAS (B.), « Some remarks concerning the Commissions of Inquiry established under the Constitution of the International Labour Organization » in GERNIGON (B.), JAVILLIER (J-C.), POLITAKIS (G.), dir., *Les normes internationales du travail : un patrimoine pour*

ces dernières : respect du contradictoire, audition de témoins (systématiquement à huis clos jusqu'à présent)… Par ailleurs, conformément à l'article 32 de la Constitution de l'OIT, les Etats bénéficient d'une voie de recours devant la CIJ, qui permet de confirmer, d'amender ou d'annuler les conclusions et recommandations formulées par la Commission[126].

L'efficacité de cette procédure permet ainsi aux Commissions d'enquête d'apporter une contribution à l'interprétation des instruments de l'OIT.

C/ La contribution des Commissions d'enquête à l'interprétation des Conventions de l'OIT

Le travail d'interprétation des Commissions d'enquête se concrétise par la réalisation des rapports qu'elles remettent au Conseil d'administration. L'étude des conséquences de ces rapports débouche sur un certain paradoxe : alors que les interprétations rendues semblent frappées d'une autorité relative et voir leur portée limitée au cas pour lequel elles interviennent, elles sont dotées d'un potentiel certain en raison de la solidité de leur fondement.

1. Les rapports des Commissions d'enquête

La Constitution se borne à préciser, en son article 28, que la Commission d'enquête se doit de rédiger un rapport. Celui-ci fait mention de l'ensemble des points de fait *« permettant de préciser la portée de la contestation »*. De même, il comporte les recommandations que la commission souhaite adresser au gouvernement faisant l'objet d'une plainte, *« quant aux mesures à prendre pour donner satisfaction au gouvernement plaignant et quant aux délais dans lesquels ces mesures devraient être prises »*.

Le contenu de ces rapports implique donc la réalisation d'un travail d'interprétation, dans la mesure où il s'agit de recueillir des éléments de fait précis et de les mettre à l'épreuve des obligations qui incombent à l'Etat. Ce travail impose la mise en œuvre d'un raisonnement intellectuel qui vise à comprendre le sens précis des dispositions conventionnelles. L'interprétation se retrouve essentiellement dans les conclusions. Celles-ci concentrent les éléments de fait relevés et examinent leur compatibilité avec les textes de

---

l'avenir, op. cit., p. 77). Cf. Section 2 pour une discussion autour de l'idée de juridiction

126 Il faut noter que, jusqu'à présent, cette voie de recours n'a jamais été empruntée. Sans doute est-ce parce que le nombre d'opportunités s'étant présentées était rare mais aussi en raison de la situation politique des Etats concernés, en marge du système international ou, plus simplement, parce que ceux-ci avaient accepté les recommandations qui leur avaient été adressées.

l'OIT. A côté de cela, les recommandations précisent les mesures qui doivent être prises par l'Etat afin de respecter ses obligations.

Par exemple, en 2010, concernant le cas zimbabwéen, une Commission d'enquête a rappelé que le droit de grève était protégé par la Convention n° 87 et a recherché les éléments de fait permettant de caractériser la violation de ce droit. Dans ses conclusions, elle a déclaré : *« Compte tenu de ce qui précède, la commission se voit obligée d'observer que le droit de grève n'est pas totalement garanti en droit ou en pratique et est notamment préoccupée du fait : que la législation prévoit des sanctions disproportionnées par rapport à l'exercice du droit de grève ; qu'elle donne une définition trop large des services essentiels ; que, dans la pratique, la procédure de déclaration de grève est problématique ; et que les forces de sécurité interviennent souvent lors des grèves. La commission confirme que le droit de grève est un corollaire indissociable du droit syndical protégé par la convention n° 87 »*[127]. En complément, elle a formulé des recommandations par lesquelles elle a invité les autorités du pays à prendre des mesures permettant d'empêcher la répétition des faits constatés (lesquels n'étaient pas uniquement liés à la restriction du droit de grève), à faire en sorte que les autorités nationales s'engagent dans un processus de dialogue avec les citoyens et d'accorder une place essentielle aux tribunaux dans l'établissement d'un contexte propice à l'exercice des droits et libertés syndicaux[128].

Les rapports des Commissions d'enquête contribuent à l'ouvrage d'interprétation des Conventions de l'OIT. Il faut souligner toutefois les particularités et le paradoxe qui se dégage de ce travail, à la portée limitée mais au potentiel certain.

2. *Une portée limitée mais un potentiel certain*

Les conclusions et recommandations formulées par les Commissions d'enquête ne sauraient avoir d'effet au-delà des cas pour lesquels elles sont formulées. Dans le même temps, celles-ci disposent d'une base constitutionnelle qui leur confère un atout, concernant tant le fondement de sa procédure que les suites pouvant être données à ses recommandations.

Les particularités des Commissions d'enquête restreignent la portée interprétative des conclusions et recommandations qu'elles sont susceptibles

[127] Rapport de la Commission d'enquête instituée en vertu de l'article 26 de la Constitution de l'Organisation internationale du Travail pour examiner le respect, par le gouvernement du Zimbabwe, op. cit., para. 575
[128] Ibid., para. 606

d'émettre. En effet, elles ont pour mission de clarifier les faits reprochés à un Etat et de déterminer la règle de droit applicable, l'interprétation pouvant ici trouver sa place. Toutefois, compte tenu de l'importance et de la précision des éléments examinés dans le cadre des Commissions d'enquête, dans le cadre d'une procédure contradictoire, la portée des interprétations est intimement liée aux circonstances de l'espèce[129]. L'effet relatif de leurs décisions permet alors de les rapprocher de la plupart des décisions de justice.

En parallèle, comme les décisions rendues par les autres organes de l'OIT, celles rendues par les Commissions d'enquête disposent de l'autorité que leur confère l'expertise de leurs auteurs. Au-delà de cet aspect intellectuel, deux caractéristiques plus tangibles de ces commissions pourraient leur permettre de jouer un rôle d'importance dans la procédure d'interprétation au sein de l'OIT.

Tout d'abord, contrairement aux principaux organes d'interprétation que sont la Commission d'experts et le Comité de la liberté syndicale, la Commission d'enquête voit son existence et ses missions reconnues par la Constitution de l'OIT. Il a été reproché à la Commission d'experts d'être dépourvue de *« mandat judiciaire au sein de l'OIT »*, afin de remettre en cause ses interprétations[130]. Si la Constitution n'autorise pas plus les Commissions d'enquête à se livrer à des interprétations qu'elle ne les consacre comme autorité judiciaire, leur mandat, qui vise au traitement d'une plainte, implique nécessairement un travail de détermination de la signification d'une Convention. Une remise en cause de leur travail d'interprétation reviendrait à fragiliser leur existence et la Constitution de l'OIT, tant cette tâche apparaît inhérente à leur mission.

Ensuite, le second atout des Commissions d'enquête réside dans l'article 33 de la Constitution de l'OIT[131] qui autorise le Conseil d'administration à prendre des mesures pour assurer l'exécution de leurs recommandations. De

[129] MAUPAIN (F.), « L'interprétation des Conventions internationales du travail », op. cit., p. 573

[130] CIT, Compte rendu provisoire, 101ème session, Genève, mai-juin 2012, p. 27/4

[131] *« Si un Membre quelconque ne se conforme pas dans le délai prescrit aux recommandations éventuellement contenues soit dans le rapport de la Commission d'enquête, soit dans la décision de la Cour internationale de Justice, selon le cas, le Conseil d'administration pourra recommander à la Conférence telle mesure qui lui paraîtra opportune pour assurer l'exécution de ces recommandations »*

fait, des interprétations consacrées[132] par une commission dans le cadre d'une plainte pourraient alors s'avérer contraignantes.

Longtemps oublié, cet article a été utilisé une première fois en 2000, dans le cas du Myanmar[133], à la suite d'une plainte déposée en 1996. Suivant les recommandations du Conseil d'administration, la Conférence avait prononcé à une très large majorité[134] différentes mesures pour tirer les conclusions de l'absence de coopération des autorités nationales avec la Commission d'enquête[135]. Cette initiative a favorisé l'accomplissement de progrès par le pays en matière de travail forcé[136].

Le succès de cette expérience de mise en œuvre de l'article 33 contredit l'idée selon laquelle l'OIT serait une organisation dépourvue de moyens contraignants (ou de *« dents »*[137]). Les Commissions d'enquête, déjà considérées comme des « juridictions » réservées aux cas extrêmes, pourraient ainsi apparaître comme le « bras armé » du système d'interprétation officieux de l'OIT, laissant planer une menace au-dessus des Etats récalcitrants[138].

---

132 Les Commissions d'enquête ne sont jamais venues élargir le spectre des règles dégagées par d'autres organes. Elles se sont limitées à considérer qu'un comportement était incompatible avec les dispositions d'une Convention (par exemple, la discrimination fondée sur l'ascendance nationale, expressément prohibée par les articles 1 et 2 de la Convention n° 111) ou un principe s'en dégageant (ce principe ayant déjà été énoncé par d'autres organes de contrôle de l'OIT, comme dans le cas du droit de grève), consolidant ainsi les interprétations déjà apportées par d'autres acteurs.

133 Cf. infra. Section 2

134 257 voix pour ; 41 contre et 31 abstentions

135 Il avait notamment été décidé d'organiser une séance spécialement dédiée au cas du Myanmar durant les futures sessions de la Conférence, aussi longtemps que nécessaire, d'inviter les Etats membres de l'OIT et les Organisations internationales à revoir leurs relations avec le pays. Résolution concernant les autres mesures sur la question du Myanmar adoptées en vertu de l'article 33 de la Constitution de l'OIT, CIT, 88ème session, juin 2000

136 Si bien qu'en 2013, la Conférence a décidé de lever une partie des mesures prononcées à l'encontre du pays (à savoir l'organisation de sessions spéciales lors de la Conférence et l'invitation des Etats membres de l'OIT à prendre des mesures appropriées contre le pays). Résolution concernant les autres mesures sur la question du Myanmar adoptées en vertu de l'article 33 de la Constitution de l'OIT, CIT, 101ème session, 18 juin 2013

137 MAUPAIN (F.), « Persuasion et contrainte aux fins de la mise en œuvre des normes et objectifs de l'OIT » in GERNIGON (B.), JAVILLIER (J-C.) (dir.), *Les normes internationales du travail : un patrimoine pour l'avenir, Mélange en l'honneur de Nicolas VALTICOS,* op. cit., p. 691

138 Cf. infra. Section 2

Les organes d'expertise que sont la Commission d'experts et les Commissions d'enquête se révèlent extrêmement prolifiques et / ou potentiellement efficaces. La « rançon du succès », du moins pour la Commission d'experts, s'exprime toutefois à travers les critiques formulées à l'encontre d'organes dépourvus de légitimité constitutionnelle en matière d'interprétation. Pour leurs détracteurs, les mandants de l'OIT (essentiellement à travers la Conférence) disposeraient d'une plus grande légitimité en tant qu'interprètes.

Sous-section 3 : L'opinion des mandants de l'OIT

La structure tripartite de l'OIT inspire son travail normatif et, par la même occasion, l'interprétation des instruments élaborés en son sein. Par les missions qu'ils exercent, la Conférence et le Conseil d'administration jouent un rôle majeur en la matière, en offrant une assise représentative aux interprétations. Surtout, certaines formations issues de ces instances, comme le Comité de la liberté syndicale, disposent d'une place fondamentale.

§1. La Conférence internationale du travail et la Commission pour l'application des Conventions et des Recommandations : une légitimité représentative incontestable

Aux termes de l'article 2 de Constitution de l'OIT, la Conférence générale des représentants des membres de l'organisation constitue l'un de ses trois piliers, aux côtés du Conseil d'administration et du BIT. Dans différents cadres, le *« Parlement international du travail »*[139] est amené à se prononcer sur le sens à donner à un texte de l'OIT. Le rôle premier attribué à cet organe, comme sa composition, conduit à conférer à ses interprétations un poids politique très important, au-delà de considérations procédurales leur ôtant tout caractère authentique.

A/ Le « Parlement international du travail »

Le tripartisme et l'esprit de négociation se retrouvent de façon prégnante au moment de l'élaboration et de l'adoption des Conventions et des Recommandations[140]. Si, aujourd'hui, l'attribution à une Conférence internationale d'une mission d'élaboration d'une législation apparaît assez

---

[139] Selon l'expression fréquemment utilisée, comme le relève le site institutionnel de l'OIT (http://www.ilo.org/global/about-the-ilo/how-the-ilo-works/international-labour-conference/lang--fr/index.htm)

[140] Cf. Introduction générale

peu extraordinaire, une telle structure apparaissait révolutionnaire il y a quelques décennies[141].

L'article 3 de la Constitution de l'OIT prévoit que la Conférence se compose de quatre représentants par Etat membre[142], deux d'entre eux représentant le gouvernement, les deux autres sièges étant occupés, d'une part, par un délégué des employeurs et, d'autre part, par un délégué des travailleurs[143]. Accessoirement, selon une même organisation tripartite, des commissions techniques (comme la Commission d'application des normes[144]) sont mises en place au sein de la Conférence de façon à l'aider à accomplir ses missions, dans un contexte d'accroissement de ses responsabilités et de sa charge de travail [145].

Au-delà de la pondération des voix, la représentation des trois mandants de l'OIT offre à la Conférence un caractère unique sur la scène internationale et confère une empreinte fortement politique à ses réalisations. La représentation des partenaires sociaux impose un certain dynamisme dans son fonctionnement. Alors que les fonctionnaires nationaux sont attachés à un certain conservatisme et préfèrent éviter que l'évolution du droit international ne bouleverse la législation nationale, les partenaires sociaux (surtout les délégués des travailleurs) obéissent à une logique totalement différente et recherchent avant tout à remettre en cause le droit tel qu'il existe[146]. Plus généralement, les tensions qui résultent des divergences

---

141 Cela étant, au sortir de la Première Guerre mondiale, une telle idée ne semblait pas inconcevable au regard des mécanismes de contrôle internationaux qui avaient été mis en place par les Alliés dans divers domaines. VALTICOS (N.), *Droit international du travail*, op. cit., p. 46

142 Des conseillers techniques peuvent assister les délégués dans leur tâche

143 De fortes objections avaient initialement été formulées à l'encontre du système. Notamment, le syndicaliste américain Samuel GOMPERS soutenait que pour obtenir la confiance des ouvriers, il était nécessaire d'accorder aux représentants des travailleurs une représentation au moins égale à celle des gouvernements. Suivant une même inspiration, d'autres, comme le ministre du travail français Pierre COLLIARD, proposaient une représentation égalitaire entre les trois mandants de la future organisation. Finalement, à une courte majorité (huit voix contre six) fut retenue d'idée d'une surreprésentation des gouvernements. Comme l'a relevé Nicolas VALTICOS, il y lieu de penser qu'un système accordant une représentation moins importante aux gouvernements aurait pu rencontrer de fortes objections chez ces derniers, allant jusqu'à compromettre la création et le développement de l'OIT. Sur le sujet, voir VALTICOS (N.), *Droit international du travail*, op. cit., pp. 46-47

144 Cf. infra. B/

145 GHEBALI (V-Y.), *L'Organisation internationale du travail*, op. cit., p. 191

146 PHILIP (C.), *Normes internationales du travail : universalisme ou régionalisme ?,* op. cit., p. 127

d'intérêts entre les représentants des employeurs et ceux des travailleurs entretiennent une dynamique de travail soutenue. La politisation marque l'ensemble des actions de la Conférence, y compris celles où elle est amenée à exercer un rôle d'interprète.

B/ De multiples occasions d'interprétation dans le cadre de débats

En plus d'être en charge de l'élaboration et de l'adoption des normes internationales du travail, la Conférence joue un rôle très important dans le suivi de leur mise en œuvre, essentiellement par l'intermédiaire de la Commission d'application des normes[147]. Sa mission s'exerce principalement dans la continuité des travaux de la Commission d'experts, organe juridique et technique[148], auxquels elle donne une résonance politique[149]. Ces débats ne sont pas incompatibles avec l'exercice d'une interprétation par la Commission de la Conférence, même si cette dernière exerce ici un rôle moindre que celui d'autres acteurs.

Les vingt-cinq cas individuels examinés chaque année par la Commission d'application des normes sont l'occasion de préciser son approche de la signification des Conventions et Recommandations en cause[150]. Le rapport

---

[147] « Commission de l'application des Conventions et des Recommandations » selon les termes de l'article 7 du Règlement de la Conférence

[148] Cf. supra Sous-section 2

[149] Cf. infra. C/

[150] La Commission de l'application des normes invite certains gouvernements à fournir des explications sur les manquements relevés par la Commision d'experts dans la mise en œuvre des Conventions. Compte tenu de la densité croissante des rapports de cette dernière, la Commission d'application des normes se limite depuis 1955 à n'appeler à s'expliquer oralement que les seuls gouvernements auteurs selon elle des violations les plus graves (VALTICOS (N.), *Droit international du travail*, op. cit., p. 591). Le choix des cas individuels résulte ainsi d'un accord préalable entre des représentants de la délégation des travailleurs et leurs homologues employeurs. Des critères objectifs sont pris en compte (comme par exemple, ceux énoncés par la Commission d'experts dans son rapport : la gravité du problème ; la persistance du problème ; l'urgence de la situation ; la qualité et la portée de la réponse du gouvernement dans ses rapports ou l'absence de réponse aux questions soulevées par la commission. Voir CIT, 102ème session, 2013, Rapport du CEACR, Rapport I(A), 2013, para. 69, pp. 23-24 in CIT, 102ème session, 2013, Compte-rendu n° 16, Partie I/7, para. 21). Un certain nombre de cas sont néanmoins choisis à l'issue de négociations entre les deux parties. Cette étape se déroule généralement dans un esprit constructif, en-dehors du cas exceptionnel de l'année 2012, où en guise de protestation contre les interprétations « extensives » de la Convention n° 87 concernant la protection du droit de grève dans le rapport de la Commission d'experts, les délégués employeurs avaient refusé de dresser la liste des cas individuels.

de la Commission d'application des normes permet à chacun des groupes d'exprimer son point de vue concernant les observations formulées par la Commission d'experts.

En outre, dans la continuité des travaux de la Commission d'experts, la Commission d'application des normes procède à l'examen annuel de l'étude d'ensemble. En 2013, par exemple, elle s'est prononcée à propos de l'étude d'ensemble relative aux relations de travail et à la négociation collective dans la fonction publique réalisée par la Commission d'experts[151]. A cette occasion, elle a favorablement accueilli cette étude, en complétant toutefois les analyses qui y étaient contenues. C'est ainsi qu'elle a précisé un certain nombre de points concernant son acception de la négociation collective. Par exemple, elle a rappelé que la Convention n° 151 laissait aux Etats le choix de recourir aux mécanismes de négociation collective dans la fonction publique ou bien encore de recourir à *« d'autres méthodes permettant aux représentants des agents publics de participer à la détermination de leurs conditions d'emploi, par exemple la consultation »*[152]. De même, elle a ajouté que la Convention n° 154 prônait *« la promotion progressive de la négociation collective dans toutes les branches d'activité et autoris[ait] des modalités particulières d'application pour ce qui concerne la fonction publique »*[153].

Siège de débats portant sur travaux techniques élaborés par d'autres organes, la Conférence apparaît comme un acteur avant tout politique.

C/ Un interprète avant tout politique

En dépit de sa place dans le processus d'élaboration et d'adoption des normes internationales du travail, la Conférence dispose d'assez peu de moyens juridiques permettant d'appuyer ses interprétations. Toutefois, le caractère politique[154] de ses travaux, fruits d'accords entre entités

---

[151] CIT, Etude d'ensemble relative aux relations de travail et à la négociation collective dans la fonction publique, La négociation collective dans la fonction publique : Un chemin à suivre, Rapport III (Partie 1B), 102ème session, Genève, 2013
[152] CIT, 102ème session, 2013, Compte-rendu n° 16, Partie I/47, para. 167
[153] Ibid.
[154] Supposant à la fois l'orientation de l'organisation et les jeux d'influence y afférents. Le terme politique est ici entendu, en suivant l'idée proposée par Max WEBER, comme *« la direction du groupement politique que nous appelons aujourd'hui "Etat", ou l'influence que l'on exerce sur cette direction »*. Selon lui, l'on entend par politique *« l'ensemble des efforts que l'on fait en vue de participer au pouvoir ou d'influencer la répartition du pouvoir, soit entre les Etats, soit dans les différents groupes à l'intérieur d'un même Etat »*. WEBER (M.), *Le savant et le politique*, Plon, 1959, trad. FREUND (J.), pp. 124-125

représentant des sensibilités et intérêts contradictoires, lui confère une indiscutable force.

1. Le cadre restreint des interprétations authentiques

Suivant la maxime *ejus est interpretati legem cujus est condere*[155], la Conférence apparaît comme l'organe le plus disposé à procéder au travail d'interprétation. Si cette idée peut sembler simple et séduisante de prime abord, elle n'apparaît pas moins porteuse de faiblesses.

Dès la création de l'OIT, lorsque les débats portaient sur la question de l'interprétation des Conventions, un certain nombre de voix, parmi les auteurs de la Partie XIII du traité de Versailles concernant les questions du travail, s'étaient élevées en faveur du rôle interprétatif de la Conférence. C'est ainsi que le futur président du Conseil d'administration, Arthur FONTAINE, avait avancé : *« il ne peut y avoir de doute sur le droit de la Conférence de reprendre un texte ... si la Conférence a voulu dire autre chose que l'interprétation généralement donnée ... elle a le droit de faire une nouvelle rédaction »*. De même, le syndicaliste Léon JOUHAUX avait remis en cause la compétence interprétative de la future CIJ sur les Conventions de l'OIT en arguant du fait que les membres de cette dernière n'étaient pas plus qualifiés que la Conférence pour interpréter les textes de l'OIT[156].

Comme il a déjà été remarqué dans le rapport soumis par le BIT au Conseil d'administration en 1993, cette procédure d'interprétation authentique, aussi évidente semble-t-elle, connaît une double limite.

D'abord, il existe un principe selon lequel aucune Conférence ne peut en lier une autre. Toutefois, celui-ci apparaît aisément réfutable dans la mesure où *« la composition tripartite de la Conférence, la nature même de son activité normative et la relative stabilité des délégations assurent une continuité incontestable et systématiquement entretenue, qui s'exprime notamment à travers les concepts et les expressions utilisés »*[157].

Ensuite, et surtout, la principale limite réside dans le fait que l'interprétation par la Conférence constituerait en fait une *« modification clandestine du signifié »*[158]. En se voyant reconnaître la faculté de préciser ultérieurement la

---

155 *« A celui qui a le pouvoir de faire la loi, le pouvoir de l'interpréter »*
156 GB 256/SC/2/2, op. cit., para. 22, p. 6
157 Ibid., para. 23, p. 7
158 VIRALLY (M.), préface à « De l'interprétation authentique des Traités », dans *Le droit international en devenir*, PUF 1990, pp. 119 et s. cité par GB 256/SC/2/2, op. cit., para. 23, p. 7

signification d'une Convention ou d'une Recommandation déjà adoptée par les Etats, la Conférence disposerait de la possibilité de décider librement de la signification d'un texte adopté à l'issue d'une procédure rigoureuse. A cet égard, il faut relever que les interprétations fournies par la Conférence à travers la Commission d'application des normes[159] sortent très largement du cadre d'adoption des normes internationales du travail, les débats annuels sur la base des travaux de la Commission d'experts apparaissant bien éloignés de la procédure de double discussion.

Pour cette raison, il a été suggéré en 1993[160] que les interprétations authentiques, rendues officiellement par la Conférence, s'inscrivent dans les cadres préexistant de l'adoption et de la révision des normes internationales du travail. Si une telle procédure présente l'avantage indéniable de rendre juridiquement incontestables les interprétations fournies par la Convention, il n'en demeure pas moins qu'elle présente l'inconvénient de ne constituer qu'un texte normatif supplémentaire. Or, comme toute Convention, celui-ci ne sera opposable qu'aux seuls Etats l'ayant ratifié. Bien qu'authentique, l'interprétation ne dispose alors que d'une force juridique incontestable qu'à l'égard des seuls Etats y ayant consenti.

Cette proposition illustre le cadre étroit des interprétations authentiques au sein de l'OIT. L'interprétation authentique a été définie en droit interne comme l'opération par laquelle l'auteur d'une règle lui attribue une signification de manière *obligatoire* et *générale*[161]. Si tant est que l'on puisse transposer cette définition du droit interne au niveau international, ces conditions n'apparaissent pas remplies dans le cadre de l'activité de la Conférence. Si les interprétations fournies dans le cadre de l'activité régulière de contrôle de l'application des normes ont bien un caractère général, elles sont dépourvues de force obligatoire. A l'inverse, les interprétations pouvant intervenir dans le cadre de l'adoption de nouvelles conventions ou de la mise en œuvre de la procédure de révision seraient quant à elles dotées de force obligatoire, tout en voyant leur effet limité aux Etats les ayant ratifiées.

Si la valeur juridique des interprétations fournies par la Conférence est plus qu'incertaine, la place de cet organe au sein de l'OIT lui confère une très grande force politique.

---

[159] Cf. supra B/

[160] GB 256/SC/2/2, op. cit., para. 24, p. 7

[161] VOICU (I.), *De l'interprétation authentique des traités internationaux*, Editions A. Pedone, 1968, p. 80

2. *Un pouvoir politique certain*

Compte tenu de sa place centrale au sein de l'OIT, la Conférence internationale du travail jouit d'un prestige certain qui confère à chacune de ses délibérations une portée très étendue. Au-delà des considérations juridiques, le fait que la Conférence soit l'auteur des normes internationales du travail lui offre une légitimité incontestable et reconnue en matière d'interprétation.

a. *L'effet dissuasif : un organe redouté*

Les sessions annuelles de la Commission d'application des normes constitue une « caisse de résonance » pour les observations formulées par la Commission d'experts. En complément, les débats sont l'occasion pour l'ensemble des membres de l'OIT de s'exprimer sur un cas particulier. Ainsi, cette épreuve s'avère pour le moins pénible pour les gouvernements mis en cause, lesquels tendent à considérer cette demande d'explications *« comme une sorte de sanction morale »*[162].

Le pouvoir « contraignant » symbolique de la Commission d'application des normes et de la Conférence se retrouve ici dans le fait que les Etats suivent généralement les observations qui leur sont adressées afin de ne pas figurer à nouveau sur la liste des cas individuels. En 2013, par exemple, la Commission d'application des normes a adressé bon nombre de critiques au gouvernement pakistanais, s'agissant de la mise en œuvre de la Convention n° 81 relative à l'inspection du travail. Pour faire suite à ces observations et aux commentaires formulés par les représentants des travailleurs et des employeurs, le gouvernement a sollicité une assistance technique du BIT afin d'étudier les modalités de mise en conformité de sa législation avec ses obligations[163].

Il convient de tempérer l'influence de la Conférence. En effet, nombreux sont les cas où des pays récalcitrants[164] voient leur situation examinée par la Commission d'application des normes lors de différentes sessions, ce qui révèle les limites de son autorité[165].

---

162 VALTICOS (N.), *Droit international du travail*, op. cit., p. 591

163 CIT, 102ème session, 2013, Compte-rendu n° 16, Partie II/23

164 A l'image du Canada, lequel a régulièrement été dénoncé pour la violation des droits collectifs de certaines catégories de travailleurs (cf. infra. Seconde partie, Titre 2, Chapitre 2)

165 Même si cela peut être l'occasion de noter les quelques progrès accomplis par le pays, à l'image des cas dominicains et iraniens en 2011, concernant la violation de la

Corrélativement à cette efficacité née d'un potentiel de dissuasion dans certains cas individuels, la Commission d'application des normes de la Conférence tire sa force de sa capacité à rendre une interprétation légitime auprès des mandants de l'OIT.

b. La légitimité d'un organe tripartite

Symboliquement[166], le fait que la Conférence exerce le rôle du « législateur » international sur les questions du travail lui confère une légitimité particulière pour procéder à l'interprétation des textes qu'elle a elle-même édictés.

Lors de leur fronde menée en 2012, les employeurs ont insisté sur le rôle essentiel de la Conférence en la matière : *« l'organe compétent pour décider de toute règle applicable au droit de grève reconnu par l'OIT est la Conférence (...). Les experts n'ont pas mandat pour interpréter la convention (n° 87) sur la liberté syndicale et la protection du droit syndical, 1948. Une norme de l'OIT relative au droit de grève devrait faire l'objet d'un accord politique conclu sur une base tripartite par la Conférence »*. Le crédit accordé à la Conférence en ce que celle-ci constitue un organe tripartite apparaît ici clairement.

Il faut se garder de voir en cette déclaration un blanc-seing accordé à la Conférence pour interpréter les Conventions de l'OIT. Les employeurs font preuve de la plus grande prudence s'agissant des interprétations données dans le cadre de la Commission de l'application des normes. Lors de la session de 2013, quand il s'est agi par exemple d'aborder la Convention n° 87 et la question du droit de grève, ils ont clairement précisé que *« rien dans les conclusions de la Commission de la Conférence ne pourra être interprété comme une acceptation de l'existence du droit de grève dans le contexte de la convention n° 87 »*[167].

A contrario, un consensus autour d'une interprétation au sein de la Commission d'application des normes et de la Conférence garantit une légitimité politique incontestable à cette dernière. A titre d'exemple, en 2011, les délégués des gouvernements, des employeurs et des travailleurs se sont accordés en reconnaissant que le recours à des contrats à durée

---

Convention n° 111 sur la discrimination ; Voir CIT, 102ème session, 2013, Compte-rendu n° 16, Partie II/113 et Partie II/118

166 Cf. supra 1. pour les aspects juridiques

167 Voir CIT, 102ème session, 2013, Rapport du CEACR, Rapport I(A), 2013, para. 68, p. 23

déterminée pouvait être abusif s'il visait à dissuader des salariés de s'engager dans la voie syndicale (en violation de la Convention n° 98 sur le droit d'organisation et de négociation collective)[168]. En apportant une validation tripartite des analyses proposées par la Commission d'experts dans son rapport, la Commission d'application des normes et la Conférence ajoutent une légitimité politique à des travaux de qualité scientifique reconnue.

Finalement, même si elle n'apparaît pas comme le principal pourvoyeur d'interprétations des Conventions et Recommandations de l'OIT, la Conférence internationale du travail peut être considérée comme un acteur d'importance majeure, en raison de son caractère représentatif. A cet égard, elle joue un rôle proche de celui-ci tenu par le Conseil d'administration.

§2. Le Conseil d'administration : la représentativité alliée à des procédures accessibles

Régi par la Constitution de l'OIT et par un règlement[169], le Conseil d'administration constitue l'organe exécutif de l'OIT. A ce titre, il exerce deux types de fonctions. D'une part, il contrôle le BIT[170]. D'autre part, il encadre le fonctionnement de l'OIT et organise notamment ses activités normatives[171]. Il faut par ailleurs rappeler qu'il joue un rôle crucial dans le cadre de la procédure de plainte[172] et qu'il est compétent s'agissant de la mise en place d'un tribunal compétent pour l'interprétation des Conventions[173].

A l'occasion de ses trois sessions annuelles, cette formation tripartite[174] est appelée à participer au travail d'interprétation des Conventions et

---

168 CIT, 100ème session, 2011, Compte-rendu n° 18, Partie II/73

169 Adopté par le Conseil d'administration le 23 mars 1920 et modifié très régulièrement depuis cette date

170 Cf. supra. Sous-section 1. Au-delà de son pouvoir de nomination du Directeur général et des instructions qu'il donne au Bureau, il dispose de larges compétences en matière financière et budgétaire.

171 Dans ce cadre, il lui appartient notamment de fixer l'ordre du jour de la Conférence, d'organiser la procédure de soumission des rapports sur les conventions non ratifiées et sur les recommandations, d'établir la forme des rapports soumis annuellement par les gouvernements concernant la mise en œuvre des conventions qu'ils ont ratifiées. Recueil de règles applicables au Conseil d'administration du Bureau international du travail, op. cit., para. 5, p. 2

172 Cf. supra Sous-section 2

173 Cf. supra Chapitre 1

174 Qui obéit à une pondération identique à celle existant au sein de la Conférence (cf. supra. §1). Aux termes de l'article 7 de la Constitution de l'OIT, le Conseil

Recommandations de l'OIT, en particulier dans le cadre de procédures accessibles aux organisations professionnelles.

A/ Le rôle d'interprète du Conseil d'administration : la procédure de réclamation

Dans le cadre de missions particulières, le Conseil d'administration est amené à se prononcer sur la signification des normes internationales du travail. Le Comité de la liberté syndicale occupe ici une place majeure et tend à s'émanciper, du moins en termes de notoriété, du Conseil d'administration[175]. La procédure de réclamation, quant à elle, reste indissociable de ce dernier.

Prévue par la Constitution de l'OIT, la procédure de réclamation est aujourd'hui profondément ancrée dans les pratiques de l'institution. Elle est l'occasion pour ses membres d'interpréter le contenu des Conventions et Recommandations.

1. Présentation générale

Aux termes de l'article 24 de la Constitution de l'OIT, les organisations professionnelles de travailleurs ou d'employeurs ont la possibilité d'adresser une réclamation au BIT si elles considèrent qu'un membre de l'OIT n'a *« pas assuré d'une manière satisfaisante l'exécution d'une convention à laquelle »* il a adhéré.

Après que le Bureau lui a transmis la réclamation, le Conseil d'administration, peut décider de former en son sein un comité tripartite chargé d'examiner la requête, dans le cadre d'une procédure intégralement

---

d'administration est composé de 56 personnes élues tous les trois ans : la moitié représente les gouvernements ; les autres sièges sont répartis à parts égales entre les représentants des employeurs et les représentants des travailleurs. Tous sont élus par leur groupe d'origine au sein de la Conférence. Pour ce qui est des délégués gouvernementaux, la procédure se révèle particulière. Dix de ses représentants sont ainsi nommés par les *« membres dont l'importance industrielle est la plus considérable »* (cette qualification s'appuyant sur la base d'éléments statistiques), les autres étant élus par les délégués gouvernementaux de la Conférence (les représentants des *« membres dont l'importance industrielle est la plus considérable »* ne participant pas à cette désignation)

[175] Pour cela, compte tenu de l'importance de ce dernier au sein du système de l'OIT et des particularités de la procédure, il apparaît pertinent de le présenter distinctement du Conseil d'administration. Cf. supra. §3

confidentielle[176]. Le comité tripartite peut inviter l'organisation auteur de la réclamation à fournir des renseignements complémentaires. De même, il peut, à sa discrétion, appeler le gouvernement en cause à formuler une déclaration s'agissant des allégations le concernant. Ce dernier peut alors s'exprimer par écrit, demander une audition d'un représentant par le Comité ou bien encore obtenir le déplacement sur son territoire d'un représentant du Directeur général, dans le cadre de contacts directs.

Les travaux du Comité se concluent par la remise d'un rapport soumis au Conseil d'administration. Ce rapport comporte une étude pratique et juridique du cas soulevé et de la réponse apportée par le gouvernement. Pour ce faire, il se base sur les allégations fournies par l'organisation plaignante ainsi que sur les observations fournies par le gouvernement mis en cause.

2. *Les interprétations dans le cadre du rapport du Comité tripartite et l'adoption du rapport par le Conseil d'administration*

L'étude des éléments soulevés dans le cadre de la réclamation portée par les organisations professionnelles à la lumière du droit amène inévitablement les membres du Comité tripartite à s'interroger sur la signification des instruments de l'OIT. L'exemple, connu en France, de l'interprétation de l'article 2§2 de la Convention n° 158 relative au licenciement illustre assez bien l'importance de l'interprétation dans ses travaux.

En 2005, le syndicat FO avait déposé une réclamation auprès du BIT s'agissant notamment de l'application de la Convention n° 158[177]. Il contestait la validité de l'ordonnance n° 2005-893 relative au Contrat Nouvelles Embauches (CNE) et la mise en place d'une période dite de «

---

[176] Alternativement, il peut considérer que la réclamation n'est pas recevable (au regard notamment de l'auteur de demande et de l'adhésion de l'Etat visé par la plainte à la Convention dont la violation est alléguée). Si la question a trait au droit syndical, il peut également la transmettre au Comité de la liberté syndicale. Par ailleurs, en 2018, le Conseil d'administration a convenu d'une possibilité de suspension temporaire de la procédure pour une durée maximale de six mois, avec l'accord du plaignant et du gouvernement concerné, pour permettre une conciliation volontaire à titre facultatif ou d'autres mesures au niveau national. GB.334/INS/PV, 334ème session, 25 octobre-8 novembre 2018

[177] GB 300/20/6, 300ème session, novembre 2007, Sixième rapport supplémentaire. Rapport du comité chargé d'examiner la réclamation alléguant l'inexécution par la France des conventions (n° 87) sur la liberté syndicale et la protection du droit syndical, 1948, (n° 98) sur le droit d'organisation et de négociation collective, 1949, (n° 111) concernant la discrimination (emploi et profession), 1958, et (n° 158) sur le licenciement, 1982, présentée en vertu de l'article 24 de la Constitution de l'OIT par la Confédération générale du travail - Force ouvrière. Cf. infra. Seconde partie

consolidation » d'une durée de deux ans, au cours de laquelle l'employeur et le salarié disposaient de la faculté de rompre unilatéralement le contrat les liant. Ainsi, le Comité a été amené à se prononcer quant à la signification du caractère *« raisonnable »* d'une durée de période d'essai permettant d'exclure temporairement des salariés du bénéfice de la Convention n° 158. Se basant sur les allégations du syndicat et sur les observations communiquées par le gouvernement, il a fait valoir qu'il était dans *« l'incapacité de conclure, sur la base des circonstances apparemment prises en compte par le gouvernement pour déterminer cette durée, qu'une période d'une durée aussi longue que deux ans [était] raisonnable »*[178].

En novembre 2007, à la suite de cette réclamation, le Conseil d'administration de l'OIT a invité le gouvernement français à veiller à la bonne application des dispositions de la Convention n° 158 au CNE, s'agissant de la durée de la période d'essai et du motif de rupture[179], considérant qu'une durée de période d'essai de deux ans était incompatible avec le caractère *« raisonnable »* imposé par l'article 2§2 de la Convention n° 158.

3. Une procédure mise en œuvre avec parcimonie

Mise en place dès 1919, la procédure de réclamation est restée très peu utilisée dans les premières années de fonctionnement de l'organisation, seules sept réclamations ayant été portées dans les vingt années suivant sa création[180] avant de connaître un succès, relatif. La procédure de réclamation souffre en effet de la concurrence d'autres mécanismes.

Compte tenu de la dimension prise par l'OIT dans la période ayant suivi la guerre froide (augmentation du nombre d'instruments normatifs et d'Etats membres) mais surtout du rôle croissant des organisations professionnelles (par l'effet des normes et procédures relatives à la liberté syndicale), la procédure de réclamation a gagné en importance au fil du temps[181]. Cependant, alors que certains fondateurs de l'OIT craignaient que la procédure de réclamation, très ouverte, ne débouche sur un nombre incontrôlable de requêtes, le nombre de réclamations est resté raisonnable, l'efficacité des procédures régulières de contrôle continuant à épuiser la plupart des contentieux[182]. Ainsi, au même titre que pour la procédure de

---

[178] Ibid., para. 72
[179] Ibid.
[180] VALTICOS (N.), *Droit international du travail*, op. cit., p. 606
[181] MAUPAIN (F.), « L'efficacité du système de supervision de l'OIT à l'approche de son centenaire : une Rolls Royce en mal de révision ? », op. cit., p. 471
[182] Ibid.

plainte[183], le caractère « agressif » de la réclamation peut inciter les demandeurs potentiels à préférer l'usage de voies alternatives.

Si le nombre de réclamation est loin d'être négligeable (à ce jour[184], un peu plus de 230 réclamations ont été formulées, le nombre d'actions intentées variant fortement chaque année[185]), il est relativement faible comparé à la quantité de cas traités par le Comité de la liberté syndicale ou d'observations formulées par la Commission d'experts.

B/ La valeur des interprétations : la force politique comme contrepoids d'une valeur juridique réduite

Les interprétations fournies dans le cadre de la procédure de réclamation présentent l'avantage de s'inscrire dans le cadre d'une procédure prévue par la Constitution. Même si aucun texte ne leur octroie de portée générale, l'écho qui peut leur être donné au sein du Conseil d'administration leur confère une force politique certaine, à travers le suivi de leur mise en œuvre[186].

D'une part, le Conseil d'administration peut confier à la Commission d'experts la mission d'examiner les mesures prises par le gouvernement à la suite de ses recommandations. D'autre part, le déclenchement de la procédure de plainte contre le gouvernement mis en cause par le Conseil d'administration peut, en tout temps, compléter la procédure de réclamation. Compte tenu des effets potentiels de cette dernière[187], l'efficacité juridique de la procédure de réclamation est indéniable.

Toutefois, si cet encadrement garantit l'efficacité des recommandations du Conseil d'administration, il ne donne aucune portée particulière aux interprétations réalisées dans ce cadre. La légitimité représentative du Conseil d'administration confère finalement à ces dernières une certaine force. De la même manière que les interprétations développées au sein de la Conférence, l'adoption par le Conseil d'administration du rapport présenté

---

[183] Cf. supra. Sous-section 2

[184] En mai 2020

[185] Certaines années voyant le nombre de réclamations portées relativement élevées (26 en 1996 ou 15 en 2014, par exemple)

[186] Règlement relatif à la procédure à suivre pour l'examen des réclamations au titre des articles 24 et 25 de la Constitution de l'OIT, Adopté par le Conseil d'administration à sa 57ème session (8 avril 1932). Modifié par le Conseil à sa 82ème session (5 février 1938), à sa 212ème session (7 mars 1980), à sa 291ème session (18 novembre 2004)

[187] Cf. supra. Sous-section 2

par le comité tripartite frappe son contenu d'un « sceau tripartite » l'éloignant des remises en cause ultérieures par les mandants de l'OIT. Par ailleurs, la publicité occasionnée par le débat dans le cadre du Conseil d'administration offre une portée particulière aux recommandations adressées aux Etats.

L'analogie entre ces deux organes tripartites mérite toutefois d'être tempérée. Au-delà de son caractère représentatif, la légitimité politique de la Conférence en matière d'interprétation réside dans le fait qu'elle constitue l'organe législatif de l'OIT. Le Conseil d'administration, lui, tire sa seule force politique de sa composition, sans que ses attributions ne puissent lui permettre de s'immiscer indirectement dans la précision du contenu des normes internationales du travail.

Au sein du Conseil d'administration, le Comité de la liberté syndicale se distingue par la place qu'il occupe dans l'enceinte de l'OIT.

§3. Le Comité de la liberté syndicale : un interprète central en matière de droits collectifs

Organe tripartite émanant du Conseil d'administration[188], le Comité de la liberté syndicale a très tôt précisé que les gouvernements étaient tenus de veiller à *« l'application des conventions internationales sur la liberté syndicale librement ratifiées, dont le respect s'impose à toutes les autorités de l'Etat, y compris les autorités judiciaires »*[189].

Les fonctions de cette instance créée par la pratique l'amènent naturellement à procéder à l'interprétation des textes normatifs, celle-ci s'intégrant dans des procédures qui offrent une large place aux mandants de l'OIT.

A/ Un Comité créé par la pratique

La place occupée par le Comité de la liberté syndicale au sein des organes de l'OIT et en tant qu'interprète de ses instruments est d'autant plus remarquable que cet acteur, non prévu par la Constitution, a initialement été

---

[188] Le Comité de la liberté syndicale est composé de neuf membres issus du Conseil d'administration, représentant à parts égales les trois mandants de l'OIT (il est par ailleurs présidé par une personnalité indépendante). Cette composition tripartite permet de garantir un traitement équilibré des affaires et, par là même, de rendre les conclusions du Comité le plus largement acceptées. VALTICOS (N.), *Droit international du travail*, op. cit., p. 615. Sur cette idée, cf. supra. §2

[189] 313ème rapport, cas n° 1952, para. 300 et 318ème rapport, cas n° 1991, paragr. 269

imaginé comme un organe préparatoire des travaux du Conseil d'administration.

En 1951[190], le Comité de la liberté syndicale a d'abord été conçu comme un organe d'étude préliminaire des plaintes relatives à la liberté syndicale, ces dernières devant être traitées par la Commission d'investigation et de conciliation mise en place à l'issue d'une réflexion commune avec le Conseil économique et sociale de l'ONU (ECOSOC)[191]. Toutefois, le succès limité de la Commission d'investigation et de conciliation[192], laquelle s'est heurtée au refus de consentement des Etats quant au traitement des plaintes[193], a conduit à une extension des pouvoirs du Comité. L'organe en charge de la phase préliminaire s'est en effet progressivement érigé en entité de traitement des plaintes au fond, transmettant des rapports circonstanciés au Conseil d'administration[194].

Au fil du temps, le Comité de la liberté syndicale est devenu le pivot de la procédure de plaintes en matière de droits collectifs. En parallèle, il a conservé sa qualité initiale de porte d'entrée vers la reconnaissance de la violation des principes inhérents à la liberté syndicale.

B/ Une procédure ouverte

Le Comité de la liberté syndicale apparaît accessible, tant en ce qui concerne l'auteur des plaintes qui lui sont adressées que s'agissant de la nature de ces dernières, ce qui contribue à expliquer pourquoi il a pu traiter plus de 3000 cas à ce jour.

---

[190] BIT, Bulletin Officiel, XXXIV, 1951, n° 3, pp. 210 et s. Trois ans plus tôt était adoptée la Convention n° 87 sur la liberté syndicale et la protection du droit syndical avant, l'année suivante, la Convention n° 98 sur le droit d'organisation et de négociation collective, lesquelles concrétisent le principe de la liberté syndicale, qui figure parmi les principes fondateurs de l'OIT

[191] ODERO (A.), TRAVIESO (M-M.), « Le Comité de la liberté syndicale (I) : origines et genèse » in GERNIGON (B.), JAVILLIER (J-C.), POLITAKIS (G.) (dir.), *Les normes internationales du travail : un patrimoine pour l'avenir, Mélange en l'honneur de Nicolas VALTICOS*, op. cit., pp. 175-176

[192] La Commission n'a été réunie qu'à six reprises, concernant le Japon (1964), la Grèce (1965-1966), le Lesotho (1973-1975), le Chili (1974-1975), les Etats-Unis / Puerto Rico (1978-1981) et l'Afrique du Sud (1992)

[193] ODERO (A.), TRAVIESO (M-M.), « Le Comité de la liberté syndicale (II) : composition, procédure et fonctionnement » in GERNIGON (B.), JAVILLIER (J-C.), POLITAKIS (G.) (dir.), *Les normes internationales du travail : un patrimoine pour l'avenir, Mélange en l'honneur de Nicolas VALTICOS*, op. cit., p. 200

[194] VALTICOS (N.), *Droit international du travail*, op. cit., p. 615

Une plainte, accompagnée de preuves, peut être déposée, par écrit, par un gouvernement ou bien encore par une organisation, nationale ou internationale, d'employeurs ou de travailleurs[195]. Il appartient au Comité d'apprécier la recevabilité d'une plainte au regard de la qualité du requérant. En effet, le Comité ne se considère lié par aucune définition nationale de l'expression *« organisation professionnelle »*[196], ce afin de protéger les organisations plaignantes[197].

Le Comité de la liberté syndicale est compétent pour recevoir et traiter les seules plaintes relatives au non-respect des Conventions portant sur la liberté syndicale, peu important que l'Etat visé ait ou non ratifié le texte en question et sans qu'il ne soit nécessaire que celui-ci donne son consentement. L'atteinte à l'exercice des droits syndicaux est ici l'élément déterminant, quand bien même l'affaire présenterait des aspects politiques, dans la mesure où celles-ci peuvent également porter sur un projet de loi[198].

L'étendue de ces prérogatives a été vivement critiquée par plusieurs gouvernements qui dénonçaient une atteinte à la souveraineté des Etats. En particulier, à deux reprises, le gouvernement sud-africain a argué de ce qu'il n'avait pas ratifié les Conventions sur la liberté syndicale afin de remettre en cause la constitutionnalité de la procédure. En réponse, la Conférence internationale du travail, suivie par le Comité de la liberté syndicale, a soutenu qu'en sa qualité de membre de l'OIT, chaque Etat se devait de respecter les principes prônés par la Constitution de l'OIT, complétée par la

---

[195] Plus précisément, peut procéder au dépôt de plainte : une organisation nationale ayant un intérêt direct à l'affaire ; une organisation internationale d'employeurs ou de travailleurs ayant statut consultatif auprès de l'OIT (aujourd'hui : l'Organisation internationale des Employeurs, la Confédération syndicale internationale, l'Organisation de l'unité syndicale africaine et la Fédération syndicale mondiale) ; toute autre organisation internationale d'employeurs ou de travailleurs, dès lors que les allégations se rapportent à des questions affectant directement les organisations qui leur sont affiliées. Département des normes internationales du travail, *Manuel sur les procédures en matière de conventions et recommandations internationales du travail*, op. cit., pp. 52-53

[196] Ibid., para. 93, p. 53

[197] DUPLESSIS (I.), GERNIGON (B.), GRAVEL (E.), « Le Comité de la liberté syndicale : quel impact depuis sa création ? », BIT, Genève, 2001, p. 13

[198] Des auteurs ont souligné que cette faculté illustrait *le « caractère constructif et non répressif de la démarche du Comité de la liberté syndicale, qui vient assister les Etats dans leurs efforts pour mettre leur législation nationale en conformité avec les principes en matière de liberté syndicale »*. DUPLESSIS (I.), GERNIGON (B.), GRAVEL (E.), « Le Comité de la liberté syndicale : quel impact depuis sa création ? », op. cit., pp. 14-15.

Déclaration de Philadelphie, au sein desquels figure le principe de la liberté syndicale[199].

La constitutionnalité de cette argumentation a été remise en cause par certains juristes, qui invoquaient également la souveraineté des Etats[200]. En réalité, pour expliquer l'étendue des compétences du Comité de la liberté syndicale, il faut se souvenir de l'accroissement progressif des compétences d'un organe initialement chargé de l'examen préliminaire des plaintes adressées à la Commission d'investigation et de conciliation[201], lequel s'est opéré sans que sa légitimité ne soit remise en cause.

De fait, l'ouverture du Comité de la liberté syndicale quant aux personnes susceptibles d'engager une procédure et quant à l'objet de la plainte multiplie les occasions lui permettant d'interpréter les Conventions n° 87 sur la liberté syndicale et la protection du droit syndical et n° 98 sur le droit d'organisation et de négociation collective.

C/ Un organe d'interprétation

A l'issue d'une procédure contradictoire dans le cadre de laquelle des représentants du Bureau international du travail ou des personnalités indépendantes peuvent se déplacer dans les pays concernés par les plaintes, le Comité de la liberté syndicale formule des conclusions[202] et des recommandations. Celles-ci disposent d'une assise d'autant plus solide qu'elles résultent d'un consensus des membres du Comité[203].

---

[199] Le Comité de la liberté syndicale a précisé en 1955 qu'afin de mener à bien sa mission relative à l'application de la liberté syndicale, *« il devrait, entre autres choses, se laisser guider dans sa tâche par les dispositions approuvées en la matière par la Conférence et contenues dans les Conventions de liberté syndicale... »*. Comité de la liberté syndicale, 15ème rapport, cas n° 102, § 128-132, B.O., vol. XXXVIII, 1955, n° 1, pp. 25-26, cité par VALTICOS (N.), *Droit international du travail*, op. cit. , p. 614

[200] YIANNOPOULOS DEMETRE (C.), *La protection internationale de la liberté syndicale,* LGDJ, 1973, p. 163 cité par BONVIN (J-M.), *L'Organisation internationale du travail, Etude sur une agence productrice de normes*, op. cit., p. 284

[201] DUPLESSIS (I.), GERNIGON (B.), GRAVEL (E.), *Le Comité de la liberté syndicale : quel impact depuis sa création* ?, op. cit., pp. 10-11

[202] Sauf s'il choisit de demander au gouvernement mis en cause de lui fournir un complément d'information

[203] Département des normes internationales du travail, *Manuel sur les procédures en matière de conventions et recommandations internationales du travail*, op. cit., para. 91, p. 52. Ce consensus renforce la portée de ces décisions, tout en favorisant leur accueil par l'organe tripartite qu'est le Conseil d'administration de l'OIT.

Les interprétations formulées dans ce cadre permettent notamment de donner corps aux principes énoncés dans les Conventions n° 87 et 98 de l'OIT et de préciser leur signification. Différents supports permettent de les incarner.

1. Le contenu des rapports du Comité de la liberté syndicale

Le contenu du rapport remis par le Comité de la liberté syndicale au Conseil d'administration matérialise le produit de son travail d'interprétation.

A travers ses conclusions, le Comité procède à l'analyse des pratiques et législations nationales des Etats au regard des principes de la liberté syndicale[204] (sans pour autant qu'il ne s'agisse de « juger » les Etats[205]). Le travail d'interprétation réside ici dans l'analyse approfondie des pratiques et législations mises en œuvre eu égard aux textes et principes pertinents.

Les recommandations résultent des conclusions du Comité. Elles s'inscrivent dans la continuité de ces dernières en ce qu'elles constituent une injonction succincte adressée à un gouvernement ou à une organisation professionnelle, compte tenu des obligations qui lui incombent[206]. Elles procèdent d'un travail d'interprétation dans la mesure où elles énoncent le comportement qui devra découler d'une obligation donnée.

L'un des exemples les plus marquants du pouvoir d'interprétation du Comité de la liberté syndicale réside sans doute dans la reconnaissance du droit de grève, considéré comme un corollaire indissociable du droit syndical protégé

DUPLESSIS (I.), GERNIGON (B.), GRAVEL (E.), *Le Comité de la liberté syndicale : quel impact depuis sa création* ?, op. cit., pp. 11-12

[204] ODERO (A.), TRAVIESO (M-M.), « Le Comité de la liberté syndicale (II) : composition, procédure et fonctionnement », op. cit., p. 200

[205] Ibid., p. 196

[206] Par exemple, dans le 364ème rapport du 15 juin 2012, cas n° 2823, para. 484, p. 134 : *« Au vu des conclusions qui précèdent, le comité invite le Conseil d'administration à approuver la recommandation suivante: Etant donné que la Colombie a ratifié la convention (n° 151) sur les relations de travail dans la fonction publique, 1978, et la convention (n° 154) sur la négociation collective, 1981, et que, dans ce contexte, le gouvernement a pris en 2009 des mesures législatives afin que tous les travailleurs jouissent du droit de négociation, le comité s'attend à ce que, désormais, en ayant la possibilité de recourir à la négociation collective dans le cadre législatif actuel, les parties intéressées auront pu négocier un accord afin de déterminer les conditions d'emploi »*.

par la Convention n° 87[207]. A de multiples occasions, le Comité en a précisé les contours. Ainsi, ce droit est reconnu aux travailleurs et à leurs organisations *« comme moyen légitime de défense de leurs intérêts économiques et sociaux »*[208]. Cette défense des intérêts économiques et sociaux s'étend notamment à la *« recherche de solutions aux problèmes posés par les grandes orientations de politique économique et sociale, qui ont des répercussions immédiates pour (...) les travailleurs notamment en matière d'emploi, de protection sociale et de niveau de vie »*[209]. En revanche, n'entrent pas dans le champ d'application des principes de la liberté syndicale les grèves purement politiques et celles décidées longtemps avant le début des négociations[210].

L'origine « pratique » du Comité de la liberté syndicale[211] prive ses travaux de force obligatoire : le suivi de ses conclusions est donc fondamental quant au respect des principes qu'il défend. Sur ce point, depuis 1971, le Comité de la liberté syndicale recense les cas de progrès, sur la base des informations fournies par les gouvernements[212]. D'une manière générale, il apparaît que les recommandations du Comité sont suivies d'effet, sans qu'il soit nécessaire de faire preuve d'insistance. Ainsi, son action a débouché sur l'abrogation ou l'amendement de législations, la libération de milliers de représentants syndicaux ou l'adoption de mesures de clémence[213]. Cette déférence des autorités illustre à quel point le Comité est perçu comme une autorité légitime.

---

207 Voir, par exemple, 357ème rapport, cas n° 2712, para. 1083 in BIT, *La liberté syndicale, Compilation des décisions du Comité de la liberté syndicale*, 6ème éd., para. 235, p. 45

208 *Compilation des décisions du Comité de la liberté syndicale*, op. cit., para. 752, p. 143

209 Voir par exemple, 305ème rapport, cas n° 1870, paragr. 143

210 Voir par exemple, 303ème rapport, cas n° 1810 et 1830, paragr. 61

211 Cf. supra. A/

212 Ces derniers précisent parfois explicitement que leur nouvelle conduite résulte des recommandations du Comité. Dans d'autres cas, cette référence n'est pas affichée et le lien entre les travaux des Comités et les progrès réalisés au sein des Etats résultent d'hypothèses liées aux circonstances de faits. DUPLESSIS (I.), GERNIGON (B.), GRAVEL (E.), *Le Comité de la liberté syndicale : quel impact depuis sa création* ?, op. cit., pp. 24-25

213 VALTICOS (N.), *Droit international du travail*, op. cit., p. 617

2. *Le recueil de décisions du Comité de la liberté syndicale*

Depuis 1972, le BIT édite régulièrement un Recueil des décisions du Comité de la liberté syndicale[214]. Ce recueil synthétise de manière thématique (suivant les différents droits énoncés par les Conventions garantissant le bénéfice de la liberté syndicale) les décisions rendues par le Comité depuis sa création. Bien que dépourvu de force contraignante et ne constituant qu'un travail de compilation réalisé par le Bureau, il n'en demeure pas moins une source d'interprétation de premier ordre.

Développant les différentes dimensions recouvertes par les Conventions de l'OIT ayant trait à la liberté syndicale, le recueil concentre les différentes réponses apportées par le Comité de la liberté syndicale sur les différents points susceptibles d'être soulevés par la mise en œuvre de ces textes. Concrètement, par exemple, s'agissant du sens à donner à l'article 2 de la Convention n° 87[215], il énonce les types de distinctions prohibées (fondées sur la race, les opinions politiques, la nationalité ou sur la catégorie professionnelle…)[216]. Il précise les solutions retenues par le Comité dans divers cas de figure[217].

Cette organisation qui vise à l'exhaustivité et son caractère synthétique (la grande majorité des paragraphes n'excède pas cinq lignes) confèrent au recueil un caractère pratique, d'autant plus remarquable lorsque l'on considère les milliers de décisions dont il se fait l'écho. En dépit de son caractère purement informatif, il est utilisé par des autorités pour comprendre le sens à donner aux Conventions. Dans ses conclusions, le Comité se réfère très souvent aux principes qu'il a formulés dans le passé, en renvoyant au recueil. De façon plus surprenante, au niveau infra-

---

[214] La sixième version, la plus récente à ce jour, a été éditée au mois de juin 2018 et est intitulée *La liberté syndicale. Compilation des décisions du Comité de la liberté syndicale*. La précédente édition, intitulée *La liberté syndicale. Recueil de décisions et de principes du Comité de la liberté syndicale du Conseil d'administration du BIT*, avait été publiée en 2006

[215] *« Les travailleurs et les employeurs, sans distinction d'aucune sorte, ont le droit, sans autorisation préalable, de constituer des organisations de leur choix, ainsi que celui de s'affilier à ces organisations, à la seule condition de se conformer aux statuts de ces dernières »*.

[216] *Compilation des décisions du Comité de la liberté syndicale*, op. cit., paras. 315-418, pp. 59-76

[217] S'agissant des distinctions fondées sur la catégorie professionnelle, le Recueil souligne par exemple les différentes réponses antérieurement apportées par le Comité de la liberté syndicale s'agissant des fonctionnaires publics – en distinguant suivant les professions – des travailleurs de l'agriculture, du personnel d'encadrement et de direction…

international, des références identiques peuvent être réalisées, notamment par les juges[218].

Ce travail de synthèse et de compilation de décisions évoque la pratique des *Restatements of law*, née aux Etats-Unis en 1927. Une formation réunissant des universitaires, des juges ou bien encore des avocats renommés, *The American Law Institute*, s'attache à condenser des décisions de justice américaines dans les différents domaines de *Common Law*. Dès le départ, ces *Restatements* visaient à rendre plus assimilables, tant par les praticiens que par la doctrine, les milliers de décisions de justice rendues chaque année. Il s'agissait également de rendre plus claires des décisions dont la formulation était considérée comme insatisfaisante[219].

Le Recueil des décisions du Comité de la liberté syndicale présente un certain nombre de points communs avec les *Restatements*. Dans les deux cas, il s'agit de « codifier » officieusement des textes épars[220] et de permettre le développement cohérent du droit. De même, la qualification de leurs auteurs assure à ces deux ouvrages un pouvoir persuasif certain, à défaut de force obligatoire.

Ces deux instruments se distinguent toutefois par leur présentation. L'inspiration doctrinale des *Restatements of law* conduit à ce que ceux-ci comportent des commentaires, parfois remis en question par la doctrine[221]. Orienté vers la pratique, le recueil élaboré par le BIT, quant à lui, se limite à résumer de façon très concise les principaux apports de décisions rendues par le Comité de la liberté syndicale. Ce faisant, en plus d'être une source d'interprétation particulièrement prolifique, le Comité de la liberté syndicale voit le contenu de ses travaux communiqué de façon très efficace.

Le Comité de la liberté syndicale (à l'image de la Commission s'experts) se distingue ainsi par son rôle majeur en tant qu'interprète, au vu de la fréquence de ses interventions et de son efficacité.

---

[218] Voir, par exemple, au Canada, *Dunmore c. Ontario (Procureur général)*, 2001 CSC 94, [2001] 3 RCS 1016. Cf. supra. Seconde partie sur l'utilisation du recueil par les juges nationaux

[219] CORBIN (A.), « The Restatement of the Common Law by the American Law Institute », Yale Law School Legal Scholarship Series, 1929, p. 19

[220] Sur l'utilisation des *Restatements* en substitution à des textes codifiés, voir BERMANN (G. A.), « La codification aux Etats-Unis », Revue française d'administration publique, 1987, n° 82, p. 224

[221] TUNC (A.), « L'importance de la doctrine dans le droit des Etats-Unis », Droits, Revue française de théorie juridique, n° 20, 1994, pp. 78-79

Plus généralement, en raison des missions qui leur incombent, de nombreux acteurs sont susceptibles de procéder à l'interprétation des instruments élaborés au sein de l'OIT. Au-delà de leur importance quantitative, malgré leur absence (en général) de fondement constitutionnel, ces interprétations bénéficient d'une force certaine (en dépit de faiblesses au plan juridique), qui peut résulter tant de la légitimité représentative, que de leur compétence scientifique ou de leur autorité morale de leurs entités d'origine. Leur portée découle par ailleurs de leur insertion dans un cadre unifié, qui leur permet de transcender les spécificités des missions poursuivies par leurs auteurs respectifs.

Section 2 La complémentarité des procédures

Au-delà des atouts propres à chacune des procédures dans laquelle elles s'inscrivent, les interprétations tirent leur autorité du travail complémentaire réalisé par leurs auteurs[222].

Cette complémentarité prend deux aspects. Le premier, théorique, réside dans la qualification des acteurs impliqués : certaines instances ont en commun de pouvoir être qualifiées de quasi-juridictions. Le second, plus pratique, se trouve dans leur coordination et dans l'unité de leurs réalisations, mises à l'épreuve ces dernières années.

Sous-section 1 : Des organes empruntant (ensemble) des traits aux juridictions

Lorsqu'elle s'inscrit à l'échelle internationale, la notion de juridiction est très discutée en doctrine. C'est ainsi que certains organes, bien que nommés tribunaux ou cours, ont vu leur qualité de juridiction remise en cause[223]. A l'inverse, dans d'autres cas, cette qualification a été prêtée à certaines institutions, en dépit de leur appellation[224].

Au vu de la Constitution de l'OIT, seuls la CIJ ou un tribunal spécifiquement mis en place par le Conseil d'administration pourraient se voir qualifiés de juridiction à proprement parler, si l'on considère que seule une « cour » ou un « tribunal » sont susceptible d'être qualifiés de « juridiction ». Au-delà de

---

[222] TREBILCOCK (A.), « The International Labour Organization », op. cit., p. 864

[223] Concernant les tribunaux pénaux internationaux, voir SANTULLI (C.), « Qu'est-ce qu'une juridiction internationale ? Des organes répressifs internationaux à l'O.R.D », Annuaire français de droit international, vol. 46, 2000. pp. 64-70

[224] A propos du système de règlement des différends de l'OMC, voir SANTULLI (C.), « Qu'est-ce qu'une juridiction internationale ? Des organes répressifs internationaux à l'O.R.D », op. cit., pp. 70-81

cette rigidité nominaliste[225], compte tenu de leurs activités, les organes de l'OIT chargés du suivi de la mise en œuvre des normes internationales du travail et de leur contentieux ont été qualifiés de quasi-juridictions ou il a été constaté qu'elles exerçaient un pouvoir quasi-juridictionnel[226]. Ce caractère se déduit de la réunion de certains éléments qui découlent tant des qualités propres à chacun des acteurs qu'à leur complémentarité.

Avant de présenter les traits permettant de rapprocher ces organes de la notion de juridiction, il convient de clarifier cette notion.

§1. Précision préliminaire : la notion de juridiction

Les notions de juridiction et de juridiction internationale ne font pas l'objet de définitions générales et unifiées. En partant d'approches proposées par la doctrine internationaliste, l'on peut envisager une synthèse de leurs traits caractéristiques.

En 1956, le Professeur CAVARE tente de définir la notion de juridiction internationale, en se basant sur une observation des organes chargés de résoudre les différends à l'échelle internationale. Il relève d'abord que deux constantes sont récurrentes pour toute juridiction. Premièrement, le juge statue sur des contestations ou des différends : son rôle social est d'apaiser des conflits[227]. Secondement, le juge rend des décisions obligatoires et définitives : ces deux caractères se retrouvent dans les décisions ou les statuts des organes amenés à trancher des différends[228].

Le Professeur CAVARE met ensuite en exergue divers éléments qui permettent de déterminer la qualité internationale d'une juridiction : sa composition, la qualité de ses justiciables (lesquels ne doivent pas nécessairement être des Etats), la nature du différend ainsi que le droit

---

[225] Sur la nécessité de dépasser le nominalisme dans la qualification de juridiction, voir notamment ASCENSIO (H.), « La notion de juridiction internationale en question » in SFDI, *La juridictionnalisation du droit international en question*, Colloque organisé par l'Université de Lille 2 les 12, 13 et 14 septembre 2002, Editions A. Pedone, Paris, 2003, p. 171

[226] CORNIL (P.), « Le rôle de la Commission d'experts de l'O.I.T. dans le contrôle de l'application des conventions internationales du travail », Revue belge de droit international, 1970, pp. 268 ; VALTICOS (N.), *Droit international du travail*, op. cit., p. 578 (sur le *« pouvoir juridictionnel »* de la Commission d'experts) ; DUPLESSIS (I.), GERNIGON (B.), GRAVEL (E.), « Le Comité de la liberté syndicale : quel impact depuis sa création ? », op. cit., p. 70

[227] CAVARE (L.), « La notion de juridiction internationale », Annuaire français de droit international, vol. 2, 1956, p. 503

[228] Ibid., p. 504

applicable, la procédure suivie et enfin la question de savoir au nom de qui est rendue la sentence[229]. Très succinctement, il faut considérer que, dans l'idéal, ces critères doivent s'inscrire dans une dimension internationale, même s'il est des cas où une certaine souplesse peut être acceptée (par exemple, lorsque l'organe compte un juge unique)[230].

Dans un même ordre d'idée, le Professeur Carlo SANTULLI définit la juridiction comme *« un organe qui met fin à un différend par une décision obligatoire (i.e. "revêtue de l'autorité de la chose jugée") rendue en application du droit »*[231], ces trois éléments étant cumulatifs. Le Professeur SANTULLI ajoute à ce triptyque la nécessaire caractérisation des garanties procédurales (procédure contradictoire, jugement par un tiers impartial, collégialité). Contrairement aux critères précédemment énoncés, ces garanties n'apparaissent pas indispensables à la caractérisation des juridictions et ne doivent pas être entendus de façon aussi rigoureuse qu'en droit interne, compte tenu des spécificités de l'ordre international[232].

Le Professeur Hervé ASCENCIO s'est également livré à l'exercice de la définition de la juridiction internationale. De manière classique, il rappelle que la juridiction peut être définie comme *« l'organe chargé de dire le droit (jurisdictio) de manière obligatoire (imperium) »*[233]. Partant du constat, largement accepté, selon lequel la notion de juridiction internationale constitue une *« transposition dans l'ordre international d'un modèle de droit interne »*[234], il précise qu'alors que la *jurisdictio* emprunte des traits aux juridictions internes, l'*imperium* déroge très largement à la conception nationale.

Ainsi, la *jurisdictio* se compose de plusieurs critères, dont le poids relatif peut varier en fonction des sensibilités et des époques[235]. Le premier, organique, réside dans l'impartialité et l'indépendance du tiers impartial

---

229 Ibid., p. 505

230 Ibid., p. 506

231 SANTULLI (C.), « Qu'est-ce qu'une juridiction internationale ? Des organes répressifs internationaux à l'O.R.D », op. cit.. p. 61

232 Ibid., pp. 62-64

233 RIALS (S.), « Ouverture : L'office du juge », *Droits*, n° 9 sur « La fonction de juger », 1989, pp. 3 et s. cité par ASCENSIO (H.), « La notion de juridiction internationale en question » in SFDI, *La juridictionnalisation du droit international en question*, Colloque organisé par l'Université de Lille 2 les 12, 13 et 14 septembre 2002, Editions A. Pedone, Paris 2003, p. 167

234 ASCENSIO (H.), « La notion de juridiction internationale en question », op. cit., p. 167

235 Ibid., p. 175

chargé de juger[236]. Le critère formel, quant à lui, se retrouve dans la procédure suivie, laquelle tend à assurer un certain nombre de garanties aux parties (égalité, droits à la défense…). Cet élément n'apparaît pas suffisant dans la mesure où, en droit interne, certaines procédures non juridictionnelles garantissent ces droits tandis que d'autres, présentées à l'inverse comme juridictionnelles, se révèlent expéditives (procédures d'urgence…) et plus ou moins attachées aux garanties procédurales[237]. Enfin, un troisième critère, matériel, se subdivise en deux caractéristiques : la juridiction connaît de différends juridiques ; la juridiction tranche selon le droit en vigueur[238].

Concernant l'*imperium*, le Professeur ASCENCIO considère qu'il recouvre un double aspect : le premier réside dans le caractère obligatoire et définitif de la sentence, le second se trouve dans son caractère exécutoire et impose la mise en œuvre de mesures d'exécution[239].

Même si elles se distinguent sensiblement, ces différentes approches de l'idée de juridiction à l'échelle internationale convergent en un certain nombre de points[240]. Notamment, la juridiction applique le droit et ses décisions sont (au minimum) obligatoires. En complément, elle doit présenter un certain nombre de garanties de procédure.

L'existence d'un différend (ou, plus largement, d'une situation nécessitant qu'un point de droit soit tranché) est un prérequis à la mise en action d'un organe ayant qualité de juridiction. Ensuite, il est unanimement admis qu'une juridiction procède en appliquant le droit. De même, des garanties procédurales (présentes à divers degrés) doivent être offertes aux parties : procédure contradictoire, indépendance et impartialité du juge… S'agissant de la portée de la décision juridictionnelle, elle doit nécessairement être

[236] Ibid., p. 170
[237] Ibid., p. 171
[238] Sur ce point, il est aujourd'hui largement accepté que les juridictions peuvent se prononcer en l'absence de véritable litige, dans le cadre de tâches administratives ou contentieuses. En outre, compte tenu de la nécessité pour le juge de procéder à un travail d'interprétation, la mission consistant à trancher *« selon le droit en vigueur »* n'est pas incompatible avec le travail créateur du juge. ASCENSIO (H.), « La notion de juridiction internationale en question », op. cit., pp. 171-173
Ibid. p. 171
[239] Ibid., p. 178
[240] L'objectif de cette synthèse n'est pas de prétendre à émettre une nouvelle théorie relative à la notion de juridiction mais uniquement de déterminer l'approche la plus adaptée à l'objet de la présente étude

obligatoire. Certains auteurs tendent à considérer qu'elle doit en plus être exécutoire[241].

Ainsi, compte tenu des différentes approches déjà proposées, la définition de la juridiction internationale proposée par le Professeur ASCENSIO apparaît comme une base permettant de synthétiser au mieux les différentes définitions de la notion de juridiction, tout en prenant en considération les spécificités de l'ordre international. D'une part, la *jurisdictio*, telle que cet auteur l'entend, reprend les différents éléments recensés par ailleurs, tout en admettant qu'ils puissent se voir accorder une ampleur variable, en fonction des circonstances. D'autre part, bien qu'entendue de façon exigeante, sa définition de l'*imperium* prend en compte la faiblesse des voies d'exécution à l'échelle internationale[242].

§2. Le rassemblement de critères propres aux juridictions par les organes de l'OIT

Le caractère quasi-juridictionnel des entités chargées de veiller à l'application des normes internationales du travail se déduit de la réunion de certaines caractéristiques d'un organe juridictionnel. Ainsi, les missions qu'elles sont amenées à accomplir les conduisent à *« dire le droit »* (*jurisdictio*). Par ailleurs, en dépit des critiques qui ont été formulées sur ce point, la Constitution et la pratique récente de l'OIT permettent d'envisager un certain caractère obligatoire pour leurs décisions (*imperium*), en s'appuyant sur leur complémentarité.

A/ L'énonciation du droit : la jurisdictio

Les caractéristiques des organes de l'OIT[243] peuvent être analysées à la lumière des critères (organiques, matériels et formels) qui ont déjà été proposés par la doctrine pour caractériser les éléments de la *jurisdictio*[244].

---

[241] Au niveau international, ASCENCIO (H.), « La notion de juridiction internationale en question », op. cit., p. 183 ; au niveau européen, BARAV (A.), *Etudes sur le renvoi préjudiciel*, op. cit., p. 91

[242] A l'opposé d'autres auteurs qui déduisent des spécificités de l'ordre international une absence d'*imperium* supranational ; JARROSSON (C.), « Réflexions sur l'*imperium* » in Etudes offertes à Pierre BELLET, Litec, 1991, p. 249 cité par ASCENSIO (H.), « La notion de juridiction internationale en question », op. cit., p. 184

[243] Le Bureau, organe de support technique, n'entre pas dans le champ de ce débat

[244] ASCENSIO (H.), « La notion de juridiction internationale en question », op. cit., pp. 169-177

1. Critère organique : la question de l'indépendance et de l'impartialité

L'impartialité et l'indépendance constituent les deux versants du critère organique des juridictions. En examinant la composition et l'organisation des acteurs de l'interprétation au sein de l'OIT, l'on remarque que tous ne remplissent pas ces conditions de manière identique.

Les organes de spécialistes (Commission d'experts, Commissions d'enquêtes...) sont impartiaux et indépendants. L'indépendance figure d'ailleurs au nombre des critères qui président à la désignation de leurs membres. En complément, au moment de leur nomination, ces derniers s'engagent à faire preuve d'impartialité dans leurs travaux.

Plus concrètement, la composition de ces organes collégiaux, représentative de la diversité géographique et de systèmes juridiques et sociaux des membres de l'OIT, contribue à garantir l'impartialité de leur point de vue. Par ailleurs, le haut niveau d'expertise et de renommée de leurs membres, le plus souvent issus des milieux académiques ou judiciaires (de sorte qu'ils sont en principe tenus à l'écart des intérêts particuliers), fournit des gages de leur indépendance.

En ce qui concerne les membres des organes à composition tripartite ou politique, l'impartialité et l'indépendance s'expriment de façon moins évidente. Le fait qu'ils soient issus des délégations professionnelles ou gouvernementales ne doit toutefois pas amener à tirer de conclusion générale.

S'agissant de la Conférence et du Conseil d'administration, il apparaît difficile de soutenir que leurs fonctions sont dégagées de considération partisane, y compris lorsqu'elles les amènent à procéder à l'interprétation des instruments de l'OIT. Leurs décisions sont le plus souvent issues de réflexions concertées au sein de chaque groupe et leurs débats sont, par nature, politiques[245]. Les résultats des travaux des organes à structure

[245] Comme l'a déjà relevé dans le passé Georges SCELLE, une *« culture du groupe »* chez les travailleurs et chez les employeurs les incite depuis toujours à adopter *« une discipline rigoureuse, souvent plus rigoureuse que les partis politiques et cette tendance n'a fait que s'accroître. On voit le groupe se réunir pour adopter une attitude en vue de tel ou tel débat, pour s'entendre... »*. SCELLE (G.), L'Organisation internationale du travail et le BIT, op. cit., p. 142 cité par BONVIN (J-M.), *L'Organisation internationale du travail, Etude sur une agence productrice de normes*, op. cit., p. 120. Voir aussi, LOUIS (M.), *Qu'est ce qu'une bonne*

politique apparaissent ainsi comme le fruit d'un rapport de force entre représentants d'intérêts antagonistes et il est tout à fait envisageable qu'au moins une partie des délégués prenne partie avec ou contre le gouvernement mis en cause, pour des raisons strictement stratégiques ou idéologiques.

Il convient de distinguer parmi les organes à composition politique le Comité de la liberté syndicale. En effet, celui-ci est présidé par une personnalité indépendante[246]. En outre, si ses membres sont effectivement désignés dans chacun des groupes mandants de l'OIT, ils n'apparaissent pas comme représentants de ces derniers et agissent en leur nom propre. L'expérience a montré que, très souvent, ils avaient dépassé les opinions de leurs groupes d'origine, en se tenant à une analyse pratique et juridique objective des cas qui leur étaient soumis (même si, selon les critères dégagés par la Cour EDH et au sein du Conseil de l'Europe[247], ce trait ne suffit pas à caractériser une juridiction). En pratique, ses décisions se prennent en effet par consensus[248]. C'est ainsi en allant au-delà des positions habituellement tenues par leur groupe d'origine que les membres du Comité issus du groupe employeurs ont dans le passé contribué à constater qu'une atteinte à l'exercice du droit de grève contrevenait à la Convention n° 87.

En définitive, à l'exclusion du Conseil d'administration et de la Conférence, les organes amenés à procéder à l'interprétation des textes de l'OIT affichent ainsi les qualités d'indépendance et d'impartialité nécessaires (mais non suffisantes) à toute juridiction. En complément, ils présentent également les caractéristiques formelles requises.

2. *Critère formel : les questions des garanties procédurales et de l'origine des organes*

Le critère formel des juridictions est souvent étudié à l'aune des garanties procédurales[249] qu'elles présentent. Suivant les jurisprudences

---

représentation ? L'Organisation internationale du travail de 1919 à nos jours, op. cit., pp. 72-75

[246] Cf. supra. Section 1

[247] Les principes fondamentaux posés par le Conseil consultatif des juges européens énoncent que l'indépendance doit être *« statutaire, fonctionnelle et financière »*. En particulier, l'indépendance des juges doit être garantie par des dispositions internes du niveau le plus élevé. Conseil Consultatif des Juges Européens, Magna Carta des juges (Principes fondamentaux), 17 novembre 2010, point 3. Citée dans GILLIAUX (P.), *Droit(s) européen(s) à un procès équitable*, Bruylant, 2012, p. 472

[248] Cf. supra. Section 1

[249] Il a été souligné que le critère résultant des garanties procédurales ne suffisait pas à lui seul pour caractériser l'existence d'une juridiction, compte tenu de l'existence, par exemple, d'un droit à la défense dans le cadre de procédures non-contentieuses

européennes[250], il est intéressant d'appréhender par ailleurs ce critère à la lumière de l'origine institutionnelle des acteurs.

a. Les garanties procédurales

Même si les règles varient sensiblement d'un organe à l'autre, les procédures en place au sein de l'OIT accordent aux Etats, que l'on pourrait d'un certain point de vue qualifier de « défendeurs », un certain nombre de droits et portent des traits propres aux juridictions.

Les procédures contentieuses sont enclenchées à l'issue d'une plainte d'une organisation professionnelle ou d'un gouvernement faisant état d'un manquement d'un Etat. Ces derniers formulent un certain nombre d'allégations. Ainsi, ces procédures sont organisées suivant un schéma triangulaire : requérant, défendeur et entité en charge du règlement du litige.

Même si, par nature, son action ne résulte pas d'une plainte mais d'un contrôle régulier, la Commission d'experts se rapproche, elle aussi, de très près, des juridictions. En prévoyant une communication des observations des organisations professionnelles nationales au gouvernement, la procédure met ainsi celui-ci en mesure de répondre, suivant une logique de débat contradictoire.

L'absence de publicité des travaux de ces organes peut paraître quelque peu problématique à la lumière des qualités propres aux juridictions[251] (même si le développement des procédures de huis clos dans le droit commun bouscule parfois ce principe de publicité des débats). Toutefois, la « caisse de résonance » formée par les enceintes tripartites auxquelles sont rattachés la Commission d'experts, le Comité de la liberté syndicale, les Commissions d'enquête et autres comité tripartite permet de relativiser quelque peu cette critique.

---

et, à l'inverse de la multiplication de procédures contentieuses *« expéditives »*, dans un contexte d'urgence (ASCENSIO (H.), « La notion de juridiction internationale en question », op. cit., p. 171). Néanmoins, en-dehors de ces cas qui constituent pour le moment l'exception, les garanties procédurales constituent encore un élément caractérisant en principe les juridictions

250 Bien que concernant la CJUE, la jurisprudence se concentre sur le cas particulier des « juridictions » dans le cadre des procédures de renvoi préjudiciel (cf. supra. §1), l'étude de son approche du critère formel apparaît éclairante en terme conceptuel s'agissant de l'étendue de la notion

251 Pour comparaison, concernant l'absence de publicité de la procédure contentieuse de l'OMC, voir RUIZ-FABRI (H.), « La juridictionnalisation du règlement des litiges économiques entre Etats », op. cit., pp. 909-910

Le modèle du procès équitable permet par ailleurs de poursuivre la comparaison de ces organes avec des juridictions. Au sein de l'OIT, au vu des spécificités propres à la dimension internationale[252] et tripartite de l'organisation, celui-ci s'incarne de façon originale. Une constante demeure dans tous les cas[253] : les procédures reposent avant tout sur un échange de vues entre, d'une part, les organes de d'application du droit et, d'autre part, le gouvernement mis en cause, permettant à ce dernier d'exprimer son opinion. De même, celui-ci est informé de l'ensemble des allégations formulées par les organisations professionnelles ou d'autres gouvernements et dispose du temps nécessaire pour préparer sa réponse.

Le caractère atypique de la mise en œuvre de ces garanties procédurales peut sembler disqualifiant pour quiconque envisagerait ces dernières de manière rigide. Cela étant, les jurisprudences européennes illustrent le polymorphisme de ces garanties.

Le droit à une procédure contradictoire peut être résumé comme un *« droit pour toute partie à un procès d'avoir la faculté de faire connaître les éléments, arguments et preuves, qui sont nécessaires au succès de ses prétentions »*[254]. Si le respect du contradictoire suppose le droit de participer à une audience[255], ce principe n'est pas intangible. Selon la Cour EDH, une affaire peut en effet être traitée par les juges sur la base des observations écrites des parties[256], particulièrement dans les contentieux à forte connotation juridique ou technique ou dans les affaires simples[257]. De même, pour la CJUE, le droit à une procédure contradictoire n'implique pas nécessairement un débat entre les parties lors d'une audience. Les juges ont retenu que l'exigence du contradictoire était remplie dès lors que l'organe

---

[252] RUIZ-FABRI (H.), « La juridictionnalisation du règlement des litiges économiques entre Etats », Revue de l'arbitrage, 2003, n° 3, p. 907

[253] A l'exception de la procédure de demande de clarification auprès du Bureau, laquelle n'implique pas la mise en cause d'un Etat. Cf. supra. Section 1

[254] GILLIAUX (P.), *Droit(s) européen(s) à un procès équitable*, op. cit., p. 574. En ce sens, selon l'auteur, voir notamment Cour EDH, 8 février 2000, *Voisine c. France*, 27362.95, para. 30 ; Cour EDH, 3 mars 2000, *Krcmar et autres c. République tchèque*, 35376/97, para. 40 ; Cour EDH, 26 juillet 2011, *Juricic c. Croatie*, 58222/09, para. 73

[255] GILLIAUX (P.), *Droit(s) européen(s) à un procès équitable*, op. cit., p. 580

[256] Cour EDH, 12 novembre 2002, *Döry c. Suède*, 28394/95, para. 37 ; Cour EDH, 20 mai 2008, *Gülmez c. Turquie*, 16330/02, para. 35 cité par GILLIAUX (P.), *Droit(s) européen(s) à un procès équitable*, op. cit., p. 599

[257] Ibid., p. 599

statuait après avoir entendu chacune des parties[258]. Ils ont également considéré qu'elle était satisfaite lorsque les parties disposaient de la faculté de déposer un mémoire et des preuves à l'appui de leurs prétentions, de solliciter la tenue d'une audience publique et que l'organe appelé à se prononcer était tenu de demander aux parties de formuler des observations pour toute nouvelle question[259]. En cela, au sein de l'OIT, la formulation d'observations par les gouvernements mis en cause ou les demandes directes leur étant adressées permettent aux Etats de bénéficier d'une procédure contradictoire.

En outre, les décisions des organes de l'OIT sont motivées en des termes très circonstanciés. Selon le juge Philippe TEXIER, la motivation des jugements constitue *« une véritable exigence de la démocratie... la Justice doit rendre des comptes au citoyen : par des décisions claires et rationnellement construites, elle contribue à démontrer l'excellence de la norme et, par voie de conséquence, à conforter l'indispensable consensus unissant les citoyens et leur système juridique »*[260]. C'est pourquoi plusieurs auteurs considèrent que ce critère pourrait figurer au nombre de ceux propres à toute juridiction[261]. En tout état de cause, la pratique des organes de l'OIT permet de satisfaire cette exigence doctrinale.

b. L'origine « légale »

Le droit et les juges européens exigent des juridictions qu'elles aient été créées par la loi[262]. La transposition de cette règle à l'échelle internationale peut paraître périlleuse mais il semble concevable d'assimiler la loi, expression de la volonté générale relayée par les Parlement nationaux, aux décisions de la Conférence internationale du travail, *« Parlement international du travail »*[263]. La souplesse des Cours européennes dans leur

---

[258] CJCE, 17 septembre 1997, aff. C-54/96, *Dorsch Consult* cité par SIMON (D.) (dir.), SOULARD (C.), RIGAUX (A.), MUNOZ (R.), *Contentieux de l'Union européenne /3*, op. cit., p. 50

[259] CJCE, 21 mars 2000, aff. Jointes C-110/98 à C-147/98, *Gabalfrisa SL e.a.* cité par SIMON (D.) (dir.), SOULARD (C.), RIGAUX (A.), MUNOZ (R.), *Contentieux de l'Union européenne /3*, op. cit., p. 50

[260] TEXIER (P.), « Jalons pour une histoire de la motivation des sentences » in *Travaux de l'Association Henri Capitant*, La Motivation, Tome III, Limoges, 1998, Paris, LGDJ, 2000, p. 5 cité par BARAV (A.), *Etudes sur le renvoi préjudiciel*, op. cit., p. 94

[261] Ibid., p. 94 ; PERTEK (J.), *Coopération entre juges nationaux et Cour de justice de l'Union européenne, Le renvoi préjudiciel*, op. cit., pp. 88-89

[262] Article 6§1 de la CEDH et, concernant l'Union européenne, voir, par exemple, CJCE, 30 juin 1966, aff. 61/65, *Vaassens-Göbbels*, 61/65

[263] Cf. supra. Section 1

appréciation de la notion d'origine légale permet de couvrir la totalité des organes de l'OIT.

La CJUE entend largement la notion de loi et se limite à constater qu'un organe a été établi par le législateur. C'est ainsi qu'elle a qualifié de juridiction une entité mise en place par une loi-cadre budgétaire, alors même qu'elle ne conférait pas de droits ou d'obligations aux citoyens et que l'entité se bornait à contrôler des décisions prises par des organes de contrôle[264]. De la même manière, la Cour EDH a admis qu'une juridiction soit établie par le règlement interne d'une assemblée parlementaire en ce que celui-ci constitue *« l'expression de l'autonomie normative attribuée par la Constitution à la Chambre des députés (...) et est insusceptible de contrôle de la part des autres pouvoirs étatiques »*[265].

Appliqué aux organes de l'OIT, ce raisonnement extensif permet d'englober les interprètes de l'OIT issus de la pratique et créés par des décisions de la Conférence, « législateur » de l'OIT conformément à la Constitution. A côté, un certain nombre d'organes amenés à interpréter les normes internationales du travail (Conférence, Commissions d'enquête…) apparaissent d'autant plus aisément comparables à une juridiction qu'ils sont d'origine constitutionnelle.

Le Comité de la liberté syndicale n'a pas été mis en place par l'organe « législatif » de l'OIT mais par son corps exécutif, le Conseil d'administration, dont il constitue l'émanation[266]. Eu égard à la jurisprudence de la CJUE, cette circonstance n'apparaît pas rédhibitoire. En effet, celle-ci a admis qu'une Commission instituée par une association de droit privé pouvait être qualifiée de juridiction, dès lors qu'elle comportait *« une participation marquée des autorités publiques »*[267]. Partant de ce point de vue, il faut rappeler que le Conseil d'administration (et, par conséquent, le

---

[264] CJCE, 17 septembre 1997, aff. C-54/96, *Dorsch Consult*, Rec. p. I-4961, points 22 à 38 cité par FENGER (N.), BROBERG (M.), *Le renvoi préjudiciel de la Cour de justice de l'Union européenne*, op. cit., p. 87

[265] Cour EDH, 28 avril 2009, *Savino et autres c. Italie*, 17214/05, 42113/04 et 20329/05, para. 96 cité par GILLIAUX (P.), *Droit(s) européen(s) à un procès équitable*, op. cit., p. 529

[266] Cf. supra Section 1

[267] CJCE, 6 octobre 1981, *Broekmulen*, aff. 246/80. En l'espèce les juges s'étaient fondés sur leur théorie de l'effet utile : selon eux, la mise en œuvre de dispositions communautaires par une organisation professionnelle, sous la tutelle de l'autorité administrative, et la mise en place de voies de recours par cet organisme (avec la collaboration des autorités publiques) justifiaient que la Cour puisse se prononcer sur les questions de droit alors soulevées. Voir SIMON (D.) (dir.), SOULARD (C.), RIGAUX (A.), MUNOZ (R.), *Contentieux de l'Union européenne /3*, op. cit., p. 47

Comité de la liberté syndicale) sont étroitement liés à la Conférence internationale du travail, ses membres étant élus par les délégués de cette dernière. Compte tenu de ces relations ténues, le fait que le Comité de la liberté syndicale ait été établi par une décision du Conseil d'administration paraît compatible avec l'exigence d'une origine légale telle que conçue par la jurisprudence de la CJUE.

Le caractère hétérodoxe des éléments formels présents, de façon inégale, dans les différents organes de l'OIT n'apparaît pas disqualifiant compte tenu des multiples acceptions pouvant être recouvertes par ces critères. S'agissant du critère matériel, il est également rempli de manière atypique.

3. Critère matériel : l'application du droit

Traditionnellement, le critère matériel recouvre deux aspects : la juridiction est d'abord un organe qui connaît de différends juridiques ; elle est ensuite une entité qui tranche le droit en vigueur.

La description des finalités poursuivies par les organes de l'OIT (en-dehors de ceux s'inscrivant dans une perspective contentieuse) peut sembler les éloigner de la qualification de juridiction. En effet, leur fonction essentielle apparaît bien étrangère à celle, plus prescriptive, classiquement exercée par les juges. Le rôle premier des organes internes de l'OIT n'est pas de dire le droit ou de trancher des litiges. Il leur appartient avant tout de formuler des recommandations aux gouvernements s'agissant de la mise en œuvre de normes. Pour ce faire, ils doivent faire preuve de persuasion et de pédagogie[268]. Toutefois, ce rôle de conseiller n'apparaît pas incompatible avec la qualification de juridiction. Le critère lié à l'existence d'un différend juridique ne semble plus important aujourd'hui, dès lors que l'on remarque que cette idée apparaît parfois maintenue grâce à des artifices procéduraux, comme en matière de contentieux constitutionnel ou pénal[269]. Surtout, bon nombre de juridictions, y compris nationales, cumulent des fonctions contentieuses avec un rôle consultatif.

L'activité des différents organes de l'OIT traduit la richesse des fonctions susceptibles d'être exercées par le juge. Ce dernier a été décrit en tant que juge-arbitre, juge-pacificateur ou juge-entraîneur[270]. Schématiquement, à

---

[268] A propos des Commissions d'enquête, voir VALTICOS (N.), « Les Commissions d'enquête de l'Organisation internationale du travail », op. cit., p. 859-860

[269] SIMON (D.) (dir.), SOULARD (C.), RIGAUX (A.), MUNOZ (R.), *Contentieux de l'Union européenne /3*, op. cit., p. 171

[270] OST (F.), « Juge-pacificateur, juge-arbitre, juge-entraîneur. Trois modèles de justice » in GERARD (P.), OST (F.), VAN DE KERCHOVE (M.), *Fonction de*

l'image de son rôle courant dans toute société traditionnelle, il appartient au juge-pacificateur de veiller au maintien de la paix au sein du groupe en appliquant la loi, amenant *« les adversaires à composer »*[271]. Ensuite, dans son rôle d'arbitre, le juge tranche un litige, en donnant raison à une partie et tort à la seconde. Enfin, le juge-entraîneur est décrit comme celui dont il est attendu qu'il *« participe à la réalisation de politiques déterminées et assure, pour ce faire, le meilleur règlement des intérêts concernés »*[272].

Les procédures de réclamation et de plainte (devant le Conseil d'administration ou le Comité de la liberté syndicale) correspondent sans difficulté à l'une ou l'autre de ces fonctions. En ce qu'elles découlent d'un différend opposant d'une part des représentants des travailleurs ou des employeurs et, d'autre part, un ou plusieurs gouvernements, elles impliquent une dimension de pacification et d'arbitrage.

En mettant en exergue les différences entre, d'un côté, les législations et pratiques nationales et, d'un autre côté, leurs obligations, l'ensemble des organes amenés à suivre la mise en œuvre des normes de l'OIT agissent de la même manière qu'un juge-entraîneur. En effet, il s'agit pour eux d'assurer la mise en œuvre des normes élaborées au sein de l'OIT. Dans tous les cas, elles s'accompagnent de mesures, telles que les contacts directs ou l'assistance technique, permettant aux Etats mis en cause de bénéficier de conseils dans la mise en conformité avec leurs obligations. Finalement, l'objectif de ces procédures est d'encadrer la mise en œuvre de la politique de l'OIT.

Sans qu'il ne soit nécessaire d'entrer en détails dans les débats doctrinaux entourant la notion de juridiction[273], il serait inexact de considérer que l'un

---

juger et pouvoir judiciaire, Publications des Facultés universitaires Saint-Louis Bruxelles, 1983, pp. 1-70

271 CAMBIER (C.), *Droit judiciaire civil, tome II, La compétence*, Bruxelles, 1981, p. 186 cité par OST (F.), « Juge-pacificateur, juge-arbitre, juge-entraîneur. Trois modèles de justice », op. cit., p. 45

272 OST (F.), « Juge-pacificateur, juge-arbitre, juge-entraîneur. Trois modèles de justice », op. cit., p. 47

273 Comme l'a relevé Marie-Clotilde-RUNAVOT (RUNAVOT (C.), *La compétence consultative des juridictions internationales, Reflet des vicissitudes de la fonction judiciaire internationale*, op. cit., p. 3), la doctrine diverge quant à l'importance de chacun des critères précédemment étudiés dans la caractérisation de la *jurisdictio*, les auteurs étant divisés entre, d'une part, les partisans d'une vision formaliste (par exemple, GOHIN (O.), « Qu'est-ce qu'une juridiction pour le juge français ? », RIALS (S.), OURLIAC (P.), VERPEAUX (M.) et al., « La fonction de juger », Revue Droits, pp. 96-102) et, d'autre part, les tenants du critère matériel (par exemple, BONNARD (R.), « La conception matérielle de la fonction

ou l'autre des organes de l'OIT réunit l'ensemble des caractéristiques habituellement retenues pour caractériser l'idée de *jurisdictio*. Toutefois, tous rassemblent, de façon inégale et parfois atypique, plusieurs critères propres aux juridictions. Surtout, un certain nombre d'entre eux réunissent les traits essentiels à ces dernières, à savoir une fonction consistant à dire le droit ainsi que des garanties d'impartialité et d'indépendance. Ainsi, la Commission d'experts, le Comité de la liberté syndicale, les Commissions d'enquête et les Commissions tripartites mises en place dans le cadre de la procédure de réclamation présentent les traits essentiels de la *jurisdictio*.

L'*imperium*, quant à lui, se retrouve également, en germe, dans la conclusion de leurs travaux. Toutefois, il ne se dégage qu'en envisageant les organes d'interprétation de l'OIT en tant que système.

B/ L'autorité des décisions : l'imperium (ou la nécessaire complémentarité entre les organes de l'OIT)

Etymologiquement *« pouvoir de donner des ordres »*, l'*imperium* désigne *« l'ensemble des pouvoirs qui ont leur principe dans la détention d'une fraction de puissance publique : pouvoir de disposer de la force publique, d'ordonner une astreinte... »*[274].

Une telle approche, basée sur l'idée de force publique, s'accommode mal des particularités du droit international. Il est donc nécessaire d'envisager cette notion sous un angle international avant de représenter l'incarnation de l'*imperium* au sein de l'OIT.

1. La notion d'imperium à l'échelle internationale

En amont, l'*imperium* suppose *« la présence d'une communauté de droit "derrière" la juridiction »*, propre à légitimer celle-ci et à lui insuffler l'élément *« public »* induit par l'idée d'obligation juridique[275]. A l'échelle internationale, la recherche de la légitimité juridique d'une juridiction s'avère plus complexe (contrairement au cas national, où la force publique étatique se trouve à la base de l'*imperium*). Il est nécessaire de trouver un *imperium* propre à la communauté internationale, dépassant la souveraineté

---

juridictionnelle », Mélanges Raymond Carré de Malberg, Paris, Sirey, 1933, pp. 3-29).

274 CORNU (G.), *Vocabulaire juridique*, op. cit., p. 520

275 ASCENSIO (H.), « La notion de juridiction internationale en question », op. cit., p. 180

étatique classique pour se diriger vers une juxtaposition de souverainetés voire atteindre un concept plus intégré, lié à la communauté internationale[276].

Le traité constitutif d'une organisation internationale par lequel les Etats se sont accordés pour créer une institution peut fonder une structure juridique voire une autorité commune[277]. Même s'il convient d'éviter tout *« étatomorphisme »*[278] et en se gardant de toute comparaison malvenue entre les constitutions nationales et les traités fondateurs des organisations internationales, ces derniers n'en apparaissent pas moins constituer une base pour leur potentielle autorité juridictionnelle.

En aval, l'*imperium* implique non seulement un caractère obligatoire des décisions juridictionnelles mais également une force exécutoire. Certains auteurs ont estimé que les décisions d'organes internationaux présentés comme des juridictions étaient dépourvues de force exécutoire, en l'absence de mécanismes internationaux de mise à œuvre[279]. Cela étant, même si l'*imperium* dans l'ordre international présente une faiblesse du fait du manque de voies d'exécution centralisées et efficaces, *« la coercition est malgré tout possible, de manière centralisée mais rare, par l'intervention des institutions internationales et, de manière décentralisée et inégalitaire, par la voie des contre-mesures »*[280]. Dans cette perspective, une forme d'*imperium* se retrouve dans le cadre de l'OIT.

---

[276] Ibid., p. 181

[277] Dès lors que l'on admet que *« toute communauté politique a une constitution, qui est la base de son organisation, et que cette constitution contient un ensemble de règles fondamentales qui vont déterminer les rapports entre le pouvoir et les gouvernés, il n'y a pas de raison pour ne pas reconnaître aux chartes des organisations un caractère constitutionnel... »*. HAHN (H. J.), « Constitutional limitations in the law of the European organizations », RCADI, 1963, T. I ; p. 189 cité par RIDEAU (J.), *Juridictions internationales et contrôle du respect des traités constitutifs des organisations internationales*, Librairie générale de droit et de jurisprudence, Paris, 1968, p. 7

[278] RIDEAU (J.), *Juridictions internationales et contrôle du respect des traités constitutifs des organisations internationales*, op. cit. , p. 7

[279] VERHOEVEN (J.), « A propos de la fonction de juger en droit international public » in GERARD (P.), OST (F.), VAN DE KERCHOVE (M.), *Fonction de juger et pouvoir judiciaire*, Publications des Facultés universitaires Saint-Louis Bruxelles, 1983, p. 449

[280] ASCENSIO (H.), « La notion de juridiction internationale en question », op. cit., p. 184

2. *Le potentiel de l'article 33 de la Constitution*

Mise en œuvre à une unique occasion, l'article 33 de la Constitution de l'OIT[281] pourrait être envisagé comme l'incarnation de l'*imperium* au sein de l'OIT.

a. *Une légitimation de l'imperium à travers la Constitution de l'OIT*

Le premier élément constitutif de l'*imperium*, à savoir l'existence d'une certaine légitimité préalable au prononcé d'une décision, est rempli par la Constitution de l'OIT en ce que celle-ci prévoit un mécanisme de sanctions.

Certes, la voie répressive ouverte par l'article 33 de la Constitution de l'OIT est limitée aux cas examinés dans le cadre des Commissions d'enquête, à la suite de plaintes[282]. Toutefois, celui-ci pourrait incarner un *imperium* propre à l'OIT si l'ensemble des acteurs de l'organisation venaient à se coordonner[283].

La procédure de plainte préalable à la mise en place des Commissions d'enquête apparaît très ouverte[284]. Dès lors, potentiellement, toute procédure d'examen et d'interprétation des textes de l'OIT pourrait sans difficulté (en théorie du moins[285]) se poursuivre par la mise en place d'une Commission d'enquête. Par exemple, le Conseil d'administration, après avoir constaté les manquements graves ou répétés d'un Etat à ses obligations à la suite des travaux de la Commission d'experts ou du Comité de la liberté syndicale, pourrait déclencher une telle procédure.

La Constitution de l'OIT prévoit non seulement un mécanisme de sanction dans le cadre des Commissions d'enquête mais également la façon dont

---

281 *« Si un Membre quelconque ne se conforme pas dans le délai prescrit aux recommandations éventuellement contenues soit dans le rapport de la Commission d'enquête, soit dans la décision de la Cour internationale de Justice, selon le cas, le Conseil d'administration pourra recommander à la Conférence telle mesure qui lui paraîtra opportune pour assurer l'exécution de ces recommandations »*. Cf. supra. Section 1

282 Ou aux décisions de la CIJ, cette précision semblant anecdotique tant cette voie semble oubliée

283 *« La portée des décisions de[s] organes [de l'OIT] se trouve renforcée »* par le recours à l'article 33. VIDES ACIEGO (S.), *L'Organisation internationale du travail à l'heure de la mondialisation*, Université Paris XI – Paris Sud, 2004, p. 553

284 Notamment, comme le prévoit l'article 33 de la Constitution, elle peut être déclenchée d'office par le Conseil d'administration ou à l'initiative d'un délégué à la Conférence. Cf. supra Section 1

285 Cf. supra. Section 1 à propos de la faible utilisation de la procédure de plaintes

celles-ci pourraient être très largement mises en place. Aucun membre de l'OIT ne pourrait donc valablement remettre en cause la légitimité d'une sanction prononcée dans le cadre d'une Commission d'enquête régulièrement mise en place.

b. Une mise en œuvre de l'imperium par l'effet de la coordination entre organes

L'unique occasion de mise en œuvre de l'article 33[286] illustre le potentiel de son idée force, à savoir la possibilité de prendre toute mesure *« opportune pour assurer l'exécution »* des recommandations des Commissions d'enquête.

En 2000, sur le fondement de l'article 33[287], de nombreux Etats avaient pris des sanctions économiques contre le Myanmar, à la suite d'une plainte déposée en 1996 pour violation de la Convention n° 29 sur le travail forcé (cette situation ayant contraint le pays à agir contre le travail forcé). La coercition aménagée du fait des spécificités de l'ordre international[288] a ici trouvé à s'incarner.

Si l'OIT n'a pas la possibilité de prendre des mesures telles que des amendes pour mettre à exécution ses décisions, il n'en demeure pas moins que les sanctions susceptibles d'être décidées et prononcées dans le cadre de l'article 33 peuvent être un moyen de pression favorisant la mise à exécution de ces dernières. En l'absence de force publique, l'efficacité de cette disposition est tributaire d'une volonté politique forte. Celle-ci doit d'abord animer le Conseil d'administration et la Conférence, en tant qu'instigateurs des sanctions. Elle doit ensuite porter un maximum d'Etats (ou toute autre partie susceptible d'exercer une pression sur l'Etat « condamné »), seuls à même de mettre la sanction à exécution.

Au-delà de l'absence de consécration textuelle, un certain nombre d'éléments rendent difficiles l'attribution de la qualification de juridiction aux organes de contrôle de l'OIT. Toutefois, en étirant certaines notions, l'on parvient à rapprocher un certain nombre d'organes de l'OIT de l'idée de juridiction. Etant en mesure de « dire le droit » et, théoriquement, de voir

---

286 Cf. supra. Section 1

287 Résolution concernant les autres mesures sur la question du Myanmar adoptées en vertu de l'article 33 de la Constitution de l'OIT, Conférence internationale du travail, 88ème session, juin 2000

288 Cf. supra. 1.

leurs analyses déboucher sur des sanctions, un certain nombre d'acteurs[289] peuvent être qualifiés de quasi-juridictions. Le fait que ceux-ci ne réunissent pas nécessairement de manière l'ensemble des caractéristiques souvent prêtées aux juridictions apparaît indifférent, la CJUE (par exemple), qui se base sur des éléments appréciés diversement plutôt que sur une liste de critères rigides, se basant elle-même sur *« l'allure générale »* d'un organe[290].

La question de la qualification de ces entités en tant que « quasi-juridiction » ne revêt qu'une importance secondaire ou symbolique, tout en permettant de qualifier leurs interprétations de « jurisprudence »[291] sans hérésie juridique (certains préféreront peut-être l'expression « quasi-jurisprudence »). En pratique, seule importe réellement la constatation de leur potentiel contraignant. En corollaire, à l'exception peut-être des Commissions d'enquête, ces acteurs ne doivent cette qualification de quasi-juridiction qu'à la complémentarité qui les unit et leur permet de rassembler bon nombre de critères propres aux juridictions.

Sous-section 2 : Un bloc d'interprétation(s) à consolider

La Constitution de l'OIT et le fonctionnement effectif de ses organes laissent entrevoir l'existence d'un bloc d'interprétation(s), où chaque acteur contribue à l'édification d'une œuvre commune.

Des entrecroisements de procédures, qui résultent de mécanismes mis en place par strates successives, ont permis d'unifier les acteurs, de manière durable… jusqu'à présent. Dans le prolongement de cette unité, le sort de leurs travaux se trouve lié, tandis qu'ils pourraient souffrir des mêmes dysfonctionnements et bénéficier de remèdes communs.

§1. Un système d'interprétation efficace mais fragile

La complémentarité entre les différentes entités participant au travail interprétatif au sein de l'OIT repose sur l'interdépendance des procédures

---

289 La Commission d'experts, le Comité de la liberté syndicale, les Commissions d'enquête, les Commissions tripartites instituées dans le cadre des procédures de réclamation

290 PERTEK (J.), *Coopération entre juges nationaux et Cour de justice de l'Union européenne, Le renvoi préjudiciel*, op. cit., p. 97

291 En assimilant la jurisprudence au produit des travaux d'une juridiction. Pour une étude précise de la notion de jurisprudence internationale, voir JOUANNET (E.), « La notion de jurisprudence internationale en question » in SFDI, *La juridictionnalisation du droit international en question*, Colloque organisé par l'Université de Lille 2 les 12, 13 et 14 septembre 2002, Editions A. Pedone, Paris 2003, pp. 344-391

auxquelles elles participent : un système d'interprétation existe. Toutefois, comme l'a révélé la session de 2012 de la Conférence, ce système apparaît très fragile et peut être mis à mal en cas de déséquilibre entre ses acteurs.

A/ Des acteurs complémentaires

Au sein de l'OIT, les interprétations sont réalisées dans le cadre d'un système. Les différents acteurs appelés à connaître des normes internationales du travail interagissent, dans le cadre de procédures prévues par la Constitution ou forgées par la pratique. Les atouts du système d'interprétation se retrouvent tant dans l'étude de l'intérêt mouvant chacun des protagonistes que dans les règles de priorité structurant leurs relations.

1. Des objectifs distincts pour un intérêt convergent

Par les missions et les ambitions qu'ils poursuivent, les interprètes des instruments de l'OIT sont amenés à intervenir à des niveaux variés[292]. Ils tendent ainsi en principe à éviter les conflits d'interprétation. Dans le même temps, en participant au travail de suivi et / ou d'interprétation des normes internationales du travail, ils se croisent sur des chemins menant à un même objectif : la mise en œuvre des normes internationales du travail. L'imbrication d'organes variés dans les procédures conduit finalement à un partage de points de vue.

La complémentarité entre acteurs peut résulter de dispositions constitutionnelles. C'est ainsi, par exemple, que le Bureau est chargé, conformément à l'article 10 de la Constitution, d'assurer les travaux préparatoires de la Conférence. Ensuite, l'imbrication entre le Conseil d'administration et les Commissions d'enquête dans le cadre de la procédure de plainte apparaît à la lecture des articles 26 à 27[293].

Parce que les acteurs majeurs des procédures de suivi des normes internationales du travail ne disposent d'aucune assise constitutionnelle, leur

---

[292] Par exemple, le Comité de la liberté syndicale est destiné à connaître de cas particuliers tandis que la Commission d'experts, à travers ses études d'ensemble, peut prononcer des avis plus généraux (JENKS (W.), *The international protection on trade unions freedom*, Stevens and Sons, London, 1957, p. 153). Pareillement, les Commissions d'enquête et commissions tripartites mises en place dans le cadre des procédures de plaintes ou de réclamation n'ont vocation qu'à traiter que d'un contentieux donné, de la même manière que les observations de la Commission d'experts et de la Commission d'application des normes sur les cas individuels, tandis que les avis officieux du Bureau ont une portée générale. Cf. supra. Section 1
[293] Cf. supra. Section 1

collaboration résulte le plus souvent de la pratique[294]. A cet égard, la Commission d'experts ayant été créée à la même époque que la Commission d'application des normes de la Conférence, toutes deux ont pu nouer des relations étroites de collaborations[295], en dépit de quelques divergences[296]. Plus concrètement, il est d'usage que le ou la président(e) de la Commission d'experts bénéficie d'un statut d'observateur dans le cadre de la discussion générale de la Conférence. Il dispose alors de la faculté de s'adresser à la Conférence au moment de l'ouverture de la discussion générale ou à l'issue de la discussion de l'étude d'ensemble. Par ailleurs, une séance de travail de la Commission d'experts est consacrée à la discussion des questions d'intérêt commun entre celle-ci et la Commission d'application des normes, en présence des vice-présidents employeurs et travailleurs de la Conférence[297].

De même, la Commission d'experts a constaté une intensification de ses relations avec les Commissions d'enquête et les commissions tripartites instituées afin d'examiner les plaintes et réclamations, comme par exemple concernant la plainte visant le Myanmar pour violation de la Convention n° 29 sur le travail forcé.

De son côté, en tant qu'organe spécialisé dans le traitement des requêtes ayant trait au droit syndical, le Comité de la liberté syndicale se voit souvent confier par d'autres organes des cas relatifs à ces questions. C'est ainsi que dans le cadre des procédures contentieuses de plainte ou de réclamation, le Conseil d'administration peut lui transmettre l'examen d'affaires. Par ailleurs, le Comité de la liberté syndicale travaille de concert avec la Commission d'experts. En effet, à l'issue du règlement d'une plainte, le Comité de la liberté syndicale peut demander à la Commission d'experts de

[294] De nombreux éléments témoignent de la bonne entente traditionnelle entre les différents protagonistes (GRAVEL (E.), CHARBONNEAU-JOBIN (C.), *La Commission d'experts pour l'application des conventions et recommandations : Dynamique et impact*, op. cit., pp. 17-18). Par exemple, concernant le suivi régulier de l'application des normes internationales du travail, la Commission d'experts a souligné *« l'esprit de respect mutuel, de collaboration et de responsabilité qui a toujours prévalu dans les relations entre la Conférence et sa Commission de l'application des normes, le Conseil d'administration et la commission d'experts »*. CIT, 73ème session, 1987, Rapport du CEACR, Rapport III, Partie 4A, para. 12

[295] GRAVEL (E.), CHARBONNEAU-JOBIN (C.), *La Commission d'experts pour l'application des conventions et recommandations : Dynamique et impact*, op. cit., p. 17

[296] L'incident survenu lors de la session de la Conférence de 2012 apparaît toutefois comme une divergence suffisamment importante pour s'interroger sur le lien entre ces deux organes. Cf. infra. §2

[297] CIT, 102ème session, 2013, Rapport de la CEACR, Rapport III, Partie 1A, Genève, 2013, p. 4

prêter une attention particulière concernant l'évolution d'un cas déterminé, dans le cadre de l'examen régulier de ses rapports[298].

A côté de ces entrecroisements favorisant l'homogénéité des travaux des différents éléments contribuant à l'interprétation des textes de l'OIT, la mise en place de règles de priorité constitue un élément supplémentaire en faveur de cette synergie.

2. Des règles de priorité à défaut d'une hiérarchie entre les interprètes

Aucune hiérarchie n'existe entre les différentes interprétations fournies par les organes de l'OIT. Toutefois (ou, pour cette raison), afin d'éviter les contradictions dans le cadre de procédures parallèles, des règles de priorité ont été forgées.

Classiquement, l'articulation des sources du droit du travail réunit deux objectifs : le premier s'inscrit dans une dimension progressiste (à travers le principe de faveur) ; le second est attaché à la garantie de la sécurité juridique (à travers la hiérarchie des normes)[299]. Il paraît difficile d'appliquer cette logique aux supports des interprétations élaborées au sein de l'OIT. L'idée de hiérarchie des normes s'accommode d'abord très difficilement avec les spécificités des interprétations rendues au niveau de l'OIT. D'une part, il faut rappeler le flou entourant d'une manière générale la hiérarchie entre les normes internationales, lesquelles ne connaissent pas d'ordonnancement comparable à celui en place à l'échelle nationale[300] (même si la consécration des Conventions fondamentales tend à remettre en cause cette idée). D'autre part, concernant plus spécifiquement les interprétations élaborées au sein de l'OIT, celles-ci ont toutes en commun de n'avoir qu'un caractère officieux[301]. Aucune hiérarchie n'a donc été établie entre elles. Ensuite, les débats concernant la valeur de ces interprétations (qui, au-mieux, sont assimilées à de la *soft law*) sont très éloignés de l'idée de principe de faveur, qui implique la promotion de normes obligatoires.

---

[298] A cet égard, cette dernière a d'ailleurs insisté pour que *« son attention soit attirée systématiquement sur tous les cas de ce genre, afin qu'elle puisse examiner leurs implications pour le respect des conventions ratifiées en la matière »*. CIT, 73ème session, 1987, Rapport du CEACR, Rapport III, Partie 4A, para. 33

[299] JEANSEN (E.), *L'articulation des sources du droit, Essai en droit du travail*, Economica, 2008, p. 207

[300] OLSON (T.), CASSIA (P.), *Le droit international, le droit européen et la hiérarchie des normes*, PUF, Droit et justice, 2006, p. 15

[301] Cf. Section 1

Les risques induits par cette absence de hiérarchie sont tempérés par la coordination et les règles de priorité[302] existant entre les auteurs des interprétations. En tant que « centre névralgique » du dispositif de suivi régulier de l'application des normes internationales du travail, la Commission d'experts est amenée à examiner un important nombre de cas. De fait, ses travaux pourraient potentiellement être menés parallèlement à des procédures plus ponctuelles concernant une situation donnée. Pour cette raison, afin d'éviter tout conflit d'interprétation, cette dernière a développé une pratique constante : dès lors qu'un autre organe de contrôle de l'OIT est saisi d'une affaire (ou qu'une procédure de contacts directs est en cours), elle attend les conclusions de celui-ci avant de procéder à l'examen des questions soulevées[303]. Une telle pratique exclut ainsi toute possibilité de traitement parallèle d'une même affaire par différents organes (ceux-ci disposant par ailleurs de la faculté de se transmettre des cas, ainsi qu'il en va concernant les dossiers ayant trait au droit syndical, le plus souvent transmis au Comité de la liberté syndicale).

Finalement, les différents organes susceptibles de connaître de l'application des normes internationales du travail (et, de fait, de leur interprétation) exercent des missions complémentaires dans le cadre d'un système organisé[304]. A cet égard, le *« lien entre les procédures »* a été identifié par le Conseil d'administration parmi les domaines d'intervention permettant de renforcer l'autorité du système de contrôle de l'application des normes[305], dans le cadre de l'initiative sur les normes mise en œuvre en réponse aux controverses relatives à l'interprétation de la convention n° 87 sur la liberté syndicale[306].

Toutefois, il ne faut pas oublier que ce système qui mêle des acteurs multiples repose sur un équilibre précaire.

---

302 Au-delà de la cohérence de pratiques entre les différents organes de l'OIT exposée dans la présente section

303 CIT, 73ème session, 1987, Rapport du CEACR, Rapport III, Partie 4A, para. 32

304 Il est néanmoins essentiel de souligner la nécessité de repenser régulièrement l'articulation des diverses procédures de contrôle de l'application des normes internationales du travail. Cf. infra. B/

305 Voir notamment GB.335/INS/5, op. cit., pp. 11-13

306 *Initiative sur les normes : Suivi de la session de 2012 de la Commission de l'application des normes de la Conférence internationale du Travail*, Conseil d'administration, 322ème session, Genève, 30 octobre-13 novembre 2014, GB.322/INS/5. Cf. infra. B/ et §2

B/ Un équilibre précaire

Le système d'interprétation interne à l'OIT a été formé par strates successives. Pendant très longtemps, une balance entre les différents interprètes s'est maintenue. La fronde menée par le groupe des employeurs en 2012 lors de la Conférence en réaction au contenu de l'étude d'ensemble préparée par la Commission d'experts et à sa défense du droit de grève sur le fondement de la Convention n° 87 montre la fragilité de cet équilibre[307] et l'importance du facteur politique dans l'acception des interprétations élaborées au sein de l'OIT. Ce groupe constitue le principal détracteur des interprétations élaborées en-dehors du cadre constitutionnel[308], notamment par la Commission d'experts.

La défiance de mandants à l'égard des travaux de la Commission d'experts altère le bon déroulement du processus d'interprétation des instruments de l'OIT[309]. Plus que le désaccord exprimé par les représentants des employeurs en 2012 (qui, finalement, restaient fidèles à la position qu'ils tenaient depuis une vingtaine d'années[310]), ce sont l'expression de ce dernier et ses conséquences qui apparaissent comme remettant en cause le système

---

[307] BELLACE (J.), « Pushback on the right to strike: resisting the thickening of soft law », op. cit., p. 187

[308] Les représentants des travailleurs, quant à eux, ont exprimé leur satisfaction à l'égard des travaux des organes de contrôle de l'OIT (Conseil d'administration, 317ème session, Genève, 6-28 mars 2013, GB.317/INS/4/1, para. 21, pp. 8-9). Néanmoins, ils sont parvenus à la conclusion selon laquelle le système devait être réétudié, dans la mesure où il était contesté par l'un des mandants de l'OIT. Dans un même ordre d'idées, les gouvernements ont fait preuve de la plus grande préoccupation à la suite des événements survenus lors de la Conférence de 2012 ainsi que de leur souhait de voir adoptée une solution assurant *« la crédibilité, l'autorité et l'efficacité du mécanisme de contrôle »* (Conseil d'administration, 317ème session, Genève, 6-28 mars 2013, GB.317/PV, para. 53, p. 11)

[309] Cf. supra Section 1 sur le rôle politique de la Conférence et du Conseil d'administration s'agissant du soutien des interprétations

[310] Le Professeur Claire LA HOVARY explique que le consensus entre employeurs et travailleurs sur la question du droit de grève a cessé en 1989, lorsque la chute du mur de Berlin a entraîné la fin de l'alliance entre les partenaires sociaux à l'OIT (LA HOVARY (C.), « The ILO's supervisory bodies' "soft law jurisprudence" », op. cit., p. 316). Ainsi dès 1990, par exemple, le groupe des employeurs avait notamment reproché à la Commission d'experts d'aller au-delà de son mandat à propos, déjà, de l'interprétation du droit de grève (CIT 77ème session, 1990, para. 23, 27/6). De même, avec moins de virulence, les employeurs avaient remis en cause à plusieurs reprises les travaux du Comité de la liberté syndicale, auxquels ils avaient pourtant contribué à travers leurs représentants (MAUPAIN (F.), « L'efficacité du système de supervision de l'OIT à l'approche de son centenaire : une Rolls Royce en mal de révision ? », op. cit., p. 466)

d'interprétation. En refusant de dresser la liste des cas individuels examinés par la Commission d'application des normes de la Conférence, ils ont empêché le déroulement d'une partie du contrôle régulier de l'application des normes.

Ces illustrations révèlent les limites du système d'interprétation des instruments de l'OIT. Des consultations tripartites informelles ont été entamées dès l'issue de la session de la Conférence de 2012 afin de déterminer l'avenir d'un dispositif. Dans ce cadre, des propositions ont été formulées par le Bureau ou les représentants des employeurs : mettre en place un « tribunal » d'interprétation en vertu de l'article 37§2 de la Constitution, renforcer le contrôle mutuel entre les organes[311].

La réunion tripartite organisée en février 2015 à propos du droit de grève semble avoir permis de sortir de l'impasse. La prise de position des délégués gouvernementaux en faveur d'une protection internationale du droit de grève en vertu de la Convention n° 87 sur la liberté d'association a été déterminante[312] et a ouvert la voie à la condamnation de plusieurs pays pour violation du droit de grève lors de la session du Conseil d'administration de mars 2015 sur la base du rapport du Comité de la liberté syndicale[313]. Toutefois, il n'en demeure pas moins que le système normatif et de suivi de l'application des normes apparaît ébranlé[314].

---

311 Conseil d'administration, 317ème session, Genève, 6-28 mars 2013, GB.317/INS/4/1, para. 21, p. 9

312 Selon Bernard THIBAULT, représentant français des travailleurs au Conseil d'administration, la position des employeurs a conduit les employeurs à admettre (au moins temporairement) qu'ils avaient été *« battus politiquement »* sur la question du droit de grève. CAILHOL (A.), « Droit de grève : l'OIT épingle à nouveau les mauvais élèves », Libération, 28 mars 2015

313 Conseil d'administration, 323ème session, Genève, 12-27 mars 2015 GB.323/INS/9. Rapports du Comité de la liberté syndicale 374ème rapport du Comité de la liberté syndicale

314 Il importe toutefois de préciser que l'ensemble des mandants de l'OIT paraissent attachées au système de supervision de l'application des normes internationales du travail. Lors de la réunion tripartite sur le droit de grève, le porte-parole du groupe de employeurs a déclaré qu'une *« divergence fondamentale entre les employeurs et les travailleurs concernant l'interprétation de la convention n° 87 pour ce qui est du droit de grève subsist[ait], mais que cela ne devrait [devait] pas empêcher le système de contrôle de l'OIT de retrouver un fonctionnement harmonieux afin de protéger les droits des travailleurs »*. GB.323/INS/5/Appendice II. Rapport final de la Réunion tripartite sur la convention n° 87 sur la liberté syndicale et la protection du droit syndical, 1948, pour ce qui est du droit de grève ainsi que les modalités et pratiques de l'action de grève au niveau national (Genève, 23-25 février 2015), para. 38

En 2016, des propositions ont été formulées par les Présidents de la Commission d'experts et du Comité de la liberté syndicale dans le cadre de l'initiative sur les normes[315], celle-ci étant présentée comme visant notamment à *« renforcer le consensus tripartite sur un système de contrôle faisant autorité »*[316] et ayant depuis nourri les discussions du Conseil d'administration.

Elles apparaissent bienvenues en ce qu'elles impliquent un rééquilibrage entre les pouvoirs des techniciens (experts…) et ceux des mandants. L'expérience a en effet montré à quel point le « sceau tripartite » pouvait conférer une valeur certaine aux travaux des experts, tandis que les réticences des mandants pouvaient bloquer les procédures et remettre en cause la valeur des interprétations. La recherche d'une synergie nouvelle entre les organes d'interprétation de l'OIT apparaît ainsi d'autant plus nécessaire et envisageable que ceux-ci contribuent à la réalisation d'un travail commun.

§2. L'accomplissement d'une œuvre commune à perpétuer

La complémentarité entre les différents organes de l'OIT se traduit par la construction d'une « jurisprudence » commune, dont chaque acteur peut s'inspirer. Le « bloc » formé par cette œuvre collective amène à s'interroger quant à la façon dont pourraient être rationnalisés leurs travaux, compte tenu des évolutions ayant eu une incidence sur le système de l'OIT.

A/ Une « jurisprudence » commune

La jurisprudence peut être définie comme l' *« ensemble des décisions de justice rendues pendant une certaine période soit dans une matière (...), soit une une branche du Droit (...), soit dans l'ensemble du Droit »*[317]. Partant du domaine du droit privé, Evelyne SERVERIN a montré que cet *« instrument de régulation des conflits issus de la sphère économique et sociale »* s'était d'abord imposé au XIXème siècle à travers la pratique de recueils sélectifs[318].

---

[315] GB.323/INS/5, Cinquième question à l'ordre du jour, L'initiative sur les normes, para. 1 5) b). Cf. infra. §2

[316] https://www.ilo.org/global/about-the ilo/history/centenary/WCMS_502351/lang--fr/index.htm

[317] CORNU (G.), *Vocabulaire juridique*, PUF, 10ème éd., p. 589

[318] Avant d'être systématisée par la doctrine et de se poursuivre à travers l'enseignement du droit en tant que science sociale. SERVERIN (E.), *De la jurisprudence en droit privé. Théorie d'une pratique*, Presses Universitaires de Lyon, 1985, pp. 189-190

Même si elles ne s'inscrivent pas dans le cadre de procédures de justice à proprement parler, les interprétations des organes de l'OIT, *« amenés à se prononcer sur la portée et la signification exacte des conventions... »*[319], sont issues d'entités empruntant bon nombre de traits aux juridictions[320]. Par ailleurs, *« dans la mesure où elle complète l'ordre juridique international par les précisions qu'elle apporte quant à la portée des normes conventionnelles »*, l'opération menée par les organes de l'OIT peut être décrite *« comme constituant une jurisprudence internationale au sens large du terme »*[321]. Plus concrètement, la publication des travaux des différents organes de l'OIT à travers des recueils ou des bases de données[322] s'est doublée d'une tendance de ces derniers à se baser sur leurs propres précédents ou ceux fournis par d'autres acteurs au sein de l'OIT[323]. Ces interprétations s'inscrivant toutes dans un cadre unique bien qu'elles émanent de diverses sources, il n'apparaît par ailleurs pas abusif de parler d'une jurisprudence commune au sein de l'OIT[324], quelques exemples illustrant de manière particulièrement éloquente cette idée.

Tout d'abord, dans le cadre de la préparation de ses avis officieux, le Bureau s'appuie sur les travaux des organes de suivi de l'application des normes. D'un côté, les avis rendus par le BIT n'ont qu'une valeur indicative : ils ne sauraient préjuger de la position de la Commission d'experts s'agissant de la compatibilité des pratiques d'un Etat avec ses obligations[325]. Toutefois, le risque d'une divergence d'appréciation entre le Bureau et la Commission d'experts est limité par le fait que les avis officieux sont établis sur la base des travaux de l'organe de suivi de l'application des normes[326]. Par exemple, dans son avis rendu en 2002 à la suite de la question formulée par le gouvernement mexicain concernant la signification de dispositions prévues à l'article 9 de la Convention n° 143 sur les travailleurs migrants de 1975[327], le

---

319 VALTICOS (N.), *Droit international du travail*, op. cit., p. 135

320 Cf. supra. Sous-section 1

321 VALTICOS (N.), « Le développement d'une jurisprudence internationale au sujet des normes établies par les organisations internationales » in GÖTTINGEN (F.), DE GIVRY (J.), HEPPLE (B.), VERDIER (J-M.), *In memoriam Sir Otto Kahn-Freund*, C.H. Beck'Sche Verlagsbuchhandlung, 1980, p. 718

322 Cf. supra. Section 1

323 LA HOVARY (C.), « The ILO's supervisory bodies' "soft law jurisprudence" », op. cit., p. 320

324 Sur le sujet, voir LA HOVARY (C.), « The ILO's supervisory bodies' "soft law jurisprudence" », op. cit., p. 320

325 Cf. supra. Section 1

326 BRONSTEIN (A.), « The role of the International Labour Office in the framing of national labour law », op. cit., p. 350

327 Bulletin Officiel, vol. 85, 2002, série A, pp. 184-191

Bureau s'est référé aux études d'ensemble de 1980 et 1999 sur les travailleurs migrants afin de préciser la portée de la notion d'égalité de traitement au sens de ce texte.

De même, que ce soit dans le cadre du suivi régulier de l'application des normes ou en matière contentieuse, les autres organes de l'OIT s'inspirent et se réfèrent aux décisions émanant de l'ensemble de l'organisation. En matière syndicale, par exemple, la Commission d'experts prend en compte les recommandations élaborées par le Comité de la liberté syndicale (y compris lorsque celles-ci sont rendues à titre intérimaire[328], bien que la Commission d'experts attende traditionnellement que les travaux des organes saisis soient achevés avant de se prononcer sur une affaire identique).

La connexion entre ces deux organes apparaît très étroite[329]. Par exemple, en 2013, en introduction de l'étude d'ensemble relative aux relations de travail et à la négociation collective dans la fonction publique, les membres de la Commission ont souligné l'importance qu'ils attachaient aux travaux du Comité[330]. Réciproquement, le Comité de la liberté syndicale s'inspire et peut citer les travaux de la Commission d'experts[331].

---

328 CIT, 73ème session, 1987, Rapport du CEACR, Rapport III, Partie 4A, para. 32

329 Des auteurs avancent que *« bien que le comité et la commission diffèrent par leur composition, la nature de leurs fonctions et celle de leur procédure, ils se fondent sur les mêmes principes, qui conservent une portée* universelle ». GRAVEL (E.), CHARBONNEAU-JOBIN (C.), *La Commission d'experts pour l'application des conventions et recommandations : Dynamique et impact*, op. cit., pp. 17-18

330 *« La commission souligne que les principes du Comité de la liberté syndicale, organe tripartite et indépendant, ont une valeur et une pertinence particulières pour son travail, parce qu'ils reflètent un consensus tripartite sur les questions relatives aux droits syndicaux et aux relations de travail ».* CIT, 102ème session, 2013, Rapport du CEACR, Rapport III, Partie 1B, Etude d'ensemble relative aux relations de travail et à la négociation collective dans la fonction publique, 2013, para. 5, pp. 1-2

331 Par exemple, il a été amené à se prononcer à propos de la validité d'un dispositif contraignant les arbitres désignés dans le cadre des procédures d'arbitrage volontaires en matière de négociation collective avec le secteur public à appliquer les critères de pondération se rapportant au budget public. Pour se prononcer, les membres du Comité de la liberté syndicale ont fait valoir qu'ils partageaient l'avis de la Commission d'experts dans son étude d'ensemble de 1994 selon laquelle *« si le principe de l'autonomie des partenaires à la négociation collective reste valable en ce qui concerne les fonctionnaires couverts par la convention n° 151, les particularités de la fonction publique décrites ci-dessus appellent une certaine souplesse dans son application ».* Concrètement, les membres du Comité ont estimé que si le gouvernement était autorisé à prédéterminer une « fourchette » d'augmentation, il était nécessaire que les travailleurs et leurs représentants puissent

Cette synergie entre les différents acteurs constitue un atout considérable concernant la portée des interprétations des instruments de l'OIT. En s'appropriant les analyses développées par ses pairs, chaque organe donne un caractère quasi « officiel » à ces travaux, en dépit de la fragilité de leurs bases juridiques. Il apparaît donc impératif de conserver cette homogénéité.

B/ Les voies de la préservation d'une œuvre commune

L'OIT a beaucoup évolué depuis sa création. Elle a vu apparaître en son sein de nombreux organes, dont le rôle paraît aujourd'hui indispensable, notamment en matière de suivi de l'application des normes internationales du travail. Toutefois, leur agencement n'apparaît plus totalement adapté aux réalités contemporaines.

Une rationalisation des procédures apparaît d'abord nécessaire afin d'optimiser le suivi de l'application des normes. Corrélativement, elle doit permettre de renforcer la place des interprétations : le fait que les critiques les plus virulentes à l'encontre de ces dernières se soient cristallisées sur les travaux de la Commission d'experts (et, dans une moindre mesure, sur ceux du Comité de la liberté syndicale) s'explique notamment par sa « surexposition » du fait de la quantité de cas qu'elle est amenée à traiter.

Le cas de la Commission d'experts, pierre angulaire du suivi des normes internationales du travail et principal interprète en termes quantitatifs, est éloquent. En 2004, déjà, il était remarqué que la Commission recevait chaque année environ 60 à 75 % des rapports dus, ne parvenant à traiter que 65 % de ces documents[332]. Si l'extension des délais de soumission des rapports a permis de donner un second souffle à la Commission, la situation demeure préoccupante. Alors que, jusqu'à présent, la complémentarité entre acteurs a été largement bénéfique à l'action de l'OIT[333], l'on peut regretter que *« l'avalanche de documents et de commentaires répétitifs qui étouffent le contrôle »* régulier de l'application des normes[334], conduise à un

---

participer à la fixation de ce cadre global de négociation. Cas n° 2934 (Pérou) - Date de la plainte : 14 février 2012, Rapport définitif - Rapport n°. 365, novembre 2012, para. 1257

[332] Pour des raisons telles que *« l'envoi tardif des rapports par les gouvernements, la nécessité de traduire certaines communications et législations, la réception d'informations incomplètes ou une surcharge de travail »*. GRAVEL (E.), « Les mécanismes de contrôle de l'OIT : bilan de leur efficacité et perspectives d'avenir » in JAVILLIER (J-C.), GERNIGON (B.), *Les normes internationales du travail : un patrimoine pour l'avenir*, op. cit., p. 9

[333] Cf. supra. §1

[334] SERVAIS (J-M.), « L'incontournable besoin d'une agence de régulation sociale »,

« engorgement »[335] des procédures. Il y a quelques décennies, déjà, Nicolas VALTICOS préconisait un recours aux procédures de plaintes propre à alléger le mécanisme de supervision[336]. La multiplication de documents tend finalement à diluer les travaux et les interprétations dans un flot de commentaires, alors qu'ils tendraient à être davantage mis en valeur dans un cadre plus maîtrisé[337].

Un rééquilibrage au niveau du recours aux procédures semble souhaitable. Celui-ci permettrait d'atténuer les critiques formulées à l'encontre de la Commission d'experts en tant qu'interprète.

En complément, plusieurs solutions pourraient être imaginées afin d'éviter une concurrence dommageable entre les interprètes à l'avenir. Une hiérarchie entre acteurs permettrait de régler les conflits éventuels entre interprétations. Dans ce cas, il serait difficile d'imaginer que la Conférence, le législateur international, ne figure pas au sommet de la pyramide d'interprétation de ses propres actes.

Un certain nombre de propositions formulées par les Présidents de la Commission d'experts et du Comité de la liberté syndicale en 2016 rejoignent l'idée selon laquelle il conviendrait de rénover les relations entre organes et de renforcer la visibilité de leurs travaux. Ils préconisent d'améliorer la communication entre la Commission de la Conférence, la Commission d'experts et le Comité de la liberté syndicale, à travers l'organisation d'une réunion annuelle entre leurs présidents ou la communication d'un rapport annuel du Président du Comité de la liberté syndicale à la Conférence[338] ; de renforcer la coopération et la responsabilité partagée de la Commission de la Conférence et de la Commission

---

Revue de droit du travail, n° 10, octobre 2012, p. 532

335 MAUPAIN (F.), « L'efficacité du système de supervision de l'OIT à l'approche de son centenaire : une Rolls Royce en mal de révision ? », op. cit., p. 475

336 Ibid.

337 La procédure de réclamation a ainsi été décrite comme ayant été *« phagocytée »* par le contrôle régulier prévu par l'article 22 de la Constitution. En particulier, la possibilité pour les organisations professionnelles d'intervenir dans le cadre de la procédure de contrôle régulier ainsi que la pression résultant de la publication de cas individuels explique pourquoi les partenaires sociaux ont considéré qu'il était suffisant de s'appuyer sur la procédure de contrôle régulier. De même, les réclamations en matière de liberté syndicale ont également été présentées comme connaissant un sort identique, le Comité de la liberté syndicale se voyant automatiquement acheminer les plaintes ayant trait au droit et à la liberté syndicale. MAUPAIN (F.), « L'efficacité du système de supervision de l'OIT à l'approche de son centenaire : une Rolls Royce en mal de révision ? », op. cit., pp. 470-473

338 GB.326/LILS/3/1, op. cit., para. 127, p. 42

d'experts[339] ; d'optimiser les bases de données numériques de l'OIT de façon à *« améliorer la visibilité des activités de l'organisation »*[340]. De même, il leur semble nécessaire de « *rationaliser et améliorer la capacité des organes de contrôle tout en encourageant les mandants à répondre le plus rapidement possible aux demandes que ceux-ci leur adressent »*[341].

En ce sens, le Conseil d'administration a adopté en 2017 un plan de travail[342] concernant le renforcement du système de contrôle, visant à décliner ces propositions. Néanmoins, à ce stade, en dépit de ce chantier majeur en matière normative, aucune mesure concrète n'a permis de clore la question de l'interprétation.

Antérieurement, certaines propositions ont visé à promouvoir la Commission d'experts au rang officiel d'interprète. Ainsi, dans un document de travail de 2010, le Bureau a, parmi plusieurs pistes de réflexions, émis l'idée de la désigner en qualité de tribunal, selon l'article 37§2 de la Constitution[343]. De façon moins ambitieuse pour la Commission, il a été suggéré d'élargir son mandat afin de lui permettre de devenir un lieu d'échange contradictoire sur le sens à donner aux Conventions, en lui permettant de s'appuyer sur le point de vue du Bureau mais également de toute personne concernée. Son avis

[339] Ibid., paras. 128-129, pp. 43-44
[340] Ibid., para. 130, p. 44
[341] Ibid., para. 137, pp. 46-47
[342] Ce plan de travail porte sur dix points regroupés en quatre domaines d'intervention. Domaine d'intervention 1 : liens entre les procédures (1.1. Guide des pratiques établies dans l'ensemble du système 1.2. Discussions régulières entre les organes de contrôle) ; Domaine d'intervention 2 : les règles et pratiques (2.1. Codification de la pratique établie pour la procédure prévue à l'article 26 2.2. Examen du fonctionnement de la procédure prévue à l'article 24 2.3. Dispositions éventuelles à prendre pour renforcer la sécurité juridique) ; Domaine d'intervention 3 : présentation de rapports et information (3.1. Rationalisation de la présentation des rapports 3.2. Echanges d'informations avec d'autres organisations internationales) ; Domaine d'intervention 4 : portée et mise en œuvre des recommandations (4.1. Formulation de recommandations claires et orientées vers l'action de la part des organes de contrôle 4.2. Systématisation du suivi au niveau national 4.3. Possibilités offertes par l'article 19 pour étendre la portée des normes et en faciliter l'application). *L'initiative sur les normes : suivi du rapport conjoint des présidents de la Commission d'experts pour l'application des conventions et recommandations et du Comité de la liberté syndicale*, Conseil d'administration, 329ème session, Genève, 9-24 mars 2017. GB.329/INS/5(Add.)(Rev.), p. 5
[343] Non-document sur l'interprétation des Conventions internationales du travail, op. cit., para. 75, p. 32

serait ensuite susceptible d'appel devant un tribunal *ad hoc*, institué en vertu de l'article 37§2 de la Constitution[344].

Si elles semblent intéressantes et ne suscitent aucune difficulté juridique insurmontable, bien qu'elles impliquent de lourds aménagements dans le fonctionnement actuel de la Commission (procédure contradictoire en cas de transformation de la Commission en tribunal[345], rationalisation de la charge de travail…), ces idées paraissent aujourd'hui difficilement réalisables. En effet, au regard des critiques aujourd'hui formulées par les employeurs mais également par un certain nombre de gouvernements à l'égard d'un organe qui empiéterait sur les compétences de la Conférence, il apparaît peu probablement que les mandants acceptent la consécration de la Commission d'experts au rang d'interprète, susceptible de préciser unilatéralement la signification des actes de la Conférence.

Finalement, une solution envisageable[346] et viable reviendrait à instituer directement, parallèlement à des aménagements permettant de rééquilibrer la charge de travail entre acteurs, un tribunal compétent en matière d'interprétation, conformément à l'article 37§2 de la Constitution[347]. Celui-ci pourrait, par exemple, n'être appelé à se réunir qu'en cas de désaccord de fond entre les différents organes. Cette solution aurait l'avantage de ne pas bouleverser la balance institutionnelle entre les acteurs de l'OIT en réglant l'unique point susceptible de remettre en cause cet équilibre, à savoir les conflits d'interprétation.

---

344 MAUPAIN (F.), « L'efficacité du système de supervision de l'OIT à l'approche de son centenaire : une Rolls Royce en mal de révision ? », op. cit., pp. 492-493

345 Non-document sur l'interprétation des Conventions internationales du travail, op. cit., paras. 75-77, p. 33

346 En 2016, les Présidents de la Commission d'experts et du Comité de la liberté syndicale n'ont pas écarté cette possibilité, soulignant qu'une *« telle innovation devrait s'articuler avec les mécanismes existants, dans lesquels le système de contrôle joue un rôle essentiel »* (GB.326/LILS/3/1, op. cit., para. 136, p. 46). Par la suite, dans le cadre des dispositions éventuelles à prendre pour renforcer la sécurité juridique prévu par son plan de travail établi à l'occasion de l'initiative sur les normes, le Conseil d'administration a mis ce point à l'ordre du jour de dicussions tripartites informelles organisées en janvier 2020, dans le cadre d'une réflexion portant sur la sécurité juridique (GB.335/INS/5, op. cit., p. 70). Cf. supra. Chapitre 1

347 Cette proposition a, par exemple, été suggérée par le Bureau en 2009 (Non-document sur l'interprétation des Conventions internationales du travail, op. cit., p. 34). Cf. supra Chapitre 1

Conclusion du second chapitre

En pratique, de multiples organes procèdent à l'interprétation des instruments de l'OIT dans le cadre de leurs activités. Bien qu'ils ne disposent parfois que d'une assise juridique ténue, ils peuvent s'appuyer sur le prestige de leurs auteurs ou sur un soutien politique, indispensable dans le cadre tripartite et diplomatique de l'OIT. A cet égard, de la même manière que cette base politique peut porter les interprétations élaborées en sein de l'OIT, son affaiblissement pourrait remettre en cause le corpus édifié jusqu'à présent.

Au-delà des qualités propres à chaque instance, le système d'interprétation tire sa force du collectif formé par ses acteurs. En plus de leur faculté d'énoncer le droit, les organes d'interprétation (dont certains peuvent être qualifiés de quasi-juridictions) pourraient potentiellement voir leurs recommandations suivies d'effets contraignants en se coordonnant pour la mise en œuvre de l'article 33 de la Constitution. En-dehors de ce cas hypothétique jusqu'à présent, la force tirée de la complémentarité entre interprètes se retrouve dans leur fonctionnement courant (complémentarité fonctionnelle, jurisprudence commune…), qui reste à parfaire compte tenu des évolutions de l'OIT.

Si les organes d'interprétation des instruments de l'OIT apparaissent ainsi avoir gagné leur place centrale dans le système normatif par la pratique, il leur revient aujourd'hui de s'adapter aux nouvelles exigences de l'organisation et de l'activité de l'OIT.

Conclusion du titre premier

Les mécanismes d'interprétation prévus par la Constitution n'ont jamais trouvé grâce auprès de l'OIT, les dispositifs officieux, forgés avec le temps, ayant occupé avec une efficacité certaine le rôle qui leur était dévolu. A côté des voies d'interprétation strictes tracées par la Constitution, les membres de l'OIT ont en effet opté pour le pragmatisme. Malgré ou, plutôt, grâce à leur diversité, les acteurs effectifs de l'interprétation au sein de l'OIT ont élaboré un corpus d'interprétation extrêmement dense, la légitimité technique et la force politique venant au secours d'acteurs à la base juridique fragile.

Ces dernières années, des divisions au sein de l'OIT ont remis en cause le consensus politique sur lequel les procédures d'interprétation internes ont prospéré pendant des décennies. Si le mécanisme qui s'est développé au fil des années a permis l'émergence d'une jurisprudence cohérente et respectée, l'expérience récente a montré les limites d'un système.

Un renforcement juridique (par le biais de la mise en œuvre d'un tribunal *ad hoc* sur le fondement de l'article 37§2) apparaît alors souhaitable afin d'éviter une remise en cause de l'œuvre accomplie jusqu'à présent. Ce travail apparaît d'autant plus nécessaire que l'édifice interprétatif construit au fil du temps traduit juridiquement les objectifs poursuivis par l'OIT.

Titre second
L'effectivité des normes internationales du travail : le défi de l'universel et du relatif

Lord Nicholls of Birkenhead, membre de la chambre des Lords britannique, a parfaitement résumé en quoi la souplesse était nécessaire dans le fonctionnement de tout système de droit : *« La rigidité dans le fonctionnement d'un système juridique est un signe de faiblesse et non de force. Elle prive le système en question de la souplesse dont il a besoin. Loin d'aboutir à un résultat exemplaire sur le plan constitutionnel, elle est susceptible de produire un système juridique incapable de fonctionner de manière effective dans une époque de changement »*[1].

A travers ses fondements historiques, l'OIT apparaît comme une organisation animée par de profondes considérations humanistes et sociales, l'amélioration de la condition de tous les travailleurs et la lutte contre la misère ayant fédéré les partisans d'une organisation mondiale du travail[2]. Les multiples instruments adoptés depuis 1919 constituent des moyens opérationnels de réaliser ces ambitions initiales. L'OIT n'a en effet jamais voulu se limiter à affirmer des valeurs universelles ; elle s'est toujours attachée à rendre celles-ci effectives[3]. L'interprétation de ses textes de droit contribue à cette quête d'effectivité.

A travers le suivi de l'application des normes internationales du travail, les organes de l'OIT apparaissent comme les bâtisseurs des contours juridiques de la justice sociale et, dans le même temps, comme les garants de son effectivité. Partant, se pose la question de savoir comment l'interprétation des textes de l'OIT permet de donner corps à des principes universels dans des cadres disparates.

---

[1] *National Westminster Bank plc v. Spectrum Plus Ltd* [2005] UKHL, 41, Lord Nicholls of Birkenhead cité par TULKENS (F.), « Les techniques interprétatives des organes de protection des droits de l'Homme », RGDIP, Tome 115, n° 2, 2011, p. 540

[2] Cf. supra Introduction générale

[3] Le premier Directeur général du BIT, Albert THOMAS s'est par exemple investi personnellement à cet effet en multipliant les voyages au début du XXème siècle, afin notamment de promouvoir la ratification des premières conventions adoptées. HOEHKTER (D.), KOTT (S.), *A la rencontre de l'Europe au travail, Récits de voyages d'Albert Thomas (1920-1932)*, Publication de la Sorbonne / Bureau International du Travail, 2015

Si, au départ, l'universalité, *« aveugle aux différences »*[4], permet à chacun d'être traité de façon identique et donc égale par-delà ses particularités, elle connaît toutefois ses limites en ce qu'elle peut notamment consacrer des inégalités[5]. Dans ces conditions, l'égalité effective impose une différenciation dans l'application de règles. La difficulté est alors de déterminer le niveau d'aménagement des règles générales pouvant être déployé sans sacrifier l'idéal universaliste[6]. En s'inspirant du Professeur Mireille DELMAS-MARTY, l'on peut dire qu'il s'agit ici de *« relativiser l'universel »*[7], en mettant ce dernier en relation avec une *« réalité localisée dans l'espace et située dans le temps »*[8].

Œuvre de création (Chapitre préliminaire), l'interprétation des instruments de l'OIT s'inscrit donc d'abord dans une dimension spatiale, en visant à appliquer des normes à vocation universelle et à gérer des spécificités nationales, liées au contexte juridique, économique, social, culturel ou environnemental (Chapitre 1). L'interprétation s'intègre ensuite dans une perspective temporelle, en aspirant à maintenir la pertinence d'instruments face à une organisation et à des formes de travail en perpétuelle évolution (Chapitre 2).

---

[4] LOCHAK (D.), *Le droit et les paradoxes de l'universalité*, op. cit., p. 59
[5] Ibid.
[6] Ibid., p. 60
[7] DELMAS-MARY (M.), *Le relatif et l'universel*, op. cit., p. 403
[8] Ibid., p. 406

Chapitre préliminaire
L'œuvre créatrice des interprètes

Il a été reproché aux organes de suivi de l'application des instruments de l'OIT (et particulièrement à la Commission d'experts) de s'émanciper du rôle qui leur était initialement dévolu en s'érigeant au rang de créateurs de *« nouvelles obligations »*[1]. A cet égard, la Convention de Vienne sur le droit des traités[2], avec les méthodes d'interprétation qu'elle préconise, a parfois été présentée comme un garde-fou[3] face aux dérives interprétatives des organes de l'OIT, alors qu'un lien est parfois établi entre les méthodes employées par ces derniers et la (non-) ratification de Conventions par les Etats[4].

Adoptée en 1969, la Convention de Vienne sur le droit des traités constitue l'outil de référence en matière d'interprétation des textes internationaux. Mettant en œuvre des instruments de droit international, les organes de l'OIT appuient leurs travaux sur les techniques qu'elle propose. Leur pratique traduit le potentiel d'application large de la Convention de Vienne en même temps que ses limites.

Dans ce cadre, se pose la question de savoir en quoi le recours à la Convention de Vienne peut réellement permettre de résoudre la question de l'interprétation des instruments de l'OIT. En d'autres termes, il convient de se demander si les méthodes utilisées par les organes internationaux déterminent le résultat du processus interprétatif.

Même si la Convention de Vienne est souvent invoquée par les partisans d'une approche stricte des Conventions de l'OIT, elle propose en réalité un cadre très large pour procéder aux interprétations des traités internationaux. Ainsi, les organes de l'OIT disposent de directives très libérales, qui leur permettent de faire preuve d'une certaine créativité dans les méthodes d'interprétation, communes[5], qu'ils mettent en œuvre.

---

[1] WISSKIRCHEN (A.), HESS (C.), *Manuel à l'usage des employeurs sur les activités normatives de l'OIT*, op. cit., p 45

[2] Convention de Vienne sur le droit des traités, Conclue à Vienne le 23 mai 1969 ; ci-après « la Convention de Vienne »

[3] En tant que moyen d'anticipation du sens prêté à un texte dans un contexte donné. Cf. infra. Section 2

[4] Voir, par exemple, la déclaration d'un délégué employeur lors de la Conférence dans CIT, 88ème session, juin 2000, p. 15/11

[5] Ce qui explique l'unité du corpus qu'elles ont dégagé jusqu'à présent Cf. supra Titre 1, Chapitre 2

Le caractère insuffisant de la Convention de Vienne sur le droit des traités (lorsqu'il s'agit de résoudre la question de l'interprétation des instruments de l'OIT) apparaît ainsi d'abord à travers l'imprécision des solutions qu'elle propose (Section 1). L'étude de la façon dont les méthodes d'interprétation sont mises en œuvre au sein de l'OIT accrédite, en outre, l'approche réaliste de l'interprétation[6], selon laquelle le recours à des méthodes ne permet pas de régler la question de l'interprétation, dès lors que celles-ci ne sont utilisées que pour justifier le sens donné aux textes appliqués (Section 2).

Section 1 L'insuffisance de la Convention de Vienne sur le droit des traités dans le choix d'une méthode d'interprétation

Bien qu'elle n'ait vocation à s'appliquer qu'aux Etats qui l'ont ratifiée[7], la Convention de Vienne est présentée comme un *« véritable code du droit des traités [qui] (...) systématise des règles coutumières préexistantes, qui sont, comme telles, dotées de valeur obligatoire au-delà du cercle des Etats parties à cette convention »*[8].

Il est reconnu que la Convention de Vienne guide les interprétations élaborées au sein de l'OIT. Cela étant, les règles précisées par son auteur, la Commission de Droit international (C.D.I.), n'apportent pas de solution absolue et définitive en la matière.

Sous-section 1 : L'applicabilité de la Convention de Vienne aux instruments de l'OIT

Comme le reconnaissent les organes de l'OIT (et notamment la Commission d'experts[9]), les Conventions internationales du travail entrent dans le champ d'application de la Convention de Vienne, laquelle entend de façon étendue la notion de traité[10].

---

[6] Défendue notamment par le Professeur Michel TROPER. TROPER (M.), « Une théorie réaliste de l'interprétation » in JOUANJAN (O.) (dir.), *Théories réalistes du droit*, Presses universitaires de Strasbourg, 2000, p. 51. Cf. infra. Section 2

[7] Au nombre de 116 au mois de mai 2020

[8] DUPUIS (P-M.), KERBRAT (Y.), *Droit international public*, Dalloz, 14ème éd., 2018, p. 304

[9] TREBILCOCK (A.), « The International Labour Organization », op. cit., pp. 873-875

[10] L'article 2 de la Convention de Vienne définit la notion de traité comme *« un accord international conclu par écrit entre Etats et régi par le droit international, qu'il soit consigné dans un instrument unique ou dans deux ou plusieurs instruments connexes, et quelle que soit sa dénomination particulière »*

Dans son étude d'ensemble de 1990 qui porte sur les normes du travail dans les navires marchands, la Commission d'experts s'est référée à l'article 31 de la Convention de Vienne pour justifier son approche de la Convention n° 147 sur la marine marchande[11]. Plus généralement, lors de la Conférence internationale du travail de 2000, une représentante du Conseiller juridique[12] s'est prononcée sur les méthodes d'interprétation mises en œuvre au sein de l'OIT. Elle a déclaré que la Convention de Vienne de 1969 s'appliquait aux Conventions conclues au sein de l'OIT (ainsi qu'à sa Constitution), en vertu de son article 5[13].

Par ailleurs, en 2010, la Commission d'experts a précisé le rapport qu'elle entretenait avec le texte de 1969 : *« la Commission s'est toujours dûment attachée au sens des mots, dans leur contexte à la lumière de son but et de son objet, comme prévu à l'article 31 de la Convention de Vienne sur le droit des traités, en prenant en considération de manière égale les deux versions faisant foi des conventions de l'OIT – la version anglaise et la version française (article 33 de la Convention de Vienne). De plus, conformément aux articles 5 et 32 de la Convention de Vienne, la commission tient compte de la pratique de l'organisation consistant à examiner les travaux préparatoires ayant conduit à l'adoption de la convention. Cet aspect revêt une importance particulière pour les conventions de l'OIT, eu égard à la nature tripartite de l'organisation et au rôle que les trois mandants jouent dans l'action normative »*[14].

Au-delà de l'affirmation claire du principe de l'application de la Convention de Vienne aux Conventions de l'OIT, la question se pose de savoir si des instruments autres que les Conventions (Recommandations, Déclarations…) peuvent être qualifiés de traités au sens de la Convention de Vienne. Suivant la jurisprudence de la CIJ[15], il convient d'examiner les termes employés et

[11] Etude d'ensemble des rapports concernant la convention (n° 147) sur la marine marchande (normes minima) et la recommandation (n° 155) sur la marine marchande (amélioration des normes), 1976, para. 244, p. 143 citée par HESS (C.), WISSKIRCHEN (A.), *Manuel à l'usage des employeurs sur les activités normatives de l'OIT*, op. cit., p. 43

[12] CIT, 88ème session, juin 2000, p. 5/3, para. 11

[13] *« La présente Convention s'applique à tout traité qui est l'acte constitutif d'une organisation internationale et à tout traité adopté au sein d'une organisation internationale, sous réserve de toute règle pertinente de l'organisation »*

[14] Observation Générale (CEACR) - adoptée 2010, publiée 100ème session CIT (2011), Convention n° 169 relative aux peuples indigènes et tribaux

[15] Selon la Cour de La Haye, la question de savoir si un texte *« constitue ou non un accord dépend essentiellement de la nature de l'acte ou de la transaction dont il fait état »*. Cette nature est déterminée en tenant *« compte avant tout des termes employés et des circonstances dans lesquelles le communiqué a été adopté »* (*Affaire*

les circonstances d'adoption de ces textes pour s'assurer de leur qualité d'accord. Par exemple, au vu de son assise institutionnelle, des principes qu'elle énonce et des obligations qu'elle impose (rapports périodiques...), il semble pertinent de considérer que la Déclaration de 1998 sur les principes et droits fondamentaux au travail constitue un accord entrant dans le champ d'application de la Convention de Vienne.

Au sein de l'OIT, la Convention de Vienne peut donc s'appliquer de manière générale. Cela étant, elle ne fournit pas de solution permet de régler de façon certaine et prévisible la question de l'interprétation des textes.

Sous-section 2 : L'imprécision des méthodes d'interprétation prévues par la Convention de Vienne

Historiquement, la prise en compte de la question de l'interprétation dans la Convention de Vienne ne s'est pas faite sans opposition, une forte hostilité doctrinale s'étant très rapidement formée. Pour cette raison, en 1964, Sir Humphrey WALDOCK, rapporteur de la C.D.I., avait exprimé l'alternative devant laquelle se trouvait la Commission : ne pas traiter de la question dans la future Convention ou l'aborder sous l'angle des règles paraissant *« constituer la base strictement juridique de l'interprétation des traités »*[16]. La seconde option finalement choisie, il insista sur la nécessité de tracer un cadre *« large, souple et général »*[17].

Les méthodes d'interprétation ne font que déplacer le problème de l'interprétation du texte appliqué vers leur compréhension et leur nécessaire clarification[18]. Ainsi, en dépit de leur apparente précision, les méthodes prônées par la Convention de Vienne sont ambigües : leur formulation accorde une marge d'appréciation considérable aux interprètes et il peut sembler difficile de tracer leurs frontières respectives.

§1. La variété et l'ambiguïté des méthodes

Les articles 31 et 32 de la Convention de Vienne prévoient deux séries de règles d'interprétation, hiérarchisées en apparence, en fonction du degré de

---

du Plateau continental de la Mer Egée, Recueil CIJ, 1978, pp. 38 et 95 citée par DUPUIS (P-M.), KERBRAT (Y.), *Droit international public*, op. cit., p. 311)

[16] En déterminant le sens généralement prêté aux termes du traité, à l'aide de dictionnaires usuels ou juridiques. 3ème rapport, Annuaire C.D.I., 1964 II, p. 55 cité par SUR (S.), *L'interprétation en droit international public*, op. cit., p. 268

[17] SUR (S.), *L'interprétation en droit international public*, op. cit., p. 268

[18] SIMON (D.), *Interprétation judiciaire des traités d'organisations internationales*, op. cit., p. 129

clarté du traité examiné. Leur contenu et l'imprécision de leur formulation les empêchent de prêter une signification univoque à une disposition.

L'article 31 de la Convention de Vienne invite d'abord l'interprète à rechercher le *« sens ordinaire »* d'un texte mais il se trouve contrarié par l'article 31§4 de la Convention. Celui-ci admet la prise en compte du *« sens particulier »* d'un terme si les parties en ont décidé ainsi, ouvrant la voie à la mise en œuvre de méthodes subjectives d'interprétation[19]. Cette disposition a été présentée comme une sorte de *« cheval de Troie »*[20], qui permet d'envisager systématiquement la recherche de l'intention des parties lors de l'interprétation d'un traité.

De la même manière, la possibilité d'une interprétation téléologique introduite par l'article 31 qui précise que le contexte d'un traité doit être envisagé *« à la lumière de son objet et de son but »*[21] n'est pas sans poser de difficulté. Cette méthode apparaît en effet aléatoire[22] dans ses résultats, puisqu'elle peut à la fois se traduire par la recherche du but poursuivi par les auteurs du texte ou bien par celui-ci des textes en eux-mêmes[23].

L'introduction d'une possibilité d'interprétation évolutive des traités, à travers la prise en compte de la *« pratique ultérieurement suivie dans l'application du traité »* et de toute règle pertinente de droit international applicable dans les relations entre les parties, offre une marge d'appréciation supplémentaire aux interprètes. Selon la doctrine, la pratique subséquente des parties doit traduire un accord entre elles, s'agissant du comportement à adopter : ces dernières doivent avoir approuvé le comportement et aucune d'entre elles ne doit avoir formulé d'objection[24]. Il apparaît cependant difficile pour le juge international de se tenir à une exigence d'unanimité des

---

[19] KOLB (R.), *Interprétation et création du droit international, Esquisse d'une herméneutique juridique moderne pour le droit international public*, op. cit., p. 437
[20] Ibid.
[21] Même s'ils sont souvent employés conjointement, voire parfois indistinctement, les deux termes ne sont pas synonymes : le premier peut être assimilé à la matière visée par le traité ; le second désigne quant à lui la ou les finalités qu'il poursuit. KOLB (R.), *Interprétation et création du droit international, Esquisse d'une herméneutique juridique moderne pour le droit international public*, op cit., pp. 532-533
[22] SIMON (D.), *Interprétation judiciaire des traités d'organisations internationales*, op. cit., p. 132
[23] PARROT (K.), *L'interprétation des conventions de droit international privé*, op. cit., p. 121
[24] VILLIGER (M.), *Commentary on the 1969 Convention on the law of treaty*, op. cit., p. 431

Etats, dès lors que la pratique de la majorité d'entre eux traduit une évolution de conception d'un droit donné[25].

L'étude du contexte d'un traité peut encore imposer une prise en compte de son environnement normatif, en procédant à une interprétation systémique. A nouveau, cette disposition suscite autant de difficulté d'interprétation qu'elle ne vise à en résoudre : le juge peut, par exemple, être confronté à l'application de textes contradictoires au sein d'un même système normatif[26].

Cette diversité des méthodes qui peuvent être mises en œuvre est d'autant plus étendue que les interprètes peuvent mobiliser des moyens complémentaires d'interprétation, si ceux prévus par son article 31 sont insuffisants pour attribuer une signification univoque à un texte. Les deux moyens complémentaires indiqués par l'article 32 ouvrent des marges d'appréciation considérables aux interprètes puisqu'ils sont proposés de manière non limitative. Ainsi, peuvent *notamment* être utilisés, les travaux préparatoires[27] et les circonstances de conclusion du traité. Il s'agit ici de déterminer le cadre historique ayant amené la conclusion du traité. L'objectif est également de s'interroger quant aux conditions individuelles des parties, notamment idéologiques, politiques ou économiques, qui auraient été en

---

[25] C'est cette marge de manœuvre considérable que traduit la Cour européenne des Droits de l'Homme, dans son arrêt *Tyrer*, lorsqu'elle affirme *« que la Convention est un instrument vivant à interpréter [...] à la lumière des conditions de vie actuelles [...] la Cour ne peut pas ne pas être influencée par l'évolution et les normes communément acceptées de la politique pénale des États membres du Conseil de l'Europe dans ce domaine »*. Cour EDH, 25 avril 1978, *Tyrer c. Royaume-Uni*, n° 5856/72, para. 31 cité par DISTEFANO (G.), « L'interprétation évolutive de la norme internationale », RGDIP, Tome 115, n° 2, 2011, pp. 380-381

[26] Sur ce point, la Cour européenne des Droits de l'Homme a tenté de régler les problèmes posés : *« quand plusieurs instruments apparemment contradictoires sont simultanément applicables, la jurisprudence et la doctrine internationales s'efforcent de les interpréter de manière à coordonner leurs effets, tout en évitant de les opposer entre eux. Il en découle que deux engagements divergents doivent être autant que possible harmonisés de manière à leur conférer des effets en tous points conformes au droit en vigueur »*. Cour EDH (Grande chambre), 12 septembre 2012, *Nada contre Suisse*, n° 10593/08, pt. 170. FLEURIOT (C.), « Terrorisme : rapports entre Convention européenne et résolutions du Conseil de sécurité », Dalloz Actualité, 31 octobre 2012

[27] Qui peuvent être de nature très variée : *« la correspondance échangée, notes, lettres, mémorandums, comptes rendus des séances »*. Il est toutefois nécessaire que ceux-ci aient été produits lors de la phase antérieure ou concomitante à la signature du traité. Les travaux intervenus entre la signature et la ratification ne sauraient ainsi être qualifiés de travaux préparatoires. YASSEN (M. K.), « L'interprétation des traités d'après la Convention de Vienne sur le droit des traités », op. cit., p. 83

mesure d'influer sur leur attitude[28]. Cette méthode d'interprétation subjective laisse alors finalement un vaste champ d'investigation à son auteur, tant au plan intellectuel que matériel.

Ainsi, les dispositions de la Convention de Vienne, dont les organes de l'OIT font application[29], fournissent de multiples lignes de conduite aux interprètes des traités, sans leur permettre de prêter une signification univoque à un texte. De surcroît, ces derniers sont d'autant plus libres qu'ils peuvent aisément s'affranchir des frontières entre les différentes méthodes et donner plus ou moins de poids à l'une d'elles.

§2. La porosité entre les différentes méthodes

Les articles 31 à 33 de la Convention de Vienne proposent différents moyens d'interprétation, certains étant relégués au rang de *« complémentaires »*[30]. Cette hiérarchie peut toutefois aisément être remise en cause[31].

Dans sa thèse, le Professeur Serge SUR rapporte le débat entre certains membres de la C.D.I. au moment de l'élaboration de la Convention de Vienne. Herbert W. BRIGGS opposait à la hiérarchisation entre les articles 31 et 32 une fusion, du fait de la fréquence du recours aux travaux préparatoires. Sir Humphrey WALDOCK était lui favorable à une distinction entre deux articles mais soulignait leur égale valeur juridique, les moyens complémentaires permettant de confirmer le résultat de la mise en œuvre du premier article. Quant à Roberto AGO, il distinguait deux phases distinctes de l'interprétation, la seconde ne devant être mise en œuvre que dans l'éventualité où la première laisse un doute s'agissant de la signification d'une disposition[32]. Cette controverse ne paraît finalement qu'annonciatrice de la fragilité de la distinction entre les articles 31 et 32 de la Convention de Vienne.

Certes, en principe, il ne peut être recouru aux moyens complémentaires que de façon subsidiaire. Toutefois, pour se borner à l'interprétation résultant de

---

[28] Ibid., p. 90

[29] Cf. infra. Chapitres 1 et 2

[30] Cf. supra. §1

[31] La neutralisation mutuelle entre méthodes est envisageable en ce qu'il possible *« de dégager des sens opposés par "application" de méthodes concurrentes : cet effet vient de ce qu'elles ne sont pas hiérarchisées et de leur toujours possible combinaison. Loin de canaliser l'attribution de sens, la palette des méthodes manifeste son irréductible liberté »*. ALLAND (D.), *L'interprétation du droit international public*, RCADI, vol. 362, 2013, pp. 160-161

[32] SUR (S.), *L'interprétation en droit international public*, op. cit., pp. 275-278

l'utilisation de l'article 31, il ne suffit pas d'obtenir une interprétation d'apparence claire. Il faut encore que celle-ci le soit réellement et puisse être mise en œuvre[33].

En pratique, un agent dispose toujours de la faculté de poursuivre son travail d'interprétation, en faisant valoir que la lecture d'un texte et l'étude de son contexte produisent un résultat ambigu pour décider de se référer aux travaux préparatoires ou aux circonstances d'élaboration du traité[34]. C'est ainsi qu'eu égard à leur pratique, des juridictions, comme la Cour européenne des droits de l'Homme ou la Cour de justice de l'Union européenne, sont souvent qualifiées d'objectivistes en ce qu'elles tendent à se détacher des intentions des rédacteurs des textes. A l'opposé, d'autres juridictions, comme la CIJ, se distinguent par la place qu'elles accordent à la volonté des auteurs des traités[35].

D'une manière générale, si la flexibilité des notions contenues dans la Convention de Vienne ne permet pas au juge de s'exonérer des méthodes qu'elle prescrit, elle lui permet d'exercer son pouvoir créatif[36]. Plus généralement, l'on retrouve l'idée selon laquelle l'interprète *« n'est jamais handicapé par l'absence de règles [d'interprétation] adéquates, il serait plutôt paralysé par la pléthore de propositions pertinentes mais antinomiques »*[37].

---

[33] Selon Charles de VISSCHER, *« un langage clair n'est pas toujours garant de la clarté des idées »*. DE VISSCHER (C.), *Problèmes d'interprétation judiciaire en droit international public*, Editions A. Pedone, Paris, 1963, p. 56 cité par YASSEEN (M. K.), « L'interprétation des traités d'après la Convention de Vienne sur le droit des traités », op. cit., p. 81

[34] Le Professeur Denis ALLAND remarque que *« le recours aux travaux préparatoires ne devrait être qu'exceptionnel puisque ne pouvant intervenir que pour confirmer un sens découvert par la règle de l'article 31 ou si, après "application" du sens ordinaire, du contexte et de l'objet et du but du traité, on arrive malgré tout à un résultat ambigu, obscur, manifestement absurde ou déraisonnable. Or la pratique du recours aux travaux préparatoires ne correspond pas à cette présentation, et il semble qu'ils soient rares les différends internationaux ayant fait l'économie d'une plongée dans les travaux »*. ALLAND (D.), *L'interprétation du droit international public*, op. cit., pp. 162-163. Dans le même sens, voir PARROT (K.), *L'interprétation des conventions de droit international privé*, Dalloz, 2006, p. 122

[35] CORTEN (O.). « Les techniques reproduites aux articles 31 à 33 de la Convention de Vienne : approche objectiviste ou approche volontariste de l'interprétation ? », op. cit., pp. 359-361

[36] TULKENS (F.), « Les techniques interprétatives des organes de protection des droits de l'Homme », op. cit., p. 534

[37] SIMON (D.), *Interprétation judiciaire des traités d'organisations internationales*, op. cit., p. 132

En définitive, comme le relève le Professeur Suzanne BASTID, deux tendances se dégagent de la Convention de Vienne. La première, restrictive, ressort de l'intention des parties et de l'interprétation textuelle. La seconde, extensive, admet qu'une interprétation s'appuie sur une méthode téléologique voire un raisonnement déductif. La prise en compte de l'évolution de la pratique ne fait qu'élargir le champ de réflexion potentiel[38]. Ainsi, une étude de la Convention de Vienne et de l'usage dont elle a parfois fait l'objet révèle finalement ses limites en tant qu'outil d'interprétation. Une observation des décisions élaborées au sein de l'OIT montre même que l'on y retrouve souvent les principes issus de Convention de Vienne[39], sans pour autant que cette pratique ne permette de clore les débats et controverses, les interprètes exploitant largement les libertés dont ils disposent[40]. Il apparaît que les méthodes qu'elle promeut ne servent qu'à justifier le sens attribué aux instruments de l'OIT.

Section 2 Le recours aux méthodes d'interprétation comme justification du sens attribué aux instruments de l'OIT

Par son activité foisonnante, l'OIT constitue un terrain propice à une réflexion quant aux débats opposant les partisans de l'école jusnaturaliste à ceux de l'école réaliste[41].

Pour DWORKIN, défenseur du droit naturel, une *« réponse juste »* (*« right answer »*) doit se dégager de l'interprétation. Le rôle du juge, lorsqu'il est saisi d'un litige, est de faire valoir les droits et obligations préexistants des parties[42]. Une loi peut ne pas envisager, dans son énoncé, une situation précise susceptible d'être présentée au juge. Afin de résoudre son cas, ce dernier met en œuvre un raisonnement qui lui permet de découvrir *le* sens de la loi s'agissant d'un cas donné.

A l'inverse, pour les tenants de la conception sceptique ou réaliste de l'interprétation, celle-ci résulte d'une *« fonction de la volonté et non de la connaissance »*[43]. Compte tenu de son indétermination, le langage normatif rend inévitable d'effectuer des choix parmi les différentes significations qui

[38] BASTID (S.), *Les traités dans la vie internationale, Conclusion et effets*, Economica, Paris, 1985, p. 131
[39] Cf. infra. Chapitres 1 et 2
[40] Cf. infra. Chapitre 1
[41] Plusieurs courants structurent ou tentent de transcender ces deux visions
[42] DWORKIN (R.), « Is there really no right answer in hard cases? », *A matter of principle,* Harvard University Press, 1985, pp. 119-145
[43] TROPER (M.), « Une théorie réaliste de l'interprétation », op. cit., p. 52

peuvent s'en dégager[44]. Selon le Professeur Michel TROPER, les techniques d'interprétation sont utilisées par les acteurs juridiques afin de justifier leurs décisions et le sens qu'ils attribuent à un énoncé. Il n'existe ni sens véritable, ni interprétation juste. Alors que l'on peut parvenir à différents résultats avec une méthode donnée, il n'existe pas de critère objectif[45] permettant de choisir les moyens à mettre en œuvre[46].

L'observation des travaux des organes de supervision de l'OIT laisse apparaître une certaine audace de ces derniers, lesquels semblent libres de choisir les méthodes d'interprétation qu'ils appliquent. Ils semblent uniquement attachés au produit de leur interprétation, qu'il s'agit uniquement de pouvoir justifier en le rattachant à une méthode. Une telle pratique s'inscrit dans le cadre de l'approche réaliste de l'interprétation.

Les débats récurrents à propos de la jurisprudence[47] relative au droit de grève sont très éclairants quant à la pratique interprétative des organes de l'OIT. En effet, les critiques récemment formulées contre ces derniers et les réponses qui y ont été apportées dévoilent le cadre parfois opaque de l'élaboration des interprétations. Contrainte de justifier le sens attribué à la Convention n° 87 concernant le droit de grève, la Commission d'experts a consacré une conception réaliste de l'interprétation, par laquelle les méthodes d'interprétation permettent justifier, et non de trouver, la signification attribuée à un texte.

Sous-section 1 : Le recours aux méthodes d'interprétation pour justifier des solutions

Compte tenu de l'omniprésence des débats dans l'enceinte tripartite qu'est l'OIT, les interprètes se doivent de justifier solidement leurs positions, sous peine de voir la légitimité de leurs travaux remise en cause. Cet impératif a atteint son paroxysme avec la radicalisation des critiques formulées à propos de la jurisprudence de l'OIT sur le droit de grève.

Enclenchée très rapidement après l'adoption de la Convention n° 87 sur la liberté syndicale, l'élaboration de la jurisprudence sur le droit de grève est d'abord apparue difficile à analyser sous un angle méthodologique. La multiplication des critiques formulées à son encontre s'est révélée utile en ce

---

[44] BRUNET (P.), « Aspects théoriques et pratiques de l'interprétation normative », op. cit., p. 314

[45] Ce qui ne signifie pas pour autant que l'interprète agit de manière arbitraire. Sur les contraintes guidant les interprétations, cf. infra. Chapitre 2

[46] TROPER (M.), *Le droit et la nécessité*, PUF, « Léviathan », 2001, p. 164

[47] En entendant largement le mot « jurisprudence ». Cf. supra. Titre 1, Chapitre 2

qu'elle a été l'occasion de voir apparaître des justifications, de plus en plus affinées, quant à son contenu.

§1. L'émergence de la jurisprudence relative au droit de grève et sa nécessaire justification

Les délégués des employeurs, pour l'essentiel, se sont progressivement posés en farouches opposants à la jurisprudence relative au droit de grève[48]. La Commission d'experts a alors été contrainte d'apporter une première justification de cette jurisprudence.

Sur le fondement de la Convention n° 87 concernant la liberté syndicale et la protection du droit syndical, le Comité de la liberté syndicale, dès 1952[49], puis la Commission d'experts, à partir de 1959[50], ont consacré le droit de grève des travailleurs[51]. Pour ce faire, ils se sont fondés sur l'article 3 de la Convention, lequel garantit le droit des organisations de travailleurs d'organiser leurs activités et de formuler leur programme d'action, ainsi que sur les dispositions de l'article 8 portant sur le respect de la Convention par les législations nationales et sur l'article 10 qui fixe comme objectif de ces organisations de promouvoir et de défendre les intérêts des travailleurs.

Les décisions rendues par les organes de l'OIT ne laissent pas paraître de manière évidente le raisonnement suivi par leurs auteurs. Bien que lapidaire, l'analyse proposée par la Commission d'experts en 1959[52] fournit quelques

---

[48] Pour un argumentaire étayé de représentants des employeurs sur le sujet, voir HESS (C.), WISSKIRCHEN (A.), *Manuel à l'usage des employeurs sur les activités normatives de l'OIT*, op. cit., pp. 44-45

[49] Comité de la liberté syndicale : Deuxième rapport (1952), cas n° 28 (Jamaïque), Sixième rapport de l'Organisation internationale du Travail aux Nations Unies (Genève), para. 68, p. 229

[50] Rapport de la Commission d'experts, Conférence internationale du travail, 43ème session, Genève, 1959, para. 68, p. 124

[51] Selon le Professeur Janine BELLACE, le développement rapide de cette jurisprudence contredit l'idée selon laquelle les employeurs se seraient opposés à la reconnaissance internationale du droit de grève. Elle précise également que les travaux préparatoires des Conventions n° 87 et 98, de même que les minutes des Conférences de 1947 et 1948, ne montrent pas, contrairement à l'argumentation soutenue par la délégation des employeurs en 2012, que ces derniers se seraient opposés à cette consécration. BELLACE (J.), « Pushback on the right to strike: resisting the thickening of soft law », op. cit., pp. 183-184

[52] Les experts ont souligné qu'une interdiction du droit de grève risquait de constituer *« une limitation importante des possibilités d'action des organisations syndicales »*. La Commission a invoqué l'article 8§2 de la Convention portant sur la garantie des droits des organisations professionnelles, tout en insistant par ailleurs

éléments sur ce point, montrant la voie téléologique empruntée, en l'absence de référence à des travaux, actes ou faits particuliers. Les interprètes paraissent ainsi avoir recherché une application aussi large que possible de la Convention, afin de garantir l'objectif de la Convention qui consiste à protéger de la liberté syndicale et son but, qui réside dans l'octroi de droits aux organisations professionnelles.

Quelques décennies plus tard, en 1994, dans le cadre de son étude d'ensemble consacrée à la liberté d'association, la Commission d'experts a clairement établi un lien entre la reconnaissance du droit de grève sur le fondement de la Convention n° 87 et le contenu de ses travaux préparatoires[53]. Selon elle, le droit de grève semble *« avoir été tenu pour acquis dans le rapport préparé en vue de la première discussion »* de celle-ci[54].

Le caractère succinct des justifications longtemps avancées par les organes de l'OIT a probablement contribué à ouvrir la voie aux critiques. En 1998, lors de l'examen du rapport de la Commission d'experts préparé à l'occasion du cinquantième anniversaire de la Convention n° 87, les délégués employeurs ont regretté que la Commission d'experts se soit référée au droit de grève tout en notant qu'elle avait procédé *« dans des termes plus nuancés*

---

sur la liberté d'action conférée aux syndicats : *« "la législation nationale ne devra porter atteinte ni être appliquée de manière à porter atteinte aux garanties prévues par la... convention" et notamment à la liberté d'action des organisations syndicales pour défendre leurs intérêts professionnels »*. Rapport de la Commission d'experts, Conférence internationale du travail, 43ème session, Genève, 1959, para. 68, p. 124

[53] Les arguments avancés par la Commission d'experts correspondent à une conception classique de la Convention de Vienne, son article 32 invitant les interprètes à fonder sur les documents préparatoires d'un texte pour en lever les ambigüités. Cf. supra Sous-section 1

[54] CIT, 81ème session, 1994, Etude d'ensemble des rapports sur la convention (n° 87) sur la liberté syndicale et la protection du droit syndical, 1948, et la convention (n° 98) sur le droit d'organisation et de négociation collective, 1949, para. 142, pp. 64-65. Plus précisément, tout en soulignant qu'au moment de l'adoption de la Convention n° 87, aucun amendement consacrant le droit de grève n'avait été adopté ou présenté, la Commission d'experts a rappelé que le droit de grève avait été mentionné à plusieurs reprises dans le rapport présenté en vue de la première discussion. D'autre part, elle a mis en avant le fait que celui-ci était mentionné dans les conclusions et recommandations de ce rapport, concernant le cas des fonctionnaires et de la négociation volontaire. CIT, 30ème session, 1947, Rapport VII, Liberté d'association et relations industrielles, pp. 30, 31, 34, 46, 52, 73, 74 in Etude d'ensemble des rapports sur la convention (n° 87) sur la liberté syndicale et la protection du droit syndical, 1948, et la convention (n° 98) sur le droit d'organisation et de négociation collective, 1949, Conférence internationale du Travail, 81ème session, 1994, para. 142, p. 65

que par le passé »[55]. Par ailleurs, lors des débats engagés dans le cadre de la Commission d'application des normes de la Conférence, les délégués employeurs ont remis en cause la validité des arguments soulevés par la Commission. Ces derniers ont en effet cité les positions exprimées par différents délégués de la Conférence en 1948 et ultérieurement, par lesquelles ils soutenaient notamment le caractère général de la Convention n° 87 et excluaient l'appui du droit de grève par les instruments de l'OIT[56].

Sans doute cette remise en cause du raisonnement présenté par la Commission d'experts en 1994 explique-t-elle pourquoi la Commission d'experts a choisi, en 2012, de fonder la défense du droit de grève au sein de l'OIT sur d'autres motifs, de façon précise.

§2. La justification circonstanciée de la jurisprudence relative au droit de grève

Les délégués employeurs ont souvent insisté sur la nécessité pour les organes de contrôle de l'OIT de respecter strictement les prescriptions de la Convention de Vienne sur le droit des traités[57]. En réponse, la Commission d'experts n'a eu d'autre choix que de justifier de façon circonstanciée les fondements de la jurisprudence de l'OIT sur le droit de grève en 2012. Ses répliques se rapprochent des prescriptions de la Convention, sans pour autant entrer rigoureusement dans son cadre.

Face à l'argument tiré de l'absence de référence explicite au droit de grève dans la Convention n° 87, la Commission d'experts s'est clairement prononcée en faveur d'une interprétation téléologique de celle-ci, avançant que *« les termes de la convention d[evai]ent être interprétés à la lumière de son objet et de son but »*[58]. Poursuivant, elle s'est livrée à une lecture de la

---

[55] CIT, Compte-rendu des travaux, 86ème session, Genève, 1998, para. 75, p. 18/24

[56] CIT, Compte-rendu des travaux, 81ème session, Genève, 1994, paras. 118 et 129, pp. 25/36 - 25/37 et 25/40 – 25/41

[57] Par exemple, lors de la session de 2010 de la Conférence internationale du travail, ils ont fait valoir que *« ni les travaux préparatoires de la convention n° 87 ni une interprétation fondée sur la Convention de Vienne sur le droit des traités ne permettent de dégager, à partir de la convention, des principes régissant de manière détaillée le droit de grève »*. Commission de l'application des normes, Extraits du Compte rendu des travaux, CIT, 99ème session, Genève, juin 2010, Partie I, Rapport général, para. 57 cité dans Etude d'ensemble sur les conventions fondamentales concernant les droits au travail à la lumière de la Déclaration de l'OIT sur la justice sociale pour une mondialisation équitable, op. cit., p. 47

[58] Commission de l'application des normes, Extraits du Compte rendu des travaux, CIT, 99ème session, Genève, juin 2010, Partie I, Rapport général, para. 57 cité dans Etude d'ensemble sur les conventions fondamentales concernant les droits au travail

Convention de Vienne et a précisé que les travaux préparatoires constituaient un moyen d'interprétation, pouvant être écarté au profit d'autres règles d'interprétation, en particulier lorsque la pratique ultérieurement suivie peut être prise en considération[59].

Le recours au droit international[60] (et aux travaux du Conseil de l'Europe[61]), au même titre que la référence à de nombreuses législations et constitutions nationales, a permis à la Commission de dégager un principe de reconnaissance du droit de grève à l'échelle internationale.

En outre, la Commission a souligné l'attention portée par les mandants à ses travaux. D'une part, *« il arrive (...) que les organisations d'employeurs fassent appel aux principes développés par les organes de contrôle au sujet de la grève ou de questions connexes très concrètes »*[62]. D'autre part, les gouvernements visés par les commentaires portant sur cette question adoptent généralement des mesures pour y donner suite[63].

Ces derniers arguments paraissent quelque peu en décalage par rapport aux exigences de la Convention de Vienne. Si la prise en compte du comportement des gouvernements peut être rapprochée de la référence à la

---

à la lumière de la Déclaration de l'OIT sur la justice sociale pour une mondialisation équitable, op. cit., para. 118, p. 49

[59] Ibid., para. 118, p. 49

[60] *« L'affirmation du droit de grève par les organes de contrôle s'inscrit dans le cadre plus large de la reconnaissance de ce droit au niveau international, en particulier par le Pacte international relatif aux droits économiques, sociaux et culturels des Nations Unies (article 8, paragraphe 1(d)) 261, lequel a été ratifié, à ce jour, par 160 pays, dont la plupart sont Membres de l'OIT, ainsi que par certains instruments régionaux... »*. Etude d'ensemble sur les conventions fondamentales concernant les droits au travail à la lumière de la Déclaration de l'OIT sur la justice sociale pour une mondialisation équitable, op. cit., para. 120, p. 50

[61] Etude d'ensemble sur les conventions fondamentales concernant les droits au travail à la lumière de la Déclaration de l'OIT sur la justice sociale pour une mondialisation équitable, op. cit., para. 120, p. 50

[62] *« En particulier en ce qui concerne la liberté de travail des non-grévistes, le non-paiement des jours de grève, l'accès de la direction aux installations de l'entreprise en cas de grève, l'imposition de l'arbitrage obligatoire par décision unilatérale des organisations syndicales ou les actions de protestation des employeurs contre les politiques économiques et sociales »*. Etude d'ensemble sur les conventions fondamentales concernant les droits au travail à la lumière de la Déclaration de l'OIT sur la justice sociale pour une mondialisation équitable, op. cit., para. 119, p. 50

[63] Etude d'ensemble sur les conventions fondamentales concernant les droits au travail à la lumière de la Déclaration de l'OIT sur la justice sociale pour une mondialisation équitable, op. cit., para. 122, p. 50

pratique subséquente des Etats, il faut noter que la Commission d'experts se dispense de s'interroger sur la question de savoir si tous les Etats parties à la Convention n° 87 se sont engagés dans une reconnaissance du droit de grève. De même, aussi pertinent soit-il au regard de la convergence des droits nationaux qu'il constate, l'argument tiré de la consécration du droit de grève par les législations et constitutions ne s'embarrasse pas de préciser si ces dernières précédaient ou non la consécration de ce droit par l'OIT à partir de l'apparition de la jurisprudence en 1952. Quant à la justification issue du consentement explicite des organisations d'employeurs, elle sort totalement du cadre de la Convention de Vienne en ce qu'il est propre au tripartisme de l'OIT et paraît davantage relever de considérations politiques que du raisonnement juridique.

Si ces arguments permettent d'asseoir solidement la légitimité du droit de grève (au moins comme coutume internationale[64]) en tant que solution jurisprudentielle largement acceptée pendant de nombreuses décennies par les membres et les mandants de l'OIT, il apparaît que celle-ci n'a pas été dégagée par la mise en œuvre rigoureuse de la Convention de Vienne. L'argumentation de la Commission d'experts a visé à doubler l'assise juridique de son interprétation d'un argumentaire destiné à convaincre au-delà du terrain du droit. D'une manière générale, les justifications successivement apportées à la jurisprudence relative au droit de grève ont avant tout consisté à justifier *a posteriori* une solution établie.

Sous-section 2 : Le recours *a posteriori* aux méthodes d'interprétation pour justifier une jurisprudence établie

Il est intéressant de remarquer le contraste entre, d'une part, le laconisme des motivations développées par les organes de l'OIT au fil du développement de la jurisprudence sur le droit de grève et, d'autre part, la diversité des arguments qui ont été apportés au fil du temps par la Commission d'experts, en particulier en 2012. Les justifications entremêlées par la Commission d'experts paraissent davantage légitimer une politique jurisprudentielle *a posteriori* qu'expliquer les motifs ayant permis son émergence. Ainsi, en justifiant les interprétations données à la Convention n° 87, elle valide une conception réaliste de l'interprétation.

---

[64] La CIJ admet qu'il *« est suffisant, pour déduire l'existence d'une règle coutumière, que les Etats y conforment leur conduite de manière générale »* (CIJ, 27 juin 1986, *Activités militaires et paramilitaires au Nicaragua et contre celui-ci (Nicaragua c. Etats-Unis d'Amérique)*, fond, arrêt. C.I.J. Recueil 1986, p. 14, para. 186), *« une participation très large et représentative »* pouvant suffire *« à condition qu'elle comprenne les Etats intéressés »* (CIJ, 20 février 1969, *Plateau continental de la mer du Nord*, arrêt, C.I.J. Recueil 1969, p. 3, para. 73)

La conception réaliste de l'interprétation décrit les chemins intellectuels mobilisés pour procéder à l'interprétation comme de *« prétendues »* méthodes d'interprétation[65], qui ne s'imposent pas pour déterminer *le* sens naturel d'un texte de droit mais qui permettent simplement de justifier le choix opéré entre différentes significations pouvant se dégager d'un énoncé juridique[66].

Suivant cette perspective, sans que cela n'apparaisse comme une déduction univoque du texte de la Convention n° 87, le Comité de la liberté syndicale comme la Commission d'experts ont élaboré une jurisprudence très dense, essentiellement la base d'éléments factuels. C'est, par exemple, dans ce cadre que la Commission d'experts a admis que ne pouvaient être considérée comme illégitime l'action par laquelle des salariés forment des piquets de grève, en incitant *« fermement, mais pacifiquement, les autres salariés à ne pas rejoindre leur poste de travail »*. A l'opposé, elle a considéré que cette action perdait sa légitimité lorsqu'elle *« s'accompagne de violences ou d'entraves à la liberté du travail par contrainte exercée sur les non-grévistes... »*[67]. De même, le Comité a estimé que le fait de subordonner le déclenchement d'une grève à l'approbation de plus de la moitié des travailleurs concernés constituait une exigence trop élevée, susceptible de limiter le droit de grève, notamment dans les grandes entreprises[68]. Néanmoins, il a admis que la décision de débuter une grève soit subordonnée à vote à bulletin secret et à l'atteinte d'un certain quorum[69].

Finalement, ces décisions montrent que les organes de l'OIT cherchent avant tout à appliquer les normes internationales du travail de manière efficace, sans hésiter à doubler leur quête de justice sociale d'un certain pragmatisme. Cette vision du droit selon laquelle les méthodes ne guident pas l'interprète mais lui permettent de justifier ses choix rejoint une certaine conception réaliste selon laquelle *« les acteurs du droit se comportent librement au sein du système juridique, lorsqu'ils décident d'accomplir des actes juridiques, en particulier lorsqu'ils produisent ou contribuent à produire des normes*

[65] BRUNET (P.), « Aspects théoriques et pratiques de l'interprétation normative », op. cit., p. 314
[66] Ibid., p. 314
[67] Comité de la liberté syndicale, 306ème rapport, Vol. LXXX, 1997, Série B, n° 1, Cas n° 1865, para. 337, pp. 115-116
[68] *Compilation des décisions du Comité de la liberté syndicale*, op. cit., para. 806, p. 151
[69] Ibid., para. 809, p. 152

juridiques »[70], tout en s'orientant *« vers un nombre restreint de solutions »*[71], conditionnées par un certain nombre de *« contraintes »*[72], lesquelles sont en l'occurrence liées à l'idéal poursuivi par l'OIT.

Conclusion du chapitre préliminaire

La question de l'interprétation des instruments de l'OIT ne peut être résolue par la seule application de méthodes. La Convention de Vienne sur le droit des traités et les méthodes qu'elle prévoit ne permettent en effet pas de régler le problème de l'interprétation des textes internationaux. Le cadre qu'elle fixe apparaît en effet insuffisamment précis pour qu'une signification unique puisse être déduite d'un texte.

Surtout, suivant une conception réaliste de l'interprétation, l'étude des travaux des organes de supervision de l'OIT montre que les « méthodes d'interprétation » sont utilisées afin de justifier la signification attribuée aux textes de l'OIT, comme l'illustre l'exemple tiré de la jurisprudence relative au droit de grève.

En reprenant la formule proposée par Professeur Denys SIMON, l'on peut dire que les organes de l'OIT exercent une compétence *« semi-discrétionnaire »* d'interprétation[73]. En effet, même si les interprétations des instruments sont le produit d'un acte de volonté de leurs auteurs, ces derniers sont contraints dans leur raisonnement par une certaine préoccupation pour les intérêts des travailleurs, conformément au mandat poursuivi par l'organisation. Loin de constituer l'expression d'un parti pris idéologique, ces interprétations ne sont en fait que la traduction d'une volonté de mise en œuvre effective des valeurs de justice sociale imprégnant l'OIT.

---

[70] CHAMPEIL-DESPLATS (V.), TROPER (M.), « Propositions pour une théorie des contraintes juridiques » in CHAMPEIL-DESPLATS (V.), TROPER (M.), GRZEGORCZYK (C.) (dir.), *Théorie des contraintes juridiques*, Bruylant – LGDJ, « La pensée juridique moderne », 2005, p. 11

[71] Ibid.

[72] Ibid.

[73] SIMON (D.), *Interprétation judiciaire des traités d'organisations internationales*, op. cit., pp. 143-144. Le Professeur Denys SIMON soutenait que la liberté des interprètes était limitée par le fait qu'ils étaient tenus d'attribuer aux traités une signification conforme à l'intention des parties contractantes quant à l'objet de leur convention.

Chapitre 1
L'interprétation dans l'espace mondial : les normes internationales du travail face à la diversité des situations nationales

Parce qu'ils veillent à l'application des normes internationales du travail, les organes de l'OIT apparaissent comme les gardiens de l'effectivité de la justice sociale en procédant, d'une part, à l'évaluation des pratiques et législations nationales et, d'autre part, à la formulation de règles juridiques, en interprétant le contenu des instruments normatifs.

L'idéal poursuivi au sein de l'OIT se retrouve dans ses textes fondateurs. L'organisation internationale née au lendemain de la Première Guerre mondiale cherche avant tout à rapprocher les peuples en diffusant la justice sociale de manière universelle. Bien plus qu'une déclaration de principe, il s'agit d'une directive qui guide l'ensemble de ses actions et politiques[1]. Dans le même temps, quelle que soit la volonté des acteurs impliqués, cet idéal ne peut prospérer sans un certain réalisme[2] : dans un contexte de contradictions et de confrontations, les organes de l'OIT se doivent de prendre en compte un certain nombre de facteurs, qui limitent leur créativité.

L'effectivité des principes promus par les normes internationales du travail se heurte en effet à la prise en compte des réalités nationales. Le défi de leur application se trouve complexifié par la nécessité de dépasser les spécificités nationales, aux plans juridique, économique, social, culturel ou environnemental. Ce contexte impose alors de se demander en quoi l'interprétation des textes de l'OIT permet de rendre effectifs des droits et principes à vocation universelle, dans des cadres extrêmement diversifiés.

L'orientation générale des interprétations des textes de l'OIT ne signifie pas que leurs auteurs visent systématiquement, par conviction, à prendre fait et cause pour les travailleurs. Bien plus subtils, les schémas de réflexion menés par les interprètes suivent néanmoins une logique assez limpide : il s'agit de chercher à atteindre un objectif de dissémination de la justice sociale poursuivi par l'organisation, tout en prenant en compte un certain nombre de réalités, liées tant aux situations nationales qu'aux organisations de travail.

---

[1] Comme l'a écrit le Professeur Alain SUPIOT, *« la justice sociale est un principe d'action. Sa mise en œuvre dépend donc d'une juste représentation des faits et ne peut se réduire à l'application d'un système de règles prédéfinies »*. SUPIOT (A.), *L'esprit de Philadelphie, La justice sociale face au marché total*, op. cit., p. 122

[2] BONVIN (J-M.), *L'Organisation internationale du travail, Etude sur une agence productrice de normes*, op. cit., p. 318

L'interprétation des instruments de l'OIT s'inscrit donc d'abord dans une perspective universalisante, laquelle consiste à traduire le plus largement les principes fondateurs en des obligations pour les Etats, selon une démarche comparable à celle qui guide d'autres entités supranationales (Section 1). Dans le même temps, eu égard au particularisme des situations nationales, la pratique s'accommode d'un certain relativisme (Section 2).

Section 1 L'approche téléologique favorisée dans une organisation à vocation sociale

L'orientation générale des interprétations des instruments de l'OIT ne résulte pas d'une inclination partisane de leurs auteurs. L'OIT, à travers ses organes et l'ensemble de ses activités, cherche à traduire au plan normatif sa raison d'être : la quête de justice sociale.

L'idée de justice sociale, telle qu'elle résulte notamment de la Déclaration de Philadelphie[3] et a sans cesse été réaffirmée[4], imprègne en effet la démarche générale suivie par les acteurs genevois. Partant du noyau constitué par les textes normatifs interprétés, il s'agit d'atteindre les objectifs fondant l'OIT. Dans cette perspective, les travaux des organes de suivi de l'application des normes internationales se doivent de refléter les idéaux humanistes et sociaux exposés dans la Constitution de l'OIT et les principales Déclarations.

L'objet des normes internationales du travail et l'idéal de justice sociale poursuivi par l'OIT expliquent sans doute la place accordée à l'intention des auteurs et, plus avant, à la finalité poursuivie par la norme. La *« conception*

---

[3] La Déclaration de Philadelphie apparaît comme un texte fondateur, novateur voire *« prophétique »* (SUPIOT (A.), « Justice sociale et libéralisation du commerce international », Droit social, n° 2, février 2009, p. 133), en ce qu'elle définit la justice sociale dans les termes suivants : *« Tous les êtres humains, quels que soit leur race, leur croyance ou leur sexe, ont le droit de poursuivre leur progrès matériel et leur développement spirituel dans la liberté et la dignité, dans la sécurité économique et avec des chances égales »*. Surtout, le texte érige cette idée de justice sociale au rang de *« but central de toute politique nationale et internationale »* (Déclaration de Philadelphie, II), concevant le Droit *« non pas seulement comme un système de règles à ne pas transgresser, mais aussi comme un ensemble de buts à atteindre »* (SUPIOT (A.), *L'esprit de Philadelphie, La justice sociale face au marché total*, op. cit., p. 118)

[4] A travers notamment la Déclaration sur les principes et droits fondamentaux au travail de 1998 ou bien encore la Déclaration sur la justice sociale pour une mondialisation équitable de 2008

téléologique »[5] de la notion de justice sociale, qui figure dans les buts et objectifs de l'OIT[6], justifie la banalisation de cette approche. Finalement, en élaborant des interprétations conformes à l'objectif de leur organisation d'origine, les organes de l'OIT ne font que reproduire une tendance observable dans bon nombre d'entités ou juridictions supranationales chargées de promouvoir des valeurs.

Sous-section 1 : La protection des droits des travailleurs au cœur du raisonnement des interprètes

L'observation d'un nombre significatif de décisions laisse apparaître une tendance marquée : la démarche interprétative empruntée au sein de l'OIT consiste toujours à aborder les sujets sous un angle progressiste, conformément à l'idée de la Déclaration de Philadelphie qui vise à rechercher le *« progrès matériel et du développement spirituel dans la liberté et la dignité, dans la sécurité économique et avec des chances égales »*[7]. L'activité des organes de l'OIT permet de concrétiser cet idéal. Dans ce cadre, les droits et principes fondamentaux au travail bénéficient d'une place particulière dans leur raisonnement.

§1. Le volontarisme des interprètes de l'OIT dans leur approche constructive

Rappelant Charles de VISSCHER selon qui *« réduire l'interprétation au traité, c'est rétrécir son objet et déformer son rôle »*[8] et de manière peu surprenante au regard de la pratique internationale[9], les organes de l'OIT apparaissent assez peu enclins à se laisser enfermer par ce qui constituerait le

---

[5] SUPIOT (A.), *L'esprit de Philadelphie, La justice sociale face au marché total*, op. cit., p. 119

[6] Comme l'indique l'intitulé même de la Déclaration de Philadelphie : *« Déclaration concernant les buts et objectifs de l'Organisation Internationale du Travail »*

[7] Cela ne signifie pas pour autant que les interprètes s'orientent aveuglement et de manière systématique vers la défense des intérêts des travailleurs. Tout en se basant sur la promotion de la justice sociale, ils prennent en compte les limites parfois posées par les textes et savent faire preuve d'un certain pragmatisme. Cf. infra. Section 2

[8] DUPUY (P-M.), KERBRAT (Y.), *Droit international public*, op. cit., p. 359

[9] Le raisonnement mis en œuvre par la Commission d'experts rappelle une décision de la CIJ, qui met exergue l'idée selon laquelle son rôle n'est pas de *« se fonder sur une interprétation purement grammaticale du texte. Elle doit rechercher l'interprétation qui est en harmonie avec la manière naturelle et raisonnable de lire le texte... »*. CIJ, *Affaire de l'Anglo-Iranian Oil Cy.*, Recueil, 1952, p. 104 cité par KOLB (R.), *Interprétation et création du droit international, Esquisse d'une herméneutique juridique moderne pour le droit international public*, op. cit., p. 450

produit d'une interprétation littérale, fondée sur l'analyse grammaticale d'une disposition[10]. Ils font parfois preuve d'une certaine audace dans l'approche téléologique qu'ils favorisent pour déterminer l'objet et le but du texte, sa *ratio legis* ou sa raison d'être. Parce qu'ils cherchent à atteindre les objectifs sociaux poursuivis par leur organisation d'origine, les organes de l'OIT favorisent une approche constructive[11].

Sans dresser une description de l'ensemble des méthodes d'interprétation mises en œuvre[12], une observation de décisions des organes de supervision permet de constater le volontarisme qui ressort de la mise en œuvre d'une approche téléologique[13] . Celle-ci prend en compte les objectifs poursuivis par l'OIT ou, plus spécifiquement, par les auteurs des instruments interprétés.

A/ L'atteinte des objectifs de l'OIT : une approche systémique audacieuse

Les instruments de l'OIT sont souvent compris comme faisant partie d'un corpus, les interprètes se montrant alors particulièrement audacieux quant à la diversité des instruments combinés. Ainsi, de façon parfois assez étonnante au regard des éléments auxquels la Convention de Vienne invite les interprètes à se référer, les organes de l'OIT ont parfois choisi de procéder à l'interprétation d'une disposition conventionnelle en partant du texte d'une Convention pour rejoindre le corpus[14] des instruments de

---

[10] C'est ainsi que la Commission d'experts a souligné que *« l'utilisation d'un vocabulaire sexuellement connoté dans les instruments [relatifs aux travailleurs migrants] (...) montr[ait] bien qu'à l'époque l'immigré type [était] un homme que les stéréotypes présent[ai]ent volontiers comme jeune et ayant des motivations économiques »*. Dépassant l'idée d'une approche grammaticale des textes, les experts ont souligné que l'utilisation du masculin dans le cadre de leurs travaux ne préjugeait pas du sexe du travailleur concerné (sauf indication contraire). Etude d'ensemble des rapports sur la convention (n° 97) et la recommandation (n° 86) sur les travailleurs migrants (révisée), 1949, et sur la convention (n° 143) et la recommandation (n° 151) sur les travailleurs migrants (dispositions complémentaires), 1975, Conférence internationale du Travail, 87ème session 1999, para. 20, p. 11

[11] De ce point de vue, comme l'a théorisé DWORKIN, *« toute interprétation s'efforce de donner le meilleur d'un objet, comme exemple de quelque entreprise en cours, et (...) l'interprétation prend différentes formes dans différents contextes seulement parce que différentes entreprises engagent différents critères de valeur ou de réussite »*. DWORKIN (R.), *L'empire du droit*, PUF, 1994, p. 58

[12] La tâche semblerait inutile, tant les méthodes employées par les organes de l'OIT peuvent varier et recouvrent l'ensemble des prescriptions de la Convention de Vienne

[13] Pour le recours aux méthodes évolutives et au droit comparé, cf. infra. Chapitre 2

[14] SERVAIS (J-M.), *International Labour Law*, 3ème éd., op. cit., p. 89

l'OIT[15]. De manière toute aussi volontaire, des Recommandations peuvent permettre d'interpréter des textes conventionnels.

1. La combinaison de Conventions : l'interprétation à la lumière de l'ensemble des engagements de l'Etat

Compte tenu de la diversité des instruments adoptés au sein de l'OIT, des dispositions conventionnelles peuvent être appréhendées et interprétées à la lumière d'autres Conventions. En n'opposant aux Etats que les seules Conventions qu'ils ont ratifiées, les organes de l'OIT font preuve d'une certaine retenue. Plus rarement, en dépassant les termes précis des Conventions ratifiées par les Etats pour se baser sur la philosophie générale sous-tendue par l'ensemble des textes acceptés par ces derniers, ils affichent une certaine audace.

a. L'articulation entre le contenu de Conventions : la prise en compte des Conventions ratifiées

Fréquemment, des dispositions issues de différentes Conventions sont utilisées de manière conjointe afin de préciser une norme. Par exemple, en 1984, le Comité de la liberté syndicale a eu l'occasion de se prononcer s'agissant de la combinaison de Conventions aux fins d'interprétation, comme l'a déjà souligné Jean-Michel SERVAIS[16].

En l'espèce, le gouvernement britannique avait annoncé que le personnel sous contrat civil du Centre de communications (qui était alors majoritairement syndiqué) devait perdre son droit d'appartenir à un syndicat. Le gouvernement avait alors mis en avant le fait que les activités du centre relevaient d'un intérêt essentiel pour la sécurité nationale. Le requérant, le Congrès des syndicats britanniques, soutenait qu'en vertu de ses obligations découlant des articles 2, 3, 4 et 5 de la Convention n° 87 sur la liberté syndicale et la protection syndicale, le gouvernement britannique ne pouvait pas priver ces fonctionnaires de ce droit. A l'opposé, pour justifier la régularité de cette mesure, le gouvernement britannique s'appuyait sur l'article 1§2 de la Convention n° 151 sur les relations de travail dans la fonction publique, confiant aux législations nationales les modalités

---

[15] Chaque année, par exemple, dans ses études d'ensemble portant sur l'application de Conventions données, la Commission d'experts relève les liens qu'elles entretiennent avec d'autres instruments. Cf. infra. §2 à propos des liens établis avec les Conventions fondamentales

[16] Cas n° 1261, Rapports du Comité de la liberté syndicale, 233ème rapport, Bulletin Officiel, Série B, n° 1, paras. 343-371, pp. 115-123 cité par SERVAIS (J-M.), *International Labour Law*, 3ème éd., op. cit., pp. 89-90

d'application de la Convention aux agents exerçant des responsabilités de caractères hautement confidentiel[17]. Le Congrès des syndicats britanniques contestait l'idée selon laquelle cette disposition accordait aux gouvernements la faculté de priver unilatéralement des travailleurs d'adhérer à un syndicat[18].

Le Comité de la liberté syndicale a finalement rejeté l'argumentation développée par le gouvernement britannique. Il s'est pour cela appuyé sur la Convention n° 87, qui *« garantit à tous les travailleurs "sans distinction d'aucune sorte" - donc y compris tous les agents publics quelle que soit la nature de leurs fonctions - le droit fondamental de constituer des organisations de leur choix et de s'y affilier, et elle n'admet d'exception qu'envers les membres des forces armées et de la police »*[19]. Il a noté qu'à l'opposé exact des prescriptions de l'article 11 de la Convention n° 87, le gouvernement britannique avait pris des mesures ayant entraîné la perte du droit d'organisation pour certains travailleurs[20]. Par ailleurs, admettant que la Convention n° 98 sur le droit d'organisation et de négociation collective et la Convention n° 151[21] autorisaient l'exclusion de certains fonctionnaires de la protection contre la discrimination antisyndicale, notamment, le Comité a insisté sur le fait qu'en aucun cas le droit fondamental d'organisation bénéficiant à tous les travailleurs en vertu de la Convention n° 87 ne pouvait être affecté[22].

Afin de préciser l'articulation entre les différentes Conventions, le Comité a souligné que l'article 1er de la Convention n° 151 prévoyait que celle-ci s'appliquait *« à toutes les personnes employées par les autorités publiques "dans la mesure où des dispositions plus favorables d'autres conventions internationales du travail ne leur sont pas applicables" »*. Dès lors, *« si la Convention n° 98 laisse intacts les droits garantis aux fonctionnaires publics par la Convention n° 87, il s'ensuit que la Convention n° 151 ne les restreint pas davantage »*[23].

---

17 *« La mesure dans laquelle les garanties prévues par la présente convention s'appliqueront aux agents de niveau élevé dont les fonctions sont normalement considérées comme ayant trait à la formulation des politiques à suivre ou à des tâches de direction ou aux agents dont les responsabilités ont un caractère hautement confidentiel sera déterminée par la législation nationale »*

18 Cas n° 1261, Rapports du Comité de la liberté syndicale, 233ème rapport, op. cit., para. 348, p. 117

19 Ibid., para. 362, p. 121

20 Ibid., para. 362, p. 121

21 Visant à préciser les dispositions applicables aux fonctionnaires exclus du champ d'application de la Convention n° 98

22 Ibid., para. 364, pp. 121-122

23 Ibid., para. 366, p. 122

La combinaison entre le contenu de plusieurs Conventions a donc permis de préciser la signification de l'une d'entre elles. Le procédé mis en œuvre apparaît d'autant plus classique qu'il s'agit, à l'image du cas examiné par le Comité de la liberté syndicale, d'allier des Conventions ratifiées par l'Etat, les organes de l'OIT n'opposant pas aux Etats de Conventions auxquelles ils ne seraient pas parties.

b. La conformité avec les « instruments internationaux ratifiés par le pays » : l'esprit général des engagements des Etats plutôt que le contenu précis des Conventions

De façon assez vague, la référence aux *« instruments internationaux ratifiés par le pays »* a parfois été utilisée afin d'interpréter une Convention.

Dans certains cas, pour déterminer la portée des obligations découlant d'une disposition conventionnelle, il arrive qu'un gouvernement invoque une autre Convention qu'il a ratifiée par ailleurs. Ainsi, en 2007, les autorités françaises avaient recouru à ce procédé, afin de répondre à la réclamation qui avait été posée par le syndicat Force Ouvrière, contre la mise en place du Contrat Nouvelles Embauches[24]. En l'espèce, l'organisation plaignante alléguait que la période de *« consolidation »* de deux ans[25] prévue par le dispositif était déraisonnable au regard de l'article 2 de la Convention n° 158 sur le licenciement (laquelle ne fournit pas d'indication précise quant aux conditions devant être remplies par une période d'essai pour que sa durée soit considérée comme raisonnable).

Pour justifier la nécessité d'entendre la notion de durée raisonnable de la période d'essai avec la plus grande souplesse, le gouvernement français s'est notamment appuyé sur la Convention n° 122 sur la politique de l'emploi. Il a ainsi argué que son dispositif s'inscrivait dans le cadre de *« mesures fortes, pragmatiques et efficaces destinées à relancer l'emploi et la croissance »*, imposées par la situation de l'emploi. Le gouvernement s'est référé à l'article 1 de la Convention n° 122, qui prévoit que les Etats se doivent de promouvoir une politique de plein emploi[26]. Pour rejeter cet argumentaire, le

[24] Cf. supra. Titre 1, Chapitre 2 et infra. Seconde partie

[25] Pendant laquelle le contrat pouvait être unilatéralement rompu par l'une ou l'autre des parties

[26] Rapport du comité chargé d'examiner la réclamation alléguant l'inexécution par la France des conventions n° 87 sur la liberté syndicale et la protection du droit syndical, n° 98 sur le droit d'organisation et de négociation collective, n° 111 concernant la discrimination (emploi et profession) et n° 158 sur le licenciement, présentée en vertu de l'article 24 de la Constitution de l'OIT par la Confédération générale du travail - Force ouvrière, para. 26

comité tripartite en charge de l'examen de la réclamation a souligné que *« les mesures visant à promouvoir le plein emploi et à favoriser la création d'emplois productifs et durables devraient être adoptées dans des conditions socialement adéquates pour tous les intéressés et notamment en conformité avec les instruments internationaux ratifiés par le pays »*[27].

La formule du comité rappelle d'abord l'obligation pour les Etats de se conformer à leurs engagements internationaux et la nécessité d'interpréter leurs obligations à la lumière de l'ensemble des textes qu'ils ont ratifiés. Au-delà de cette évidence, elle souligne l'idée devant orienter le sens général des obligations des Etats : la nécessité de prendre des mesures socialement adéquates pour tous les intéressés. Un Etat ne peut extraire une disposition isolée d'un texte qu'il a ratifié pour étayer sa vision de ses obligations ; la compréhension de ses obligations s'inscrit dans le cadre général de l'ensemble des textes qu'il a ratifiés. Ainsi, pour le Comité tripartite, la prise en compte globale des engagements des Etats doit venir apporter une vision sociale à l'ensemble des engagements des Etats dans le cadre de l'OIT.

Alors que ce type de formule permet aux interprètes de faire preuve de créativité, sa mise en œuvre paraît secondaire en comparaison avec le recours aux Recommandations, bien plus fréquent.

2. *L'utilisation des Recommandations : un durcissement du droit souple*

La place des Recommandations a alimenté de nombreux débats. Souvent perçus comme des instruments de second rang, ces textes dépourvus d'effet contraignant ont fait l'objet d'importantes discussions quant à leur place dans le système normatif de l'OIT, plusieurs Directeurs généraux du Bureau s'étant prononcés en faveur du renforcement de leur rôle[28].

En-dehors des cas où elles se limitent à reprendre le contenu d'une Convention[29], les Recommandations peuvent se révéler d'une grande utilité

---

[27] Ibid., para. 59

[28] CIT, 48ème session, 1964, Rapport du Directeur général, pp. 191-192 ; CIT, 70ème session, 1984, Rapport du Directeur général, pp. 15-16 ; Conférence internationale du Travail, 81ème session, 1994, Rapport du Directeur général, pp. 48-49 ; CIT, 85ème session, 1997, Rapport du Directeur général, p. 57. Voir POLITAKIS (G.), MARKOV (K.), « Les recommandations internationales du travail : instruments mal exploités ou maillon faible du système normatif ? » in GERNIGON (B.), JAVILLIER (J-C.), POLITAKIS (G.) (dir.), *Les normes internationales du travail : un patrimoine pour l'avenir*, op. cit., pp. 499-500

[29] Par exemple, l'unique paragraphe de la Recommandation n° 174 sur le rapatriement des marins (1987) reprend à l'identique le texte de l'article 5(a) de la

en matière interprétative[30], si bien que ces instruments de *soft law* semblent à certains égards moins souples qu'il y paraît. Non seulement, les interprètes de l'OIT peuvent se fonder sur des Recommandations adoptées parallèlement à des Conventions pour préciser la signification de ces dernières, mais ils peuvent aussi s'appuyer sur toute autre Recommandation.

a. L'utilisation d'une Recommandation liée à une Convention

L'adoption de Recommandations « annexées » à des Conventions a été dénoncée en ce qu'elle privait de visibilité les premières. Dans le même temps, ce dédoublement d'instruments a permis à quelques pays plus avancés socialement de poursuivre des objectifs plus ambitieux que ceux fixés par les Conventions[31].

Les études d'ensemble illustrent le plus souvent cette vision. Relatives à une thématique portée par une ou plusieurs Conventions, elles mentionnent également les Recommandations les accompagnant, le cas échéant, et lient de façon étroite les contenus de ces deux types d'instruments[32].

En-dehors des études d'ensemble, la Commission d'experts a, par exemple, procédé de cette manière pour préciser les missions devant être exercées par les inspecteurs du travail. Dans un cas, il était notamment reproché au gouvernement de la République dominicaine d'avoir confié à ses inspecteurs

---

Convention n° 166 portant sur le sujet. POLITAKIS (G.), MARKOV (K.), « Les recommandations internationales du travail : instruments mal exploités ou maillon faible du système normatif ? », op. cit., p. 508

[30] *« Les régles dures conventionnelles et coutumières doivent être interprétées à la lumière de l'ensemble des règles du droit international, incluant les formes souples de régulation »*. DUPLESSIS (I.), « La molesse et le droit international du travail : mode de régulation privilégié pour société décentralisée » in JAVILLIER (J-C.) (dir.), *Gouvernance, droit international et responsabilité sociétale des entreprises*, BIT, Genève, Institut international d'études sociales, 2007, p. 17 (l'auteure se réfère à FASTENRATH (U.), « Relative Normativity in International Law », (1993) 4 European Journal of International Law 305, pp. 314 à 316 et ZEMANEK (K.), *Liber Amicorum Professor Seidl Hohenveldern – in honour of his 80th birthday*, La Haye, Kluwer Law International, 1998, p. 860)

[31] POLITAKIS (G.), MARKOV (K.), « Les recommandations internationales du travail : instruments mal exploités ou maillon faible du système normatif ? », op. cit., pp. 505-507

[32] Par exemple, l'étude d'ensemble de 2014 sur les systèmes de salaires minima cite systématiquement la Convention n° 131 et la Recommandation n° 135 sur la fixation des salaires minima de manière liée ; Etude d'ensemble des rapports sur la Convention n° 131 et la Recommandation n° 135 sur la fixation des salaires minima, 1970, Conférence internationale du Travail, 103ème session, Genève, 2014

du travail des missions trop étendues, la législation les chargeant notamment d'une fonction de médiation dans les conflits entre employeurs et travailleurs. Pour rappeler le gouvernement dominicain à ses obligations, la Commission s'est référée à la Recommandation n° 81 sur l'inspection du travail[33], la Convention n° 81[34] étant silencieuse sur le sujet[35].

La Commission d'experts a mis en œuvre un raisonnement identique dans de nombreux autres cas. Ainsi, s'agissant de l'âge minimum d'admission à l'emploi, elle a notamment été amenée à se prononcer quant à la portée de l'article 7 de la Convention n° 138[36]. Se posait la question de savoir quels étaient les *« travaux légers »* pour lesquels les législations nationales pouvaient autoriser l'emploi de personnes âgées de treize à quinze ans. A cet égard, l'article 7§3 précise que, pour déterminer les emplois ou travaux entrant dans ce cadre, les autorités nationales doivent prescrire la durée en heures et les conditions de l'emploi ou du travail concerné. Face à l'absence de définition de la notion de *« travaux légers »* dans la législation nationale de Malaisie et compte tenu des larges possibilités d'emploi des enfants de treize ans[37], la Commission d'experts a insisté sur le contenu de la Recommandation n° 146 sur l'âge minimum[38].

Il faut souligner la prudence dont a fait preuve le Bureau en interprétant la Convention n° 143 sur les travailleurs migrants à l'aune de la

---

[33] Recommandation n° 81 sur l'inspection du travail, Adoption : Genève, 30ème session CIT (11 juillet 1947)

[34] Convention concernant l'inspection du travail dans l'industrie et le commerce (Entrée en vigueur : 07 avril 1950), Adoption : Genève, 30ème session CIT (11 juillet 1947)

[35] Plus explicitement, la Commission d'experts a invité les autorités dominicaines à se reporter aux orientations contenues dans le paragraphe 8 de la Recommandation n° 81 sur l'inspection du travail, lesquelles énoncent que les fonctions des inspecteurs du travail ne devraient pas comprendre celles d'agir en qualité de conciliateur ou d'arbitre dans les conflits du travail. Observation (CEACR) - adoptée 2013, publiée 103ème session CIT (2014), Convention (n° 81) sur l'inspection du travail, 1947 - Dominicaine, République (Ratification : 1953)

[36] Convention n° 138 concernant l'âge minimum d'admission à l'emploi (Entrée en vigueur : 19 juin 1976)

[37] Et, en-dehors du fait qu'elle ne fixait pas d'âge minimum pour l'exécution de travaux légers

[38] Celle-ci prévoit en son paragraphe 13 (b) qu'une *« attention particulière devrait être accordée à la limitation stricte de la durée quotidienne ou hebdomadaire du travail et à l'interdiction des heures supplémentaires, afin de réserver un temps suffisant à l'éducation et à la formation (y compris le temps nécessaire pour les travaux scolaires à domicile), au repos pendant la journée et aux activités de loisirs ».* Observation (CEACR) - adoptée 2008, publiée, 98ème session CIT (2009), Convention (n° 138) sur l'âge minimum, 1973 - Malaisie (Ratification : 1997)

Recommandation n° 151 sur le même thème[39]. Ce dernier a en effet estimé nécessaire de préciser que les Recommandations n'avaient *« bien entendu pas force obligatoire »*, avant de lire la Convention n° 143 à la lumière des précisions contenues dans la Recommandation dans le but de déterminer l'étendue des droits des travailleurs migrants au moment de leur départ de leur pays d'accueil[40].

Ainsi, régulièrement, des Recommandations « jointes » à des Conventions permettent de préciser la signification du contenu de ces dernières. D'un certain point de vue, une telle pratique souligne les limites du recours au droit souple et son durcissement inévitable, pour permettre aux Etats les plus avancés de suivre des directives ambitieuses, tout en invitant le plus grand nombre de pays à ratifier des Conventions au contenu moins développé. En effet, certaines Recommandations apparaissent comme des annexes aux Conventions et, quand bien même elles ne font l'objet d'aucune procédure de ratification, leur contenu est imposé à tous les Etats. Dans le même temps, il importe de rappeler que l'article 31§2 de la Convention de Vienne sur le droit des traités invite à se référer à *« tout accord ayant rapport au traité et qui est intervenu entre toutes les parties à l'occasion de la conclusion du traité »* afin de déterminer le contexte du texte interprété. Le recours à des Recommandations « jumelées » à des Conventions se rapproche de cette méthode. Toutefois, le mode d'adoption des Recommandations (majoritaire) et le fait qu'elles ne soient pas ouvertes à ratification rendent inopérante la question de savoir si elles ont été acceptées par toutes les parties à la Convention interprétée.

De manière encore plus hétérodoxe au regard de la Convention de Vienne, le recours à des Recommandations peut viser non pas à s'appuyer sur un instrument adopté parallèlement à une Convention mais à interpréter cette dernière dans le cadre plus large du corpus des instruments de l'OIT.

b. L'utilisation de Recommandations « indépendantes » aux fins d'interprétation d'une Convention

Dans un certain nombre de cas, les organes de supervision de l'OIT ont choisi de s'appuyer sur une Recommandation n'étant pas liée à une Convention pour préciser le sens de cette dernière.

Par exemple, en 2013, la Commission d'experts a pris position concernant la Convention n° 102 concernant la sécurité sociale (norme minimum) de

---

[39] Recommandation n° 151 sur les travailleurs migrants, 1975, Adoption : Genève, 60ème session CIT (24 juin 1975)

[40] Bulletin Officiel, vol. 85, 2002, série A, p. 186

1952[41]. Pour se prononcer sur la durée de versement minimale des prestations dues en cas d'accident du travail ou de maladie professionnelle, elle s'est référée à la Recommandation n° 121 sur les prestations en cas d'accidents du travail et de maladies professionnelles[42], adoptée en 1964 parallèlement à la Convention n° 121 sur les prestations en cas d'accidents du travail et de maladies professionnelles[43], non ratifiée par le pays.

En l'espèce, la législation costaricaine prévoyait que, pour le degré de perte de capacité de gain qu'elle définissait comme minime (compris entre de 0,5 et 50 %), les durées de paiement de prestations étaient limitées à cinq ans pour l'incapacité mineure permanente et dix ans pour l'incapacité partielle permanente. Afin de préciser les modalités de versement des indemnités dues en cas de perte de capacité de gain par des travailleurs (et les possibilités d'aménagement envisageables lors de perte minime), la Commission d'experts a fait valoir que le paragraphe 10§1 de la Recommandation n° 121 précisait qu'une perte de capacité de gain comprise entre 25 et 50 % n'était pas regardée comme minime[44].

Dans un autre cas, la Commission d'experts a été amenée à se prononcer quant au champ d'application de l'interdiction du travail forcé prévue par la Convention n° 29, laquelle ne s'applique pas aux travaux *« faisant partie des obligations civiques normales des citoyens d'un pays se gouvernant pleinement lui-même »*[45]. Alors que la législation algérienne admettait que les personnes ayant reçu un enseignement ou une formation supérieurs pouvaient se voir imposer d'accomplir un service d'une durée comprise entre un et quatre ans avant de pouvoir exercer une activité professionnelle ou obtenir un emploi[46], la Commission d'experts est venue préciser la notion de service civique couverte par la Convention n° 29[47]. La législation prévoyait en effet la possibilité que ce service soit effectué au sein d'établissements relevant du secteur privé. La Commission d'experts a alors

---

[41] Convention n° 102 concernant la sécurité sociale (norme minimum), 1952, Adoption : Genève, 35ème session CIT (28 juin 1952)

[42] Recommandation n° 121 sur les prestations en cas d'accidents du travail et de maladies professionnelles, Adoption : Genève, 48ème session CIT (08 juillet 1964)

[43] Convention n° 121 concernant les prestations en cas d'accidents du travail et de maladies professionnelle (Entrée en vigueur : 28 juillet 1967)

[44] Observation (CEACR) - adoptée 2013, publiée 103ème session CIT (2014), Convention (n° 102) concernant la sécurité sociale (norme minimum), 1952 - Costa Rica (Ratification : 1972)

[45] Article 2§2 (b) de la Convention n° 29 sur le travail forcé, 1930

[46] Tout citoyen se soustrayant au service civil encourant une amende et une peine de prison, au même titre que ses employeurs

[47] Observation (CEACR) - adoptée 2012, publiée 102ème session CIT (2013), Convention (n° 29) sur le travail forcé, 1930 - Algérie (Ratification : 1962)

relevé qu'une telle faculté violait les dispositions du paragraphe 3 (3) de la Recommandation n° 136 sur les programmes spéciaux pour la jeunesse[48], prévoyant que les appelés dans ce cadre ne devraient pas être utilisés au profit de particuliers ou d'entreprises privées.

Il serait difficile de rapprocher cette pratique des organes de suivi de l'OIT de celle qui consiste à interpréter une Convention à la lumière d'une Recommandation qui lui est liée. Ici, il s'agit plus largement de replacer une disposition dans le contexte dans lequel elle s'inscrit, au sein du corpus normatif développé au sein de l'OIT. De manière très extensive, ce procédé pourrait entrer dans le cadre de l'article 32 de la Convention de Vienne qui, tout en admettant qu'il soit fait *« appel à des moyens complémentaires d'interprétation, et notamment aux travaux préparatoires et aux circonstances dans lesquelles le traité a été conclu »*, n'exclut pas la référence à d'autres instruments.

Ainsi, indifféremment de la question de savoir s'il s'agit de textes contraignants ou directement liés à la Convention dont ils connaissent, les interprètes de l'OIT se basent sur les textes de *soft law* développés en son sein afin de préciser le sens des Conventions dont ils connaissent. Ce volontarisme dans l'approche téléologique pour justifier une interprétation extensive des Conventions s'exprime également dans la recherche de l'intention de leurs auteurs.

B/ La recherche de l'intention des auteurs des Conventions appliquées : une approche téléologique subjective assumée

Certains auteurs ont exprimé leur scepticisme à l'égard de la prise en compte des discussions entre délégués dans le cadre de l'adoption de traités multilatéraux, celles-ci s'infléchissant au gré de la dialectique et de la publicité, ne reflétant pas nécessairement la position des gouvernements[49] ou révélant les déficiences et maladresses des négociateurs[50]. Pourtant, et bien que la Convention de Vienne qualifie le recours aux travaux préparatoires de moyen complémentaire d'interprétation, les interprètes de l'OIT, comme les mandants[51], se basent régulièrement sur la recherche de l'intention des auteurs des instruments.

---

[48] Recommandation n° 136 concernant les programmes spéciaux d'emploi et de formation de la jeunesse en vue du développement, 1970

[49] DE VISSCHER (C.), *Théories et réalités en droit international public*, 4ème éd., Editions A. Pedone, Paris, 1970, p. 282

[50] REUTER (P.), *Introduction au droit des traités*, op. cit., p. 90

[51] Les mandants de l'OIT se réfèrent également aux discussions tenues au sein de la Conférence pour remettre en cause certaines interprétations. Par exemple, en 2004,

Dans le cadre d'une observation générale rendue en 2010, la Commission d'experts a mis en avant le rôle que pouvaient revêtir les travaux préparatoires dans l'interprétation d'une Convention[52]. Après avoir souligné qu'elle se conformait aux méthodes d'interprétation prévues par la Convention de Vienne, la Commission s'est focalisée sur l'étude des documents préparatoires d'une Convention. En l'occurrence, il s'agissait de déterminer le sens et la portée de la *« consultation »* prévue par la Convention n° 169 sur les peuples indigènes et tribaux[53]. La Convention prévoit en effet dans plusieurs de ses dispositions une consultation des peuples concernés par le gouvernement lorsque celui-ci envisage de prendre des mesures susceptibles de les concerner. Afin de justifier son interprétation de la notion de consultation, la Commission d'experts s'est essentiellement référée aux travaux préparatoires de la Convention n° 169. La Commission n'a pas recouru à ces documents de façon complémentaire, comme le prévoit l'article 32 de la Convention de Vienne : elle s'est principalement appuyée sur une analyse de ces documents pour conduire son interprétation.

D'une façon générale, l'intégration des travaux préparatoires dans le raisonnement des interprètes se reflète dans la diversité des sources mobilisées. Peuvent par exemple être utilisés les débats et amendements qui se sont déroulés dans les deux années précédant l'adoption d'une Convention[54] ou les travaux présentés par le Bureau dans ce cadre[55].

---

les délégués employeurs à la Conférence ont fait valoir que les travaux préparatoires de la Convention n° 87 sur la liberté la liberté syndicale et la protection du droit syndical ne reflétaient nullement une volonté de protéger le droit de grève. Ce faisant, ils ont estimé que la Commission d'experts ne pouvait demander au gouvernement colombien de modifier sa législation sur le sujet. Observation (ILCCR) - adoptée 2004, publiée 92ème session CIT (2004), Convention (n° 87) sur la liberté syndicale et la protection du droit syndical, 1948 - Colombie (Ratification : 1976)

[52] *« La commission s'est toujours dûment attachée au sens des mots, dans leur contexte à la lumière de son but et de son objet, comme prévu à l'article 31 de la Convention de Vienne sur le droit des traités (...). De plus, conformément aux articles 5 et 32 de la Convention de Vienne, la commission tient compte de la pratique de l'Organisation consistant à examiner les travaux préparatoires ayant conduit à l'adoption de la convention. Cet aspect revêt une importance particulière pour les conventions de l'OIT, eu égard à la nature tripartite de l'Organisation et au rôle que les trois mandants jouent dans l'action normative »*. Observation Générale (CEACR) - adoptée 2010, publiée 100ème session CIT (2011)

[53] Convention n° 169 concernant les peuples indigènes et tribaux dans les pays indépendants, 1989 (Entrée en vigueur : 05 septembre 1991)

[54] Concernant par exemple l'interprétation de la Convention n° 169 sur les peuples indigènes et tribaux, les débats et amendements qui s'étaient inscrits dans le cadre des deux années de discussions préalables à l'adoption de la Convention ont eu une importance majeure. Notamment, le consensus des mandants concernant la nécessité

Très souvent, les travaux préparatoires apparaissent comme un élément décisif dans l'interprétation des instruments de l'OIT et ne semblent pas nécessairement relégués au rang de méthode complémentaire d'interprétation[56]. Dans tous les cas, à nouveau, il faut remarquer que l'objectif est ici de rechercher des éléments qui confortent l'interprétation assurant l'application la plus étendue des droits des travailleurs, dans la mesure où les méthodes d'interprétations extensives mises en œuvre par les organes de l'OIT leur permettent de poursuivre l'idéal poursuivi par l'organisation.

D'une manière générale, l'approche constructive des instruments de l'OIT conduit à l'édification d'une jurisprudence sociale. Dans ce contexte, les droits et principes fondamentaux occupent une place particulière dans le raisonnement des interprètes.

§2. La place des droits et principes fondamentaux dans le raisonnement des interprètes

Il serait inexact d'affirmer que toutes les interprétations élaborées au sein de l'OIT s'articulent autour des droits et principes fondamentaux au travail (du moins au plan formel). Cela étant, en raison de leur suprématie dans l'ordre

---

de prendre des dispositions pour rendre effectif le droit de consultation des peuples indigènes et tribaux a été noté. Finalement, les experts ont souligné que compte tenu des préoccupations manifestées auparavant, l'article 6 de la Convention avait été rédigé comme suit *« doivent consulter les peuples intéressés »*, le Bureau ayant insisté sur l'idée de bonne foi recouverte par cette formulation. CIT, 75ème session, 1988, rapport VI (1), p. 34 cité dans Observation Générale (CEACR) - adoptée 2010, publiée 100ème session CIT (2011)

[55] Par exemple, afin de remettre en cause la législation suisse autorisant les mineurs âgés de 16 à 18 ans à se prostituer pour autant que ce soit de leur plein gré, la Commission d'experts s'est principalement référée à un rapport présenté par le Bureau dans le cadre des discussions concernant l'adoption de la Convention n° 182 sur les pires formes de travail des enfants. Celui-ci avait à l'époque fait valoir que l'article 3 b) de la Convention n'interdisait *« pas moins l'utilisation, l'engagement ou l'offre d'une personne âgée de moins de 18 ans aux fins de la prostitution. L'acte sexuel avec un enfant reste interdit même si celui-ci y a consenti »*. CIT, 86ème session, 1998, rapport VI (2), p. 57 in Observation (CEACR) - adoptée 2009, publiée 99ème session CIT (2010), Convention (n° 182) sur les pires formes de travail des enfants, 1999 - Suisse (Ratification : 2000)

[56] Sur le rôle premier des travaux préparatoires dans les interprétations dégagées par le BIT, voir TREBILCOCK (A.), « The International Labour Organization », op. cit., pp. 870-873

normatif de l'OIT[57], ils doivent être respectés par l'ensemble des Etats membres de l'OIT. Pour la même raison, en ce qu'ils consacrent des droits fondamentaux, les instruments fondamentaux ont parfois pu servir d'outil de référence en matière d'interprétation.

A/ L'obligation de respecter les droits et principes fondamentaux au travail

Aux termes du point 2 de la Déclaration de 1998, *« l'ensemble des Membres [de l'OIT], même lorsqu'ils n'ont pas ratifié les conventions en question, ont l'obligation, du seul fait de leur appartenance à l'organisation, de respecter, promouvoir et réaliser, de bonne foi et conformément à la Constitution, les principes concernant les droits fondamentaux qui sont l'objet desdites conventions, à savoir :*
(a) la liberté d'association et la reconnaissance effective du droit de négociation collective[58] ;
(b) l'élimination de toute forme de travail forcé ou obligatoire[59] ;
(c) l'abolition effective du travail des enfants[60] ;
(d) l'élimination de la discrimination en matière d'emploi et de profession[61] ».

Cette disposition apparaît pour le moins ambigüe pour ce qui est de savoir si les Etats sont uniquement tenus de respecter les principes considérés comme universels par l'instrument de 1998 ou, de façon plus claire sur au plan juridique, d'appliquer les Conventions associées à ces derniers. L'intitulé même de la Déclaration, qui évoque à la fois les principes et les droits, participe à cette confusion.

Cette imprécision a nourri de vifs débats doctrinaux s'agissant de la force de la Déclaration[62]. Le fait que l'instrument s'appuie sur des principes plutôt

---

[57] C'est ainsi qu'ils ont pu être présentés comme *« les droits et principes autour desquels l'OIT doit graviter »*. LA HOVARY (C.), *Les droits fondamentaux au travail, Origines, statut et impact en droit international*, Presses Universitaires de France, 2009, p. 54

[58] Correspondant aux Conventions fondamentales suivantes : Convention n° 87 sur la liberté syndicale et la protection du droit syndical – 1948 ; Convention n° 98 sur le droit d'organisation et de négociation collective – 1949

[59] Convention n° 29 sur le travail forcé – 1930 ; Convention n° 105 sur l'abolition du travail forcé – 1957

[60] Convention n° 138 sur l'âge minimum -1973 ; Convention n° 182 sur les pires formes de travail des enfants – 1999

[61] Convention n° 100 sur l'égalité de rémunération – 1951 ; Convention n° 111 concernant la discrimination (emploi et profession) – 1958

[62] Cf. infra. Chapitre 2. Voir, par exemple, ALSTON (P.), « Core labour standards and the transformation of the international labour right regime », European Journal

que sur des dispositions conventionnelles précises a été décrit comme une source d'affaiblissement de l'action de l'OIT[63].

Sans souscrire à la conception naturelle du droit exposée par DWORKIN, la distinction qu'il opère entre règles et principes (tous deux constituant des normes) apparaît pleinement pertinente afin de s'interroger sur la valeur des principes énoncés dans la Déclaration de 1998. Selon lui, par opposition à une règle aux ambitions et à la portée plus modestes (encore que la distinction puisse parfois sembler difficile), un principe constitue *« un standard qu'il faut appliquer, non pas parce qu'il assurera la survenue ou la protection d'une situation économique, politique ou sociale jugée désirable, mais parce qu'il est une exigence dictée par la justice, l'équité ou quelque autre dimension de la morale »*[64]. Dans ce cadre, les juges se doivent d'interpréter le droit conformément aux principes[65]. En aucun cas, les principes ne doivent ainsi être considérés comme des idées dépourvues de force juridique.

La pratique récente de la Commission d'experts semble rejoindre cette perception des principes et valide l'idée selon laquelle le recours à la Déclaration ne conduirait pas à diluer l'action normative de l'OIT dans une *soft law* inconsistante[66]. Dans son étude d'ensemble de 2012 portant sur les Conventions fondamentales, elle a précisé que les *« droits visés »* par ces dernières étaient *« d'application universelle »* et devaient être *« respectés par tous les pays, même s'ils n'ont pas ratifié ces conventions »*[67]. L'on

---

of International Law, June 2004 ; ALSTON (P.), « Facing up the complexities of the ILO's core labour standards agenda », European Journal of International Law, June 2005 ; LA HOVARY (C.), *Les droits fondamentaux au travail, Origines, statut et impact en droit international*, op. cit., pp. 205-208 ; LANGILLE (B.), « Core labour rights, The true story (reply to Alston) », European Journal of International Law, June 2005 ; MAUPAIN (F.), « Revitalization not retreat: the real potential of the 1998 ILO Declaration for the universal protection of workers' rights », European Journal of International Law, June 2005

[63] ALSTON (P.), « Core labour standards and the transformation of the international labour right regime », op. cit.

[64] DWORKIN (R.), *Prendre les droits au sérieux*, op. cit., p. 80

[65] Ibid., p. 85

[66] Cette idée ne se retrouve pas nécessairement lorsque la Déclaration est utilisée par des entités extérieures à l'OIT. Cf. infra. Chapitre 2

[67] CIT, 101ème session, 2012, Etude d'ensemble sur les conventions fondamentales concernant les droits au travail à la lumière de la Déclaration de l'OIT sur la justice sociale pour une mondialisation équitable, 2008, para. 3, p. 2. Afin de justifier l'intérêt de la ratification de ces Conventions obligatoires en tout état de cause, les experts ont avancé que *« la ratification témoigne de l'engagement des Etats et apporte une valeur ajoutée en établissant une plus grande certitude à l'égard des*

retrouve ici la théorie émise par DWORKIN selon laquelle l'idée de justice (sociale, en l'occurrence) rend un certain nombre de standards obligatoires, de manière objective.

A cet égard, les rapports-globaux établis sous la responsabilité du Directeur général du BIT sur les quatre catégories de principes et droits fondamentaux[68] au travail fournissent un éclairage intéressant sur la façon dont sont perçus, et parfois confondus avec les droits découlant des Conventions fondamentales, les principes fondamentaux au travail. Surtout, ils mettent en exergue la tendance à favoriser une approche de ces droits fondée sur les buts poursuivis.

L'étude du rapport-global de 2011 consacré à l'égalité au travail[69] illustre la façon dont l'approche téléologique peut être déployée afin de donner corps à l'objectif d'élimination de la discrimination en matière d'emploi et de profession prôné par la Déclaration. Partant d'une étude approfondie des situations nationales actuelles, le rapport détaille les progrès qui doivent être accomplis afin d'atteindre le principe d'égalité. Par exemple, après avoir passé en revue les législations et pratiques nationales concernant la maternité et la paternité (prestations versées, développement de mesures telles que le télétravail et de congés mais aussi l'augmentation du nombre de cas de discriminations), le rapport-global mentionne que *« le refus d'octroyer une promotion en cours de grossesse ou d'autoriser une femme à reprendre le poste qu'elle occupait avant d'être enceinte [étaient] de nouveaux sujets de préoccupation »*[70]. De la même manière, liant des données économiques relatives à la pauvreté des populations autochtones aux discriminations subies par leurs membres, le rapport souligne que le manque de procédures efficaces en matière de discrimination pouvait expliquer la persistance de discriminations, en dépit de l'existence de lois sensées combattre ce phénomène[71].

---

normes et plus de transparence quant à leur suivi et leur mise en œuvre. La ratification des conventions permet également l'application directe des normes concernées par l'intermédiaire des systèmes judiciaires de certains pays ».

[68] Cf. supra. Titre 1, Chapitre 2

[69] L'égalité au travail : un objectif qui reste à atteindre, Rapport global en vertu du suivi de la Déclaration de l'OIT relative aux principes et droits fondamentaux au travail, Conférence internationale du travail, 100ème session, 2011, Rapport I (B)

[70] Ibid., paras. 95-99, pp. 27-28

[71] Ibid., paras. 119-123, pp. 34-36

Sans imposer de manière ferme et explicite d'obligations aux Etats le rapport-global indique le sens des instruments étudiés[72], au regard de pratiques et tendances contemporaines nationales. La pratique reflétée par le rapport-global rejoint sans conteste l'idée selon laquelle *« toute norme juridique constitue un moyen destiné à réaliser un objectif social et (...) la prise en considération de ce dernier peut contribuer à son interprétation »*[73]. Certes, tous les instruments adoptés sous l'égide de l'OIT poursuivent avant tout un objectif d'amélioration de la condition des individus et, en particulier, des travailleurs (c'est d'ailleurs la raison pour laquelle la voie téléologique est régulièrement empruntée). Mais, parmi tous les textes adoptés par l'OIT, la Déclaration de 1998 constitue sans nul doute celui réunissant le mieux à la fois une ambition humaniste universelle avec un volontarisme pragmatique. Cette approche large et nécessairement téléologique de la Déclaration sur les droits et principes fondamentaux influence l'approche interprétative d'autres instruments.

B/ L'interprétation de Conventions à la lumière de principes et droits fondamentaux au travail

Les organes de l'OIT recourent régulièrement à des méthodes d'interprétation systémiques, en reliant des textes entre eux, afin de procéder à leur travail d'interprétation[74]. En ce sens, en raison de leur caractère fondamental, certaines normes, découlant de la Déclaration de 1998 ou issues des Conventions voire de la Constitution, orientent les interprétations des organes de l'OIT. Ces derniers peuvent veiller au respect de leur contenu, quel que soit le sujet qu'ils sont amenés à traiter.

En particulier, désormais, dans ses études d'ensemble, la Commission d'experts, lorsqu'elle établit un lien entre les Conventions qu'elle examine et l'ensemble du corpus normatif de l'OIT[75], se réfère à ces normes fondamentales et souligne que le respect des principes et droits fondamentaux au travail constitue un prérequis à la mise en œuvre d'autres droits.

Par exemple, en 2014, la Commission a présenté son étude d'ensemble relative aux instruments de fixation des salaire minima. A cette occasion,

---

[72] Les rapports-globaux ont ainsi été critiqués en raison de l'imprécision de leurs informations. LA HOVARY (C.), *Les droits fondamentaux au travail, Origines, statut et impact en droit international*, op. cit., p. 257

[73] OST (F.), VAN DE KERCHOVE (M.), *Entre la lettre et l'esprit. Les directives d'interprétation en droit*, op. cit., p. 66

[74] Cf. supra. §1

[75] Cf. supra. §1

elle a rappelé en introduction que *« quelles que soient les méthodes de fixation des salaires minima retenues par les différents Etats, elles doivent bien entendu se conformer aux règles établies dans la Constitution de l'OIT et aux principes et droits fondamentaux au travail ainsi que, pour les Etats qui les ont ratifiées, aux dispositions des huit conventions fondamentales »*[76]. Ainsi, en se référant à l'étude d'ensemble sur les conventions fondamentales qui énonçait en 2012 que l'égalité et la non-discrimination constituaient un droit fondamental et avaient *« une incidence sur la jouissance de tous les autres droits »*, la Commission d'experts a estimé que *« quel que soit le système [de fixation du salaire minimal] choisi au niveau national, il devrait assurer le respect du principe de salaire égal pour un travail de valeur égale »*[77].

Plus largement, la Commission peut se référer à des *« règles fondamentales »*, issues de la Constitution de l'OIT, pour interpréter une Convention. Par exemple, à propos de la détermination par les Etats des critères de fixation ou de réajustement des salaires minimaux, elle a relevé que la Convention n° 131 leur accordait *« une importante marge de manœuvre »*. Toutefois, celle-ci est limitée par *« quelques règles fondamentales [qui] s'imposent à tous (...). Si la convention ne précise pas les types de besoins dont la satisfaction doit être assurée, il convient de garder à l'esprit que le Préambule de la Constitution de l'OIT proclame l'urgence d'améliorer les conditions de travail, notamment par la garantie*

---

[76] *« ...Ainsi, le respect de la liberté syndicale, sans lequel ne peuvent se dérouler des consultations authentiques et efficaces auprès des organisations d'employeurs et de travailleurs, est essentiel pour la mise en œuvre de la Convention n° 131 et de la Recommandation n° 135. La convention n° 131 exige par ailleurs expressément le plein respect de la liberté de négociation collective (...). Plus largement, conformément aux articles 1 et 2 de la convention (n° 111) concernant la discrimination (emploi et profession), 1958, tout Etat Membre pour lequel la convention est en vigueur s'engage à formuler et à appliquer une politique nationale visant à promouvoir l'égalité de chances et de traitement en matière d'emploi et de profession, afin d'éliminer toute discrimination fondée sur la race, la couleur, le sexe, la religion, l'opinion politique, l'ascendance nationale ou l'origine sociale, ou sur tout autre critère spécifié par cet Etat Membre »*. CIT, 103ème session, 2014, Etude d'ensemble des rapports sur la Convention n° 131 et la Recommandation n° 135 sur la fixation des salaires minima, 1970, para. 12

[77] *« ... Des difficultés sont particulièrement susceptibles de se poser à ce sujet lorsque les salaires minima sont fixés par secteur d'activités ou par catégorie professionnelle, compte tenu du risque de sous-évaluation des emplois majoritairement occupés par des femmes. La nécessité de respecter ce principe a également été évoquée à l'égard des jeunes travailleurs et des travailleurs en formation, ainsi que des travailleurs migrants et des personnes handicapées »*. Etude d'ensemble des rapports sur la Convention n° 131 et la Recommandation n° 135 sur la fixation des salaires minima, 1970, op. cit., para., 199

d'un salaire assurant des conditions d'existence convenables ("living wage") [qui] (...) implique davantage que la satisfaction des besoins alimentaires, de logement et d'habillement, et s'étend à la possibilité de participer à la vie sociale et culturelle du pays »[78].

Cette tendance à la combinaison normative n'est pas propre aux principes ou aux droits fondamentaux au travail. Toutefois, ces derniers s'illustrent en ce qu'ils constituent un point de référence devenu récurrent dans les études d'ensemble de la Commission d'experts depuis le début des années 2000 (mais il est important d'insister sur le fait qu'elles sont loin d'être systématiquement utilisées dans les décisions de l'ensemble des organes de contrôle de l'OIT). Cette pratique paraît d'autant plus remarquable que les mécanismes de supervision de l'application des normes internationales du travail ne s'exercent qu'à l'égard des Conventions ratifiées, les mécanismes spécifiques du suivi de la Déclaration de 1998[79] visant uniquement à promouvoir les droits et principes fondamentaux au travail[80]. Or, il apparaît ici que ces derniers guident l'interprétation de l'ensemble des textes de l'OIT, la Commission d'experts ne se préoccupant pas de savoir s'ils émanent de textes ratifiés par les Etats. Finalement, compte tenu de l'ambition de les rendre universellement applicables, par-delà toute considération de ratification, les organes de l'OIT ne peuvent se soustraire à cette mise en cohérence de l'ensemble de l'édifice normatif.

De nombreux éléments dans la pratique interprétative des organes de l'OIT illustrent leur volonté d'offrir la place la plus étendue aux droits sociaux, de façon à atteindre l'objectif poursuivi par l'organisation en charge de la justice sociale. Loin de refléter un parti pris idéologique de leurs membres, cette pratique se retrouve dans bon nombre d'organisations ou juridictions supranationales.

Sous-section 2 : Une pratique partagée avec d'autres entités supranationales

L'orientation générale des interprétations dégagées au sein de l'OIT reflète avant tout le but de justice sociale poursuivi par leurs auteurs. Une mise en perspective des interprétations de l'OIT avec celles élaborées par d'autres entités supranationales permet de vérifier l'importance des objectifs promus

---

[78] Ibid., para. 283

[79] Cf. supra. Titre 1, Chapitre 1

[80] LA HOVARY (C.), *Les droits fondamentaux au travail, Origines, statut et impact en droit international*, op. cit., p. 252

par l'organisation dans le sens donné aux traités[81]. Dans le même temps, la confrontation des réalisations des organes de supervision de l'OIT avec les décisions de quelques juridictions montre l'importance particulière qu'accordent les premiers sur les aspects substantiels du droit plutôt que sur la procédure.

A l'échelle européenne, par exemple, plusieurs entités sont amenées à superviser l'application d'instruments visant à protéger les droits de l'Homme et les droits sociaux[82]. Comme au sein de l'OIT, l'inspiration *« philosophique »*[83] ayant présidé à l'élaboration de ces instruments et à la mise en place de ces organes se retrouve dans le résultat de leurs travaux. A l'opposé, sur le fond, les organes de l'OIT se distinguent très facilement d'une juridiction comme la Cour de justice de l'Union européenne, tiraillée par la promotion de valeurs antagonistes.

§1. Comparaison avec les méthodes et choix d'une juridiction à vocation générale : cas de la jurisprudence de l'Union européenne

Dénonçant la mise en concurrence des législations sociales (et fiscales) dans une Union européenne élargie, le Professeur Alain SUPIOT a décrit la jurisprudence européenne comme ayant *« fait de la référence aux objectifs de libéralisation des échanges son principal instrument de déréglementation des droits nationaux, y compris dans le domaine du travail, de la consommation, de la protection sociale, de la fiscalité ou des services publics »*[84].

Cette place accordée aux considérations économiques par le juge européen s'explique avant tout par la philosophie qui a motivé la construction de l'Union européenne. Contrairement à une structure telle que l'OIT ou aux

---

[81] Cf. infra. Chapitre 2 pour une illustration concrète à propos des jurisprudences relatives aux mesures d'austérité adoptées par certains Etats à la suite de la crise économique de 2008

[82] Sur les approches interprétatives différenciées, parfois contradictoires, du droit international entre les juges européens, voir BENLOLO-CARABOT (M.), « Droit européen et fragmentation du droit applicable » in BERGE (J-S.), FORTEAU (M.), NIBOYET (M-L.), THOUVENIN (J-M.), *La fragmentation du droit applicable aux relations internationales*, Actes de la journée d'étude du 16 avril 2010, CEDCACE, CEDIN, Editions A. Pedone, 2011, pp. 97-110, spéc. pp. 105-107

[83] Sur le sujet, voir HUSSON-ROCHCONGAR (C.), *Droit international des droits de l'Homme et valeurs. Le recours aux valeurs dans la jurisprudence des organes spécialisés*, op. cit.

[84] SUPIOT (A.), *L'esprit de Philadelphie, La justice sociale face au marché total*, op. cit., p. 120

organes spécialisés dans les droits de l'Homme[85], celle-ci n'a pas été bâtie pour défendre en priorité les intérêts sociaux des individus mais poursuit des objectifs beaucoup plus larges et parfois antagonistes. Cette conception, qui comporte quelques tempéraments, se retrouve dans la jurisprudence de la CJUE.

A/ La conciliation d'intérêts antagonistes

Comme toute institution de l'Union, la Cour de justice se doit de *« promouvoir ses valeurs, poursuivre ses objectifs, servir ses intérêts, ceux de ses citoyens et ceux de ses Etats membres (...), [d']assurer la cohérence, l'efficacité et la continuité de ses politiques et de ses actions »*[86]. Il est donc attendu d'elle qu'elle *« contribue à la dynamique européenne »*[87].

Au niveau des textes, le traité de Lisbonne[88] donne un bon aperçu des valeurs et principes guidant l'action de l'Union[89]. Son article 2 définit ses objectifs. Si le *« progrès social »* et la *« justice et la protection sociales »* sont énoncées, ils ne constituent qu'un but parmi d'autres, côtoyant la recherche de la paix, la prévention de la criminalité, l'atteinte d'une croissance économique équilibrée. La diversité de ces objectifs et, notamment, la place accordée au domaine économique, distingue l'Union européenne d'organisations telles que l'OIT ou le Conseil de l'Europe[90], qui semblent bien moins confrontées à la nécessité de concilier des valeurs antagonistes. En cela, la jurisprudence de la CJUE se rapproche de celle d'une Cour constitutionnelle nationale[91].

---

[85] Cf. infra. §2

[86] Article 13 du Traité sur l'Union européenne

[87] THOUVENIN (J-M.), « Les techniques interprétatives du juge de l'Union européenne », op. cit., p. 491

[88] Traité de Lisbonne modifiant le traité sur l'Union européenne et le traité instituant la Communauté européenne, signé le 13 décembre 2007

[89] Le traité pose en son article premier que *« l'Union est fondée sur les valeurs de respect de la dignité humaine, de liberté, de démocratie, d'égalité, de l'État de droit, ainsi que de respect des droits de l'Homme, y compris des droits des personnes appartenant à des minorités. Ces valeurs sont communes aux États membres dans une société caractérisée par le pluralisme, la non-discrimination, la tolérance, la justice, la solidarité et l'égalité entre les femmes et les hommes »*

[90] Cf. infra. §2

[91] Dans le même sens, selon le Professeur Sophie ROBIN-OLIVIER, *« le contrôle de la conformité de la loi nationale à la Charte des droits fondamentaux de l'Union européenne ressemble à un contrôle de constitutionnalité, transféré à l'échelle européenne »*. ROBIN-OLIVIER (S.), « Les normes sociales internationales et européennes et le développement du droit par les juges en Europe », Droit social, mars 2016, n° 3, p. 219

Dans ce cadre, la place occupée par le domaine social n'en est que plus incertaine[92]. La politique sociale européenne a d'abord été conçue comme une *« politique d'accompagnement de la construction du marché intérieur, cherchant vaille que vaille à maintenir au niveau européen une valeur politique européenne fondamentale : l'équilibre entre marché et régulation »*[93]. La recherche de la cohérence institutionnelle[94] se traduit par un difficile exercice d'équilibre imposé par la contradiction entre les domaines sociaux et économiques, comme l'illustrent les classiques[95] arrêts *Laval*[96] et *Viking*[97], rendus par la CJUE, sont particulièrement éloquents en la matière.

---

[92] Claire MARZO montre que *« la CJUE met en lumière un paradoxe. Elle est à la fois un exemple et un contre-exemple de modèle de juge dans la régulation sociale par le biais de la mobilisation des droits sociaux fondamentaux de la Charte. Ceci apparaît à la lumière de quatre constats. Elle est un juge qui prend en compte d'autres normes nationales et internationales ainsi que les autres juridictions nationales et internationales ; elle est un juge qui fait émerger de nouveaux principes et de nouvelles procédures, au fondement d'un nouvel espace d'action transnational ; elle participe à l'élaboration de quelques règles transnationales, très timides, minimalement protectrices, dans des domaines très limités ; elle peut enfin aller dans le sens d'une accentuation des inégalités au prétexte du respect de la souveraineté des États »*. MARZO (C.), « La Cour de justice de l'Union européenne et la Charte des droits fondamentaux : une illustration des splendeurs et misères de la régulation sociale par la mobilisation des droits sociaux fondamentaux par le juge », Droit social, mars 2016, n° 3, p. 209

[93] BROUILLET (J.), RIGAUX (M.), VANDAMME (F.), « Le modèle social européen : source ou moteur de la construction européenne ? », Droit social, 2006, p. 1177

[94] THOUVENIN (J-M.), « Les techniques interprétatives du juge de l'Union européenne », op. cit., p. 499

[95] Pour des applications de ces décisions, voir les arrêts *Rüffert* (CJCE, 3 avril 2008, aff. C-346/06) et *Luxembourg* (CJCE, 19 juin 2008, aff. C-319/06)

[96] CJCE, 18 décembre 2007, aff. C- 341/05, *Laval und Partneri Ltd c. Svenska Byggnadsarbetareförbundet Svenska Byggnadsarbetareförbundets avdelning 1, Byggettan, Svenska Elektrikerförbundet.* En l'espèce, la société lettone *Laval et Partneri*, qui construisait une école en Suède, avait rémunéré ses ouvriers lettons à hauteur de 450 euros mensuels, en application du droit letton, alors que la convention collective applicable en Suède prévoyait une rémunération minimale de 1450 euros pour les travailleurs de droit suédois. Saisie d'une question préjudicielle, la CJCE avait été interrogée pour savoir si les règles communautaires relatives à la libre prestation de services s'opposaient à ce que des organisations syndicales tentent de contraindre, par une action collective, une entreprise étrangère qui détache des travailleurs dans un pays déterminé à appliquer une convention collective locale. Pour des commentaires des deux décisions, voir par exemple : COLUCCI (M.), « L'avenir de l'Union européenne entre libertés économiques et droits sociaux fondamentaux », Revue du droit de l'Union européenne, 1-2009, pp. 55-72 ;

Dans les deux cas, pour répondre aux questions qui lui étaient posées concernant la conciliation des libertés de circulation avec les droits sociaux et l'exercice du droit de grève, la Cour a fait valoir que *« la Communauté ayant (...) non seulement une finalité économique mais également une finalité sociale, les droits résultant des dispositions du traité relatives à libre circulation des marchandises, des personnes, des services et des capitaux d[evai]ent être mis en balance avec les objectifs poursuivis par la politique sociale, parmi lesquels figurent, ainsi qu'il ressort de l'article 136 CE, notamment, l'amélioration des conditions de vie et de travail, permettant leur égalisation dans le progrès, une protection sociale adéquate et le dialogue social »*[98].

Ces affaires qui symbolisent le rapport entre le social et l'économique devant la Cour de justice sont éclairantes à plusieurs égards. Tout d'abord, elles ont été l'occasion pour la Cour d'exprimer la valeur qu'elle attache au droit de grève[99]. La consécration de l'action collective en tant que droit fondamental

---

LAULOM (S.), « Les actions collectives contre le dumping social », Semaine sociale Lamy, 7 janvier 2008, n° 1335, pp. 8-12, ROBIN-OLIVIER (S.), PATAUT (E.), « Europe sociale ou Europe économique (à propos des affaires *Viking* et *Laval*) », op. cit., pp. 80-88 ; RODIERE (P.), « Les arrêts *Viking* et *Laval* , le droit de grève et le droit de négociation collective », RTD Eur., 2008, pp. 47-66

[97] CJCE, 11 décembre 2007, aff. C-488/05 *International Transport Workers' Federation, Finnish Seamen's Union c. Viking Line ABP, OÜ Viking Line Eesti*. En l'espèce, la société finlandaise *Viking* exploitait un ferry assurant la liaison entre Tallinn (Estonie) et Helsinki (Finlande). Confrontée à la concurrence de compagnies estoniennes exposés à des coûts salariaux plus faibles en raison de la législation nationale, la société *Viking* avait décidé de faire passer son navire sous pavillon estonien ou norvégien, pour échapper à l'application de la convention collective finlandaise et ainsi redresser les comptes d'exploitation de son navire devenus déficitaires. Le syndicat finlandais de marins FSU avait signifié son désaccord avec ce projet et annoncé le déclenchement d'une grève. Parallèlement, l'*International Transport Federation* (ITF), fédération internationale de syndicats de travailleurs employés dans le secteur des transports, avait interdit à l'ensemble de ses affiliés de négocier avec la société *Viking*. Cette dernière a finalement saisi le juge afin de faire constater la violation par le FSU et l'ITF de l'article 43 CE interdisant les restrictions à la liberté d'établissement. Après que la juridiction de première instance a fait droit à la demande de l'entreprise, les organisations de travailleurs ont fait appel, en invoquant notamment l'article 136 du Traité CE. La Cour d'appel a alors saisi la Cour européenne de justice d'une question préjudicielle.

[98] Para. 105 de l'arrêt *Laval* et para. 79 de l'arrêt *Viking*

[99] *« Le droit de mener une action collective, y compris le droit de grève (...) [est] reconnu en tant que droit fondamental faisant partie intégrante des principes généraux du droit communautaire dont la Cour assure le respect »*. Arrêt *Laval*, para. 91 et arrêt *Viking*, para. 44

constitue un *« tournant dans l'histoire jurisprudentielle de la protection communautaire des droits fondamentaux »* qui, jusqu'alors, n'avait pas placé les droits sociaux au premier plan[100]. Dans le même temps, elles montrent la difficile voire impossible conciliation entre deux libertés fondamentales, l'une sociale, l'autre économique. Après avoir considéré que le droit de mener une action collective constituait un droit fondamental, la Cour a en effet estimé que *« son exercice p[ouvai]t être soumis à certaines restrictions »*[101].

Les arrêts *Laval* et *Viking* illustrent finalement l'exercice imposé au juge européen : la recherche d'un point d'équilibre entre les droits et libertés économiques et sociaux.

B/ Principe de cohérence normative et mise en œuvre de méthodes d'interprétation : la recherche d'un point d'équilibre

En matière d'interprétation, la CJUE ne se distingue pas tant des organes de l'OIT[102] par les méthodes variées auxquelles elle recourt[103] que par la finalité de ses travaux : attribuer une signification à un texte, en conciliant des valeurs antagonistes. Même s'il faut tempérer cette affirmation, cette conciliation semble s'effectuer en défaveur du droit social.

Le juge européen a régulièrement rappelé un principe de cohérence normative : *« lorsqu'un texte de droit dérivé communautaire est susceptible de plus d'une interprétation, il convient de donner la préférence à celle qui*

---

[100] ROBIN-OLIVIER (S.), PATAUT (E.), « Europe sociale ou Europe économique (à propos des affaires *Viking* et *Laval*) », Revue de droit du travail, n° 2, février 2008, p. 82

[101] *« ... Par ailleurs, ainsi qu'il ressort du point 5 du présent arrêt, selon le droit finlandais, le droit de grève ne peut être exercé, notamment, lorsque la grève serait contraire aux bonnes mœurs ou interdite par le droit national ou communautaire »*. Arrêt *Viking*, para. 44. Voir aussi arrêt *Laval*, para. 91

[102] Cf. infra. Sous-section 2

[103] Selon le Professeur Jean-Marc THOUVENIN, du point de vue des méthodes utilisées par le juge de l'Union européenne, un constat de *« classicisme »* s'impose, ce dernier recourant aux techniques les plus habituelles. Il rappelle ainsi régulièrement que *« pour l'interprétation d'une disposition du droit communautaire, il y a lieu de tenir compte à la fois de ses termes, de son contexte et de ses objectifs »*. Voir, par exemple : CJCE, 21 février 1984, *St. Nikolaus Brennerei*, 337/82, Rec. p. 1051, point 10 ; CJCE, 17 octobre 1995, *Leifer e.a.*, C-83/94, Rec. p. I-3231, point 22 ; CJCE, 30 juillet 1996, *Bosphorus Hava Yollari Turizm ve Ticaret AS contre Minister for Transport, Energy and Communications et autres*, C-84/95, p. I-03953, para. 11. THOUVENIN (J-M.), « Les techniques interprétatives du juge de l'Union européenne », op. cit., p. 493

rend la disposition conforme au traité, plutôt qu'à celle conduisant à constater son incompatibilité avec celui-ci »[104]. Le Professeur Jean-Marc THOUVENIN souligne la distinction entre l'aspect formel et l'aspect substantiel du principe de cohérence normative : le premier impose au juge d'interpréter le droit dérivé conformément aux normes qui lui sont supérieures tandis que, corrélativement, le second oblige le juge a respecter les valeurs politiques et sociales fondatrices[105].

Dans ce contexte, au-delà des affaires *Laval* et *Viking*, la conciliation des libertés sociales et économiques par la Cour apparaît désormais défavorable aux intérêts des travailleurs. Par exemple, dans l'affaire *Alemo-Herron*[106], la Cour a considéré que l'article 3 de la directive 2001/23/CE du 12 mars 2001 concernant le rapprochement des législations des États membres relatives au maintien des droits des travailleurs en cas de transfert d'entreprises devait être interprété comme s'opposant à ce qu'un État membre prévoie qu'en cas de transfert d'entreprises, le cessionnaire se voie imposer le respect de conventions collectives négociées, dès lors qu'il n'a pas eu la possibilité de participer à leur processus de négociation postérieurement au transfert.

Pour parvenir à cette solution, les juges se sont prononcés quant à la finalité de la directive invoquée, laquelle *« ne vise pas uniquement à sauvegarder, lors d'un transfert d'entreprise, les intérêts des travailleurs, mais entend assurer un juste équilibre entre les intérêts de ces derniers, d'une part, et ceux du cessionnaire, d'autre part »*[107]. En complément, selon la Cour, la liberté d'entreprise prévue par l'article 16 de la Charte des droits fondamentaux de l'Union européenne[108] comporte notamment la liberté contractuelle, laquelle est remise en cause lorsque le cessionnaire, en tant que personne privée, ne peut participer aux négociations menées par un organisme de négociation collective dans le secteur public local.

---

[104] CJCE, 13 décembre 1983, *Commission c. Conseil*, aff. C-218/82, Rec. 4063, pt., 15 cité par THOUVENIN (J-M.), « Les techniques interprétatives du juge de l'Union européenne », op. cit., p. 500

[105] THOUVENIN (J-M.), « Les techniques interprétatives du juge de l'Union européenne », op. cit., pp. 501-502

[106] CJUE, 18 juillet 2013, aff. C- 426/11, *Alemo-Herron*

[107] *« ...Plus particulièrement, elle précise que le cessionnaire doit être en mesure de procéder aux ajustements et aux adaptations nécessaires à la continuation de son activité »*. CJUE, 18 juillet 2013, aff. C- 426/11, *Alemo-Herron*, para. 25

[108] Charte des droits fondamentaux de l'Union européenne, adoptée à Lisbonne le 7 décembre 2000

En faisant primer le besoin de flexibilité des entreprises sur la protection des conditions d'emploi des travailleurs[109], la Cour a choisi de raisonner sur la base de la conciliation entre les droits économiques et sociaux orientant l'action de l'Union européenne, non sans réinventer les objectifs de la directive[110]. Elle est ainsi venue confirmer, de manière quelque peu radicale, l'idée selon laquelle les normes de droit dérivé devaient être interprétées conformément aux normes qui lui étaient supérieures[111] (les libertés économiques garanties par les traités l'ayant ici emporté sur la vocation sociale de la directive).

Il serait inexact d'affirmer que la mise en balance par la CJUE des considérations sociales et économiques se révèle toujours défavorable aux travailleurs. Comme l'a montré le Professeur Sophie ROBIN-OLIVIER[112], la CJUE a ponctuellement témoigné de sa fonction sociale, de façon certes limitée dans la période récente. Il en va ainsi dans le cas où la Cour interprète le droit européen à l'aune des Conventions ratifiées par l'Union ou liant le législateur[113]. Par exemple, en ce qui concerne l'aménagement du temps de travail, la Convention n° 132 de l'OIT sur les congés payés[114] a été utilisée pour interpréter la directive n° 2003/88/CE concernant certains aspects de l'aménagement du temps de travail, cette dernière s'y référant en son préambule[115]. La Cour a ainsi estimé que le droit à congés payés ne pouvait pas être subordonné à l'exercice effectif d'une activité pendant une période de référence[116]. De même, c'est parce que l'Union européenne est

---

[109] PRASSL (J.), « Freedom of contract as a general principle of law? », ILJ, vol. 42, n° 4, déc. 2013, p. 434 cité par LAULOM (S.), « Une interprétation de la Charte préjudiciable aux droits des salariés », op. cit.

[110] ROBIN-OLIVIER (S.), « Transferts d'entreprise : une jurisprudence à contresens », RTD Eur., avril-juin 2014, p. 528. Voir également, MARZO (C.), « La Cour de justice de l'Union européenne et la Charte des droits fondamentaux : une illustration des splendeurs et misères de la régulation sociale par la mobilisation des droits sociaux fondamentaux par le juge », op. cit., pp. 209-219

[111] CJCE, 25 novembre 1986, *Klensch contre Secrétaire d'Etat*, affaires 201 et 202/85, Rec. 3477, pt. 21 cité par THOUVENIN (J-M.), « Les techniques interprétatives du juge de l'Union européenne », op. cit., p. 499

[112] ROBIN-OLIVIER (S.), « Les normes sociales internationales et européennes et le développement du droit par les juges en Europe », op. cit., p. 219

[113] Ibid., p. 227

[114] Convention n° 132 concernant les congés annuels payés (révisée en 1970) (Entrée en vigueur : 30 juin 1973)

[115] ROBIN-OLIVIER (S.), « Les normes sociales internationales et européennes et le développement du droit par les juges en Europe », op. cit., p. 219

[116] CJCE, 20 janv. 2009, aff. C-350/06, *Schulz-Hoff* cité par ROBIN-OLIVIER (S.), « Les normes sociales internationales et européennes et le développement du droit par les juges en Europe », op. cit., p. 219

partie à la Convention de l'ONU relative aux droits des personnes handicapées que la Cour a interprété le droit à la lumière de cette dernière[117]. Ainsi, en reprenant la définition du handicap proposée à l'article 1er de la Convention[118], la Cour a formé une jurisprudence particulièrement extensive, en considérant par exemple qu'une maladie occasionnant une limitation de *« longue durée »* constituait un handicap au sens de la directive n° 2007/78/CE portant création d'un cadre général en faveur de l'égalité de traitement en matière d'emploi et de travail[119].

Sans étudier plus avant les décisions de la Cour ni préciser de façon approfondie la question de la prise en compte des droits sociaux dans l'Union européenne[120], ces exemples jurisprudentiels illustrent la difficulté devant laquelle les traités fondateurs de l'Union européenne ont placé la Cour de justice : aussi élevé que puisse être devenu le niveau de reconnaissance des droits sociaux, ceux-ci ne peuvent être envisagés de manière absolue et entrent dans un rapport de forces avec les libertés économiques fondamentales. Contrairement à une OIT entièrement orientée vers la promotion de la justice sociale, l'Union européenne voit sa politique sociale diluée dans un ensemble plus vaste, ses juges devant assurer une conciliation entre des objectifs qui s'opposent[121].

Cette influence des principes fondateurs sur la jurisprudence explique également pourquoi les organes de l'OIT, dans leur travail d'interprétation,

---

[117] Ibid.

[118] *« ...incapacités physiques, mentales, intellectuelles ou sensorielles durables dont l'interaction avec diverses barrières peut faire obstacle à leur pleine et effective participation à la société sur la base de l'égalité avec les autres »*

[119] CJUE, 18 décembre 2014, *Fag og Arbejde (FOA)*, aff. 354/13 cité par ROBIN-OLIVIER (S.), « Les normes sociales internationales et européennes et le développement du droit par les juges en Europe », op. cit., p. 219

[120] Pour une étude détaillée de la dynamique *« tardive et encore très lacunaire [mais qui] (...) n'en est pas moins indéniable »*, voir BENLOLO-CARABOT (M.), « Les droits sociaux et l'Union européenne » in ROMAN (D.), *La justiciabilité des droits sociaux : vecteurs et résistances*, Editions A. Pedone, Paris, 2012, pp. 189-206. Voir également MOREAU (M-A.), « L'utilisation des droits sociaux fondamentaux par les travailleurs dans l'Union européenne » in CHEROT (J-Y.), VAN REENEN (T.) (dir.), *Les droits sociaux fondamentaux à l'âge de la mondialisation*, Presses universitaires d'Aix-Marseille, 2005, pp. 175-188 (*« L'opacité sur les moyens d'action, les incertitudes juridiques, l'absence de visibilité des violations de droits sociaux fondamentaux sont autant de limites à la politique de l'Union en faveur des droits sociaux fondamentaux des travailleurs »*)

[121] Il faut rappeler que la Commission d'experts a exprimé sa préoccupation à propos de la jurisprudence de la Cour tendant à restreindre le droit de grève. CEACR, Etude d'ensemble sur les conventions fondamentales, Donner un visage humain à la mondialisation, op. cit., para. 128, p. 53

pourraient difficilement suivre la CJUE dans ses tendances libérales économiquement. Un tel rapprochement de jurisprudences supposerait en effet que les interprètes genevois contreviennent à l'ambition sociale poursuivi par leur structure d'appartenance[122] et par ses instruments. En cela, l'OIT se rapproche de bon nombre de juridictions en charge de la protection des droits de l'Homme.

§2. Comparaison avec les méthodes et choix d'entités spécialisées en matière de droits de l'Homme : cas des travaux menés au sein du Conseil de l'Europe

En s'autorisant à comparer les questions du travail et les questions des droits de l'Homme qu'elles recoupent, il est tentant d'établir un parallèle entre la pratique des (quasi[123]-) juridictions que sont la Cour européenne des droits de l'Homme et le Comité européen des droits sociaux (CEDS) et celle des organes de supervision établis au sein de l'OIT.

Comme ces derniers, les entités établies au sein du Conseil de l'Europe voient leurs jurisprudences largement conditionnées par les objectifs poursuivis par l'organisation à laquelle ils appartiennent et la philosophie des textes qu'elles sont chargées d'appliquer. Alors que les systèmes strasbourgeois et genevois se rejoignent en ce qu'ils consistent à déployer des méthodes d'interprétation extensives comme moyen de protection des droits humains et sociaux, le premier se distingue clairement par la marge d'appréciation qu'il a expressément consacrée au bénéfice des Etats.

A/ Des méthodes d'interprétation extensives reflétant une ambition de protection des droits de l'Homme

Les entités établies au sein du Conseil de l'Europe ont régulièrement affirmé leur inclination pour les méthodes d'interprétation téléologiques, de façon à promouvoir leurs valeurs fondatrices. La convergence avec la pratique des organes de l'OIT trouve une illustration à travers la réponse apportée par le CEDS aux arrêts *Laval* et *Viking*.

1. L'affirmation d'une approche téléologique

Au sein du Conseil de l'Europe, la Cour EDH et le CEDS privilégient des approches téléologiques, comme les organes de l'OIT. La tentation de rapprocher ces acteurs est d'autant plus grande que, contrairement à la

[122] Cf. supra. Sous-section 1

[123] Dans le cas du Comité européen des droits sociaux

CJUE, ils ne semblent pas tiraillés dans la promotion de valeurs contradictoires.

Très tôt, en 1968, dans l'arrêt *Wemhoff c. Allemagne*, la Cour européenne des droits de l'Homme a consacré la voie téléologique comme moyen de donner corps aux traités[124]. Comme l'a noté le juge Françoise TULKENS, ce point de vue s'inspire du Préambule de la Convention européenne des droits de l'Homme, selon lequel le maintien mais aussi le développement des droits de l'Homme doit être assuré, ainsi que par l'article 1er de la Convention qui précise que les Etats reconnaissent (*shall secure*) les droits et libertés garantis par la Convention[125]. L'utilisation de méthodes d'interprétation ouvertes reflète l'ambition des juges d'appliquer le plus largement et efficacement les droits de l'Homme[126].

Dès 1975, l'arrêt *Golder*[127] a posé les fondations d'une jurisprudence dynamique et évolutive[128], visant à interpréter la Convention comme un instrument *« vivant »*[129], dont le caractère impose la prise en compte du but et de l'objectif qu'elle poursuit[130]. La Cour a ainsi lu l'article 6§1 de la Convention[131] comme garantissant un droit d'accès aux tribunaux[132]. En

---

124 *« S'agissant d'un traité normatif, il y a lieu (...) de rechercher quelle est l'interprétation la plus propre à atteindre le but et à réaliser l'objet de ce traité et non celle qui donnerait l'étendue la plus limitée aux engagements des Parties ».* Cour EDH, 27 juin 1968, *Wemhoff c. Allemagne*, Req. n° 2122/64, para. 8

125 TULKENS (F.), « Les techniques interprétatives des organes de protection des droits de l'Homme », op. cit., p. 535

126 Ce qui ne signifie pas que les droits fondamentaux soient absolus, de nombreuses restrictions ayant pu être admises par les juges européens. Par exemple, il en va ainsi dans le domaine de la liberté d'expression protégée par l'article 10 de la Convention. Les juges ont admis *« qu'en principe on peut juger nécessaire, dans les sociétés démocratiques, de sanctionner, voire de prévenir, toutes les formes d'expression qui propagent, incitent à, promeuvent ou justifient la haine fondée sur l'intolérance ».* Cour EDH, 6 juillet 2006, *Erbakan c. Turquie*, n° 59405/00, para. 56

127 Cour EDH, 21 février 1975, *Golder c. Royaume-Uni*, Req. n° 4451/70

128 Cf. infra. Chapitre 2

129 TOUZE (S.), « Les techniques interprétatives des organes de protection des droits de l'Homme », op. cit., p. 520

130 FITZMAURICE (M), « Dynamic (Evolutive) interpretation of treaties and the European Court of Human Rights » in ORAKHELASHVILI (A.), WILLIAMS (S.) (éd.), *40 years of the Vienna Convention on the law of treaties*, British institute of international and comparative law, 2010, p. 92

131 *« Toute personne a droit à ce que sa cause soit entendue équitablement, publiquement et dans un délai raisonnable, par un tribunal indépendant et impartial »*

amont, la Commission européenne des droits de l'Homme (qui était alors chargée de traiter de la recevabilité des requêtes) avait souligné que la *« nature particulière »* de la Convention européenne des droits de l'Homme justifiait que celle-ci soit interprétée *« de manière objective, et non en fonction de ce qu'une Partie a pu comprendre au moment où elle l'a ratifiée »*. Justifiant la nécessité de mettre en œuvre une approche téléologique, elle ajouta que *« quoiqu'il puisse en être d'un traité international ordinaire, la Commission et la Cour, chaque fois qu'elles se sont prononcées sur ce point d'ordre général, ont toutes deux déclaré que la Convention ne devrait pas s'interpréter d'une manière restrictive qui l'empêcherait d'atteindre son but et de réaliser son objet »*[133].

Au sein du Conseil de l'Europe également, le CEDS (sans qu'il ne s'agisse de l'assimiler à la CEDH), qui applique et interprète la Charte sociale européenne[134], a déjà eu l'occasion de préciser les méthodes d'interprétation qu'il mettait en œuvre[135]. De la même manière que les organes de l'OIT[136], celui-ci a rapidement dépassé les limites de l'approche littérale de la Charte pour procéder à une interprétation téléologique, avant de s'appuyer sur d'autres instruments les travaux d'autres organes. Comme il a été décrit de façon imagée *« le Comité européen des droits sociaux fait du droit – c'est un de ses raisons d'être – mais il veut de la chair sur le droit. Il veut à la fois de bons textes et de bonnes pratiques »*[137].

---

132 En l'espèce, un prisonnier avait souhaité saisir les tribunaux afin d'intenter une action en diffamation à l'encontre d'un gardien qui l'avait accusé à tort d'avoir participé à une mutinerie

133 Affaire *Golder*, Rapport de la Commission du 1er juin 1973, Publications de la Cour européenne des Droits de l'Homme, série B, vol. 16, Strasbourg, 1975, p. 34 cité par OST (F.), VAN DE KERCHOVE (M.), *Entre la lettre et l'esprit - Les directives d'interprétation en droit*, op. cit., p. 255

134 Charte sociale européenne (révisée), 3 mai 1996 et Charte sociale européenne, 18 octobre 1961

135 Sur la diversité des méthodes d'interprétation mises en œuvre par le Comité, voir JIMENA QUESADA (L.), « Profils juridictionnels et effectivité des décisions du Comité européen des droits sociaux » in ROMAN (D.) (dir.), *La justiciabilité des droits sociaux : vecteurs et résistances*, op.cit., pp. 171-173

136 Cf. supra. Sous-section 1

137 BELORGEY (J-M.), « La Charte sociale du Conseil de l'Europe et son organe de régulation (1961-2011), le comité européen des droits sociaux : esquisse d'un bilan », Revue Trimestrielle des Droits de l'Homme, n° 88, octobre 2011, p. 791

2. *Illustration de la convergence entre les organes de l'OIT et le CEDS : la réponse apportée aux arrêts Laval et Viking*

La convergence entre les organes de l'OIT et le CEDS se retrouve dans la réponse apportée par ce dernier aux arrêts *Laval* et *Viking*[138], laquelle s'inscrit dans la lignée de décisions de la Commission d'experts[139].

En l'espèce[140], pour faire suite à l'arrêt *Laval* de la Cour de Luxembourg, la Suède a adopté une loi, dite *Lex Laval*, de façon à interdire aux syndicats l'exercice d'une action collective dans le cas où un employeur parviendrait à démontrer que les travailleurs détachés bénéficient au moins des conditions d'emploi prévues par les conventions collectives centrales. Le CEDS a alors été saisi par un syndicat suédois, qui invoquait notamment une violation de l'article 6§4 de la Charte garantissant *« le droit des travailleurs et des employeurs à des actions collectives en cas de conflits d'intérêt, y compris le droit de grève »*. Le Comité s'est donc livré à un double exercice : apprécier la conformité de la législation suédoise avec la Charte et prendre position par rapport à la jurisprudence européenne.

L'idée force de l'argumentation[141] du Comité apparaît pour le moins éloquente, s'agissant de la place qu'il accorde à ses valeurs. Pour constater la violation de la Charte, il a écarté toute présomption de compatibilité du droit de l'Union européenne avec la Charte[142], en distinguant deux systèmes juridiques[143]. Sur le terrain des valeurs, le Comité a avancé qu'*« au regard*

---

[138] Cf. supra. A/

[139] Rapport de la Commission d'experts pour l'application des conventions et recommandations, Rapport III, Partie 1A, BIT, Genève, 2010, Observations certains pays, Royaume-Uni, paras. 211 et s. ; Rapport de la Commission d'experts pour l'application des conventions et recommandations, op. cit., Suède, paras. 192 s. CHATZILAOU (K.), « La réponse du CEDS aux arrêts *Viking* et *Laval* », Revue de droit du travail, n° 3, 28 mars 2014, p. 162

[140] CEDS, 3 juillet 2013, *LO et TCO contre Suède*, Réclamation n° 85/2012

[141] Très détaillée. Il faut noter que le Comité a énuméré de nombreux textes de droit, parmi lesquels les Conventions n° 87 et 98 de l'OIT ainsi que les travaux des organes de contrôle de l'OIT

[142] *« Ni la place qu'occupent actuellement les droits sociaux dans l'ordre juridique de l'Union européenne ni la teneur et le processus d'élaboration de sa législation ne lui semblent justifier que l'on parte, d'une manière générale, de l'idée que les textes juridiques de l'Union européenne sont conformes à la Charte sociale européenne »*. CEDS, 3 juillet 2013, *LO et TCO contre Suède*, op. cit., para. 74

[143] Le Comité s'est clairement distingué de la CJUE, en soulignant que le droit de la Charte et de droit de l'Union européenne étaient *« deux systèmes juridiques différents et les principes, règles et obligations qui forment la seconde ne coïncident*

du système de valeurs, des principes et des droits fondamentaux que consacre la Charte, le droit de négociation collective et le droit de mener des actions collectives sont primordiaux pour garantir l'autonomie des syndicats et protéger les conditions d'emploi des travailleurs... »[144]. Ainsi, le Comité européen des droits sociaux exprime ici avec force *« la différence structurelle entre les "deux Europe" »*[145]. Tout en réaffirmant la primauté des idéaux sociaux[146], le Comité souligne que ce sont les valeurs qui déterminent la position finale des juges.

Une telle décision a le mérite de révéler les différentes conceptions et méthodes de raisonnement entre les instances du Conseil de l'Europe et de l'Union européenne[147]. Pour autant, elle n'est pas sans poser des difficultés de mise en œuvre en ce que, pour prendre corps dans l'ordre juridique de l'Union, elle requiert sa prise en considération (purement volontaire) par la CJUE, cet alignement ne paraissant pas acquis[148].

Force est de constater que les juges suivent ici le mouvement tracé par les auteurs de la Charte qui reflète les idéaux poursuivis par cette dernière. Peut-être sont-ils encouragés dans leur démarche par la formulation de la Charte,

---

pas nécessairement avec le système de valeurs, les principes et les droits consacrés par la première » CEDS, 3 juillet 2013, *LO et TCO contre Suède*, op. cit., para. 74

144 Ibid., para. 120

145 LYON-CAEN (A.), « Deux Europe », Revue de droit du travail, 1er janvier 2014, n° 1, p. 1

146 Même s'il a estimé que le droit des syndicats de mener des actions collectives n'était pas un droit absolu (CEDS, 3 juillet 2013, *LO et TCO contre Suède*, op. cit., para. 118)

147 Selon Konstantina CHATZILAOU, *« si les critiques du Comité portent sur les dispositions de la législation suédoise, il est permis de considérer qu'elles s'adressent également à la CJUE. La divergence des conceptions du caractère fondamental du droit de mener des actions collectives est en effet flagrante. Dans la décision LO et TCO c. Suède, le CEDS confère à la notion de "fondamentalité" une véritable signification : elle constitue un rempart aux restrictions qui priveraient le droit de mener des actions collectives de son essence. En revanche, dans l'arrêt Laval, les juges du Luxembourg semblent adopter une conception instrumentale de cette même notion. L'érection du droit de mener des actions collectives au rang du droit fondamental semble avoir comme unique utilité sa mise en confrontation avec la libre prestation de services »*. CHATZILAOU (K.), « La réponse du CEDS aux arrêts *Viking* et *Laval* », op. cit., p. 162

148 Sur l'éventualité d'un rapprochement de la jurisprudence du CEDS et de la CJUE et ses limites, voir CHATZILAOU (K.), « La réponse du CEDS aux arrêts *Viking* et *Laval* », op. cit., p. 162

dont la plupart des dispositions énonçant des droits sont formulés en utilisant l'expression *« en vue d'assurer l'exercice effectif... »*[149].

L'on voit ici que les organes de protection des droits de l'Homme, comme ceux de l'OIT, tendent à approcher les textes qu'ils mettent en œuvre de manière extensive, en s'attachant à promouvoir la dimension sociale ou humaniste du droit, conformément au mandat poursuivi par leurs organisations d'appartenance[150].

B/ La marge nationale d'appréciation comme limite à l'ambition universaliste

La propension indiscutable d'un certain d'entités à promouvoir les droits de l'Homme connaît des limites. En particulier, contrairement aux décisions des organes de supervision de l'OIT[151], les questions de compétence prennent parfois le pas, de façon flagrante, sur l'ambition universaliste poursuivie par la Cour européenne des droits de l'Homme. La marge d'appréciation reconnue par cette dernière aux Etats limite ainsi le domaine de ses interprétations.

1. *La prise en compte des spécificités dans les procédures : la marge nationale d'appréciation devant la Cour européenne des droits de l'Homme*

La Cour européenne des droits de l'Homme a théorisé les limites de sa compétence à travers la définition d'une marge nationale d'appréciation, au sein de laquelle les Etats disposent de la faculté de s'écarter des dispositions de la Convention ou, en d'autres termes, disposent d'une *« certaine autonomie dans l'application de la Convention »*[152].

---

149 JIMENA QUESADA (L.), « Profils juridictionnels et effectivité des décisions du Comité européen des droits sociaux », op. cit., p. 174

150 Bien qu'ils convergent dans cette poursuite d'une finalité sociale ou humaniste, ces organes peuvent toutefois développer des approches pouvant différer sensiblement. Sur le sujet, voir CHATZILAOU (K.), *L'action collective des travailleurs et les libertés économiques. Essai sur une rencontre dans les ordres juridiques nationaux et supranationaux*, LGDJ, « Collection des thèses », 2016, pp. 382-401

151 Cf. supra. Sous-section 1

152 CALLEWAERT (J.), « Quel avenir pour la marge d'appréciation ? » in MAHONEY (P.), MATSCHER (F.), PETZOLD (H.), WILDHABER (L.) (éd.), *Protection des droits de l'Homme : la perspective européenne. Mélanges à la mémoire de Rolv RYSSDAL*, Carl Heymanns Verlag, 2000, p. 149 cité par TULKENS (F.), DONNAY (L.), « L'usage de la marge nationale d'appréciation par la Cour européenne des droits de l'Homme : paravent juridique superflu ou

Le développement de la jurisprudence relative à la marge nationale d'appréciation concerne l'ensemble des dispositions de la Convention européenne des droits de l'Homme, si bien que le contrôle du juge européen *« devient parfois réellement marginal »*[153]. Affirmée par la jurisprudence, la marge nationale d'appréciation, qui est fondée sur une idée de subsidiarité du droit supranational, s'est imposée de façon progressive.

Dès 1968, dans l'affaire *linguistique belge*[154] (qui portait sur l'absence d'enseignement en langue française dans des communes flamandes), la Commission européenne des droits de l'Homme a implicitement consacré la marge nationale d'appréciation, en érigeant les Etats comme premières autorités habilitées à apprécier si des comportements sont conformes à la Convention, compte tenu des circonstances de fait et de droit nationales. De façon très explicite, la Cour a ensuite, à de nombreuses occasions, renforcé le rôle principal des autorités nationales dans la garantie des droits de l'Homme. Ainsi, dans l'affaire *Handyside c. Royaume-Uni* relatif à la liberté d'expression, la Cour a clairement synthétisé sa position : *« le mécanisme de sauvegarde instauré par la Convention revêt un caractère subsidiaire par rapport aux systèmes nationaux de garantie des Droits de l'Homme (arrêt du 23 juillet 1968 sur le fond de l'affaire "linguistique belge", série A no 6, p. 35, par. 10 in fine). La Convention confie en premier lieu à chacun des États contractants le soin d'assurer la jouissance des droits et libertés qu'elle consacre. Les institutions créées par elle y contribuent de leur côté, mais elles n'entrent en jeu que par la voie contentieuse et après épuisement des voies de recours internes »*[155].

C'est en vertu de cette marge nationale d'appréciation que la Cour de Strasbourg, dans l'affaire *Stummer*[156], a considéré que le régime social des travailleurs emprisonnés en Autriche (privés d'affiliation au régime des pensions de retraite relevant du régime général de la sécurité sociale) ne violait pas les articles 14 (interdiction de la discrimination) de la Convention

---

mécanisme indispensable par nature ? », Revue de science criminelle et de droit pénal comparé, 2006, n° 1, p. 5

[153] LAMBERT (P.), « Marge nationale d'appréciation et contrôle de proportionnalité » in SUDRE (F.), *L'interprétation de la Convention européenne des droits de l'Homme*, Bruylant, Bruxelles, 1998, p. 76

[154] Commission européenne des droits de l'Homme, arrêt du 23 juillet 1968, série A n° 6, Requête n° 1474/62 ; 1677/62 ; 1691/62 ; 1769/63 ; 1994/63 ; 2126/64)

[155] Cour EDH, 7 décembre 1976, *Affaire Handyside c. Royaume-Uni*, Req. n° 5493/72, para. 48 cité par LAMBERT (P.), « Marge nationale d'appréciation et contrôle de proportionnalité », op. cit., p. 68

[156] Cour EDH, Grande chambre, 7 juillet 2011, *Stummer c. Autriche*, requête n° 37452/02

européenne des droits de l'Homme combiné avec les articles 1 du Protocole n° 1 (protection de la propriété) et 4 de la Convention (interdiction de l'esclavage et du travail forcé). Pour parvenir à cette conclusion, les juges se sont appuyés sur la marge accordée aux Etats[157].

Sans entrer plus avant dans les détails d'une jurisprudence foisonnante sur les contours de la marge nationale d'appréciation[158], il ressort que la prise en considération de particularités juridiques, économiques, sociales ou culturelles des Etats peut justifier une limitation de l'application de la Convention européenne des droits de l'Homme. Au nom d'un principe lié au respect des souverainetés nationales, la Cour limite ainsi sa compétence.

L'usage de la marge nationale d'appréciation a été régulièrement critiquée, y compris au sein de la Cour. Par exemple, le juge Christos ROZAKIS regrette que la marge d'appréciation ne conforte pas toujours la Convention européenne dans son rôle premier, à savoir l'harmonisation progressive de la protection des droits de l'Homme entre les Etats[159]. Selon lui, la prise en compte des particularités nationales doit être acceptée de manière très précautionneuse et ne jamais être entendue comme une règle[160].

La marge nationale d'appréciation semble en pratique avoir permis de théoriser une règle limitant la portée de la Convention européenne des droits de l'Homme. C'est ici que la pratique de la Cour se distingue de celle en vigueur dans l'organisation genevoise.

---

[157] *« Tout en l'invitant à surveiller la question à l'origine de la présente espèce, la Cour considère que l'Etat défendeur n'a pas excédé la marge d'appréciation dont il jouissait en la matière en s'abstenant d'affilier les détenus exerçant un travail au régime des pensions de retraite »*. Cour EDH, Grande chambre, 7 juillet 2011, *Stummer c. Autriche*, op. cit., para. 110

[158] Sur le sujet, voir par exemple LAMBERT (P.), « Marge nationale d'appréciation et contrôle de proportionnalité » in SUDRE (F.), *L'interprétation de la Convention européenne des droits de l'Homme*, Bruylant, Bruxelles, 1998, pp. 63-89 ; GREER (S.), *La marge d'appréciation : interprétation et pouvoir discrétionnaire dans le cadre de la Convention européenne des droits de l'Homme*, Editions du Conseil de l'Europe, 2000 ; TULKENS (F.), DONNAY (L.), « L'usage de la marge nationale d'appréciation par la Cour européenne des droits de l'Homme : paravent juridique superflu ou mécanisme indispensable par nature ? », op. cit., pp. 3-24

[159] ROZAKIS (C.), « Through the looking glass: an "insiders's" view of the margin of appreciation » in Coll., *La conscience des droits, Mélanges Costa*, Dalloz, 2011, pp. 528-529

[160] Ibid., p. 529

2. *La prise en compte des spécificités en substance : la souplesse dans les interprétations des organes de l'OIT*

L'OIT ne prévoit aucune possibilité générale pour les Etats de s'exonérer de leurs obligations, à la différence de la Cour européenne des droits de l'Homme. De façon bien moins institutionnalisée qu'à Strasbourg, la marge accordée aux Etats ne découle pas d'une décision expresse des juges mais des Conventions appliquées, ou plutôt de chaque type de norme (fondamentale, programmatique ou technique)[161], lequel accorde une marge de manœuvre plus ou moins étendue aux Etats, en leur imposant des obligations d'un degré de précision variable[162].

L'approche prévalant au sein de l'OIT, qui exclut la prise en compte des spécificités nationales au stade de l'application des normes internationales du travail[163], s'inscrit à rebours du mécanisme de la marge d'appréciation nationale tel que pratiqué par les juges de Strasbourg. A cet égard, la Commission d'experts a par exemple déclaré que *« conformément à son mandat, la commission, tout en notant les diverses conditions politiques, économiques et sociales existant dans différents pays, doit examiner, et a en fait examiné, d'un point de vue strictement juridique, dans quelle mesure les pays qui ont ratifié les conventions donnent effet, par leur législation et leur pratique, aux obligations qui en découlent et qui s'imposent à eux, quel que soit leur système politique, social ou économique. Les observations de la commission contiennent les conclusions auxquelles elle est arrivée par une application uniforme de cette démarche objective, dans le cadre strict des garanties prévues dans la convention intéressée »*[164].

Cela ne signifie pas que les organes d'interprétation de l'OIT ignorent les situations nationales et développent des raisonnements faisant fi des particularismes des Etats. Simplement, là où la Cour européenne a érigé le principe de la marge nationale d'appréciation, les organes de l'OIT, dans un objectif d'intégration du droit international, évoluent de façon bien plus précautionneuse. Face à des juges limitant de fait le domaine de leurs interprétations dans certains cas, les organes de l'OIT se bornent à élaborer des analyses rédigées en des termes flexibles lorsqu'ils considèrent qu'une Convention déterminée accorde une certaine souplesse aux autorités nationales[165].

---

[161] Cf. infra. Section 2, sous-section 2 pour une définition
[162] Cf. infra. Section 2
[163] Cf. infra. Section 2
[164] CIT, 73ème session, 1987, Rapport du CEACR, Rapport III, Partie 4A, para. 23, p. 14
[165] Cf. infra. Section 2

Finalement, alors que les travaux des entités établies au sein du Conseil de l'Europe[166] comme de l'OIT révèlent une volonté certaine de leurs auteurs de promouvoir les principes de protection des droits de l'Homme ou de promotion de la justice sociale au fondement de leur organisation d'appartenance, les interprétations établies au sein des quasi-juridictions de l'OIT paraissent bien moins susceptibles de voir leur domaine limité par l'institutionnalisation d'une marge nationale d'appréciation.

En tout état de cause, en dépit de leur ambition universaliste, les interprétations formées au sein de l'OIT ne peuvent être conçues comme un ensemble rigide, compte tenu de la diversité des situations nationales.

Section 2 L'approche téléologique adaptée face à la diversité des situations nationales

Conformément à son ambition universaliste, l'OIT adopte des instruments destinés à l'ensemble de ses membres. En pratique, les organes de supervision de l'application des normes internationales du travail se trouvent néanmoins confrontés à des situations nationales hétérogènes.

La Constitution de l'OIT prévoit une prise en compte des circonstances nationales au seul stade de l'élaboration des normes internationales du travail. Ensuite, aucune différence de traitement entre Etats ne saurait être acceptée sur le plan juridique, en particulier au moment de leur application. De fait, les interprètes font face à exercice complexe : rendre effectifs les textes qu'ils appliquent, tout en se montrant suffisamment souples pour pouvoir envisager des situations disparates[167].

---

166 Et, plus généralement, des organes internationaux spécialisés dans les droits de l'Homme. Leur pratique a été décrite de la manière suivante : *« Offrant aux juridictions spécialisées la possibilité de se rejoindre sur l'essentiel en utilisant les valeurs comme "boussole", le recours aux valeurs se présente en fait comme un retour aux sources, reflétant l'idéalisme qui constitue la raison d'être et le fondement même du droit international des droits de l'Homme, mais mobilisé dans la perspective très pragmatique d'un droit qui puise certes sa légitimité dans la fondamentalité de son objet mais ne vaut en réalité qu'à travers l'efficacité de la protection qu'il offre. Mêlant intimement idéalisme et pragmatisme, ce procédé apparaît alors comme une synthèse de l'esprit du droit international des droits de l'Homme, un instrument mis au service de ses objectifs par le juge spécialisé »*. HUSSON-ROCHCONGAR (C.), *Droit international des droits de l'Homme et valeurs. Le recours aux valeurs dans la jurisprudence des organes spécialisés*, op. cit., p. 933

167 *« Les normes internationales du travail ne sont pas conçues comme un idéal abstrait, mais comme un moyen d'action concret qui exige la prise en compte des*

Sous-section 1 : La relativisation négociée de la justice sociale dans l'élaboration des instruments de l'OIT

Malgré les problématiques posées par les disparités économiques, sociales ou culturelles des Etats, l'échelle globale est apparue appropriée pour traiter des questions sociales. Il ne s'est pas agi pour autant d'ignorer les spécificités nationales, puisque les textes peuvent prévoir des aménagements pour permettre une approche adaptée à certaines particularités.

Ainsi, selon l'article 19§3 de la Constitution de l'OIT, *« en formant une convention ou une recommandation d'une application générale, la Conférence devra avoir égard aux pays dans lesquels le climat, le développement incomplet de l'organisation industrielle ou d'autres circonstances particulières rendent les conditions de l'industrie essentiellement différentes, et elle aura à suggérer telles modifications qu'elle considérerait comme pouvant être nécessaires pour répondre aux conditions propres à ces pays »*[168]. Les Conventions peuvent donc prévoir des marges de manœuvre qui doivent être respectées par les interprètes.

§1. Le choix de normes universellement applicables

La question s'est posée de savoir si, compte tenu de la diversité des niveaux de situations entre pays et régions, l'action en faveur du développement social pouvait se concevoir à l'échelle universelle ou devait être pensée au niveau régional[169]. L'OIT s'est toujours montrée favorable à une action globale en la matière.

éléments contextuels au moment de leur élaboration et de leur supervision ». BONVIN (J-M.), *L'Organisation internationale du travail, Etude sur une agence productrice de normes*, op. cit., p. 318

168 Cette disposition a été introduite à la demande insistante d'un certain nombre d'Etats d'Asie, qui soulignaient que les conditions climatiques de certaines régions tropicales rendaient impraticables certaines Conventions. POLITAKIS (G.), « Deconstructing flexibiliy in international labour Conventions » in GERNIGON (B.), JAVILLIER (J-C.), POLITAKIS (G.) (dir.), *Les normes internationales du travail : un patrimoine pour l'avenir*, op. cit., p. 466

169 PHILIP (C.), *Normes internationales du travail : universalisme ou régionalisme ?*, Bruylant, Bruxelles, 1978 ; VALTICOS (N.), WOLF (F.), « L'Organisation internationale du travail et les pays en voie de développement : technique d'élaboration et mise en œuvre de normes universelles » in SFDI, *Pays en voie de développement et transformation du droit international*, Colloque d'Aix-en-Provence, Paris, Editions A. Pedone, 1974, p. 130

Aux termes du point V de la Déclaration de Philadelphie, *« les principes énoncés dans la[dite] Déclaration sont pleinement applicables à tous les peuples du monde, et (...) dans les modalités de leur application, il doit être dûment tenu compte du degré de développement social et économique de chaque peuple, leur application progressive aux peuples qui sont encore dépendants aussi bien qu'à ceux qui ont atteint le stade où ils se gouvernent eux-mêmes, intéresse l'ensemble du monde civilisé »*.

Dans l'esprit des fondateurs de l'OIT, cette universalité s'étend au domaine normatif[170]. Comme l'a souligné Nicolas VALTICOS, l'objectif des normes internationales du travail n'est pas d'édifier une sorte de droit uniforme (auquel cas il aurait été plus aisé et approprié s'agir au niveau régional) mais bien de diffuser *« la justice sociale, idée-force du système des conventions internationales du travail, [qui] a toujours paru indivisible »*[171].

Ce passage de l'idéal universaliste de l'OIT à l'ambition de règles globales pose un défi conceptuel. Il ne s'agit plus de demander aux Etats d'adhérer à des principes universels mais, de manière opérationnelle, d'envisager la prise en considération des contextes nationaux : *« avec l'activité normative, il s'agit de rendre effectif dans des contextes nationaux très différents l'accord platonique sur les principes »*[172]. L'universalité confronte donc les auteurs des normes internationales du travail à une problématique périlleuse : comment créer des normes en évitant de fixer des objectifs inatteignables pour certains pays ou, à l'inverse, d'adopter des règles moins exigeantes que les standards déjà en vigueur dans d'autres pays ?

A la fin des années soixante, les nouveaux Etats souverains africains, notamment, se sont vivement opposés à la régionalisation de la question du travail, fustigeant l'adoption de *« sous-normes pour des sous-hommes »*[173]. A propos des pays les plus développés socialement et économiquement, Nicolas VALTICOS avait relevé, au début des années 1970, que même si les normes adoptées en Europe occidentale dans le cadre de la Charte sociale

[170] BONVIN (J-M.), *L'Organisation internationale du travail, Etude sur une agence productrice de normes*, op. cit., p. 188

[171] VALTICOS (N.), « Normes universelles et normes régionales dans le domaine du travail » in SFDI, *Régionalisme et universalisme dans le droit international contemporain* (Actes du colloque tenu à Bordeaux du 20 au 22 mai 1976), Editions A. Pedone, 1977, p. 290

[172] BONVIN (J-M.), *L'Organisation internationale du travail, Etude sur une agence productrice de normes*, op. cit., p. 188

[173] Commission consultative de l'OIT, troisième session, Dakar, octobre 1967 cité par VALTICOS (N.), WOLF (F.), « L'Organisation internationale du travail et les pays en voie de développement : technique d'élaboration et mise en œuvre de normes universelles », op. cit., p. 131

européenne avaient pu jouer un rôle d'avant-garde, toutes n'atteignaient pas le niveau des normes internationales du travail. Ainsi, en dépit de leur niveau d'exigence parfois très marqué, les normes universelles du travail ont été louées pour leur potentiel de stimulation. Le régionalisme ayant été rejeté par les trois groupes de mandants de l'OIT, le principe du caractère universel des normes internationales du travail demeure[174].

L'universalité des normes internationales du travail reste compliquée à réaliser et suppose un travail de terrain[175]. Afin d'aider les Etats à atteindre le niveau d'exigence imposé par les Conventions, de nombreux programmes de coopération technique sont mis en œuvre par le BIT[176]. Une assistance matérielle du Bureau[177] et une collaboration de ses fonctionnaires et de consultants avec les services nationaux (ainsi qu'avec les partenaires sociaux et des membres de la société civile) permettent d'adapter les politiques et acteurs nationaux en vue d'une mise en conformité avec les textes internationaux. Par exemple, en 2009, conjointement avec le Canada, le BIT a mis en place un programme de coopération technique destiné à éradiquer le travail forcé et la traite en Jordanie (des pratiques telles que la confiscation de passeport de travailleurs étrangers, le paiement incorrect de salaires ou d'abus sexuels sur des travailleuses domestiques ayant suscité de vives préoccupations). Le Programme d'Action Spécial pour Combattre le Travail Forcé (SAP-FL) a notamment visé à former des fonctionnaires, des travailleurs sociaux, des organisations professionnelles et non-gouvernementales, tout en conduisant les autorités jordaniennes et d'autres pays concernés à agir dans l'encadrement du recrutement et dans la prévention de la traite des êtres humains[178].

Si l'universalité guide la politique normative de l'OIT, les normes ne peuvent être conçues de manière rigide, compte tenu des contextes nationaux. Différentes méthodes peuvent être déployées afin de prendre en compte les particularismes nationaux, sans pour autant qu'il ne s'agisse de renier l'ambition universaliste de l'OIT.

---

[174] Pour une proposition doctrinale favorable à l'universalisme tout en insistant sur la nécessité de développer des normes régionales, voir PHILIP (C.), *Normes internationales du travail : universalisme ou régionalisme ?*, op. cit., pp. 269-272

[175] Sur le potentiel des niveaux de gouvernance régionaux pour accompagner les Etats face au développement du commerce international, voir BLACKETT (A.), « Trade liberalization, labour law, and development: A contextualization », International Institute for Labour Studies, Geneva, 2007, p. 25

[176] Concernant la coopération technique en matière normative, cf. infra. Chapitre 2

[177] De nombreux bureaux régionaux et sous-régionaux de l'OIT ont vocation à traiter de problématiques locales, relevant notamment du domaine normatif (obstacles régionaux aux ratifications de Conventions…).

[178] http://www.ilo.ch/global/topics/forced-labour/WCMS_144856/lang--fr/index.htm

§2. La prise en compte des particularités nationales dans les instruments

Afin de rendre les standards le plus largement applicables, il est nécessaire de les concevoir avec suffisamment de souplesse pour tenter de neutraliser les différences nationales : *« pour atteindre l'idéal universaliste, pour garantir une application identique de la règle de droit à tous les individus concrets par-delà leurs différences et les protéger contre les discriminations, on est parfois amenés à désigner ceux que l'on veut ainsi protéger et donc à rompre, de façon plus ou moins manifeste, avec la formulation universaliste de la règle »*[179]. L'enjeu est ici de trouver un équilibre entre l'incitation à la ratification et la préservation de l'essence de l'instrument adopté.

Deux voies peuvent être empruntées. D'abord, les Conventions peuvent se voir assigner des géométries variables par le biais de l'introduction de formules de souplesse ou de flexibilité laissant une marge d'appréciation et un champ d'interprétation plus ou moins étendu. Ensuite, à côté des textes classiques de droit international que sont les Conventions, d'autres instruments, moins rigides au plan formel, peuvent être adoptés.

A/ Les formules de souplesse

Pour plusieurs raisons[180], les Conventions de l'OIT ne sont pas susceptibles de faire l'objet de réserves, en-dehors des éventuels aménagements qu'elles prévoient expressément[181]. Pour être applicables le plus largement possible, elles ne sont finalement pas conçues comme des blocs monolithiques,

---

[179] LOCHAK (D.), *Le droit et les paradoxes de l'universalité*, op. cit., p. 76

[180] Tout d'abord, une telle faculté remettrait en question les vertus du tripartisme, en permettant à un gouvernement de décider unilatéralement des limites de ses obligations. Ensuite, en imposant à la Conférence de prendre en compte les contextes nationaux particuliers au moment de l'élaboration des instruments (conformément à l'article 19§3 de la Constitution), la Constitution interdit aux Etats de faire valoir leurs spécificités lors de l'application des textes qu'ils ont ratifiés. Puis, afin d'éliminer la concurrence nocive entre législations nationales, il est essentiel que les Etats entretiennent entre eux des obligations réciproques. Enfin, dans l'éventualité où un Etat n'obtiendrait pas *« l'assentiment de l'autorité ou des autorités [nationales] dans la compétence desquelles rentre la matière »*, l'article 19§5 e) de la Constitution n'impose d'autre obligation que celle de présenter des rapports périodiques. OSIEKE (E.), *Constitutional law and practice in the International Labour Organization*, op. cit., p. 155

[181] IMBERT (P-H.), *Les réserves aux traités multilatéraux*, Editions A. Pedone, 1979, p. 27. Sur le sujet, cf. infra. 2

comme le laisse suggérer l'article 19§3 de la Constitution. La flexibilité apparaît omniprésente dans les travaux de l'OIT[182].

En particulier, des *« formules de souplesse »*[183] visent à adapter les Conventions à la diversité des situations nationales[184]. Leur usage s'est accentué avec la décolonisation, dès lors que la recomposition de l'OIT ne répondait plus *« au modèle des Etats industrialisés »*[185]. Dans d'autres cas, le choix peut être fait de s'orienter vers des dispositions de nature programmatique centrées sur l'atteinte d'un objectif et n'imposant pas d'obligation précise aux Etats.

1. L'assouplissement de l'objectif des Conventions : le cas des dispositions programmatiques ou promotionnelles

Les normes programmatiques[186] ou promotionnelles[187] requièrent des Etats qu'ils prennent des mesures dans un domaine donné (emploi, formation professionnelle, égalité, protection sociale…), en s'appuyant sur des règles générales plutôt que sur des prescriptions applicables immédiatement[188]. Elles tendent à fixer des objectifs à atteindre et s'appuient sur des mesures promotionnelles. La mise en œuvre de ce type de disposition nécessite le

---

182 POLITAKIS (G.), « Deconstructing flexibiliy in international labour Conventions », op. cit., p. 463. Pour des études approfondies de la place de la *soft law* au sein de l'OIT, voir notamment DUPLESSIS (I.), « La molesse et le droit international du travail : mode de régulation privilégié pour société décentralisée », op. cit., pp. 7-37 ; SERVAIS (J-M.), « La souplesse et la rigueur des normes internationales de travail », op. cit.

183 Selon l'expression employée par Nicolas VALTICOS et Francis WOLF. VALTICOS (N.), WOLF (F.), « L'Organisation internationale du travail et les pays en voie de développement : technique d'élaboration et mise en œuvre de normes universelles », op. cit., pp. 133 et s.

184 La flexibilité est également favorisée pour des raisons plus ou moins liées à la diversité des situations locales : coût de la mise en œuvre, effectivité de la supervision, baisse du nombre de ratifications… POLITAKIS (G.), « Deconstructing flexibiliy in international labour Conventions », op. cit., p. 464

185 DUPLESSIS (I.), « Un abrégé de l'histoire des normes de l'OIT et de leur application », op. cit., p. 100

186 SERVAIS (J-M.), *International Labour Law*, op. cit., p. 88. L'auteur distingue les Conventions programmatiques des conventions techniques (portant sur un sujet précis tel que les conditions de travail…) et des conventions fondamentales. Il paraît plus précis de distinguer en fonction des dispositions plutôt qu'en fonction des Conventions. Cf. infra. Sous-section 2

187 Par opposition à l'approche prescriptive, qui fixe des règles explicites. GB 244/SC/3/3, 244ème session, *Suite donnée au rapport du groupe de travail du Conseil d'administration sur les normes internationales du travail*, novembre 1989, p. 5

188 SERVAIS (J-M.), *International Labour Law*, op. cit., para. 165

développement d'actions de formation, de mesures économiques… A cet égard, la coopération technique se révèle très importante[189].

En termes juridiques, ces textes se caractérisent par la liberté d'appréciation qu'ils offrent aux Etats dans leur mise en œuvre[190]. Il peut s'agir, par exemple, de formuler et d'appliquer *« comme un objectif essentiel, une politique active visant à promouvoir le plein emploi, productif et librement choisi (...) par des méthodes adaptées aux conditions du pays et dans la mesure où celles-ci le permettent »*[191], de *« promouvoir l'amélioration continue de la sécurité et de la santé au travail pour prévenir les lésions et les maladies professionnelles et les décès imputables au travail par le développement (...) d'une politique nationale, d'un système national et d'un programme national »*[192]…

Les dispositions programmatiques ou promotionnelles ne correspondent pas à une catégorie de Convention déterminée[193]. Certaines Conventions peuvent contenir à la fois des objectifs généraux et des obligations précises, techniques. Par exemple, la Convention n° 181 sur les agences d'emploi privées[194] invite à prendre des *mesures* pour garantir la liberté d'association et de négociation collective aux travailleurs[195] ou à déterminer le statut juridique des agences d'emploi privées conformément à la législation et la pratique nationales[196], tout en interdisant la mise à la charge des travailleurs d'honoraires ou de frais par les agences de placement privées[197].

Finalement, la nature des sujets à réglementer impose ici le recours à la flexibilité. Dans d'autres cas, plus fréquents, la souplesse résulte d'une prise en compte explicite des situations nationales.

---

189 Ibid.

190 Ce qui peut les priver d'effet direct et ce qui explique qu'elles jouent un rôle mineur devant les juges nationaux (comme en France). Cf. infra. Seconde partie

191 Articles 1 et 2 de la Convention n° 122 concernant la politique de l'emploi

192 Article 2§1 de la Convention n° 187 sur le cadre promotionnel pour la sécurité et la santé au travail

193 Elles ne sauraient par ailleurs être confondues avec les Conventions de gouvernance. Cf. infra. Chapitre 2

194 Convention concernant les agences d'emploi privées (Entrée en vigueur : 10 mai 2000), Adoption : Genève, 85ème session CIT (19 juin 1997)

195 Article 4

196 Article 3§1

197 Article 7§1

2. *Les clauses de souplesse et l'utilisation d'une formulation assouplie*

De nombreux moyens permettent d'assouplir le contenu de Conventions, en agissant sur leur formulation[198]. La flexibilité résulte soit d'une disposition expresse autorisant une dérogation, soit de la marge de manœuvre laissée par l'emploi de termes imprécis[199].

Par exemple, la souplesse peut d'abord résider dans le choix laissé aux Etats de n'accepter qu'une partie des obligations imposées par la Convention, d'exclure l'application de certaines parties ou d'opter entre plusieurs obligations, plus ou moins strictes[200]. De même, certaines Conventions offrent aux Etats la faculté de déterminer leur champ d'application, en autorisant l'exclusion de certaines catégories de personnes[201] ou, à l'inverse, en fixant un champ d'application personnel initial susceptible d'être étendu par les Etats[202]. Parfois, les Etats peuvent être autorisés à fixer ou à modifier leur champ d'application matériel[203]. Dans d'autres cas, des Conventions se

---

[198] De nombreux exemples de moyens d' *« assurer la souplesse des normes internationales du travail »* ont pu être recensés par le Bureau (Département des normes internationales du travail, *Manuel sur les procédures en matière de conventions et recommandations internationales du travail*, op. cit., para. 10, pp. 7-8). Selon Guido RAIMONDI, certaines de ces clauses de souplesse (notamment lorsqu'elles permettent à un Etat de n'accepter que certaines dispositions d'une Convention, de les accepter sous certaines modalités ou de manière limitée) sont assimilables à des réserves. RAIMONDI (G.), « Réserves et conventions internationales du travail » in GERNIGON (B.), JAVILLIER (J-C.), POLITAKIS (G.) (dir.), *Les normes internationales du travail : un patrimoine pour l'avenir, Mélange en l'honneur de Nicolas VALTICOS*, op. cit., p. 536

[199] Sur le sujet, voir VALTICOS (N.), WOLF (F.), « L'Organisation internationale du travail et les pays en voie de développement : technique d'élaboration et mise en œuvre de normes universelles », op. cit., pp. 134-137

[200] Ibid., p. 134. A cet égard, la Convention n° 188 sur le travail dans la pêche de 2007 offre plusieurs possibilités de dérogation aux Etats (en matière d'examen médical des pêcheurs, par exemple)

[201] La Convention n° 189 sur les travailleuses et travailleurs domestiques de 2011 autorise par exemple en son article 2 les Etats à *« exclure totalement ou partiellement de son champ d'application (...) des catégories limitées de travailleurs au sujet desquelles se posent des problèmes particuliers d'une importance significative »*, après consultation des partenaires sociaux

[202] Par exemple, la Convention n° 106 sur le repos hebdomadaire (commerce et bureaux) de 1957 prévoit que les Etats peuvent étendre son champ d'application au-delà des catégories fixées par défaut par la Convention. VALTICOS (N.), WOLF (F.), « L'Organisation internationale du travail et les pays en voie de développement : technique d'élaboration et mise en œuvre de normes universelles », op. cit., p. 134

[203] Notamment, la Convention n° 174 sur la prévention des accidents industriels majeurs de 1993 autorise en son article 1er l'exclusion de son champ d'application des

montrent particulièrement souples concernant leur méthode d'application, laissant aux Etats la liberté de déterminer leur niveau et leur moyen d'application (loi, convention collective…)[204].

De façon générale, en prenant en compte les spécificités économiques, sociales ou culturelles de ses membres au moment de l'élaboration des normes, l'OIT vise à neutraliser la question lors de leur application, au risque d'affecter la substance des Conventions. La difficulté réside donc pour les interprètes à fixer la limite entre, d'une part, la marge dont disposent les Etats en vertu d'une formule de souplesse et, d'autre part, le respect par ces derniers de leurs engagements[205].

B/ Une typologie d'instruments variables

Au vu des limites induites par la rigidité des Conventions, parfois dissuasives pour les Etats, le droit souple[206] peut être utilisé afin de diffuser des standards. A côté des Recommandations, d'autres supports comme les Déclarations contribuent à hisser la *soft law* au sommet des activités normatives l'OIT contemporaines[207].

Instruments souples par excellence, les Recommandations[208] constituent une source importante du droit international du travail[209]. Conformément à

---

installations ou branches d'activité économique où une protection équivalente est assurée, après consultation des partenaires sociaux et d'autres parties intéressées

204 VALTICOS (N.), WOLF (F.), « L'Organisation internationale du travail et les pays en voie de développement : technique d'élaboration et mise en œuvre de normes universelles », op. cit., p. 137. Voir en particulier la Convention n° 161 sur les services de santé au travail de 1985 qui autorise l'institution de services de santé au travail par voie législative, conventionnelle ou « *par toute autre voie approuvée par l'autorité compétente après consultation des organisations représentatives d'employeurs et de travailleurs intéressées* ». SERVAIS (J-M.), *International Labour Law*, op. cit., p. 212

205 Cf. infra. Sous-section 2

206 Qui peut toutefois tendre à se « rigidifier » dans la pratique interprétative de l'OIT, les interprètes pouvant baser les interprétations de conventions sur le contenu de recommandations. Cf. supra. Section 1

207 DUPLESSIS (I.), « Un abrégé de l'histoire des normes de l'OIT et de leur application », op. cit., p. 138

208 Cf. supra. Section 1 sur l'utilisation des Recommandations à des fins d'interprétation

209 A l'origine, lors de l'adoption du traité de Versailles en 1919, les Recommandations sont nées d'une requête de la délégation des Etats-Unis. Arguant des spécificités constitutionnelles, elle avait fait part de ses réticences face aux Conventions contraignantes, impossibles à mettre en œuvre au niveau d'un Etat fédéral dépourvu de compétences en matière de législation du travail. Une solution

l'article 19§1 de la Constitution de l'OIT qui les présentent comme une alternative aux Conventions[210], les Recommandations ont parfois été définies comme *« un moyen d'exploration du domaine des réformes sociales »* ou comme des *« mesures expérimentales qui devaient permettre, par la suite, d'incorporer dans une convention celles des dispositions d'une recommandation qui, à la lumière de l'expérience, se révéleraient appropriées à un tel stade »*[211]. Dans la pratique, cependant, elles ne constituent pas qu'un moyen d'innovation.

Deux types de Recommandations peuvent être distingués. Les premières, les plus rares, sont fidèles à l'objectif qui leur était assigné. Autonomes, elles sont adoptées pour constituer une percée dans un domaine, là où l'adoption de normes contraignantes s'avère inenvisageable. En 2012, par exemple, la Recommandation n° 202 concernant les socles nationaux de protection sociale[212] a posé les bases d'un socle universel de sécurité sociale[213]. Plus fréquemment, les Recommandations sont conçues comme des compléments

---

de compromis fut finalement proposée avec l'apparition des Recommandations en complément des Conventions. POLITAKIS (G.), MARKOV (K.), « Les recommandations internationales du travail : instruments mal exploités ou maillon faible du système normatif ? », op. cit., p. 500

[210] *« Si la Conférence se prononce pour l'adoption de propositions relatives à un objet à l'ordre du jour, elle aura à déterminer si ces propositions devront prendre la forme : a) d'une convention internationale ; b) ou bien d'une recommandation, lorsque l'objet traité ou un de ses aspects ne se prête pas à l'adoption immédiate d'une convention »*

[211] Rapport de la Délégation de la Conférence pour les questions constitutionnelles, Conférence internationale du Travail, 29ème session, 1946, Rapport II (1), p. 40 cité par POLITAKIS (G.), MARKOV (K.), « Les recommandations internationales du travail : instruments mal exploités ou maillon faible du système normatif ? », op. cit., p. 501

[212] Recommandation n° 202 concernant les socles nationaux de protection sociale, Adoption : Genève, 101ème session CIT (14 juin 2012)

[213] Il est intéressant de relever que les conclusions de la Conférence de 2011 reflétaient le rôle des Recommandations dans la mise en œuvre de règles dans un contexte de disparités : *« ...le besoin existe d'une recommandation venant compléter les normes applicables, qui aiderait les pays, en leur fournissant des orientations souples mais faisant sens, à établir des socles de protection sociale dans le cadre de systèmes complets de sécurité sociale adaptés à la situation et au niveau de développement de chaque pays. Cette recommandation devrait avoir une vocation promotionnelle, être soucieuse de la problématique hommes-femmes et se prêter à une application flexible par tous les Etats Membres à l'aide de différentes méthodes et en fonction de leurs propres besoins, ressources et calendriers aux fins d'une mise en œuvre progressive »*. Conférence internationale du Travail, 101ème session, 2012, Rapport IV (1), Socles de protection sociale pour la justice sociale et une mondialisation équitable, para. 31, p. 81

d'une Convention, et visent à fixer des standards non-contraignants qui peuvent servir de référence pour les Etats qui ne sont pas en mesure de s'engager à respecter certaines obligations[214]. Le résultat de ces instruments jumelés a été critiqué en raison du caractère *« quasi mécanique »* de leur préparation et du manque de résultats qu'il a engendrés[215].

Même si le résultat peut apparaître décevant, le recours aux Recommandations, tout en révélant parfois un manque d'ambition de la part de l'OIT, montre l'attention accordée au niveau de développement des Etats, en évacuant par la voie de la *soft law* certains points, pour favoriser la ratification la plus large des Conventions[216]. Surtout, celles-ci présentent l'intérêt de pouvoir orienter le raisonnement des interprètes[217].

A côté des nombreuses Recommandations, d'autres instruments consistent à introduire de la souplesse afin de contourner les difficultés résultant des spécificités économiques, sociales ou culturelles nationales. Parmi les Déclarations, celle de 1998 illustre idéalement cette finalité, en promouvant quatre principes fondamentaux au travail[218].

---

214 Voir par exemple la Recommandation n° 166 de 1982 complétant la Convention n° 158 sur le licenciement, la Recommandation n° 172 de 1986 complétant la Convention n° 162 sur l'amiante ou bien encore la Recommandation n° 190 de 1999 complétant la Convention n° 182 sur les pires formes de travail des enfants

215 Réagissant à la relégation en tant qu'instrument de second rang des Recommandations, Michel HANSENNE, alors Directeur général du BIT, avait souligné qu'au lieu de systématiquement coupler une Recommandation à une Convention, il conviendrait de ne réserver l'adoption des normes de droit souple qu'au seul cas où une convention ne peut devenir susceptible d'être ratifiée qu'au prix d'une dilution de son contenu normatif. L'usage des Recommandations pourrait alors permettre d'énoncer un contenu clair, précis et détaillé, dont pouvant inspirer les Etats au fur et à mesure de leurs progrès. POLITAKIS (G.), MARKOV (K.), « Les recommandations internationales du travail : instruments mal exploités ou maillon faible du système normatif ? », op. cit., pp. 499 et 505-510

216 Selon George POLITAKIS et Kroum MARKOV, *« le couple convention-recommandation qui est (...) un pur produit de la pratique normative et ne repose sur aucune obligation constitutionnelle, est très probablement né de la volonté de permettre à un petit nombre de pays socialement plus avancés que la majorité des autres membres de l'OIT de tendre vers des normes dépassant la protection prévue par leur droits nationaux »*. POLITAKIS (G.), MARKOV (K.), « Les recommandations internationales du travail : instruments mal exploités ou maillon faible du système normatif ? », op. cit., p. 507

217 Tant au niveau international (cf. supra. Section 1) qu'au niveau national (cf. infra. Seconde partie)

218 Cf. supra. Section 1

L'adoption de la Déclaration de 1998 sur les principes et droits fondamentaux au travail s'intègre dans une démarche de flexibilité comme solution à la diversité des systèmes nationaux. Face à l'impossibilité de rendre universellement applicable la totalité des textes adoptés à l'ensemble des Etats membres de l'OIT, elle part du postulat selon lequel il convient de mobiliser une part importante des efforts et ressources de l'organisation en faveur de la promotion des quelques instruments considérés comme les plus importants, en ce qu'ils constituent des prérequis à l'atteinte d'autres droits (d'où leur qualification d' *« enabling rights »*[219]). Sur un plan plus politique, il faut accepter que cette énumération des droits fondamentaux des travailleurs ne constitue que le plus grand commun dénominateur atteint par la Conférence, dans ses travaux d'élaboration de la Déclaration[220].

Aussi critiquables qu'il puisse être en ce que, dans certains cas, il constituerait une forme de capitulation du droit là où le choix de l'obligation pourrait être souhaitable ou envisageable[221], le recours au droit souple constitue un premier moyen pour l'OIT d'évacuer les Conventions des dispositions les plus dissuasives pour certains Etats en raison de leur niveau d'exigence. A côté, de façon indirecte, les organes genevois peuvent utiliser de nombreux moyens pour prendre en compte les spécificités nationales dans leur travail d'interprétation normative.

Sous-section 2 : La relativisation indirecte de la justice sociale dans l'interprétation des instruments de l'OIT

Sans admettre qu'une même disposition puisse produire différentes normes pour assurer des modalités de mises en œuvre variables d'un pays à l'autre,

---

[219] MAUPAIN (F.), « La “valeur ajoutée” de la Déclaration relative aux principes et droits fondamentaux au travail pour la cohérence et l'efficacité de l'action normative de l'OIT » in DAUGAREILH (I.) (dir.), *Mondialisation, travail et droits fondamentaux*, Bruylant, 2005, p. 8

[220] LA HOVARY (C.), *Les droits fondamentaux au travail, Origines, statut et impact en droit international*, Presses Universitaires de France, 2009, p. 47. Sur ce sujet, voir la critique du Professeur ALSTON dénonçant par exemple un choix arbitraire ou incohérent ; ALSTON (P.), « Core labour standards and the transformation of the international labour right regime », European Journal of International Law, June 2004. Pour des points de vue contraire : LANGILLE (B.), « Core labour rights, The true story (reply to Alston) », European Journal of International Law, June 2005 ; MAUPAIN (F.), « Revitalization not retreat: the real potential of the 1998 ILO Declaration for the universal protection of workers' rights », European Journal of International Law, June 2005

[221] Sur la nécessité d'une conciliation entre *« hard law »* et *« soft law »*, voir DUPLESSIS (I.), « La molesse et le droit international du travail : mode de régulation privilégié pour société décentralisée », op. cit.

les organes de supervision de l'application des normes internationales peuvent, indirectement, prendre en considération des différences nationales.

La Commission d'experts a eu l'occasion de préciser ses méthodes de travail[222]. Pour répondre aux revendications d'une prise en compte des spécificités nationales au moment de l'application des normes internationales du travail, elle a rappelé le principe de l'uniformité de leur application et de leur interprétation. Cependant, pour rendre effectives ces interprétations tout en préservant la substance de leurs instruments de base, il est impératif de faire preuve de subtilité dans leur formulation. Celle-ci se doit d'être particulièrement souple et varie en fonction du type de disposition appliqué. Au-delà du travail interprétatif, les pratiques procédurales peuvent s'adapter en fonction des contextes et du degré de coopération des Etats.

§1. L'affirmation du principe de l'uniformité des interprétations

La Commission l'a rappelé à plusieurs reprises : sa *« fonction consiste à déterminer si les prescriptions d'une convention donnée sont remplies, quelles que soient les conditions économiques et sociales existant dans un pays donné. Ces prescriptions demeurent constantes et uniformes pour tous les pays, sous la seule réserve des dérogations éventuelles que la convention elle-même autorise expressément. En effectuant cette tâche, la Commission n'est guidée que par les normes contenues dans la convention, sans toutefois perdre de vue le fait que les modalités de leur mise en œuvre peuvent différer suivant les Etats. Il s'agit de normes internationales et la manière dont leur application est évaluée doit être uniforme et ne doit pas être affectée par des conceptions dérivées d'aucun système social ou économique particulier »*[223]. Ainsi, la Commission s'est constamment[224] prononcée en faveur d'une

---

[222] Cf. supra. Titre 1 Chapitre 2

[223] CIT, 63ème session, 1977, Rapport du CEACR, Rapport III, Partie 4A, para. 31, p. 11 ; CIT, 73ème session, 1987, Rapport du CEACR, Rapport III, Partie 4A, para. 20, p. 13

[224] Les questions posées dans le contexte de l'opposition entre les systèmes capitalistes et socialistes ont permis à la Commission de réaffirmer et de préciser sa position. Deux membres de la Commission d'experts avaient été tentés de s'engager dans une conception relativiste de l'application des Conventions, soulignant qu'en fonction des systèmes sociaux, les principes démocratiques promus par l'OIT pouvaient se traduire différemment entre les pays socialistes et les pays capitalistes. La Commission a fait valoir que *« les réalités sociales existant dans des pays qui reposent sur des systèmes sociaux et politiques différents, quoique divergentes entre elles, p[ouvai]ent être en harmonie avec une convention donnée de l'OIT »*. Une approche strictement juridique, objective doit permettre d'apprécier la conformité des pratiques nationales avec les obligations conventionnelles, au-delà des

interprétation uniforme des Conventions, tout en distinguant la signification prêtée à un texte des modalités de la procédure dans laquelle elle s'inscrit[225]. Seules peuvent être admises les marges prévues dans les Conventions, dans le cadre de l'article 19§3 de la Constitution[226].

En-dehors des contextes économiques et sociaux, des spécificités culturelles ont parfois été invoquées pour justifier certaines pratiques et législations nationales. La Commission d'experts a alors rappelé sa position de principe. Par exemple, en 1995, elle avait à nouveau mis en cause le gouvernement de Myanmar pour une violation de la Convention n° 29 sur le travail forcé. Il lui était notamment reproché d'autoriser les chefs de villages à enrôler de force de nombreuses personnes, pour construire des voies ferrées et des routes ou pour débroussailler la jungle au profit de l'armée[227]. Afin de répondre à ces accusations, le gouvernement birman avait distingué sa pratique de l'esclavage, invoquant des motifs culturels et traditionnels[228].

De manière peu surprenante, cet argumentaire n'a pas convaincu la Commission d'experts, laquelle s'est prononcée pour une abrogation des pouvoirs des chefs de village[229]. De même, la Commission d'application des normes de la Conférence a jugé inacceptable le moyen de défense du gouvernement selon lequel les travailleurs étaient consentants (ce, afin de respecter une croyance) et lui a enjoint de mettre son droit et sa pratique en conformité avec la lettre et l'esprit de la Convention n° 29[230].

---

particularités politiques, économiques et sociales. CIT, 73ème session, 1987, Rapport du CEACR, Rapport III, Partie 4A, para. 23, p. 14

225 Cf. infra. §3

226 Cf. supra. Sous-section 1

227 Des témoignages rapportaient également que des centaines de personnes devenues improductives avaient été tuées par l'armée, la maltraitance étant par ailleurs habituelle

228 *« La contribution volontaire de la main-d'œuvre à la construction des sanctuaires, temples, routes et ponts ainsi qu'au dégagement des sentiers est une tradition qui remonte à des millénaires. Selon une croyance répandue, cette contribution volontaire est un acte noble dont le mérite est source de bien-être personnel et de force spirituelle (...) Depuis l'époque des rois du Myanmar, de nombreux barrages, travaux d'irrigations, lacs et entreprises similaires ont été construits avec l'aide de tous les gens de la région. Ceux qui accusent les autorités du Myanmar de recourir au travail forcé révèlent donc une ignorance patente des traditions et de la culture du pays »*. Observation (CEACR) - adoptée 1995, publiée 82ème session CIT (1995), Convention n° 29 sur le travail forcé, 1930 - Myanmar (Ratification : 1955)

229 Ibid.

230 Ibid.

Au même titre que les autres spécificités, les organes de contrôle de l'OIT se sont ainsi toujours refusés à prendre en considération les particularismes culturels des pays, s'éloignant ainsi du risque *« de valider des atteintes à la dignité des personnes protégées, sous les dehors du respect de la différence culturelle »*[231].

Le principe de l'uniformité des interprétations oriente d'une manière générale les travaux de l'ensemble des organes de l'OIT. Bien qu'aucun pays ne puisse bénéficier d'un traitement particulier au stade de la mise en œuvre des normes internationales du travail, les interprétations doivent, à l'image de bon nombre des instruments auxquelles elles sont liées, être suffisamment souples pour être en mesure d'embrasser l'ensemble des situations nationales.

§2. Le respect de la substance des droits mise en œuvre : un pouvoir d'appréciation des Etats à dimension variable

Dans leur travail de supervision de l'application des normes internationales du travail, les organes de l'OIT font preuve de souplesse, en énonçant parfois des interprétations en des termes permettant des mises en œuvre nuancées des textes d'un Etat à l'autre. Toutefois, une limite existe : les Etats ne sauraient porter atteinte à la substance des textes.

Les contours de cette substance varient en fonction du type de norme mis en œuvre, suivant que celle-ci est fondamentale, technique ou programmatique[232]. Alors que les premières sont énoncées par les Conventions considérées comme fondamentales en vertu de la Déclaration de 1998[233], les secondes se distinguent par leur contenu précis lié à des thématiques techniques (conditions de travail, administration du travail…) tandis que les troisièmes imposent aux Etats d'agir dans un domaine donné (emploi, protection sociale…), en énonçant des règles et objectifs généraux[234].

---

[231] SERVAIS (J-M.), « Normes de travail internationales et cultures nationales », Revue de droit du travail 2007, pp. 124 et s.

[232] En s'inspirant de la distinction mise en avant par Jean-Michel SERVAIS. SERVAIS (J-M.), *International Labour Law*, op. cit., p. 37

[233] Cf. supra. Section 1

[234] Contrairement aux huit Conventions fondamentales, bon nombre d'autres instruments peuvent difficilement être considérés comme des Conventions purement techniques ou programmatiques, en ce qu'elles contiennent des dispositions pouvant les apparenter à l'une ou l'autre de ces catégories (voir, par exemple, la Convention n° 181 sur les agences d'emploi privées). Cf. supra. Sous-section 1

L'objectif normatif prioritairement poursuivi par l'OIT étant d'appliquer de manière universelle les Conventions fondamentales, l'on comprend que les organes de l'OIT se montrent vigilants et exigeants quant à l'usage des formules de souplesse qu'elles contiennent. Les marges de manœuvre prévues par les textes apparaissent davantage tolérées s'agissant des Conventions techniques et programmatiques.

A/ La flexibilité (réduite) dans l'interprétation des Conventions fondamentales : donner aux principes et droits fondamentaux la portée la plus étendue

Pour inviter à dépasser la contradiction entre l'universalisme des valeurs et la diversité des cultures, le Professeur Mireille DELMAS-MARTY a choisi de se référer à Paul RICŒUR, qui avait écrit : *« Je vous propose, une comparaison que je fais souvent : je suis à la surface d'une sphère fragmentée entre des lieux religieux différents. Si j'essaye de courir à la surface de la sphère, d'être éclectique, je ne trouverai jamais l'universel religieux parce que je ferai du syncrétisme. Mais si je m'approfondis assez dans ma tradition, je dépasserai les limites de ma langue. Pour aller vers ce que j'appellerai le fondamental – que d'autres rejoignent par d'autres voies-, je raccourcis la distance aux autres dans la dimension de la profondeur. A la surface la distance est immense, mais si je m'approfondis, je me rapproche de l'autre qui fait le même chemin »*[235].

La rigidité des interprétations des conventions fondamentales pourrait s'inscrire dans cette perspective, en ce qu'il s'agit d'intégrer les normes fondamentales, *« enabling rights »*[236], au plus profond des droits nationaux, afin de permettre la mise en œuvre d'autres Conventions. L'intégration des normes fondamentales au cœur des législations nationales doit entraîner une percée favorisant un mouvement commun vers le droit international du travail, dans sa conception universelle[237].

Pour promouvoir les droits et principes fondamentaux au travail, les organes de l'OIT s'attachent ainsi à appréhender les Conventions fondamentales de la façon la plus contraignante lorsqu'il s'agit d'interpréter des obligations des Etats (et, du même coup, extensive quand l'interprétation porte sur un

---

[235] CHANGEUX (J-P.), RICOEUR (P.), *Ce qui nous fait penser. La nature et la règle*, Odile Jacob, 1998, pp. 300-302 cité par DELMAS-MARTY (M.), *Vers une communauté de valeurs*, Editions du Seuil, 2011, p. 19

[236] MAUPAIN (F.), « La "valeur ajoutée" de la Déclaration relative aux principes et droits fondamentaux au travail pour la cohérence et l'efficacité de l'action normative de l'OIT », op. cit., p. 8

[237] Comme l'illustre la question du droit de grève. Cf. infra. Seconde partie

droit conféré aux travailleurs) et restrictives lorsque les Conventions prévoient des exceptions aux obligations des Etats.

1. Une approche extensive des obligations imposées aux Etats

La Déclaration de 1998 sur les droits et principes fondamentaux au travail exerce une influence dans le travail d'interprétation des dispositions des Conventions fondamentales, en ce qu'elle hisse ces instruments au sommet de l'arsenal normatif de l'OIT[238]. En cela, ces derniers sont renforcés dans leur tendance (qui n'est pas nouvelle[239]) à donner les plus larges effets aux objectifs poursuivis par les Conventions fondamentales, constituant le « noyau dur » des instruments de la justice sociale.

Par exemple, la Commission d'experts a relevé que les Conventions n° 87 sur la liberté syndicale et n° 98 sur la négociation collective ne fournissaient aucune indication quant à leurs méthodes d'application. Dans ce cadre, elle a admis que les Etats étaient libres de choisir le type d'intervention nécessaire à la mise en œuvre de ces textes (lois fixant les relations professionnelles, obligation de traiter des sujets par la voie de la négociation collective…). En parallèle, elle a insisté sur l'importance, lorsqu'il s'agit d'introduire un projet de législation en matière de liberté syndicale ou de liberté d'association de nature à affecter la négociation collective ou les conditions d'emploi, de procéder à des *« consultations franches et sans entraves avec les organisations les plus représentatives d'employeurs et de travailleurs, de manière à assurer que les règles adoptées soient partagées par tous et, partant, soient durables »*[240].

De la même manière, à propos du principe de l'égalité de rémunération entre hommes et femmes pour un travail de valeur prévu par l'article 2 de la Convention n° 100 sur l'égalité de rémunération, la Commission d'experts a déploré que *« plusieurs pays continuent d'appliquer une législation plus*

---

[238] Cf. supra. Section 1

[239] Comme le montre l'exemple de la consécration du droit de grève par le Comité de la liberté syndicale dès 1952, sur le fondement essentiellement des articles 3 (Droit des organisations professionnelles d'organiser leurs activités et d'élaborer leur programme d'action) et 10 (Reconnaissance de l'objectif de défense et de promotion des intérêts des travailleurs par les syndicats) de la Convention n° 87. Cf. supra. Chapitre préliminaire

[240] CEACR, Etude d'ensemble sur les conventions fondamentales, Donner un visage humain à la mondialisation, op. cit., para. 55, p. 20 ; CIT, 100ème session, Rapport III (Partie 1A), 2011, Genève, République bolivarienne du Venezuela – observation, 2011

restrictive que ce qui est prévu par la convention »[241]. En particulier, elle a insisté sur le fait que l'expression *« valeur égale »* devait être entendue dans son acception la plus large, considérant comme trop restrictives les législations nationales qui *« exigent des conditions de travail égales et des aptitudes professionnelles égales ; un travail d'un niveau égal de complexité, de responsabilité et de difficulté, l'accomplissement des tâches dans les mêmes conditions de travail et avec la même efficacité et les mêmes résultats ; les mêmes qualifications et les mêmes conditions de travail, ou un travail accompli dans des conditions égales et avec les mêmes compétences ; ou un travail exigeant des compétences, des efforts et des responsabilités égaux, et accompli dans des conditions de travail similaires »*[242].

Ce point de vue traduit la démarche des organes de l'OIT, lesquels tendent à diffuser le plus largement possible les objectifs poursuivis par les Conventions fondamentales, sans pour autant créer de règle *ex nihilo*. Les interprètes de l'OIT sont d'autant plus volontaires en la matière qu'en favorisant l'application la plus étendue des droits et principes fondamentaux au travail, ils visent à atteindre les objectifs stratégiques poursuivis par la Déclaration de 2008 sur la justice sociale pour une mondialisation équitable (parmi lesquels figure le respect, la promotion et la mise en œuvre des principes et droits fondamentaux au travail)[243], comme l'a rappelé la Commission d'experts en soulignant l'importance du droit de négociation collective et de l'égalité dans cette perspective[244]. Pour la même raison, ils entendent de façon limitative la faculté dont disposent les Etats de restreindre le champ d'application de Conventions.

---

[241] CEACR, Etude d'ensemble sur les conventions fondamentales, Donner un visage humain à la mondialisation, op. cit., para. 677, p. 294

[242] Ibid., para. 677, pp. 294-295

[243] Adoptée à l'unanimité par la Conférence en 2008, la Déclaration sur la justice sociale pour une mondialisation équitable constitue le troisième *« grand énoncé de principes et politiques adoptés par la Conférence internationale du travail depuis la Constitution de 1919 »* (selon la préface de Juan SOMAVIA). Mettant en exergue le rôle de l'OIT dans la promotion et la réalisation du progrès et de la justice sociale dans le contexte actuel de mondialisation, cette nouvelle Déclaration promeut une stratégie globale et intégrée de l'OIT en faveur du travail décent. A cette fin, elle fixe quatre objectifs stratégiques pour l'OIT : la promotion de l'emploi ; l'adoption et le renforcement de mesures de protection sociale durables et adaptées aux circonstances nationales ; la promotion du dialogue social et du tripartisme ; le respect, la promotion et la mise en œuvre des principes et droits fondamentaux au travail, qui revêtent une importance particulière en tant que droits et conditions nécessaires à la pleine réalisation des objectifs stratégiques.

[244] CEACR, Etude d'ensemble sur les conventions fondamentales, Donner un visage humain à la mondialisation, op. cit., p. 39

2. *Une approche limitative des restrictions offertes aux Etats*

Alors qu'un certain courant tend à considérer que la limitation de la souveraineté des Etats doit systématiquement faire l'objet d'une interprétation restrictive, le Professeur Denys SIMON a montré que ce principe n'avait trouvé écho dans la pratique que devant les juridictions arbitrales, à titre subsidiaire[245]. Très tôt, se prononçant de surcroît à propos de l'OIT, la CPJI a écarté l'idée d'une mise en œuvre de ce principe, tout en soulignant néanmoins sa pertinence[246].

Les organes de supervision de l'OIT vont bien plus loin que la CPJI : en tendant à réduire l'étendue des clauses limitant la portée des Conventions, ils cherchent à élargir les obligations des Etats. Dans bon nombre de cas, les méthodes littérales sont employées afin de circonscrire à leur formulation les restrictions prévues par un certain nombre d'instruments. En se rapprochant au plus près de la lettre de ces restrictions, l'interprète accorde la portée la plus étendue aux obligations des Etats.

Par exemple, la Commission d'experts a déclaré, à propos de la Convention n° 87 sur la liberté d'association, que les marges de manœuvre accordées par les Conventions aux Etats étaient *« interprétées de manière restrictive par les organes de contrôle de l'OIT »*[247].

C'est sous cet angle qu'elle a choisi d'interpréter l'article 9§1 de la Convention n° 87, lequel accorde aux législations nationales la faculté de déterminer les modalités d'application des règles relatives à la liberté syndicale et au droit syndical aux travailleurs des forces armées et de la police. Elle a souligné que cette dérogation était d'application stricte et ne devrait pas concerner d'autres corps de métiers, tels que les pompiers, les membres du personnel pénitentiaire, les magistrats ou les enseignants,

---

245 SIMON (D.), *L'interprétation judiciaire des traités d'organisations internationales*, op. cit., pp. 412-413

246 *« On a soutenu avec beaucoup de force que l'établissement de l'Organisation internationale du travail comporte une renonciation à certains droits qui dérivent de la souveraineté nationale, et que, pour cette raison, la compétence de l'Organisation ne doit pas être entendue par voie d'interprétation. Cette thèse ne manque peut-être pas de valeur ; mais toujours est-il que dans chaque cas spécial, la question se réduit forcément à celle de savoir quel est le sens exact des termes mêmes du Traité... »*. CPJI, Avis consultatif du 12 août 1922, *Compétence de l'OIT pour la réglementation internationale des conditions du travail des personnes employées dans l'agriculture*, op. cit., p. 22 cité par SIMON (D.), *L'interprétation judiciaire des traités d'organisations internationales*, op. cit., p. 413

247 CEACR, Etude d'ensemble sur les conventions fondamentales, Donner un visage humain à la mondialisation, op. cit., para. 54, p. 19

lesquels devraient bénéficier de l'ensemble des droits et garanties prévus par la Convention[248]. Si, dans certains cas, il peut être difficile de déterminer si des travailleurs peuvent être intégrés dans les forces armées ou de police (force de sécurité privée…), le doute doit toujours amener à considérer que ces derniers ne peuvent entrer dans le cadre des limitations[249]. Cette interprétation restrictive des limitations susceptibles d'être apportées par les Etats constitue en effet le corollaire de l'approche la plus large du principe posé à l'article 2 de la Convention, selon lequel les travailleurs *« sans distinction d'aucune sorte »* ont le droit de constituer des organisations et de s'y affilier[250].

Le champ d'application de la Convention n° 29 a également donné lieu à une jurisprudence restrictive. En ce que celle-ci exclut de son champ d'application les travaux exigés d'une personne en conséquence d'une condamnation judiciaire[251], les experts ont choisi d'encadrer étroitement cette possibilité, pouvant se traduire par l'accomplissement de travaux en prison ou par la condamnation à des travaux d'intérêt général. S'agissant du travail accompli en prison, la Commission d'experts a notamment insisté sur le fait qu'il devait résulter d'une condamnation judiciaire (et non administrative, par exemple) prononcée à l'issue d'un jugement (les personnes en attente de jugement ne pouvant travailler que si elles sont volontaires). Les experts ont également estimé qu'il était nécessaire que le travailleur soit non seulement placé sous la surveillance permanente des autorités publiques mais également qu'il ne soit pas concédé ou mis à la disposition de personnes morales privées (dans un contexte d'apparition de prisons administrées par des acteurs privés)[252].

A nouveau, à travers ces exemples, l'on constate que pour assurer l'effectivité des droits garantis aux travailleurs en vertu de la Déclaration de 1998, les organes de l'OIT choisissent d'interpréter les limitations

---

[248] Ibid., para. 58, p. 21. De même, ces restrictions ne devraient pas concerner des catégories de travailleurs non visées par la convention comme, notamment, les travailleurs domestiques, apprentis et travailleurs en période d'essai, travailleurs des zones franches d'exportation ou de l'économie informelle (Ibid., para. 71, p. 27)

[249] Ibid., para. 68, pp. 25-26

[250] Ibid., para. 63, p. 23

[251] *« Tout travail ou service exigé d'un individu comme conséquence d'une condamnation prononcée par une décision judiciaire, à la condition que ce travail ou service soit exécuté sous la surveillance et le contrôle des autorités publiques et que ledit individu ne soit pas concédé ou mis à la disposition de particuliers, compagnies ou personnes morales privées »* (article 2§2 c)

[252] CEACR, Etude d'ensemble relative à la convention n° 29 sur le travail forcé et à la convention n° 105 sur l'abolition du travail forcé, 2007, op. cit., paras. 54-56, pp. 27-28

éventuellement prévues par les Conventions fondamentales de la manière la plus restrictive. Dans tous les cas, l'ambition des interprètes est d'imposer à tous les Etats les obligations les plus contraignantes de façon à promouvoir les droits fondamentaux des travailleurs.

B/ La flexibilité dans l'interprétation des dispositions techniques : assurer la pertinence du contenu des instruments pour traiter des situations futures

L'interprétation des dispositions techniques, les plus communes au sein de l'OIT, poursuit la finalité assignée à ces dernières : il s'agit d'énoncer des obligations fermes adressées aux Etats, s'agissant des moyens à mettre en œuvre et des objectifs à atteindre.

Les interprètes veillent à ce que les Etats qui ont souscrit des obligations dans le domaine technique respectent la lettre de leurs engagements. A cet égard, l'exigence des organes de l'OIT dans l'interprétation des Conventions techniques se retrouve par exemple dans la définition des *« motifs valables de licenciement »* au sens des articles 4 à 6[253] de la Convention n° 158 de l'OIT. Afin de pouvoir contrôler les conceptions nationales des motifs de

---

[253] *« Article 4*
Un travailleur ne devra pas être licencié sans qu'il existe un motif valable de licenciement lié à l'aptitude ou à la conduite du travailleur ou fondé sur les nécessités du fonctionnement de l'entreprise, de l'établissement ou du service.
Article 5
Ne constituent pas des motifs valables de licenciement, notamment :
(a) l'affiliation syndicale ou la participation à des activités syndicales en dehors des heures de travail ou, avec le consentement de l'employeur, durant les heures de travail ;
(b) le fait de solliciter, d'exercer ou d'avoir exercé un mandat de représentation des travailleurs ;
(c) le fait d'avoir déposé une plainte ou participé à des procédures engagées contre un employeur en raison de violations alléguées de la législation, ou présenté un recours devant les autorités administratives competentes ;
(d) la race, la couleur, le sexe, l'état matrimonial, les responsabilités familiales, la grossesse, la religion, l'opinion politique, l'ascendance nationale ou l'origine sociale ;
(e) l'absence du travail pendant le congé de maternité.
Article 6
1. L'absence temporaire du travail en raison d'une maladie ou d'un accident ne devra pas constituer une raison valable de licenciement.
2. La définition de ce qui constitue l'absence temporaire du travail, la mesure dans laquelle un certificat médical sera requis et les limitations possibles dans l'application du paragraphe 1 du présent article seront déterminées conformément aux méthodes d'application mentionnées à l'article 1 de la présente convention »

licenciement, la Commission d'experts insiste sur la nécessité pour elle de pouvoir examiner les décisions de justice nationale en la matière, la rédaction générale de ces motifs dans certaines législations nationales ne lui permettant pas de veiller à ce que les pratiques nationales soient conformes aux dispositions de la Convention[254].

Les organes de suivi de l'OIT ne cherchent jamais à encourager les gouvernements à ratifier une Convention technique en interprétant son contenu de façon restrictive. D'une manière générale, il n'existe aucun lien entre la promotion de la ratification d'un instrument et le niveau d'exigence découlant de l'interprétation de ses dispositions. Si la Commission d'experts considère que le contenu d'une Convention peut dissuader les Etats de la ratifier, elle se limite à en faire part à la Conférence, sans que cela n'ait de conséquence sur le sens qu'elle attribue à l'instrument.

La plus grande difficulté en matière d'interprétation ne réside pas dans les différences de situations entre Etats (les Etats les plus éloignés des minima prévus par une convention technique tendant à s'abstenir de la ratifier) mais dans l'adaptation qu'impose l'apparition de pratiques nouvelles avec le temps, comme l'illustre la question des Conventions relatives à la durée du travail ou à la sécurité sociale. Les dispositions techniques contiennent des prescriptions relativement précises s'agissant des moyens à mettre en œuvre pour atteindre un objectif déterminé. Le sens des interprétations dégagées au sein de l'OIT peut être résumé ainsi : il s'agit de rechercher la flexibilité pour que les textes restent pertinents au regard de situations très variables et évolutives. L'enjeu est alors de lire les textes à la lumière de circonstances nouvelles, sans remettre en cause la substance des Conventions[255].

C/ La flexibilité dans l'interprétation des dispositions programmatiques : laisser aux Etats la plus grande marge de manœuvre dans la mise en œuvre des politiques

L'interprétation des dispositions de nature programmatique ou promotionnelle impose une certaine flexibilité. Celles-ci étant, dès le départ, axées sur la mise en œuvre d'une politique et non sur l'atteinte d'un résultat immédiat, le produit de leur interprétation ne peut contrevenir à l'esprit ayant présidé à leur création[256]. Par ailleurs, la position des organes de suivi, à vocation essentiellement juridique, apparaît plutôt inconfortable dans la

---

[254] Etude d'ensemble des rapports sur la Convention n° 158 et la Recommandation n° 166 sur le licenciement, 1982, CIT, 82ème session 1995, para. 88, pp. 40-41
[255] Sur la question de l'interprétation évolutive, cf. infra. Chapitre 2
[256] Voir SERVAIS (J-M.), *International Labour Law*, op. cit., p. 90

mesure où la mise en œuvre des programmes énoncés suppose avant tout une expertise dans un domaine donné (économie, actuariat…).

Les travaux d'interprétation de la Convention n° 122 sur la politique de l'emploi sont révélateurs de la façon dont les organes de l'OIT veillent à perpétuer la souplesse des dispositions programmatiques[257]. En même temps, ils montrent le rôle limité des organes de supervision de l'application des normes dans l'encadrement de la mise en œuvre de ces textes, dès lors qu'ils cherchent avant tout à préciser le sens des textes en décrivant les obligations générales qu'ils impliquent au-delà du domaine du droit.

A l'image d'autres instruments programmatiques, la Convention n° 122 indique en son article 1§3 que la politique de l'emploi doit *« tenir compte du stade et du niveau du développement économique ainsi que des rapports existants entre les objectifs de l'emploi et les autres objectifs économiques et sociaux »*. Ceci amène globalement les organes de supervision à apprécier au cas par cas les mesures mises en œuvre par les pays en partant d'un principe général[258] : l'équilibre entre celles prises dans le domaine de la politique de l'emploi et celles relevant des autres grandes décisions touchant à la sphère économique et sociale[259]. En se basant sur les idées de base découlant des principes posés par la Convention, la Commission d'experts peut examiner les politiques mises en œuvre de façon diverses dans les Etats.

En s'appuyant sur l'analyse économique, la Commission d'experts a par exemple précisé le sens général de la Convention n° 122 : *« l'objectif du plein emploi productif ne doit pas apparaître au terme de la réflexion mais doit plutôt être envisagé tout au long du processus de formulation de la politique macroéconomique »*[260]. Au plan formel, elle reste fidèle à la formulation flexible de la Convention. Après avoir souligné que la politique de l'emploi devait être érigée en qualité de priorité nationale dans les Etats, elle a notamment souligné que la politique nationale de l'emploi pouvait revêtir diverses formes (déclaration d'ordre général dans la Constitution et la

---

[257] Sur la souplesse de la Convention n° 122, voir DUPLESSIS (I.), « Un abrégé de l'histoire des normes de l'OIT et de leur application », op. cit., pp. 100-101

[258] En prenant par ailleurs en compte le troisième paragraphe de la Recommandation n° 169 la politique de l'emploi (dispositions complémentaires) de 1984, selon lequel *« la promotion du plein emploi productif et librement choisi devrait constituer la priorité des politiques économiques et sociales des Membres et, là où cela est approprié, de leurs plans visant à satisfaire les besoins essentiels de la population, et devrait faire partie intégrante de ces politiques et de ces plans »*

[259] Etude d'ensemble sur les instruments relatifs à l'emploi à la lumière de la Déclaration de 2008 sur la justice sociale pour une mondialisation équitable, op. cit., para. 54, p. 14

[260] Ibid., para. 27, p. 6

législation, indications plus précises dans des instruments législatifs ou au travers les outils stratégiques véhiculant la politique de l'emploi...)[261].

L'approche de la notion de plein emploi par la Commission d'experts montre également le caractère général des interprétations des dispositions programmatiques ainsi que leur technicité. Partant de l'objectif des politiques de plein emploi fixé à l'article 1§2 de la Convention[262], la Commission d'experts a ainsi rappelé son analyse selon laquelle celui-ci n'impliquait pas l'élimination totale du chômage : *« un certain taux de chômage résiduel est inévitable car même les marchés du travail qui fonctionnent bien ne peuvent pas rapprocher instantanément la demande et l'offre d'emplois »*. Un taux de chômage résiduel (de l'ordre de 2 à 3%) peut toujours exister et l'enjeu des politiques de l'emploi doit être de prévenir le chômage de longue durée et le chômage massif provoqué par une crise économique[263].

Tranchant avec le volontarisme habituel des organes de l'OIT dans le domaine social, cette approche flexible est justifiée par la nécessité de ne pas dévoyer le sens des dispositions destinées à orienter les politiques menées par les gouvernements. Elle trouve ses limites dans le caractère ouvert de ses interprétations, dès lors que les enjeux de l'application des instruments se trouvent dans la mise en œuvre de politiques générales, dépassant le domaine du droit. Il s'agit de la raison pour laquelle le recours à des instruments complémentaires, tels que des Recommandations, s'avère ici particulièrement nécessaire[264].

---

[261] Ibid., paras. 27-28, pp. 6-7

[262] *« Ladite politique devra tendre à garantir :*
(a) qu'il y aura du travail pour toutes les personnes disponibles et en quête de travail ;
(b) que ce travail sera aussi productif que possible ;
(c) qu'il y aura libre choix de l'emploi et que chaque travailleur aura toutes possibilités d'acquérir les qualifications nécessaires pour occuper un emploi qui lui convienne et d'utiliser, dans cet emploi, ses qualifications ainsi que ses dons, quels que soient sa race, sa couleur, son sexe, sa religion, son opinion politique, son ascendance nationale ou son origine sociale »

[263] Ibid., paras. 36-37, p. 9

[264] En particulier, la Recommandation n° 122 sur la politique de l'emploi, adoptée la même année que la Convention n° 122, indique par exemple les politiques qui peuvent être adoptées par les Etats ou suggère des méthodes d'application de la Convention. En outre, la Recommandation n° 169 (cf. infra), apparue en complément en 1984, évoque des politiques ciblées (jeunes, populations défavorisées, secteur informel, petites entreprises...). Sur le recours aux Recommandations aux fins d'interprétation, cf. supra. Section 1

Au sein de l'OIT, l'approche juridique de l'application des normes internationales du travail s'inscrit donc dans une perspective uniforme, la signification d'un texte ne pouvant se voir altérer par la prise en compte de particularités nationales (les textes programmatiques occupent ici une place particulière, tant ils confèrent aux Etats des marges de manœuvre considérables). Dans un souci de réalisme et de pragmatisme, les situations nationales peuvent néanmoins être prises en compte, au-delà de l'interprétation, dans le cadre des procédures de supervision de l'application des normes internationales du travail.

§3. Au-delà de l'interprétation, l'adaptation du degré d'exigence procédurale des organes de suivi en fonction des contextes nationaux

Tout en veillant à l'uniformité des interprétations, les organes de supervision de l'application des normes internationales du travail peuvent prêter attention aux situations individuelles des Etats membres, en adaptant leur niveau d'insistance en fonction des spécificités nationales[265].

Comme l'a déclaré la Commission d'experts, *« les organes de contrôle de l'OIT ont non seulement à évaluer la mesure dans laquelle les exigences découlant des Conventions ratifiées sont observées, mais aussi à examiner la nature des efforts réalisés par les gouvernements pour corriger les divergences constatées ainsi que le temps nécessaire à cet effet. Sur ce deuxième aspect, les organes de contrôle tiennent toujours compte des difficultés rencontrées, par exemple du fait des catastrophes naturelles ou même de problèmes économiques généraux. Ils ont également insisté, à diverses reprises, sur l'importance que peut avoir l'assistance de l'OIT pour surmonter ces difficultés »*[266].

Au stade de l'application des normes internationales du travail, les spécificités nationales font donc l'objet d'une double prise en compte. En amont, les Etats peuvent bénéficier d'une coopération technique pour les mettre en mesure d'atteindre le niveau d'exigence requis par les Conventions[267]. En aval, le niveau de pression diplomatique et politique dans le cadre des procédures de suivi de l'application des normes[268] permet de dépasser l'uniformité des interprétations en envisageant une action graduée,

---

[265] VALTICOS (N.), WOLF (F.), « L'Organisation internationale du travail et les pays en voie de développement : technique d'élaboration et mise en œuvre de normes universelles », op. cit., p. 142

[266] CIT, 73ème session, 1987, Rapport du CEACR, Rapport III, Partie 4A, para. 24, p. 14

[267] Cf. supra Sous-section 1 et §1.

[268] Cf. supra Titre 1 Chapitre 2

variable en fonction des contextes et de l'attitude des Etats[269]. En particulier, lors des procédures contentieuses devant le Comité de la liberté syndicale ou dans le cadre de Commissions d'enquête, il arrive que l'Etat mis en cause voie sa collaboration avec les organes de l'OIT saluée (en particulier dans le cas où une mission de contacts directs s'est révélée fructueuse). Pour la même raison, à l'occasion des procédures de contrôle régulier, la Commission d'experts ou la Commission d'application des normes de la Conférence peuvent se montrer plus ou moins fermes dans leurs observations.

Par exemple, en 2013, il était reproché au Sénégal de ne pas avoir mis en œuvre une législation permettant de lutter contre l'utilisation d'enfants aux fins de mendicité. Tout en déplorant la pratique nationale, la Commission, après avoir relevé que les pires formes de travail des enfants résultaient de la pauvreté et du sous-développement dans le pays, s'est félicitée de la décision des autorités nationales de continuer à se prévaloir de l'assistance technique afin de réaliser des progrès tangibles dans l'application de la Convention n° 182 sur les pires formes de travail des enfants[270]. La Commission n'a pas dérogé au principe de l'uniformité des interprétations et considéré qu'aucune pratique religieuse ne saurait admettre l'emploi d'enfants à des fins de mendicité[271]. Dans le même temps, elle a néanmoins reconnu la bonne volonté des autorités sénégalaises.

A l'inverse, la même année, la Commission a examiné le cas des îles Fidji contre lesquelles étaient portées de *« nombreuses et graves allégations de*

---

[269] Jean-Michel SERVAIS a résumé le rôle ici exercé par le / la politique : *« ...si la souplesse n'a pas sa place dans le contrôle des normes que les Etats se sont librement engagés à appliquer, cela ne signifie nullement que la voie choisie pour venir à bout des divergences constatées soit celle des juges. De la procédure judiciaire, les organes de contrôle ont retenu le souci scrupuleux de la règle de droit, du "due process of law". Mais c'est par l'action combinée de la diplomatie et d'incitations essentiellement morales qu'ils cherchent à mettre en œuvre les obligations qui font problème ».* SERVAIS (J-M.), « Normes internationales du travail et disparités économiques et sociales » in AUVERGNON (P.) (dir.), *Liberté, Egalité, Fraternité. Actualités en droit social*, LCF, 1990, p. 241

[270] Observation (CAS) - adoptée 2013, publiée 102ème session CIT (2013), Convention n° 182 sur les pires formes de travail des enfants, 1999 - Sénégal

[271] La Commission d'experts avait relevé que l'article 3 de la loi n° 2005-06 du 29 avril 2005 relative à la lutte contre la traite des personnes et pratiques assimilées et à la protection des victimes interdisait la mendicité pour autrui mais que, dans le même temps, l'article 245 du Code pénal prévoyait que *« le fait de solliciter l'aumône aux jours, dans les lieux et dans les conditions consacrés par les traditions religieuses ne constitue pas un acte de mendicité ».* Observation (CEACR) - adoptée 2013, publiée 103ème session CIT (2014)

violation des libertés fondamentales de syndicalistes, notamment des arrestations, des détentions et des agressions, ainsi que des restrictions à la liberté d'expression et de réunion »[272]. Tout en notant que le pays préparait des élections démocratiques (et alors que plusieurs orateurs avaient fait part de leurs préoccupations s'agissant de la situation locale en matière de droits de l'Homme), elle s'est montrée particulièrement ferme dans ses conclusions, en raison notamment du refus, au cours de l'année précédente, des autorités nationales d'accueillir une mission de contacts directs du BIT[273]. Dans ce cas, pour condamner la pratique nationale, la Commission a décidé de faire figurer son cas dans un paragraphe spécial de son rapport.

Face à des contextes économiques, sociaux et culturels extrêmement variables, la vocation universelle des instruments de l'OIT impose donc non seulement une subtilité juridique certaine mais également une action au-delà du droit.

Conclusion du premier chapitre

En dépit de la liberté dont ils disposent en apparence, les interprètes orientent leurs raisonnements vers une unique direction : la recherche de la justice sociale. Loin d'exprimer un quelconque parti pris idéologique, il s'agit avant tout de respecter la raison d'être de l'OIT, de la même manière qu'un certain nombre d'entités spécialisées en matière de droits de l'Homme tendent à adopter un point de vue « progressiste ».

S'émancipant assez rapidement de la lettre des Conventions, les méthodes d'interprétation mises en œuvre apparaissent très variées. Plus ou moins inspirés par les méthodes prescrites par la Convention de Vienne sur le droit des traités, les organes de supervision de l'application des normes internationales du travail mobilisent ainsi diverses techniques afin de justifier la signification qu'ils attribuent aux textes, en se montrant parfois audacieux dans leur approche téléologique.

En procédant à l'interprétation des instruments juridiques, il s'agit de rendre l'idée de justice sociale effective de manière universelle. L'idéal induit par la quête de justice sociale doit se traduire en un objectif, et se déplacer du plan des valeurs qui guident la philosophie générale de l'OIT aux modalités de

---

272 Cas individuel (CAS) - Discussion : 2013, Publication : 102ème session CIT (2013). Convention (n° 87) sur la liberté syndicale et la protection du droit syndical, 1948 - Fidji

273 Au cours de son audition, le représentant gouvernemental a néanmoins manifesté son souhait d'accueillir à l'avenir une mission de contacts directs

mise en œuvre des normes internationales du travail. De la même manière, l'universalité de la justice sociale impose la réalisation d'un exercice d'équilibre et de flexibilité pour aller de la prise en compte de particularismes nationaux vers la production d'interprétations uniformes.

De façon générale, l'orientation générale des interprétations des instruments de l'OIT en faveur d'une promotion de la justice sociale est tempérée par une approche pragmatique. Celle-ci peut justifier que les interprètes ne cherchent pas systématiquement à imposer aux Etats, de manière improductive et inefficace, des exigences qui seraient excessivement rigoureuses. Ils peuvent parfois choisir de leur accorder une liberté plus ou moins étendue (suivant qu'ils envisagent l'application d'une norme fondamentale, technique ou programmatique), voire recourir à des moyens extra-juridiques.

Cette nécessaire souplesse de l'interprétation des instruments de l'OIT au regard de la diversité des situations nationales se double d'un impératif de flexibilité, imposé par l'évolution des formes et organisations de travail.

Chapitre 2
L'interprétation dans le temps : les normes internationales du travail face aux mutations du travail

Le monde du travail a connu de profondes mutations tout au long du XXème siècle et au cours des dernières décennies. La mondialisation de l'économie, l'affaiblissement des institutions sociales[1] et la révolution technologique ont profondément modifié la figure du travail et de son organisation[2].

Alors que l'OIT a d'abord été conçue comme une organisation destinée à poursuivre un objectif de paix durable et universelle en améliorant les situations des travailleurs dans chaque pays, elle se trouve confrontée depuis quelques années à une problématique sociale globalisée, exacerbée par l'internationalisation des marchés. Au dirigeant chef d'entreprise tend à se substituer l'actionnaire spéculateur, qui fait prévaloir ses intérêts à court terme sur ceux, plus durables et collectifs, de l'entreprise[3]. Cette configuration constitue un troisième type de mondialisation, qui fait suite à une première étape internationale basée sur les échanges de biens et de services entre les pays puis à un deuxième temps, multinational, fondé sur le développement des activités d'entreprises transnationales[4]. Cette nouvelle étape induit le développement d'une conscience globale qui se traduit, en matière sociale, par l'expansion d'une *« exigence de normes ayant un impact*

---

[1] TOURAINE (A.), *La fin des sociétés*, Seuil, 2013, pp. 11-12

[2] En 2017, la Commission mondiale sur l'avenir du travail a été mise en place dans le cadre de l'initiative du centenaire sur l'avenir du travail de l'OIT. Composée de 27 personnalités (et coprésidée par Stefan LÖVFEN et Cyril RAMAPHOSA, respectivement Premier ministre suédois et Président de la République d'Afrique du Sud), elle a émis une série de propositions pour relever les défis posés par les mutations du travail. Voir, Commission mondiale sur l'avenir du travail, *Travailler pour bâtir un monde meilleur*, OIT, 2019

[3] DELMAS-MARTY (M.), *Le travail à l'heure de la mondialisation*, Fayard, Collège de France, 2013, pp. 35-36. Comme le souligne le Professeur Charley HANNOUN, cette financiarisation de l'économie se traduit de différentes manières en matière sociale : licenciements boursiers *« créateurs de valeur pour l'actionnaire »* (en ce que *« le marché anticipe (...) de manière favorable ce renouvellement de salariés, ce qui met fin à des situations de rente, dope la productivité et diminue les coûts »*), dissociation du pouvoir de direction et du pouvoir économique (qui n'appartient plus nécessairement au cocontractant du salarié), flexibilisation de la force de travail, avec notamment le développement du recours à la sous-traitance… HANNOUN (C.), « L'impact de la financiarisation de l'économie sur le droit du travail » in LYON-CAEN (A.), URBAN (Q.), *Le droit du travail à l'épreuve de la globalisation*, op. cit., pp. 39-45

[4] MOREAU (M-A.), *Normes sociales, droit du travail et mondialisation*, op. cit., pp. 24-29

concret, effectif, avec une véritable fonction de régulation sociale face à la globalisation »[5].

Ainsi, face à son objet principal qui ne cesse d'évoluer, le droit du travail, mis à l'épreuve du temps, se doit de s'adapter afin d'appréhender des situations nouvelles. Alors que les instruments normatifs ne peuvent raisonnablement être conçus comme ayant vocation à saisir précisément un comportement donné, ils sont élaborés en des termes suffisamment généraux pour viser les pratiques les plus récentes, dans une perspective de permanence. Cela étant, aussi évolutives que soient les normes internationales du travail, elles sont parfois impuissantes lorsqu'il s'agit de faire face à certains phénomènes. La question se pose de savoir jusqu'où l'interprétation des instruments de l'OIT leur permet de s'adapter aux nouvelles formes de travail ou de relations de travail.

Les bouleversements de l'économie globalisée remettent en cause les conceptions du travail et de son organisation : *« il n'y a plus de modèle organisationnel central, comme l'a été le taylorisme au cours de la seconde moitié du XXème siècle »*[6]. D'une manière générale, la mondialisation se répercute par différents biais en matière sociale : répartition inégale des richesses qui restent détenues par une minorité d'actionnaires ; augmentation des pertes d'emploi consécutivement à la mise en œuvre de stratégies d'entreprises multinationales ; augmentation de la précarité et de la flexibilité du fait de la diversification des conditions d'emploi ; évolution du travail informel, en particulier dans les pays en voie de développement ; augmentation de la pauvreté et de l'exclusion sociale[7].

L'interprétation des instruments de l'OIT peut permettre de lire les obligations des Etats à la lumière de circonstances nouvelles, qui n'avaient pas été explicitement prévues au moment de la négociation du texte. De ce point de vue, elle s'opère dans une dynamique de recherche de flexibilité (Section 1). Cela étant, comme le révèlent un certain nombre d'exemples, ce travail herméneutique ne suffit pas toujours pour assurer le caractère adapté des Conventions au regard de situations nouvelles (Section 2).

---

[5] Ibid., p. 29

[6] VELTZ (P.), *Le nouveau monde industriel*, Gallimard, 2008 (1ère éd : 2000) cité par JARDIN (E.), *Le travail : mutation et organisation*, Bréal, 2ème éd., 2011, p. 7

[7] MOREAU (M-A.), *Normes sociales, droit du travail et mondialisation*, op. cit., pp. 44-56

Section 1 La recherche de flexibilité face à l'évolution du travail et de son organisation

Le Professeur Jean-Claude JAVILLIER souligne qu'il n'y a *« point d'âge d'or du droit du travail sans une adéquation profonde avec le système de relations professionnelles dont il est nécessairement nourri, tout autant qu'il contribue au développement de ce dernier »*[8].

En ce sens, pour préserver les effets des textes dont ils assurent l'application, les organes de l'OIT inscrivent leurs réflexions dans une dynamique évolutive. Ils veillent à ce que le sens prêté aux instruments dont ils assurent l'application puisse embrasser les situations nouvelles. Toutefois, leur créativité n'est pas sans limite. Afin que ne soit ni déstabilisé le système normatif, ni remis en cause rôle premier de la Conférence internationale du travail dans l'élaboration des textes, l'interprétation peut s'avérer vaine pour faire face à certaines situations, qui dépassent les ambitions des textes.

Sous-section 1 : L'interprétation d'instruments vivants : le recours à l'approche évolutive par les interprètes de l'OIT

En 1904, à l'occasion du centenaire du Code civil, le premier président de la Cour de cassation exprimait sa vision de l'interprétation, en rupture avec les méthodes traditionnellement développées au siècle précédent. Ainsi, pour lui, *« le juge ne doit pas s'attacher à rechercher obstinément quelle a été, il y a cent ans, la pensée des auteurs du Code en rédigeant tel ou tel article (...). La justice et la raison commandent d'adapter libéralement, humainement, ce texte aux réalités et aux exigences de la vie moderne »*[9].

La théorie évolutive[10] repose ainsi sur l'idée selon laquelle l'interprétation doit s'opérer compte tenu *« des conceptions juridiques, morales et sociales de chaque époque et en vue des besoins variables de l'équité et de l'utilité sociale »*[11]. Plus largement, cette théorie admet que le sens du texte de droit évolue avec le temps[12]. Dans cette optique, que ce soit à travers la prise en

---

[8] JAVILLIER (J-C.), « Que reste-t-il de l'âge d'or du droit du travail ? », JCP, n° 41, 7 octobre 2014, p. 2

[9] BALLOT-BEAUPRE (A.), *Le centenaire du Code civil*, Paris 1904, p. 27 cité par OST (F.), VAN DE KERCHOVE (M.), *Entre la lettre et l'esprit, Les directives d'interprétation,* Bruylant, Bruxelles, 1989, p. 104

[10] Ou *« évolutionniste »*. PESCATORE (P.), *Introduction à la science du droit*, Bruylant, Bruxelles, 2009, p. 333

[11] Ibid.

[12] D'un certain point de vue, l'expression interprétation évolutive apparaît trompeuse : *« ce n'est pas l'interprétation elle-même, mais le droit international ou le sens des notions ou de termes employés par lui qui sont susceptibles d'évoluer, et*

compte d'accords conclus ultérieurement à l'adoption d'un traité ou par l'acceptation des pratiques postérieures comme référence interprétative, les organes de l'OIT raisonnent parfois dans une perspective évolutive. S'éloignant du libellé des instruments mis en œuvre, ils s'attachent à rendre les textes durablement applicables dans des contextes mouvants[13].

Concrètement, les organes de supervision de l'OIT peuvent s'appuyer sur des délibérations de la Conférence internationale du travail, qui formalisent l'évolution de la position des auteurs d'une Convention sur son sens. En complément, les interprètes de l'OIT se basent également sur la pratique d'Etats ou de juridictions régionales, à travers l'utilisation du droit comparé.

§1. Une quête de flexibilité en vue de combler les insuffisances des textes : l'exemple des Conventions relatives à la durée du travail

Au début des années 1980, l'activité normative de l'OIT en matière de durée du travail a été décrite comme *« une de celles où les plus grandes difficultés ont été rencontrées et où les déceptions ont été les plus nombreuses »*[14]. En ce sens, compte tenu de l'évolution et de la diversité des pratiques, la question de l'interprétation des Conventions portant sur la durée du travail est révélatrice de la nécessité d'une approche flexible[15].

Depuis l'apparition de la Convention n° 1 visant à limiter le travail à 8 heures par jours ou 48 heures par semaine dans l'industrie, les textes relatifs à la durée du travail[16] ont toujours été confrontés à des difficultés

---

cette évolution influe sur l'interprétation ». MARTIN (A.), « L'interprétation dite évolutive des termes insérés dans des traités internationaux. Regards sur un arrêt du Tribunal fédéral suisse » in *Mélanges en l'honneur de Jean-Michel Grossen*, Bâle, 1992, p. 439 cité par DISTEFANO (G.), « L'interprétation évolutive de la norme internationale », op. cit., p. 373

[13] Selon le Professeur Sébastien TOUZE, *« en tant qu'instruments "vivants", les traités droits de l'Homme doivent être continuellement mis à jour afin de rester dans les aspirations du temps dans lequel ils évoluent, s'appliquent et sont invoqués. À cette fin, les organes de protection des droits de l'Homme peuvent réévaluer le critère finaliste objectif aux dépens des critères de l'intention initiale des parties. Autrement dit, l'interprétation téléologique s'impose eu égard à la nature des conventions et des droits proclamés et, surtout, eu égard à la recherche permanente d'effectivité de ceux-ci »*. TOUZE (S.), « Les techniques interprétatives des organes de protection des droits de l'Homme », op. cit., pp. 520-521

[14] VALTICOS (N.), *Droit international du travail*, op. cit., p. 341

[15] Pour uné étude détaillée, voir Etude d'ensemble concernant les instruments relatifs au temps de travail, 2018

[16] Depuis sa création, l'OIT a adopté 16 conventions et 11 recommandations sur la durée du travail. En ajoutant les sujets connexes (organisation du temps de travail,

particulières d'application[17]. De nombreuses raisons justifient cette situation : conditions économiques des pays concernés, difficultés liées aux méthodes d'application (notamment dans les pays où la durée du travail est fixée par la voie de la négociation collective), champ d'application des textes trop étendu au regard de législations nationales, insuffisance des dérogations prévues par la Convention, structure fédérale de certains Etats[18]...

Au vu de l'évolution de l'organisation du travail au cours des décennies, la Commission d'experts, notamment, s'est employée à apporter des interprétations suffisamment souples d'un texte comme la Convention n° 1 de 1919 afin de maintenir la pertinence de son contenu au regard des situations actuelles et futures. Dans le même temps, en dépit de la frilosité des Etats à l'égard de la législation sur la durée du travail, il ne s'est jamais agi de vider les Conventions de leur sens.

La définition de l'expression *« durée du travail »*, par exemple, soulève des questions variables en fonction des circonstances. Il est apparu nécessaire de l'appréhender de façon particulièrement flexible, pour qu'elle conserve un intérêt avec la complexification des organisations de travail.

En 2005, se basant sur la définition adoptée par la Conférence des ministres du Travail tenue à Londres en 1926 et la définition proposée par la Convention n° 30 sur la durée du travail dans les commerces et les bureaux[19], la Commission d'experts a relevé que le critère déterminant résidait dans le fait d'être *« à la disposition de l'employeur »*[20]. Partant, en l'absence de précision dans les Conventions n° 1 et n° 30, les experts se sont interrogés quant au cas dans lequel des travailleurs sont sur leur lieu de travail mais ne fournissent pas de travail : si les problématiques de l'astreinte et des périodes de garde médicale n'étaient pas d'actualité au début du XXème siècle, elles figurent aujourd'hui comme des sujets particulièrement débattus en matière de durée du travail.

---

congés payés…), ce nombre est porté à 34 conventions, 25 recommandations et un protocole

[17] A cet égard, dès 1922, Albert THOMAS s'était demandé *« quel charme magique, quel sortilège »* dissuadait les gouvernements de s'engager dans la voie de la ratification. VALTICOS (N.), *Droit international du travail*, op. cit., p. 339

[18] Ibid., p. 348. Voir aussi Etude d'ensemble concernant les instruments relatifs au temps de travail, 2018, pp. 350-353

[19] Convention n° 30 concernant la réglementation de la durée du travail dans le commerce et dans les bureaux (Entrée en vigueur : 29 août 1933), Adoption : Genève, 14ème session CIT (28 juin 1930)

[20] CIT, 93ème session 2005, Rapport III (Partie 1B) Etude d'ensemble des rapports concernant la convention n° 1 sur la durée du travail (industrie) et la convention n° 30, sur la durée du travail (commerce et bureaux), 1930, para. 45, p. 19

Avançant de manière très prudente en évitant de prêter une intention particulière sur le sujet aux auteurs des Conventions[21], les experts ont choisi de se référer à un certain nombre de règles de droit interne et de travaux de juridictions (arrêt de la CJUE qualifiant les *« services de garde »* des médecins comme du temps de travail[22], décisions moins tranchées de tribunaux américains tendant à prendre en compte par exemple la nature des activités du salarié pendant la période d'astreinte[23] ou bien encore la contrainte imposée au travailleur pendant son astreinte[24]). Finalement, partant des exemples jurisprudentiels, ils ont estimé de façon très nuancée que l'assimilation des périodes d'astreinte à du temps de travail dépendait *« de la nature des circonstances de chaque situation »*[25] : *« le temps passé "en disponibilité" peut être compris ou non dans la "durée du travail" au sens des conventions, selon la mesure dans laquelle le travailleur est empêché d'exercer des activités personnelles au cours de cette période. Il convient toutefois de souligner que, lorsque ce temps est inclus dans la "durée du travail", le salarié doit avoir droit à une rémunération pour cette période en tant qu'elle constitue des heures de travail (y compris des heures supplémentaires)... »*[26].

Cet exemple illustre la façon dont la flexibilité peut être employée par les organes de l'OIT afin de donner corps aux dispositions techniques des Conventions. Sans « forcer » les textes, il s'agit de faire en sorte que ceux-ci

---

[21] *« ...ces conventions ne disent pas s'il faut considérer comme faisant partie de la durée du travail la période pendant laquelle un travailleur est présent sur le lieu de travail mais n'effectue aucun travail, ce qui donne à penser que, dans le cadre de ces deux conventions, il faut soit avoir une tâche à accomplir sur instruction de l'employeur, soit rester à la disposition de ce dernier jusqu'à ce qu'il donne ses instructions »* et *« Lorsque des travailleurs sont "d'astreinte" ou "en disponibilité", se pose également la question de la portée des termes "durée du travail" et du critère retenu à cette fin, à savoir que le travailleur doit être "à la disposition de l'employeur". Aucune des deux conventions ne traite expressément de ce type de situation »*. Etude d'ensemble des rapports concernant la convention n° 1 sur la durée du travail (industrie) et la convention n° 30, sur la durée du travail (commerce et bureaux), 1930, op. cit., para. 46, p. 19 et para. 48, p. 20

[22] CJUE, 9 septembre 2003, Aff. C-151/02, *Jaeger*, Rec. 2003, p. I-8389

[23] Et la question de savoir s'il occupe son temps libre dans son intérêt ou dans celui de son employeur. *Martin v. Ohio Turnpike Comm'n*, 968 F. 2d 606 (6th Cir. 1992)

[24] *Berry v. Sonoma County*, 30 F.3d 1174 (9th Cir. 1994)

[25] Etude d'ensemble des rapports concernant la convention n° 1 sur la durée du travail (industrie) et la convention n° 30, sur la durée du travail (commerce et bureaux), 2005, op. cit., para. 51, p. 21

[26] Ibid., para. 51, pp. 21-22

puissent être lus à la lumière de tendances et de faits nouveaux[27]. Le recours à un élément extérieur (en l'occurrence, les jurisprudences nationales et régionales) peut servir à déterminer les dynamiques contemporaines, pour permettre l'interprétation la plus partagée des instruments.

§2. L'importance politique des décisions de la Conférence : l'exemple de la question du harcèlement sexuel

La jurisprudence de la Commission d'experts sur le harcèlement sexuel confirme, d'une part, le volontarisme des organes de l'OIT dans la mise en œuvre de la Convention de Vienne sur le droit des traités et, d'autre part, leur aptitude à recourir à la *soft law* à des fins interprétatives, dans un contexte évolutif[28].

Bien avant l'adoption au mois de juin 2019 d'une Convention et d'une Recommandation concernant l'élimination de la violence et du harcèlement dans le monde du travail, la Commission d'experts a admis que le harcèlement sexuel était prohibé sur le lieu de travail, en se fondant sur les dispositions de l'article 1 la Convention n° 111 concernant la discrimination en matière d'emploi et de profession[29]. Les experts ont, pour ce faire, utilisé les travaux menés au sein de la Conférence internationale du travail ultérieurement à la conclusion de la Convention n° 111.

Aux termes de l'article 1§1 de la Convention n° 111, *« le terme discrimination comprend (...) toute distinction, exclusion ou préférence fondée sur la race, la couleur, le sexe, la religion l'opinion politique, l'ascendance nationale ou l'origine sociale, qui a pour effet de détruire ou d'altérer l'égalité de chances ou de traitement en matière d'emploi ou de profession »*. En dépit du caractère restrictif de cette définition, la Commission d'experts a estimé que le harcèlement sexuel constituait une forme particulière de discrimination fondée sur le sexe[30].

---

[27] Sur le nécessaire soutien de la Conférence, cf. infra. Sous-section 2

[28] *« La* soft law *permet d'actualiser l'interprétation des normes dures en fonction des adaptations introduites par la pratique des acteurs internationaux »*. DUPLESSIS (I.), « La molesse et le droit international du travail : mode de régulation privilégié pour société décentralisée », op. cit., p. 17

[29] TREBILCOCK (A.), « Discrimination en matière d'emploi et de profession et promotion de l'égalité de traitement » in THOUVENIN (J-M.), TREBILCOK (A.) (dir.), *Droit international social*, Tome 2, op. cit., p. 1444

[30] Egalité dans l'emploi et la profession. Etude d'ensemble des rapports concernant la convention (n° 111) et la recommandation (n° 111) sur la discrimination (emploi et profession), 1958, Rapport de la Commission d'experts pour l'application des conventions et recommandations (articles 19, 22 et 35 de la Constitution), Conférence internationale du Travail, 75ème session 1988, para. 45, p. 44

Imbriquant la discrimination et le harcèlement, la Commission d'experts a indiqué que le *« harcèlement sexuel amoindri[ssai]t l'égalité au travail en mettant en cause l'intégrité, la dignité et le bien-être des travailleurs »*[31].

De manière plus précise, la Commission d'experts a défini les comportements susceptibles d'être constitutifs de harcèlement sexuel : *« Il s'agit notamment d'insultes, de remarques, de plaisanteries, d'insinuations ou de commentaires mal à propos sur les vêtements d'une personne, son corps, son âge, sa situation de famille, etc.; une attitude condescendante ou paternaliste qui porte atteinte à la dignité ; les invitations ou les requêtes importunes, implicites ou explicites, accompagnées de menaces ou non ; les regards concupiscents ou autres gestes associés à la sexualité ; les contacts physiques inutiles comme les attouchements, les caresses, les pincements, les voies de fait. Pour être qualifiée de harcèlement sexuel, toute action de ce genre doit, en plus, présenter une des caractéristiques suivantes : être perçue à juste titre comme une condition d'emploi ou une condition préalable à l'emploi ; influer sur les décisions prises en ce domaine, nuire au rendement professionnel ; humilier, insulter ou intimider la personne qui subit cette action. Sera considérée comme un harcèlement sexuel toute action dont l'importunité ne pouvait échapper à son auteur »*[32]. La précision de cette définition est d'autant plus remarquable qu'elle tend à incriminer des agissements qui ne sont pas visés par la Convention n° 111.

Cet élargissement du champ d'application de la Convention n° 111 adoptée en 1958[33] est venu rejoindre les conceptions développées au sein de la Conférence internationale du travail au fil des années[34]. Principalement, en

---

[31] Rapport de la Commission d'experts pour l'application des conventions et recommandations, Conférence internationale du Travail, 91ème session 2003, p. 497

[32] Etude d'ensemble des rapports concernant la convention (n° 111) et la recommandation (n° 111) sur la discrimination (emploi et profession), 1988, op. cit.., pp. 44-45

[33] Celui-ci s'intègre dans une tendance plus générale. Le Professeur Colleen SHEPPARD a ainsi montré l'élargissement de l'objectif de la lutte contre la discrimination, dans l'action de l'OIT : visant d'abord à l'égalité de traitement, elle s'est ensuite attachée à combattre les discriminations indirectes puis les inégalités institutionnalisées et systémiques (en matière de rémunération, notamment), les inégaltés structurelles (politiques ayant des effets discriminatoires sur les groupes historiquement désavantagés, par exemple). SHEPPARD (C.), « Inclusive equality and new approaches to discrimination » in BLACKETT (A.), TREBILCOCK (A.) (dir.), *Research handbook on transnational labour law*, op. cit., pp. 247-259

[34] La question du harcèlement sexuel a heurté les consciences dans les années 1980-1990. Pour un historique de l'évolution des législations et jurisprudences nationales, voir AEBERHARD-HODGES (J.), « Le harcèlement sexuel sur les lieux de travail : jurisprudence récente », Revue internationale du Travail, vol. 135 (1996), n° 5

1985, la Conférence internationale du travail a adopté une résolution sur l'égalité de chances et de traitement entre travailleurs et travailleuses en matière d'emploi. Dans ce cadre, les mandants de l'OIT ont clairement pris position en faveur d'une lutte contre le harcèlement sexuel au nom de la protection de l'égalité entre hommes et femmes[35]. Dans le cadre de son étude d'ensemble de 1988, la Commission d'experts s'est appuyée sur la résolution adoptée par la Conférence en 1985 pour justifier sa jurisprudence[36].

La compréhension de la Convention adoptée en 1958 semble avoir suivi l'évolution de la perception des actes de harcèlement dans la doctrine. Le changement de conception des organes de l'OIT a en effet été précédée de quelques années par la publication des travaux du Professeur Catharine MAC KINNON, qui faisait alors figure de pionnière en liant le harcèlement sexuel à la discrimination[37]. En partant de l'idée selon laquelle les femmes se trouvaient en situation d'infériorité par rapport aux hommes sur le marché du travail (non pour des raisons intrinsèques liées à leurs qualités ou à leur identité mais compte tenu d'une inégalité sociale[38]), elle s'était attachée à défendre une conception large de la notion de discrimination, se basant sur un constat sociologique. Elle avait notamment déduit cette discrimination de l'existence de représailles infligées aux femmes refusant des avances à caractère sexuel mais également de l'alternative leur étant proposée : accepter ces propositions ou se voir privées de leur emploi[39]. Il est intéressant de préciser qu'un premier projet de l'ouvrage de Catharine MAC KINNON avait circulé cinq ans avant sa publication définitive en 1979 : durant cette période, un premier frémissement de la jurisprudence avait eu lieu, certains juges commençant à intégrer le harcèlement sexuel dans le champ des discriminations[40]. Sans doute ce travail doctrinal n'est-il pas étranger à l'évolution du point de vue des organes de l'OIT s'agissant du sens attribué à la Convention n° 111.

---

35 *« Le harcèlement sexuel sur le lieu de travail est nuisible aux conditions de travail des travailleurs et aux perspectives d'emploi et de promotion. La politique pour le développement de l'égalité devrait donc inclure des mesures visant à combattre et à prévenir le harcèlement sexuel »*. BIT, Bulletin Officiel, Volume LXVIII, Série A, 1985, p. 99

36 Etude d'ensemble des rapports concernant la convention (n° 111) et la recommandation (n° 111) sur la discrimination (emploi et profession), 1958, Rapport de la Commission d'experts pour l'application des conventions et recommandations (articles 19, 22 et 35 de la Constitution), Conférence internationale du Travail, 75ème session 1988, para. 45, p. 44

37 MAC KINNON (C.), *Sexual harassment of working women*, Yale University Press, 1979

38 Ibid., p. 215

39 Ibid, p. 208

40 Ibid., p. xi

La méthode mise en œuvre par la Commission d'experts met en exergue les limites de la Convention de Vienne. Il pourrait en effet être argué de ce que l'approche extensive de la Convention n° 111 par la Commission d'experts se détache des dispositions de la Convention de Vienne sur le droit des traités, qui admet en son article 31§3 une interprétation des traités à la lumière de *« tout accord ultérieur intervenu entre les parties au sujet de l'interprétation du traité ou de l'application de ses dispositions »*[41]. En effet, ici, l'évolution de la position de l'auteur de la Convention n° 111 (à savoir la Conférence en tant qu'organe), et non par chacun des Etats parties, a été retenue. La portée de la Convention n'a pas été élargie par un accord entre les Etats ayant ratifié cette dernière mais par une décision de la Conférence internationale du travail, les Etats qui s'étaient prononcés en faveur de la résolution de 1985 n'étant pas nécessairement ceux ayant ratifié la Convention n° 111.

Une telle critique conduirait toutefois à remettre en cause la portée politique des résolutions adoptées par la Conférence. Ainsi qu'il a déjà été largement souligné, le système normatif de l'OIT se caractérise notamment par la porosité entre les sphères politiques et juridiques[42]. Si ni la Convention de Vienne, ni la nature juridique de la résolution adoptée en 1985 ne contraignaient la Commission d'experts à considérer cette dernière comme étendant la portée de la Convention n° 111, une position contraire aurait remis en cause la valeur des délibérations de la Conférence.

Il apparaît finalement que cette utilisation des décisions de la Conférence permet de s'appuyer sur des éléments objectifs traduisant une évolution du droit, au même titre que le recours au droit comparé.

§3. L'interprétation à la lumière du droit comparé

Aux termes de l'article 31§3 de la Convention de Vienne, l'interprétation des traités peut s'envisager sous un angle évolutif puisque la « *pratique ultérieure* » des parties (comme la prise en considération de toute règle pertinente de droit international applicable dans les relations entre les elles) peut orienter la signification attribuée à un texte[43].

Concrètement, les organes de supervision de l'application des normes internationales du travail se basent régulièrement sur la pratique subséquente des Etats parties aux conventions pour procéder à leur interprétation.

---

[41] Cf. supra. Sous-section 1

[42] Cf. supra. Titre 1, Chapitre 2

[43] Cf. supra. Chapitre préliminaire

Toutefois, dans le cadre de traités multilatéraux, la prise en compte des pratiques nationales ne peut pas être saisie de façon aussi évidente qu'elle peut l'être dans le cas d'accords bilatéraux. L'observation des conclusions des instances de l'OIT révèle leur intérêt pour le droit comparé lorsqu'il s'agit d'interpréter le droit international du travail à la lueur de pratiques contemporaines. En aucun cas, toutefois, il ne s'agit de rechercher des éléments qui laisseraient apparaître l'existence d'un consensus parmi l'ensemble des Etats parties à une Convention. De façon plus imprécise, la démarche des interprètes de l'OIT s'inscrit dans la recherche de tendances globales justifiant le sens pouvant être attribué à un texte.

A/ L'impossible définition d'un consensus dans un cadre multilatéral : un parallèle avec la jurisprudence établie au sein du Conseil de l'Europe

A l'image de la jurisprudence de la Cour EDH, les travaux des organes de l'OIT montrent que le caractère multilatéral des traités qu'ils interprètent les amène à appréhender la pratique des Etats de façon particulièrement extensive.

Devant la Cour EDH, où un consensus dans la pratique entre les 47 Etats membres du Conseil de l'Europe est difficile à dégager, on a assisté à une pratique suivant laquelle des éléments autres que la Convention européenne des droits de l'Homme ont fourni aux juges des éléments d'objectivation[44], issus de la *soft law* (comme par exemple des décisions de juridictions extra-européennes). Il s'est ici agi de justifier une interprétation évolutive du texte : *« tout se passe comme si, de par sa seule existence, l'instrument de soft law attestait, de manière quasi irréfragable, l'existence juridiquement signifiante d'un consensus des Etats parties à la Convention quant à l'interprétation à donner à l'une ou l'autre disposition conventionnelle »*[45]. La jurisprudence récente de la Cour montre le volontarisme des juges dans l'usage de la *soft law* à des fins interprétatives.

En dépit de l'atrophie de la Convention européenne s'agissant de dispositions traitant expressément des questions sociales, la Cour a développé une jurisprudence intéressante en la matière[46]. En particulier, en

44 TULKENS (F.), « Les techniques interprétatives des organes de protection des droits de l'Homme », op. cit., p. 539
45 TULKENS (F.), VAN DROOGHENBROECK (S.), « Le *soft law* des droits de l'Homme est-il vraiment si soft ? » in Coll., *Liber Amirocum Michel Mahieu*, Larcier, 2008, p. 519
46 Sur les interactions, issues de la pratique, entre la Cour EDH et le CEDS qui ont pu entraîner un développement d'une jurisprudence sociale de la Cour, voir

plus de conforter l'approche extensive de la Convention par la Cour, l'arrêt *Demir et Baykara*[47] de 2008 apparaît en effet comme une application aux questions du travail des préoccupations de la Cour EDH.

Dans cette décision, la Cour était amenée à se prononcer à propos de l'interdiction qui avait été formulée à des fonctionnaires municipaux de fonder un syndicat et de l'annulation d'une convention collective qui en résultait. Les juges de Strasbourg ont estimé que cette situation était contraire à l'article 11 de la Convention européenne de sauvegarde des droits de l'Homme et des libertés fondamentales relatif à la liberté de réunion pacifique et à la liberté d'association, consacrant alors le droit à la négociation collective comme un droit protégé par la Convention.

Au-delà de l'apport de cette décision en ce qui concerne l'expansion du domaine d'action de la Cour dans le domaine du travail, c'est surtout la méthode utilisée par les juges qui met en valeur l'audace de la Cour EDH en matière d'interprétation.

En réponse aux remises en cause de sa méthode d'interprétation évolutive, la Cour a fourni une sorte de *« théorie générale de l'interprétation évolutive »*[48], dans le cadre notamment d'une partie intitulée *« interprétation de la Convention à la lumière d'autres instruments internationaux »*[49]. Faisant fi de l'argument selon lequel sa méthode conduisait à imposer aux Etats des obligations auxquelles ils n'auraient pas adhéré[50], la Cour, après avoir rappelé sa jurisprudence antérieure, a posé deux principes complémentaires. Le premier concerne la possibilité de baser ses interprétations des obligations des Etats sur les travaux des organes compétents en la matière et la pratique des Etats membres[51]. Le second

---

AKANDJI-KOMBE (J-F.), « Le dialogue entre le CEDS et la CEDH en matière professionnelle », Revue de droit du travail, 2014, pp. 359-370

[47] Cour EDH, 12 novembre 2008, *Demir et Baykara c. Turquie*, req. N° 34503/97

[48] MARGUENAUD (J-P.), MOULY (J.), « L'avènement d'une Cour européenne des droits sociaux, (à propos de CEDH 12 novembre 2008, *Demir et Baykara c/ Turquie*) », op. cit., p. 740

[49] Paras. 60 à 86

[50] Voir l'argument du gouvernement turc dans l'arrêt (paras. 60-61) ; dans la doctrine, voir RENUCCI (J-F.), JCP G 2007, Act. 120 cité par MARGUENAUD (J-P.), MOULY (J.), « L'avènement d'une Cour européenne des droits sociaux, (à propos de CEDH 12 novembre 2008, Demir et Baykara c/ Turquie) », op. cit., p. 740 ; EWING (K.D.), HENDY (J.), « The Dramatic Implications of Demir and Baykara », Industrial Law Journal, Vol. 39, No. 1, March 2010

[51] *« La Cour, quand elle définit le sens des termes et des notions figurant dans le texte de la Convention, peut et doit tenir compte des éléments de droit international autres que la Convention, des interprétations faites de ces éléments par les organes*

réside dans l'indifférence de la non-ratification par un Etat d'un instrument international utilisé dans le cadre d'une interprétation, dès lors que celui-ci reflète une communauté de vues dans les sociétés modernes[52]. La Cour s'est donc autorisée à mobiliser des éléments extérieurs à son système juridique, parfois tirés de droits étrangers, de façon à justifier son interprétation et à déduire une convergence dans la pratique des Etats.

Elle a choisi d'interpréter l'article 11 de la CEDH à la lumière de nombreux textes, à vocation universelle ou régionale. Principalement, elle s'est fondée sur les articles 5 et 6 de la Charte sociale européenne relatifs au droit syndical et à la négociation collective, bien qu'ils n'aient pas été acceptés par la Turquie. De même, les juges ont notamment fait usage des Conventions n° 87 et n° 98 de l'OIT et de leurs interprétations, citant à la fois la Commission d'experts[53] et le Comité de la liberté syndicale[54]. Finalement, ces instruments ont permis de conférer à la liberté de réunion et d'association prévue à l'article 11 de la CEDH une pleine signification dans le domaine du travail.

L'arrêt *Demir et Baykara* révèle une certaine approche de l'interprétation évolutive où les juges paraissent moins attachés à rechercher un consensus dans la pratique des Etats qu'à définir des tendances générales. L'on retrouve une pratique identique au sein de l'OIT : dans cette organisation multilatérale, les organes d'interprétation ne peuvent entreprendre de rechercher un consensus dans les pratiques nationales. Leur démarche consiste alors à rechercher dans les jurisprudences nationales et régionales,

---

compétents et de la pratique des Etats européens reflétant leurs valeurs communes » (para. 85)

[52] *« Dans ce contexte, il n'est pas nécessaire que l'Etat défendeur ait ratifié l'ensemble des instruments applicables dans le domaine précis dont relève l'affaire concernée. Il suffit à la Cour que les instruments internationaux pertinents dénotent une évolution continue des normes et des principes appliqués dans le droit international ou dans le droit interne de la majorité des Etats membres du Conseil de l'Europe et attestent, sur un aspect précis, une communauté de vue dans les sociétés modernes »* (para. 86)

[53] Notamment : *« La commission souligne que l'article 2 de la convention [n° 87] dispose que les travailleurs, sans distinction d'aucune sorte, ont le droit de constituer des organisations de leur choix, ainsi que celui de s'affilier à ces organisations, et que la seule exception envisagée par la convention concerne les membres des forces armées et de la police... »* (para. 38)

[54] *« Les travailleurs des administrations locales devraient pouvoir constituer effectivement les organisations qu'ils estiment appropriées et ces organisations devraient posséder pleinement le droit de promouvoir et de défendre les intérêts des travailleurs qu'elles représentent »* (para. 39)

de manière plus imprécise (mais objective), des tendances générales, actuelles devant guider la signification attribuée à un texte.

B/ La recherche par les organes de l'OIT d'une évolution des pratiques nationales à travers le recours au droit comparé

L'avocat-général à la Cour de justice de l'Union européenne Miguel Poaires MADURO a décrit le rôle du droit comparé dans le raisonnement et la pratique de la Cour. Pour lui, la référence aux principes généraux du droit commun aux Etats membres de l'Union européenne constitue à la fois une expression de la légitimité particulière de l'ordre européen, qui s'appuie sur les peuples d'Europe et leurs ordres juridiques nationaux, et une méthode d'interprétation permettant de résoudre les difficultés liées aux lacunes du droit de l'Union européenne et à l'ambigüité de ses textes[55]. M. MADURO ajoute encore qu'un droit basé sur le droit commun des Etats membres peut fournir une garantir supplémentaire s'agissant de son acceptation sociale et le rendre plus aisément applicable par les juridictions nationales[56].

L'ambition des organes genevois se révèle bien moins affirmée que celle des juges de Luxembourg, chargés de superviser l'application de textes à vocation régionale. Ils apparaissent ainsi moins préoccupés par l'idée d'édifier un droit commun à partir des pratiques nationales et de rendre leurs décisions acceptables que par l'objectif de relever des éléments prouvant une évolution des pratiques nationales.

Ainsi, lors de l'examen du cas de l'ancienne République fédérale d'Allemagne, la Commission d'enquête réunie en 1985[57] a procédé de cette façon afin de dégager un principe de proportionnalité s'agissant de la restriction de certains droits. En effet, pour déterminer si les interdictions professionnelles prévues par la législation nationale pouvaient être envisagées au titre des distinctions fondées sur la qualification admises par l'article 1§2 de la Convention n° 111 concernant la discrimination, la Commission d'enquête a repris à son compte les analyses proposées par les Cours européenne et interaméricaine des droits de l'Homme. Elle a ainsi souligné que la limitation devait être *« proportionnée à l'objectif*

---

[55] MADURO (M. P.), « Interpreting European Law: Judicial Adjudication in a Context of Constitutional Pluralism », European Journal of Legal Studies, vol. 1, n° 2, p. 6

[56] Ibid., p. 6

[57] Rapport de la Commission d'enquête instituée en vertu de l'article 26 de la Constitution de l'Organisation internationale du Travail pour examiner l'observation de la convention n° 111 concernant la discrimination (emploi et profession), 1958, par la République fédérale d'Allemagne (Vol. LXX, 1987, Series B, Supplement 1)

poursuivi »[58]. Partant, la Commission s'est prononcée en faveur d'une interprétation restrictive de l'article 1§2 de la Convention n° 111, afin d'éviter de limiter indûment la protection proposée par le texte. Sur ce point, la Commission a déclaré qu'il appartenait aux autorités allemandes d'apprécier les capacités d'un travailleur public à exercer sa mission *« par rapport aux fonctions exercées dans le poste spécifique en cause et aux conséquences que le comportement concret de la personne concernée peut avoir sur sa capacité à assumer et à exercer ces fonctions »*[59].

Les études d'ensemble de la Commission d'experts constituent le cadre privilégié de la comparaison des droits nationaux. La prise en compte du droit interne et des travaux de certaines juridictions (jurisprudence de la CJUE…) ont par exemple permis d'éclairer la Commission sur le régime des périodes d'astreinte, ignorées des Conventions n° 1 et n° 30 sur la durée du travail adoptées au début du XXème siècle[60].

Ce n'est pas tant le caractère parfois évasif de certaines interprétations que le caractère limitatif des éléments de comparaison qui interpellent. Au vu de la vocation universelle de l'OIT, l'on pourrait regretter la surreprésentation des jurisprudences élaborées par les juges américains et européens. Par ailleurs, si elle s'intègre dans un courant d'échange entre les juges, l'adoption du mode d'analyse ici développé par la Commission d'experts apparaît quelque peu déroutante au regard des prescriptions de la Convention de Vienne, en ce qu'elle se limite à emprunter les raisonnements de juges régionaux, sans que ceux-ci ne reflètent nécessairement la pratique de l'ensemble des Etats partie à la Convention étudiée.

Ainsi, si le recours au droit comparé peut en partie être justifié par l'étude de la pratique subséquente des parties à une convention, il sort rapidement de ce cadre pour ne devenir qu'un élément d'inspiration pour les interprètes

---

[58] Voir le *« jugement de la Cour européenne des droits de l'Homme du 26 avril 1979 dans le cas The Sunday Times, série A, n° 30, para. 59 et 62, et l'avis consultatif de la Cour interaméricaine des droits de l'Homme du 13 novembre 1985 concernant l'affiliation obligatoire à une association prescrite par la loi pour l'exercice du journalisme, para. 46 à 79. Pour un examen général de la pratique selon les instruments internationaux pertinents, voir Human Rights Quaterly, vol. 7, n° 1, fév. 1985, pp. 52 à 56 »*. Rapport de la Commission d'enquête instituée pour e'aminer l'observation de la convention n° 111 concernant la discrimination par la République fédérale d'Allemagne, op. cit., para. 531

[59] Rapport de la Commission d'enquête instituée pour examiner l'observation de la convention n° 111 concernant la discrimination par la République fédérale d'Allemagne, op. cit., para. 585

[60] Cf. supra. §1.

(comme le concevait SALEILLES au début du XXème siècle[61]). L'interprétation d'un instrument dans son contexte s'opère donc parfois de manière particulière au regard des prescriptions de la Convention de Vienne. Les interprètes recherchent des éléments objectifs leur permettant de montrer à grands traits une convergence de pratiques, plutôt que la preuve de l'existence d'un consensus reflétant la pratique subséquente des Etats parties à une Convention. En dépit du rôle majeur des interprétations dans la prise en compte de l'évolution du travail et de son organisation dans l'attribution d'une signification aux textes, la négociation reste au centre de l'adaptation de l'arsenal normatif de l'OIT.

Sous-section 2 : L'interprétation d'instruments négociés : les limites de l'approche évolutive

Comme l'a souligné Francis MAUPAIN, la généralité des termes souvent employés dans les Conventions négociées au sein de l'OIT peut refléter une option délibérée des négociateurs pour une *« incertitude négociée »*[62]. Pour autant, cette volonté de disposer de textes souples et adaptables ne confère pas un « chèque en blanc » aux interprètes. Même si ces derniers bénéficient d'une marge de manœuvre considérable qui leur permet de clarifier précisément le sens des instruments normatifs au regard de situations nouvelles, leur rôle n'est jamais de se substituer à leur auteur : l'interprétation ne remplace pas le travail d'élaboration des textes, négociés par la Conférence internationale du travail.

Les controverses qui ont fait suite au développement d'une jurisprudence détaillée relative au droit de grève ont montré les limites d'un système d'interprétation parfois tributaire de divisions partisanes, à défaut de reposer sur une base juridique solide[63]. A mesure que des situations concrètes s'éloignent de la lettre des textes interprétés et impliquent la réalisation d'un important effort de construction, les interprétations sont susceptibles d'être remises en cause.

---

[61] Selon lui, afin d'interpréter un texte de droit, en cas d'insuffisances de ce dernier, il convient de s'inspirer des droits étrangers qui, confrontés à des problématiques similaires, ont apporté des solutions différentes. Cette comparaison doit s'opérer de manière approfondie, en faisant en sorte d'étudier le fonctionnement des institutions de comparaison, avant de s'interroger quant aux résultats acquis. SALEILLES (R.), « Droit civil et droit comparé », Revue internationale de l'enseignement, t. 61, 1911, pp. 10-11 cité par JAMIN (C.), « Le vieux rêve de Saleilles et Lambert revisité. A propos du centenaire du Congrès international de droit comparé de Paris », Revue internationale de droit comparé, vol. 52, n° 4, octobre-décembre 2000, p. 739

[62] MAUPAIN (F.), « L'interprétation des Conventions internationales du travail », op. cit., p. 585. Cf. supra. Titre 1, Chapitre 2

[63] Cf. supra. Titre 1 et Chapitre préliminaire

Le recours à des organes officiels et le retour au « législateur » peuvent donc s'avérer nécessaire pour appréhender certaines situations. Aussi incontournables les interprétations soient-elles pour adapter les textes aux phénomènes contemporains, elles ne peuvent se substituer à l'autorité des textes négociés. La Conférence peut ainsi prendre l'initiative de préciser les instruments afin de recadrer l'action normative de l'OIT, l'interprétation pouvant ne pas suffire pour appréhender certaines situations. Dans d'autres cas, le souci de la préservation de la sécurité juridique peut expliquer une limitation du pouvoir des interprètes.

§1. Le besoin de précision : l'exemple des instruments relatifs au travail forcé

En dépit du caractère fondamental des interprétations dans le travail normatif de l'OIT[64], la Conférence reste maîtresse en la matière, définissant leur cadre d'exercice. Plus exactement, eu égard à l'évolution de certaines situations et à l'imprécision corrélativement grandissante de la lettre de certains instruments, une action de la Conférence permet de renforcer l'assise des interprétations et d'améliorer l'efficacité de l'action des organes de l'OIT.

Comme le montre l'exemple relatif au travail forcé, la révision de Conventions ou l'adoption de nouveaux instruments permet de réaffirmer une volonté politique dans un domaine donné, en visant des comportements précis et en proposant des moyens d'action déterminés.

A/ Le constat de l'insuffisance des instruments existant

L'exemple de la question du travail forcé montre que l'action de la Conférence internationale peut viser à donner un nouveau cadre aux interprétations d'organes comme la Commission d'experts, en précisant les jalons de l'action normative.

1. L'approche extensive de la lutte contre le travail forcé par la Commission d'experts

L'approche contemporaine de la question du travail forcé et l'utilisation des instruments existant par la Commission d'experts révèlent que ces derniers lui sont apparus suffisamment souples pour pouvoir s'appliquer aux formes de travail forcé les plus modernes[65].

---

[64] Cf. supra. Titre 1

[65] Pour un point de vue historique, sur la question plus générale et connexe de l'évolution de l'approche de l'esclavage en droit international, voir ERPELDING

Ainsi, sous un angle juridique, en 2012, la Commission d'experts a relevé que les Conventions n° 29 et 105 étaient complémentaires[66] et « *devaient contribuer à l'éradication complète du travail forcé ou obligatoire sous toutes ses formes* »[67]. De même, elle a souligné qu'aucun de ces instruments ne contenait « *de dispositions qui limitent leur champ d'application en excluant certaines catégories de travailleurs. Destinées à garantir le respect de certains droits fondamentaux de l'homme, les deux conventions sont d'application générale et conçues pour protéger la population entière des pays qui les ont ratifiées* »[68].

Eu égard à la diversification d'un travail forcé qui ne résulte plus uniquement de la contrainte étatique[69], la question du rapport entre le travail forcé et la traites des êtres humains a été largement abordée par la Commission, notamment dans son étude d'ensemble de 2012. Elle a en

---

(M.), « L'esclavage en droit international : aux origines de la relecture actuelle de la définition conventionnelle de 1926 », Journal of the History of International Law, 17(2), 2015, pp. 170-220

[66] Sur la complémentarité entre ces deux textes, voir THOUVENIN (J-M.), « Travail forcé ou obligatoire » in THOUVENIN (J-M.), TREBILCOK (A.) (dir.), *Droit international social*, Tome 2, op. cit., p. 1428

[67] Etude d'ensemble sur les conventions fondamentales concernant les droits au travail à la lumière de la Déclaration de l'OIT sur la justice sociale pour une mondialisation équitable, 2008, para. 253, p. 107

[68] Ibid., para. 261, p. 111

[69] La Commission d'experts a mis en avant l'évolution des formes de travail forcé. Un certain nombre d'études élaborées par le BIT (comme le Rapport global sur le travail forcé en vertu du suivi de la Déclaration de l'OIT relative aux principes et droits fondamentaux au travail en 2009) ont montré que les mutations récentes du travail forcé concernaient spécialement certains travailleurs vulnérables. Par exemple, se trouvent dans une situation particulièrement vulnérable les candidats à l'immigration devant contracter des emprunts afin de régler les frais demandés par les agents organisant leur voyage ou leur cherchant un travail à l'étranger. Quant aux travailleurs migrants, il s'agit souvent de femmes et de personnes jeunes, d'autant plus susceptibles d'être victimes d'abus qu'elles sont souvent employées à des travaux domestiques pour lesquels la législation du travail ne prévoit qu'un faible niveau de protection. Travaillant à l'étranger, elles sont privées de la protection juridique directe que leur accorde leur pays d'origine et, de fait, d'autonomie à l'égard de leur employeur. *Le coût de la coercition*, Rapport global en vertu du suivi de la Déclaration de l'OIT relative aux principes et droits fondamentaux au travail, rapport I(B), CIT, 98ème session, Genève, 2009, para. 40 in Etude d'ensemble sur les conventions fondamentales concernant les droits au travail à la lumière de la Déclaration de l'OIT sur la justice sociale pour une mondialisation équitable, 2008, op. cit., para. 258, p. 109 et para. 295, pp. 130-131

particulier lié la lutte contre le travail forcé au Protocole de Palerme[70], adopté sous l'égide de l'ONU en 2000, qui vise à lutter contre la traite des êtres humains (en particulier des femmes et des enfants), au-delà du seul travail forcé. Selon elle, à la lumière de ce texte, la *« traite des personnes aux fins d'exploitation (qui comprend expressément le travail ou les services forcés, l'esclavage et les pratiques analogues, la servitude et différentes formes d'exploitation sexuelle) entre dans la définition du travail forcé ou obligatoire qui est donnée à l'article 2, paragraphe 1, de la convention »*[71].

Ainsi, au regard de l'évolution des situations contemporaines, la Commission d'experts ne s'est pas estimée démunie en termes normatifs. Elle a choisi de s'appuyer sur des instruments variés pour envisager la lutte contre le travail forcé sous une acception large. Néanmoins, compte tenu d'un bilan contrasté quant à l'efficacité des mesures prises pour éradiquer le phénomène, d'autres acteurs ont jugé indispensable de « légiférer » afin d'appuyer l'action normative et interprétative sur des instruments prévoyant des mesures précises.

2. Les précisions données par la Conférence et le Comité tripartite

Pour la Conférence internationale du travail, l'interprétation des instruments de l'OIT apparaît insuffisante pour appréhender de nouvelles formes de travail forcé. L'adoption de nouveaux textes apparaît nécessaire pour viser précisément certains agissements.

En 2012, à l'occasion de la discussion récurrente sur les principes et droits fondamentaux au travail, la Conférence est partie du constat selon lequel 21 millions de personnes étaient victimes de travail forcé. Certaines formes traditionnelles de travail forcé, d'origine étatique, ont décliné tandis que de nouvelles pratiques ont émergé, en particulier dans le secteur privé. Pointant les lacunes de la Convention n° 29 adoptée il y plusieurs décennies pour éradiquer la forme de travail la plus indécente, la Conférence a alors invité à *« réaliser une analyse détaillée (...) pour recenser les lacunes de la couverture existante des normes de l'OIT afin de déterminer si une action normative [était] nécessaire pour: i) compléter les conventions de l'OIT sur le travail forcé en envisageant la prévention et la protection des victimes, y*

[70] Protocole visant à Prévenir, Réprimer et Punir la Traite des Personnes, en particulier des Femmes et des Enfants, 2003

[71] Etude d'ensemble sur les conventions fondamentales concernant les droits au travail à la lumière de la Déclaration de l'OIT sur la justice sociale pour une mondialisation équitable, 2008, op. cit., para. 297, p. 133

compris leur dédommagement ; et ii) lutter contre la traite des êtres humains aux fins d'exploitation par le travail »[72].

C'est dans ce cadre qu'une réunion tripartite d'experts a été mise en place en 2013. Selon ses membres, les lacunes relatives à la mise en œuvre des instruments devaient être comblées en menant une action normative permettant de renforcer les mesures de prévention, de protection et d'indemnisation des victimes afin de parvenir à l'élimination du travail forcé dans le monde[73]. En particulier, le point de vue du représentant des travailleurs résume les enjeux de la réunion, en ce qu'il met en avant le décalage entre, d'une part, des instruments imprécis et, d'autre part, une situation concrète se complexifiant[74].

Se basant sur des données quantitatives et des éléments factuels, la Conférence internationale du travail et le Comité tripartite[75] ont alors choisi d'agir en élaborant de nouveaux textes permettant de fixer des objectifs précis, en ambitionnant d'éradiquer le travail forcé. Au-delà de l'expertise juridique de la Commission d'experts, l'action de la Conférence, basée sur des rapports élaborés par le Bureau, vise à réorienter l'action normative, tout en fournissant une nouvelle assise à l'ensemble des organes de l'OIT.

---

[72] Conclusions concernant la discussion récurrente sur les principes et droits fondamentaux au travail, Compte rendu provisoire n° 15, CIT, 101ème session, Genève, 2012, para. 22 c)

[73] Réunion tripartite d'experts sur le travail forcé et la traite des personnes à des fins d'exploitation au travail (Genève, 11-15 février 2013), TMELE/2013/7, p. 45

[74] *« L'adoption d'une norme est préférable car, même si le consensus existant sur l'interdiction de toute forme de travail forcé, y compris de la traite des personnes, n'est pas remis en cause et si les instruments internationaux sur le travail forcé sont largement ratifiés, les victimes de travail forcé n'ont jamais été aussi nombreuses. On ne peut par conséquent se satisfaire du statu quo. Ni la sincérité des gouvernements ni la volonté des organes de contrôle de l'OIT ne sont ici en cause. Mais, compte tenu de la réalité, il faut être efficace et mettre en place un cadre lisible et clair qui engage les Etats de manière systématique et produise des résultats ».* Réunion tripartite d'experts sur le travail forcé et la traite des personnes à des fins d'exploitation au travail, op. cit., para. 49, p. 13

[75] Les membres du groupe tripartite sont alors parvenus à la conclusion selon laquelle des lacunes importantes demeuraient dans la mise en œuvre de la Convention n° 29, malgré sa portée étendue et les mesures prises par les Etats membres (notamment en matière de prévention, dans la protection des victimes, l'indemnisation, l'application de la loi, la cohérence des politiques ou la coopération internationale…). Réunion tripartite d'experts sur le travail forcé et la traite des personnes à des fins d'exploitation au travail, op. cit., p. 43

B/ L'adoption d'instruments complémentaires

En 2014, partant des conclusions du comité tripartite, la Conférence internationale du travail a adopté le Protocole relatif à la Convention n° 29 sur le travail forcé de 1930[76] ainsi que la Recommandation n° 203 prévoyant des mesures complémentaires en vue de la suppression effective du travail forcé[77]. Le souhait d'adapter le contenu des instruments visant à l'éradication du travail forcé aux situations modernes, où le travail ne se limite plus depuis de nombreuses décennies à des formes d'esclavage au bénéfice de l'Etat, fait écho au besoin de viser spécifiquement un certain nombre de pratiques contemporaines.

Le préambule du Protocole et de la Recommandation n° 203 insistent notamment sur la nécessité de combler les lacunes de la mise en œuvre de la Convention n° 29 sur le travail forcé et soulignent que *« les mesures de prévention et de protection et les mécanismes de recours et de réparation, tels que l'indemnisation et la réadaptation, sont nécessaires pour parvenir à la suppression effective et durable du travail forcé ou obligatoire »*. Le Protocole prévoit l'adoption de mesures de prévention du travail forcé ou obligatoire, à travers l'éducation et l'information des personnes et des employeurs, une attention particulière portée aux travailleurs migrants ou, plus généralement, *« une action contre les causes profondes et les facteurs qui accroissent le risque de travail forcé ou obligatoire »*[78]. Il enjoint également les Etats de prendre des mesures propres à favoriser le rétablissement et la réadaptation des victimes[79]. La Recommandation préconise en particulier des mesures de prévention reposant par exemple sur *« le respect, la promotion et la réalisation des principes et droits fondamentaux au travail »* ou bien encore des mesures préventives telles qu'une sensibilisation des victimes potentielles du travail forcé, le développement de programmes de formation professionnelle ou le déploiement des garanties élémentaires de sécurité sociale[80].

Finalement, la Conférence internationale du travail a choisi de réorienter la pratique normative de l'OIT. L'objectif est ici de viser explicitement un certain nombre d'agissements contemporains et d'y apporter une réponse

---

76 Protocole relatif à la convention sur le travail forcé, 1930, Adopté par la Conférence à sa 103ème session, Genève, 11 juin 2014

77 Recommandation sur des mesures complémentaires en vue de la suppression effective du travail forcé, Adoptée par la Conférence à sa 103ème session, Genève, 11 juin 2014

78 Article 2

79 Article 3

80 Points 3 et 4

négociée entre les mandants de l'OIT. Même si la Commission d'experts disposait d'instruments au contenu assez souple pour s'appliquer aux situations contemporaines, la démarche de la Conférence a consisté à désigner un certain nombre de comportements et à proposer des moyens d'action, dans un souci d'efficacité normative, doublée d'une légitimité politique certaine.

§2. La retenue dans l'interprétation dans un souci de sécurité juridique

L'approche évolutive des textes au sein de l'OIT connaît une seconde limite. Dans un impératif de garantie de la sécurité juridique, l'œuvre créatrice des interprètes rendue nécessaire par la nouveauté des situations cesse dès lors qu'elle porte sur des instruments qui n'ont plus vocation à régir les situations actuelles.

En 1995, pour faire suite aux débats tenus lors de la session de la Conférence de 1994, le Conseil d'administration a procédé à la mise en place d'un groupe de travail tripartite[81] sur la politique de révision des normes internationales du travail (incluant les Conventions et les Recommandations)[82].

Les travaux du groupe réuni jusqu'en 2002 ont abouti à une classification des normes internationales du travail en différentes catégories : 71 conventions et 71 recommandations ont été considérées comme étant à jour[83], y compris les conventions fondamentales et prioritaires et les instruments adoptés depuis 1985 ; 24 conventions et 15 recommandations devaient être révisées[84] ; 55 conventions et 68 recommandations ont été jugées dépassées[85] ; 37 conventions et 16 recommandations ont fait l'objet

---

[81] Souvent désigné sous le nom *« Groupe de travail Cartier »*, du nom de son président, Jean-Louis CARTIER, ancien représentant gouvernemental de la France à la Conférence et au Conseil d'administration. RAIMONDI (G.), TREBILCOCK (A.), « Cadre constitutionnel » in THOUVENIN (J-M.), TREBILCOK (A.) (dir.), *Droit international social*, Tome 1, op. cit., p. 256

[82] GB.267/LILS/WP/PRS/2

[83] C'est-à-dire que leur contenu correspond aux besoins actuels (en cela, elles doivent faire l'objet d'une promotion active)

[84] Comme par exemple une dizaine de Conventions portant sur le travail maritime, lesquelles ont finalement été remplacées en 2006 par un instrument unique. Voir la Convention du travail maritime, 2006 (Entrée en vigueur : 20 août 2013), Adoption : Genève, 94ème session CIT (23 févr. 2006)

[85] Par exemple, la Convention n° 4 sur le travail de nuit des femmes 1919 ou bien encore la Convention n° 44 du chômage de 1934

de demandes d'informations complémentaires[86] ; 23 conventions et 25 recommandations ont été classées dans la catégorie des *« autres instruments »*[87] (à savoir des instruments plus complètement à jour mais restant pertinents à certains égards)[88].

Le tri initié par le groupe de travail Cartier a finalement conduit à restreindre le pouvoir interprétatif des organes de supervision, en faisant en sorte de limiter dans certains cas l'obligation pour les Etats de présenter un rapport et d'alléger le travail des organes de contrôle.

Dans le même sens, le Conseil d'administration a approuvé en 2011[89] la création d'un Mécanisme d'examen des normes qui s'appuie, depuis 2015, sur un groupe tripartite appelé à se réunir chaque année. Celui-ci s'est vu mandater pour formuler *« des recommandations au Conseil d'administration sur :*
a) le statut des normes examinées, y compris les normes à jour, les normes devant être révisées, les normes dépassées, et d'autres classifications possibles ;
b) le recensement des lacunes dans la couverture, y compris celles nécessitant de nouvelles normes ;
c) des mesures de suivi concrètes assorties de délais de mise en œuvre, le cas échéant »[90].

Juridiquement, la conséquence du tri ainsi opéré se trouve dans l'éventualité d'une abrogation[91] ou d'un retrait[92] d'un certain nombre de textes. Cette

---

[86] Par exemple, la Convention n° 131 concernant la fixation des salaires minima, notamment en ce qui concerne les pays en voie de développement (Entrée en vigueur : 29 avril 1972)
[87] Par exemple, la Convention n° 47 concernant la réduction de la durée du travail à quarante heures par semaine (Entrée en vigueur : 23 juin 1957) Adoption : Genève, 19ème session CIT (22 juin 1935) ou la Convention n° 3 sur la protection de la maternité (Entrée en vigueur : 13 juin 1921), Adoption : Washington, 1ère session CIT (29 novembre 1919)
[88] GB.283/10/2
[89] GB.312/LILS/5
[90] GB.325/LILS/3, para. 9, p. 4
[91] En 1997, un amendement à la Constitution de l'OIT (Instrument pour l'amendement de la Constitution de l'Organisation internationale du travail, adopté par la Conférence à sa 85ème session à Genève le 19 juin 1997) a confié à la Conférence la faculté d'abroger les Conventions devenues obsolètes. Celui-ci est entré en vigueur le 8 octobre 2015. Il complète la Constitution par un article 19§9 prévoyant que *« sur la proposition du Conseil d'administration, la Conférence peut, à la majorité des deux tiers des voix des délégués présents, abroger toute convention adoptée conformément aux dispositions du présent article s'il apparaît qu'elle a*

mise à l'écart de dispositions qui ne correspondent plus aux réalités contemporaines traduit une volonté de tempérance dans la mise en œuvre de méthodes d'interprétation. Plutôt que de laisser les interprètes s'enfermer dans des textes dépassés ou, au contraire, faire œuvre de création en leur prêtant une finalité donnée, il est préférable de procéder à des mises à jour des textes par la voie « législative ».

En tout état de cause, les interprètes font déjà preuve d'une certaine retenue. S'agissant particulièrement des Conventions techniques, ils admettent eux-mêmes que celles-ci peuvent se montrer limitées et inadaptées aux situations contemporaines. Sans prendre le risque de dénaturer les textes qu'ils appliquent, ils préfèrent reconnaître leurs insuffisances en renvoyant la Conférence ou les Etats à leurs responsabilités. Par exemple, en 2005, la Commission avait déploré l'inadéquation entre les durées maximales du travail admises par les Conventions n° 1 et n° 30 et les législations nationales. Partant des remarques émises par de nombreux gouvernements, elle avait avancé que la rigidité des dérogations à la durée maximale du travail ne répondait plus aux formes plus modernes d'organisation du temps de travail (travail à temps partiel, semaine comprimée, horaires décalés, durée journalière du travail variable, annualisation de la durée du travail,

---

perdu son objet ou qu'elle n'apporte plus de contribution utile à l'accomplissement des objectifs de l'Organisation ». Sur ce fondement, à l'occasion de sa 106ème session tenue au mois de juin 2017, la Conférence a décidé de procéder à l'abrogation de quatre Conventions (n° 4 concernant le travail de nuit des femmes, n° 15 fixant l'âge minimum d'admission des jeunes gens au travail en qualité de soutiers ou chauffeurs, n° 41 concernant le travail de nuit des femmes et n° 67 concernant la durée du travail et les repos dans les transports par route), parallèlement au retrait de deux autres textes (conventions n° 28 concernant la protection des travailleurs occupés au chargement ou au déchargement des bateaux contre les accidents et n° 60 concernant l'âge d'admission des enfants aux travaux non industriels)

[92] Comme l'a rappelé le Bureau (GB.267/LILS/WP/PRS/1 cité par MAUPAIN (F.), « Une révolution tranquille dans le droit des traités : l'abrogation des conventions internationales du travail obsolètes », op. cit., p. 633), l'abrogation doit être distinguée du retrait des Conventions qui ne sont pas ou plus en vigueur ainsi que pour les Recommandations. Dès lors que ces instruments ne créent pas d'obligations juridiques à l'égard d'autres Etats membres ou de l'OIT, au-delà de l'obligation de soumission à l'autorité compétente, ils pouvaient être retirés dans le cadre institutionnel existant avant l'entrée en vigueur de l'article 19§9. Ainsi, la Conférence a procédé au retrait de cinq Conventions et d'une dizaine de Recommandations

horaire souple, travail sur appel). Pour cette raison, elle avait appelé à une révision de ces instruments[93].

Finalement, les différentes initiatives prises par la Conférence au cours des dernières années mettent en évidence la volonté du « législateur » de l'OIT de débarrasser le droit international du travail des textes qu'il juge lui-même les moins pertinents compte tenu des besoins contemporains. L'exercice de recherche de la signification d'un texte face à une situation donnée s'en trouve alors facilité pour les organes de supervision de l'application des normes internationales du travail. Dans d'autres cas, la limitation de ce pouvoir d'interprétation peut venir des interprètes eux-mêmes.

Il apparaît ainsi que pour rendre effectives les normes internationales du travail, les organes chargés de la supervision de leur application choisissent régulièrement de déployer une approche évolutive, que ce soit à travers la prise en compte d'éléments actuels issus de l'OIT ou par la recherche de tendance contemporaines dans les droits nationaux ou régionaux. Dans le même temps, les interprètes voient leur pouvoir créatif limité à plusieurs égards : soit, ils se conforment aux décisions de la Conférence pour des raisons institutionnelles, soit ils font face à des instruments dont le contenu ne paraît plus pertinent au regard des réalités contemporaines. Plus concrètement, plusieurs défis majeurs du début du XXIème siècle révèlent l'ampleur de l'exercice imposé aux organes de l'OIT par la mutation du travail et de son organisation.

Section 2 Une flexibilité éprouvée face aux évolutions du travail et de son organisation

L'approche flexible des normes internationales du travail ne suffit pas pour permettre aux organes de l'OIT de traiter l'ensemble des situations nouvelles dont ils sont susceptibles de connaître. L'observation de phénomènes majeurs qui mettent aujourd'hui à l'épreuve les instruments normatifs de l'OIT[94] laisse apparaître deux tendances contradictoires.

---

[93] Etude d'ensemble des rapports concernant la convention n° 1 sur la durée du travail (industrie) et la convention n° 30 sur la durée du travail (commerces et bureaux), 2005, op. cit., paras. 323-325 et 328, pp. 110-112

[94] Les trois questions ici traitées (travail informel, mesures d'austérité et commerce international) paraissent illustrer avec une acuité particulière les principaux défis normatifs auxquels est confrontée l'OIT dans un contexte de globalisation. Dans le même sens et pour un point de vue plus large sur l'action normative de l'OIT sur ces trois sujets, voir GRAVEL (E.), KOHIYAMA (T.), TSOTROUDI (K.), « The role of international labour standards in rebalancing globalization: A legal perspective » in TORRES (R.) (dir.), *The global crisis. Causes, responses and challenges*, BIT, Genève, 2011, pp. 209-221 et GRAVEL (E.), KOHIYAMA (T.), TSOTROUDI

D'un côté, l'élasticité des normes internationales du travail permet de répondre à des situations aigües ou à des mutations plus durables du travail sur lesquelles les Etats ont encore prise. Les exemples de la réplique aux mesures d'austérité économique adoptées par des Etats à la suite de la crise économique de 2008 ou bien encore de la prise en considération des travailleurs de l'économie informelle montrent que l'interprétation, dans le cadre des orientations fixées par la Conférence, peut apporter une réponse normative à bon nombre de situations. A l'opposé, le développement de la globalisation des échanges commerciaux et des systèmes de production révèle le plus grand danger pour l'OIT : dans l'impossibilité d'appréhender des situations transnationales par nature, déconnectant le travail du cadre étatique, elle fait face au risque de se voir dépossédée de l'attribution d'une signification à ses textes normatifs. Ces derniers sont de plus en plus utilisés, hors de son autorité, par des entités en quête d'une « caution sociale ».

Sous-section 1 : Les instruments de l'OIT face à des problématiques nationales : le potentiel de l'interprétation dans le cadre des orientations de la Conférence

Lorsqu'il s'agit de préciser les engagements qui pèsent sur les Etats, les interprétations jouent un rôle essentiel dans l'adaptation des normes internationales du travail, dès lors que les Etats en restent les destinataires principaux et peuvent agir efficacement pour régler des problématiques circonscrites au cadre national.

L'idée selon laquelle l'interprétation des instruments de l'OIT permet de faire évoluer les obligations pesant sur les Etats se trouve à travers deux exemples évocateurs : la prise en considération des travailleurs de l'économie informelle et l'adoption de mesures d'austérité par des Etats à la suite de la crise économique de 2008.

§1. L'interprétation des instruments de l'OIT et la prise en considération des travailleurs de l'économie informelle

Tout au long du XXème siècle se sont développées de nouvelles formes de travail, s'éloignant de la relation classique entre salarié et employeur, sans pour autant s'apparenter au travail indépendant. Celles-ci concernent les pays où l'Etat n'a pu imposer une réglementation des relations de travail mais également ceux où les cadres des relations professionnelles se sont disloquées, face à la nécessité de s'adapter aux exigences économiques.

(K.), « A legal perspective on the role of international labour standards in rebalancing globalization », Revue Interventions économiques [Online], 49, 2014

Particulièrement au cours des dernières décennies, se sont notamment multipliés les emplois visant à alléger les paiements de charges sociales et éluder l'application du droit du travail[95]. En dépit de leur vocation universelle, les normes internationales du travail peuvent peiner à saisir cette forme particulière de travail, qui échappe au regard des autorités publiques, à la fois dans les pays en développement et dans les pays industrialisés.

En 2018, une étude du BIT a montré que l'économie informelle[96] concernait 61 % de la population active dans le monde (le taux d'emplois informels s'élevant à 85,8 % en Afrique, 68,2 % en Asie et Pacifique, 68,6 % dans les Etats arabes, 40 % en Amérique et 25,1 % en Europe et en Asie centrale)[97]. Cette tendance affecte tant le secteur informel que le secteur traditionnel, pour lequel le recours au travail informel, par le biais de la sous-traitance, du travail à domicile, du travail interimaire par le biais d'une agence ou d'autres formes d'emplois temporaires ou flexibles, permet de *« gagner en souplesse, réduire les coûts et générer des revenus plus importants pour leurs propriétaires »*[98].

---

[95] SERVAIS (J-M.), « Le couple travail-emploi et son évolution dans les activités de l'OIT, avec une référence spécifique au travail indépendant » in SUPIOT (A.), *Le travail en perspectives*, LGDJ, 1998, pp. 155-156

[96] Dans sa résolution de 2002 concernant le travail décent et l'économie informelle, la Conférence internationale du travail préfère l'expression *« économie informelle »* à celle de *« secteur informel »*, en ce que les travailleurs concernés ne relèvent pas uniquement d'un unique secteur d'activité mais de plusieurs. L'économie informelle est ainsi définie comme faisant référence à *« toutes les activités économiques de travailleurs et d'unités économiques qui ne sont pas couverts - en vertu de la législation ou de la pratique - par des dispositions formelles. Ces activités n'entrent pas dans le champ d'application de la loi, ce qui signifie que ces travailleurs et unités opèrent en marge de la loi ; ou bien ils ne sont pas couverts dans la pratique, ce qui signifie que la loi ne leur est pas appliquée alors même qu'ils opèrent dans le cadre de la loi ; ou bien encore la loi n'est pas respectée parce qu'elle est inadaptée, contraignante ou qu'elle impose des charges excessives »*. La résolution précise par ailleurs qu'il *« faut distinguer ces activités des activités criminelles ou illégales – telles que la production et le trafic de drogues – qui relèvent du droit pénal et ne sauraient faire l'objet d'une réglementation ni bénéficier d'une protection au titre de la législation du travail ou des réglementations commerciales »*. Résolution concernant le travail décent et l'économie informelle, Conférence générale de l'Organisation internationale du Travail, 90ème session, 2002, Conclusions, paras. 3 et 5

[97] BIT, *Women and men in the informal economy: A statistical picture*, 3rd edition, Genève, 2018

[98] BIT, *Mesurer l'informalité : Manuel statistique sur le secteur informel et l'emploi informel*, 2013, p. 5

La question de l'économie informelle amène ainsi à s'interroger quant à la capacité du droit à se saisir de toutes les activités professionnelles. Dès lors que *« la régulation sociale des sociétés contemporaines se heurte aux concepts et catégories engendrés par les modes de production des siècles précédents »*[99], il apparaît nécessaire de dépasser les concepts classiques de salariat et de contrat de travail[100] de façon à appréhender l'emploi informel. En cela, les travaux de l'OIT[101] peuvent être d'une grande utilité[102]. En particulier, les interprétations des instruments normatifs permettent, dans une certaine mesure, d'étendre la portée des normes internationales du travail à des situations éloignées de la conception formaliste des relations de travail, un relai « législatif » s'avérant néanmoins parfois nécessaire.

A/ Le potentiel de l'interprétation dans l'amélioration du sort des travailleurs de l'économie informelle

Dans son rapport présenté à la Conférence en 2002 à propos du travail décent et de l'économie informelle, le BIT soulignait que les normes internationales du travail et leur mise en œuvre effective au niveau des Etats constituaient une base solide en faveur d'une extension des droits sociaux dans l'économie informelle[103]. Dans cette perspective, l'adoption de la Résolution concernant le travail décent et l'économie informelle[104] en 2002 marque le début d'un regain d'attention pour le travail informel par les organes en charge de superviser l'application des normes internationales du travail[105]. De même, la Déclaration de 2008 sur la justice sociale pour une mondialisation équitable vise dans son préambule l'économie informelle et lie celle-ci à une remise en cause de la protection résultant de la relation de

---

[99] JAVILLIER (J-C.), « Que reste-t-il de l'âge d'or du droit du travail ? », op. cit., p. 4

[100] Ibid., p. 4

[101] Laquelle s'est très rapidement vue reconnaître par la Cour permanente de justice internationale un champ d'action très large dans le cadre de son mandat. Cf. supra. Chapitre 1

[102] JAVILLIER (J-C.), « Que reste-t-il de l'âge d'or du droit du travail ? », op. cit., p. 4

[103] BIT, Travail décent et économie informelle, Rapport VI, Sixième question à l'ordre du jour, Conférence internationale du Travail, 90ème session 2002, p. 9

[104] Celle-ci est fondée sur quatre piliers : la réalisation des principes et droits fondamentaux au travail, la création de nouvelles et meilleures possibilités d'emploi et de revenu, l'extension de la protection sociale et la promotion du dialogue social. Résolution concernant le travail décent et l'économie informelle, op. cit., Conclusions, para. 2

[105] GRAVEL (E.), KOHIYAMA (T.), TSOTROUDI (K.), « The role of international labour standards in rebalancing globalization: A legal perspective », op. cit., p. 209

travail[106]. Le droit du travail figure ainsi parmi les outils permettant de combattre les effets négatifs du travail informel. Eu égard à la préoccupation de l'OIT pour le sujet mais en l'absence de Convention dédiée, le défi normatif réside dans la question de savoir dans quelle mesure les textes existant sont suffisamment souples pour s'appliquer au-delà des situations de salariat classiques.

En pratique, l'on observe que la volonté des organes de l'OIT de rendre applicables les normes internationales du travail aux travailleurs de l'économie informelle[107] se heurte parfois à la marge offerte aux Etats par certaines Conventions.

1. L'affirmation de l'application des normes internationales du travail aux travailleurs de l'économie informelle

Alors que rares sont les instruments de l'OIT visant expressément le cas des travailleurs informels[108], plusieurs Conventions concernent les « travailleurs » et non simplement les « salariés »[109], subordonnés à un employeur en vertu d'un contrat de travail[110]. Partant, les organes de

---

[106] Par ailleurs, elle énonce que les quatre piliers du travail décent sont *« indissociables, interdépendants et se renforcent mutuellement »*. Déclaration de l'OIT sur la justice sociale pour une mondialisation équitable, I B/

[107] En ce sens, depuis 2002, la Commission d'experts traite du domaine de l'informalité en suivant *« une approche plus systématique »* et veille à souligner avec insistance l'étendue du champ d'application des Conventions les plus importantes de l'OIT. BIT, *Etendre le champ d'application de la législation du travail à l'économie informelle. Recueil de commentaires des organes de contrôle de l'OIT ayant trait à l'économie informelle*, 2010, p. 14 et GRAVEL (E.), KOHIYAMA (T.), TSOTROUDI (K.), « The role of international labour standards in rebalancing globalization: A legal perspective », op. cit., p. 209

[108] Voir par exemple l'article 4 de la Convention n° 187 sur le cadre promotionnel pour la sécurité et la santé au travail de 2006

[109] GRAVEL (E.), KOHIYAMA (T.), TSOTROUDI (K.), « A legal perspective on the role of international labour standards in rebalancing globalization », op. cit., p. 8

[110] Il est souvent admis, à tort, que les travailleurs de l'économie informelle sont exclus du champ d'application des normes internationales du travail (comme relevé par TREBILCOCK (A.), « International labour standards and the informal economy » in GERNIGON (B.), JAVILLIER (J-C.), POLITAKIS (G.) (dir.), *Les normes internationales du travail : un patrimoine pour l'avenir,* op. cit., p. 588 et GRAVEL (E.), KOHIYAMA (T.), TSOTROUDI (K.), « The role of international labour standards in rebalancing globalization: A legal perspective », op. cit., p. 209). Pour autant, en aucun cas, les Conventions internationales du travail ne sont conçues comme devant toutes s'appliquer à l'ensemble des travailleurs, qu'ils soient employés dans l'économie formelle ou dans l'économie informelle (TREBILCOCK (A.), « International labour standards and the informal economy », op. cit., p. 590).

supervision de l'application des normes internationales du travail peuvent tenter d'étendre leur champ d'application de façon à ce qu'elles puissent protéger les situations de travail informel. Particulièrement ces dernières années, les organes de supervision de l'application des normes internationales du travail ont régulièrement insisté sur la portée universelle d'un certain nombre d'entre elles. Il en va ainsi particulièrement des Conventions fondamentales, dont le champ d'application est énoncé en termes généraux. Dans d'autres cas, un effort plus important d'interprétation peut s'avérer nécessaire.

Les organes de l'OIT se sont très régulièrement appuyés sur la formulation ouverte de l'article 2[111] de la Convention n° 87 relative à la liberté syndicale pour rappeler que les travailleurs de l'économie informelle devaient bénéficier des droits syndicaux. Comme il a déjà été relevé dans une étude du BIT[112], la Commission d'experts a considéré dans son étude d'ensemble de 1994 qu'en l'absence d'exclusion expresse de certaines catégories de travailleurs[113], celles-ci *« d[evai]ent (...) toutes bénéficier des garanties offertes par la convention et avoir le droit de constituer des organisations professionnelles et de s'y affilier »*[114].

A plusieurs reprises, la Commission a réitéré son point de vue, notamment dans le cadre de son étude d'ensemble de 2010 sur les Conventions fondamentales. Soulignant le fait que l'économie informelle représentait la moitié ou les trois-quarts de la main d'œuvre dans certains pays, elle a rappelé que la Convention n° 87 octroyait à ces travailleurs le droit de s'organiser et de négocier collectivement sans discrimination aucune, de constituer librement des organisations syndicales et s'y affilier et de représenter leurs membres devant les pouvoirs publics dans les structures

---

[111] Celui-ci énonce que *« les travailleurs et les employeurs, sans distinction d'aucune sorte, ont le droit, sans autorisation préalable, de constituer des organisations de leur choix, ainsi que celui de s'affilier à ces organisations, à la seule condition de se conformer aux statuts de ces dernières »*

[112] *Etendre le champ d'application de la législation du travail à l'économie informelle. Recueil de commentaires des organes de contrôle de l'OIT ayant trait à l'économie informelle*, op. cit., p. 64

[113] Le personnel de maison, les personnes qui travaillent à domicile ou dans les ateliers familiaux, les travailleurs du secteur informel, le personnel des institutions charitables, les gens de mer et les travailleurs employés dans les zones franches d'exportation

[114] Etude d'ensemble des rapports sur la convention n° 87 sur la liberté syndicale et la protection du droit syndical, et la convention n° 98 sur le droit d'organisation et de négociation collective, op. cit., para. 59, pp. 29-30

instituées pour le dialogue social[115]. Dans cette dernière observation, la Commission d'experts s'est référée à la Résolution concernant le travail décent dans l'économie informelle adoptée en 2002, rappelant que celle-ci insistait sur *« l'importance pratique de la liberté syndicale pour une amélioration effective des conditions de travail dans l'économie informelle, en particulier des femmes et des jeunes »*[116].

En-dehors du droit syndical, s'agissant par exemple du travail forcé et obligatoire[117], les experts ont considéré qu'il découlait de l'emploi de l'expression *« tout travail ou service »* par l'article 2§1 de la Convention n° 29 sur le travail forcé[118] que celle-ci visait *« tous les types de travail, de service et d'emploi, quels que soient l'industrie ou le secteur dans lequel il est exercé, y compris le secteur informel »*. De même, ils ont estimé que l'utilisation du terme *« individu »* pour qualifier les personnes susceptibles d'être concernées par le travail forcé ou obligatoire *« fai[sai]t référence à tous les êtres humains – adultes et enfants, nationaux et non-nationaux, y compris tous les migrants en situation irrégulière »*. Dès lors, les Conventions relatives au travail forcé sont applicables à tous les travailleurs, y compris à ceux de l'économie informelle[119].

D'une manière générale, la Commission d'experts insiste sur l'applicabilité des Conventions fondamentales à l'ensemble des travailleurs. La généralité des termes qu'elles emploient et l'absence de marge de manœuvre accordée aux Etats dans leur mise en application rendent particulièrement aisée une interprétation englobant les travailleurs de l'économie informelle.

---

[115] Etude d'ensemble sur les conventions fondamentales concernant les droits au travail à la lumière de la Déclaration de l'OIT sur la justice sociale pour une mondialisation équitable, op. cit., para. 75, p. 29

[116] Ibid., para. 76, p. 29

[117] Il a été relevé qu'outre la question du travail forcé et la liberté d'association, la discrimination, l'administration du travail et, surtout, le travail des enfants et la politique de l'emploi ont particulièrement été concernés par les commentaires des organes de l'OIT après l'adoption de la Résolution de 2002 concernant le travail décent et l'économie informelle. GRAVEL (E.), KOHIYAMA (T.), TSOTROUDI (K.), « A legal perspective on the role of international labour standards in rebalancing globalization », op. cit., p. 8

[118] *« Aux fins de la présente convention, le terme travail forcé ou obligatoire désignera tout travail ou service exigé d'un individu sous la menace d'une peine quelconque et pour lequel ledit individu ne s'est pas offert de plein gré »*

[119] Etude d'ensemble sur les conventions fondamentales concernant les droits au travail à la lumière de la Déclaration de l'OIT sur la justice sociale pour une mondialisation équitable, op. cit., para. 262, p. 111

En ce qui concerne les Conventions de gouvernance, considérées comme prioritaires par la Déclaration sur la justice sociale pour une mondialisation équitable[120], la Commission d'experts apparaît moins tranchée dans son expression, les instruments lui conférant une base plus étroite pour l'interprétation. Cela étant, elle a parfois su trouver des voies alternatives.

En matière d'inspection du travail, par exemple, dans son étude d'ensemble de 2006, elle a regretté qu'en l'absence de définition précise du champ d'application de la Convention n° 81 sur l'inspection du travail[121], certains Etats se soient basés sur les critères d'application de la législation du travail (taille, chiffre d'affaires, nombre de salariés…), et aient exclu de fait de nombreuses entreprises de l'économie informelle, formant de petites entités[122]. Confrontée à la flexibilité offerte aux Etats par l'article 2 de la Convention[123] qui leur permet d'exclure de nombreux travailleurs de la compétence de l'inspection du travail, la Commission d'experts s'est réorientée sur l'article 5§1[124] de la Convention n° 129 sur l'inspection du

---

[120] En raison de leur importance en matière de gouvernance. Elles sont au nombre de quatre : Convention n° 81 sur l'inspection du travail, 1947 ; Convention n° 129 sur l'inspection du travail (agriculture), 1969 ; Convention n° 144 sur les consultations tripartites relatives aux normes internationales du travail, 1976 ; Convention n° 122 sur la politique de l'emploi, 1964

[121] Son article 2§1 vise les établissements devant entrer dans le champ de compétences de l'inspection du travail comme ceux *« pour lesquels les inspecteurs du travail sont chargés d'assurer l'application des dispositions légales relatives aux conditions de travail et à la protection des travailleurs dans l'exercice de leur profession »*

[122] Etude d'ensemble relative à la convention n° 81 sur l'inspection du travail et au protocole de 1995 relatif à la convention sur l'inspection du travail), à la recommandation n° 81 sur l'inspection du travail, à la recommandation n° 82 sur l'inspection du travail (mines et transports), à la convention n° 129 sur l'inspection du travail (agriculture) et à la recommandation n° 133 sur l'inspection du travail (agriculture), Conférence internationale du Travail, 95ème session, 2006, para. 23, p. 9

[123] Son article 2§1 visant les établissements devant entrer dans le champ de compétences de l'inspection du travail comme ceux *« pour lesquels les inspecteurs du travail sont chargés d'assurer l'application des dispositions légales relatives aux conditions de travail et à la protection des travailleurs dans l'exercice de leur profession »*

[124] *« Tout Membre qui ratifie la présente convention peut, par une déclaration accompagnant sa ratification, s'engager à étendre son système d'inspection du travail dans l'agriculture à une ou plusieurs des catégories suivantes de personnes travaillant dans des entreprises agricoles :*
(a) fermiers n'employant pas de main-d'œuvre extérieure, métayers et catégories analogues de travailleurs agricoles ;

travail dans le secteur de l'agriculture[125] et l'article 7[126] de la Convention n° 150 sur l'administration du travail pour protéger les travailleurs de l'économie informelle. Après avoir noté que celles-ci prévoyaient l'extension des fonctions de l'administration du travail aux travailleurs non salariés, la Commission a enjoint les Etats à porter la plus grande attention à la manière dont les services de l'inspection du travail pourraient être développés à cet égard[127], de façon à ce que les services de l'inspection du travail puissent connaître de l'économie informelle, en particulier dans les pays en développement.

Les travaux de la Commission d'experts montrent la volonté des organes de l'OIT d'affirmer expressément l'applicabilité d'un certain nombre d'instruments aux travailleurs de l'économie informelle. La tâche se révèle sans difficulté en ce qui concerne les Conventions fondamentales, tant celles-ci n'accordent aucune marge de manœuvre aux Etats dans leur champ d'application personnel et aspirent, dès l'origine, à l'universalité. Il en va autrement en ce qui concerne les Conventions de gouvernance, bien que celles-ci aient également vocation à jouer un rôle premier dans la résolution

---

(b) personnes associées à la gestion d'une entreprise collective, telles que les membres d'une coopérative ;
(c) membres de la famille de l'exploitant tels que définis par la législation nationale »

125 Convention n° 129 concernant l'inspection du travail dans l'agriculture (Entrée en vigueur : 19 janvier 1972) Adoption : Genève, 53ème session CIT (25 juin 1969)

126 *« Si les conditions nationales l'exigent pour satisfaire les besoins du nombre le plus large possible de travailleurs et dans la mesure où de telles activités ne sont pas encore assurées, tout Membre qui ratifie la présente convention devra encourager l'extension, le cas échéant progressive, des fonctions du système d'administration du travail de façon à y inclure des activités qui seront exercées en collaboration avec les autres organismes compétents et qui concerneront les conditions de travail et de vie professionnelle de catégories de travailleurs qui, aux yeux de la loi, ne sont pas des salariés, notamment:*
(a) les fermiers n'employant pas de main-d'œuvre extérieure, les métayers et les catégories analogues de travailleurs agricoles ;
(b) les travailleurs indépendants n'employant pas de main-d'œuvre extérieure, occupés dans le secteur non structuré tel qu'on l'entend dans la pratique nationale ;
(c) les coopérateurs et les travailleurs des entreprises autogérées ;
(d) les personnes travaillant dans un cadre établi par la coutume ou les traditions communautaires »

127 Etude d'ensemble relative à la convention n° 81 sur l'inspection du travail et au protocole de 1995 relatif à la convention sur l'inspection du travail), à la recommandation n° 81 sur l'inspection du travail, à la recommandation n° 82 sur l'inspection du travail (mines et transports), à la convention n° 129 sur l'inspection du travail (agriculture) et à la recommandation n° 133 sur l'inspection du travail (agriculture), op. cit., para. 373

de la question du travail informel[128]. Dans ce dernier cas, la marge de manœuvre accordée aux Etats peut imposer un exercice d'interprétation plus audacieux, les interprètes recherchant dans tous les cas une base textuelle dans les travaux de la Conférence.

2. *Les clauses de souplesse et les travailleurs de l'économie informelle*

Les clauses de souplesse contenues dans un certain nombre de Conventions peuvent permettre aux Etats de moduler leur champ d'application[129]. De fait, la mise en œuvre de certaines Conventions à l'échelle nationale tend à priver les travailleurs informels de l'application du droit.

La flexibilité accordée aux Etats a conduit à l'adoption de législations qui excluent de nombreux travailleurs de l'économie informelle du domaine du droit de la santé et de la sécurité. Dans son étude d'ensemble consacrée aux normes en matière de sécurité et de santé au travail, la Commission a relevé que l'économie informelle n'était pas normalement prise en compte par les législations nationales au titre de la santé et de la sécurité au travail, en dépit de la dangerosité des travaux effectués et de la proportion parfois importante de la population employée[130]. Pour autant, compte tenu de la souplesse

---

[128] Comme l'a écrit Cleopatra DOUMBIA-HENRY, alors directrice du département des normes internationales du travail, *« les normes internationales du travail peuvent se concevoir comme une "feuille de route" sur la base de laquelle un ensemble de réponses et de politiques appropriées [au travail dans l'économie informelle] pourrait être mis en place. Une telle "feuille de route" s'articulerait sur le renforcement de l'application des huit conventions fondamentales qui énoncent les droits essentiels déterminants pour parvenir à rompre avec l'économie informelle et la pauvreté. Elle s'appuierait également sur les quatre conventions – ou instruments de gouvernance – prioritaires qui servent à promouvoir une politique active du marché du travail, à garantir une application appropriée de la loi et le contrôle de cette application par l'autorité publique et à encourager la recherche commune de solutions à travers le dialogue tripartite. L'application effective de ces 12 instruments au niveau national constitue, en soi, le travail de base qui prélude nécessairement à une sortie progressive de l'économie informelle »* (*Etendre le champ d'application de la législation du travail à l'économie informelle. Recueil de commentaires des organes de contrôle de l'OIT ayant trait à l'économie informelle*, op. cit., p. 6)

[129] Cf. supra. Chapitre 1

[130] Etude d'ensemble relative à la convention n° 155, à la recommandation n° 164 sur la sécurité et la santé des travailleurs et au protocole de 2002 relatif à la convention sur la sécurité et la santé au travail, Conférence internationale du Travail 98ème session, 2009, para. 43, pp. 16-17. Voir *Etendre le champ d'application de la législation du travail à l'économie informelle. Recueil de commentaires des organes de contrôle de l'OIT ayant trait à l'économie informelle*, op. cit., p. 77

offerte par la Convention n° 155 quant à son champ d'application[131], elle n'a pu considérer que les Etats étaient contraints d'étendre leur législation en matière de santé et sécurité aux travailleurs de l'économie informelle. Elle s'est limitée à les inviter, en des termes très mesurés, à s'interroger avec les partenaires sociaux quant *« au bien-fondé du maintien de l'exclusion de certaines catégories »*[132].

En dépit d'une volonté manifeste de voir les normes sur la santé et la sécurité au travail largement appliquées, la Commission d'experts apparaît démunie en termes de fondements juridiques, eu égard à la souplesse d'application des textes existant en la matière. L'unique voie dont elle dispose réside ainsi dans la formulation d'incitations et d'encouragements à l'adresse des Etats et des partenaires sociaux, afin que les premiers envisagent *« la formulation et la mise en œuvre de stratégies et de programmes pouvant renforcer la protection »* de tous les travailleurs, y compris ceux évoluant dans l'économie informelle et que les seconds y contribuent *« à travers des actions de conscientisation et de promotion »*[133].

La flexibilité parfois accordée aux Etats dans la mise en œuvre des normes internationales du travail prive parfois les interprètes de la possibilité d'atteindre les travailleurs de l'économie informelle en les empêchant de tirer profit de la formulation ouverte de certains instruments, cette pratique pouvant les conduire de fait à en élargir le champ d'application tel que négocié au moment de l'adoption des textes. Pour cette raison, un support de la Conférence est parfois nécessaire pour permettre aux acteurs en charge de l'application des normes internationales du travail de les rendre pleinement effectives pour tous les travailleurs.

---

[131] Les articles 1 et 2 de la Convention n° 155 sur la sécurité et la santé des travailleurs (Convention n° 155 concernant la sécurité, la santé des travailleurs et le milieu de travail, 1981) autorisent les Etats à exclure de son application *« soit en partie, soit en totalité, des branches particulières d'activité économique telles que la navigation maritime ou la pêche, lorsque cette application soulève des problèmes spécifiques revêtant une certaine importance »*, de même que tout ou partie *« des catégories limitées de travailleurs pour lesquelles il existe des problèmes particuliers d'application »* (tout en justifiant dans leurs rapports ultérieurs les progrès accomplis en vue d'une application plus large)

[132] Etude d'ensemble relative à la convention n° 155, à la recommandation n° 164 sur la sécurité et la santé des travailleurs et au protocole de 2002 relatif à la convention sur la sécurité et la santé au travail, op. cit., para. 46, p. 18

[133] Ibid., para. 300, pp. 114-115

B/ Le besoin d'un support de la Conférence

A travers la façon dont la Commission d'experts se livre à l'interprétation des Conventions relatives à la sécurité sociale pour définir les obligations pesant sur les Etats en la matière s'agissant des travailleurs de l'économie informelle, les limites que se fixent les interprètes apparaissent assez claires : les travaux de la Conférence constituent un point d'horizon indépassable. La Commission d'experts peut s'y référer pour procéder à une interprétation. Lorsque les instruments apparaissent insuffisants pour appréhender une situation déterminée, la Commission, au lieu de forcer les textes existant, appelle à une modification du corpus normatif adopté par le « Parlement international du travail ».

Rejoignant le constat dressé dans la Résolution de 2002 concernant le travail décent et l'économie informelle[134], les entités chargées de l'application des normes internationales du travail se sont avouées démunies en termes d'outils normatifs pour permettre à chacun de bénéficier d'une protection sociale. En introduction de son étude d'ensemble de 2011 relative à la sécurité sociale, à un moment où des débats étaient largement engagés au sein de l'OIT sur l'opportunité d'adopter un socle de protection sociale universelle, la Commission d'experts a ainsi exprimé son souhait de voir adoptés de nouveaux textes pour faire face aux défis posés par la mondialisation et au développement de l'économie informelle[135].

A nouveau[136], l'on observe l'importance attachée par la Commission d'experts et, plus largement par les interprètes de l'OIT, à l'existence d'une base textuelle pour leur action. L'adoption de la Recommandation n° 202 sur les socles de protection sociale en 2012 a permis à la Commission de s'appuyer sur une nouvelle base pour définir les moyens devant être déployés par les Etats pour offrir une protection sociale *« au plus grand nombre de personnes possible, selon les orientations données par les normes de l'OIT relatives à la sécurité sociale »*[137].

---

[134] Résolution concernant le travail décent et l'économie informelle, Conférence générale de l'Organisation internationale du Travail, 90ème session, 2002, Conclusions, para. 10

[135] Etude d'ensemble concernant les instruments relatifs à la sécurité sociale à la lumière de la Déclaration de 2008 sur la justice sociale pour une mondialisation équitable, Conférence internationale du Travail, 100ème session, 2011, para. 2, p. 1

[136] Cf. supra. Sous-section 1

[137] Les points 1 et 2 du I de la Recommandation n° 202 énoncent :
« 1. La présente recommandation fournit aux Membres des orientations pour:
a) établir ou maintenir, selon le cas, des socles de protection sociale en tant qu'élément fondamental de leurs systèmes nationaux de sécurité sociale ;

Dans une observation adressée au Niger, par exemple, les liens entre la nouvelle Recommandation et la Convention n° 102 sur la sécurité sociale ont été mis au jour. La Commission d'experts a souligné que les difficultés persistantes des autorités dans la mise en œuvre de la Convention n° 102 reposaient sur le fait que le système national de sécurité sociale avait été conçu pour couvrir un secteur structuré. Or, dans le pays, moins de 5% de la population active évolue dans ce cadre[138]. Pour remédier à cette situation, tout en soulignant l'utilité de la mise en œuvre des parties de la Convention acceptées par le Niger dans le développement de mécanismes institutionnels pouvant atteindre l'ensemble des couches de la population, la Commission d'experts a préconisé une application parallèle de la Recommandation n° 202 sur les socles de protection sociale[139]. Ce faisant, elle a salué la mise en place par le pays d'un programme visant à institutionnaliser un socle national de protection sociale intégrant l'économie informelle[140], tout en invitant le gouvernement à l'informer quant aux progrès réalisés s'agissant de la mise en œuvre du socle de protection sociale.

Dans un même ordre d'idées, la Recommandation n° 204[141] concernant la transition de l'économie informelle vers l'économie formelle constitue un tournant dans la prise en compte des conséquences de l'informalité par l'OIT et pourrait orienter le travail des interprètes à l'avenir. Il s'agit désormais

---

b) mettre en œuvre les socles de protection sociale dans le cadre de stratégies d'extension de la sécurité sociale qui assurent progressivement des niveaux plus élevés de sécurité sociale au plus grand nombre de personnes possible, selon les orientations données par les normes de l'OIT relatives à la sécurité sociale.
2. Aux fins de la présente recommandation, les socles de protection sociale sont des ensembles de garanties élémentaires de sécurité sociale définis à l'échelle nationale qui assurent une protection visant à prévenir ou à réduire la pauvreté, la vulnérabilité et l'exclusion sociale »

138 Observation (CEACR) - adoptée 2012, publiée 102ème session CIT (2013). Convention (n° 102) concernant la sécurité sociale (norme minimum), 1952 - Niger (Ratification : 1966)

139 L'application de ces instruments « *doit se poursuivre en parallèle en recherchant et en exploitant les synergies et les complémentarités* ». Observation (CEACR) - adoptée 2012, publiée 102ème session CIT (2013). Convention (n° 102) concernant la sécurité sociale (norme minimum), 1952 - Niger (Ratification : 1966)

140 Celui-ci prévoit notamment : la consolidation des politiques sectorielles de protection sociale au sein d'une politique nationale visant à construire un socle de protection sociale ; la réalisation d'une analyse des besoins de protection sociale au sein de l'économie informelle ; le renforcement des capacités des acteurs dans le domaine de la protection sociale

141 Recommandation n° 204 concernant la transition de l'économie informelle vers l'économie formelle, adoptée par la CIT à sa 104ème session, Genève, 12 juin 2015

d'agir pour aider les Etats à passer de l'économie informelle à l'économie formelle et pour permettre aux travailleurs de bénéficier du droit social.

L'interprétation des instruments normatifs existant a atteint ses limites en ne permettant pas de rendre applicables certains textes aux travailleurs informels. En réaction, la Recommandation n° 204 reflète une ambition d'action de la Conférence. Se basant sur les bonnes pratiques relevées dans les Etats, il comporte douze principes directeurs[142] (qui visent à favoriser la transition vers l'économie formelle) et invite les Etats à mener des politiques intégrées axées sur plusieurs leviers économiques permettant de lutter contre l'informalité[143]. En termes normatifs, la Recommandation met l'accent sur les droits et la protection sociale dont les travailleurs doivent bénéficier[144]. Elle précise ainsi que les Etats devraient agir pour parvenir au travail décent *« et pour respecter, promouvoir et réaliser les principes et droits fondamentaux au travail pour les personnes opérant dans l'économie informelle »*. En annexe, la Recommandation énonce une quarantaine d'instruments de l'OIT[145] et des Nations Unies[146] considérés comme pertinents pour faciliter la transition de l'économie informelle vers l'économie formelle.

Au-delà de l'objectif de lutter contre le travail informel, la Recommandation frappe par la précision des mesures qu'elle propose afin d'améliorer la

---

142 Point II de la Recommandation

143 Point III de la Recommandation

144 Point V de la Recommandation

145 En plus des huit Conventions fondamentales et des quatre Conventions de gouvernance, elle mentionne des Conventions et Recommandations relatifs à la liberté syndicale, à la négociation collective et aux relations professionnelles, à l'égalité de chances et de traitement, à la politique et à la promotion de l'emploi, à l'orientation et à la formation professionnelles, aux salaires, à la sécurité et à la santé au travail, à la sécurité sociale, à la protection de la maternité, aux travailleurs migrants, au VIH et au Sida, aux peuples indigènes et tribaux et aux catégories particulières de travailleurs. La Recommandation se réfère également à des résolutions de la Conférence internationale du Travail (Résolution et conclusions concernant la promotion d'entreprises durables, adoptées par la Conférence internationale du Travail à sa 96ème session en 2007, Résolution et conclusions concernant la crise de l'emploi des jeunes, adoptées par la Conférence internationale du Travail à sa 101ème session en 2012, Résolution et conclusions concernant la deuxième discussion récurrente sur l'emploi, adoptées par la Conférence internationale du Travail à sa 103ème session en 2014)

146 Déclaration universelle des droits de l'Homme de 1948, le Pacte international relatif aux droits économiques, sociaux et culturels de 1966, le Pacte international relatif aux droits civils et politiques de 1966 et la Convention internationale sur la protection des droits de tous les travailleurs migrants et des membres de leur famille de 1990

situation des travailleurs de l'économie informelle. De ce point de vue, l'on peut s'interroger quant à son rôle potentiel dans le travail d'interprétation des organes de l'OIT. La multiplicité des domaines embrassés par la Recommandation pourrait en effet lui permettre de compléter les dispositions d'instruments variés lorsqu'il s'agira de s'interroger sur leur applicabilité aux travailleurs de l'économie informelle. Quand bien même il ne s'agit que d'un instrument non-contraignant, on peut relever que les organes de supervision de l'application des normes internationales du travail ont pu interpréter une Convention à la lumière d'une Recommandation qui ne lui était pas liée. En outre, en se référant à de nombreux textes internationaux, elle semble ouvrir de nouveaux champs aux interprètes, qui pourraient procéder à une lecture combinée de ces derniers avec les Conventions de l'OIT.

Finalement, alors que l'essentiel des instruments normatifs ont été élaborés avant que l'OIT ne prenne à-bras-le-corps le problème de l'économie informelle, une partie du corpus conventionnel (essentiellement les Conventions fondamentales et de gouvernance) apparaît suffisamment flexible pour pouvoir être interprétée comme imposant aux Etats de rendre les normes internationales du travail applicables aux travailleurs de l'économie informelle. Néanmoins, parfois, au vu du champ d'application restreint de certaines Conventions ou de la déconnexion entre ces dernières et les pratiques nationales contemporaines, les interprètes ne peuvent en étendre le champ d'application sans un soutien de la Conférence, comme le révèlent par exemple les discussions en matière de protection sociale. Sans qu'il ne soit nécessaire de réviser formellement les Conventions, une décision du « Parlement international du travail », comme une Recommandation, est nécessaire pour étendre l'applicabilité d'instruments à tous les travailleurs.

L'on observe un phénomène comparable lorsque l'interprétation des instruments de l'OIT permet de réagir à ces manifestations « aigües », comme l'adoption de mesures d'austérité par des Etats à la suite de la crise économique de 2008.

§2. L'interprétation des instruments de l'OIT et la réaction à l'adoption de mesures nationales d'austérité économique

Conformément à l'approche générale de l'OIT qui tend à considérer que l'affirmation des droits des travailleurs permet de répondre à la crise économique, l'interprétation des textes normatifs s'inscrit dans une dynamique protectrice de ces derniers. L'arsenal existant apparaît suffisant, le rôle des interprètes consistant à déployer les normes internationales du travail pour apporter une riposte sociale.

A/ Des interprétations normatives intégrées dans une dynamique favorable à une réponse sociale à la crise économique

La question du lien entre mesures sociales et efficacité économique a déjà été débattue à maintes reprises. Dans le contexte de la crise de 2008, l'économiste Jean-Paul FITOUSSI, par exemple, en réaction au rapport sur la conciliation entre la protection des travailleurs et l'efficacité économique en France[147], souligne que *« la crise met en évidence qu'il est plus que jamais temps de "concilier protection des travailleurs et efficacité économique". La première permet à la fois d'atténuer la souffrance sociale et l'ampleur de la crise. La stabilisation automatique qu'elle produit est un élément central de l'efficacité économique »*. Sans ambigüité, l'OIT s'est également posée en partisane d'une réponse sociale à la crise économique.

A cet égard, l'Institut international d'études sociales, établi auprès de l'OIT, dénonce dans son rapport sur le travail dans le monde de 2012[148] un *« piège de l'austérité »*[149]. Partant du constat selon lequel l'adoption de mesures d'austérité n'a pas permis d'améliorer la situation de l'emploi, ni d'éviter sa détérioration dans certains pays, le rapport souligne que la crise de l'emploi est entrée dans une phase structurelle : l'instabilité et la précarité de l'emploi s'ajoutent à la hausse du chômage[150] et l'ensemble engendre une hausse de la pauvreté et des inégalités[151]. Selon le rapport, les politiques d'austérité ne peuvent être conçues comme une réponse à la crise : l'amélioration de la qualité de l'emploi doit permettre aux Etats d'élever le niveau d'emploi pour favoriser la croissance et le développement[152]. Des éléments empiriques confirment en effet qu'il n'existe pas de lien entre le niveau de protection de la législation et le taux d'emploi. Sans pour autant permettre d'améliorer ce dernier, certaines réformes tendent à accroître les inégalités, tout en réduisant la stabilité de l'emploi[153].

---

[147] BARTHELEMY (J.), CETTE (G.), *Refondation du droit social : concilier protection des travailleurs et efficacité économique*, Conseil d'analyse économique, 2010. Le rapport promeut le droit conventionnel et contractuel au détriment du droit réglementaire ainsi que diverses mesures (« flexicurité », syndicalisation…) qui visent à ne pas affaiblir les droits des travailleurs

[148] World of Work Report 2012: Better jobs for a better economy, OIT, Institut international d'études sociales, 2012

[149] Ibid., p. viii

[150] Ibid., pp. 5-9

[151] Ibid., p. 12

[152] Ibid., p. 20

[153] Ibid., p. 36

Dès lors, la réponse sociale à la crise économique favorisée au sein de l'OIT ne paraît pas surprenante au regard de ses orientations générales[154]. Elle se poursuit dans l'usage des normes internationales du travail[155]. Le Pacte Mondial pour l'emploi de 2009, qui suggère une riposte à la crise qui prenne appui sur la notion de travail décent[156], rappelle le rôle des normes internationales du travail[157], à côté de la promotion du développement économique et social[158].

Ainsi, la réponse normative promue par l'OIT réside dans une application de textes en vigueur. C'est parce que la crise économique n'implique pas l'apparition de nouvelles formes de travail ou la mutation des systèmes de relations professionnelles que les difficultés économiques ne nécessitent pas l'adoption de nouveaux instruments, mais simplement le renforcement de

---

[154] Cf. supra. Chapitre 1

[155] En 2010, l'adoption d'un nouvel instrument visant à fixer des lignes directrices en matière préventive contre la crise et permettant d'apporter des réponses effectives avait été envisagée. La Commission d'application des normes a finalement abandonné cette option, considérant que la réaction pertinente résidait dans une application effective des normes existantes, en conformité avec les orientations fixées par le Pacte Mondial pour l'emploi (GRAVEL (E.), KOHIYAMA (T.), TSOTROUDI (K.), « The role of international labour standards in rebalancing globalization: A legal perspective », op. cit., p. 211). Dans le passé, différentes voies avaient été empruntées en réponse aux principales crises économiques (l'adoption de conventions ayant notamment été favorisée dans les années 1930), avant que l'OIT opte pour le Pacte et la voie de la souplesse en 2008 (BARRAULT (M.), *L'évolution de la réponse normative de l'OIT en situation de crise économique et financière*, Université de Montréal, 2012)

[156] *Surmonter la crise : Un Pacte mondial pour l'emploi* adopté par la Conférence internationale du Travail à sa quatre-vingt-dix-huitième session, Genève, 19 juin 2009, p. 1

[157] *« Les normes internationales du travail constituent le fondement et le soutien des droits au travail et elles contribuent à l'instauration d'une culture de dialogue social particulièrement utile en temps de crise. Afin d'empêcher un nivellement par le bas des conditions de travail et de favoriser la relance, il importe en particulier de reconnaître que (...) un certain nombre de conventions et recommandations internationales du travail, outre les conventions fondamentales, sont pertinentes. Il s'agit d'instruments de l'OIT relatifs à la politique de l'emploi, aux salaires, à la sécurité sociale, à la relation d'emploi, à la cessation de la relation de travail, à l'administration et à l'inspection du travail, aux travailleurs migrants, aux clauses de travail prévues dans les contrats publics, à la sécurité et à la santé au travail, à la durée du travail et aux mécanismes du dialogue social (...) ». Surmonter la crise : Un Pacte mondial pour l'emploi* adopté par la Conférence internationale du Travail à sa 98ème session, Genève, 19 juin 2009, pt. 14, pp. 8-9

[158] Ibid., pt. 26, p. 13

l'efficacité des normes existantes. Pour cette raison, les mesures adoptées par les Etats doivent être conformes aux normes internationales du travail.

B/ L'interprétation des instruments existant à la lumière des objectifs poursuivis par l'OIT

A plusieurs occasions, les organes de supervision de l'application des normes internationales du travail ont étudié les mesures d'austérité adoptées par un certain nombre d'Etats européens en réaction à la crise économique de 2008. Faisant prévaloir leurs objectifs sociaux, ils ont, de la même manière que le Comité européen des droits sociaux par exemple, choisi de réaffirmer les droits des travailleurs face aux politiques menées par certains gouvernements. L'interprétation des instruments existants suffit ainsi à apporter une réponse effective aux mesures économiques affectant le domaine social.

1. La réaffirmation des droits des travailleurs, réponse aux politiques d'austérité

L'on retrouve les principes promus notamment par le Pacte mondial pour l'emploi dans le sens et la portée donnés aux textes utilisés. La liberté d'association et le droit de négociation collective sont en particulier surveillés étroitement par les organes de l'OIT, en ce qu'ils constituent un moyen pour les partenaires sociaux et les autorités publiques de mener un *« dialogue social constructif au moment où les tensions sociales s'accroissent à la fois dans le secteur informel et le secteur formel »*[159]. Leur contrôle offre aux interprètes la faculté de rappeler leur inclination pour l'approche téléologique.

Dans son rapport de novembre 2012[160], le Comité de la liberté syndicale a examiné les lois adoptées par la Grèce, pour faire suite aux prescriptions de la Troïka[161], la crise de 2008 ayant eu pour effet de dévoiler la dette affectant le pays depuis de nombreuses années.

---

[159] *Surmonter la crise : Un Pacte mondial pour l'emploi*, op. cit., pt. 14, p. 9. Au-delà des Conventions fondamentales, la mise en œuvre d'autres instruments, ayant trait notamment (mais pas uniquement) à l'emploi ou à la sécurité sociale, apparaît primordiale, au même titre que la faculté des interprètes de s'éloigner de la lettre de leurs instruments de référence. Pour une application de la Convention n° 102 concernant la sécurité sociale, voir Observation (CEACR) - adoptée 2013, publiée 103ème session CIT (2014) Convention (n° 102) concernant la sécurité sociale (norme minimum), 1952 - Grèce (Ratification : 1955)

[160] Comité de la liberté syndicale, rapport n° 365, novembre 2012, cas n° 2820

[161] Formée par la Commission Européenne, la Banque centrale européenne et le Fonds monétaire international

En l'espèce, plusieurs organisations syndicales alléguaient des violations des droits syndicaux et de négociation collective[162]. La Confédération générale grecque du travail (GSEE) dénonçait notamment[163] les mesures imposées pour faire suite au plan d'austérité mis en œuvre dans le cadre du mécanisme de renflouement international de l'économie. Selon le syndicat, celles-ci portaient gravement atteinte au droit fondamental des travailleurs à la libre négociation collective, de même qu'à leur droit d'établir des *« normes minimales de travail décent, uniformes et contraignantes, par le biais de conventions-cadres négociées collectivement au niveau national »*[164]. En particulier, les baisses de salaires ainsi que la restriction temporaire du droit de négociation collective en matière salariale pour les agents de droit privé du secteur public et parapublic[165] étaient remises en cause. Etaient également contestées l'institution du principe de la prévalence des accords d'entreprise moins favorables que les conventions sectorielles obligatoires sur les normes uniformes de salaire et de conditions de travail[166] ainsi que la possibilité pour l'Etat d'intervenir dans le système de libre négociation collective et de modifier le mécanisme de fixation des salaires minima et des conditions de travail[167]. En complément, la GSEE dénonçait, au nom de la liberté syndicale[168], les dispositions excluant les chômeurs de 24 ans et moins des normes minimales de salaire et de conditions de travail (durée du travail, congés…) et les assujettissant à une protection sociale réduite dans le cadre de contrats « d'apprentissage » assortis d'une longue période de probation.

Alors que le gouvernement grec justifiait sa politique par la nécessité de flexibiliser les relations professionnelles et de décentraliser de la négociation collective en raison de la crise financière[169], le Comité de la liberté syndicale

---

[162] La Grèce a ratifié la Convention n° 87 sur la liberté syndicale et la protection du droit syndical, la Convention n° 98 sur le droit d'organisation et de négociation collective, la Convention n° 151 sur les relations de travail dans la fonction publique ainsi que la Convention n° 154 sur la négociation collective.

[163] De très nombreuses mesures étaient contestées

[164] Comité de la liberté syndicale, rapport n° 365, novembre 2012, cas n° 2820, op. cit., para. 787, p. 247

[165] Loi n° 3833/2010 sur la « Protection de l'économie nationale – Mesures d'urgence pour affronter la crise financière », adoptée le 5 mars 2010

[166] Comité de la liberté syndicale, rapport n° 365, novembre 2012, cas n° 2820, op. cit., para. 825, pp. 255-256

[167] Ibid., para. 789, pp. 247-248

[168] En ce que certains salariés étaient alors privés du bénéfice de conventions collectives en vigueur

[169] Comité de la liberté syndicale, rapport n° 365, novembre 2012, cas n° 2820, para. 987, p. 296

a condamné ces mesures, constatant la violation des Conventions protégeant les droits collectifs, en apportant une solution assez tranchée.

S'agissant par exemple des réductions de salaires dans le secteur public, le Comité a estimé que *« l'exercice des prérogatives de puissance publique en matière financière d'une manière qui a pour effet d'empêcher ou de limiter le respect de conventions collectives préalablement négociées par des organismes publics n'[étai]t pas compatible avec le principe de la liberté de négociation collective »*[170]. A titre d'exception, un gouvernement peut considérer qu'au nom d'une politique de stabilisation, une restriction peut être imposée, le taux des salaires ne pouvant alors pas être fixé librement par voie de négociation collective. Toutefois, conformément à la jurisprudence du Comité, cette *« mesure d'exception, limitée à l'indispensable, ne devrait pas dépasser une période raisonnable et devrait être accompagnée de garanties appropriées en vue de protéger le niveau de vie des travailleurs »*[171].

Pour conclure (sans entrer en détails des nombreux points examinés), le Comité, tout en reconnaissant la gravité de la situation grecque, s'est clairement exprimé en faveur d'un usage de la négociation collective et du dialogue social pour l'ensemble des questions soulevées dans la plainte, pour qu'émerge une vision globale commune des relations professionnelles[172]. De plus, il a insisté sur la nécessité d'appliquer les conventions collectives négociées.

L'approche évolutive favorisée par les interprètes se retrouve ici en ce qu'ils ont cherché à saisir une situation particulière et nouvelle (qui aurait pu inciter à remettre en cause la pertinence de l'orientation sociale des instruments et raisonnement habituels[173]) par l'application des textes généraux relatifs à la négociation collective et au dialogue social. Le Comité ne s'est pas référé à des dispositions précises des Conventions ratifiées par la Grèce pour justifier son raisonnement. Il a plutôt choisi de se baser sur deux extrémités juridiques : soit, d'un côté, des principes généraux découlant

---

[170] Ibid., para. 990, pp. 296-297

[171] Ibid., para. 990, p. 297

[172] Ibid., para. 1003, p. 302

[173] En ce sens, le gouvernement grec avançait que *« la crise financière et la situation économique internationale ont réduit la qualité des droits au travail, redéfini la notion de droits fondamentaux du travail dans le pays économiquement développé qu'est la Grèce (...). Les conditions du prêt, associées à la profonde restructuration du cadre institutionnel des relations professionnelles, constituent un défi sans précédent pour la Grèce et la communauté internationale »*. Comité de la liberté syndicale, rapport n° 365, novembre 2012, cas n° 2820, para. 978, p. 282

notamment du droit de négociation collective, soit, d'un autre côté, sa jurisprudence, déclinant le contenu de Conventions.

La réaction aux mesures d'austérité a donc consisté pour le Comité à poursuivre son approche constructive[174] de l'interprétation, en l'appliquant aux mesures d'austérité adoptées par la Grèce. Ce faisant, en concevant strictement les principes relatifs à la liberté syndicale et à la négociation collective de façon à censurer des mesures conduisant à précariser certains travailleurs, il a pu décliner dans le domaine de l'application des normes internationales du travail les orientations prises par l'OIT en réponse à la crise, notamment dans le Pacte Mondial pour l'emploi. Le corpus des instruments existant, de surcroît s'ils sont utilisés de façon très souple, paraît ainsi suffire à répondre aux mesures d'austérité adoptées par les Etats.

2. L'interprétation des instruments, réponse suffisante aux mesures d'austérité ?

A l'issue de la 312ème session du Conseil d'administration du BIT en novembre 2011, le président du groupe des travailleurs, Luc CORTEEBECK, soulignait que les normes internationales du travail telles qu'elles ont été créées *« répond[ai]ent à des moments précis de l'histoire, à des situations difficiles sur le plan économique et social »*[175]. Face à ce constat historique, la gravité des circonstances économiques justifiant l'adoption de mesures drastiques par les Etats n'apparaît pas de nature à remettre en cause la vocation sociale des normes internationales du travail.

L'approche extensive des instruments de l'OIT permet à ses organes de censurer l'ensemble des mesures adoptées par un pays comme la Grèce au paroxysme de ses difficultés économiques et budgétaires. En ce sens, les décisions des organes d'interprétation de l'OIT et d'une juridiction comme le Comité européen des droits sociaux peuvent se renforcer mutuellement.

Le CEDS a en effet également été saisi à plusieurs reprises à la suite de l'adoption par la Grèce de mesures d'austérité dans le cadre de l'exécution du mémorandum conclu entre le gouvernement et la Troïka[176]. Il en est allé

---

[174] Cf. supra. Chapitre 1

[175] « Crise économique et Mesures d'austérité : Interview avec Luc Cortebeeck », Communiqué de presse à l'issue de la 312ème session du Conseil d'administration du BIT. http://www.ilo.org/jobspact/WCMS_169545/lang--fr/index.htm

[176] CEDS, 23 mai 2012, *Fédération générale des employés des compagnies publiques d'électricité (GENOP-DEI) et Confédération des syndicats des fonctionnaires publics (ADEDY) c. Grèce*, Réclamation n° 65/2011 et Réclamation n° 66/2011 (2 décisions)

ainsi à propos de la loi 3899 du 17 décembre 2010 adoptée dans le pays, contestée sur plusieurs points : la possibilité de conclure des contrats de travail à durée indéterminée assortis d'une période probatoire d'un an (susceptible d'être rompue sans préavis, ni indemnité) ; la faculté de déroger aux conventions de branche dans un sens moins favorable aux salariés par des accords d'un niveau inférieur ou bien encore d'autoriser la conclusion d'accords d'entreprise par des organisations syndicales d'un niveau différent en cas d'absence de représentation au niveau de l'entreprise.

Saisi par des organisations syndicales dans le cadre de procédures de réclamations, le Comité a condamné la législation hellénique, en considérant que l'article 4§4 de la Charte (droit à un délai de préavis raisonnable en cas de cessation d'emploi) s'opposait à ce qu'un contrat puisse être rompu sans indemnité, ni préavis pendant une durée d'un an. En revanche, en matière de négociation collective, le Comité (à quatorze voix contre une[177]) n'a pas constaté de violation du droit conventionnel. Le syndicat arguait en effet d'une violation de l'article 3§1 du Protocole additionnel de 1988 à la Charte, qui garantit le droit des travailleurs de prendre part à la détermination et à l'amélioration des conditions de travail et du milieu du travail. Le Comité a toutefois considéré que ce dernier ne protégeait pas le droit de négociation collective, prévu par les articles 5 et 6 de la Charte, auxquels la Grèce n'a pas adhéré[178].

Dans une autre affaire, le CEDS a rejoint les analyses du Comité de la liberté syndicale et réaffirmé la place de la Charte face aux mesures adoptées par la Grèce, à propos de mesures concernant les jeunes travailleurs[179]. Etaient visées l'institution de contrats spéciaux d'apprentissage dérogeant largement aux règles de formation et de sécurité sociale et la possibilité de procéder à l'embauche de jeunes de moins de 25 ans à un salaire de 84 % du salaire minimum de base. Le Comité a finalement constaté l'inconventionnalité de ces dispositions au regard de plusieurs articles de la Charte[180].

---

[177] Dans une opinion dissidente, le juge grec Petros STANGOS s'est exprimé en faveur d'une approche extensive de la notion de négociation collective conduisant à une applicabilité de l'article 3§1 du Protocole de 1988, contrairement au Comité, en se basant sur plusieurs textes comme l'annexe du Protocole de 1988

[178] Conformément au dispositif prévu par la Charte, permettant aux Etats de n'adhérer qu'à quelques dispositions, en-dehors d'un noyau de droits. Contrairement à ce qu'il a réalisé dans d'autres affaires, le Comité n'a pas cherché ici à contourner l'absence d'adhésion de l'Etat à une disposition donnée. Cf. supra. Chapitre 1

[179] Celles-ci ayant également été examinées et invalidées par le Comité de la liberté syndicale

[180] 4§1 (droit des travailleurs à bénéficier d'une rémunération suffisante pour bénéficier d'un niveau de vie décent avec leurs familles), 7§7 (octroi d'un minimum de trois semaines de congés pays aux travailleurs de moins de 18 ans), 10§2 (droit à

Une complémentarité existe entre les analyses du CEDS et des organes de l'OIT : elles s'opposent aux mesures d'austérité, en se basant sur les textes élaborés par leurs organisations d'appartenance. Cette complémentarité peut par ailleurs apparaître explicitement. Par exemple, à propos du système de protection sociale grec, le Comité des ministres du Conseil de l'Europe a repris les recommandations adressées au gouvernement hellénique par la Commission d'experts[181], cette dernière insistant ensuite pour que les autorités s'y conforment de manière à mettre en place une politique socialement responsable. Réciproquement, lorsqu'en 2013, la Commission d'experts a de nouveau dénoncé la politique d'austérité grecque en ce qu'elle menacerait *« la viabilité du système national de sécurité sociale et a entraîné une paupérisation accrue de la population »*[182], elle s'est appuyée sur les travaux du CEDS[183].

Il convient toutefois de nuancer l'approche de la CEDS par rapport à celle des organes de Genève. Même si tous deux semblent préconiser une riposte sociale à la crise, la flexibilité offerte par la Charte sociale européenne (qui

---

la formation professionnelle), 12§3 (élévation progressive du niveau de protection sociale)

[181] *« 1) évaluer d'urgence les mesures d'austérité sociale passées et futures à la lumière de l'un des principaux objectifs de la convention et du Code qu'est la prévention de la pauvreté ;*
2) mettre cette question à l'ordre du jour de ses prochaines réunions avec les parties au mécanisme de soutien international pour la Grèce ;
3) octroyer à l'Autorité actuarielle nationale des ressources financières et humaines supplémentaires pour analyser les effets redistributifs des réductions de prestations;
4) déterminer les scénarios les plus rapides permettant de revenir sur certaines mesures d'austérité et de ramener les prestations ayant subi des coupes disproportionnées à un niveau socialement acceptable ;
et 5) faire pleinement usage de l'assistance technique du BIT en vue de l'analyse quantitative de ces options et de la révision ultérieure des projections actuarielles 2012 pour le système de retraite national ». Observation (CEACR) - adoptée 2013, publiée 103ème session CIT (2014) Convention (n° 102) concernant la sécurité sociale (norme minimum), 1952 - Grèce (Ratification : 1955)

[182] Observation (CEACR) - adoptée 2013, publiée 103ème session CIT (2014) Convention (n° 102) concernant la sécurité sociale (norme minimum), 1952 - Grèce (Ratification : 1955)

[183] Réagissant à la paupérisation des retraités à faible revenus subissant des coupes dans leurs pensions, la Commission d'experts s'est en effet référée à une décision du CEDS, selon lequel *« l'effet cumulé des restrictions [...] est de nature à entraîner une dégradation significative du niveau de vie et des conditions de vie d'un nombre important des pensionnés qu'elles concernent ».* Réclamation n° 76/2012, *Fédération des pensionnés salariés de Grèce (IKA-ETAM)* c. *Grèce,* Décision sur le bien-fondé, 7 décembre 2012, para. 78

peut être ratifiée « à la carte ») peut affaiblir l'action du Comité, de sorte que les organes de l'OIT paraissent plus audacieux et volontaristes. Alors que la conception restrictive de l'article 3§1 du Protocole par le CEDS conduit à préserver la législation grecque en matière de négociation collective, le Comité de la liberté syndicale n'est pas gêné dans son raisonnement téléologique par des obstacles de ce type.

Corrélativement à l'approche extensive des textes qu'ils appliquent, le volontarisme des organes de l'OIT apparaît également à travers leur intransigeance avec la protection des droits de travailleurs. Aussi grave soit la situation économique de certains pays, les organes de l'OIT refusent d'adopter une attitude qui serait moins protectrice des intérêts des travailleurs[184]. Dans l'esprit du Pacte Mondial pour l'emploi qui promeut l'application des normes internationales du travail, les interprètes choisissent de continuer de privilégier l'approche extensive.

D'une façon générale, qu'il soit ou non nécessaire de se baser sur les orientations de la Conférence, le recours à l'interprétation permet aux organes de l'OIT de mettre à jour efficacement le sens des normes internationales du travail, en rappelant les Etats à leurs obligations. L'effectivité du corpus normatif peut, en revanche, être remise en cause dès lors que les Etats apparaissent impuissants à régler certaines situations.

Sous-section 2 : Les instruments de l'OIT face à des questions transnationales : les limites de l'interprétation face à la multiplication des parties prenantes

L'effondrement à Dacca le 24 avril 2013 de l'immeuble du *Rana Plaza*, en causant la mort de plus d'un millier d'ouvriers de sous-traitants d'entreprises multinationales, a montré de la façon la plus crue et extrême les conséquences sociales du développement d'un commerce international fondé sur la recherche de la main d'œuvre la moins chère.

Que ce soit en raison des tentatives d'un certain nombre d'entités d'éliminer les barrières aux échanges ou du développement de chaînes globales de production à travers des stratégies d'entreprises multinationales, le phénomène de globalisation des économies et des systèmes de production confronte l'OIT à un nouveau défi. Il ne s'agit plus simplement d'apporter une réponse internationale à des questions nationales susceptibles d'entraîner

184 De la même manière que le CEDS. Voir NIVARD (C.), « Comité européen des droits sociaux (CEDS) : Violation de la Charte sociale européenne par les mesures "anti-crise" grecques » in Lettre « Actualités Droits-Libertés » du CREDOF, 15 novembre 2012

une concurrence sociale entre les pays. Il faut désormais concevoir l'action normative dans une perspective globale, s'affranchissant des frontières[185].

D'influence inégale, les instruments adoptés par l'OIT afin de traiter spécifiquement des conséquences de l'internationalisation des échanges commerciaux et de la mondialisation[186] n'ont pas permis de résoudre les problèmes posés par les nouvelles organisations de travail ignorant les frontières[187]. Dans ce cadre, face aux limites du rôle d'Etats qui peinent à encadrer l'action d'entités agissant en-dehors de leur contrôle[188], l'étude des pratiques globales laisse apparaître de nouvelles initiatives, publiques et

---

[185] Sur la remise en cause de la relation traditionnelle d'emploi du fait des réseaux de production mondiaux, voir DROUIN (R-C.), « Responsabiliser l'entreprise transnationale : portrait d'une normativité du travail en évolution » in VERGE (P.) (dir.), *Droit international du travail, Perspectives canadiennes*, op. cit., p. 288. Pour une réflexion sur le rôle de l'OIT comme garante de la justice sociale dans un contexte de mondialisation, particulièrement dans les dix années encadrant l'année 2000, voir VIDES ACIEGO (S.), *L'Organisation internationale du travail à l'heure de la mondialisation*, op. cit.

[186] Principalement les Déclarations de 1998 et de 2008. La Déclaration de principes tripartite sur les entreprises multinationales et la politique sociale de 1977 a d'abord visé à s'adresser directement aux multinationales, en les encourageant à s'engager en faveur du progrès économique et social (Déclaration de principes tripartite sur les entreprises multinationales et la politique sociale, adoptée par le Conseil d'administration du Bureau international du Travail à sa 204ème session ; Genève, novembre 1977)

[187] Comme l'a relevé la Commission mondiale sur la dimension sociale de la mondialisation réunie sous l'égide de l'OIT, *« pour une vaste majorité des femmes et des hommes, la mondialisation n'a pas répondu à leurs aspirations, simples et légitimes, à un travail décent et à un avenir meilleur pour leurs enfants ».* Commission mondiale sur la dimension sociale de la mondialisation, *Une mondialisation juste. Créer des opportunités pour tous*, BIT, Genève, 2004, p. XI cité par SUPIOT (A.), « Justice sociale et libéralisation du commerce international », Droit social, n° 2, février 2009, p. 131

[188] La Conférence a rappelé en 2016 le rôle premier des Etats en la matière, dans le cadre de discussions qui ont précédé l'adoption d'une résolution consacrée au travail décent dans les chaînes d'approvisionnement mondiales. Selon elle, *« les Etats ont l'obligation d'adopter, d'appliquer et de faire respecter la législation nationale, et de veiller à ce que les principes et droits fondamentaux au travail et les conventions internationales du travail ratifiées assurent une protection et s'appliquent à tous les travailleurs, en tenant compte des autres normes internationales du travail. Les gouvernements, les entreprises et les partenaires sociaux ont des responsabilités complémentaires mais distinctes dans la promotion du travail décent au sein des chaînes d'approvisionnement mondiales ».* CIT, Compte rendu provisoire 14-1(Rev.) 105ème session, Genève, mai-juin 2016, Rapports de la Commission sur le travail décent dans les chaînes d'approvisionnement mondiales : Résolution et conclusions soumises pour adoption par la Conférence, para. 15

privées, qui impliquent la référence aux normes internationales du travail. En corollaire, la multiplication des destinataires (parfois autoproclamés) des textes de l'OIT n'est pas sans conséquence s'agissant de la signification qui leur est attribuée[189]. Les défis normatifs posés par l'émergence de nouveaux acteurs et le recours à la *soft law*, à travers notamment la Déclaration de 1998, met alors à l'épreuve la portée des interprétations dégagées à Genève.

§1. L'implication d'acteurs nouveaux dans la mise en œuvre des normes internationales du travail

Sur fond d'analyses économiques[190], les débats se sont multipliés tout au long du XXème siècle sur la place des considérations sociales dans les échanges internationaux, en particulier au cours des dernières décennies[191]. En dépit d'un certain nombre de tentatives, l'OMC, grande ordonnatrice du commerce international, est restée imperméable à la prise en considération des normes sociales dans ses activités[192]. A l'inverse, à un niveau décentralisé, un certain nombre d'autres acteurs des échanges internationaux commencent, depuis quelques années, à manifester un intérêt pour le sujet.

---

189 ALSTON (P.), « Core labour standards and the transformation of the international labour right regime », op. cit., pp. 459-521 ; DROUIN (R-C.), DUPLESSIS (I.), « La régulation internationale du travail de 1998 à 2008 : un Eldorado normatif ou un désert interprétatif ? », op. cit., p. 2 ; HEPPLE (B.), *Labour laws and global trade*, op. cit., p. 56

190 L'imposition des normes internationales du travail à tous les pays serait nocive pour les pays en développement (pour les producteurs et exportateurs) et pour les pays développés (pour les consommateurs et importateurs). En revanche, comme l'a montré une étude de l'OCDE en 1996, une élévation graduelle des normes sociales dans les pays en développement leur serait bénéfique, sans porter atteinte à leurs exportations et à leur croissance. TREBILCOCK (M.), HOWSE (R.), ELIASON (A.), *The Regulation of International Trade*, Routledge, 4th ed, 2013, p. 720

191 Plusieurs travaux doctrinaux ont été consacrés à l'étude des rapports entre les échanges internationaux et les normes sociales. D'un point de vue juridique, voir notamment les thèses suivantes : BURDA (J.), *Le droit international économique et les droits sociaux fondamentaux : pour une dimension sociale de la libéralisation des échanges*, Université Panthéon-Assas Paris II, 2009 ; DAMASIO BORGES (D.), *L'Etat social face au commerce international*, L'Harmattan, 2013 ; DUBIN (L.), *La protection des normes sociales dans les échanges fondamentaux*, Presses Universitaires d'Aix-Marseille, 2003

192 A l'occasion de la réunion ministérielle de Singapour tenue sous l'égide de l'OMC en 1996, les ministres du commerce (emmenés par les représentants des pays en développement) se sont clairement prononcés en faveur d'une approche minimaliste en matière sociale au sein de l'OMC, affichant leur attachement aux *« normes fondamentales internationalement reconnues »* mais en rappelant néanmoins que la compétence dans le domaine incombait à l'OIT. Déclaration ministérielle de Singapour. Adoptée le 13 décembre 1996. WT/MIN(96)/DEC

L'on observe ainsi une implication croissante d'acteurs régionaux, intergouvernementaux ou privés dans la promotion des droits fondamentaux et du droit du travail, sous l'effet de la Déclaration de 1998 sur les droits et principes fondamentaux au travail[193]. Dans le domaine des accords commerciaux internationaux, l'on constate depuis quelques années une augmentation du nombre de dispositions portant sur le domaine social, les opinions publiques étant devenues sensibles à la question. Au-delà des initiatives qui concernent les Etats, le développement de dispositifs relevant de la responsabilité sociale des entreprises offre des possibilités de développement du droit social dans un contexte de mondialisation, à travers notamment la multiplication des références à la Déclaration de l'OIT sur les principes et droits fondamentaux des travailleurs.

A/ L'intégration de considérations sociales dans les instruments commerciaux internationaux

L'enlisement des négociations multilatérales au sein de l'OMC a favorisé l'adoption de traités commerciaux bilatéraux ou multilatéraux, susceptibles de comporter des clauses sociales. Les négociateurs de ces accords tendent désormais à faire mention des normes du travail, perçues comme un moyen *« de rendre plus juste la mondialisation en étendant ses bénéfices à tous »*[194]. En 2013, l'Institut international d'études sociales recensait ainsi 58 accords commerciaux bilatéraux et régionaux contenant des dispositions relatives au travail, soit presque trois fois plus qu'en 2005. Parmi ces dispositions, deux tiers intègrent des instruments de l'OIT, le plus souvent à travers une référence à la Déclaration de 1998, et plus rarement (dans 15% des cas recensés) aux Conventions fondamentales[195].

Pionnier en la matière en dépit de son bilan mitigé[196], l'Accord nord-américain de coopération dans le domaine du travail (ANACT), qui

---

193 LA HOVARY (C.), *Les droits fondamentaux au travail, Origines, statut et impact en droit international*, op. cit., p. 272-285

194 DOUMBIA-HENRY (C.), GRAVEL (E.), « Accords de libre-échange et droits des travailleurs : évolution récente », Revue internationale du Travail, vol. 145, 2006, n° 3, p. 215

195 Institut international d'études sociales, *Etudes sur la croissance et l'équité. La dimension sociale des accords de libre-échange*, OIT, 2013, pp. 19 et 107

196 S'il n'a pu permettre de sanctionner les entreprises ou les gouvernements violant des droits de travailleurs ou assurer le plein emploi, il a débouché sur une prise d'intérêt pour les questions sociales s'inscrivant dans une lente progression et permettant une implication des acteurs sociaux à l'échelle transnationale. COMPA (L.), « L'ALENA et les droits fondamentaux des travailleurs des pays partenaires »,

complète l'ALENA[197], traite des conséquences sociales de la mise en place d'une zone de libre-échange entre les trois pays. Reposant sur un mécanisme de coopération interétatique et non sur une formation supranationale, il vise onze principes fondamentaux au travail[198] (comprenant de fait les principes fondamentaux de l'OIT). De façon plus explicite, intitulé *« Labor »*, le chapitre 23 de l'accord Canada – Etats-Unis – Mexique[199], destiné à remplacer l'ALENA, mentionne notamment que les parties s'engagent à respecter leurs obligations en qualité de membres de l'OIT, incluant celles qui résultent des Déclarations de 1998 et 2008[200], et cite expressément les quatre principes fondamentaux au travail[201].

D'autres accords se réfèrent aux instruments adoptés au sein de l'OIT, conditionnant l'engagement de leurs parties au respect de la Déclaration de l'OIT sur les principes et les droits fondamentaux au travail. Il en va ainsi s'agissant d'accords conclus par l'Union européenne, laquelle apparaît particulièrement dynamique dans le domaine[202]. Par exemple, le système de préférences généralisées institué dans le cadre de la politique de développement de l'Union permet à des pays en développement de bénéficier d'un accès privilégié au marché européen (par le biais notamment de réductions de droits de douane), sans qu'il soit exigé de contrepartie de leur part, à condition qu'ils mettent en œuvre certaines normes dans le domaine du travail ou de l'environnement[203]. En particulier, le système se

---

op. cit., p. 94 ; MOREAU (M-A.), *Normes sociales, droit du travail et mondialisation*, op. cit., p. 205

[197] Accord de libre-échange nord-américain (ALENA) conclu entre le Canada, les Etats-Unis et le Mexique le 17 décembre 1992 et entré en vigueur le 1er janvier 1994.

[198] La liberté d'association et la protection du droit d'organisation ; le droit de négociation collective ; le droit de grève ; l'interdiction du travail forcé ; les protections accordées aux enfants et aux jeunes gens en matière de travail ; les normes minimales d'emploi ; l'élimination de la discrimination en matière d'emploi ; l'égalité de rémunération entre les hommes et les femmes ; la prévention des accidents du travail et des maladies professionnelles ; l'indemnisation en cas d'accidents du travail et de maladies professionnelles ; la protection des travailleurs migrants.

[199] Signé le 30 novembre 2018 et dont la date d'entrée en vigueur est fixée au 1er juillet 2020

[200] Article 23.2.1 : *« The Parties affirm their obligations as members of the ILO, including those stated in the ILO Declaration on Rights at Work and the ILO Declaration on Social Justice for a Fair Globalization (2008) »*

[201] Article 23.3

[202] Cf. infra. §2 à propos de l'Accord de Partenariat Economique entre l'UE et le CARIFORUM signé en 2008

[203] Coll., *Le système de préférences généralisées de l'Union européenne*, Commission européenne, Direction générale du Commerce, 2004, p. 2

réfère aux normes fondamentales de l'OIT et à la Déclaration sur les principes et droits fondamentaux au travail[204]. Alors que la Commission avait envisagé un mécanisme de coopération avec l'OIT pour statuer sur les violations de ces normes, celui-ci n'a pas vu le jour[205]. L'Union européenne entend néanmoins s'aligner sur la politique menée par le BIT[206].

D'une manière générale, qu'ils fassent ou non référence à des instruments élaborés au sein de l'OIT, de nombreux accords de libre-échange prennent en compte des considérations sociales et peuvent, parfois, proposer des voies procédurales visant à rendre effectifs les droits des travailleurs[207]. Toutefois, le plus souvent, si les signataires des accords se fixent des obligations sociales réciproques, ils restent seuls compétents pour apprécier les limites de leurs obligations et pour constater les éventuelles violations des droits des travailleurs[208], sans le contrôle d'un tiers impartial[209]. Une logique similaire, où les tentatives d'extension du droit international du travail s'opèrent en-dehors du contrôle des organes de l'OIT, se retrouve dans le développement d'accords avec ou entre acteurs privés des échanges internationaux.

B/ Le développement d'accords avec les acteurs privés des échanges internationaux

Les nouvelles problématiques soulevées par les activités des multinationales rendent nécessaire l'adoption de dispositifs permettant de saisir ces activités

---

204 Le bénéfice du régime de protection peut ainsi être suspendu temporairement, pour tout ou partie des produits provenant d'un pays déterminé, en cas de pratique de l'esclavage ou du travail forcé et, plus généralement, de violation des normes fondamentales du travail de l'OIT. Coll., *Le système de préférences généralisées de l'Union européenne*, op. cit., p. 18

205 MOREAU (M-A.), *Normes sociales, droit du travail et mondialisation*, op. cit., pp. 210-211

206 DUBIN (L.), *La protection des normes sociales dans les échanges fondamentaux*, op. cit. citée par MOREAU (M-A.), *Normes sociales, droit du travail et mondialisation*, op. cit., p. 211

207 Les accords de libre-échange des Etats-Unis avec le Chili (2004), Singapour (2004), l'Australie (2005), le Maroc (2006), Bahreïn (2006), l'Amérique centrale/République dominicaine (ALEAC-RD) (2006), Oman (2009) prévoient notamment des amendes pouvant atteindre 15 millions de dollars en cas de non-application de la législation nationale du travail, dans les domaines qu'ils couvrent. Sur le sujet et pour un recensement d'exemples, voir Institut international d'études sociales, *Etudes sur la croissance et l'équité. La dimension sociale des accords de libre-échange*, op. cit., pp. 33-35

208 Sur ce sujet, à propos notamment des accords conclus par les Etats-Unis notamment, voir LA HOVARY (C.), *Les droits fondamentaux au travail, Origines, statut et impact en droit international*, op. cit., p. 285

209 Cf. infra. §2

transnationales, *« car le rôle des entreprises multinationales est de plus en plus déterminant dans les transformations de la mondialisation, à tel point qu'elles tendent à supplanter les Etats »*[210]. Dans ce contexte, des initiatives publiques et privées visent à inciter directement les entreprises à modifier leur comportement, tout en impliquant l'OIT de façon plus ou moins directe.

Le *Global Compact* ou Pacte Mondial des Nations Unies, proposé par Kofi ANNAN en 1999 et lancé le 26 juillet 2000, a sensibilisé les entreprises à la question de la RSE. Il vise à entraîner les principaux acteurs de la mondialisation à se conformer volontairement[211] à un certain nombre de normes internationales. Dans le domaine du travail, il reprend les quatre principes fondamentaux[212] dégagés par la Déclaration de l'OIT sur les principes et droits fondamentaux au travail. L'engouement croissant des entreprises pour la RSE s'est donc doublé d'une tendance pour ces dernières à se référer au droit international du travail et à la Déclaration de 1998[213], perçue comme un indicateur du niveau de leur engagement[214].

Dans la même lignée, l'exemple de la norme ISO 26000[215] adoptée en 2010 et portant sur la responsabilité sociétale des entreprises[216] apparaissait assez

[210] DELMAS-MARTY, *Les forces imaginantes du droit (III). La refondation des pouvoirs*, Editions du Seuil, 2007, p. 142. Dans le même sens, voir DROUIN (R-C.), « Responsabiliser l'entreprise transnationale : portrait d'une normativité du travail en évolution », op. cit., p. 288

[211] Le *Global Compact* s'appuie sur la responsabilité des sociétés, le principe de transparence et la défense de leur intérêt-propre (BLANPAIN (R.), COLUCCI (M.), *The Globalization of Labour Standards. The Soft Law Tracks*, Kluwer Law International, 2004, p. 23). La participation au *Global Compact* par les entreprises suppose un engagement sur le long terme qui s'opère à travers l'intégration de ses principes dans la stratégie et l'activité de l'entreprise, une communication auprès du personnel de l'entreprise sur leur contenu, la mise en place d'objectifs mesurables pour leur mise en œuvre, l'échange de bonnes pratiques…

[212] Principes 3 à 6 du *Global Compact*

[213] Au début des années 2000, les codes de conduite des entreprises ne se référaient généralement pas à la Déclaration de 1998 et aux Conventions fondamentales y afférentes. Voir BLACKETT (A.), « Global Governance, Legal Pluralism and the Decentered State: A Labor Law Critique of Codes of Corporate Conduct », Indiana Journal of Global Legal Studies, Vol. 8, 2001, p. 411

[214] DROUIN (R-C.), DUPLESSIS (I.), « La régulation internationale du travail de 1998 à 2008 : un Eldorado normatif ou un désert interprétatif ? », op. cit., p. 4

[215] Le texte aborde sept questions parmi lesquelles figurent les droits de l'Homme (il prescrit notamment aux organismes publics et privés d'agir en matière de discrimination, de droits économiques, sociaux et culturels et des principes fondamentaux et droits au travail) et les relations et conditions de travail (cinq domaines d'action sont énoncés : emploi et relations employeur/employé ; conditions de travail et protection sociale ; dialogue social ; santé et sécurité au

révélateur de la volonté des acteurs privés de se saisir des instruments de l'OIT comme outils de référence[217], tout en montrant les limites de cette pratique volontaire. Cependant, au mois de janvier 2018, l'ISO a unilatérélement mis un terme à l'accord conclu avec l'OIT treize ans auparavant[218].

Le mémorandum sur la responsabilité sociale des entreprises conclu entre l'ISO et l'OIT en 2005 prévoyait une coopération entre les deux organes[219], pour toute question relevant du mandat de l'OIT, incluant les instruments normatifs, leur application et leur interprétation. Par ailleurs, il soulignait que les dispositions des instruments de l'OIT devaient servir de base et de standards minimaux pour toutes les questions relatives au travail[220] et prévaloir en cas de conflits entre leur contenu et celles des travaux de l'ISO ou des initiatives privées auxquelles l'ISO apporte sa contribution[221]. Avec davantage de précision, il énonçait que les orientations et normes élaborées par l'ISO devaient être élaborés en conformité non seulement avec les dispositions des instruments de l'OIT mais également avec les interprétations dégagées par ses organes[222].

Si le prisme de la norme ISO 26000 permet potentiellement de rendre applicables les normes internationales du travail à des acteurs privés qui ne figurent pas parmi leurs destinataires originels, des réserves très importantes doivent être apportées (outre le fait que l'accord conclu avec l'OIT a été

---

travail ; développement du capital humain). Norme ISO 26000, paras. 6.3.7, 6.3.9, 6.3.10 et paras. 6.4.3 à 6.4.7

[216] ISO 26000:2010, Lignes directrices relatives à la responsabilité sociétale

[217] A la demande de l'ISO, l'OIT a contribué à la préparation des passages de la norme ISO 26000 relevant de son champ de compétences, de la même manière que d'autres organisations internationales publiques (OMS, OCDE...) ou privées (Organisation internationale des employeurs, Confédération syndicale internationale...), en s'impliquant particulièrement dans la rédaction du projet de texte. DAUGAREILH (I.), « L'ISO à l'assault du social : risques et limites d'un exercice de normalisation sociale » in DAUGAREILH (I.) (dir.), *Responsabilité sociale de l'entreprise transnationale et globalisation de l'économie*, Bruylant, 2010, p. 581

[218] DAUGAREILH (I.), « La Déclaration du centenaire de l'OIT : tout un programme ! », op. cit., pp. 5-17 (l'auteur évoque les relations devenues *« tumultueuses »* entre l'OIT et l'ISO)

[219] DAUGAREILH (I.), « L'ISO à l'assault du social : risques et limites d'un exerce de normalisation sociale », op. cit., p. 583

[220] Article 6.1 du *« Memorandum of understanding between the International Labour Organization and the international organization for standardisation in the field of social responsibility »*

[221] Ibid., article 2.3

[222] Article 2.1

résilié). En termes de valeur, comme toute norme ISO, la norme ISO 26000 est en effet d'application volontaire pour les entreprises car elle a été élaborée par une entité dépourvue d'autorité juridique. Elle se distingue de surcroît de bon nombre d'autres normes techniques en raison du fait que sa mise en œuvre ne débouche sur aucune certification. Ainsi, les violations des prescriptions fixées par la norme ISO 26000, aussi importantes soient-elles, ne peuvent faire l'objet d'aucune sanction.

Ces dispositifs s'intègrent dans un mouvement où, depuis quelques années, l'application volontaire des instruments de l'OIT[223] apparaît comme une réponse potentielle au développement d'échanges transnationaux. Un nombre croissant d'acteurs publics comme privés (la tendance étant bien marquée concernant les engagements unilatéraux comme les codes de bonne conduite)[224] tend à s'appuyer sur ces textes à vocation universelle et plus particulièrement sur la Déclaration de 1998 sur les principes et droits fondamentaux au travail. Cette dernière a largement supplanté la Déclaration de principe tripartite sur les entreprises multinationales et la politique sociale adoptée en 1977 (en apparence l'instrument de l'OIT le plus novateur en matière de RSE)[225] et qui souffre d'un *« déficit d'attractivité, de l'étroitesse*

---

223 Et, de façon générale, l'utilisation de mécanismes de régulation. Selon le Professeur Günther TEUBNER, *« une constitutionnalisation autonome, non-étatique, apolitique, et donc véritablement sociétale s'opère par les codes privés des ETN, puisqu'ils juridicisent des processus sociaux réflexifs concernant le rapport de l'entreprise à ses environnements et les associent à leurs processus juridiques partiellement réflexifs (il s'agit de normalisations des normalisations) (...) Les codes présentent en effet des éléments caractéristiques d'une constitution : des réglementations concernant l'établissement et la pratique de la prise de décision organisationnelle (les règles procédurales de l'entreprise) et la délimitation des frontières du système (les droits fondamentaux des individus et des institutions vis-à-vis de l'entreprise) »*. TEUBNER (G.), « L'auto-constitutionnalisation des ETN ? Sur les rapports entre les codes de conduite "privés" et "publics" des entreprises », op. cit., p. 11

224 SERVAIS (J-M.), « Normes internationales du travail et responsabilité sociale des entreprises » in GERNIGON (B.), JAVILLIER (J-C.) (dir.), *Les normes internationales du travail : un patrimoine pour l'avenir,* op. cit., p. 569 ; DAUGAREILH, « La dimension internationale de la responsabilité sociale des entreprises européennes : observations sur une normativité à vocation transnationale » in MOREAU (M-A.), FRANCIONI (F.) (dir.), *La dimension pluridisciplinaire de la responsabilité sociale de l'entreprise*, Presses universitaires d'Aix-Marseille, 2007, p. 297 (l'auteur écrit que les rédacteurs des normes unilatérales utilisent parfois des formules très allusives pour se référer aux instruments de l'OIT)

225 Elle vise à *« encourager les entreprises à contribuer positivement au progrès économique et social ainsi qu'à minimiser et à résoudre les difficultés que leurs diverses opérations peuvent soulever »*. Tout en se limitant à ne traiter que des

du champ qui lui est réservée sur le plan procédural et de la spécialité de son champ matériel réservé aux droits sociaux alors que la responsabilité sociale de l'entreprise va au-delà de la question sociale »[226].

Le caractère volontaire de ces initiatives peut s'analyser comme un moyen pour les entreprises multinationales de compenser *« par un certain code de l'honneur »*, à des fins de communication, les règles juridiques auxquelles elles sont parvenues à se soustraire[227]. Cela étant, que cela soit à travers la pratique judiciaire[228] ou dans leur encadrement institutionnel, elles tendent, de façon certes marginale, à se rapprocher du domaine du « droit dur », même s'il convient de *« ne pas exagérer les effets de ce foisonnement d'initiatives ni, de manière générale, surestimer la puissance du droit ou de ce qui en tient lieu »*[229].

Au-delà du volontarisme affiché par nombre d'acteurs, on peut s'interroger sur la portée de ces engagements et leurs effets concrets pour les travailleurs des pays ou des entreprises concernés[230], en soulignant que l'essence des instruments de l'OIT réside dans la signification qui leur est attribuée.

---

questions relevant du mandat de l'OIT, elle s'adresse tant aux entreprises multinationales (qu'elle s'abstient de définir) qu'aux gouvernements et aux organisations d'employeurs et de travailleurs. Amendée en 2006, elle invite les entreprises à s'inspirer directement des normes fondamentales pour élaborer leur politique sociale en cas de défaillance des Etats. En dépit de ses adaptations, elle ne figure que rarement dans les initiatives de RSE. DAUGAREILH (I.), « La Déclaration de principe tripartite de l'OIT sur les entreprises multinationales et la politique sociale » in DAUGAREILH (I.) (dir.), *Responsabilité sociale de l'entreprise transnationale et globalisation de l'économie*, op. cit., pp. 433 et 455

[226] DAUGAREILH (I.), « La Déclaration de principe tripartite de l'OIT sur les entreprises multinationales et la politique sociale », op. cit., p. 457

[227] FRYDMAN (B.), *Petit manuel pratique de droit global*, Académie Royale de Belgique, 2014, p. 78

[228] Ibid., pp. 79-86. L'auteur se réfère en particulier à l'affaire *KASKY contre Nike*, où l'entreprise américaine s'est vue condamner en 2002 par la Cour suprême de Californie, laquelle a estimé qu'une publicité promouvant des produits en vantant ses conditions de production, notamment sociales et environnementales, pouvait servir de fondement pour apprécier une éventuelle tromperie sur la marchandise.

[229] Ibid., p. 85

[230] Le rôle secondaire des mécanismes juridictionnels suscite également des difficultés : *« By diverting attention to management monitoring systems, and away from classic voice mechanisms through labor-management dispute settlement machinery, self-regulatory initiatives run the risk of supplanting rather than buttressing democratic participation in the workplace »*. BLACKETT (A.), « Global Governance, Legal Pluralism and the Decentered State: A Labor Law Critique of Codes of Corporate Conduct », op. cit., p. 420

§2. La place des interprétations des instruments de l'OIT dans le cadre des échanges internationaux

Le corollaire de la référence volontaire à des textes librement choisis et aux contours parfois incertains (comme la Déclaration de 1998) se trouve dans la liberté dont disposent de nombreux acteurs quant à la définition des engagements qu'ils souscrivent, dans la mesure où leurs activités échappent au regard des organes de supervision de l'application des normes internationales du travail. Dans ce cadre, l'effectivité des normes internationales du travail dans un contexte de mondialisation et de libéralisation des échanges ne peut être garantie sur la seule base du classique triptyque supervision-application-interprétation des textes par les organes de l'OIT.

A/ L'émergence de systèmes de contrôle autonomes

Les limites des compétences des organes de supervision de l'application des normes internationales du travail et l'appréciation de la conformité d'un certain nombre d'agissements au droit international par des entités extérieures à l'OIT conduisent au développement de systèmes de contrôle autonomes. Dans cette perspective, l'observation de décisions relatives aux obligations (juridiques ou « morales », en matière de *soft law*) découlant des instruments de l'OIT utilisés dans le cadre d'accords concernant les échanges internationaux laisse apparaître deux phénomènes opposés. Dans certains cas, la signification prêtée à ces textes est calquée sur les interprétations genevoises. Dans d'autres cas, au contraire, des acteurs publics ou privés s'émancipent de ces dernières.

1. Des interprétations fondées sur les travaux des organes de l'OIT

Dans quelques situations[231], les autorités nationales se sont alignées sur les interprétations proposées par les organes de l'OIT afin de définir les obligations pesant sur les principaux acteurs de la mondialisation, par exemple dans le cadre de l'application des clauses sociales des accords de libre-échange.

[231] Sur le sujet, voir en particulier : GRAVEL (E.), DELPECH (Q.), « The comments of the ILO's Supervisory bodies: Usefulness in the context of the sanction-based dimension of labour provisions in US free trade agreements », ILO Research Paper No.4, BIT, Genève, mars 2013 ; EBERT (F.), POSTHUMA (A.), « Labour Provisions in Trade Agreements: Current Trends and Perspectives », Discussion paper series, 205, Institut international d'études sociales, BIT, Genève, 2011

Un cas, déjà mis en avant[232], montre le potentiel des travaux des organes de l'OIT dans le raisonnement des autorités veillant à l'application des clauses sociales des accords de libre-échange et des organisations professionnelles. Les mécanismes de plaintes prévus par les accords de libre-échange entre, d'une part, les Etats-Unis et, d'autre part, Bahreïn[233], le Pérou[234] ou les pays d'Amérique centrale et le Nicaragua[235] ont en effet été l'occasion de s'interroger sur la signification des instruments de l'OIT, notamment des textes fondamentaux, dont les accords imposent le respect.

Dans une plainte adressée au Bureau du commerce et des affaires sociales[236] du Ministère du travail américain[237], plusieurs syndicats reprochaient aux autorités guatémaltèques de ne pas respecter ou faire respecter le droit, en avançant plusieurs éléments : refus de négociation de la part d'un employeur, encouragements à la mise en place de syndicats dominés par l'employeur, licenciements et violences contre des syndicalistes, entrave aux fonctions d'inspecteurs du travail… Ils considéraient que le gouvernement avait violé l'article 16 de l'ALEAC-RD signé avec le Etats-Unis, lequel impose notamment aux parties de respecter leurs obligations en tant que membres de l'OIT et leurs engagements découlant de la Déclaration sur les principes et droits fondamentaux au travail ainsi que de permettre à chacun de pouvoir faire valoir ses droits devant un tribunal. Les syndicats s'étaient par ailleurs référés à certaines décisions, rendues notamment par le Comité de la liberté syndicale, en ce qui concerne par exemple le licenciement de salariés impliqués dans des mouvements syndicaux.

L'OFTA s'est finalement prononcé dans le sens des organisations syndicales, relevant plusieurs points : le manque d'autorité du ministère du travail pour sanctionner les violations du droit du travail national ; les sérieuses difficultés dans l'application des décisions judiciaires ; le climat de peur engendré par les violences contre les syndicalistes ; la nécessité d'améliorer la coordination entre les différentes agences nationales de façon à favoriser l'application des décisions de justice et faciliter l'accès au lieu de travail pour l'Administration.

---

232 GRAVEL (E.), DELPECH (Q.), « The comments of the ILO's Supervisory bodies: Usefulness in the context of the sanction-based dimension of labour provisions in US free trade agreements », op. cit.

233 Accord de libre-échange Etats-Unis / Bahreïn entré en vigueur en août 2006

234 Accord de libre-échange Etats-Unis / Pérou entré en vigueur le 1 février 2009

235 Accord de libre-échange Etats-Unis / Amérique centrale - République dominicaine (ALEAC-RD) signé le 5 août 2005

236 Office of Trade and Labour Affairs (OTLA)

237 Compétent pour examiner les plaintes en cas de violation par une partie à un accord de libre-échange de ses engagements en matière sociale

Comme l'ont souligné Messieurs GRAVEL et DELPECH, les analyses proposées par l'OFTA rejoignent un certain nombre d'observations formulées par les organes de supervision de l'application des normes internationales du travail à de nombreuses occasions[238]. De façon générale, cet exemple illustre le potentiel d'inspiration des interprétations de l'OIT pour les organes veillant au respect des clauses sociales dans les accords de libre-échange. L'on entrevoit des possibilités d'alignements ponctuels des autorités en charge de contentieux relatifs au respect de clauses sociales sur les décisions des organes de l'OIT.

Cela étant, il convient d'éviter toute généralisation hâtive en partant de ce cas. Il s'agit moins ici de se référer, de manière abstraite, aux travaux de l'OIT comme organe central d'interprétation des textes qu'elle élabore que de rappeler les observations ayant déjà été formulées à l'échelle internationales à l'encontre d'un pays donné, pour des pratiques déterminées. Finalement, le potentiel de déconnexion entre les interprétations locales et les travaux de l'OIT apparaît réel.

2. Des interprétations déconnectées des travaux de l'OIT

La mise en œuvre des instruments de l'OIT par le biais de la *soft law* peut conduire à les déconnecter de la jurisprudence les concernant. Le fait que le texte le plus prisé par les acteurs de la RSE soit la Déclaration de 1998 et que celle-ci se limite à énoncer des principes sans se référer aux Conventions fondamentales correspondantes sème le trouble quant au contenu des

---

[238] La Commission d'experts s'était ainsi déjà prononcée à plusieurs reprises depuis 2002 quant à l'application de la Convention n° 81 sur l'inspection du travail par le gouvernement du Guatemala, relevant systématiquement une violation (que ce soit à travers la formation des inspecteurs ou par exemple de leurs moyens). De même, elle avait noté le manque d'autorité du gouvernement dans les sanctions des violations du droit du travail. S'agissant des mesures judiciaires, la Commission d'experts avait également dénoncé l'absence d'effet des décisions prononçant la réintégration de militants syndicaux abusivement licenciés. Pour ce qui est des violences commises à l'encontre des syndicalistes, la Commission d'experts avait noté, en 2001 et 2002, que la liberté syndicale ne pouvait s'exercer dans un climat de violence et de pression, appelant à une amélioration de l'effectivité des mesures d'investigation s'agissant des violences commises contre les militants syndicaux. GRAVEL (E.), DELPECH (Q.), « The comments of the ILO's Supervisory bodies: Usefulness in the context of the sanction-based dimension of labour provisions in US free trade agreements », op. cit., pp. 16-18

engagements qui en découlent, en ce que les acteurs disposent de fait d'une marge de manœuvre certaine dans la détermination de leurs obligations[239].

Se répand ainsi un risque de développement d'interprétations parallèles des textes de l'OIT dans le cadre du suivi de l'application des clauses sociales des accords de libre-échange. Plus fréquemment, les initiatives de RSE développées par les entreprises qui s'approprient librement des travaux de l'OIT peuvent conduire à vider ces derniers de leur substance.

a. Le risque de développement de mécanismes d'interprétations parallèles des textes de l'OIT dans le cadre des clauses sociales des accords de libre-échange

La doctrine s'est montrée profondément divisée quant à l'idée selon laquelle les instruments de l'OIT ne seraient utilisées qu'en tant que caution sociale du mouvement de libéralisation des échanges, dans le cadre de l'application des accords de libre-échange et de leurs clauses sociales. La référence à la Déclaration sur les principes et droits fondamentaux au travail dans bon nombre de textes visant à assurer la protection des travailleurs dans un contexte de mondialisation des échanges commerciaux n'implique en effet pas nécessairement une application accrue des principes dégagés par l'institution genevoise[240].

Comme l'a notamment écrit le Professeur Philip ALSTON[241], les acteurs non-gouvernementaux, comme les entreprises, ne sont pas liés par les normes internationales du travail. De fait, l'on peut douter qu'ils interprètent les principes promus par la Déclaration de l'OIT (comme la liberté

239 ALSTON (P.), « Core labour standards and the transformation of the international labour right regime », op. cit., p. 477 ; DROUIN (R-C.), DUPLESSIS (I.), « La régulation internationale du travail de 1998 à 2008 : un Eldorado normatif ou un désert interprétatif ? », op. cit., p. 5. Cf. supra. Chapitre 1

240 BURDA (J.), « La justiciabilité des droits sociaux fondamentaux au travail » in ROMAN (D.) (dir.), *Droits des pauvres, pauvres droits ?, Recherches sur la justiciabilité des droits sociaux*, Centre de Recherches sur les droits fondamentaux (CREDOF), Université Paris Ouest Nanterre la Défense, novembre 2010, pp. 264-265

241 Selon qui l'adoption de la Déclaration en 1998, le recours à une voie promotionnelle non contraignante et l'importance accordée à des principes fondamentaux plutôt qu'à des droits ont affaibli l'action de l'OIT. ALSTON (P.), « Core labour standards and the transformation of the international labour right regime », op. cit., p. 494

d'association) de façon large[242]. Dans une certaine mesure, la pratique confirme son opinion selon laquelle l'adoption de la Déclaration sur les droits et principes fondamentaux au travail est venue fournir un blanc-seing aux partisans d'un système de suivi décentralisé de l'application des normes du travail débouchant sur des interprétations disparates de l'étendue et du sens des obligations internationales[243].

Certains auteurs se sont vivement opposés à cette analyse. Pour Francis MAUPAIN, *« père spirituel »*[244] de la Déclaration en sa qualité d'ancien Conseiller juridique du BIT, le texte n'évoque pas les initiatives privées dans le domaine social, susceptibles de vider de leur substance les normes internationales du travail. Surtout, il souligne que ce phénomène existait avant l'adoption de la Déclaration et son risque de banalisation avait par ailleurs été identifié au sein de l'OIT[245]. De la même manière, le Professeur Brian LANGILLE dénonce l'analyse du Professeur ALSTON, qu'il juge excessivement formaliste (s'agissant notamment de la conception du droit international[246]) et par ailleurs biaisée par un préjugé résultant du triomphe de l'économie néo-libérale[247]. Il loue les vertus d'un dispositif promotionnel, évitant les écueils d'un système d'application et de supervision de Conventions internationales insuffisamment ratifiées et pour lesquels les Etats manquent souvent de remplir leurs obligations de reports annuels[248]. Contrairement au Professeur ALSTON, il estime, comme Francis MAUPAIN[249], que la promotion de droits et principes fondamentaux ne tend pas à reléguer au second plan les normes ne figurant pas au nombre de ces derniers mais, au contraire, forme un terreau favorable au droit international du travail[250].

---

242 ALSTON (P.), « Facing up to the complexities of the ILO's core labour standards agenda », European Journal of International Law (Oxford), vol. 16, n° 3, pp. 476-477

243 ALSTON (P.), « Core labour standards and the transformation of the international labour right regime », op. cit., p. 509. Cf. infra. b.

244 DUPLESSIS (I.), « Un abrégé de l'histoire des normes de l'OIT et de leur application », op. cit., p. 140

245 MAUPAIN (F.), « Revitalization not retreat: the real potential of the 1998 ILO Declaration for the universal protection of workers' rights », op. cit., pp. 451-452

246 LANGILLE (B.), « Core labour rights, The true story (reply to Alston) », op. cit., pp. 417-418

247 Ibid., p. 418

248 Ibid., pp. 425-426

249 MAUPAIN (F.), « Revitalization not retreat: the real potential of the 1998 ILO Declaration for the universal protection of workers' rights », op. cit., pp. 448-449

250 LANGILLE (B.), « Core labour rights, The true story (reply to Alston) », op. cit., pp. 433-434

Plusieurs éléments permettent d'aboutir à un constat mitigé. Des effets positifs de l'insertion de clauses sociales et une convergence progressive des politiques nationales en matière de travail avec les prescriptions de l'OIT peuvent être observés. En 2006, il a été relevé qu'en dépit du risque induit par la *« géométrie variable »* des dispositions sociales contenues dans les accords de libre-échange, il découlait des observations formulées par la Commission d'experts que la plupart des pays qui avaient ratifié les Conventions fondamentales et conclu des accords de libre-échange comportant une clause sociale avaient amélioré leur droit du travail en se mettant en conformité avec les normes internationales[251]. Dans le même temps, l'augmentation de la quantité de plaintes devant le Comité de la liberté syndicale et de réclamations laissait suggérer un nombre conséquent d'irrégularités dans les pratiques nationales (contre lesquelles, toutefois, les mécanismes de règlements des différends en matière sociale prévus par quelques accords commerciaux permettent de lutter[252]).

L'exemple de l'accord de libre-échange entre l'Union européenne et le CARIFORUM fournit une indication du potentiel de coopération entre l'OIT et les autorités régionales dans l'interprétation des clauses sociales inspirées par les travaux de l'OIT[253]. Relativement à l'inclusion du principe de travail décent dans sa politique européenne de développement depuis 2006, l'accord indique que pour l'interprétation et l'application de l'ensemble de ses dispositions en matière sociale, les parties peuvent conjointement ou de façon indépendante consulter l'OIT[254]. Si ce processus n'aboutit pas, elles peuvent former un comité d'experts pour régler la question. Toutefois, aussi encourageant qu'il paraisse, le mécanisme prévu par l'accord entre l'UE et le CARIFORUM relève d'une démarche purement volontaire des acteurs, qui ne permet pas de dissiper les risques liés au développement d'interprétations parallèle des instruments de l'OIT et d'une *« dilution »*[255] des obligations des Etats.

Ainsi, alors que depuis l'adoption de la Déclaration sur la justice sociale de 2008, l'OIT paraît disposée en termes institutionnels à répondre aux

---

[251] DOUMBIA-HENRY (C.), GRAVEL (E.), « Accords de libre-échange et droits des travailleurs : évolution récente », op. cit., p. 225

[252] Ibid.

[253] EBERT (F.), POSTHUMA (A.), « Labour Provisions in Trade Agreements: Current Trends and Perspectives », op. cit., p. 14

[254] Article 195

[255] Pour l'utilisation de ce terme dans ce contexte, voir HIATT (J-P.), GREENFIELD (D.), « The importance of core labour rights in World development », Michigan Journal of International Law, vol. 26, n° 1, pp. 15 et 60 cité par LA HOVARY (C.), *Les droits fondamentaux au travail, Origines, statut et impact en droit international*, op. cit., p. 285

sollicitations d'interprétation[256], la possibilité de voir se développer un système d'interprétation parallèle des instruments dont ils assurent l'application est réelle, en l'absence de pouvoir de contrainte pour les organes de l'OIT. La multiplication d'entités régionales veillant à l'application de normes sociales s'inspirant de la Déclaration induit ainsi le risque d' *« une interprétation décentralisée des instruments de l'OIT par les organes des accords de libre-échange qui pourrait miner la cohérence normative des normes de l'OIT »*[257].

b. L'appropriation[258] des instruments de l'OIT par les entreprises à travers les initiatives de RSE

Pour le Professeur Günther TEUBNER, *« les codes privés ne génèrent pas seulement un droit autonome entendu comme un ordonnancement privé ; ils créent en même temps leurs propres fondations constitutionnelles indépendamment des codes publics – ils génèrent littéralement des constitutions sans l'État »*[259]. Selon lui, *« l'idée d'un espace juridique unifié de règles étatiques et privées devient obsolète. À la place, deux espaces juridiques indépendants se développent : un droit interne aux entreprises, autonome, d'origine privée et contraignante, et un ensemble de recommandations normatives de comportements organisé par l'État »*[260]. En ce sens, la problématique de la décentralisation de l'interprétation des instruments de l'OIT se pose avec une acuité particulière s'agissant des dispositifs de RSE.

---

[256] La Déclaration sur la justice sociale de 2008 énonce que *« l'Organisation devrait revoir et adapter ses pratiques institutionnelles afin d'améliorer sa gouvernance et de renforcer ses capacités (...) en vue (...) de fournir une assistance aux Membres qui en font la demande et qui souhaitent promouvoir de concert les objectifs stratégiques dans le cadre d'accords bilatéraux ou multilatéraux, pour autant que ceux-ci soient compatibles avec leurs obligations à l'égard de l'OIT »*. Déclaration de l'OIT sur la justice sociale pour une mondialisation équitable, point II iv)

[257] Institut international d'études sociales, *Etudes sur la croissance et l'équité. La dimension sociale des accords de libre-échange*, op. cit., pp. 107-108

[258] Pour une utilisation de ce terme, voir par exemple DROUIN (R-C.), DUPLESSIS (I.), « La régulation internationale du travail de 1998 à 2008 : un Eldorado normatif ou un désert interprétatif ? », op. cit., p. 4 ; GRAVEL (E.), « Appropriation des normes internationales du travail par de nouveaux acteurs et action normative traditionnelle de l'OIT : substitution ou complémentarité ? » in JAVILLIER (J-C.) (dir.), *Gouvernance, droit international et responsabilité sociétale des entreprises*, BIT, Genève, Institut international d'études sociales, 2007, pp. 55-73

[259] TEUBNER (G.), « L'auto-constitutionnalisation des ETN ? Sur les rapports entre les codes de conduite "privés" et "publics" des entreprises », op. cit., p. 11

[260] Ibid., p. 18

Les entreprises peuvent être moins intéressées par le sens qu'elles attribuent aux normes internationales du travail que par la simple référence à ces dernières. Parfois, il s'agit en effet pour elles de valoriser en premier lieu leurs intérêts et ceux des parties prenantes à travers l'adoption de textes, sans pour autant que ceux-ci soient appliqués en pratique[261] ou bien encore de se livrer à une opération de communication quant à des pratiques préexistantes[262], leur engagement reposant généralement sur des ressorts économiques[263].

Certes, la RSE comporte un certain nombre d'atouts et peut contribuer à l'amélioration du sort des travailleurs. En 2003, elle a, par exemple, permis aux fournisseurs chinois de la société *Nike* de ne plus effectuer d'heures supplémentaires au-delà du contingent légal[264]. Toutefois, le caractère volontaire et non-contraignant de la RSE offre aux entreprises la possibilité de définir librement le domaine de leurs engagements. Sans être assujetties à de véritables obligations quant à leur suivi, elles peuvent en outre solliciter les conseils de sociétés qui ne comprennent pas toujours *« les implications des normes pour le secteur privé »*[265]. Comme le montre un exemple chinois, dans certains cas, les contrôleurs privés chargés d'inspecter les conditions de travail en vertu d'accords de RSE ont pu se limiter à vérifier la qualité des produits[266]. Dans d'autres cas, les visites d'audit diligentées auprès de sous-traitants sont organisées de telle façon que les établissements visités puissent disposer de suffisamment de temps pour dissimuler leurs pratiques[267].

---

261 GRAVEL (E.), « Is the appropriation of international labour standards by new actors replacing or complementing the ILO's traditional standards-related work? » op. cit., p. 93

262 COCHOY (F.), LACHEZE (A.), « Capture et contre-capture dans les politiques de responsabilité sociale de l'entreprise » in DAUGAREILH (I.) (dir.), *Responsabilité sociale de l'entreprise transnationale et globalisation de l'économie*, op. cit., p. 37

263 DAUGAREILH (I.), « La dimension internationale de la responsabilité sociale des entreprises européennes : observations sur une normativité à vocation transnationale » in MOREAU (M-A.), FRANCIONI (F.) (dir.), *La dimension pluridisciplinaire de la responsabilité sociale de l'entreprise*, Presses universitaires d'Aix-Marseille, 2007, p. 289

264 ZHENG (A.), « La responsabilité sociale des entreprises en Chine. Analyse sous l'angle du droit du travail » in DAUGAREILH (I.) (dir.), *Responsabilité sociale de l'entreprise transnationale et globalisation de l'économie*, op. cit., p. 380

265 LA HOVARY (C.), *Les droits fondamentaux au travail, Origines, statut et impact en droit international*, op. cit., p. 280

266 ZHENG (A.), « La responsabilité sociale des entreprises en Chine. Analyse sous l'angle du droit du travail », op. cit., p. 380

267 LUND-THOMSEN (P.), « The Global Sourcing and Codes of Conduct Debate: Five Myths and Five Recommendations », (2008) 39 Development and Change 1005, 1013 cité par DROUIN (R-C.), « Responsabiliser l'entreprise transnationale :

En d'autres termes, la définition du sens et de la portée des textes issus de l'OIT repose sur le pouvoir d'appréciation des acteurs économiques. Les codes de conduite adoptés par les entreprises se réfèrent de manière désordonnée aux principes et droits contenus par la Déclaration de 1998. Le problème général se trouve dans les interprétations conflictuelles, incohérentes qui peuvent être données des textes que les entreprises s'engagent à respecter et qui conduisent à une *« implosion »*[268] du corpus normatif genevois.

Pour lutter contre ce phénomène et venir en aide aux acteurs privés qui peuvent être déroutés par la densité de son droit, l'OIT a mis en place en mars 2009 un bureau d'information à l'attention des entreprises[269]. Un contact direct et confidentiel, par téléphone ou courrier électronique, leur permet d'obtenir les informations nécessaires à la compréhension des normes internationales du travail et à leur bonne application. Cette démarche illustre la volonté de l'OIT d'informer au mieux les acteurs économiques du contenu du droit international du travail, compte tenu notamment de la multiplication de démarches de RSE s'appuyant sur ce dernier. Toutefois, l'OIT conserve ici une approche orientée vers la *soft law*, où seule compte la volonté des entreprises de solliciter ses services mais également de se conformer à ses analyses. En aucun cas, ce dispositif n'empêche ces dernières de donner le contenu de leur choix aux instruments de l'OIT. Il n'offre pas non plus de voie d'action aux salariés et à leurs représentants.

Finalement, si la référence volontaire, à travers, notamment, la Déclaration de 1998, à des instruments de l'OIT peut permettre une avancée de son action, le caractère décentralisé de l'appréciation de leur signification peut potentiellement être préjudiciable, en créant un risque de *« fragmentation de la protection des travailleurs »*[270]. L'interprétation de ses instruments par

---

portrait d'une normativité du travail en évolution », op. cit., p. 305 (l'auteure recense différents exemples illustrant les limites des audits de vérification)

268 DROUIN (R-C.), DUPLESSIS (I.), « La régulation internationale du travail de 1998 à 2008 : un Eldorado normatif ou un désert interprétatif ? », op. cit., p. 2

269 A la suite d'une décision du sous-comité pour les entreprises multinationales du Conseil d'administration de mars 2007. GRAVEL (E.), « Is the appropriation of international labour standards by new actors replacing or complementing the ILO's traditional standards-related work? », op. cit., p. 95

270 Comme l'a montré le Professeur Claire LA HOVARY, *« la fragmentation du droit international du travail augmente en effet le risque que les standards existants soient appliqués de manière variable et sans cohérence par différentes organisations (...). Le risque d'une interprétation non conforme aux conventions concerne davantage les Etats n'ayant pas encore ratifié les conventions en question, mais aussi les organisations internationales et les entreprises multinationales, dont*

l'OIT apparaît ainsi insuffisante pour appréhender efficacement certaines situations. Il apparaît donc nécessaire de s'interroger sur les moyens pouvant être déployés pour garantir l'effectivité de ses normes.

B/ La nécessité d'affirmer la place centrale de l'OIT dans le domaine de l'interprétation

Le risque induit par la multiplication d'acteurs qui se prévalent du contenu d'instruments adoptés au sein de l'OIT (et, en particulier, de la Déclaration sur les principes et droits fondamentaux au travail) réside dans la potentielle décentralisation de leur interprétation. Pour cette raison, il apparaît nécessaire de placer l'OIT au centre du droit international du travail[271], pas uniquement comme agence pourvoyeuse de textes, mais également comme rempart contre un dévoiement de leur signification[272], à travers l'établissement d' *« une jurisprudence uniforme ayant force d'autorité »*[273]. Possédant la légitimité politique, l'expérience et l'expertise en matière sociale[274], l'OIT doit conserver sa place prééminente dans l'application et l'interprétation des textes qu'elle élabore. L'action interprétative de l'OIT se heurte néanmoins à deux difficultés majeures.

Le premier problème est extrinsèque à l'organisation : en quoi l'OIT est-elle légitime pour fournir une interprétation « officielle » de ses textes ? L'OIT apparaît marginalisée sur la scène internationale, en particulier face aux institutions de *Bretton Woods* et l'OMC[275]. En ce sens, prenant le contrepied

---

les obligations en vertu des conventions fondamentales de l'OIT et des droits de la personne en général sont à l'évidence moins limpides ». LA HOVARY (C.), *Les droits fondamentaux au travail, Origines, statut et impact en droit international*, op. cit., pp. 272-285 et p. 287

271 DROUIN (R-C.), DUPLESSIS (I.), « La régulation internationale du travail de 1998 à 2008 : un Eldorado normatif ou un désert interprétatif ? », op. cit., 22. Sur cette idée, voir aussi 338ème session, Genève, mars 2020, *Initiative sur les normes : propositions concernant de nouvelles dispositions en vue d'assurer la sécurité juridique et point sur les autres mesures contenues dans le plan de travail visant à renforcer le système de contrôle*, GB 338/INS/5, pp. 3-4, para. 12

272 LA HOVARY (C.), *Les droits fondamentaux au travail, Origines, statut et impact en droit international*, op. cit., p. 280

273 DROUIN (R-C.), DUPLESSIS (I.), « La régulation internationale du travail de 1998 à 2008 : un Eldorado normatif ou un désert interprétatif ? », op. cit., p. 14

274 GRAVEL (E.), « Is the appropriation of international labour standards by new actors replacing or complementing the ILO's traditional standards-related work? », op. cit., p. 97

275 BLACKETT (A.), « Whither social clause? Human rights, trade theory and treaty interpretation », Columbia Human. Rights Law Review, Vol. 31, No. 1, 1999, p. 10

de l'analyse proposée par le Professeur Philip ALSTON[276], le Professeur Brian LANGILLE estime qu'il appartient à l'OIT de les rejoindre[277]. En limitant la scène au domaine social, il rejette l'idée selon laquelle l'OIT devrait occuper une position dominante en la matière, le régime de droit international apparaissant bien trop complexe, impliquant la présence de trop nombreux acteurs pour pouvoir être résumé à une articulation autour de l'organisation en charge des questions relatives au travail[278].

Toutefois, s'il apparaît clair que l'OIT ne peut être l'acteur central unique de la réaction à la mondialisation et de ses conséquences sociales[279], il semble essentiel d'apporter une précision quant à sa légitimité pour s'illustrer dans le domaine social. D'une part, grâce au fondement tripartite de l'OIT, les représentants des entreprises et des travailleurs sont sans doute les acteurs les plus actifs de l'élaboration et du suivi des normes internationales du travail[280]. D'autre part, si l'on admet que l'OIT ne se trouve pas au cœur du système de l'élaboration du droit social international, l'on peut s'étonner que des entités choisissent de se référer à des textes élaborés sous son égide, sans pour autant s'aligner sur les interprétations que lui prêtent ses organes.

Le second obstacle auquel fait face l'OIT est intrinsèque à l'organisation : le système d'interprétation actuel est-il suffisamment robuste pour permettre le développement d'une jurisprudence incontestable et lisible ? Les interprétations dégagées au sein de l'OIT entrent difficilement dans la qualification d'interprétation authentique, sous toutes les acceptions recouvertes par cette expression (en ce qu'elles résultent rarement de l'auteur du texte interprété ou sont dépourvues de caractère obligatoire)[281], et peuvent souffrir de la fragilité de leur assise juridique. L'expérience de 2012 concernant la protection du droit de grève et la remise en cause des travaux de la Commission d'experts et du Comité de la liberté syndicale ont révélé le

---

[276] ALSTON (P.), « Core labour standards and the transformation of the international labour right regime », op. cit., p. 510

[277] LANGILLE (B.), « Core labour rights, The true story (reply to Alston) », op. cit., pp. 418-419

[278] Ibid., p. 419

[279] Cf. infra. 2.

[280] Pour le Professeur Adelle BLACKETT, *« la grande capacité de représentation de l'OIT permettra de satisfaire à certaines des exigences relatives au bien-fondé du consensus international sur un problème donné »* (à propos de la recherche d'un *« point d'équilibre »* entre le domaine du travail et les règles de l'OMC). BLACKETT (A.), « Commerce international et travail : définir le rôle réglementaire de l'Etat dans la nouvelle économie » in VERGE (P.) (dir.), *Droit international du travail, Perspectives canadiennes*, Ed. Yvon Blais, 2010, p. 252

[281] Cf. supra. Titre 1, Chapitre 2

caractère vacillant d'un édifice devant davantage sa pérennité à un consensus politique entre les mandants de l'OIT qu'à une légitimité constitutionnelle.

Finalement, on peut penser que la banalisation de la référence à des sources issues de l'OIT par des acteurs privés ou dans le cadre d'accords de libre-échange devrait être accompagnée du développement de mécanismes évitant deux écueils : le recours à une voie excessivement formaliste[282] se heurtant à des résistances certaines ; une place excessive accordée au seul bon-vouloir d'acteurs extérieurs à l'OIT, ce moyen montrant ses limites[283]. Pour ce faire, divers leviers doivent être envisagés : le développement de la coopération technique ; une capacité à travailler de concert avec des acteurs variés ; une réforme institutionnelle permettant le développement d'un véritable tribunal au sein de l'OIT.

1. Le potentiel de la coopération technique

Le déploiement d'actions de coopération technique par les services du BIT peut permettre d'assurer un suivi de l'utilisation des normes internationales du travail par les acteurs étatiques et privés et de veiller à sa conformité avec les conceptions genevoises.

A travers l'assistance technique, l'OIT s'est impliquée dans le suivi de clauses sociales mises en œuvre dans le cadre d'accords commerciaux. Par exemple, dans le cadre d'un accord commercial bilatéral entre les Etats-Unis et le Cambodge en 1999 portant sur les produits textiles et l'habillement au sortir de la guerre civile, les parties avaient convenu d'une augmentation annuelle des contingents d'exportation à hauteur de 6 %, parallèlement à une amélioration des conditions de travail dans les usines cambodgiennes, tout

---

282 Selon Francis MAUPAIN, *« il est devenu clair qu'une régulation obligatoire, quelle que soit par ailleurs ses mérites et ses dangers, ne saurait en tout état de cause s'imposer à l'ensemble des Membres autrement que par la persuasion. L'impasse de la clause sociale ne clôt donc pas le débat, mais invite plutôt à rechercher une forme de persuasion qui serait suffisamment puissante pour conduire les Membres à accepter de se soumettre de manière obligatoire et contraignante aux règles du jeu »*. MAUPAIN (F.), *L'OIT à l'épreuve de la mondialisation financière. Peut-on réguler sans contraindre ?*, BIT, Genève, Institut international d'études sociales, 2012, p. 237

283 Sur la nécessité de concilier souplesse et contrainte dans ce contexte, voir notamment DROUIN (R-C.), DUPLESSIS (I.), « La régulation internationale du travail de 1998 à 2008 : un Eldorado normatif ou un désert interprétatif ? », op. cit., p. 22 ; VIDES ACIEGO (S.), *L'Organisation internationale du travail à l'heure de la mondialisation*, op. cit., pp. 509-550 (l'auteure appelle à la fois à la mise en œuvre de sanctions contre les Etats et au recours à la coopération technique)

en se référant aux normes internationales du travail[284]. Pour parvenir à cet objectif, les pays avaient choisi de faire appel à un *« observateur neutre, objectif et indépendant des conditions de travail et de leur évolution »*[285], en sollicitant l'assistance technique du BIT. C'est ainsi que le programme *Better Factories Cambodia* fut mis en place. Sur la base d'évaluations, de formations et de dialogue social[286], le programme a permis de mettre peu à peu les pratiques des usines cambodgiennes concernées en conformité avec les standards internationaux et d'octroyer au pays un *« avantage comparatif sur ses voisins du fait de sa politique volontariste en matière d'équité sociale »*[287].

L'opération a été jugée très positive, tant par les gouvernements concernés que par les entreprises et les travailleurs du secteur de l'habillement du pays. En dépit de la persistance de problèmes en matière de droit syndical, de nombreux progrès ont été accomplis en matière salariale et de conditions de travail[288]. Ce succès a amené l'OIT, en partenariat avec la Société Financière Internationale (SFI)[289] du groupe de la Banque Mondiale, à généraliser l'expérience à travers le projet *Better Work*[290]. Actuellement, neuf programmes sont en cours[291].

Plus largement, l'implication de l'OIT en tant qu'organe de coordination de la mise en œuvre de programmes internationaux garantit le respect des droits des travailleurs, tributaires des choix des autorités étatiques et des acteurs économiques face aux défis posés par la mondialisation[292]. L'OIT incarne en effet le *« "garant" du respect de normes sociales »*[293], là où des entreprises

---

284 VARGHA (C.), « Promouvoir le travail décent dans les chaînes de production mondiale. L'expérience de Better Factories Cambodia » in DAUGAREILH (I.) (dir.), *Responsabilité sociale de l'entreprise transnationale et globalisation de l'économie*, op. cit., p. 396

285 Ibid.

286 Ibid., p. 397

287 Ibid., pp. 401-402

288 DOUMBIA-HENRY (C.), GRAVEL (E.), « Accords de libre-échange et droits des travailleurs : évolution récente », op. cit., p. 226

289 Le BIT gère le domaine social et la SFI traite des investissements dans le secteur privé. DROUIN (R-C.), DUPLESSIS (I.), « La régulation internationale du travail de 1998 à 2008 : un Eldorado normatif ou un désert interprétatif ? », op. cit., p. 12

290 VARGHA (C.), « Promouvoir le travail décent dans les chaînes de production mondiale. L'expérience de Better Factories Cambodia », op. cit., pp. 408-409

291 Au mois de mai 2020, étaient concernés les pays suivants : Bangladesh, Cambodge, Egypte, Ethiopie, Haïti, Indonésie, Jordanie, Vietnam, Nicaragua

292 MOREAU (M-A.), « Travail forcé, RSE et sous-traitance dans l'industrie textile en Asie : réflexion sur l'action de l'OIT », Droit social, n° 5, mai 2014, pp. 413 et s.

293 Ibid.

poursuivant une finalité économique dans un contexte de compétition ne peuvent exercer ce rôle[294]. La participation de représentants de l'organisation à un comité de pilotage qui assure le suivi d'un accord-cadre montre les vertus de l'implication de l'autorité publique internationale dans la mise en œuvre de dispositifs de RSE[295].

Nicolas VALTICOS écrivait il y a plusieurs décennies que *« les normes et l'action pratique [à travers la coopération technique] ne sont pas seulement compatibles, elles sont interdépendantes et complémentaires »*[296]. La coopération ne peut prospérer qu'en s'appuyant *« sur des normes bien définies et incontestables »*, tout en permettant *« d'étayer »* ces dernières[297]. En cela, la coopération technique (et, plus largement, l'implication de l'OIT dans l'élaboration et la mise en œuvre de mesures locales dans le domaine social) peut permettre à l'OIT de ne pas être dépossédée de la signification des instruments auxquels les Etats et les institutions régionales peuvent se référer en marge du développement des échanges transnationaux. Comme le montre l'exemple du programme *Better Factories Cambodia*, une telle solution suppose toutefois la réunion de plusieurs conditions : une volonté politique des Etats concernés, l'implication d'un nombre conséquent d'entreprises, un dialogue social soutenu[298] et une transparence sur le comportement des entreprises[299]. Si elle permet d'espérer dans certains cas une reconnexion des interprétations des instruments de l'OIT avec les analyses développées à Genève, elle reste cependant isolée à quelques cas, la volonté politique des Etats concernés et les capacités de l'OIT ne permettant pas d'envisager une pratique généralisée.

2. *La nécessaire mobilisation d'acteurs extérieurs à l'OIT*

L'appropriation de ses travaux par de nouveaux acteurs doit amener l'OIT à travailler de concert avec d'autres entités, qu'il s'agisse d'organisations

---

294 Ibid.

295 Voir par exemple l'*Accord on Fire and Building Safety in Bangladesh* signé le 13 mai 2013 en réaction à l'effondrement de l'immeuble du *Rana Plaza*. Signé au siège de l'OIT le 13 mai 2013 par plus d'une quarantaine d'entreprises transnationales et deux syndicats internationaux (IndustriALL et UNI Global Union), il s'appuie sur la représentation des parties prenantes ainsi que sur la participation d'un représentant de l'OIT. LARONZE (F.), DE QUENAUDON (R.), « Réflexions juridiques après la tragédie du Rana Plaza », Revue de droit du travail, n° 7, juillet 2013, p. 489

296 VALTICOS (N.), *Droit international du travail*, op. cit., p. 125

297 Ibid.

298 VARGHA (C.), « Promouvoir le travail décent dans les chaînes de production mondiale. L'expérience de Better Factories Cambodia », op. cit., p. 408

299 DOUMBIA-HENRY (C.), GRAVEL (E.), « Accords de libre-échange et droits des travailleurs : évolution récente », op. cit., p. 226

gouvernementales ou professionnelles, afin de répondre à un double objectif : d'une part, intégrer les normes internationales du travail dans le cadre global des échanges internationaux et, d'autre part, mettre en place des contrepoids au pouvoir d'entreprises multinationales face à une tentation d'instrumentalisation des textes internationaux.

a. La coordination avec d'autres organisations internationales

La Déclaration de 2008 sur la justice sociale pour une mondialisation équitable promeut la coordination de l'OIT avec d'autres organisations internationales[300]. Il conviendrait ainsi d'adopter des mesures conjointement et de rééquilibrer le rapport de force entre l'économique et le social à l'échelle internationale, en clarifiant le rôle pouvant être exercés par chaque organisation et en améliorant la coordination horizontale entre organisations internationales spécialisées[301].

En ce sens, dans son rapport présenté en 2019, la Commission mondiale sur l'avenir du travail se prononce en faveur d'un renforcement des liens entre les organisations du système multilatéral afin de faire face aux défis posés par les mutations du travail. En particulier, elle recommande *« d'établir des relations de travail plus systémiques et plus étroites entre l'OMC, les institutions de Bretton Woods et l'OIT »*[302].

Eu égard aux contradictions résultant de l'accélération de la libéralisation du commerce international et de la difficile universalisation d'une protection effective des travailleurs[303], de l'asymétrie entre les mécanismes internationaux de contrôle des règles du commerce international et de ceux

---

[300] Déclaration de l'OIT sur la justice sociale pour une mondialisation équitable. II C

[301] TREBILCOCK (M.), HOWSE (R.), ELIASON (A.), *The Regulation of International Trade*, op. cit., p. 730. Selon Francis MAUPAIN (MAUPAIN (F.), *L'OIT à l'épreuve de la mondialisation financière. Peut-on réguler sans contraindre ?*, op. cit., p. 282), *« de toute évidence, elle aura cependant peu de chance d'attirer les hauts responsables de ces organisations, à moins que ce ne soit autour d'un projet, sinon d'un paradigme, d'intérêt commun. Cela pourrait être le cas, si elle entreprend de mettre à la disposition de l'ensemble des organisations concernées son outil normatif pour élaborer et mettre en œuvre en commun un cadre de référence permettant aux Etats d'assurer une plus grande cohérence de leurs politiques pour une plus grande efficacité dans la réalisation de ses objectifs de progrès social »*.

[302] Commission mondiale sur l'avenir du travail, *Travailler pour bâtir un monde meilleur*, OIT, 2019, pp. 60-61

[303] Sur l'idée d'asynchronie, voir notamment DELMAS-MARTY (M.), *Les forces imaginantes du droit. Tome 2, Le pluralisme ordonné*, op. cit., pp. 210-214

du droit du travail[304], un développement des synergies entre l'OMC et l'OIT apparaît indispensable[305]. Les conséquences sociales de pratiques commerciales empêchent en effet de dissocier le sort des travailleurs de l'organisation, des pratiques commerciales et des stratégies de développement international des entreprises.

Même si son principe premier de traitement de la nation la plus favorisée s'oppose normalement aux restrictions aux échanges commerciaux entre ses membres, le cadre institutionnel de l'OMC permet déjà d'envisager une prise en considération des questions sociales dans ses travaux[306]. Par exemple, les interprétations fournies par l'Organe de règlement des différends pour résoudre les litiges commerciaux entre Etats pourraient être ouvertes à la question du travail en se référant au Préambule de l'accord créant l'OMC et aux objectifs sociaux et de développement durable. De même, la notion de *« moralité publique »* prévue par l'article XX a) du GATT et autorisant les restrictions commerciales pourrait être étendue : bien qu'aucune jurisprudence ne traite explicitement de la question, l'on pourrait concevoir que la notion suive la tendance s'orientant vers une intégration des droits de l'Homme et des normes sociales fondamentales dans la moralité publique[307]. Enfin, le domaine des exceptions générales permettant aux Etats d'être exemptés de l'application du GATT pourrait être élargi aux questions

---

304 Les conflits entre l'économique et le social sont traités « *quasi-systématiquement, devant l'ORD de l'OMC* ». BLACKETT (A.), « Commerce international et travail : définir le rôle réglementaire de l'Etat dans la nouvelle économie », op. cit., p. 232

305 Comme de nombreux auteurs l'ont déjà souhaité. Voir par exemple : MOREAU (M-A.), *Normes sociales, droit du travail et mondialisation*, op. cit., p. 194 ; LANGILLE (B.), « Core labour rights, The true story (reply to Alston) », op. cit., p. 413 ; SUPIOT (A.), « Justice sociale et libéralisation du commerce international », op. cit., p. 136. Sur l'idée plus générale selon laquelle il conviendrait de placer la question des droits de l'Homme au centre des préoccupations des acteurs économiques : LEADER (S.), « The Collateral Protection of Rights in a Global Economy », New York Law School Law Review, Volume 53, 2008/09, pp. 805-814

306 BLACKETT (A.), « Commerce international et travail : définir le rôle réglementaire de l'Etat dans la nouvelle économie », op. cit., pp. 234-255 ; MOREAU (M-A.), *Normes sociales, droit du travail et mondialisation*, op. cit., p. 194 ; TREBILCOCK (M.), HOWSE (R.), ELIASON (A.), *The Regulation of International Trade*, op. cit., pp. 731-738

307 TREBILCOCK (M.), HOWSE (R.), ELIASON (A.), *The Regulation of International Trade*, op. cit., p. 733. Selon le Professeur Virginia LEARY, les droits fondamentaux des travailleurs peuvent être présentés comme des *« standards moraux »*. LEARY (V.), « Workers' Rights and International Trade : the Social Clause (GATT, ILO; NAFTA; US Law » in BHAGWATI (J.), HUDEC (R.) (éd.), *Fair trade and Harmonization: Legal Analysis* (vol. 2), Cambridge, Massachusetts, MIT Press, 1996, p. 221 cité par BURDA (J.), « La justiciabilité des droits sociaux fondamentaux au travail », op. cit., p. 262

sociales, suivant le modèle esquissé pour les questions environnementales[308], l'OMC pouvant de surcroît prendre l'initiative de solliciter l'avis de l'OIT sur ces questions[309]. De façon générale, l'extension du champ d'application de l'article XX au domaine social semble envisageable, tout en s'inscrivant dans un cadre assez contraint[310].

Finalement, la volonté de l'OIT d'œuvrer conjointement avec d'autres organisations internationales ou régionales ne suffit pas. Il faut encore que celles-ci consentent à s'intéresser réellement aux questions sociales. Seule une action globale[311] peut permettre de régler une problématique dépassant le seul cadre du travail et de son organisation. En attendant, à un niveau

---

[308] Ibid. Concrètement, dans l'affaire *Crevettes-Tortues*, l'OMC a déclaré que *« ...Nous n'avons pas décidé que les nations souveraines qui sont Membres de l'OMC ne peuvent pas adopter de mesures efficaces pour protéger les espèces menacées telles que les tortues marines. Il est évident qu'elles le peuvent et qu'elles le doivent... »* (Différends n° 58 (et 61) de l'OMC. Décision adoptée le 6 novembre 1998). Selon le Professeur Adelle BLACKETT, cette décision « *remet (...) en question l'hypothèse selon laquelle l'article XX doit être interprété de façon restrictive parce qu'il constitue une exception* ». BLACKETT (A.), « Commerce international et travail : définir le rôle réglementaire de l'Etat dans la nouvelle économie », op. cit., p. 241

[309] Toutefois, alors qu'un gain pour l'environnement peut aisément être établi pour justifier une restriction au commerce international, la tâche paraît moins évidente en matière sociale, où les arguments peuvent s'opposer. ROBIN-OLIVIER (S.), « Droit du commerce international et protection des droits sociaux » in BERGE (J-S.), FORTEAU (M.), NIBOYET (M-L.), THOUVENIN (J-M.), *La fragmentation du droit applicable aux relations internationales*, Actes de la journée d'étude du 16 avril 2010, CEDCACE, CEDIN, Editions A. Pedone, 2011, pp. 52-53. L'auteure évoque par exemple l'argument selon lequel les travailleurs de pays de production peuvent subir les conséquences de l'imposition de normes sociales protectrices, les entreprises les employant pouvant d'abord se voir privées de débouchés

[310] Pour justifier qu'il ne vise pas à satisfaire des objectifs protectionnistes, l'Etat qui se prévaut de l'article XX devrait d'abord prouver l'atteinte à un intérêt protégé par l'article XX (moralité publique, santé et sécurité...). Ensuite, il lui faudrait expliquer en droit la mesure sociale (restrictive, de fait) proposée apparaît *nécessaire* pour préserver cet intérêt. Pour ce faire, partant du constat selon lequel les organes de contrôle de l'OMC tendent d'autant plus à accueillir la caractérisation de cette nécessité que l'objectif poursuivi est important, plusieurs éléments pourraient par exemple être avancés dans le domaine social : des Conventions de l'OIT ratifiées par les parties au différend ; la violation des principes et droits fondamentaux énoncés par la Déclaration de 1998. ROBIN-OLIVIER (S.), « Droit du commerce international et protection des droits sociaux », op. cit., pp. 56-57

[311] Qui passerait notamment par la prise en compte de considérations sociales au titre de l'appréciation de la conformité des règles commerciales internationales. ROBIN-OLIVIER (S.), « Droit du commerce international et protection des droits sociaux », op. cit., p. 57

inférieur, l'agencement entre les intérêts économiques des entreprises qui évoluent à l'international et la protection des travailleurs peut se régler au niveau des groupes privés, par le biais de la négociation.

b. *Le rôle des partenaires sociaux dans la mise en œuvre des accords-cadres internationaux*

L'implication des partenaires sociaux dans l'élaboration des initiatives privées impliquant une référence à des instruments de l'OIT peut permettre d'éviter que ces dernières ne dérivent en outils de communication pour les entreprises[312]. A cet égard, quelques espoirs peuvent être placés dans les accords-cadres internationaux[313] qui tendent à se multiplier depuis le courant des années 1990[314]. Négociés dans les entreprises multinationales avec les fédérations syndicales internationales, ils peuvent constituer un point de contact entre, d'une part, les instruments de l'OIT auxquels l'entreprise se réfère et, d'autre part, le dialogue social dans l'entreprise.

Souvent, compte tenu de leur vocation transnationale, les accords se réfèrent à des textes adoptés dans le cadre de l'OIT et principalement à la Déclaration de 1998 ou aux Conventions fondamentales. Ils permettent ainsi « *d'assurer une contractualisation des normes fondamentales (...) [de] l'OIT et, de ce fait, la diffusion des normes reconnues au plan international par tous les pays membres de l'OIT dans le cadre de la Déclaration* »[315]. En 2012, il avait été établi que 54 % des ACI se référaient, de manière explicite ou

---

[312] Pour une organisation comme la Confédération internationale des syndicats libres (devenue la Fédération syndicale mondiale), les accords-cadres constituent une réponse aux codes de conduite unilatéraux. BOURQUE (R.), « Les accords-cadres internationaux et la négociation collective internationale à l'ère de la mondialisation », Institut international d'études sociales, BIT, Genève, 2005, p. 9
[313] DROUIN (R-C.), DUPLESSIS (I.), « La régulation internationale du travail de 1998 à 2008 : un Eldorado normatif ou un désert interprétatif ? », op. cit., p. 7
[314] En mai 2019, l'OIT et la Commission européenne recensaient 321 accords d'entreprises transnationaux, couvrant un périmètre international ou régional (https://ec.europa.eu/social). Dans le passé, une quinzaine accords-cadres internationaux avaient été recensés à la fin des années 1990. Puis, 224 accords conclu dans 144 entreprises étaient comptabilisés en 2012. Clés du social, « Le mouvement de négociation d'accords-cadres internationaux se développe », 1er novembre 2012 in FRAPART (M.), « L'influence des Convention de l'OIT sur les entreprises transnationales », dans le cadre du colloque « Conseil de l'Europe et OIT, deux institutions au service de la justice sociale. Mise en œuvre et influence des normes en Europe et en France », op. cit., p. 6
[315] MOREAU (M-A.), « Négociation collective transnationale : réflexions à partir des accords-cadres internationaux du groupe ArcelorMittal », Droit social, n° 1, 10 janvier 2009, p. 93

implicite, à des instruments de l'OIT[316], en mentionnant systématiquement les droits syndicaux et dans 90 % des cas les autres droits et principes fondamentaux de l'OIT[317].

Par exemple, l'accord conclu par le Groupe Volkswagen dès 2002[318] énonce en son préambule que *« les droits et principes sociaux décrits dans cet accord se conforment aux conventions de l'Organisation Internationale du Travail dans ce domaine »*. Il reprend les quatre principes fondamentaux de l'OIT et le groupe s'engage à garantir la liberté d'association, à interdire les discriminations, ne pas recourir au travail des enfants ou au travail forcé. En outre, l'accord contraint le constructeur automobile à respecter les normes nationales ou sectorielles existant en matière de rémunération, de durée du travail et de protection du travail et de la santé[319].

Les ACI permettent d'établir dans l'entreprise un climat général propice à une élévation graduelle du niveau de protection des travailleurs, en s'appuyant sur la mise en place d'un processus d'amélioration continue[320]. L'accord conclu par la société *Siemens* en 2012 souligne par exemple les efforts accomplis par le groupe afin d'incorporer les principes qu'il contient dans les politiques commerciales que l'entreprise mène avec ses fournisseurs. Les signataires déclarent ainsi que l'application de ces

---

[316] Les accords à vocation internationale empruntent cette voie bien plus souvent que les accords à vocation européenne. FRAPART (M.), « L'influence des Convention de l'OIT sur les entreprises transnationales », op. cit., p. 7 (à voir plus généralement pour une étude détaillée sur les instruments de l'OIT utilisés dans les accords-cadres internationaux et sur le sort qui leur est réservé). Pour une étude plus exhaustive, voir BOURQUE (R.), « Les accords-cadres internationaux et la négociation collective internationale à l'ère de la mondialisation », op. cit.

[317] FRAPART (M.), « L'influence des Convention de l'OIT sur les entreprises transnationales », op. cit., p. 7

[318] Déclaration concernant les droits sociaux et les relations industrielles chez Volkswagen conclue le 6 juin 2002

[319] De nombreuses autres questions peuvent être abordées, en reflétant parfois une certaine ambition. Par exemple, l'accord mondial signé entre la société *Total* et l'organisation *IndustriALL* en 2015 affirme une *« volonté des parties signataires de garantir à tout salarié du Groupe un dispositif de prévoyance décès en en fixant les principes généraux »*. Il précise notamment qu'en cas de décès du salarié, les bénéficiaires qu'il aura désignés seront assurés d' *« un niveau de couverture au moins équivalent à deux années de salaire brut de référence »*. Accord Mondial Total conclu le 22 janvier 2015, article 5

[320] DROUIN (R-C.), DUPLESSIS (I.), « La régulation internationale du travail de 1998 à 2008 : un Eldorado normatif ou un désert interprétatif ? », op. cit., p. 9

principes par les fournisseurs et sous-contractants constitue un prérequis positif pour les relations commerciales[321].

Le principal atout des ACI réside sans nul doute dans les procédures de suivi qu'ils mettent en œuvre[322]. Contrairement aux initiatives unilatérales de RSE qui reposent sur une auto-évaluation par l'entreprise, les accords-cadres internationaux prévoient le plus souvent des dispositifs de suivi, variables d'un accord à l'autre[323]. L'implication de fédérations syndicales internationales (dont les représentants disposent d'une maîtrise du droit international et d'une connaissance des travaux des organes de l'OIT souvent bien plus approfondie que les négociateurs locaux) dans le suivi de l'application des ACI apparaît ici souhaitable pour espérer une conformité avec les analyses et interprétations genevoises[324].

Cela étant, le recours aux accords-cadres n'apparaît pas comme le remède idéal aux conséquences sociales du développement des activités des entreprises multinationales. Il repose sur la volonté des entreprises de s'engager dans une négociation avec des fédérations internationales. Dans certains cas, l'on a pu voir des entreprises tenter de restreindre le champ d'application de ces accords au périmètre européen, limiter leur engagement à certains droits sociaux[325] voire n'entendre les droits affirmés que sous une acception minimaliste. C'est ainsi que, s'agissant de la mise en œuvre de l'ACI signé par *Siemens* en 2012, le Secrétaire général de la fédération

---

321 *International Framework Agreement between Siemens AG, the Central Works Council of Siemens AG, the IG Metall and the IndustriAll Global Union* conclu le 25 juillet 2012, point 2.9

322 Sur ce point, en 2016, dans ses conclusions relatives au travail décent dans les chaînes d'approvisionnement mondiales, la Conférence a suggéré d'établir des mécanismes extrajuridictionnels de réclamation afin d'améliorer l'efficacité des ACI. CIT, Compte rendu provisoire 14-1(Rev.) 105ème session, Rapports de la Commission sur le travail décent dans les chaînes d'approvisionnement mondiales : Résolution et conclusions soumises pour adoption par la Conférence, op. cit., para. 11

323 GRAVEL (E.), « Is the appropriation of international labour standards by new actors replacing or complementing the ILO's traditional standards-related work? », op. cit., p. 90

324 DROUIN (R-C.), « Procédures de règlement interne des différends de droit du travail dans l'entreprise multinationale » in MOREAU (M-A.), MUIR-WATT (H.), RODIERE (P.) (dir.), *Justice et Mondialisation en Droit du Travail, Du rôle du juge aux conflits alternatifs*, op. cit., p. 192

325 DESCOLONGES (M.), « Le caractère infini du "contrôle" des accords-cadres internationaux. Des apprentissages syndicaux » in DAUGAREILH (I.) (dir.), *Responsabilité sociale de l'entreprise transnationale et globalisation de l'économie*, op. cit., p. 227

syndicale internationale *IndustriALL* a adressé une communication aux dirigeants de l'entreprise, en réaction à l'hostilité suscitée par les tentatives d'organisations de travailleurs d'un établissement américain, lesquels se prévalaient des dispositions de l'accord relatives à la liberté d'association[326]. Le Secrétaire général a souligné qu'une telle pratique ne reflétait pas les principes de liberté d'association auxquels l'entreprise avait adhéré dans son accord. Cette dernière a toutefois argué de ce qu'elle s'était uniquement engagée à se conformer aux règles américaines en la matière[327].

A nouveau, comme dans le cas de la coopération technique qui peut être proposée par le BIT, la solution des accords-cadres, aussi séduisante soit-elle, ne permet pas de résoudre complétement le problème posé par la décentralisation de l'interprétation des instruments de l'OIT, leur *« mise en œuvre (...) repos[ant] sur la bonne volonté des entreprises signataires »*[328]. Finalement, l'on en revient à l'idée[329] selon laquelle une réforme institutionnelle de l'OIT est nécessaire pour lui permettre de s'imposer.

3. *La mise en place d'un tribunal international du travail*

En l'état actuel du droit, un tribunal international du travail ne pourrait avoir compétence pour connaître des agissements d'entreprises multinationales. En attendant une (r)évolution du droit international permettant l'engagement de la responsabilité de ces dernières[330], la mise en place d'un tribunal au sein

---

326 SUKTHANKAR (A.), « Global organizing and domestic constraints » in BLACKETT (A.), TREBILCOCK (A.) (dir.), *Research handbook on transnational labour law*, op. cit., p. 45

327 Ibid.

328 DROUIN (R-C.), « Procédures de règlement interne des différends de droit du travail dans l'entreprise multinationale », op. cit., p. 329. Rejoignant le Professeur Bob HEPPLE (HEPPLE (B.), *Labour laws and global trade*, op. cit., p. 56), le Professeur Renée-Claude DROUIN estime que *« l'intégration généralisée d'une clause compromissoire dans le texte des ACI constituerait fort probablement le mécanisme de résolution des différends le plus adapté dans le contexte des rapports transnationaux de travail »*. Selon elle, un tel mécanisme présenterait notamment l'avantage de développer *« une interprétation plus uniforme des droits fondamentaux au travail par les acteurs privés et assurerait la sanction des contraventions aux engagements contenus dans les accords »*. Elle suggère, dans l'éventualité d'une généralisation des procédures d'arbitrage dans les accords-cadres internationaux, la fourniture d'une assistance technique par l'OIT, laquelle pourrait s'impliquer plus activement dans la promotion et l'encadrement de ces accords. DROUIN (R-C.), « Procédures de règlement interne des différends de droit du travail dans l'entreprise multinationale », op. cit., p. 198

329 Cf. supra. Titre 1

330 La reconnaissance de la personnalité morale des entreprises transnationales permettait certaines avancées dans le domaine social (DROUIN (R-C.),

de l'OIT, sur le fondement de l'article 37§2 de sa Constitution, permettrait d'ériger l'organisation en tant qu'interprète de référence de ses instruments[331], en plus d'intégrer la jurisprudence dans une base juridiquement incontestable[332].

En ce qui concerne les Etats et les organisations régionales liées par des accords de libre-échange comportant une clause sociale, le tribunal pourrait voir sa compétence subordonnée à l'existence d'une clause compromissoire dans les accords bilatéraux, en complément de la référence à la Déclaration ou aux Conventions de l'OIT. En ce sens, il conviendrait de développer l'idée posée par le point II iv) de la Déclaration de 2008 sur la justice sociale pour une mondialisation équitable[333] et de faire en sorte que les Etats

---

« Responsabiliser l'entreprise transnationale : portrait d'une normativité du travail en évolution », op. cit., p. 339). En l'état actuel du droit, on peut souligner que tout destinataire de la Déclaration de principes tripartite sur les entreprises multinationales et la politique sociale de 1977 peut saisir le Bureau aux fins d'interprétations des dispositions de la Déclaration, en cas de *« désaccord relatif à leur signification, survenant lors d'une situation concrète »* (Procédure pour l'examen des différends relatifs à l'application de la Déclaration de principes tripartite sur les entreprises multinationales et la politique sociale, par interprétation de ses dispositions, adoptée par le Conseil d'administration du Bureau international du Travail à sa 232ème session, Genève, mars 1986). Si elle est jugée recevable par le bureau de la Commission sur les entreprises multinationales du Conseil d'administration, une réponse est formulée par le Bureau en consultation avec le bureau de la Commission sur les entreprises multinationales, avant d'être soumise au Conseil d'administration pour approbation. En pratique, les destinataires de la Déclaration n'ont recouru à cette procédure que de manière presque exceptionnelle (DAUGAREILH (I.), « La Déclaration de principe tripartite de l'OIT sur les entreprises multinationales et la politique sociale » in DAUGAREILH (I.) (dir.), *Responsabilité sociale de l'entreprise transnationale et globalisation de l'économie*, op. cit., p. 455)

331 Dans le même sens, voir par exemple DELMAS-MARTY (M.), *Le travail à l'heure de la mondialisation*, op. cit., p. 57 ; HEPPLE (B.), *Labour laws and global trade*, op. cit., p. 56. Pour une réflexion sur cette idée de tribunal face au développement du commerce international, voir FRATERMAN (J.), « Article 37 (2) of the ILO Constitution: can an ILO interpretive tribunal end the hegemony of international trade law ? », op. cit., pp. 879-922

332 Cf. supra. Titre 1 Chapitre 2 sur la nécessité de mettre en place un tribunal du point de vue de la nécessité de consolider la jurisprudence de l'OIT. Pour une réflexion sur le rôle et la place que pourrait occuper ce tribunal sur la scène internationale, voir LIEBY (T.), « The interpretation of International Labour Convention and the Principle of 'Systemic Integration' – The Way Forward for an ILO Tribunal » in POLITAKIS (G.), KOHIYAMA (T.), LIEBY (T.) (dir.), *Law for Social Justice*, BIT, Genève, 2019, pp. 923-951

333 *« L'Organisation devrait revoir et adapter ses pratiques institutionnelles afin d'améliorer sa gouvernance et de renforcer ses capacités (...) en vue (...) de fournir*

s'engagent à solliciter les organes genevois aux fins d'interprétation, dès lors qu'ils se réfèrent à un texte de l'OIT dans leur accord.

Les signataires d'accords commerciaux internationaux dépasseraient ainsi les dispositions encourageantes de l'Accord de Partenariat Economique entre l'UE et le CARIFORUM. Celui-ci, d'une part, prévoit que les parties ont la possibilité de consulter l'OIT *« sur les meilleures pratiques, l'utilisation des outils politiques efficaces pour relever les défis sociaux liés au commerce »*[334] et, d'autre part, met en place une procédure de règlement des différends liés à son application basée sur la concertation et l'arbitrage.

D'une façon générale, la mise en place d'un tribunal permettrait d'institutionnaliser un mécanisme disposant d'une reconnaissance officielle en tant que juridiction et permettant de garantir une vision unifiée du droit international du travail[335]. L'objectif serait d'éviter un usage de normes internationales du travail dévoyées, à l'extérieur de l'OIT. Pour autant, il ne s'agirait pas ici de tenter de juridictionnaliser le droit international du travail en son ensemble mais plutôt de replacer l'OIT au centre du processus d'interprétation des instruments dont elle est auteure.

Finalement, comme cela a déjà été suggéré, face au risque de développements d'interprétations incohérentes, la mise en place d'un tribunal au sein de l'OIT serait la solution idéale pour placer cette dernière à l'épicentre du droit international du travail et conférer à la jurisprudence de l'OIT un statut de référence incontestable. A cet égard, à la suite du Professeur Alain SUPIOT, l'on peut rappeler que *« l'herméneutique des Droits de l'Homme fait (...) partie intégrante des problèmes soulevés par la libéralisation des échanges économiques. Et c'est donc à l'occasion des litiges soulevés par cette libéralisation que ce processus d'interprétation des Droits de l'Homme (et des droits fondamentaux) peut et doit s'engager. Cette méthode permet d'éviter l'unilatéralisme venu du Nord qui a conduit à*

---

une assistance aux Membres qui en font la demande et qui souhaitent promouvoir de concert les objectifs stratégiques dans le cadre d'accords bilatéraux ou multilatéraux, pour autant que ceux-ci soient compatibles avec leurs obligations à l'égard de l'OIT ». Sur le rôle de l'OIT dans la recherche de *« cohérence entre les clauses sociales et les instruments de l'OIT »*, voir Institut international d'études sociales, *Etudes sur la croissance et l'équité. La dimension sociale des accords de libre-échange*, op. cit., pp. 107-109

334 Article 195. Cf. supra. §1.

335 DROUIN (R-C.), DUPLESSIS (I.), « La régulation internationale du travail de 1998 à 2008 : un Eldorado normatif ou un désert interprétatif ? », op. cit., p. 14 ; HEPPLE (B.), « Does law matter? The future of binding norms » in POLITAKIS (G.) (dir.), *Protecting Labour Rights as Human Rights: Present and Future of International Supervision*, BIT, Genève, 2007, p. 231

l'échec de l'idée de clause sociale dans les traités du commerce international »[336].

Conclusion du second chapitre

Au sein de l'OIT, des instruments, adoptés à des époques variées, peuvent être interprétés sans être dénaturés, dans l'esprit des objectifs poursuivis par l'organisation. Force est de constater la docilité des organes établis au sein de cette dernière : tout en cherchant à interpréter les textes dans une acception extensive, ils opèrent en conformité avec les orientations de la Conférence, que celles-ci découlent du mandat général de l'organisation ou soient affirmées ponctuellement, sur des sujets précis comme le travail dans l'économie informelle ou la réponse à la crise économique de 2008.

Néanmoins, alors que la flexibilité des normes internationales du travail apparaît comme leur principal atout dans un contexte d'évolution permanente des formes de travail et de leur organisation, leur véritable limite ne se trouve pas dans leur contenu mais dans leur manque de reconnaissance au-delà des Alpes. Certes, les mesures prises jusqu'à présent par l'OIT (au premier rang desquelles figure la Déclaration de 1998) et leur appropriation par les acteurs privés ou dans le cadre d'accords régionaux ou bilatéraux ont permis d'améliorer quelque peu le sort de travailleurs directement concernés par les échanges internationaux. Toutefois, deux points empêchent tout excès d'optimisme : la liberté dont disposent ces entités dans la mise en œuvre des textes de l'OIT et, lorsqu'elles choisissent de s'y référer, leur autonomie dans le sens qu'elles leur attribuent.

Face à ce risque de perte de substance des normes internationales du travail, il apparaît indispensable de repenser l'action de l'OIT. Une refonte des synergies avec les acteurs économiques et une meilleure coordination avec l'OMC s'avèrent nécessaires pour éviter toute marginalisation de l'organisation sur le théâtre de la mondialisation, de même que le dialogue entre entreprises et syndicats semble inévitable pour éviter que les premières ne s'approprient le sens des normes internationales du travail. Surtout, les défis posés par la mondialisation et ses conséquences sociales éprouvent les limites d'interprétations issues d'organes ne disposant pas d'une assise institutionnelle suffisamment stable pour être incontestées. En l'absence de consécration formelle de ses interprétations en tant que référence unique internationale, l'OIT risque en effet d'être dépossédée de son œuvre la plus chère : son travail normatif.

---

336 SUPIOT (A.), *Homo juridicus. Essai sur la fonction anthropologique du Droit*, Editions du Seuil, 2005, pp. 313-314

Conclusion du titre second

En même temps qu'il représente la synthèse des objectifs de justice sociale et d'universalité poursuivis par l'OIT, le produit des interprétations élaborées au sein de l'OIT est façonné par les valeurs et le pragmatisme de l'organisation, tout en étant justifié par des méthodes s'inspirant (de manière parfois hétérodoxe) de la Convention de Vienne sur le droit des traités.

Rapporté au domaine normatif, l'objectif de justice sociale se traduit par deux impératifs. D'abord, afin de promouvoir la justice sociale sous un angle universel, les textes adoptés dans le cadre de l'OIT doivent être destinés à l'ensemble de ses membres, sans exception. Dans le même temps, l'idée d'universalité ne se confond pas avec l'uniformité. Pour que la justice sociale soit effectivement mise en œuvre, les textes de droit qui la véhiculent doivent être conçus et appliqués de façon à ne pas être freinés par des obstacles nationaux insurmontables : *« la modestie invite à parler de valeurs "universalisables" plutôt qu'universelles et le pragmatisme, quand l'action humaine se déploie à l'échelle planétaire, appelle à prendre conscience du fait que le chaos actuel résulte non seulement des rapports de force, mais encore de la complexité des systèmes de droit »*[1].

Ainsi, par leur caractère malléable, les interprétations des Conventions internationales du travail apparaissent comme l'instrument majeur de la mise en œuvre effective de la justice sociale universelle. Toutefois, en dépit de ses atouts et de sa fonction d'adaptation et de perpétuation des normes internationales du travail, l'interprétation des instruments de l'OIT souffre de la faiblesse majeure du système normatif d'une institution qui, à certains égards, fait figure de « colosse aux pieds d'argile » sur la scène internationale. En l'absence d'aménagements organisationnels et institutionnels permettant d'affirmer la valeur juridique de la jurisprudence de l'OIT, dans l'enceinte de l'organisation et à l'extérieur, les interprétations dégagées par ses organes ne pourront servir de référence incontestée d'un modèle universel de justice sociale.

---

[1] DELMAS-MARTY (M.), *Vers une communauté de valeurs*, Editions du Seuil, 2011, p. 377

Conclusion de la première partie

Les mécanismes de supervision de l'application des normes internationale ont permis l'émergence d'une œuvre interprétative extrêmement dense, répondant aux imprécisions et insuffisances des Conventions et Recommandations. Alors que la Constitution de l'OIT prévoit des voies d'interprétation spécifiques, celles-ci ont rapidement été oubliées. Considéré comme inadapté à la structure tripartite de l'OIT ou à la spécificité des questions traitées par cette dernière, le recours à la CIJ n'a ainsi connu qu'un succès éphémère. De son côté, le recours à un tribunal interne aux contours imprécis a été supplanté par des organes très variés, qui se sont imposés comme les interprètes de référence de l'OIT par la force des choses. Pouvant, pour un certain nombre d'entre eux, être qualifiés de quasi-juridictions, ils tirent leur force tant de leurs qualités intrinsèques (compétences de leurs membres, légitimité représentative…) que de la complémentarité de leur fonctionnement et de leurs travaux.

Sans idéalisme ni activisme, les interprètes s'attachent à lire les textes qu'ils appliquent à la lumière des principes qui justifient l'existence de leur organisation-mère, régulièrement rappelés par la Conférence. Même si pendant de nombreuses décennies, ce dispositif a largement contribué au rayonnement de l'OIT et de son système normatif, son origine extraconstitutionnelle et empirique l'expose à une réelle précarité.

Tout d'abord, comme l'a montré la remise en cause de la consécration du droit de grève par les représentants employeurs de la Commission d'application des normes de la Conférence, la rupture du consensus entre les différents organes de contrôle peut enrayer la machine interprétative. Ensuite, dans un contexte de mondialisation des échanges et du travail où l'Etat n'apparaît plus depuis longtemps comme le seul destinataire des normes, l'appropriation des textes de l'OIT par un certain nombre d'entités peut laisser craindre un dévoiement de leur contenu. Si tous les acteurs impliqués ne convergent pas vers l'admission de la justice sociale telle que conçue par l'OIT en tant qu'élément de référence, l'ouvrage d'interprétation genevois déclinera inexorablement.

Dans ces conditions, la mise en place du tribunal d'interprétation prévu par l'article 37§2 de la Constitution, rejetée par le passé par les mandants de l'OIT, paraîtrait bienvenue. Alors qu'une telle structure serait sans incidence sur l'efficacité des travaux des organes officieux d'interprétation, elle présenterait l'avantage d'asseoir juridiquement les interprétations validées par ce tribunal, tout en leur conférant sur la scène internationale une autorité certaine.

Finalement, la fidélité aux valeurs fondatrices de l'OIT explique sans doute pourquoi l'édifice interprétatif a pu émerger et perdurer au cours des décennies, en dépit d'une base juridique précaire. C'est sur ce point fondamental que se séparent les interprétations dégagées à l'échelle internationale et celles élaborées au niveau des Etats. Bien qu'ils puissent venir relayer l'OIT en donnant corps à ses instruments, les juges nationaux sont en effet chargés de protéger et concilier des valeurs contradictoires, qui ne se limitent pas à la justice sociale. En tout état de cause, *« chaque niveau de régulation est important pour rechercher une réponse juridique face à la mondialisation »*[1] : *« le niveau national reste le niveau de protection concret des travailleurs ; le niveau international, l'espace de régulation commun face au contexte global »*[2]. L'interprétation des instruments de l'OIT à l'échelle nationale doit ainsi venir relayer les travaux élaborés à Genève en permettant en offrant aux travailleurs un accès direct aux normes internationales du travail.

---

[1] MOREAU (M-A.), *Normes sociales, droit du travail et mondialisation*, op. cit., p. 127

[2] Ibid., p. 127

Seconde partie
L'interprétation des instruments de l'OIT à l'échelle nationale

L'accentuation du phénomène de mondialisation économique et de ses conséquences sociales a confirmé l'importance d'un droit international du travail conçu non comme un droit des relations interétatiques mais comme un droit transnational, encadrant les activités d'entreprises qui transcendent les frontières des Etats et mettent en concurrence et à l'épreuve les droits sociaux nationaux. Dans ce contexte, le théâtre de la mise en action des normes internationales du travail tend à s'installer à l'échelle nationale, par l'intermédiaire d'acteurs cherchant à limiter les effets de la mondialisation sur le travail[1]. En parallèle, l'on observe dans des litiges circonscrits à des problématiques nationales un intérêt grandissant des juges et des parties pour le droit international. Ainsi, l'utilisation de plus en plus fréquente d'instruments de l'OIT dans le cadre de procédures en justice[2] leur a permis d'intégrer peu à peu des paysages juridictionnels variés.

L'utilisation juridictionnelle de textes issus de l'OIT contribue à leur application effective. Elle permet notamment au travailleur de tirer le bénéfice des normes internationales du travail devant « son » juge. Consubstantielle au recours à ces textes, l'interprétation constitue l'élément majeur permettant de donner corps aux normes internationales du travail. En effet, si la réception des instruments de l'OIT dans les ordres nationaux constitue un prérequis à leur mise en œuvre, la liberté en la matière des juges souverains rend possible l'existence de divergences d'interprétations, en comparaison notamment avec les décisions des instances genevoises. Se pose alors la question de savoir comment l'interprétation prétorienne des instruments de l'OIT leur permet de prendre corps dans les systèmes juridiques nationaux.

L'étude de l'activité juridictionnelle, sous une perspective comparative, apparaît éclairante. L'observation des pratiques qui prévalent en Afrique du Sud, au Canada et en France révèle en effet la diversité des voies empruntés par les juges pour intégrer les instruments de l'OIT dans leurs

---

[1] Le Professeur Marie-Ange MOREAU avance que dans de nombreux pays, *« le juge a la capacité, en raison de la spécificité des conflits qui naissent de la mondialisation, d'être et de devenir un acteur clé de la régulation sociale de la mondialisation sur lequel repose un rôle d'articulation des normes »*. MOREAU (M-A.), « Mondialisation et justice : les enjeux théoriques des conflits sociaux transnationaux », op. cit., p. 12
[2] Ibid., p. 10

raisonnements. Celles-ci varient en fonction des spécificités nationales tout en dépassant un certain nombre de différences.

Ainsi, sur un plan procédural, les exemples canadiens, français et sud-africains montrent une tendance commune des juges à l'ouverture à l'égard des instruments de l'OIT (Titre premier). De manière plus substantielle, la signification attribuée à des textes identiques dans des cadres nationaux distincts pose la question de l'harmonisation des interprétations en matière sociale (Titre second).

Titre premier
Le cadre national de l'interprétation : la réception par les juges nationaux

Une réflexion à propos de l'interprétation des instruments de l'OIT suppose d'abord de s'interroger quant à la façon dont les juges reçoivent, accueillent ou entrent en contact avec ces sources supranationales.

On constate que l'activité des juges les amène à connaître du droit international du travail dans leurs décisions et à y faire mention des textes de l'OIT. Partant, on peut de demander comment ce recours à ces sources, phénomène juridique d'apparence unifié, s'opère dans des pays aux contextes juridiques distincts, comme le montrent les cas sud-africain, canadien et français.

L'usage du droit international par le juge peut avoir des conséquences considérables sur les ordres juridiques nationaux. La multiplication des textes à sa disposition peut potentiellement l'amener à opérer *« des choix d'ordre sociétaux qui sont en relation directe avec les conséquences des transformations de la société »*[1]. La mise en œuvre des instruments de l'OIT s'inscrit alors dans un contexte de *« coordination normative (...) entre la dimension sociale locale et la dimension globale »*[2].

L'étude de la réception des instruments de l'OIT dans les ordres juridictionnels nationaux impose donc au préalable de justifier l'opportunité d'une comparaison des systèmes canadien, français et sud-africain, en soulignant les spécificités nationales pouvant peser sur la réception de ces sources (Chapitre préliminaire). C'est ainsi que peut-être compris le cadre dans lequel les juges sont amenés à rencontrer le droit international et, plus particulièrement, les instruments de l'OIT (Chapitre 1). On peut ensuite observer que cette tendance commune des juges à se référer aux normes internationales du travail emprunte des chemins spécifiques s'agissant de leurs modalités d'utilisation et de leur place effective dans les décisions nationales (Chapitre 2).

[1] MOREAU (M-A.), « Mondialisation et justice : les enjeux théoriques des conflits sociaux transnationaux », op. cit., p. 6
[2] Ibid., p. 7. Cf. supra. Introduction générale

Chapitre préliminaire
L'opportunité d'une comparaison de systèmes forgés dans des cadres variés

Une étude superficielle de diverses situations nationales[1] laisse apparaître une sensibilité croissante de nombreux juges pour les sources issues de l'OIT, celles-ci se retrouvant particulièrement dans les jurisprudences canadienne, française et sud-africaine.

Au-delà de cette tendance commune, une comparaison de la façon dont sont intégrés les instruments de l'OIT dans des pays aux traditions juridiques les plus variées permet de faire ressortir les particularismes nationaux dans la mise en œuvre du droit international du travail ou, à l'inverse, de dépasser un certain nombre d'idées préconçues sur le sujet. En cela, le Canada, la France et l'Afrique du Sud apparaissent comme des terrains d'étude particulièrement riches, tant les trois pays semblent séparés par leurs histoires, cultures et pratiques juridiques. Tous présentent des caractéristiques qui ont constitué soit un terreau favorable soit un obstacle au développement de l'usage prétorien du droit international du travail.

Afin de comprendre les particularités dans l'utilisation du droit international du travail dans les systèmes nationaux, il apparaît donc nécessaire de montrer en quoi les cadres juridiques nationaux peuvent favoriser ou restreindre la faculté des juges d'en connaître.

Les situations nationales peuvent être distinguées à la lumière de leurs spécificités historiques et institutionnelles. La place des normes internationales du travail dans l'ordre interne paraît en effet largement tributaire de traditions et cultures juridiques (Section 1), de l'organisation des Etats et, plus précisément, de leur organisation juridictionnelle (Section 2)[2], les trois pays entretenant de surcroît des rapports distincts avec l'OIT (Section préliminaire).

---

[1] Sur la base du travail réalisé par le centre de formation de l'OIT qui a recensé de nombreux jugements et arrêts dans le cadre d'un Recueil de décisions de justice : http://compendium.itcilo.org/fr/decisions-par-pays

[2] La spécificité liée au rapport entre l'ordre interne et le droit international est traitée dans le Chapitre 1 du présent titre

Section préliminaire : Les particularités des Etats dans leurs rapports avec l'OIT

Après leur adhésion à l'OIT dès sa création en 1919, l'Afrique du Sud, le Canada et la France ont chacun entretenu des rapports particuliers avec l'organisation. Principalement, tous trois se distinguent aujourd'hui par le nombre de Conventions auxquels ils sont parties. Par ailleurs, l'Afrique du Sud se démarque en raison des répercussions diplomatiques de son histoire tourmentée.

En matière de ratifications[3], la France se classe aujourd'hui parmi les Etats les plus exemplaires puisqu'elle a jusqu'à présent adhéré à 127 Conventions (dont l'ensemble des Conventions fondamentales) et deux Protocoles[4]. Parmi ces textes, 79 sont en vigueur. A l'opposé, le Canada n'a ratifié que 37 Conventions et un protocole, 23 de ces textes étant toujours en vigueur. En particulier, si le pays est désormais partie aux huit Conventions fondamentales, il faut noter qu'il n'a ratifié que très tardivement la Convention n° 98 sur le droit d'organisation et de négociation collective de 1949 (le 14 juin 2017), ainsi que la Convention n° 138 sur l'âge minimum de 1973 (le 8 juin 2016). De son côté, l'Afrique du Sud n'est partie qu'à 27 Conventions, parmi lesquelles figurent les huit Conventions fondamentales, 24 de ces textes restant en vigueur.

Depuis leur adhésion, le Canada et la France ont entretenu une histoire apaisée avec l'OIT[5]. Au-delà de leur relation ininterrompue en près de cent ans, quelques éléments symbolisent même une certaine proximité entre les deux pays et cette dernière : tandis que le Canada et la ville de Montréal ont temporairement abrité une organisation fuyant la guerre en 1940, la France lui a notamment fourni deux Directeurs généraux (dont Albert THOMAS) et certains de ses inspirateurs[6].

A l'opposé, l'Afrique du Sud se distingue parmi les membres de l'OIT par la complexité des rapports qu'elle a longtemps entretenus avec cette dernière[7].

---

[3] Au mois de mai 2020

[4] Sur un total de 190 Conventions et 6 protocoles. En termes de ratification, la France se classe ainsi deuxième des Etats membres de l'OIT, derrière l'Espagne

[5] En-dehors de tensions ponctuelles à l'occasion de l'examen de la question de la mise en œuvre de certaines Conventions. Cf. infra. Titre 2

[6] Cf. supra. Introduction générale

[7] Pour une étude détaillée sur le sujet, voir GRAWITZKY (R.), « From Workplace Rights to Constitutional Rights in South Africa. The role and actions of the tripartite ILO constituency in the challenge to apartheid and the transition to democracy », International Labour Organization Century Project, November 2008

Tout au long du XXème siècle, le pays a vu ses relations avec l'OIT se dégrader à mesure que s'est développée la politique d'Apartheid. Après avoir dénoncé la situation du pays à plusieurs reprises, la Conférence décida en 1964 d'amender sa Constitution. Celle-ci prévit dès lors la faculté de suspendre la participation à la Conférence (tout en maintenant ses obligations à l'égard de l'OIT) de tout Etat condamné par les Nations Unies, de façon flagrante et persistante, pour avoir mis en œuvre une politique de discrimination raciale[8]. La même année, la Conférence adopta à l'unanimité la Déclaration concernant la politique d'Apartheid de la République sud-africaine, basée sur les principes prônés par la Déclaration de Philadelphie[9]. En réaction, en 1966, le pays décida de quitter l'organisation[10]. Pour autant, dans les années suivantes, l'OIT continua de multiplier les dénonciations de l'Apartheid, en s'impliquant de manière très appuyée[11], si bien qu'elle se présente aujourd'hui comme ayant *« contribué de manière décisive à la chute de l'Apartheid en Afrique du Sud et à l'établissement d'un régime démocratique dans ce pays »*[12]. Le changement de régime en 1994 fut l'occasion pour la République d'Afrique du Sud de réintégrer l'OIT et de normaliser ses relations avec cette dernière.

L'on voit ainsi que l'Afrique du Sud, le Canada et la France se situent dans des situations extrêmement disparates en ce qui concerne leurs relations avec l'OIT et son arsenal normatif. Ces différences peuvent se comprendre par des motifs d'ordre interne, qu'ils soient historiques, culturels ou institutionnels.

---

[8] VALTICOS (N.), *Droit international du travail*, op. cit., p. 79

[9] Et, notamment sur celui selon lequel *« tous les êtres humains, quels que soit leur race, leur croyance ou leur sexe, ont le droit de poursuivre leur progrès matériel et leur développement spirituel dans la liberté et la dignité, dans la sécurité économique et avec des chances égales »*

[10] Pour une étude détaillée des relations conflictuelles entre l'OIT et l'Afrique du Sud sous l'Apartheid, voir VOGEL-POLSKY (E.), « L'opinion publique internationale comme facteur de développement du droit social international : le cas de l'Afrique du Sud à l'OIT » in Coll., *Mélanges offerts à Léon-Eli TROCLET*, Editions de l'Institut de Sociologie, Université Libre de Bruxelles, 1967, pp. 245-321 ; RUBIN (N.), *From pressure principle to measured militancy - The ILO in the campaign against Apartheid*, Institut international d'études sociales, Genève, 2009

[11] En fournissant notamment un appui matériel et politique aux mouvements de libération nationale et, par la suite, aux syndicats et aux organisations d'employeurs luttant contre le régime. CIT, 91ème session, 2003, L'heure de l'égalité au travail, Rapport global en vertu du suivi de la Déclaration de l'OIT relative aux principes et droits fondamentaux au travail, pp. 8-9

[12] Ibid., p. xiii

Section 1 Eléments de cultures juridiques

Les cultures juridiques figurent comme le premier cadre à l'intérieur duquel le droit peut se former et s'exercer. Définies très généralement comme *« un ensemble de valeurs, de savoirs et de savoir-faire qui orientent, donnent sens et cohérence aux activités des différents professionnels du droit »*[13], elles conditionnent le raisonnement des juristes et structurent tout droit national.

Alors que la France est un pays de tradition civiliste (par ailleurs fortement influencé par les droits européens)[14], le Canada et l'Afrique du Sud, anciennes colonies britanniques, ont été essentiellement (mais pas exclusivement) modelés par le droit de *Common Law*. En particulier, l'histoire sud-africaine a profondément orienté l'attitude des juristes à l'égard des sources extérieures.

Sous-section 1 : Généralités historiques

Le droit français, au cours de son histoire, a été directement inspiré par le droit romain et a servi de base à une diffusion du modèle civiliste, tout en s'ouvrant plus récemment aux influences européennes. Dans les systèmes des anciennes colonies britanniques, le poids des apports extérieurs apparaît encore plus déterminant.

Alors que le système juridique français a été un modèle pour bon nombre de pays, il a également été forgé par plusieurs apports extérieurs, du fait notamment de l'appartenance du pays aux deux organisations régionales que sont l'Union européenne et le Conseil de l'Europe[15]. C'est ainsi que pour accomplir ses objectifs en faveur du progrès économique et social, le Conseil de l'Europe mène, selon l'article 1 (b) de son statut, *« une action commune dans les domaines économique, social, culturel, scientifique, juridique et administratif »*, en s'appuyant notamment sur la Convention européenne des droits de l'Homme et la Charte sociale européenne. Le contrôle du respect de ces instruments par la Cour européenne des droits de l'Homme et le Comité

---

[13] AUDREN (F.), HALPERIN (J-L.), *La culture juridique française. Entre mythes et réalités. XIXème-XXème siècles*, CNRS Editions, 2013, p. 8

[14] Comme l'illustre par exemple, dans le domaine social, le développement dans le pays de dispositifs qui relèvent de la *« flexicurité »*. Voir SCHMITT (M.), « L'influence de l'Union européenne sur les réformes françaises du marché du travail et de l'emploi », Revue de droit du travail, n° 7, juillet 2014, pp. 454-462

[15] Lesquelles sont mues par une ambition de rapprochement des droits nationaux de leurs membres. BERGE (J-S.), ROBIN-OLIVIER (S.), *Droit européen. Union européenne. Conseil de l'Europe*, PUF, 2ème éd. 2011, pp. 265-279

européen des droits sociaux[16] amène les Etats membres de l'organisation à mettre leur droit en conformité avec ces dispositions supranationales[17]. De la même manière, l'appartenance de la France à l'Union européenne repose sur un objectif de convergence des droits. L'intégration européenne s'est en effet accompagnée de phénomènes de rapprochement pouvant *« se targuer d'une efficacité inégalée sur la scène internationale, spécialement dans certains domaines techniques du droit »*[18], bien au-delà de la recherche de la réalisation d'un marché intérieur européen, et notamment, en matière sociale ou de droits de l'Homme[19]. L'appartenance de la France à ces deux organisations a finalement pour conséquence d'exposer son droit à des influences extérieures, rejoignant plus ou moins les idéaux poursuivis par l'OIT (l'Union européenne et le Conseil de l'Europe poursuivant des objectifs qui leur sont propres[20]).

L'histoire de l'Afrique du Sud[21], avec les prises de pouvoir successives des Néerlandais puis des Britanniques d'un territoire africain, a laissé des traces

---

[16] Cf. supra. Première partie, Titre 2, Chapitre 1

[17] Par exemple, le Comité européen des droits sociaux a recensé certains progrès réalisés dans la mise en œuvre des droits sociaux en vertu de la Charte sociale : *« Obligation, pour les entreprises d'au moins 50 salariés, de mener chaque année des négociations de branche pour définir et mettre en place des mesures visant à supprimer les écarts de rémunération entre les femmes et les hommes (Loi du 23 mars 2006 sur l'égalité salariale entre les femmes et les hommes) »* ; *« Report des congés payés acquis après la date de la reprise du travail lorsque le salarié s'est trouvé dans l'impossibilité de prendre ses congés payés annuels au cours de l'année prévue par le Code du travail ou une convention collective, en raison d'absences liées à un accident du travail ou une maladie professionnelle (Cass. Soc., 27 septembre 2007, Société Arcadie distribution Sud-Ouest c. M. Michel Vallantin ; C. Cass. Soc., 24 février 2009, Mme X... c. Caisse primaire d'assurance maladie (CPAM) de Creil) »*.
http://www.coe.int/t/dghl/monitoring/socialcharter/CountryFactsheets/France_fr.pdf

[18] BERGE (J-S.), ROBIN-OLIVIER (S.), *Droit européen. Union européenne. Conseil de l'Europe*, op. cit., p. 269

[19] Ibid., pp. 277-288

[20] Cf. supra. Première partie, Titre 2, Chapitre 1

[21] L'Afrique du Sud, en tant qu'Etat, n'est née que récemment. C'est en 1910 que la Grande-Bretagne réunit sous un unique dominion les quatre entités blanches qui se partageaient alors le sud de l'Afrique : deux colonies britanniques (la colonie du Cap et celle de Natal) ainsi que deux anciennes républiques ayant perdu leur indépendance lors de la guerre anglo-boer entre 1899 et 1902. Sur la base de ces quatre entités devenues des provinces, le pays (l'Union de l'Afrique du Sud devient la République d'Afrique du Sud en 1961, au moment de sa sortie, pour 33 ans, du *Commonwealth*) est alors baptisé du nom que s'était donnée la république blanche du Transvaal. Dès lors, les Africains sont utilisés comme un réservoir de main d'œuvre (le régime d'Apartheid étant instauré à partir de 1948). FAUVELLE-

au-delà de l'adoption de la première Constitution[22] post-Apartheid, en 1993. Le droit sud-africain possède ainsi des racines africaines, tout en reflétant des éléments des traditions de droit romain, importé de la province de Hollande, et de *Common Law*, pratiqué par les colons britanniques[23]. Aujourd'hui, le droit et les institutions sud-africains demeurent sous l'influence anglo-européenne. Le droit romain-hollandais se retrouve accessoirement à travers notamment le raisonnement des juges, la place accordée à la doctrine, l'héritage de concepts utilisés par les juristes néerlandais ou l'existence de juridictions spécialisées. De manière très marginale, le droit indigène peut se trouver à travers l'usage de langues et d'institutions locales[24].

A côté, l'histoire canadienne de ces derniers siècles apparaît relativement plus rectiligne. A son arrivée à partir du XVIème siècle, le colonisateur britannique a classiquement importé son modèle juridique, en imposant la *Common Law* à toute l'Amérique du Nord, à l'exception de la Louisiane et du Québec[25]. Parce que ce dernier territoire était déjà peuplé par des colons français lors de sa conquête en 1759-1760, les Britanniques se sont engagés par l'Acte de Québec de 1774 à respecter les propriétés et droits civils de ses habitants conformément à la Coutume de Paris. Sur cette base, les racines civilistes du droit appliqué au Québec ont pu être préservées et le droit civil a continué à se développer au Québec tout au long du XIXème siècle[26].

Finalement, parmi les trois pays, l'Afrique du Sud s'illustre par les multiples facteurs historiques qui incitent ses juristes à s'intéresser aux sources extérieures.

Sous-section 2 : Un système sud-africain au carrefour de cultures juridiques : une ouverture originelle aux influences extérieures

L'originalité du système sud-africain réside sans doute dans son ouverture originelle aux influences extérieures, contrairement au système français où

AYMAR (F-X.), *Histoire de l'Afrique du Sud*, Editions du Seuil, 2013, pp. 46-47 et 102

22 Entrée en vigueur le 27 avril 1994. Cette Constitution intérimaire resta en vigueur jusqu'à la mise en place de la Constitution finale adoptée en 1996

23 DU BOIS (F.), « Introduction: History, System and Sources », op. cit., p. 2

24 Ibid., p. 3

25 EMOND (A.), *Introduction au droit canadien*, Wilson & Lafleur, 2012, pp. 59-60

26 Ibid., pp. 60-61

les juristes sont longtemps restés cantonnés dans *« leur splendide isolement »*[27] (et, dans une moindre mesure, au système canadien[28]).

Au-delà des motifs liés aux origines coloniales du système juridique[29], le caractère quantitativement limité de la jurisprudence sud-africaine, le manque initial de doctrine et leur formation ont amené les juristes sud-africains à s'inspirer des jurisprudences et travaux étrangers[30]. Plus substantiellement, le droit romain de l'ancien colon néerlandais a d'abord forgé l'ouverture des juges aux influences extérieures. Aujourd'hui, la *Common Law* apparaît exercer une grande influence dans les réflexions des juges : le droit anglais hérité de l'Empire britannique est fréquemment utilisé, devant les droits américain et canadien. Les droits de l'Inde, de l'Australie, de la Nouvelle-Zélande ou d'Allemagne et des Pays-Bas fournissent également des références[31].

Contrairement à une idée parfois admise du fait de l'isolement progressif de l'Afrique du Sud ségrégationniste, le régime ne s'est pas construit en marge de la communauté internationale. En particulier, celui qui fut Premier Ministre du pays au cours ou au sortir des deux Guerres Mondiales, l'Afrikaner « modéré » Jan SMUTS, contribua activement à la création de la Société des Nations puis à l'Organisation des Nations Unies et *« ne voyait pas nécessairement de contradiction fatale »* entre la Charte des Nations Unies (dont il avait été le principal rédacteur du préambule) et la politique ségrégationniste du pays, à laquelle il contribua largement dans la première moitié du XXème siècle[32].

En termes juridiques, au-delà de l'ouverture culturelle des juristes sud-africains à l'égard des sources extérieures, le processus de rupture avec l'Apartheid s'est accompagné d'une posture particulièrement bienveillante s'agissant des sources extérieures, en particulier à l'égard du droit

---

[27] AUDREN (F.), HALPERIN (J-L.), *La culture juridique française. Entre mythes et réalités. XIXème-XXème siècles*, op. cit., p. 243. Si l'on remarque que les acteurs publics et privés français affichent une certaine sensibilité aux normes supranationales du travail (GUYON (C.), *L'influence des normes supranationales sur le droit français du travail*, Lexis Nexis, 2016), ce phénomène de diversification des sources du droit apparaît difficilement comparable à la pratique sud-africaine, où les normes supranationales ont permis une refondation du droit interne.

[28] Même si l'histoire de l'adoption des instruments relatifs aux droits de l'Homme dans le pays (comme la Charte canadienne des droits et libertés) révèle la sensibilité des Parlements canadiens au droit international. Cf. infra. Chapitre 1

[29] Cf. supra. Sous-section 1

[30] VAN JAARSVELD (F.), VAN ECK (S.), *Principles of labour law*, op. cit., p. 51

[31] Ibid.

[32] FAUVELLE-AYMAR (F-X.), *Histoire de l'Afrique du Sud*, op. cit., p. 388

international[33]. La Constitution intérimaire adoptée en 1993 a notamment été fortement inspirée par la Déclaration Universelle des droits de l'Homme, le Pacte international relatif aux droits civils et politiques, le Pacte international relatif aux droits économiques sociaux et culturels ou bien encore la Convention européenne des droits de l'Homme[34]. En complément, le Comité technique en charge de la rédaction du *Bill of Rights* prévu dans la Constitution finale de 1996 s'est référé à divers instruments internationaux ou régionaux : la Convention américaine relative aux Droits de l'Homme de 1969, la Charte africaine des droits de l'Homme et des peuples de 1981, la Convention internationale relative à l'élimination de toutes les formes de discrimination raciale de 1966, la Convention sur l'élimination de toutes les formes de discrimination à l'égard des femmes de 1981 ainsi que la Convention relative aux Droits de l'enfant de 1989. Au-delà de ces sources internationales, la rédaction du texte fondamental a bénéficié d'influences marquées d'idées constitutionnelles venues de l'étranger, et particulièrement d'Allemagne[35].

Dans ce contexte post-Apartheid, les juges sud-africains semblent particulièrement ouverts aux influences étrangères et internationales[36], considérées comme des sources persuasives. Cette ouverture de retrouve de manière très explicite dans la Constitution nationale, que cela concerne l'interprétation du *Bill of Rights* ou, plus généralement, à travers la place offerte au droit international dans l'ordre interne. Il en va de même dans le domaine du droit du travail[37].

Les cultures juridiques et héritages historiques nationaux permettent de distinguer les cas français, canadiens et sud-africains. En particulier, la sensibilité de l'Afrique du Sud à l'égard du droit international la distingue

---

33 DU PLESSIS (L.), « International Law and the Evolution of (domestic) Human-Rights Law » in NIJMAN (J.), NOLLKAEMPER (A.), *New Perspectives on the Divide Between National and International Law*, Oxford University Press, 2007, p. 310

34 Ibid., p. 312

35 MARKESINIS (B.), *Juges et universitaires face au droit comparé. Histoire des trente-cinq dernières années*, Dalloz, 2006, pp. 98-99. L'auteur explique l'influence germanique à la fois par le fait que la Déclaration des droits allemande avait déjà marqué certains juges d'Afrique australe (Botswana, Namibie) avant même la fin de l'Apartheid et par le parcours d'universitaires sud-africains qui avaient pu étudier en Allemagne.

36 Pour une analyse tendant à tempérer cette idée (l'auteur distinguant l'attitude positive des juridictions à l'égard du droit international de sa mise en œuvre, plus mitigée), voir DU PLESSIS (L.), « International Law and the Evolution of (domestic) Human-Rights Law », op. cit., pp. 309-340

37 Cf. infra. Chapitre 1

des autres pays. Cette première distinction n'apparaît pas suffisante pour comprendre les différents contextes d'application des normes internationales du travail. Les modalités de mise en œuvre de ces dernières dans les ordres nationaux sont en effet largement tributaires de l'organisation des Etats, notamment au Canada.

Section 2 Organisation de l'Etat et des systèmes juridictionnels

Des éléments institutionnels justifient l'intérêt d'une étude comparative de la France, du Canada et de l'Afrique du Sud et contribuent à expliquer la diversité des modalités d'intégration des normes internationales du travail dans les ordres nationaux[38]. Principalement, l'on observe que les trois Etats sont organisés suivant les modèles les plus variés, cette diversité se reflétant dans leurs systèmes juridictionnels.

Sous-section 1 : Organisation de l'Etat

Alors que la France constitue un Etat unitaire, le Canada et l'Afrique du Sud sont organisés suivant une structure fédérale. Pour autant, cette similitude apparente entre les deux anciennes colonies britanniques masque d'importantes différences concernant la répartition des compétences entre les Etats fédéraux et fédérés.

§1. Un Etat unitaire et deux Etats fédéraux

Le système français se distingue des systèmes canadiens et sud-africains en ce qu'il est unitaire. Cette distinction entre Etats fédéraux et unitaire ne suffit toutefois pas pour caractériser les entités compétentes pour légiférer en matière de droit du travail.

A/ La France : un Etat unitaire décentralisé

Aux termes du premier alinéa de l'article 1er de la Constitution de 1958[39], la France constitue un Etat unitaire décentralisé[40]. L'Etat français constitue ainsi l'unique organisation juridique et politique dotée de la souveraineté.

---

[38] Cf. infra. Chapitre 2

[39] *« La France est une République indivisible, laïque, démocratique et sociale. Elle assure l'égalité devant la loi de tous les citoyens sans distinction d'origine, de race ou de religion. Elle respecte toutes les croyances. Son organisation est décentralisée ».*

[40] La loi constitutionnelle relative à l'organisation décentralisée de la République du 28 mars 2003 a ajouté ce qualificatif de *« décentralisé »*

Les collectivités territoriales d'un niveau inférieur ne forment *« qu'une modalité de l'organisation administrative »*[41].

Ce caractère décentralisé emporte un certain nombre de conséquences en matière administrative, les collectivités territoriales pouvant disposer de compétences propres (par exemple, dans le domaine du transport). En revanche, cette spécificité est dépourvue d'effets quant à la compétence exclusive du législateur, par exemple en matière de droit du travail, contrairement à l'organisation fédérale d'un pays comme le Canada. Pour cette raison, l'application des normes internationales du travail s'opère de manière uniforme sur l'ensemble du territoire national[42].

B/ Le Canada : un Etat fédéral au droit du travail morcelé

Le Canada est un Etat fédéral comportant dix provinces. Depuis 1867, la Constitution prévoit deux niveaux de législation. Cette répartition des compétences entre le Parlement fédéral et les Parlements provinciaux[43] entraîne des répercussions déterminantes en matière de droit du travail.

Même si cela ne figure pas dans la Loi constitutionnelle de 1867, la Cour suprême du Canada[44] et son ancêtre le Conseil privé[45] ont déduit de l'article 92, alinéa 3 de la Loi constitutionnelle de 1967[46] le principe selon lequel les provinces disposaient de la compétence première dans le domaine du travail[47]. Le Parlement fédéral n'est compétent qu'à titre secondaire, dans le cadre des pouvoirs qui lui sont dévolus par l'article 91 de la loi constitutionnelle de 1867. Relèvent ainsi du droit fédéral du travail les fonctionnaires fédéraux et les employés des entreprises de l'Etat fédéral, les salariés des entreprises de transport et de communication exerçant une activité interprovinciale (aviation, télévision…) et les travailleurs des secteurs de la navigation et de la banque[48]. Indirectement, le législateur

---

[41] FAVOREU (L.), GAÏA (P.), GHEVONTIAN (R.), MESTRE (J-L.), PFERSMANN (O.), ROUX (A.), SCOFFONI (G.), *Droit constitutionnel*, Dalloz, 21ème éd., 2019, p. 523

[42] Cf. infra. Chapitre 1

[43] Articles 91 à 95 de la loi constitutionnelle de 1867. Voir EMOND (A.), *Introduction au droit canadien*, Wilson & Lafleur, 2012, pp. 16-17

[44] *Oil, Chemical and Atomic Workers c. Imperial Oil*, [1963] R.C.S 584

[45] *Toronto Electric Commissioners c. Snider*, [1925] A.C. 396

[46] Selon lequel les provinces disposent d'une compétence exclusive en matière de propriété et de droits civils

[47] COUTU (M.), BOURGAULT (J.), DESJARDINS (A.), *Droit fédéral du travail*, Ed. Yvon Blais, 2011, p. 1

[48] Ibid., pp. 2-3

fédéral est également compétent s'agissant des domaines pour lesquels il dispose d'une compétence exclusive (droit criminel...)[49].

Au total, seuls 8 % des travailleurs du Canada sont assujettis au droit fédéral du travail[50]. Les autres sont couverts par les législations provinciales. Ce morcellement se traduit par une grande diversité des organisations judiciaires et des pratiques des juges d'une province à l'autre[51].

C/ L'Afrique du Sud : un Etat fédéral au droit du travail centralisé

L'Afrique du Sud est aujourd'hui un Etat fédéral formé de neuf provinces. Dotées de Parlements provinciaux, celles-ci disposent de la compétence de légiférer en certains domaines. La section 104 de la Constitution de 1996 distingue les domaines de compétence exclusive du Parlement fédéral des domaines partagés (agriculture, culture, environnement, santé, transports publics...)[52] de ceux pour lesquels les Parlements provinciaux disposent d'une compétence exclusive (musées, routes provinciales...)[53].

Le droit du travail relève exclusivement de la législation fédérale. Accessoirement, un certain nombre de sujets afférents au domaine social peuvent relever de compétences concurrentes entre les provinces et l'état fédéral (*welfare state*, travaux publics, entreprises publiques provinciales...). Néanmoins, dans le cadre de l'utilisation des sources de l'OIT par le juge sud-africain, seules semblent importer les règles établies au niveau fédéral.

Finalement, bien que l'un soit un Etat fédéral et l'autre un Etat unitaire, la France et l'Afrique du Sud ont en commun un droit du travail essentiellement créé et développé par le législateur à l'échelle nationale[54], susceptible de s'appliquer sur l'ensemble de leur territoire. Le Canada, lui, obéit à une autre logique, le pouvoir qu'il accorde à ses provinces en la matière pouvant s'opposer à la ratification des instruments de l'OIT par l'Etat fédéral.

---

[49] Ibid., p. 3

[50] Selon les statistiques figurant en 2020 sur le site internet du gouvernement (https://www.canada.ca/fr/emploi-developpement-social/programmes/equite-emploi/sous-reglementation.html)

[51] Cf. infra. Chapitre 1

[52] Annexe 4 à la Constitution

[53] Annexe 5 à la Constitution

[54] Lequel se dédouble d'un droit de la fonction publique en France pour les fonctionnaires (cf. infra. Sous-section 2) et de conventions collectives négociées par les partenaires sociaux (dans le cadre fixé par les autorités nationales)

§2. Particularité canadienne : la ratification des instruments de l'OIT face à la compétence provinciale en matière de droit du travail

En Afrique du Sud et en France, la ratification d'une Convention de l'OIT ne pose pas de difficulté institutionnelle puisque l'Etat, détenteur du pouvoir en matière diplomatique, est également compétent pour légiférer en matière de droit du travail. Il en va autrement au Canada où le fédéralisme conduit à une situation dans laquelle l'autorité compétente pour ratifier les traités en matière de travail n'est pas habilitée à légiférer sur le sujet.

La Constitution de l'OIT (telle qu'amendée en 1946) tient compte des spécificités des Etats fédéraux et accorde certains aménagements aux Etats comme le Canada pour lesquels une action des provinces est requise. Selon son article 19§7, ceux-ci disposent notamment d'un délai de 18 mois postérieurement à la clôture de la session de la Conférence internationale du travail pour entreprendre une action législative ou toute autre action dans le domaine de l'instrument adopté. En outre, une consultation doit être mise en œuvre entre les niveaux fédéral et fédéré pour permettre une *« action coordonnée destinée à donner effet aux dispositions de ces conventions et recommandations »*.

En dépit de ces aménagements, les autorités canadiennes arguent du caractère fédéral de leur Etat pour justifier leur impossibilité de mettre en œuvre certains textes internationaux. Dès 1937, le Conseil privé a eu l'occasion de préciser qu'en matière internationale, l'exercice par le gouvernement fédéral de ses prérogatives diplomatiques ne lui permettait pas d'imposer d'obligations aux provinces dans les domaines relevant de leur compétence. Le partage de compétences entre le niveau fédéral et le niveau provincial impose ainsi une confirmation partagée des traités en droit interne[55], plusieurs législateurs pouvant être *« tenus de remplir les obligations imposées par un traité »*[56].

---

[55] *Avis sur les conventions du travail*, [1937] A.C. 326. BRUN (H.), TREMBLAY (G.), *Droit constitutionnel*, 3ème éd., Editions Yvon Blais, Bibliothèque nationale du Québec, 1997, pp. 564-565

[56] *« (...) in a Federal State where legislative authority is limited by the Constitutional document, or is divided up between different Legislatures in accordance with the classes of subject-matter submiutted for legislation, the problem is complex. The obligations imposed by treaty may have o be performed, if at all, by several legislatures »*. Privy Council, Attorney-General (Canada) v. Attorney-General (Ontario), 1937 AC 326, p. 348 cité par SCIOTTI-LAM (C.), *L'applicabilité des traités internationaux relatifs aux droits de l'Homme en droit interne*, Bruylant, 2004, p. 78

A propos du refus d'introduction des traités relatifs aux droits de l'Homme justifié par le caractère fédéral de certains Etats, Claudia SCIOTTI-LAM estime envisageable un contournement de la difficulté induite par la répartition de compétences entre Etat fédéral et Etats fédérés. Premièrement, sur le modèle australien, les entités fédérées pourraient se voir requérir de mettre en œuvre le traité par l'adoption de lois fédérées[57]. Toutefois, en ce qu'elle serait susceptible de conduire à une mise en œuvre morcelée des traités, une telle option continuerait d'exposer l'Etat fédéral à un engagement de sa responsabilité sur le plan international, alors même que la mise en œuvre du traité ne relèverait plus de sa compétence[58].

Une seconde proposition pourrait résider dans un aménagement de la répartition des compétences dans l'ordre interne : l'introduction des traités portant sur une matière donnée (en l'occurrence, les droits de l'Homme, selon Claudia SCIOTTI-LAM) relèverait de la compétence exclusive de l'Etat fédéral[59]. De nombreux Etats ont mis en œuvre cette règle, la Cour suprême américaine ayant par exemple développé très tôt une jurisprudence favorisant l'extension des pouvoirs de l'Etat fédéral en matière de relations internationales[60]. Il semblerait toutefois difficile d'appliquer ce raisonnement aux domaines couverts par les matières couvertes par les instruments de l'OIT, lesquels dépassent le strict champ des droits de l'Homme. Au vu de l'étendue des domaines couverts par les Conventions de l'OIT, une telle conception imposerait en effet de déposséder les provinces de nombre de leurs compétences, au profit de l'Etat fédéral.

Finalement, la solution proposée par l'avis sur des Conventions de l'OIT puis retenue par les autorités canadiennes apparaît la plus viable et la plus réaliste, compte tenu des impératifs liés au caractère fédéral de l'Etat[61], en matière de droit travail notamment. Afin d'éviter qu'une ratification d'une Convention ne soit suivie d'un engagement de la responsabilité de l'Etat fédéral en cas de défaillance ou d'opposition d'une province s'agissant de sa mise en œuvre, le gouvernement recueille le consentement de l'ensemble des provinces et territoires concernés avant de ratifier ces textes internationaux.

---

[57] SCIOTTI-LAM (C.), *L'applicabilité des traités internationaux relatifs aux droits de l'Homme en droit interne*, op. cit., pp. 79-80

[58] Ibid., p. 81

[59] Ibid., pp. 82-83

[60] *United States v. Belmont* 301 US 324 (1937) et *United States v. Pink* 315 US 203 (1942). Voir TOURARD (H.), *L'internationalisation des constitutions nationales*, LGDJ, 2000, pp. 145-146 et SCIOTTI-LAM (C.), *L'applicabilité des traités internationaux relatifs aux droits de l'Homme en droit interne*, op. cit., p. 84

[61] CÔTE (C-E.), « La réception du droit international en droit canadien » in VERGE (P.) (dir.), *Droit international du travail, Perspectives canadiennes*, Ed. Yvon Blais, 2010, p. 380

Au-delà des considérations juridiques liées à ces spécificités constitutionnelles, cette politique du gouvernement canadien en matière de ratification des droits humains ou du travail explique le faible nombre de ratifications de Conventions de l'OIT par le Canada[62]. Dans un souci de prévention, elle garantit néanmoins la collaboration des provinces au stade de la mise en œuvre des textes ratifiés.

Contrairement à la France et à l'Afrique du Sud, l'organisation étatique du Canada apparaît comme un obstacle potentiel à la mise en œuvre des normes internationales du travail ou, du moins, à leur application homogène : *« une certaine lourdeur, une certaine lenteur, s'attache inévitablement à la réaction canadienne »*[63]. L'importance des compétences accordées aux entités infra-étatiques s'exprime également en matière d'organisation juridictionnelle.

Sous-section 2 : Organisation juridictionnelle

Liée notamment aux spécificités institutionnelles nationales, l'organisation juridictionnelle varie considérablement d'un Etat à l'autre. Ces particularismes se retrouvent dans les modalités de mise en œuvre des normes internationales du travail par les juges nationaux.

§1. La distinction entre juge judiciaire et juge administratif en France

Comme tous les pays qui s'inscrivent purement dans la tradition du droit civil ou du droit romano-germanique, la France opère une division entre droit privé et droit public[64], contrairement à l'Afrique du Sud et au Canada (en-dehors du Québec). Cette distinction repose notamment sur le présupposé selon lequel les relations entre gouvernants et gouvernés posent des questions qui doivent être traitées de manière singulière, eu égard à la nécessité d'accorder une place différente à l'intérêt général et aux intérêts particuliers[65].

Cette spécificité se poursuit par la dualité des régimes applicables aux salariés employés dans le secteur privé, d'une part, et aux agents publics,

---

[62] VERGE (P.), ROUX (D.), « L'affirmation des principes de la liberté syndicale, de la négociation collective et du droit de grève selon le droit international et le droit du travail canadien : deux solitudes ? » in VERGE (P.) (dir.), *Droit international du travail, Perspectives canadiennes*, op. cit., p. 446

[63] Ibid., p. 448

[64] DAVID (R.), JAUFFRET-SPINOSI (C.), GORE (M.), *Les grands systèmes de droit contemporains*, Dalloz, 12ème éd., 2016, p. 69

[65] Ibid., p. 63

travaillant pour le compte de l'Etat, d'autre part[66]. Alors que les premiers relèvent du droit du travail, les seconds sont assujettis au droit de la fonction publique, tous deux pouvant être soumis à l'application des normes internationales du travail[67]. Bien que les droits applicables aux travailleurs du secteur privé et aux agents du secteur public tendent peu à peu à se rapprocher[68], quelques sensibles différences peuvent exister entre deux voies de jurisprudence[69].

C'est en suivant la logique de la séparation entre le droit privé le droit public que le juge judiciaire doit être distingué du juge administratif, tous deux étant acteurs de la mise en œuvre des Conventions de l'OIT. En application du principe de séparation des autorités judiciaires et administratives, le juge administratif est très schématiquement compétent pour connaître des questions impliquant l'autorité publique ou de la légalité des actes réglementaires : en plus de traiter des questions impliquant l'Etat-employeur, il est amené à se prononcer lorsqu'agit l'Etat-puissance publique. Le juge judiciaire, quant à lui, est compétent pour connaître des litiges entre personnes privées mais également lorsqu'il est sollicité en qualité de gardien des libertés individuelles.

Compte tenu de l'organisation unitaire du système français et de l'indivisibilité de la souveraineté, le caractère décentralisé n'emporte aucune conséquence en ce qui concerne l'organisation de la justice. Les juridictions administratives et judiciaires sont organisées de manière centralisée, suivant une organisation pyramidale.

---

[66] Bien que le Québec distingue également le droit privé du droit public, on n'y retrouve pas la dualité de régimes applicables aux travailleurs des secteurs privés ou publics, que ce soit en matière de droit applicable ou en termes procéduraux.

[67] Avec, parfois, quelques aménagements. Par exemple, la Convention n° 98 sur la négociation collective précise en son article 6 qu'elle ne s'applique pas aux fonctionnaires publics. La Convention n° 151 sur les relations de travail dans la fonction publique vise à compenser cette exclusion.

[68] Que ce soit à travers la pratique des juges, par le rapprochement des règles (notamment en matière d'hygiène et de sécurité ou de dialogue social) ou par la correspondance entre les structures de ces deux droits, fondés sur une superposition de sources normatives, visant à régir le régime *« des travailleurs par voie de dispositions générales et impersonnelles »*. MORIN-GALVIN (A.), *La convergence des jurisprudences de la Cour de cassation et du Conseil d'Etat. Contribution au dialogue des juges en droit du travail*, LGDJ, 2013 ; STRUILLOU (Y.), « Le droit du travail, horizon indépassable du droit de la fonction publique », AJDA, 12 décembre 2011, pp. 2399-2402 ; FONT (N.), *Le travail subordonné entre droit privé et droit public*, Dalloz, 2009, p. 399 et pp. 461-492

[69] Cf. infra. Chapitres 1et 2

Globalement, l'organisation juridictionnelle française peut être présentée par un système dual et centralisé, dominé à la fois par la Cour de cassation en matière judiciaire et par le Conseil d'Etat en matière administrative, chacun menant une politique d'application et d'interprétations des instruments de l'OIT. En cela, la système français apparaît, dans une certaine mesure, comparable au système sud-africain, même si ce dernier apparaît plus complexe.

§2. Un système pyramidal complexe en Afrique du Sud

En Afrique du Sud, au plan organisationnel, des juridictions spécialisées sont chargées de traiter des litiges en matière de travail (leur nombre tend à se multiplier depuis 1994[70]). La mise en œuvre des voies de recours prévues par le *Labour Relations Act* de 1995 apparaît particulièrement complexe, les procédures variant en fonction de la nature des demandes formulées[71]. Elles suivent néanmoins une organisation pyramidale comparable à celle existant en France[72].

Essentiellement sollicitée après l'échec de la conciliation et de l'arbitrage, la *Labour Court* constitue le premier niveau juridictionnel sur les questions du travail. D'un niveau équivalent, la *High Court*, juridiction de droit commun, peut exercer une compétence concurrente à celle de la *Labour Court* lorsqu'un litige porte notamment sur l'allégation d'une violation des droits fondamentaux protégés par le Chapitre 2 de la Constitution (le *Bill of Rights*) dans le cadre professionnel, de la constitutionnalité des actes pris par l'Administration (en tant que puissance publique ou qu'employeur)[73]. Elle peut également être amenée à connaître de questions professionnelles si des salariés choisissent de contester la rupture de leur contrat de travail sur le terrain de l'action contractuelle[74].

La *Labour Appeal Court*, qui entend les appels formulés contre les décisions de la *Labour Court*, constitue en principe l'ultime voie de recours. Toutefois, si elles l'acceptent (lorsque des questions constitutionnelles sont en jeu), la *Supreme Court of Appeal*, qui domine le système juridictionnel (en-dehors des questions constitutionnelles) du pays, et la *Constitutional Court*

---

70 VAN JAARSVELD (F.), VAN ECK (S.), *Principles of labour law*, op. cit., pp. 21-22

71 Sans évoquer les mécanismes de résolution privés des différends, incités par la loi

72 Pour une présentation simplifiée, cf. Annexe 1 : Organisation juridictionnelle de l'Afrique du Sud - Juridictions compétentes en matière de travail

73 GROGAN (J.), *Workplace Law*, Juta, 10ème éd., 2009, p. 434

74 *Tsika v Buffalo City Municipality* (2009) 30 ILJ 105 €, para. 66. Voir GROGAN (J.), *Workplace Law*, Juta, 10ème éd., 2009, p. 441

(s'agissant des questions portant principalement sur un droit protégé par la Constitution) peuvent statuer en dernier ressort[75]. Chaque Cour est liée par les décisions de ses juridictions supérieures[76].

L'on constate ainsi que la justice du travail en Afrique du Sud est organisée suivant un schéma centralisé[77], comparable à celui existant en France, qui favorise le développement d'interprétations centralisées des textes de l'OIT[78]. Les deux pays se distinguent donc assez nettement du Canada, qui dispose d'un double système de juridictions et où les provinces jouent un rôle important.

§3. L'existence d'un double niveau de juridictions au Canada

La coexistence d'un droit fédéral aux côtés d'un droit provincial du travail a amené l'émergence d'un double système de juridictions, à la fois à l'échelle provinciale et au niveau fédéral.

Conformément à la loi constitutionnelle de 1867, le pouvoir judiciaire est réparti entre le gouvernement fédéral et les gouvernements provinciaux. Deux voies doivent ainsi être distinguées, toutes deux étant cependant dominées par la Cour suprême du Canada[79].

Au niveau provincial, trois niveaux de juridictions sont placés sous la Cour suprême : les Cours provinciales (ou les tribunaux administratifs provinciaux, en fonction des litiges), les Cours supérieures provinciales puis les Cours d'appel provinciales. Le premier niveau relève de la compétence des gouvernements provinciaux, notamment en ce qui concerne la création d'une juridiction ou la nomination des juges[80]. Cette situation confère aux juges une autonomie certaine au regard du pouvoir fédéral en même temps qu'elle peut entraîner de grandes disparités organisationnelles d'une province à l'autre. En ce qui concerne les Cours supérieures, le pouvoir est partagé entre l'Etat fédéral, compétent pour nommer les juges, et les provinces, habilitées notamment à constituer et organiser les Cours[81].

---

[75] GROGAN (J.), *Workplace Law*, op. cit., pp. 438-442

[76] Section 182 de la LRA

[77] Par commodité, seules les décisions de justice rendues au moins au niveau de la *Labour Court* sont ici étudiées

[78] Cf. infra. Chapitre 1

[79] Pour un tableau récapitulatif, cf. Annexe 2 : Organisation juridictionnelle du Canada - Juridictions compétentes en matière de travail

[80] COUTU (M.), BOURGAULT (J.), DESJARDINS (A.), *Droit fédéral du travail*, op. cit., p. 41

[81] Ibid., p. 42

Pour ce qui est de la mise en œuvre du droit fédéral du travail, trois niveaux sont également prévus : les tribunaux fédéraux spécialisés et les tribunaux administratifs[82], la Cour fédérale qui traite en première instance de violations du droit fédéral puis la Cour d'appel fédérale[83]. L'ensemble de ces entités relève de la compétence de l'Etat fédéral.

Par rapport à l'Afrique du Sud et à la France, le Canada s'illustre ainsi par l'imbrication de deux systèmes juridictionnels, le premier, fédéral, étant organisé de façon pyramidale, le second, le principal, reposant sur les provinces. En pratique, au vu de la proportion de travailleurs relevant des droits du travail provinciaux, la majorité de décisions de justice provient des juridictions provinciales. Bien que la Cour suprême du Canada figure comme l'organe dominant l'ensemble des systèmes juridictionnels provinciaux, un tel morcellement du contentieux à l'échelle d'un Etat peut potentiellement favoriser des divergences d'appréciations entre tribunaux, s'agissant en particulier de la place du droit international du travail[84].

Conclusion du chapitre préliminaire

La France, le Canada et l'Afrique du Sud présentent tous trois des spécificités telles qu'en termes institutionnels, au regard des éléments pouvant influer sur la pénétration des normes internationales du travail dans les ordres internes, ils paraissent tous aussi éloignés les uns des autres, alors qu'il aurait pu sembler tentant de rapprocher de prime abord les deux Etats fédéraux et anciennes colonies britanniques.

Qu'il s'agisse de la structure fédérale, pouvant ou non freiner la mise en œuvre de traités, de l'organisation duale du système juridictionnel ou d'une ouverture structurelle aux sources de droit extranationales, par exemple, de nombreux facteurs peuvent contribuer ou, à l'opposé, nuire au développement du droit international du travail devant les juges nationaux.

Cela étant, en dépit de la conclusion faussement évidente qui pourrait être tirée de la diversité des situations nationales, laquelle pourrait amener à supposer que les juges entretiennent des rapports radicalement différents

---

[82] Très spécialisés, ils ne font pas officiellement partie de l'appareil judiciaire canadien mais ils ont une importance majeure essentiel en matière contentieuse (relations de travail, discrimination…). COUTU (M.), BOURGAULT (J.), DESJARDINS (A.), *Droit fédéral du travail*, op. cit., pp. 50-51

[83] Ibid., pp. 44-47

[84] Cf. infra. Chapitre 1

avec le droit international du travail, une observation des jurisprudences nationales permet, au contraire, d'observer une tendance commune.

Chapitre 1
Une tendance commune à la réception du droit international du travail par les juges nationaux

Selon le Professeur Jean-Sylvestre BERGE, *« aucun système juridique ne peut prétendre réglementer seul une situation donnée. Le domaine d'application de tout système juridique est potentiellement concurrencé par la présence d'autres systèmes juridiques »*[1]. Dans ce contexte d' *« incomplétude »*[2] des systèmes nationaux, les juges sont amenés à dépasser leur cadre national et à se référer à d'autres sources[3]. Ainsi, que ce soit en Afrique du Sud, au Canada ou en France, ils sont tous conduits à envisager le droit international, quelles que soient les spécificités des systemes dans lesquels ils évoluent[4].

L'on peut rapprocher les textes issus de l'OIT des instruments internationaux de protection des droits de l'Homme, en ce qu'ils ne consistent pas à régir les relations entre Etats mais aspirent à organiser les relations entre Etats et particuliers voire entre personnes privées. La nature même de ces instruments, particulièrement attrayants pour les parties dans le cadre de contentieux, amène les juges à s'interroger quant à la place qui peut leur être accordée dans l'ordre national. Une telle opération apparaît inévitable, au regard des attentes des justiciables, conscients du gisement de droits subjectifs d'origine internationale. Partant, il convient de s'interroger quant aux raisons et aux modalités par lesquelles des juges, évoluant dans des systèmes différents, peuvent être amenés à compléter voire à dépasser leur droit national en intégrant le droit international du travail dans leur raisonnement.

La compréhension des rapports entretenus entre les ordres internes et internationaux en France, au Canada et en Afrique du Sud apparaît nécessaire afin de dépasser une vision réductrice voire caricaturale de la

---

[1] BERGE (J-S.), *L'application du droit national, international et européen*, op. cit., p. 31

[2] Ibid., p. 29

[3] Comme il a déjà été écrit, *« longtemps cantonnés à l'interprétation rigoureuse du droit, les juges sont peut-être aujourd'hui les agents les plus actifs de sa mondialisation et, partant, les ingénieurs de sa transformation »*. ALLARD (J.), GARAPON (A.), *Les juges dans la mondialisation, La nouvelles révolution du droit*, Seuil, 2005, p. 6 cité par ROBIN-OLIVIER (S.), « La référence (non-imposée) à d'autres droits par les juges des Etats membres de l'Union européenne » in ROBIN-OLIVIER (S.), FASQUELLE (D.), *Les échanges entre les droits, l'expérience communautaire*, Bruylant, 2008, p. 142

[4] Cf. supra. Titre préliminaire

classification binaire monisme / dualisme. La réception du droit international du travail et des instruments de l'OIT ne constitue en effet qu'une manifestation de la tendance à l'ouverture des systèmes nationaux.

L'observation des jurisprudences et textes de droit nationaux révèle ainsi que l'intégration des normes internationales du travail dans les ordres internes (Section 2) apparaît comme une expression particulière de l'attitude accueillante des juges ou systèmes canadiens, français et sud-africains à l'égard du droit international (Section 1).

Section 1 La réception du droit international par les juridictions internes

La distinction souvent opérée entre Etats monistes (suivant la théorie prônée par KELSEN[5]) ou dualistes (conformément à la conception d'ANZILOTTI et de TRIEPEL[6]) ne permet pas de cerner avec précision la place du droit international devant le juge national. Les frontières entre ces deux traditions se révèlent en effet poreuses[7] alors que la pratique des Etats s'inspire très approximativement de l'une ou l'autre de ces théories. Les juges peuvent en effet limiter l'application du droit international dans un système dit moniste ou, au contraire, accueillir ce dernier dans un système dit dualiste.

Ainsi, alors que les rapports entretenus entre les systèmes français, canadien et sud-africain et l'ordre international découlent directement de traditions juridiques pour le moins diverses, les juges des trois pays peuvent recourir au droit international.

Sous-section 1 : Des rapports variables entre les juges nationaux et l'ordre international

L'aptitude d'une norme internationale à être mobilisée devant un juge dépend tant de son contenu que du cadre institutionnel national. Les normes internationales dites *self-executing*, ou exécutoires par elles-mêmes, peuvent

---

[5] Qui s'inspire sans doute du droit constitutionnel des Etats fédéraux (RIGAUX (F.), *La loi des juges*, Editions Odile Jacob, 1997, p. 20). Sa théorie est fondée sur l'idée selon laquelle existe un ordre juridique unique, où se côtoient le droit international et les droits internes (SCIOTTI-LAM (C.), *L'applicabilité des traités internationaux relatifs aux droits de l'Homme en droit interne*, Bruylant, 2004, p. 118)

[6] ANZILOTTI (D.), *Cours de droit international*, Librairie Recueil Sirey, 1929 ; TRIEPEL (H.), « Les rapports entre le droit interne et le droit international », RCADI, 1923, pp. 77-118

[7] THOMAS (C.), OELZ (M.), BEAUDONNET (X.), « The use of international labour law in domestic courts: Theory, recent jurisprudence and practical implications », op. cit., p. 257

être appliqués directement dans l'ordre interne[8]. Pour cela, encore est-il nécessaire que les Etats prévoient cette faculté, ces derniers appréciant par ailleurs le caractère *self-executing* des sources internationales.

Les constitutions apparaissent souvent insuffisantes lorsqu'il s'agit d'établir les rapports entre le droit international et les ordres nationaux. L'étude de la jurisprudence apparaît alors déterminante. Sur ce point, la France, le Canada et l'Afrique du Sud reflètent trois conceptions différentes.

§1. Le monisme français

La Constitution du 4 octobre 1958 met en place un système moniste. Aux termes de son article 55, *« les traités ou accords régulièrement ratifiés ou approuvés ont, dès leur publication, une autorité supérieure à celle des lois, sous réserve, pour chaque accord ou traité, de son application par l'autre partie »*. Dès lors que les trois conditions prévues par cette disposition sont réunies[9], les normes internationales s'intègrent donc automatiquement dans l'ordre interne[10] et sont considérées comme s'imposant aux lois nationales.

Le principe moniste posé par la Constitution laisse un certain nombre de questions en suspens. Tout d'abord, il a fallu que les juges précisent la signification de l'idée de suprématie des traités et accords internationaux dans l'ordre interne. Ensuite, la question de l'invocabilité des normes internationales devant les juridictions continue de susciter des interrogations.

A/ La suprématie des traités et accords internationaux sur la loi

Face aux difficultés d'interprétation concernant la portée de la suprématie du droit international dans l'ordre interne, la Cour de cassation et le Conseil d'Etat ont apporté un certain nombre de précisions s'agissant des effets de l'article 55 en matière juridictionnelle.

Après la décision rendue le 15 janvier 1975 par le Conseil constitutionnel à propos de la loi relative à l'interruption volontaire de grossesse[11], la Cour de

---

[8] COMBACAU (J.), SUR (S.), *Droit international public*, op. cit., p. 185

[9] Ratification ou approbation régulière, publication, réciprocité dans l'application de l'engagement

[10] Alors que, jusqu'en 1958, un acte de promulgation émanant du Président de la République était nécessaire. BERGE (J-S.), *L'application du droit national, international et européen*, op. cit., p. 202

[11] Conseil constitutionnel, 15 janvier 1975, décision n° 74-54 DC, Loi relative à l'interruption volontaire de grossesse

cassation puis le Conseil d'Etat, dans leurs arrêts *Jacques Vabre*[12] et *Nicolo*[13], ont renforcé l'idée selon laquelle les normes internationales s'imposaient aux lois. Depuis, prenant le contrepied de la théorie de la *« loi-écran »* qui amenait à écarter les dispositions internationales contraires aux dispositions légales qui lui étaient postérieures, les juges administratifs et judiciaires écartent toute loi contraire à une norme internationale, qu'elle lui soit antérieure ou postérieure[14].

Ainsi, les juges sont amenés à connaître des normes internationales et à en faire application, sans qu'aucune disposition légale ne puisse faire échec à leur mise en œuvre.

Au plan procédural, demeure la question, non réglée par l'article 55 de la Constitution, de savoir comment les parties peuvent mobiliser ces sources supranationales dans le cadre de procédures juridictionnelles.

B/ L'invocabilité du droit international devant les juges français

L'applicabilité directe des normes internationales dans l'ordre interne n'implique pas nécessairement une faculté pour les justiciables de se prévaloir de tous les textes internationaux ratifiés par la France. Les juges figurent comme les régulateurs en la matière[15].

La question récurrente de l'invocabilité de la Convention de New York du 26 janvier 1990 relative aux droits de l'enfant a été l'occasion pour le Conseil d'Etat[16] et la Cour de cassation[17] d'apporter des précisions concernant les critères d'utilisation des normes internationales dans le cadre de procédures juridictionnelles. Les juges ont pris le parti de distinguer,

---

[12] Cass. Mix., 24 mai 1975, *Société des Cafés Jacques Vabre*, n° 73-13556

[13] CE, Ass., 20 octobre 1989, *Nicolo*, n° 108243

[14] BERGE (J-S.), *L'application du droit national, international et européen*, op. cit., p. 204. Les juridictions suprêmes administrative et judiciaire ont en revanche affirmé la supériorité des dispositions constitutionnelles nationales sur le droit international : CE, Ass., 30 octobre 1998, req. n° 200286 et 200287, *Sarran* ; Ass. plén., 2 juin 2000, n° 99-60.274, *Fraisse*

[15] Selon le Professeur Serge SUR, si *« la capacité accrue de pénétration du droit international ne résulte pas nécessairement d'un gouvernement des juges (...) elle apparaît cependant correspondre à une politique judiciaire, et en toute hypothèse résulte de l'action des juridictions »*. SUR (S.), « Progrès et limites de la réception du droit international en droit français » in BEN ACHOUR (R.), LAGHMANI (S.), *Droit international et droits internes, développements récents*, Editions A. Pedone, 1998, p. 210

[16] CE, 10 mars 1995, n° 141083

[17] Cass. Civ. 1ère, 14 juin 2005, n° 04-16.942

parmi les dispositions de la Convention, entre celles purement proclamatoires, qui ne visent pas à atteindre un résultat précis, et celles qui ont vocation à régir des situations nationales[18].

D'une façon générale (même si le juge judiciare est moins précis dans son analyse que le juge administratif), les juges admettent qu'une disposition (plutôt qu'un traité) soit appliquée directement en se basant sur plusieurs critères. Il faut d'abord qu'elle crée des droits pour les particuliers. Ensuite, l'intention des parties doit révéler que celles-ci entendaient créer des droits pour les particuliers[19]. Par ailleurs, le traité ne peut viser exclusivement à régir les relations entre Etats. Enfin, aucun acte complémentaire ne doit être nécessaire pour qu'il produise ses effets pour les particuliers[20].

En 2012, le Conseil d'Etat a précisé dans le domaine administratif les contours de critères parfois considérés comme imprécis[21]. Pour les juges du Palais-Royal, le fait qu'un traité ait été conclu pour régir les relations entre Etats ne le prive pas d'effet direct horizontal, à moins qu'il ne s'agisse de l'objet *exclusif* de l'instrument. En outre, il n'importe pas qu'une disposition ne vise que les seuls Etats parties comme sujets de l'obligation. Cette précision se révèle fondamentale lorsque l'on considère les Conventions de l'OIT, dont la formulation est le plus souvent adressée aux seuls Etats[22]. Dans sa décision de 2012, le Conseil d'Etat s'est ainsi prononcé en faveur d'une application directe de l'article 6 de la Convention n° 97 sur les travailleurs migrants[23], alors que ce dernier est formulé en des termes ne suggérant pas de manière explicite l'idée d'une application verticale.

---

[18] BERGE (J-S.), *L'application du droit national, international et européen*, op. cit., p. 94

[19] Il convient ici de se baser sur la rédaction de la convention ou, si celle-ci demeure silencieuse, sur son économie générale, son objet et ses termes. AKANDJI-KOMBE (J-F.), « De l'invocabilité des sources européennes et internationales du droit social devant le juge interne », Droit social, n° 11-12, novembre-décembre 2012, p. 1023. Sur la diversité des moyens pouvant être mis en œuvre (recours aux annexes ou aux travaux préparatoires, analyse de la finalité du texte…) afin de déterminer l'intention des parties, voir SCIOTTI-LAM (C.), *L'applicabilité des traités internationaux relatifs aux droits de l'Homme en droit interne*, op. cit., pp. 358-417

[20] CE, 11 avril 2012, n° 322326, *GISTI*, Fédération des associations pour la promotion et l'insertion par le logement (FAPIL)

[21] Ibid.

[22] AKANDJI-KOMBE (J-F.), « De l'invocabilité des sources européennes et internationales du droit social devant le juge interne », op. cit., p. 1015

[23] *« Tout Membre pour lequel la présente convention est en vigueur s'engage à appliquer, sans discrimination de nationalité, de race, de religion ni de sexe, aux immigrants qui se trouvent légalement dans les limites de son territoire, un*

En dépit de cette précision, la *« construction d'une théorie des effets des conventions internationales »*[24] reste à venir, le Conseil d'Etat étant plus avancé dans sa tâche que la Cour de cassation[25]. Au-delà de ce chantier, il apparaît depuis quelques années que les normes internationales font partie intégrante du paysage juridique français, qu'elles soient mises en œuvre sur la base d'une grille de lecture claire ou de façon moins prévisible.

§2. Le dualisme canadien

Héritée du droit anglais en vertu duquel un acte parlementaire est indispensable à l'incorporation des normes internationales dans l'ordre juridique, la conception dualiste a été clairement affirmée par la jurisprudence canadienne. Progressivement, les juges ont néanmoins infléchi leur conception initiale.

A/ Le principe du dualisme

Les textes constitutionnels canadiens ne se prononcent pas explicitement sur les rapports entre l'ordre juridique interne canadien et l'ordre international. La Cour suprême et, avant elle, le Conseil privé, se sont en revanche clairement exprimés sur ce point.

Dès 1944, le juge THORSON avait clarifié la portée de l'approche dualiste héritée du droit anglais à propos de l'effet d'un Traité de Paix : si l'acte par lequel le Roi met fin à la guerre est opposable à ses sujets, celui-ci ne saurait par la même occasion outrepasser son rôle en décidant seul de porter atteinte à l'intégrité du territoire ou en affectant les droits individuels[26].

---

traitement qui ne soit pas moins favorable que celui qu'il applique à ses propres ressortissants en ce qui concerne les matières suivantes... »

[24] CASSIA (P.), ROBIN-OLIVIER (S.), « L'invocabilité limitée des conventions internationales dans la jurisprudence administrative », JCP G, 2 juillet 2012, n° 27, p. 806

[25] Alors que la pratique de la concertation entre la chambre sociale de la Cour de cassation et le Conseil d'Etat laissait envisager l'émergence d'une jurisprudence unifiée (AKANDJI-KOMBE (J-F.), « De l'invocabilité des sources européennes et internationales du droit social devant le juge interne », op. cit., p. 1020), la Haute Juridiction n'a pour le moment procédé à aucun ajustement de sa jurisprudence, la *« navigation à vue »* semblant toujours guider son action (AKANDJI-KOMBE (J-F.), « Le droit social : droit national, européen ou international ? », Semaine sociale Lamy, Les 13 paradoxes du Droit du travail, 2011, 1508)

[26] *« While a Treaty of Peace can be made only by the Crown, it still remains an act of the Crown. While it is binding upon the subjects of the Crown without legislation in the sense that it terminates the state of war, it has never, so far as I have been*

Plus largement, en application du principe de souveraineté parlementaire, les tribunaux ne tiennent pas compte des traités qui n'ont pas été incorporés en droit interne et dont les termes impliqueraient des changements dans ce droit[27]. Une conception dualiste des ordres juridiques gouverne donc d'intégration des traités en droit interne, de sorte que ces derniers voient en théorie leur applicabilité subordonnée à l'adoption de mesures de droit interne. En revanche, le droit international coutumier est assujetti à un autre régime. S'agissant précisément des coutumes prohibitives universellement admises (interdiction de l'esclavage…), les juges ont estimé que ces règles étaient intégrées au droit national en ce qu'elles faisaient partie de la *Common Law*[28], cet héritage de l'Empire britannique ayant survécu au temps. Finalement, comme l'ont souligné les Professeurs Pierre VERGE et Dominic ROUX, le droit canadien, *« d'un point de vue systémique, (...) se montre marginalement, mais directement perméable aux valeurs du droit international, même si plus couramment, il exige la transposition législative des engagements internationaux... »*[29].

Ainsi, il est admis depuis de nombreuses décennies que la ratification d'un traité ne saurait produire d'effets que dans l'ordre international, sans modifier le droit interne et les droits des individus. Une loi interne doit nécessairement intervenir pour transposer tout ou partie de ses dispositions. Bien que le traité ne produise d'effets dans l'ordre interne qu'en vertu de la loi ainsi adoptée, le juge qui met en œuvre cette dernière est tenu de procéder à l'interprétation de la loi à la lumière du droit international[30].

---

able to ascertain, been decided or admitted that the Crown could by its own act in agreeing to the terms of a treaty alter the law of the land or affect the private rights of individuals ». Bitter c. Secretary of State of Canada, [1944] 3 D.L.R. 482 (Cour de l'Echiquier), 497-8 cité par BRUN (H.), TREMBLAY (G.), *Droit constitutionnel*, 3ème éd., Editions Yvon Blais, Bibliothèque nationale du Québec, 1997, p. 663

[27] *Avis sur les Conventions de travail*, op. cit., A.C. 326, 347-8 cité par BRUN (H.), TREMBLAY (G.), *Droit constitutionnel*, op. cit., pp. 662-663

[28] Voir *R. c. Hape*, [2007] 2 R.C.S. 292 cité par CÔTE (C-E.), « La réception du droit international en droit canadien », op. cit., pp. 363-366

[29] VERGE (P.), ROUX (D.), « L'affirmation des principes de la liberté syndicale, de la négociation collective et du droit de grève selon le droit international et le droit du travail canadien : deux solitudes ? » in VERGE (P.) (dir.), *Droit international du travail, Perspectives canadiennes*, op. cit., p. 444

[30] *Re R. and Palacios*, (1984) 7 D.L.R. (4th) 112 (Cour d'appel de l'Ontario) ; *Thomson c. Thomson*, [1994] 3 R.C.S. 551, 577-8 cité par BRUN (H.), TREMBLAY (G.), *Droit constitutionnel*, op. cit., p. 664

B/ L'usage interprétatif du droit international

Selon la jurisprudence de la Cour suprême, à défaut d'invocabilité directe, les traités ratifiés par le Canada trouvent leur place dans le cadre de procédures de justice par le biais d'un principe d'interprétation conforme[31] aux engagements internationaux du pays.

L'arrêt *Baker* rendu en 1999 par la Cour suprême du Canada précise les contours de la place du droit international devant le juge canadien[32]. Dans cette affaire, une ressortissante jamaïcaine, qui s'était vu notifier un avis d'expulsion du territoire, invoquait le bénéfice de la Convention internationale relative aux droits de l'enfant[33] et notamment le principe de la prise en compte de l'intérêt supérieur des enfants (les notes de l'agent d'immigration qui avait traité sa demande ayant révélé que celui-ci n'avait pas pris en compte les intérêts de ses enfants avant de se prononcer). Pour faire droit à sa requête, la juge L'HEUREUX-DUBE a souligné, après avoir rappelé que la Convention ne pouvait être mise en œuvre directement en droit interne en l'absence d'introduction législative, l'importance du droit international dans l'interprétation du droit interne[34]. Partant, elle a considéré que les principes de protection de l'enfant et de l'enfance issus de la Convention internationale relative aux droits de l'enfant et d'autres instruments internationaux devaient guider l'appréciation du caractère raisonnable de l'exercice du pouvoir en matière humanitaire[35].

D'une manière générale, la question de l'interprétation se pose de manière prégnante lorsqu'il s'agit de mettre en œuvre la Constitution canadienne et, notamment, les droits découlant de la Charte canadienne des droits et libertés de 1982. Celle-ci garantit un certain nombre de droits et libertés aux individus et peut être invoquée directement devant le juge contre tout acte

---

[31] Dans cette situation, il a été suggéré d'utiliser plutôt l'expression *« interprétation croisée »*, en ce que *« la norme internationale irrigue les normes constitutionnelles »*. MIRON (A.), « L'application par les juges d'autres Etats » in THOUVENIN (J-M.), TREBILCOK (A.) (dir.), *Droit international social*, Tome 1, Bruylant, Paris, 2013, pp. 585-586

[32] *Baker c. Ministre de la Citoyenneté et de l'Immigration*, [1999] 2 R.C.S. 817

[33] Dont l'article 3§1 énonce : *« Dans toutes les décisions qui concernent les enfants, qu'elles soient le fait des institutions publiques ou privées de protection sociale, des tribunaux, des autorités administratives ou des organes législatifs, l'intérêt supérieur de l'enfant doit être une considération primordiale »*

[34] *« Les valeurs exprimées dans le droit international des droits de la personne peuvent (...) être prises en compte dans l'approche contextuelle de l'interprétation des lois et en matière de contrôle judiciaire ». Baker c. Ministre de la Citoyenneté et de l'Immigration*, op. cit., para. 70

[35] Ibid., para. 71

fédéral ou édicté au niveau de la province. Dans de nombreuses décisions, les juges de la Cour suprême ont estimé que la Charte canadienne, au même titre que d'autres Chartes, devait recevoir une interprétation *« large et libérale »*, permettant à chacun de bénéficier de la protection la plus étendue[36]. Par exemple, partant de ce principe, la Cour suprême a considéré que la publicité commerciale était protégée par la liberté d'expression telle qu'elle résulte notamment de l'alinéa 2 b) de la Charte canadienne de 1982 et de l'article 3 de la Charte québécoise des droits et libertés de la personne, aucune disposition n'interdisant l'inclusion de la publicité commerciale dans cette liberté[37].

La conception dualiste des rapports entre l'ordre international et l'ordre national n'implique donc pas une étanchéité des juridictions canadiennes à l'égard du droit international. Celui-ci peut, dans certains cas, être utilisé par le juge aux fins d'interprétation. Les enjeux soulevés par les questions du travail pouvant impliquer des droits constitutionnellement protégés, les Conventions de l'OIT ont particulièrement été regardées, tant par les juges que par les parties.

§3. Le système mixte sud-africain

La souplesse du dualisme sud-africain, qui s'accommode avec une certaine forme de monisme, doit être mise en perspective avec l'histoire du pays qui, dans le passé, était largement ouvert au droit international[38] (bien que le régime d'Apartheid ait entraîné un mouvement en faveur de la suprématie du législateur). En 1971, les juges suprêmes ont ainsi déclaré que le droit international faisait partie du droit sud-africain[39], les juridictions internes

---

[36] *R. c. Big M Drug Mart Ltd.*, [1985] 1 R.C.S. 295, 344 ; *Hunter c. Southam Inc.*, [1984] 2 R.C.S. 145, 156 cité par BRUN (H.), TREMBLAY (G.), *Droit constitutionnel*, op. cit., p. 912

[37] *Irwin Toy c. P. G. Québec*, [1986] R.J.Q. 2441, 2447 ; *Ford c. Québec (P.G.)*, [1988] 2 R.C.S. 712, 755-6 cité par BRUN (H.), TREMBLAY (G.), *Droit constitutionnel*, op. cit., p. 912

[38] Cf. supra. Chapitre préliminaire. Entre le XVIIème et le XIXème siècle, l'influence du droit romain-hollandais a conduit à une assimilation du droit international et du droit interne, un auteur hollandais comme Grotius considérant ces deux domaines comme les composantes d'un ordre juridique universel basé sur le droit naturel. DUGARD (J.), *International Law, A South African Perspective*, Juta, 2005, 3ème éd., p. 48

[39] International law *« forms part of our law »*, reprenant ainsi la formule utilisée par BLACKSTONE au XVIIIème siècle (« *international law is a part of the Law of the Land* »). Pour Paul de VISSCHER, cette règle *« a pour effet d'autoriser le juge interne à considérer comme faisant partie du Common Law les règles impératives et certaines du droit international commun, alors même que ces règles n'auraient fait*

étant tenues d'établir et mettre en œuvre la règle de droit international appropriée[40]. Cela étant, au-delà du droit coutumier, en Afrique du Sud (comme au Royaume-Uni), le pouvoir exécutif étant seul compétent pour conclure des traités, il est également apparu nécessaire, y compris aux juges, de subordonner l'intégration des traités au droit interne à un acte du législateur[41].

Il a fallu attendre la Constitution intérimaire de 1993 pour que la question de la place du droit international dans l'ordre interne soit traitée au niveau constitutionnel. La version finale du texte fondamental de 1996 règle le sujet, en ses sections 231 à 233. Aujourd'hui, la souplesse du système sud-africain et son caractère mixte s'expriment par l'applicabilité directe des dispositions considérées comme *self-executing*, même si les contours de ce principe restent imprécis. Ensuite, le juge sud-africain, à l'image de plusieurs de ses homologues du *Commonwealth*[42], se réfère au droit international afin d'interpréter le droit national.

---

l'objet d'aucune reconnaissance ou réception formelle de la part du législateur national ». DE VISSCHER (P.), « Les tendances internationales des constitutions modernes » in R.C.A.D.I., 1952, Vol. I, pp. 522-525 cité par MABAKA (P.), « L'incorporation de la Convention européenne des droits de l'Homme dans l'ordre juridique britannique », RTDH, n° 2000/41, p. 24

[40] *« To ascertain and administrate the appropriate rule of international law »*. South Atlantic Islands *Development Corporation Ltd v Buchan* 1971 (1) SA 234 (C) cité par DUGARD (J.), *International Law, A South African Perspective*, op. cit., p. 52

[41] Dans l'arrêt *Pan American World Airways Incorporated v SA Fire and Accident Insurance Co Ltd*[41], le juge STEYN a ainsi déclaré : *« in this country the conclusion of a treaty, convention or agreement by the South African government with any other government is an executive and not legislative act. As a general rule, the provisions of an international instrument so concluded, are not embodied in our law except by legislative process... In the absence of any enactment giving (its) relevant provisions the force of law, (it) cannot affect the rights of the subject »*. Mettant en exergue la situation où le droit international était privé d'effectivité face au droit interne, une juridiction avait également souligné que le droit national reconnaissait la plupart des droits fondamentaux … dès lors qu'ils n'étaient pas contredits par la législation. *S v Adams and Werner*, Appelate Division, 15 septembre 1980, SALR 1981-1, p. 205. PRISO ESSAWE (S-J.), « La garantie du droit international des droits de l'Homme dans la Constitution » in SERMET (L.) (dir.), *Droit et démocratie en Afrique du Sud*, L'Harmattan, 2001, p. 156 cité par SALCEDO (C.), *La transition démocratique sud-africaine*, LGDJ, 2011, p. 151

[42] Cf. supra. §2 à propos du Canada

A/ Les contours imprécis de l'applicabilité directe des dispositions self-executing

Le droit international, *« rejoignant la préoccupation de la protection de droits fondamentaux, contenait les éléments nécessaires pour laver l'Afrique du Sud des scories de l'Apartheid »*[43]. Pour cette raison, le système établi au début des années 1990 emprunte des traits au monisme.

Selon l'article 231 (4) de la Constitution, un accord international acquiert la force d'une loi de la République après avoir été adopté en tant que telle par la législation nationale. Toutefois, en complément, ce texte précise qu'une disposition considérée comme *self-executing* d'un traité régulièrement ratifié acquiert automatiquement force de loi, à moins qu'elle ne soit contraire à la Constitution ou à un Acte du Parlement.

Ainsi, même si l'Afrique du Sud peut d'un certain point de vue être qualifiée de pays dualiste, le monisme est présent dans le système national, certaines dispositions conventionnelles pouvant être appliquées par les juges par le simple effet de leur ratification par leurs autorités. En l'absence de précision constitutionnelle ou légale, les juges disposent d'une certaine latitude pour qualifier une disposition de *self-executing*. Comme l'a souligné le Professeur John DUGARD, ils sont amenés à se prononcer au cas par cas, au regard de la nature du traité, de la précision de ses termes et des dispositions de droit sud-africain existant sur le sujet envisagé[44].

S'agissant des Conventions et Recommandations de l'OIT, le Professeur Neuville RUBIN a fait valoir en 1998 que certaines d'entre elles pouvaient potentiellement être considérées comme *self-executing*, tout en exprimant son scepticisme à ce propos et rappelant la nécessité de justifier systématiquement ce caractère[45]. En pratique, il apparaît que les instruments de l'OIT sont utilisés par le juge à des fins d'interprétation du droit interne.

---

43 PRISO ESSAWE (S-J.), « La garantie du droit international des droits de l'Homme dans la Constitution », op. cit., p. 155

44 Si le droit américain, riche d'exemples en la matière, peut servir de source d'inspiration, celui-ci ne permet pas au juge de surmonter les difficultés liées à l'interprétation du concept obscur de traité *self-executing*. DUGARD (J.), *International Law, A South African Perspective*, op. cit., p. 62

45 RUBIN (N.), « International labour law and the new law of the new South Africa », African Law Journal, 685, p. 705

B/ L'usage interprétatif du droit international

La Constitution adoptée après la fin de l'Apartheid a consacré l'ouverture des juges aux influences extérieures[46]. Ainsi, les juridictions sud-africaines sont réceptives au droit international par le biais de l'interprétation de la loi. A un niveau supérieur, cette idée se retrouve par ailleurs lorsqu'il s'agit de mettre en œuvre le *Bill of Rights*[47].

L'article 233 de la Constitution[48] impose aux juges de privilégier les interprétations de la loi compatibles avec le droit international sur tout autre résultat[49]. Ce principe d'interprétation conforme peut se retrouver dans la loi. En matière de droit du travail (largement forgé par le droit international[50]), la section 3 du *Labour Relations Act* énonce ainsi les directives d'interprétation de son contenu. Ce dernier doit être interprété de façon à donner effet à ses objectifs primaires, conformément à la Constitution et aux obligations du pays en matière de droit international public. En matière d'égalité, l'*Employment Equity Act* se montre encore plus explicite en énonçant en sa section 3 qu'il doit être interprété conformément aux obligations internationales du pays et, en particulier, à la Convention n° 111 de l'OIT concernant la discrimination en matière d'emploi et de profession.

Le recours aux sources extérieures se retrouve particulièrement lorsqu'il s'agit de mettre en œuvre le *Bill of Rights*, celui-ci figurant par ailleurs

---

[46] La Constitution a elle-même été influencée par des textes internationaux (comme la Déclaration universelle des droits de l'Homme, les Pactes onusiens de 1969, la CEDH ou la Charte africain des droits de l'Homme et des Peuples…) ou étrangers (droit indien, américain, canadien, namibien…). VALLIERES (A.), « L'influence des normes internationales et nationales étrangeres sur les droits de la personne en Afrique du Sud », Revue québécoise de droit international, 14(2), 2001, pp. 139-140

[47] Plus généralement, sur ces deux idées, concernant les pays de *Common Law*, voir CHEADLE (H.), « Reception of International Labour Standards in Common-Law Legal Systems », Acta Juridica, 2012, p. 356

[48] *« When interpreting any legislation, every court must prefer any reasonable interpretation of the legislation that is consistent with international law over any alternative interpretation that is inconsistent with international law »*

[49] Selon le Professeur John DUGARD, la notion d'accord international (*international agreement*) employée dans la Constitution doit être lue à la lumière de la Convention de Vienne sur le droit des traités : quelle que soit sa dénomination, un acte a valeur d'accord international ou de traité dès lors qu'il est conclu entre Etats, sous forme écrite et qu'il manifeste une intention de se lier en vertu du droit international. DUGARD (J.), *International Law, A South African Perspective*, op. cit., pp. 62-63

[50] Cf. infra. Section 2

comme l'élément central devant guider les réflexions des juges[51]. L'article 39 (1) de la Constitution de 1996 autorise le recours aux droits étrangers et impose de se référer au droit international public pour interpréter le *Bill of Rights*[52], lequel garantit les libertés et droits fondamentaux dans le pays.

Cet article 39 (1) de la Constitution souligne la volonté nationale de faire coïncider les jurisprudences nationale et internationale en matière de droits de l'Homme[53]. Il énonce les éléments que *doivent* ou *peuvent* prendre en compte les autorités amenées à procéder à l'interprétation du *Bill of Rights* (à savoir, dans le premier cas, les valeurs sous-tendues par une société démocratique basée sur la dignité humaine, l'égalité et la liberté ainsi que le droit international et, dans le second cas, le droit étranger)[54].

Dans cette lignée, dès 1995, la Cour constitutionnelle a insisté sur le fait qu'en même temps qu'elle devait prendre en considération le texte de la Constitution, l'interprétation du texte fondateur de la République se devait d'être généreuse et téléologique, de façon à pouvoir traduire ses valeurs sous-jacentes[55]. La même année, la Cour constitutionnelle, dans l'affaire *Makwanyane*[56], a précisé les instruments internationaux pouvant être utilisés comme *« outils d'interprétation »*, insistant sur l'indifférence quant à leur caractère contraignant. La Cour a ainsi expressément admis la possibilité de se baser sur un gisement particulièrement étendu de sources, qu'il s'agisse d'accords internationaux, de règles coutumières ou de décisions de tribunaux

---

[51] L'article 39 (2) de la Constitution impose en effet à toutes les juridictions nationales amenées à interpréter un texte législatif ou à connaître de la *Common Law* ou du droit coutumier de promouvoir l'esprit, l'objet et le but du *Bill of Rights*. Dans les faits, il apparaît ainsi difficile de distinguer entre les cas où les justiciables invoquent directement le *Bill of Rights* et ceux où il est mis en œuvre indirectement par les juges, par voie d'interprétation. VAN JAARSVELD (F.), VAN ECK (S.), *Principles of labour law*, op. cit., p. 90

[52] Il faut rappeler que le *Bill of Rights* résulte de l'influence de différents systèmes juridiques nationaux ainsi que de plusieurs instruments internationaux de protection des droits de l'Homme.

[53] DUGARD (J.), « International Law and the South African Constitution », European Journal of International Law, 1997 8 (1), p. 84

[54] *« When interpreting the Bill of Rights, a court, tribunal or forum:*
(a) must promote the values that underlie an open and democratic society based on human dignity, equality and freedom;
(b) must consider international law; and
(c) may consider foreign law »

[55] *S v Zuma* 1995 (2) SA 642 (CC), para. 17. KLUG (H.), *The Constitution of South Africa. A contextual analysis*, Hart Publishing, 2010, p. 73

[56] *S v Makwanyane* 1995 6 BCLR 665 (CC). Cette affaire a débouché sur l'abolition de la peine de mort, jugée non conforme à la Constitution

formés sous l'égide d'organisations supranationales (la Cour a notamment cité les rapports établis au sein de l'OIT)[57].

Finalement, le système juridique sud-africain apparaît très sensible au droit international. D'une façon générale, en Afrique du Sud, en France et au Canada, les juges sont susceptibles de faire appel au droit international, qu'il s'agisse d'en faire une application directe ou de s'y référer en tant qu'outil d'interprétation du droit interne. Leur pratique montre que l'idéal moniste ne se traduit pas plus dans les faits que le modèle dualiste : aucun des trois pays ne voit ses juridictions étanches au droit international et aucun système juridictionnel n'accueille de façon automatique et inconditionnelle l'ensemble des traités auxquels est partie l'Etat. Les trois pays suivent une dynamique commune, qui s'exprime par une influence croissante du droit international dans les ordres internes.

Sous-section 2 : Le dépassement de la distinction entre monisme et dualisme

Un bref aperçu des traditions française, canadienne et sud-africaine permet de confirmer l'idée déjà développée en doctrine selon laquelle la distinction entre monisme et dualisme est extrêmement fragile. Dès 1957, Sir Gerald FITZMAURICE dénonçait le caractère *« artificiel et stérile »* de cette dichotomie et soulignait que le droit international trouvait à s'appliquer dès lors que le champ couvert par une problématique s'y prêtait[58]. Evoquant de façon moins radicale la frontière entre les ordres nationaux et internationaux, le Professeur VIRALLY écrivait en 1964 que *« droit international et droits*

---

[57] *« In the context of section 35(1), public international law would include non-binding as well as binding law. They may both be used under the section as tools of interpretation. International agreements and customary international law accordingly provide a framework within which Chapter Three [à savoir le Bill of Rights] can be evaluated and understood, and for that purpose, decisions of tribunals dealing with comparable instruments, such as the United Nations Committee on Human Rights, the Inter-American Commission on Human Rights, the Inter-American Court of Human Rights, the European Commission on Human Rights, and the European Court of Human Rights, and in appropriate cases, reports of specialised agencies such as the International Labour Organisation may provide guidance as to the correct interpretation of particular provisions of Chapter Three ». S v Makwanyane* 1995 6 BCLR 665 (CC), para. 35

[58] FITZMAURICE (G.), « The general principles of international law considered from the standpoint of the rule of law », Recueil de cours de l'Académie de droit international de La Haye, 92, 1957, pp. 70-74. Sur les débats doctrinaux autour des notions de monisme et dualisme, voir VIRALLY (M.), « Sur un pont aux ânes : les rapports entre droit international et droits internes » in *Problèmes de droit des gens, Mélanges offerts à Henri Rolin*, Editions A. Pedone, Paris, 1964, pp. 491-492

internes constituent (...) des ordres formant deux catégories distinctes et autonomes dans leurs modes de création, mais non rigoureusement séparés. Au contraire, ils reconnaissent mutuellement leurs validités respectives et entretiennent entre eux des rapports multiples, dominés par le principe de la supériorité du droit international »[59]. Dans un même ordre d'idées, les Professeurs Jean COMBACAU et Serge SUR, tout en constatant l'importance du monisme dans la pratique contemporaine des Etats, notent aujourd'hui que seul le dualisme subsiste, le monisme constituant *« non seulement une dérive mais à la limite une modalité du dualisme »*[60].

Les différences de façade entre les systèmes s'estompent lorsque l'on met en perspective, d'une part, les conditions de mise en œuvre du droit international dans un système moniste et, d'autre part, les moyens permettant de donner corps aux normes internationales dans un système dualiste[61]. L'on peut ainsi rapprocher un monisme illusoire et un dualisme accueillant.

§1. Un monisme illusoire

Etudiant les obstacles à la mise en œuvre automatique du droit international dans l'ordre interne, le Professeur Alain PELLET évoque *« l'illusion moniste »* du système français[62]. Les Professeurs Constance GREWE et Hélène RUIZ-FABRI qualifient également la conception française des rapports entre les ordres juridiques interne et international comme relevant du *« dualisme tempéré »*[63], la Constitution fixant seule les conditions d'intégration du droit international dans l'ordre national. Un certain nombre d'éléments d'ordre procédural amènent en effet à considérer que la tradition moniste française ne peut être opposée à une conception dualiste des rapports entre le droit national et le droit international.

D'abord, l'obligation d'une publication régulière des traités préalablement à leur intégration dans l'ordre national empêche de considérer que ceux-ci

---

[59] VIRALLY (M), « Sur un pont aux ânes : les rapports entre droit international et droits internes », op. cit., p. 503

[60] COMBACAU (J.), SUR (S.), *Droit international public*, op. cit., p. 185

[61] Cf. supra. Sous-section 1

[62] PELLET (A.), « Vous avez dit "monisme" ? Quelques banalités de bon sens sur l'impossibilité du prétendu monisme constitutionnel à la française » in DE BECHILLON (D.), CHAMPEIL-DESPLATS (V.), MILLARD (E.) (dir.), *L'architecture du droit, Mélanges en l'honneur du professeur Michel TROPER*, 2006, p. 855

[63] GREWE (C.), RUIZ-FABRI (H.), *Droits constitutionnels européens*, PUF, Paris, 1995, p. 102 cité par PELLET (A.), « Vous avez dit "monisme" ? Quelques banalités de bon sens sur l'impossibilité du prétendu monisme constitutionnel à la française », op. cit., p. 857

s'intègrent automatiquement dans l'ordre interne[64]. En pratique, cette règle écarte bon nombre de traités du domaine de la justiciabilité : le Professeur Denis ALLAND a relevé en 1998 qu'un peu moins de la moitié des traités conclus par la France n'avaient pas fait l'objet d'une publication et ne pouvaient de fait pas être utilisés devant le juge[65].

Ensuite (et surtout), bien qu'assouplies avec le temps, les conditions d'invocabilité des normes internationales dans le cadre des procédures juridictionnelles permettent de relativiser la portée du qualificatif « moniste » prêté au système français .

Avant de suivre l'analyse proposée par le Conseil d'Etat en 1998 et de faire évoluer sa jurisprudence en 2005[66], la Haute juridiction avait estimé que *« les dispositions de la Convention relative aux droits de l'enfant signée à New York le 26 janvier 1990, ne [pouvaient] être invoquées devant les tribunaux, cette Convention, qui ne crée des obligations qu'à la charge des Etats parties, n'étant pas directement applicable en droit interne »*[67]. A l'époque, cette approche avait été dénoncée par une partie de la doctrine, en ce qu'elle conduisait à condamner *« indirectement le rôle du droit international dans le droit interne »*[68], des textes de droit devenant *« de simples morceaux de papier parce que les juges des différents Etats parties aux traités peuvent les évacuer sans coup férir en indiquant qu'ils ne sont pas directement applicables en droit interne »*[69]. De même, l'approche casuistique des juges et l'incohérence des jurisprudences administratives et judiciaires avaient été critiquées[70].

Certes, aujourd'hui, l'idée selon laquelle les conditions d'invocabilité des traités devant les juges maintiennent un certain nombre de normes internationales hors de la portée des justiciables peut être tempérée, tant les juges judiciaires et administratifs se montrent de plus en plus enclins à recevoir des normes internationales. En matière judiciaire, la décision du 1er

---

64 PELLET (A.), « Vous avez dit "monisme" ? Quelques banalités de bon sens sur l'impossibilité du prétendu monisme constitutionnel à la française », op. cit., p. 840

65 ALLAND (D.), « L'applicabilité directe du droit international du point de vue de l'office du juge. Des habits neufs pour une vieille dame ? », RGDIP, 1998, n° 1, p. 221

66 Cf. supra. Sous-section 1

67 Cass. Civ. 1ère, 10 mars 1993, n° 91-11.310, *Le Jeune*

68 NEIRINCK (C.), MARTIN (P-M.), « Un traité bien maltraité. A propos de l'arrêt Le Jeune », JCP 93, I, 3677

69 Ibid.

70 ALLAND (D.), « L'applicabilité directe du droit international du point de vue de l'office du juge. Des habits neufs pour une vieille dame ? », op. cit., pp. 209-216

juillet 2008[71] par laquelle la chambre sociale de la Cour de cassation a constaté l'inconventionnalité du Contrat Nouvelles Embauches au regard de la Convention OIT n° 158 est ainsi parfois présentée comme un *« détonateur »*[72], qui a favorisé une reconnaissance de l'effet direct d'un certain nombre de normes internationales. Comme il a déjà été relevé[73], peu après cette décision, les juges ont basé l'un de leurs arrêts sur l'article 6§1 du Pacte international relatif aux droits économiques, sociaux et culturels relatif au droit au travail[74].

Toutefois, la pratique des juges, encore hésitants et dans la retenue lorsqu'ils sont face à des sources de droit internationales, nourrit l'idée selon laquelle ces dernières sont loin d'être reçues de manière automatique dans l'ordre juridictionnel interne. Par exemple, la Cour de cassation se montre toujours réticente à appliquer l'article 2§1 de la Charte sociale européenne révisée imposant aux Etats de fixer une durée raisonnable au travail journalier et hebdomadaire[75]. A plusieurs reprises, le Comité européen des droits sociaux a en effet rappelé à la France que le dispositif de forfait-jour, conclu sur la base d'accords négociés entre partenaires sociaux et organisant la durée du travail de cadres sur la base d'un décompte basé sur la journée de travail[76], n'était pas conforme à l'article 2§1 de la Charte[77]. Pour ce faire, le Comité a notamment relevé que ce dispositif ne prévoyait ni de limitation journalière ou hebdomadaire de travail, ni de modalités de suivi de la durée quotidienne et de la charge de travail. La Cour de cassation, si elle a été amenée à faire évoluer sa jurisprudence dans le sens d'un encadrement étroit de ces

---

[71] Cass. Soc., 1er juillet 2008, n° 07-44124. Cf. supra. Section 2

[72] NIVARD (C.), « L'effet direct de la Charte sociale européenne devant les juridictions suprêmes françaises », RDLF 2012, chron. n° 28

[73] Ibid.

[74] Cass., soc., 16 décembre 2008, n° 05-40876

[75] NIVARD (C.), « L'effet direct de la Charte sociale européenne devant les juridictions suprêmes françaises », op. cit.

[76] Mis en place par la loi n° 2008-789 du 20 août 2008, ce dispositif permet, pour les salariés autonomes (cadres) dont la durée de temps de travail ne peut être prédéterminée, de calculer la durée de travail d'un cadre sur celle d'un nombre de jours sur l'année (218 jours au maximum), sans référence à une durée horaire. Aux termes de l'article L. 3121-62 du Code du travail, les salariés assujettis à une convention de forfait en jours ne sont soumis ni aux règles de limitation quotidienne et hebdomadaire de travail, ni à la durée légale hebdomadaire de travail

[77] Voir notamment : CEDS, 14 janvier 2011, n° 55/2009 ; CEDS, 23 juin 2010, *Confédération française de l'Encadrement CFE-CGC c. France*, Réclamation n° 56/2009. NIVARD (C.), « L'effet direct de la Charte sociale européenne devant les juridictions suprêmes françaises », op. cit.

conventions[78], a toujours refusé de faire une application du directe de l'article 2§1 de la Charte. Tout au plus, se limite-t-elle à faire mention de *« l'article 151 du Traité sur le fonctionnement de l'Union européenne[79] se référant à la Charte sociale européenne »*[80]. Préférant se baser sur un article 151 du Traité énonçant des objectifs très généraux plutôt que d'intégrer au paysage juridictionnel français une disposition faisant l'objet d'une jurisprudence foisonnante au niveau du Comité européen des droits sociaux[81], les juges montrent qu'ils restent souverains lorsqu'il s'agit d'apprécier sur une norme internationale a vocation à être invoquée devant les tribunaux.

L'expérience française montre que le monisme constitue une *« construction doctrinale idéale, il peut "inspirer" certains constituants ; il ne peut jamais et nulle part s'imposer dans la pratique des Etats »*[82]. Il ne garantit pas une incorporation automatique et systématique de l'ensemble des textes internationaux auxquels est partie un pays. Ceci explique pourquoi des juges issus de pays présentés comme inspirés de la tradition dualiste, comme le Canada et l'Afrique du Sud, connaissent des rapports globalement comparables quant à leurs effets[83] à ceux entretenus par les juges français à l'égard du droit international.

§2. Un dualisme accueillant

Les exemples canadiens et sud-africains illustrent l'idée selon laquelle un système dualiste ou mixte peut être accueillant à l'égard des sources de droit international. Même si le droit international ne peut être appliqué

---

[78] En posant notamment des conditions liées à la fixation par accord collectif de la garantie du respect des durées maximales de travail et minimales de repos journaliers et hebdomadaire ; Cass. Soc., 29 juin 2011, n° 09-71.107

[79] *« L'Union et les États membres, conscients des droits sociaux fondamentaux, tels que ceux énoncés dans la Charte sociale européenne signée à Turin le 18 octobre 1961 et dans la Charte communautaire des droits sociaux fondamentaux des travailleurs de 1989, ont pour objectifs la promotion de l'emploi, l'amélioration des conditions de vie et de travail, permettant leur égalisation dans le progrès, une protection sociale adéquate, le dialogue social, le développement des ressources humaines permettant un niveau d'emploi élevé et durable et la lutte contre les exclusions... »*

[80] Voir, par exemple : Cass. Soc., 28 mai 2014, n° 13-13.947

[81] NIVARD (C.), « L'effet direct de la Charte sociale européenne devant les juridictions suprêmes françaises », op. cit.

[82] PELLET (A.), « Vous avez dit "monisme" ? Quelques banalités de bon sens sur l'impossibilité du prétendu monisme constitutionnel à la française », op. cit., p. 856

[83] Cf. infra. Chapitre 2

directement dans le cadre de procédures juridictionnelles[84], les accords internationaux peuvent y occuper une place d'importance, si bien que la distinction entre monisme et dualisme paraît pouvoir être minimisée, voire neutralisée.

L'usage interprétatif des traités internationaux offre de substantielles possibilités de faire valoir les principes issus de normes internationales dans l'ordre interne[85]. Partant d'exemples tirés d'Etats où prévaut un système comparable à celui en place en Afrique du Sud, le Professeur Melissa WATERS a décrit la tendance suivie par les pays de *Common Law*, qui tendent à accueillir de plus en plus largement les traités internationaux relatifs aux droits de l'Homme[86]. Ce *« monisme qui ne dit pas son nom »* (*« creeping monism »* selon l'auteur) résulte de ce que les juges incorporent les obligations internationales dans l'ordre interne par le biais de l'interprétation du droit national[87]. Cette pratique conduit les juges des pays de *Common Law*, comme ceux issus de pays dits de tradition moniste, à discuter de traités internationaux relatifs aux droits de l'Homme aux côtés de texte de droit interne[88].

En ce sens, les principes de Bangalore, résultant d'une série de rencontres et colloques organisés entre juges issus de la plupart des pays membres du *Commonwealth* ont favorisé la dissémination d'une sensibilité internationaliste[89]. Le thème dominant des colloques organisés entre 1988 et 1998 portait en effet sur le rapprochement entre le droit interne et le droit international des droits de l'Homme. En particulier, avait été évoquée la question de l'utilisation judiciaire des traités non incorporés dans l'ordre interne[90]. Dans ce contexte, l'usage du droit international par les juges dans

---

84 Sauf exceptions (règles coutumières au Canada et dispositions *self-executing* en Afrique du Sud). Cf. supra. Sous-section 1

85 MIRON (A.), « L'application par les juges d'autres Etats » in THOUVENIN (J-M.), TREBILCOK (A.) (dir.), *Droit international social*, Tome 1, op. cit., p. 582

86 WATERS (M.), « Creeping monism », Columbia Law Review, Vol. 107, April 2007, n° 3, pp. 628-705

87 *« Courts are abandoning their traditional dualist orientation and are beginning to utilize unincorporated human rights treaties in their work despite the absence of legislation giving domestic legal effect to the treaties. In so doing, these judges are entrenching their nations' international treaty obligations into domestic law, thus becoming powerful domestic enforcers of international human rights law »*. WATERS (M.), « Creeping monism », op. cit., pp. 633-634

88 Ibid., p. 636

89 THOMAS (C.), OELZ (M.), BEAUDONNET (X.), « The use of international labour law in domestic courts: Theory, recent jurisprudence and practical implications », op. cit., p. 251

90 WATERS (M.), « Creeping monism », op. cit., p. 644

des pays majoritairement dualistes a été salué et encouragé[91]. De la même manière, aux termes d'un autre colloque tenu à Bangalore en 1998, des conclusions appelant les juges à interpréter et mettre en œuvre les Constitutions et législations nationales à la lumière du droit international avaient été adoptées.

Plus qu'une porosité au droit international des systèmes qui ne se réclament pas du monisme, il s'agit là d'une consécration de l'idée selon laquelle le droit international des droits de l'Homme fait partie des outils à la disposition des juges et des parties et oriente les réflexions judiciaires[92]. L'influence du droit international est d'autant plus importante que les juges peuvent être amenés à s'y référer pour interpréter des dispositions nationales (notamment constitutionnelles) parfois très générales (liberté d'association au Canada…), ce qui les conduit à concentrer leurs raisonnements sur la signification de la norme internationale dans le contexte interne.

L'analyse qui tend à assimiler une certaine pratique du dualisme à une forme de monisme a été critiquée. Au Canada, le Professeur Stéphane BEAULAC, dénonçant l'engouement d'une partie de la doctrine et des juges s'agissant de l'influence du droit international dans l'ordre interne, a vigoureusement insisté sur le fait que le juge canadien n'était pas *« lié »* par le droit international, ce dernier n'étant pas compétent pour mettre en œuvre du droit international[93]. Pour autant, cette précision sémantique ne remet nullement en cause la dynamique empruntée depuis quelques années, au Canada mais également en Afrique du Sud[94], laquelle tend à conférer une place au droit international devant les juges.

Paradoxalement, d'un certain point de vue, le Canada et l'Afrique du Sud, dont les juges se réfèrent librement au droit international aux fins d'interprétation, apparaissent finalement moins contraints dans leurs rapports au droit international que les juges français qui, s'ils peuvent mettre en œuvre directement les normes internationales ratifiées par le pays, sont tenus de respecter un certain nombre de critères pour procéder à leur application.

---

[91] *Developing human rights jurisprudence, Conclusions of Judicial Colloquia and other meetings on the Domestic Application of International Human Rights Norms and on Government under the Law 1988-1992*, Concluding statement of the Judicial Colloquium held in Bangalore, India from 24-26 February 1988, « Bangalore Principes » Chairman's Concluding Statement

[92] S'agissant spécifiquement des normes internationales du travail dans les pays de *Common Law*, voir CHEADLE (H.), « Reception of International Labour Standards in Common-Law Legal Systems », op. cit., pp. 348-364

[93] BEAULAC (S.), « Arrêtons de dire que les Tribunaux du Canada sont "liés" par le droit international », Revue juridique Thémis, 2004, p. 386

[94] Cf. supra. Sous-section 1

Partant, les trois systèmes se rapprochent dans la mesure où aucun juge n'est totalement hermétique ni totalement perméable au droit international.

Dans ce contexte où l'on assiste au développement d'une tendance croissante à l'utilisation juridictionnelle du droit international, sur la base de critères plus ou moins clairs, les normes internationales du travail sont accueillies par les juges français, canadiens et sud-africains.

Section 2 L'irrigation des systèmes juridictionnels nationaux par les normes internationales du travail

Parce qu'elles permettent de régler les rapports entre Etats et particuliers voire entre personnes privées, les normes internationales du travail se prêtent particulièrement à un usage dans le cadre de contentieux. En Afrique du Sud comme au Canada ou en France, les instruments de l'OIT alimentent les réflexions de juges, particulièrement depuis quelques années, qu'il s'agisse de les appliquer directement ou d'y recourir en tant qu'outils d'interprétation[95].

L'irrigation (certes limitée dans son ampleur) des systèmes juridictionnels par les normes internationales du travail se déduit de deux éléments. Le premier réside dans la reconnaissance de leur rôle par les juges suprêmes. Le second découle de leur utilisation par les juridictions inférieures, qui, à défaut de s'être banalisée, apparaît de plus en plus visible.

Sous-section 1 : La prise en considération des normes internationales du travail par les juridictions supérieures

La France, le Canada et l'Afrique du Sud se distinguent assez nettement quant à la façon dont les juridictions supérieures ont consacré la place des normes internationales du travail dans leurs ordres internes[96]. Alors que celles-ci se voient reconnaître un effet direct devant les tribunaux français depuis très longtemps, elles y ont récemment connu un renouveau. Il en va autrement au Canada où la jurisprudence a progressivement évolué au cours des trois dernières décennies. Enfin, une autre tendance a été suivie en

---

[95] Pour une étude plus générale de l'application des normes internationales à vocation sociale par le juge dans des systèmes dits de tradition moniste ou dualiste, voir MIRON (A.), « L'application par les juges d'autres Etats », op. cit, pp. 575-604

[96] Sur les traits communs dans la diversité des modalités d'usage des normes internationales du travail pour interpréter la loi dans les pays de *Common Law*, voir CHEADLE (H.), « Reception of International Labour Standards in Common-Law Legal Systems », op. cit., pp. 356-363

Afrique du Sud où les normes internationales du travail apparaissent intégrées depuis de nombreuses années.

Les juges de chacun des trois pays ont été amenés à prendre en considération le droit international du travail dans des circonstances fort différentes. Le juge français paraît avoir été animé par l'appropriation grandissante des normes internationales du travail par les justiciables. Au Canada, le recours au droit international accompagne un mouvement de constitutionnalisation du droit du travail. En Afrique du Sud, l'on retrouve une dynamique identique, laquelle se double par ailleurs d'une recontextualisation d'un droit du travail moderne influencé par le droit international.

§1. Le cas français : un regain d'intérêt des justiciables pour les normes internationales du travail

Aucune convention internationale du travail ne prévoit de façon explicite l'applicabilité directe de ses dispositions dans l'ordre interne[97]. Les juges s'emploient donc à rechercher celle-ci à la lumière des critères plus ou moins précis dégagés par la Cour de Cassation et le Conseil d'Etat[98].

L'examen des décisions des juridictions suprêmes illustre l'installation des normes internationales du travail et, plus particulièrement des Conventions de l'OIT, dans le corpus jurisprudentiel français. Depuis de nombreuses décennies, elles sont susceptibles d'être intégrées dans le raisonnement des juges. L'on constate néanmoins un regain d'intérêt pour ces dernières depuis quelques années, sous l'effet de contentieux marquants.

A/ Une pratique ancienne

L'application des normes internationales du travail par les juges français n'est pas un phénomène nouveau. Même si leur consécration n'a pas été immédiate, un certain nombre d'affaires ont été l'occasion pour les juges judiciaire et administratif d'utiliser des Conventions de l'OIT ratifiées par la France, conformément à l'article 55 de la Constitution.

---

[97] HENNION (S.), LE BARBIER-LE BRIS (M.), DEL SOL (M.), *Droit social européen et international*, 2ème éd., PUF, 2013, p. 19

[98] Cf. supra. Section 1. Sur le sujet, voir NIVARD (C.), « L'invocabilité des conventions internationales du travail devant les hautes juridictions françaises », Revue de droit du travail, n° 12, décembre 2019, pp. 808-816

En 1934, dans l'arrêt *Castanié contre Dame Veuve Hurtado*[99], se posait la question de l'indemnisation des ayants droit d'un travailleur espagnol décédé consécutivement à un accident du travail survenu sur le territoire français (en l'occurrence en Algérie coloniale). Contrairement à l'article 1 de la Convention n° 19 de l'OIT sur l'égalité de traitement en matière d'accidents de travail du 10 juin 1925, la législation interne ne prévoyait pas d'égalité de traitement entre ressortissants français et étrangers victimes d'un accident du travail. Pour contester la décision de juges du fond qui imposait d'indemniser la veuve de la victime sur le fondement de la Convention Conventionn° 19, le demandeur au pourvoi faisait notamment valoir que ladite Convention *« était inapplicable aucun traité spécial n'étant encore conclu avec l'Espagne lorsque l'accident s'est produit »*. Rejetant le pourvoi, la chambre des requêtes de la Cour de cassation avait alors estimé que, dans la mesure où la France et l'Espagne avaient régulièrement ratifié la Convention n° 19 de l'OIT sur l'égalité de traitement en matière d'accidents de travail du 10 juin 1925, *« il était dérogé en France aux dispositions de l'article 3 in fine de la loi du 29 avril 1898 [de sorte] qu'en cas d'accident du travail postérieur au 22 février 1929 [date à laquelle les deux pays avaient ratifié la Convention], tout ouvrier espagnol ou ses ayants droit bénéficiaient du même traitement que les ouvriers français, sans condition de résidence, même en l'absence d'accord particulier »* entre les deux Etats.

Puis, en 1962, dans l'arrêt *Klaiss*[100], la deuxième chambre civile de la Cour de cassation avait confirmé la possibilité pour le juge de faire prévaloir une interprétation d'un texte international apportée par le ministère des affaires étrangères sur le droit interne. En l'espèce, un texte français prévoyait qu'une femme pouvait bénéficier d'un congé assorti du bénéfice d'une indemnité journalière *« six semaines avant la date présumée de l'accouchement »*. Concrètement, en cas de prévision inexacte de la date effective d'accouchement, une femme pouvait se trouver privée d'indemnités entre la date initialement prévue et sa date effective. La Cour avait écarté ce texte, au profit de la Convention n° 3 sur la protection de la maternité, selon laquelle aucune erreur du médecin s'agissant de la date présumée de l'accouchement ne saurait priver une salariée du bénéficie d'indemnités. Soulignant que les juges du fond avaient relevé que cette interprétation avait été apportée par le ministre des affaires étrangères sans

---

[99] Cass. Req., 27 février 1934. Dalloz, Recueil hebdomadaire 1935, p. 203. Voir http://compendium.itcilo.org/fr/compendium-decisions/cour-de-cassation-castaniec.-dame-veuve-hurtado-req.-27-fevrier-1934

[100] Cass. Civ. 2ème, 28 mars 1962, Publié au bulletin ; VALTICOS (N.), « Les Conventions internationales du travail devant le juge français (à propos de l'arrêt *Klaiss* de la 2ème section civile du 28 mars 1962) », Revue critique de droit international privé, n° 1, janvier-mars 1964, pp. 41-72

avoir connu d'objection de la part du ministère du travail, elle avait estimé que les dispositions internationales pouvaient s'imposer sur le droit interne[101].

En ce qui concerne la chambre sociale de la Cour de cassation, elle s'est d'abord montrée réticente à l'égard de l'effet direct des Conventions de l'OIT, en refusant d'appliquer la Convention n° 19 sur l'égalité de traitement en matière d'accidents de travail à un ressortissant espagnol, victime d'un accident professionnel en Algérie, alors que celle-ci était encore un département français[102].

Ce n'est finalement qu'en 1987 que la chambre sociale a, pour la première fois, admis l'effet direct d'une norme internationale du travail à propos de la date de fixation du début d'un congé postnatal et de la détermination de la période d'indemnisation au titre de l'assurance maternité[103]. Dans ce cas, comme devant la deuxième chambre civile en 1962, était en cause la Convention n° 3 sur la protection de la maternité. Néanmoins, contrairement au cas examiné en 1962, l'assurée avait accouché plus tôt que la date initialement prévue par le médecin. Se basant sur une interprétation stricte de l'article 3 de la Convention n° 3, les juges ont ici estimé que l'article 3 de la Convention protégeant les assurées contre les erreurs de prévisions médicales concernant la date d'accouchement ne visait que *« l'hypothèse d'un accouchement survenu postérieurement à la date présumée »*.

Le Conseil d'Etat, quant à lui, a pour la première fois admis, dans une décision du 25 juillet 1975, qu'une Convention de l'OIT pouvait être invoquée directement dans le cadre d'une procédure juridictionnelle[104]. Dans cette affaire, la victime d'un accident de travail avait invoqué la Convention n° 19 sur l'égalité de traitement en matière d'accidents de travail de 1925 afin de contester la légalité du décret mettant en œuvre la loi du 26 décembre 1964 portant prise en charge et revalorisation de droits et avantages sociaux consentis à des Français ayant résidé en Algérie. En particulier, l'assuré contestait la limitation des droits des ressortissants étrangers résultant du dispositif mis en place en droit français. Les juges ont confirmé la licéité du décret, soulignant que celui-ci visait à déterminer les catégories d'étrangers admis de plein droit au bénéfice de la loi du 26 décembre 1964 et qu'il ne

---

[101] En conséquence, l'assurée avait pu bénéficier de 10 jours de prise en charge supplémentaires

[102] Cass. Soc., 11 février 1971, n° 70-10.566, Publié au bulletin

[103] Cass. Soc., 4 février 1987, n° 85-13.120, Publié au bulletin

[104] CE, 25 juillet 1975, n° 91534. Voir LAMOUR (M.), « L'application par les juges français » in THOUVENIN (J-M.), TREBILCOCK (A.), *Droit international social*, op. cit., Tome 1, p. 548

« saurait être compris comme ayant eu pour effet d'en exclure les étrangers ». Ce faisant, ils ont confirmé la conformité du dispositif français au regard de la Convention n° 19, reconnaissant la possibilité d'invoquer directement les normes de l'OIT en matière contentieuse.

En matière administrative, il est intéressant de relever que l'utilisation de Conventions de l'OIT a, à plusieurs reprises, été l'occasion de préciser la place du droit international devant le juge et de conforter sa portée dans l'ordre interne.

En 1997, dans l'arrêt *GISTI*[105], le Conseil d'Etat a estimé que l'article 4-1 de la Convention n° 118 de l'OIT sur l'égalité de traitement en matière de sécurité sociale produisait *« des effets directs à l'égard des particuliers »*. Cette approche a été analysée comme tranchant avec celle adoptée en 1993 par la Cour de cassation dans l'arrêt *Le Jeune* à propos de la Convention sur les droits de l'enfant[106], par laquelle les juges avaient considéré que dans la mesure où il ne créait pas d'obligations qu'à charge des Etats parties, ce texte n'était pas directement applicable en droit interne. Cette position est apparue d'autant plus remarquable que les juges auraient pu dénier aux Conventions de l'OIT une applicabilité directe, automatique, dans l'ordre interne, en se fondant sur l'article 19 d) de la Constitution de l'OIT selon lequel chaque Etat membre *« prendra telles mesures qui seront nécessaires pour rendre effectives les dispositions de ladite convention »*[107]. De la même manière, en 2012, dans l'arrêt *GISTI et FAPIL*[108], c'est en se référant à la Convention n° 97 de l'OIT sur les travailleurs migrants que le Conseil d'Etat a précisé les conditions d'invocabilité des normes internationales dans l'ordre interne[109].

---

105 CE, Section, 23 avril 1997, n° 163043, *GISTI*

106 Cass. Civ. 1ère, 10 mars 1993, n° 91-11.310, *Le Jeune* ; cf. supra. Section 1

107 ALLAND (D.), « L'applicabilité directe du droit international du point de vue de l'office du juge. Des habits neufs pour une vieille dame ? », RGDIP, 1998, n° 1, p. 229

108 CE, 11 avril 2012, n° 322 326 ; voir notamment : AKANDJI-KOMBE (J-F.), « De l'invocabilité des sources européennes et internationales du droit social devant le juge interne », op. cit., pp. 1014-1026 ; CASSIA (P.), ROBIN-OLIVIER (S.), « L'invocabilité limitée des conventions internationales dans la jurisprudence administrative », JCP G, 2 juillet 2012, n° 27, pp. 1331-1335 ; DEUMIER (P.), « Comment et à quelles fins reconnaître l'effet direct des traités ? ; Note sous CE, Ass., 11 avril 2012, GISTI et FAPIL, requête n° 322326 », RTD Civ., juillet 2012, n° 3, pp. 487-493 ; GAUTIER (M.), « L'effet direct des Conventions internationales », RFDA, mai 2012, n° 3, pp. 560-571 ; MAZIAU (N.), « La réception du droit international (public) par la Cour de cassation », Journal de droit international (Clunet), n° 3, juillet 2013, pp. 791-819

109 Cf. supra. Section 1

Malgré des débuts incertains, le Conseil d'Etat et la Cour de Cassation ont, à plusieurs reprises, admis qu'une Convention de l'OIT pouvait être invoquée. Le phénomène était, jusqu'à récemment, resté très limité dans son ampleur et surtout particulièrement irrégulier. Ainsi, depuis le début des années 1990 (les arrêts antérieurs se référant à ces textes apparaissant très isolés), la Cour de cassation avait rendu plusieurs décisions (de deux à cinq en moyenne chaque année jusqu'en 2009). Du côté du Conseil d'Etat, chaque année a aussi vu éclore quelques arrêts ayant trait à l'application des normes internationales du travail, depuis la fin des années 1980 (la pratique étant rare antérieurement)[110]. Ce n'est que dernièrement que l'utilisation des normes internationales du travail devant le juge a connu un renouveau, en particulier en matière judiciaire.

B/ Le renouveau des normes internationales du travail dans l'ordre interne

Le renouveau des normes internationales du travail dans l'ordre interne s'exprime à travers la régularité des contentieux portés devant les juridictions suprêmes (davantage que sur leur quantité[111]). Cette tendance laisse suggérer que les normes internationales du travail tendent peu à peu à intégrer le paysage juridique social français.

Le contentieux relatif au Contrat Nouvelles Embauches, médiatisé, doublé d'une réclamation portée par une organisation syndicale devant le Conseil d'administration du BIT[112] et aux importantes conséquences juridiques, a marqué le point de départ d'une évolution dans l'esprit des juristes français. Après avoir (re)découvert le rôle potentiel du droit international devant les juges, les parties se sont saisies, à plusieurs reprises, de textes longtemps délaissés.

---

[110] Pour un développement autour de ces décisions du Conseil d'Etat et de la Cour de cassation, cf. supra. Sous-section 2 et Chapitre 2

[111] Le nombre de décisions se référant aux instruments de l'OIT rendues annuellement par chacune de ces juridictions reste généralement inférieur à dix (en se référant aux décisions figurant sur le site Légifrance).

[112] Rapport du comité chargé d'examiner la réclamation alléguant l'inexécution par la France des conventions (n° 87) sur la liberté syndicale et la protection du droit syndical, 1948, (n° 98) sur le droit d'organisation et de négociation collective, 1949, (n° 111) concernant la discrimination (emploi et profession), 1958, et (n° 158) sur le licenciement, 1982, présentée en vertu de l'article 24 de la Constitution de l'OIT par la Confédération générale du travail - Force ouvrière. Cf. supra Première partie

1. *L'application directe de la Convention n° 158 devant le juge judiciaire*

Avant de l'appliquer au cas du CNE, la chambre sociale de la Cour de cassation[113] a, pour la première fois, dans un arrêt du 29 mars 2006, admis que la Convention n° 158 sur le licenciement était d'application directe devant les juridictions nationales. En l'espèce, il s'agissait de savoir si, en vertu de la législation nationale, un salarié disposant d'une ancienneté inférieure à 6 mois auprès du même employeur pouvait être privé de préavis ou d'une indemnité compensatrice en cas de licenciement.

Dans ce cas, les juges ont considéré que les articles 1[114], 2§2 b)[115] et 11[116] de la Convention n° 158 étaient d'application directe. Ainsi, ils ont estimé que le principe de l'article 2§2 b, selon lequel un contrat de travail peut être assorti d'une période d'essai à condition que celle-ci soit fixée d'avance et d'une *« durée raisonnable »*[117], pouvait être invoqué directement devant les tribunaux. Ils ont admis également que le travailleur faisant l'objet d'un licenciement pouvait se prévaloir du droit à un préavis d'une durée raisonnable ou à une indemnité en tenant lieu.

Néanmoins, l'utilisation de la Convention n° 158 ne s'est pas révélée concluante puisque les juges ont considéré, par une application combinée des articles 2§2 b) et 11 de la Convention, que la durée de six mois d'ancienneté qui permettait le bénéfice des règles relatives au préavis constituait une durée raisonnable au sens de l'article 2 de la Convention, justifiant ainsi la mise à l'écart des dispositions protectrices prévues par la Convention.

Après avoir ouvert *« la boîte de Pandore »*[118] en 2006, la Haute juridiction a rapidement donné un écho à la solution en faisant une application décisive de la Convention n° 158 à propos du Contrat Nouvelles Embauches.

---

[113] Cass. Soc., 29 mars 2006, n° 04-46499

[114] Qui fixe la méthode d'application de la Convention

[115] *« (b) les travailleurs effectuant une période d'essai ou n'ayant pas la période d'ancienneté requise, à condition que la durée de celle-ci soit fixée d'avance et qu'elle soit raisonnable »*

[116] *« Un travailleur qui va faire l'objet d'une mesure de licenciement aura droit à un préavis d'une durée raisonnable ou à une indemnité en tenant lieu, à moins qu'il ne se soit rendu coupable d'une faute grave, c'est-à-dire une faute de nature telle que l'on ne peut raisonnablement exiger de l'employeur qu'il continue à occuper ce travailleur pendant la période du préavis »*

[117] La Convention ne donnant aucune précision quant à la consistance de cette notion

[118] VATINET (R.), « Application directe devant les juridictions nationales de la convention n° 158 de l'OIT », La Semaine Juridique Social n° 21, 23 mai 2006, p. 1427

2. *La confirmation de l'applicabilité directe de dispositions de la Convention n° 158*

Par l'ordonnance n° 2005-893 du 2 août 2005, le gouvernement français avait mis en place un contrat de travail à durée indéterminée, à destination des entreprises de moins de vingt salariés. L'objectif des pouvoirs publics était de favoriser l'emploi dans les petites entreprises. Ce contrat était assorti d'une période dite de consolidation pouvant atteindre deux ans, au cours de laquelle les deux parties avaient la possibilité de rompre le contrat unilatéralement. En particulier, l'employeur, qui n'était pas tenu de respecter la procédure de licenciement durant cette période, disposait de la faculté de rompre le contrat sans motif, à condition de respecter un période de préavis[119] et de verser une indemnité correspondant à 8 % du total de la rémunération brute versée au salarié.

Plusieurs organisations syndicales ont formé un recours contre ce dispositif, alléguant notamment une violation des dispositions des articles 2§2 b), 4[120], 7[121], 8-1[122], 9[123] et 10[124] de la Convention n° 158 de l'OIT sur le licenciement (elles s'étaient également fondées sur l'article 24[125] de la Charte sociale européenne). Les parties invoquaient ainsi les obligations liées à la motivation des licenciements et au respect des droits à la défense.

Dans sa décision de 2005, le Conseil d'Etat[126] a d'abord reconnu l'applicabilité directe des dispositions de la Convention n° 158, tout en admettant que le dispositif français était conforme au droit international[127].

---

[119] D'une durée de deux semaines pour les contrats conclus depuis moins de six mois ou d'un mois au-delà

[120] Qui subordonne la régularité du licenciement à l'existence d'un motif valable

[121] Qui concerne la procédure de licenciement

[122] Qui offre au salarié le droit de contester une mesure de licenciement qu'il estimerait injustifiée devant un organisme impartial

[123] Relatif à la charge de la preuve de la régularité du motif de licenciement

[124] Relatif à l'indemnisation du licenciement jugé injustifié

[125] Il subordonne la régularité du licenciement à l'existence d'un motif valable, garantit au salarié licencié sans motif valable le droit *« à une indemnité adéquate ou à une autre réparation appropriée »* et impose aux Etats d'assurer la possibilité de contester tout licenciement devant un organe impartial

[126] CE, Section, 19 octobre 2005, 283471, publié au recueil Lebon

[127] Il a considéré que la période d'essai d'une durée de deux ans pouvait être considérée comme recouvrant une *« durée raisonnable »* au sens de la Convention sur le licenciement, justifiant ainsi la mise à l'écart des dispositions de droit commun relatives au licenciement, comme l'autorise la Convention. Par ailleurs, compte tenu de l'existence de voies de recours judiciaires existant afin de faire

Plus volontaire, et citant l'arrêt rendu le 29 mars 2006 par la chambre sociale de la Cour de cassation[128], le juge judiciaire, par le biais d'un jugement du Conseil des Prud'hommes de Longjumeau[129], a constaté l'incompatibilité d'un contrat conclu en vertu de l'ordonnance du 2 août 2005 avec les articles 2§2 b), 4, 7 et 9 de la Convention[130]. Dans un arrêt du 6 juillet 2007[131], la Cour d'appel de Paris a confirmé ce jugement du CPH et constaté à son tour l'incompatibilité du CNE avec les dispositions de la Convention n° 158. Finalement, la Cour de cassation a validé cette analyse, constatant l'inconventionnalité de l'ordonnance instituant le CNE[132].

La décision rendue en 2006 par la Cour de cassation illustrait la volonté de la Haute juridiction de renforcer la place des normes internationales du travail dans l'ordre interne et son potentiel à devenir *« un acteur-clé de la construction juridique des normes du travail face à la mondialisation »*[133]. La constatation deux ans plus tard de l'inconventionnalité de l'ordonnance qui institue le CNE conforte cette analyse. Il est intéressant de remarquer que depuis les décisions concernant le CNE, bon nombre de moyens annexes des arrêts de la Cour de cassation font mention de Conventions de l'OIT,

---

constater le caractère abusif d'une rupture du contrat en cours de période de consolidation, les juges ont estimé que les dispositions conventionnelles garantissant le droit à la défense avaient bien été respectées

[128] Cf. supra. 1.

[129] CPH Longjumeau, 28 avril 2006, n° 06/00316

[130] Dans son avis, l'avocat-général avait précisé : *« ...Par votre arrêt du 29 mars 2006, vous avez admis le principe de l'applicabilité directe de la Convention n° 158 et en avez consacré l'application en ce qui concerne les articles 1, 2 § 2b et 11 au regard des critères désormais communément admis de la portée obligatoire et normative de l'acte, du destinataire de la norme et du caractère complet ou précis de la norme.*
Au regard de ces trois critères, une valeur normative en droit interne me paraît devoir être reconnue également à l'article 4 relatif à l'obligation de motiver un licenciement s'agissant d'une norme manifestement édictée au bénéfice du travailleur et suffisamment précise pour pouvoir être appliquée dans l'ordre interne sans mesure d'exécution ainsi qu'à l'article 2-5 relatif à l'exclusion du champ de la convention de catégories limitées de travailleurs salariés ». DUPLAT (J.), « Le contrat nouvelles embauches et les normes internationales du travail. Avis de Jacques DUPLAT », Revue de droit du travail, septembre 2008, p. 504

[131] CA Paris, 6 juillet 2007, 18ème chambre E, n°06/06992

[132] Cass. Soc., 1er juillet 2008, n° 07-44124

[133] MOREAU (M-A.), *Normes sociales, droit du travail et mondialisation*, op. cit., p. 400. A l'inverse, un auteur comme le Professeur Raymond VATINET y voyait *« une mine de nouveaux moyens contentieux, mine d'or pour les plaideurs et leurs conseils, pleine d'explosifs menaçants pour notre Code du travail, qui n'avait pas besoin de cela »*. VATINET (R.), « Application directe devant les juridictions nationales de la convention n° 158 de l'OIT », op. cit., pp. 1427 et s.

reflétant l'intérêt croissant des parties pour cette source redécouverte (même si celles-ci restent loin d'utiliser l'ensemble des textes à leur disposition[134]).

Aujourd'hui, la Cour de cassation et le Conseil d'Etat se réfèrent tous deux au droit de l'OIT (le juge judiciaire semble toutefois plus actif). La consécration des normes internationales du travail au plus haut niveau reflète un intérêt des acteurs du droit bien plus étendu qu'auparavant[135], en même temps qu'elle amène les juges et les parties de tous niveaux à redécouvrir cette source mal connue.

§2. Le cas du Canada : le développement progressif du recours aux normes internationales du travail dans un contexte de constitutionnalisation du droit du travail

Le législateur canadien n'a pas procédé à l'incorporation des Conventions de l'OIT dans l'ordre national. Dès lors que les juges n'ont pas tenté d'appliquer directement les normes internationales du travail en les assimilant à du droit coutumier[136], les rapports entre les juges et ces sources se sont donc développés progressivement par le prisme de l'interprétation.

La Charte canadienne des droits et libertés de 1982, influencée par le droit international[137], a été décrite comme un *« pont »*[138] entre le droit interne et le droit international, qui favoriserait une *« interprétation contextuelle »*[139] du droit national à la lumière des traités. Cette première partie de la loi constitutionnelle[140] a ainsi donné lieu à interprétation à l'aune des textes de l'OIT, un certain nombre de ses principes (liberté d'association…), énoncés

---

[134] Cf. infra. Chapitre 2

[135] Cf. infra. Sous-section 2

[136] Alors même que certains pans du droit du travail international peuvent relever de la coutume. Pour une réflexion sur le sujet, voir MARLEAU (V.), « Réflexion sur l'idée d'un droit international coutumier du travail » in JAVILLIER (J-C.), GERNIGON (B.), *Les normes internationales du travail : un patrimoine pour l'avenir*, op. cit., pp. 363-409

[137] BRUNELLE (C.), COUTU (M.), TRUDEAU (G.), « La constitutionnalisation du droit du travail : un nouveau paradigme », Les cahiers de droit, vol. 48, n° 1-2, mars-juin 2007, p. 5

[138] COHEN (M.), BAYEFSKY (A. F.), « The Canadian Charter of Rights and Freedoms and Public International Law » cité par CÔTE (C-E.), « La réception du droit international en droit canadien » op. cit., p. 411

[139] CÔTE (C-E.), « La réception du droit international en droit canadien », op. cit., p. 410

[140] *Loi constitutionnelle de 1982*, entrée en vigueur le 17 avril 1982. Elle forme notamment avec la Loi constitutionnelle de 1867 et d'autres textes visés en annexe de la loi constitutionnelle de 1982 la Constitution du Canada

de manière générale, se prêtant particulièrement à cet exercice[141]. Même si la Charte s'inscrit dans une tradition d'individualisme libéral en consacrant des droits civils et politiques plutôt que des droits économiques, sociaux et culturels[142], la constitutionnalisation du droit du travail au Canada et le recours aux textes constitutionnels comme source de droit ont favorisé le recours au droit international du travail par le juge[143].

L'utilisation des normes internationales du travail par les juges de la Cour suprême s'est faite progressivement. Longtemps, les juges se sont en effet montrés réfractaires à l'idée de se référer aux textes de l'OIT dans le cadre de leurs décisions, avant de les intégrer pas à pas dans leur raisonnement.

A/ Première étape : l'invocation des normes internationales du travail par les juges dissidents

Même si les rédacteurs de la Charte canadienne des droits et libertés se sont d'abord inspirés de textes adoptés sous l'égide de l'ONU[144], les travaux de l'OIT se sont reflétés dans le texte de référence dans la garantie des droits fondamentaux au Canada, en ce que les instruments onusiens prennent en compte les orientations dégagées dans la Déclaration de Philadelphie en 1948[145]. C'est la raison pour laquelle, après l'adoption de la Charte canadienne des droits et libertés en 1982, ils ont pu se retrouver dans le raisonnement de juges.

En 1987, dans le *Renvoi relatif à la Public Service Employee Relations Act*[146], la question de la réception des Conventions de l'OIT dans l'ordre judiciaire national s'est posée. En l'espèce, il s'agissait notamment de savoir

---

141 THOMAS (C.), OELZ (M), BEAUDONNET (X.), « The use of international labour law in domestic courts: Theory, recent jurisprudence, and practical implications », op. cit., p. 273

142 ARTHURS (H.), « Labour and the "Real" Constitution », Cahiers de droit, 2003 cité par BRUNELLE (C.), « Human Rights and Canadian Law » in FENWICK (C.), NOVITZ (T.), *Human rights at work, Perspectives on law and regulation*, Hart Publishing, 2010, p. 125

143 COUTU (M.), BOURGAULT (J.), DESJARDINS (A.), *Droit fédéral du travail*, op. cit., p. 39

144 Déclaration universelle des droits de l'Homme ; Pacte international relatif aux droits économiques, sociaux et culturels ; Pacte international relatif aux droits civils et politiques ; Protocole facultatif se rapportant au Pacte international relatif aux droits civils et politiques. BRUNELLE (C.), COUTU (M.), TRUDEAU (G.), « La constitutionnalisation du droit du travail : un nouveau paradigme », p. 14

145 Ibid., p. 16

146 *Renvoi relatif à la Public Service Employee Relations Act (Alb.)*, [1987] 1 RCS 313

si des dispositions provinciales qui interdisaient le recours aux grèves et imposaient l'arbitrage obligatoire pour résoudre les impasses dans la négociation collective étaient compatibles avec la Charte canadienne des droits et libertés. Plus précisément, la liberté d'association prévue à l'article 2 d) de la Charte était ici mise en cause. Les juges avaient alors considéré que la protection constitutionnelle de la liberté d'association n'avait vocation à s'appliquer qu'aux seuls individus et non aux groupes, en ce que la négociation collective n'était de fait pas couverte par le champ d'application de l'article 2 d).

Le juge en chef DICKSON, dissident avec la juge WILSON, s'est largement référé au droit international pour s'opposer à cette décision. Il s'est en particulier appuyé sur le contenu de la Convention n° 87 de l'OIT ainsi que sur des décisions du Comité de la liberté syndicale. Selon lui, *« les diverses sources du droit international des droits de la personne,- les déclarations, les pactes, les conventions, les décisions judiciaires et quasi judiciaires des tribunaux internationaux, et les règles coutumières – doivent (...) être considérées comme des sources pertinentes et persuasives quand il s'agit d'interpréter les dispositions de la Charte »*[147].

Après avoir relevé que le Comité de la liberté syndicale avait déduit que la liberté d'association protégeait le droit de grève, le juge en chef DICKSON souligna les liens établis par les textes internationaux *« entre la notion de liberté d'association et l'organisation et les activités des syndicats »*. En particulier, il releva l'existence d'un *« consensus manifeste au sein des organes décisionnels de l'O.I.T. suivant lequel la convention n° 87 ne se borne pas uniquement à protéger la formation des syndicats mais protège leurs activités fondamentales, soit la négociation collective et le droit de grève »*[148].

La même année, dans l'affaire *SDGMR c. Saskatchewan*[149], une question identique à celle soulevée précédemment s'était posée. Suivant une logique similaire à celle développée par le juge DICKSON (quoique moins approfondie) et se référant à ce dernier, la juge WILSON, dissidente, rappela que le Comité de la liberté syndicale avait une vision étroite des restrictions

---

147 Ibid., para. 57

148 Ibid., para. 72

149 *SDGMR c. Saskatchewan*, [1987] 1 RCS 460. Avec le *Renvoi relatif à la Public Service Employee Relations Act (Alb.)* et l'affaire *AFPC c. Canada*, 1987 CanLII 89 (CSC), [1987] 1 R.C.S. 424, cette affaire forme la trilogie portant sur la liberté d'association de 1987

pouvant être apportées au droit de grève, s'agissant des *« services essentiels »*[150].

Ce recours aux normes internationales du travail par les juges dissidents s'est poursuivi, dans les années suivantes[151]. Sans être décisif, il est venu montrer le potentiel des sources supranationales dans l'interprétation pouvant être faite du droit national.

L'adoption de la Charte canadienne des droits et libertés a donc incité quelques juges, d'abord très isolés, à lire le droit national à l'aune des instruments de l'OIT. En particulier, l'idée d'une utilisation *« persuasive »* du droit international émise par le juge DICKSON en 1987 est restée la référence des partisans du recours à celui-ci par les juges. C'est donc progressivement, par la voix des juges dissidents dans un premier temps, que les normes internationales du travail sont entrées dans le raisonnement des juges suprêmes canadiens.

B/ La transition : la référence au droit international du travail par les juges majoritaires

Alors que les Conventions de l'OIT ont d'abord été invoquées par les seuls juges dissidents, un tournant s'est rapidement opéré avec le recours au droit international du travail par un juge majoritaire.

En 1988, dans l'arrêt *Bell*[152], le juge BEETZ s'est référé au droit international afin de définir le sens de la notion de *« conditions de travail »* selon l'article 46 de la Charte des droits et libertés de la personne du Québec[153]. Pour répondre à l'argument additionnel du Procureur de la Commission de la santé et de la sécurité du travail selon lequel les droits du travailleur à la santé et à la sécurité relèvent des droits fondamentaux plutôt que des conditions de travail[154], il s'est appuyé sur des textes internationaux,

---

[150] Ibid., paras. 53 à 60

[151] Voir par exemple la dissidence des juges CORY et IACOBUCCI dans *Delisle v. Canada (Deputy Attorney General)*, [1999] 2 S.C.R. 989 (paras. 66 et 71)

[152] *Bell Canada c. Québec (Commission de la santé et de la sécurité du travail)*, [1988] 1 RCS 749, 1988 CanLII 81 (CSC)

[153] *« Toute personne qui travaille a droit, conformément à la loi, à des conditions de travail justes et raisonnables et qui respectent sa santé, sa sécurité et son intégrité physique »*

[154] La question principale portait sur le point de savoir si une loi provinciale permettant à une salariée enceinte un retrait préventif était applicable à une entreprise fédérale. Cet argument du Procureur permettait de considérer que les droits à la santé et à la sécurité des travailleurs relevaient du droit fédéral et pouvaient donc ainsi bénéficier aux salariés d'entreprises fédérales

soulignant que ceux-ci avaient inspiré la législation contemporaine en matière de santé et de sécurité du travail. Plus précisément, le juge a invoqué les dispositions du préambule de la Constitution de l'OIT ainsi que l'article 7 du Pacte international relatif aux droits économiques, sociaux et culturels pour montrer que *« la santé des travailleurs s'inscri[vai]t dans le cadre de leurs conditions de travail »*[155]. Paradoxalement[156], ce recours au droit international a contribué à rejeter le pourvoi et à considérer que la législation provinciale qui permettait à une salariée enceinte d'exercer son retrait préventif ne s'appliquait pas à une entreprise fédérale.

La fin des années 80 est apparue propice à l'utilisation du droit international par les juges en matière de relations de travail. Même s'il n'implique pas le recours à des textes de l'OIT mais au Pacte international relatif aux droits économiques, sociaux et culturels, l'arrêt *Slaight Communications* rendu par la Cour suprême en 1989[157] a ouvert *« une perspective intéressante pour l'utilisation des instruments internationaux portant sur les droits de l'Homme en droit canadien »*[158]. Dans cette affaire, un employeur s'était vu contraindre, dans le cadre d'une procédure d'arbitrage, de rédiger une lettre de référence (contenant des éléments objectifs) concernant un salarié dont le licenciement disciplinaire avait été considéré comme irrégulier. Il contestait cette décision, au nom de la liberté d'expression, garantie par l'alinéa 2b) de la Charte canadienne des droits et libertés.

La Cour suprême, par l'intermédiaire du juge DICKSON, a considéré que la liberté d'expression de l'employeur avait été atteinte mais elle a souligné que celle-ci pouvait être restreinte, conformément à l'article 1 de la Charte, qui autorise de telles limitations *« dans des limites qui soient raisonnables et dont la justification puisse se démontrer dans le cadre d'une société libre et démocratique »*. Afin d'apprécier ce caractère raisonnable et justifié, les

---

[155] *« Le meilleur argument qui s'oppose à la prétention du procureur de la C.S.S.T. sur ce point provient peut-être du texte même des documents internationaux qui ont inspiré la législation contemporaine en matière de santé et de sécurité du travail. Le Préambule de la Constitution de l'Organisation internationale du Travail, 15 R.T.N.U. 41, et l'art. 7 du Pacte international relatif aux droits économiques, sociaux et culturels, 993 R.T.N.U. 13, font clairement ressortir que la santé des travailleurs s'inscrit dans le cadre de leurs conditions de travail ». Bell Canada c. Québec (Commission de la santé et de la sécurité du travail)*, para. 157

[156] Cf. infra. Chapitre 2 sur la tendance des juges canadiens à recourir au droit international du travail aux fins de protection des intérêts des salariés

[157] *Slaight communications inc. c. Davidson*, [1989] 1 RCS 1038, 1989 CanLII 92 (CSC)

[158] TRUDEAU (G.), « Les droits fondamentaux de l'Homme au travail : de la logique internationale à la logique canadienne » in DAUGAREILH (I.) (dir.), *Mondialisation, Travail et Droits fondamentaux*, op. cit., 2005, p. 329

juges se sont référés aux engagements internationaux du Canada, de façon à souligner la nécessité de raisonner en prenant en compte l'intérêt des salariés, lesquels forment un *« groupe vulnérable dans la société »*. C'est ainsi en se basant sur le fait que la ratification du Pacte international relatif aux droits économiques, sociaux et culturels que les juges ont déduit l'importance pour le Canada de protéger le *« droit de travailler sous ses divers aspects »* et *« d'assurer la dignité des travailleurs »*[159]. Partant, ils ont admis que l'employeur, auteur d'un licenciement injustifié, soit contraint de rédiger une lettre de référence concernant son salarié licencié.

De manière superficielle, en 2001, des juges de la Cour suprême ont à nouveau montré leur intérêt pour les sources genevoises, dans l'arrêt *Mitchell c. M.R.N.*[160]. En l'espèce, se posait la question de savoir si les peuples autochtones disposaient d'un droit d'importer des marchandises des Etats-Unis vers le Canada sans payer de droit de douane. Afin d'illustrer la prise en compte des problèmes liés aux séparations frontalières de peuples autochtones, le juge BINNIE cita l'article 32 de la Convention n° 169 de l'OIT, qui prévoit l'adoption par les Etats de mesures facilitant la coopération entre les peuples indigènes et tribaux à travers les frontières[161]. La référence à la Convention n° 169 (non ratifiée par le Canada) a simplement visé à illustrer la prise en compte internationale de la problématique des frontières pour les autochtones, avant d'annoncer les mesures adoptées par les autorités canadiennes sur ce point.

Ces affaires montrent le cheminement qui a conduit à une désinhibition du juge canadien à l'égard des normes internationales du travail dès la fin des années 80. Ce n'est toutefois qu'à compter des années 2000 que les instruments de l'OIT ont véritablement joué un rôle devant la Cour suprême.

C/ Deuxième étape : l'intégration des Conventions de l'OIT dans le raisonnement des juges

C'est finalement en 2001 que la Cour suprême a pour la première fois fait usage, de manière approfondie dans le raisonnement de juges majoritaires, d'instruments de l'OIT. Puis, par plusieurs décisions, elle a affiné son rapport avec les normes internationales du travail, en suivant un mouvement pendulaire qui, jusqu'à récemment, reflétait une certaine retenue.

---

159 Ibid., p. 330

160 *Mitchell c. M.R.N.*, [2001] 1 R.C.S. 911, 2001 CSC 33

161 TRUDEAU (G.), « Les droits fondamentaux de l'Homme au travail : de la logique internationale à la logique canadienne », op. cit., p. 82

1. La reconnaissance du droit international du travail

La véritable prise en compte des Conventions de l'OIT par la Cour suprême est intervenue dans l'arrêt *Dunmore c. Ontario*, en 2001[162].

En l'espèce était en cause la législation ontarienne en matière de liberté syndicale des travailleurs agricoles. Concrètement, en 1994, la Loi sur les relations de travail dans l'agriculture (LRTA) avait reconnu aux travailleurs agricoles le droit de se syndiquer et de négocier collectivement. Jusqu'alors, ces derniers avaient toujours été privés du régime légal des relations de travail de l'Ontario. Puis, en 1995, une nouvelle loi était venue abroger la LRTA dans sa totalité, en excluant de nouveau les travailleurs agricoles du régime des relations de travail. Par ailleurs, cette nouvelle législation mettait fin aux droits d'accréditation des syndicats[163] et aux conventions collectives signées en vertu de la LRTA. La question se posait donc de savoir si cette nouvelle législation était compatible avec la liberté d'association énoncée par l'article 2 d) et le principe d'égalité devant la loi prévu par la Charte canadienne.

Dans leur décision, les juges ont estimé que la législation mise en place en Ontario était inconstitutionnelle, en ce qu'elle privait les travailleurs agricoles de leur liberté d'association, sans qu'aucun argument ne puisse justifier cette restriction. Sans que cette liberté n'exige de faire bénéficier à ces travailleurs d'un régime complet de négociation collective, elle prévoit un minimum de droits et libertés, à savoir le droit de se syndiquer, de *« se réunir, de participer aux activités légitimes de l'association et de présenter des revendications, et la protection de l'exercice de ces libertés contre l'ingérence, les menaces et la discrimination »*. Jusqu'alors, la liberté d'association était entendue strictement et le juges considéraient qu'une *« disposition législative ne constitu[ait] pas une violation de l'al. 2d) si la restriction ne vis[ait] pas la constitution ou l'existence de l'association, ni ne leur port[ait] atteinte, à moins que l'activité de l'association n['ait été] un autre droit protégé par la Charte ou une activité qu'une personne, prise individuellement, p[ouvai]t exercer légitimement »*[164].

Pour arriver à cette conclusion et concevoir la liberté d'association sous une acception collective, les juges se sont notamment référés à la Conventions n°

[162] *Dunmore c. Ontario (Procureur général)*, 2001 CSC 94, [2001] 3 RCS 1016
[163] Les privant ainsi de la faculté de représenter des salariés aux fins de négociation auprès de leur employeur
[164] *Institut professionnel de la fonction publique du canada c. Territoires du nord-ouest (Commissaire)*, [1990] 2 RCS 367, 1990 CanLII 72 (CSC)

87 sur la liberté d'association[165] et à son interprétation. Ils ont souligné que les relations de travail étaient désormais caractérisées par la prépondérance du collectif. En particulier, ils ont avancé qu'un tel mouvement était *« compatible avec l'évolution du droit international des droits de la personne, comme l'indique la jurisprudence de la Commission d'experts pour l'application des conventions et recommandations et du Comité de la liberté syndicale de l'OIT (voir, p. ex., Bureau international du Travail, La liberté syndicale : Recueil de décisions et de principes du Comité de la liberté syndicale du Conseil d'administration du BIT, 4e éd. 1996) »*[166]. Ici, sans se référer explicitement à une décision particulière, les juges ont justifié leur position en s'inscrivant explicitement dans la tendance esquissée par le Comité de la liberté syndicale.

L'arrêt *Dunmore* a ainsi permis à la Cour suprême de théoriser l'usage qui peut être fait des normes internationales du travail devant le juge. Alors que la tradition dualiste du pays empêche ce dernier d'appliquer directement les traités internationaux, le droit international du travail, envisagé largement, peut être utilisé pour interpréter le droit interne[167].

2. L'expansion du droit international du travail

En 2007, dans l'arrêt *Health Services*[168], les juges de la Cour suprême ont confirmé leur tendance à se référer aux textes de l'OIT et à leurs principes, en considérant que la liberté d'association recouvrait une obligation pour les employeurs de négocier de bonne foi.

En l'espèce, dans un contexte de difficultés du secteur de la santé en Colombie-Britannique, le *Health and Social Services Delivery Improvement Act* avait été adopté, sans véritable consultation des syndicats, et restreignait les droits collectifs des travailleurs[169] et notamment le champ de la

---

[165] Ainsi qu'à la Convention n° 11 concernant les droits d'association et de coalition des travailleurs agricoles et à la Convention n° 141 concernant les organisations de travailleurs ruraux et leur rôle dans le développement économique et social

[166] *Dunmore c. Ontario (Procureur général)*, op. cit., para. 16

[167] Cf. supra. Chapitre 2

[168] *Health Services and Support - Facilities Subsector Bargaining Assn. c. Colombie-Britannique*, 2007 CSC 27, [2007]

[169] La partie 2 de cette législation modifiait un certain nombre de droits (affectations dans les différents lieux de travail, organisation de la sous-traitance, statut des employés contractuels ou bien encore les programmes de sécurité d'emploi). Par ailleurs, elle limitait substantiellement le champ de la négociation collective. Ainsi, elle conférait aux employeurs de larges compétences s'agissant de l'organisation des rapports avec les salariés, en-dehors de tout cadre de consultation. Elle annulait également plusieurs dispositions de conventions collectives, en interdisant la

négociation collective. Compte tenu de l'ampleur des limitations mises en place par la législation, la question ici posée aux juges les amenait notamment à s'interroger sur sa compatibilité avec l'article 2 d) de la Charte, sur la question de savoir si la négociation collective relevait de la liberté d'association et si celle-ci avait été atteinte en l'espèce[170].

Les juges ont estimé que l'article 2 d) de la Charte avait été violé, la liberté d'association incluant un droit à la négociation collective. A nouveau, ils se sont référés à différents textes de droit international pour interpréter le contenu de la Charte[171]. En ce qui concerne les travaux de l'OIT, ils ont cité l'œuvre du Comité de la liberté syndicale et, plus largement, différentes sources du droit international du travail. Notamment, en s'appuyant sur une étude réalisée par le Bureau international du travail[172] et la Déclaration

---

négociation sur certaines questions. Enfin, l'article 10 de la loi invalidait toute partie de la convention collective contraire à la partie 2.

[170] Il s'agissait aussi de se demander si la loi avait pour effet de discriminer, au mépris de l'article 15 de la Charte, les travailleurs des services de santé et sociaux par rapport à l'ensemble des salariés. Les juges ont rejeté cet argument

[171] *« Le PIDESC, le PIDCP et la Convention n° 87 accordent une protection aux activités des syndicats d'une manière qui permet de croire que le droit de négociation collective est compris dans la liberté d'association. L'interprétation de ces instruments, au Canada et à l'étranger, permet non seulement de confirmer l'existence d'un droit de négociation collective en droit international, mais tend également à indiquer qu'il y a lieu de reconnaître ce droit dans le contexte canadien en vertu de l'al. 2d) ». Health Services and Support - Facilities Subsector Bargaining Assn. c. Colombie-Britannique*, op. cit., para. 72

[172] *« Une étude récente effectuée par des membres du personnel de l'OIT résume plusieurs principes régissant la négociation collective. Certains des principes pertinents du droit international sont exprimés en ces termes (voir B. Gernigon, A. Odero et H. Guido, "Les principes de l'OIT sur la négociation collective*", (2000) 139 *Revue internationale du travail* 33, p. 55-57) :

A. Le droit de négociation collective est un droit fondamental accepté par les Membres de l'OIT du seul fait de leur appartenance à l'Organisation, qu'ils ont l'obligation de respecter, promouvoir et réaliser de bonne foi (Déclaration de l'OIT relative aux principes et droits fondamentaux au travail et son suivi)

(...)

H. Le principe de la bonne foi dans la négociation collective implique les points suivants : reconnaître les organisations représentatives, faire des efforts pour parvenir à un accord, procéder à des négociations véritables et constructives, éviter des retards injustifiés dans la négociation et respecter réciproquement les engagements pris et les résultas obtenus grâce à des négociations de bonne foi ». Health Services and Support - Facilities Subsector Bargaining Assn. c. Colombie-Britannique, op. cit., para. 71

relative aux droits et principes fondamentaux au travail, ils ont fait valoir que la négociation collective devait nécessairement s'exercer de *« bonne foi »*[173].

A travers l'arrêt *Health Services*, la Cour suprême a pu approfondir son usage des sources issues de l'OIT au rang d'instruments d'interprétation du droit interne, celles-ci ayant permis à contribuer à reconnaître une protection constitutionnelle de la négociation collective. Le recours aux normes internationales du travail a permis à la Cour de dégager un *« consensus international, mais aussi des principes que le Canada s'est lui-même engagé à respecter »*[174].

L'arrêt *Heath Services* a été analysé par une partie de la doctrine comme une confirmation de l'ancrage du droit international du travail dans le raisonnement des juges suprêmes canadiens[175] et comme l'affirmation par la Cour de sa volonté de respecter les engagements internationaux du pays ainsi que les obligations fixées par la Déclaration de 1998[176]. Il est apparu que cette dernière n'hésitait plus à recourir au droit international du travail en tant que *« source persuasive pour l'interprétation de la portée de la Charte »*[177], suivant la proposition qui avait été formulée par le juge DICKSON en 1987[178].

---

173 Ainsi, selon la Cour, *« l'État doit s'abstenir d'empêcher un syndicat d'exercer une véritable influence sur les conditions de travail par l'entremise d'un processus de négociation collective menée de bonne foi. Le droit des employés de négocier collectivement impose donc à l'employeur des obligations correspondantes. Il implique que l'employeur et les employés se rencontrent et négocient de bonne foi en vue de réaliser leur objectif commun d'accommodement par des moyens pacifiques et productifs »*. D'une manière générale, la liberté d'association comprend un *« droit collectif à une consultation et à une négociation menées de bonne foi ». Health Services and Support - Facilities Subsector Bargaining Assn. c. Colombie-Britannique*, op. cit., paras. 90 et 107

174 Ibid., para. 71

175 Voir, par exemple, BRUNELLE (C.), « La liberté d'association se porte mieux : un commentaire de l'arrêt Health Services », Conférence des juristes de l'État 2009 : XVIIIème Conférence, Cowansville, Yvon Blais, 2009, p. 261

176 BLACKETT (A.), « Mutual Promise: International Labour Law and B.C. Health Services », Supreme Court Law Review, Vol. 48, 2009, p. 365

177 *Health Services and Support - Facilities Subsector Bargaining Assn. c. Colombie-Britannique*, op. cit., para. 78. Cf. infra Chapitre 2

178 *« Ce qui, en 1987, n'était qu'une dissidence devint un principe qui s'est graduellement imposé en droit canadien, et qui représente aujourd'hui une règle cardinale dans la jurisprudence de la Cour suprême du Canada »*. TRUDEAU (G.), « La dimension internationale des litiges sociaux à la Cour suprême du Canada », Droit social, n° 3, mars 2016, p. 237

Cette approche et l'usage des instruments de l'OIT comme base pour ériger la négociation collective au rang de liberté fondamentale et bouleverser le droit canadien ont été critiqués[179] par certains auteurs, en raison notamment de l'imprécision de instruments mobilisés[180]. Sans doute, ce scepticisme a-t-il ensuite conduit la Cour suprême à faire preuve d'une certaine retenue dans l'usage des normes internationales du travail.

3. *Le recul du droit international du travail*

En 2011, dans l'affaire *Fraser*[181], la Cour suprême a maintenu sa politique d'utilisation des Conventions de l'OIT à des fins interprétatives, tout en posant un certain nombre de limites. De fait, elle est venue restreindre l'étendue des droits des travailleurs et remettre en question les espoirs qui avaient étaient placés dans le rôle du droit international dans l'ordre interne, après la décision *Health Services*[182].

Comme dans l'affaire *Dunmore*, était ici en cause la liberté d'association des travailleurs agricoles. A la suite de la décision rendue en 2001 par la Cour suprême, la loi sur la protection des employés agricoles (LPEA) avait été adoptée en Ontario en 2002. Elle mettait en place un régime de relations collectives aménagé pour les travailleurs agricoles[183]. Selon les plaignants, la loi violait les articles 2 d) et 15 de la Charte *« en ce qu'elle ne protégeait pas véritablement le droit de s'associer et de négocier collectivement et refusait aux travailleurs agricoles les mesures de protection reconnues aux travailleurs d'autres secteurs »*. Ils demandaient, en vertu de leur droits constitutionnels et du principe de liberté d'association : *« (1) la consécration légale du principe du monopole syndical conféré par un vote majoritaire suivant lequel chaque unité de négociation est représentée par un seul agent négociateur, (2) un mécanisme légal analogue à celui de la LRT*[184] *pour dénouer l'impasse des négociations et interpréter une convention collective et (3) l'obligation légale de négocier de bonne foi »*[185].

---

[179] LANGILLE (B.), « Can we rely on the ILO? », Canadian labour and employement law journal, vol. 13, 2007, pp. 294-295

[180] Cf. infra. Chapitre 2

[181] *Ontario (Procureur général) c. Fraser*, 2011 CSC 20, [2011] 2 RCS 3

[182] Voir notamment, BLACKETT (A.), « Mutual Promise: International Labour Law and B.C. Health Services », op. cit.

[183] Ces derniers disposaient de la faculté de *« former une association et d'y adhérer, de participer à ses activités, de se réunir, de présenter à l'employeur par l'entremise de leur association des observations relatives à leurs conditions d'emploi et d'exercer leurs droits sans crainte d'ingérence, de contrainte ou de discrimination »*

[184] Loi sur les relations de travail. Autrement dit, les demandeurs réclamaient le bénéfice d'un système identique à celui prévu par le régime de droit commun

[185] Ibid., para. 7

Les juges de la Cour suprême ont estimé que la loi était conforme aux dispositions constitutionnelles, délimitant ainsi le champ de la liberté d'association telle que protégée par la Charte. Ils ont clairement précisé que *« lorsqu'on l'interprète téléologiquement et dans la perspective des valeurs canadiennes et des engagements internationaux du Canada, l'al. 2d) protège l'activité associative exercée collectivement pour atteindre des objectifs liés au travail »*.

Selon les juges majoritaires, une loi ne peut se voir qualifiée d'inconstitutionnelle au motif qu'elle exclut une catégorie de travailleurs du modèle de relations collectives dominant (le modèle *Wagner*[186]), dès lors qu'elle *« protège non seulement le droit des employés de présenter à l'employeur des observations relatives au travail, mais aussi celui de les voir prises en considération de bonne foi par le destinataire »*[187]. Alors que l'arrêt *Health Services* laissait augurer un développement de la protection de la négociation collective au Canada, l'arrêt *Fraser* circonscrit cette dernière à la seule obligation de négocier de bonne foi[188].

Avant de procéder à une interprétation du contenu de la Charte, les juges se sont référés au droit international. Les juges CHARRON et ROTHSTEIN ont notamment réagi au raisonnement suivi dans la décision de 2007 et appelé à une lecture plus restrictive du droit international. La lettre de la Convention n° 87 n'imposait, selon eux, aucune obligation en matière de négociation collective et le Canada n'étant pas partie à la Convention n° 98[189].

---

[186] Lequel repose sur quatre éléments : *« la reconnaissance expresse du droit de l'employé d'appartenir au syndicat de son choix, la protection contre la coercition ou l'ingérence de l'employeur dans les activités associatives (pratiques déloyales de travail), l'obligation de l'employeur de négocier de bonne foi avec le syndicat de ses employés et un mécanisme de résolution des différends pour dénouer les impasses »*. *Ontario (Procureur général) c. Fraser*, 2011 para. 169

[187] Ibid., para. 107

[188] Alors que le jugement énonce que l'employeur doit négocier de bonne foi, cette notion apparaît assez floue, certains jugent tendant même à considérer qu'elle n'est pas nécessaire. Selon le juge ROTHSTEIN, la bonne foi ne s'impose pas dans le processus de négociation en ce que *« reconnaître une obligation constitutionnelle de négocier de bonne foi favorise les associations d'employés par rapport aux employeurs »*. En ce qu'il n'appartient pas aux tribunaux mais au législateur de déterminer les politiques relatives aux relations du travail, *« la décision d'imposer une obligation de négocier de bonne foi doit être prise par le législateur, et non par une cour de justice »*. *Ontario (Procureur général) c. Fraser*, 2011 para. 126

[189] Cf. infra. Titre 2, Chapitre 2

Controversée en ce qu'elle mettait un coup d'arrêt à l'extension des droits collectifs des travailleurs engagée depuis l'affaire *Dunmore*, la décision de la Cour suprême a été expliquée par plusieurs raisons, avancées par le Professeur Judy FUDGE : le remplacement de juges, le nombre et la proéminence d'intervenants ainsi que les débats doctrinaux suscités notamment par l'arrêt *Health Services*[190]. L'on retrouve en effet dans cette décision les critiques qui avaient été formulées par une partie de la doctrine consécutivement à l'arrêt *Health Services* à propos de l'attitude considérée comme extrêmement conciliante des juges suprêmes à l'égard des instruments de l'OIT[191].

Même s'il conduit à une acception restreinte du champ de la négociation collective, le raisonnement ici suivi par les juges illustre la place alors prise par les Conventions de l'OIT dans l'interprétation de la Charte : il s'est agi pour les juges de procéder à une interprétation de la Charte, à la lumière du droit international, ce dernier étant certes appréhendé de manière restrictive. Sans abandonner le recours au droit international du travail ni revenir sur le principe de la constitutionnalisation d'une frange du droit du travail, la Cour suprême s'est révélée bien moins ouverte aux sources issues de l'OIT.

4. Le retour en force du droit international du travail

Au début de l'année 2015, la Cour suprême du Canada avait envoyé un premier signal qui laissait présager un rapprochement de sa jurisprudence avec les standards internationaux[192]. Mettant fin aux hésitations nées de la jurisprudence *Fraser*, elle avait estimé que *« le mécanisme qui porte substantiellement atteinte à un processus véritable de négociation collective en réduisant le pouvoir de négociation des employés ne respecte pas la liberté d'association garantie par l'al. 2d) »*[193], permettant aux membres de la Gendarmerie Royale du Canada de bénéficier d'un cadre de négociation collective exempt d'ingérence de l'Etat. De façon plus spectaculaire, une seconde décision, du 30 janvier 2015[194], élargit considérablement la portée sociale de la liberté d'association, puisque la Cour suprême du Canada a

---

190 FUDGE (J.), « Constitutional Rights, Collective Bargaining and the Supreme Court of Canada: Retreat and Reversal in the Fraser Case », Industrial Law Journal, Vol. 41, No. 1, March 2012, p. 28

191 Voir notamment, LANGILLE (B.), « Can we rely on the ILO? », op. cit. ; cf. infra. Chapitre 2

192 La place du droit international apparaît toutefois secondaire dans le raisonnement des juges

193 *Association de la police montée de l'Ontario c. Canada (Procureur général)*, 2015 CSC 1, para. 71. Cf. infra. Titre 2, Chapitre 1

194 *Saskatchewan Federation of Labour c. Saskatchewan*, 2015 CSC 4

décidé d'étendre son domaine à la protection droit de grève, revenant ainsi sur la position qu'elle tenait jusqu'alors.

En l'espèce, des organisations syndicales avaient remis en question la validité de deux dispositions législatives, introduites en 2008, le *Public Service Essential Services Act, S.S. 2008 (PSES Act)* et le *Trade Union Amendment Act 2008, S.S. 2008 (TUA Act)*, en ce qu'elles violaient les dispositions de la Charte canadienne. Destiné aux travailleurs du secteur public, le *PSES Act* encadrait la conclusion d'accords collectifs portant sur les conditions de cessation de travail des travailleurs employés aux services essentiels (par exemple, les personnes chargées d'activités de prévention des risques pour la vie, la santé ou la sécurité...)[195]. Les plaignants dénonçaient essentiellement la possibilité d'interdiction unilatérale de prendre part à une grève qui concernait ces agents[196]. Dans ce contexte, la question portait principalement sur le point de savoir si l'interdiction formulée à des salariés de prendre part à une grève à des fins de négociation de leurs conditions de travail entravait substantiellement leur droit à un processus véritable de négociation collective et, dans le même, heurtait la liberté d'association garantie par l'article 2 d) de la Charte canadienne des droits et libertés.

Tout d'abord, avant d'être contredite par la Cour d'appel du Saskatchewan[197], la Cour supérieure de la province[198] avait considéré que la

---

[195] La loi définissait les services essentiels comme :
« *(i) dans le cas de services fournis par un employeur public autre que le gouvernement de la Saskatchewan, les services nécessaires pour permettre à l'employeur public d'empêcher, selon le cas :*
(A) la mise en danger de la vie, de la santé ou de la sécurité ;
(B) la destruction ou la détérioration grave de machines, de matériel ou de locaux ;
(C) l'endommagement grave de l'environnement ;
(D) la perturbation des tribunaux de la Saskatchewan ;
(ii) dans le cas de services fournis par le gouvernement de la Saskatchewan, les services qui
(A) répondent aux critères énoncés au sous-alinéa (i) et
(B) qui sont visés par règlement ». *Saskatchewan Federation of Labour c. Saskatchewan*, 2015, para. 9

[196] En ce qui concerne le *Trade Union Amendment Act*, il lui était reproché de resserrer les conditions d'accréditation des syndicats, en faisant notamment passer de 25 à 45 % le pourcentage des salariés devant donner leur appui par écrit pour qu'un syndicat puisse les représenter auprès de leur employeur, en ramenant de six à trois mois la période au cours de laquelle ces appuis doivent être ainsi obtenus et en supprimant l'octroi automatique de l'accréditation lorsque plus de 50 % des salariés donnaient leur appui par écrit avant le dépôt de la demande. *Saskatchewan Federation of Labour c. Saskatchewan*, 2015, para. 14

[197] *R v Saskatchewan Federation of Labour*, 2013 SKCA 43 (CanLII)

[198] *Saskatchewan v. Saskatchewan Federation of Labour*, 2012 SKQB 62 (CanLII)

liberté d'association garantie par la Charte canadienne des droits et libertés protégeait le droit de grève. Pour apprécier l'étendue de la notion de liberté d'association, les juges s'étaient largement référés aux précédents de la Cour suprême, en particulier lorsqu'il s'était agi de l'envisager à travers le prisme du droit international. Après avoir accepté d'entendre l'appel formé au nom des syndicats et travailleurs de la province de la Saskatchewan[199], la Cour suprême du Canada a estimé que la liberté d'association protégeait l'exercice du droit de grève mené à des fins de négociation collective[200]. Selon la juge ABELLA, portant l'opinion majoritaire, *« de pair avec le droit de s'associer, de s'exprimer par l'entremise de l'agent négociateur de leur choix et de négocier collectivement avec leur employeur par l'entremise de cet agent, le droit de grève des salariés est indispensable à la protection du processus véritable de négociation collective pour l'application de l'al. 2d). Comme le fait observer le juge [BALL, en première instance], sans le droit de grève, [traduction] "le droit constitutionnel de négocier collectivement perd tout son sens" »*[201].

Pour parvenir à cette extension de la notion de liberté d'association, les juges se sont fondés sur plusieurs éléments liés à la dynamique de la jurisprudence relative à la liberté d'association[202]. A titre complémentaire, la juge

---

[199] *Saskatchewan Federation of Labour (in its own right and on behalf of the unions and workers in the Province of Saskatchewan), et al. v. Her Majesty the Queen, in Right of the Province of Saskatchewan*, 2013 CanLII 65412 (SCC)

[200] La Cour précise qu'elle ne se prononce pas sur les autres formes d'arrêt collectifs de travail (*Saskatchewan Federation of Labour c. Saskatchewan*, 2015, para. 2). TRUDEAU (G.), « La constitutionnalisation du droit de grève au Canada. Une avancée juridique remarquable aux effets sociaux limités », op. cit., p. 379

[201] *Saskatchewan Federation of Labour c. Saskatchewan*, 2015, para. 24. Plus généralement, selon les juges majoritaires (la juge en chef McLachlin et les juges LeBel, Abella, Cromwell et Karakatsanis), dans le système canadien de relations de travail *« le droit de grève constitue un élément essentiel d'un processus véritable de négociation collective. Il n'est pas seulement dérivé du droit à la négociation collective, il en constitue une composante indispensable »*.

[202] S'appuyant sur la dissidence du juge DICKSON dans le Renvoi relatif à l'Alberta (*Saskatchewan Federation of Labour c. Saskatchewan*, 2015, para. 33) et citant l'analyse récemment développée dans l'arrêt *Police montée* (*Association de la police montée de l'Ontario c. Canada (Procureur général)*, 2015 CSC 1, op. cit.), la juge ABELLA a insisté sur le point selon lequel la liberté d'association visait *« à protéger "l'autonomie collective des employés contre le pouvoir supérieur de l'administration" afin de permettre le déroulement d'un processus véritable de négociation collective »* (*Saskatchewan Federation of Labour c. Saskatchewan*, 2015, para. 31). Selon la juge, la protection constitutionnelle du droit de grève au titre de la liberté d'association est aussi justifiée par les raisons historiques, comme le révèlent certains travaux doctrinaux (Geoffrey England, « Some Thoughts on Constitutionalizing the Right to Strike » (1988), 13:2 *Queens L.J.* 168, p. 175. Voir

ABELLA a invoqué les obligations internationales du pays pour justifier une protection du droit de grève *« en tant qu'élément d'un processus véritable de négociation collective »*, en se référant à la dissidence formulée par le juge DICKSON en 1987[203]. Partant de la présomption selon laquelle la Charte *« accorde une protection au moins aussi grande que les instruments internationaux ratifiés par le Canada en matière de droits de la personne »*[204], elle a rappelé que le Canada était partie au Pacte international relatif aux droits économiques, sociaux et culturels et à la Charte de l'Organisation des États américains, lesquels protègent expressément le droit de grève.

L'arrêt du 30 janvier 2015 révèle l'importance accordée par les juges aux décisions des organes de supervision de l'OIT. Tout en relevant que la Convention n° 87 sur la liberté d'association ne vise pas expressément le droit de grève, la juge ABELLA s'est basée sur les travaux de la Commission d'experts et du Comité de la liberté syndicale[205] faisant du droit

également Gilles Trudeau, « La grève au Canada et aux États-Unis : d'un passé glorieux à un avenir incertain » (2004), 38 *R.J.T.* 1; Claude D'Aoust et François Delorme, « The Origin of the Freedom of Association and of the Right to Strike in Canada : An Historical Perspective » (1981), 36 *R.I.* 894; Brian Palmer, « Labour Protest and Organization in Nineteenth-Century Canada, 1820-1890 » (1987), 20 *Le Travail* 61; Fudge et Tucker) liant la grève et la négociation collective, tous deux émanant *« des actions de la classe ouvrière; les travailleurs y ont eu recours afin d'améliorer leur sort au tout début du capitalisme canadien, au dix-neuvième siècle »*. D'une manière générale, *« même si la grève a fait l'objet parfois de protections, parfois d'interdictions, la faculté des salariés de cesser le travail de manière concertée est depuis longtemps essentielle à la négociation collective véritable. Or, la protection offerte par l'al. 2d) ne dépend pas seulement ou principalement du profil historique et juridique du droit de grève. En fait, le droit de grève jouit de la protection constitutionnelle en raison de sa fonction cruciale dans le cadre d'un processus véritable de négociation collective »* (*Saskatchewan Federation of Labour c. Saskatchewan*, 2015, para. 51)

[203] Tout en rappelant que la dissidence du juge DICKSON n'a pas permis de convaincre la Cour en 1987, elle qualifie son raisonnement de *« repère magnétique ces dernières années »* dans les réflexions des juges. *Saskatchewan Federation of Labour c. Saskatchewan*, 2015, para. 63 et 64

[204] *Divito c. Canada (Sécurité publique et Protection civile)*, 2013 CSC 47 (CanLII), [2013] 3 R.C.S. 157, para. 23 cité par *Saskatchewan Federation of Labour c. Saskatchewan*, 2015, para. 64

[205] En citant pas ailleurs un certain nombre de travaux doctrinaux : *« voir Pierre Verge et Dominique Roux, "L'affirmation des principes de la liberté syndicale, de la négociation collective et du droit de grève selon le droit international et le droit du travail canadien : deux solitudes ?", in Pierre Verge, dir., Droit international du travail : Perspectives canadiennes (2010) 437, p. 460; Janice R. Bellace, "The ILO and the right to strike" (2014), 153 Rev. int. trav. 29, p. 30. Pour la Commission*

de grève un corollaire de la liberté d'association. Après avoir reconnu qu'ils étaient dépourvus de caractère obligatoire, elle a mis en avant *« leur force persuasive considérable »* ainsi que le fait qu'ils ont été cités *« avec approbation et largement reprises à l'échelle mondiale par les cours de justice, les tribunaux administratifs et d'autres décideurs »*, y compris la Cour suprême du Canada elle-même. Si l'analyse de la Convention n° 87 et des travaux de l'OIT ne constitue pas l'élément unique qui a déterminé le raisonnement des juges, elle a contribué à l'établissement d'un terreau favorable à la consécration constitutionnelle du droit de grève.

D'une façon générale, au Canada, le *« transjudicialisme »*[206], fondé sur une correspondance de valeurs entre le droit interne et le droit international plutôt que sur un sentiment de contrainte des juges envers ce dernier, apparaît comme la porte d'entrée des normes internationales du travail dans l'ordre national canadien. Toutefois, même si le juge canadien semble accueillant à l'égard du droit international du travail, il entretient une certaine distance avec celui-ci[207]. D'une part, le fait que l'évolution des règles qui structurent les relations collectives au Canada résulte du travail des juges et, en conséquence, soit liée à leurs opinions personnelles et à leurs valeurs[208] contribue à expliquer une attitude longtemps hésitante. D'autre part, le caractère national des législations canadiennes en matière de liberté syndicale et de négociation collective, antérieures aux instruments internationaux en la matière[209], explique cette forme réserve, qui se traduit

---

d'experts, la grève est "un des moyens essentiels dont disposent les travailleurs et leurs organisations pour promouvoir et pour défendre leurs intérêts économiques et sociaux" (Liberté syndicale et négociation collective (1994), par. 147; Jean-Michel Servais, "ILO Law and the Right to Strike" (2009-2010), 15 C.L.E.L.J. 147, p. 150 ». Saskatchewan Federation of Labour c. Saskatchewan, 2015, para. 67

206 VERGE (P.), ROUX (D.), « L'affirmation des principes de la liberté syndicale, de la négociation collective et du droit de grève selon le droit international et le droit du travail canadien : deux solitudes ? », op. cit., pp. 444-445

207 Cf. infra. Chapitre 2 sur l'idée de *« politique des petits pas »* des juges canadiens

208 Comme le souligne le Professeur Gilles TRUDEAU, *« les nouvelles règles applicables à la négociation collective et à la grève au Canada correspondent à un échafaudage judiciaire. Celui-ci ne représente pas la transcription juridique ou légale d'une politique publique murie au sein des institutions publiques et modelée par les jeux de pouvoir des acteurs sociaux. La Cour suprême a bâti sa propre conception de la négociation collective au gré des cas qui lui ont été soumis. Cette conception, on le constate, est fortement tributaire de la personne du juge qui la formule et des valeurs personnelles qui l'animent »*. TRUDEAU (G.), « La constitutionnalisation du droit de grève au Canada. Une avancée juridique remarquable aux effets sociaux limités », op. cit., p. 487

209 VERGE (P.), ROUX (D.), « L'affirmation des principes de la liberté syndicale, de la négociation collective et du droit de grève selon le droit international et le droit du travail canadien : deux solitudes ? », op. cit., p. 450

par la progressive, lente évolution de la jurisprudence de la Cour suprême. La ratification d'une Convention de l'OIT intervient en effet généralement lorsque celle-ci porte sur des éléments déjà prescrits par des instruments canadiens[210], ces dernières étant dépourvues d'effets en pratique sur le droit canadien. En cela, l'exemple canadien se distingue du cas sud-africain, au droit clairement influencé par les normes internationales du travail.

§3. Le cas sud-africain : un recours au droit international du travail facilité par les origines internationales du droit interne

L'une des originalités du système sud-africain réside dans le fait qu'il est difficile de noter un tournant jurisprudentiel à partir duquel les juges auraient porté une attention particulière aux normes internationales du travail. Compte tenu de l'ouverture traditionnelle du droit sud-africain[211], ces normes semblent présentes dans leur raisonnement depuis de nombreuses années. Certains juges ont en effet choisi de s'en inspirer à plusieurs reprises, y compris, de façon isolée, durant la période pendant laquelle l'Afrique du Sud avait quitté l'OIT[212]. L'époque moderne, post-Apartheid, et son cadre juridique nouveau révèlent néanmoins le niveau réel d'intégration des instruments de l'OIT dans le travail des juges et les attentes désormais placées en eux.

Alors que la section 231 (4) de la Constitution prévoit que les dispositions d'un traité considérées comme *self-executing* ont force de loi[213], le juge sud-africain semble avoir, jusqu'à présent, préféré opter pour une intégration

---

[210] TRUDEAU (G.), « Les droits fondamentaux de l'Homme au travail : de la logique internationale à la logique canadienne », op. cit., p. 322

[211] Pour des raisons liées à l'histoire du pays, à la pratique des juristes puis, depuis la fin de l'Apartheid, aux prescriptions du droit positif lui-même. Cf. supra. Chapitre préliminaire

[212] En 1991, Marita KÖRNER-DAMMANN avait examiné l'influence (quasi-inexistante au plan substantiel) des normes internationales du travail dans l'Afrique du Sud sous l'Apartheid, soulignant qu'un certain nombre de décisions de l'*Industrial Court* se référaient aux normes internationales du travail. L'auteure montrait le manque d'unité et de consistance de ces décisions, les normes internationales étant utilisées comme une source étrangère quelconque. Par ailleurs, elle insistait sur le fait que les jugements ne formaient pas de précédent et pouvaient aisément être renversés. KÖRNER-DAMMANN (M.), *Bedeutung und faktische Wirkung von ILO-Standards: dargestellt am Beispiel Sudafrika Nomos Verlagsgesellschaft*, Baden-Baden, 1991 citée par MISCHKE (C.), « The significance and practical effect of ILO standards. A view from the outside », Industrial Law Journal Juta 63 1993, pp. 67-69

[213] Cf. supra. Chapitre préliminaire sur les spécificités constitutionnelles de l'Afrique du Sud

indirecte des textes de l'OIT, en y recourant par le prisme de l'interprétation[214]. Comme au Canada, les textes de l'OIT sont utilisés pour interpréter des dispositions constitutionnelles. Toutefois, en Afrique du Sud, ceux-ci sont également employés afin d'interpréter la loi. En effet, eu égard à l'influence exercée par le droit international dans la refondation du pays au cours des dernières décennies, le juge est particulièrement enclin à se référer aux sources supranationales.

A/ L'interprétation de dispositions constitutionnelles

Un certain nombre de dispositions constitutionnelles apparaissent utiles en matière de contentieux du travail en Afrique du Sud, la législation sociale étant intrinsèquement liée au texte fondamental. En particulier, le *Bill of Rights* énonce plusieurs droits et principes susceptibles de concerner les rapports entre employeurs et travailleurs[215]. Il en va ainsi, par exemple, du principe d'égalité ou de la liberté d'association. Les juges sont d'autant plus enclins à se référer à la Constitution en matière de droit du travail que le *Labour Relations Act* et le *Bill of Rights* ont probalement été examinés simultanément au moment de son adoption[216]. Par ailleurs, compte tenu de la complémentarité entre, d'une part, le droit international du travail et, d'autre part, la Constitution et la législation sud-africaines[217], le contrôle de constitutionnalité d'une loi peut masquer un contrôle de conventionnalité, la Constitution étant lue à la lumière des engagements internationaux de l'Etat. Dans cette perspective, le recours au droit international du travail par les juges sud-africains accompagne un mouvement de constitutionnalisation du droit du travail.

S'agissant du sens à donner à ces dispositions constitutionnelles énoncées de façon très générale, la Cour constitutionnelle s'est déclarée en faveur d'une utilisation des instruments de l'OIT aux fins d'interprétation. Ainsi, en 1999, dans l'affaire *SANDU*, la Cour, par la voix du juge O'REGAN, a souligné

[214] De ce point de vue, le juge sud-africain applique parfaitement la jurisprudence *Makwanynane* tendant à une prise en considération étendue des instruments internationaux comme *« outils d'interprétation »*. *S v Makwanyane* 1995 6 BCLR 665 (CC). Cf. supra. Section 1

[215] La section 23 de la Constitution intitulée *« Labour Relations »* énonce une série de droits bénéficiant à tout travailleur (droit à des conditions de travail équitable, droit de grève, droit de négociation collective…)

[216] RUBIN (N.), « International labour law and the new law of the new South Africa », African Law Journal, 685, 1998, p. 694

[217] Ibid., p. 686

l'importance des instruments de l'OIT dans l'interprétation du chapitre 2 de la Constitution, qui forme le *Bill of Rights*[218].

En l'espèce, pour savoir si la notion de travailleurs englobait les membres des forces armées, le juge O'REGAN s'est référé aux Conventions n° 87 sur la liberté d'association et n° 98 sur le droit de négociation collective, précisant que celles-ci accordaient aux Etats la faculté d'aménager des dispositions spéciales concernant l'application de leur contenu aux membres des forces armées et de police, à condition que les limitations ici posées soient raisonnables et justifiables[219]. Partant des Conventions de l'OIT, le juge a noté que les membres des forces armées constituaient bien des travailleurs, qui pouvaient toutefois voir leurs droits limités. Dans ce cadre, il a estimé que la limitation des droits du personnel engagé dans les forces armées ne pouvait s'exercer que dans les conditions prévues par la section 36 de la Constitution[220] (pour se prononcer sur ce dernier point, c'est sans se référer au droit international que le juge est venu considérer que l'interdiction de la syndicalisation des forces armées n'était ni raisonnable, ni justifiée au regard des objectifs poursuivis par ces dernières[221]). Quelques années plus tard, la Cour a maintenu son approche dans une autre affaire SANDU de 2007, en ayant recours à l'article 5 de la Convention n° 87 sur la

---

[218] *« Section 39 of the Constitution provides that when a court is interpreting chapter 2 of the Constitution, it must consider international law. In my view, the conventions and recommendations of the International Labour Organisation (the ILO), one of the oldest existing international organisations, are important resources for considering the meaning and scope of "worker" as used in section 23 of our Constitution ». South African National Defence Union (SANDU) v Minister of Defence* (CCT27/98) [1999] ZACC 7; 1999 (4) SA 469; 1999 (6) BCLR 615 (26 May 1999), para. 25

[219] Ibid., para. 27

[220] *« (1) The rights in the Bill of Rights may be limited only in terms of law of general application to the extent that the limitation is reasonable and justifiable in an open and democratic society based on human dignity, equality and freedom, taking into account all relevant factors, including :*
(a) the nature of the right;
(b) the importance of the purpose of the limitation;
(c) the nature and extent of the limitation;
(d) the relation between the limitation and its purpose; and
(e) less restrictive means to achieve the purpose.
(2) Except as provided in subsection (1) or in any other provision of the Constitution, no law may limit any right entrenched in the Bill of Rights »

[221] South African National Defence Union v Minister of Defence and Others, op. cit., para. 36

liberté d'association de façon déterminante pour apprécier l'étendue des droits collectifs garantis par la section 23 (2) de la Constitution[222].

Sans surprise, on trouve ici appliqués aux sources de droit issues de l'OIT les principes qui tendent à favoriser la réception du droit international dans l'ordre national. Au-delà de son influence par le droit international, la Constitution de l'Afrique du Sud (en incluant le *Bill of Rights*) constitue une porte d'entrée idéale pour les instruments de l'OIT en ce qu'elle présente l'originalité de comporter des dispositions en matière de droit du travail[223] et de la sécurité sociale[224]. Au vu de la généralité et du caractère parfois abscons de ces dernières[225], le recours aux instruments de l'OIT peut potentiellement se révéler déterminant dans la signification prêtée aux normes constitutionnelles.

Plus récemment, parmi les nombreux autres exemples pouvant être cités, l'arrêt *SATAWU contre Moloto NO*[226] confirme l'ancrage du recours aux normes internationales du travail dans un but d'interprétation de la Constitution. Dans cette affaire, les juges, tout en se référant à l'affaire *NUMSA c. Bader Bop* qui a offert une large place aux normes internationales du travail[227], ont rappelé que les textes et organes de supervision de l'OIT avaient considéré que le droit de grève était essentiel à la négociation collective.

---

[222] South African National Defence Union v Minister of Defence and Others (CCT65/06) [2007] ZACC 10; 2007 (5) SA 400; 2007 (8) BCLR 863 (CC) ; [2007] 9 BLLR 785 (CC) ; (2007) 28 ILJ 1909 (CC) (30 May 2007)

[223] Section 23

[224] Section 27 (1). L'ambition progressiste de certains droits constitutionnels Constitution a été résumée de la façon suivante : *« Rather than merely protecting citizens against the abuse of state power, the latter rights "oblige the state to do as much as it can to secure for all members of society a basic set of social goods" ».* VAN ECK (S.), « Constitutionalisation of South African Labour Law », op. cit., p. 264

[225] Enonçant de façon générale des droits fondamentaux, comme :
« Everyone has the right to fair labour practices » ou
« (2) Every worker has the right -
Everyone has the right to fair labour practices.
(a) to form and join a trade union;
(b) to participate in the activities and programmes of a trade union; and
(c) to strike »...

[226] *South African Transport and Allied Workers Union (SATAWU) and Others v Moloto NO and Another* [2012] ZACC 32

[227] Cf. infra. B/ et Chapitre 2

Il est important de souligner que le prisme de la Constitution fournit un champ de mise en œuvre du droit international du travail d'autant plus vaste que le *Bill of Rights* peut faire l'objet d'une application verticale directe ou être invoqué entre particuliers[228]. Ainsi, le recours aux instruments de l'OIT afin d'interpréter les dispositions de la Constitution d'Afrique du Sud permet aux juges de prêter une dimension sociale à des dispositions générales. N'étant contraint par aucune règle d'application ou d'invocabilité et cherchant des éléments lui permettant de lire le droit national, le juge dispose d'un important moyen de donner corps aux instruments de l'OIT à l'échelle nationale. La tendance à recourir au droit international dans un contexte de constitutionnalisation du droit du travail se trouve accrue par le fait que bien souvent, il s'agit de replacer dans son contexte un texte de droit interne influencé par le droit international.

B/ La recontextualisation d'un droit national aux origines internationales

Les trois principales lois qui régissent les relations de travail en Afrique du Sud (*Labour Relations Act*, *Basic Conditions of Employment Act*, *Employment Equity Act*) possèdent une double caractéristique. Tout d'abord, elles sont directement influencées par les textes de l'OIT[229]. Ensuite, elles visent à donner corps aux dispositions de la Constitution afférentes au droit du travail[230]. Leur mise en œuvre, fréquente, augmente ainsi les occasions pour le juge d'user du droit international aux fins d'interprétation.

Les motivations du juge sud-africain lorsqu'il recourt au droit international du travail pour interpréter son droit interne sont différentes de celles qui animent le juge canadien. Alors que, pour ce dernier, il s'agit le plus souvent de procéder à l'interprétation de dispositions de nature constitutionnelle, la pratique du juge sud-africain apparaît plus générale : son ambition est également de procéder à l'interprétation de la loi. Il faut rappeler qu'après avoir réintégré l'OIT en 1994, l'Afrique du Sud s'est largement appuyée sur cette dernière afin de rénover sa législation. Le droit national et, en particulier, le droit du travail qui reflétait jusqu'alors une conception inégalitaire de la société, ont alors rapidement été réformés dans une optique

---

[228] Section 8 (2) : « *A provision of the Bill of Rights binds a natural or a juristic person if, and to the extent that, it is applicable, taking into account the nature of the right and the nature of any duty imposed by the right* ». VAN ECK (S.), « Constitutionalisation of South African Labour Law », op. cit., p. 270

[229] VAN ECK (S.), « Constitutionalisation of South African Labour Law », op. cit., p. 259

[230] GROGAN (J.), *Dismissal, Discrimination and Unfair Labour Practice*, Juta, 2005 cité par VAN ECK (S.), « Constitutionalisation of South African Labour Law », op. cit., p. 271

de démocratisation. Le BIT, dans le cadre de sa mission d'assistance technique[231], a fourni des orientations qui ont permis l'adoption en 1995 du *Labour Relations Act*[232]. De surcroît, ce dernier énonce explicitement qu'il doit être interprété de façon à donner effet à ses objectifs primaires, en conformité avec la Constitution et les obligations internationales du pays. Plus généralement, la législation sociale sud-africaine reflète la préoccupation de ses auteurs pour les prescriptions de l'OIT[233].

Cette porosité du droit du travail national se traduit par une sensibilité des juges à l'égard des sources de l'OIT afin d'interpréter la loi. Ainsi, dans l'affaire *NUMSA c. Bader Bop*[234], où la conformité d'une loi avec la Constitution avait été remise en cause, le juge O'REGAN a justifié l'importance du recours aux sources de l'OIT aux fins d'interprétation du droit du travail et, plus particulièrement, du *Labour Relations Act*. Il a en effet rappelé que la loi énonçait en sa première section qu'elle visait notamment à donner effet aux obligations souscrites par l'Afrique du Sud en tant que membre de l'OIT, en plus d'assurer la mise en œuvre des droits constitutionnels. Partant, les obligations internationales de l'Afrique du Sud ont été considérées comme d'une grande importance pour interpréter le LRA[235]. Dans ce cas, il s'agissait de savoir si, dans le silence de la Loi, le *Labour Relations Act* pouvait être interprété de façon à interdire à un syndicat minoritaire d'entamer une grève afin d'obtenir la reconnaissance de ses représentants (*« shop stewards »*) et de participer aux négociations collectives. Le recours aux sources issues de l'OIT (les Conventions n° 87 sur la liberté d'association, n° 98 sur la négociation collective ainsi que les

---

231 FENWICK (C.), KALULA (E.), LANDAU (I.), « Labour law: A Southern African perspective », International Institute for Labour Studies, Geneva, 2007, p. 7

232 BRONSTEIN (A.), « En aval des normes internationales du travail : le rôle du BIT dans l'élaboration et la révision de la législation du travail » in JAVILLIER (J-C.), GERNIGON (B.), *Les normes internationales du travail : un patrimoine pour l'avenir*, op. cit., p 221 ; sur les recommandations du Bureau, voir le rapport « Prélude aux changements: la réforme des relations professionnelles en Afrique du Sud », publié dans le Bulletin officiel, vol. 75, 1992, Série B, Supplément spécial

233 RUBIN (N.), « International labour law and the new law of the new South Africa », African Law Journal, 685, 1998, p. 694

234 *National Union of Metal Workers of South Africa (NUMSA) and Others v Bader Bop (Pty) Ltd and Another* (CCT14/02) [2002] ZACC 30; 2003 (2) BCLR 182 ; 2003 (3) SA 513 (CC) ; [2003] 2 BLLR 103 (CC) (13 December 2002). Cf. infra. Chapitre 2

235 *« The first purpose of the Act is thus to give effect to constitutional rights. Secondly, the Act also makes clear that it is intended to give legislative effect to international treaty obligations arising from the ratification of International Labour Organisation (ILO) conventions. South Africa's international obligations are thus of great importance to the interpretation of the Act »* ; para. 26

travaux du Comité de la liberté syndicale) a permis d'interpréter le droit de grève tel que garanti par la Constitution et mis en œuvre par la LRA de façon particulièrement extensive[236].

Les juges et les parties peuvent donc se baser sur des sources élaborées au sein de l'OIT afin de rechercher le sens à attribuer aux dispositions légales nationales[237]. Cette pratique conduit finalement à octroyer une place très importante au droit international, considéré comme une source parmi d'autres du droit du travail sud-africain. Cette affirmation mérite toutefois d'être tempérée, dans la mesure où les juges ne semblent jamais appliquer les instruments de l'OIT de façon autonome, en-dehors du cadre de l'interprétation des textes légaux et constitutionnels.

La France, le Canada et l'Afrique du Sud apparaissent ainsi comme des Etats accueillants à l'égard du droit international du travail dans le cadre des procédures de justice. Les raisons qui expliquent cette ouverture sont liées tant aux spécificités institutionnelles des pays qu'à leurs histoires. Si la France, pays unitaire et de tradition moniste figure comme une terre d'élection pour la mise en œuvre juridictionnelle des instruments de l'OIT, les juges du Canada et d'Afrique du Sud, qui utilisent des textes constitutionnels voire légaux influencés par le droit international, sont enclins dans leur pratique à s'inspirer des textes genevois. Cette tendance se retrouve à quasiment tous les niveaux de juridiction.

Sous-section 2 : L'accroissement de la fréquence d'utilisation des normes internationales du travail

Au-delà des décisions des formations suprêmes et supérieures, la pratique de l'ensemble des juridictions du Canada, de France et d'Afrique du Sud révèle un certain accroissement de la fréquence d'utilisation du droit international du travail. A côté de la France et de l'Afrique du Sud où l'on observe un mouvement diffus, le système fédéral canadien se distingue par la diversité des attitudes de ses juridictions en la matière.

§1. Cas français et sud-africain : le caractère diffus du recours juridictionnel aux normes internationales du travail

En Afrique du Sud et en France, les juridictions de tous niveaux amenées à connaître des questions sociales ont déjà eu l'occasion de se référer au droit international du travail, qu'il s'agisse de le mettre en œuvre directement en

236 Cf. infra. Chapitre 2

237 L'objectif poursuivi par les juges n'est pas systématiquement de favoriser une approche extensive du droit national en faveur des travailleurs. Cf. infra. Chapitre 2

France ou de s'y référer en tant que source d'interprétation en Afrique du Sud. Cette pratique reflète la conception unitaire du droit du travail national et le caractère pyramidal du système juridictionnel.

A/ Le cas français : le développement du recours aux normes internationales du travail

Si elle reste très loin de permettre d'évoquer l'idée d'une banalisation[238], la tendance à l'augmentation du nombre de décisions françaises qui impliquent le recours aux normes internationales du travail n'est que le reflet d'un regain d'intérêt de juges et, surtout, de parties pour ces dernières.

Dans une étude publiée en 1942, l'intérêt de juges d'appel pour les Conventions de l'OIT avait été déjà montré[239]. Par exemple, en 1930, la Cour d'appel de Riom[240] s'était fondée sur la Convention n° 19 sur l'égalité de traitement[241]. En l'espèce, une ressortissante et résidente espagnole avait formulé une demande d'indemnisation, à la suite du décès de son époux, lequel avait été victime d'un accident du travail survenu en France. Relevant que la France et l'Espagne avaient ratifié la Convention, les juges avaient fait application de l'article 1[242] de la Convention et admis que la veuve puisse bénéficier d'une indemnisation de la part des autorités espagnoles, du fait que l'accident s'était déroulé sur le territoire français. Une position identique avait été adoptée en 1932 par la Cour d'appel de Grenoble[243].

---

238 Individuellement, force est de constater qu'un certain nombre de juges n'ont jamais eu à connaître des normes internationales du travail

239 DILLON (C. H.), *International Labour Conventions, their interpretation and their revision*, Chapel Hill, The University of North Carolina Press, 1942, pp. 173-177

240 CA Riom, 24 décembre 1930, *Puig c. Veuve Salesquérol*, citée par DILLON (C. H.), *International Labour Conventions, their interpretation and their revision*, op. cit., p. 173

241 Convention n° 19 concernant l'égalité de traitement des travailleurs étrangers et nationaux en matière de réparation des accidents du travail (Entrée en vigueur : 08 sept. 1926)

242 *« 1. Tout Membre de l'Organisation internationale du Travail qui ratifie la présente convention s'engage à accorder aux ressortissants de tout autre Membre ayant ratifié ladite convention qui seront victimes d'accidents du travail survenus sur son territoire, ou à leurs ayants droit, le même traitement qu'il assure à ses propres ressortissants en matière de réparation des accidents du travail... ».*

243 CA Grenoble, 18 janvier 1932, *Epoux Levine c. Société des établissements Grammont et Compagnie d'assurance « La préservatrice »*, cité par DILLON (C. H.), *International Labour Conventions, their interpretation and their revision*, op. cit., pp. 173-174

Quelques décennies plus tard, le tournant opéré avec la médiatisation de la Convention n° 158 sur le licenciement dans les affaires concernant le Contrat Nouvelles Embauches semble avoir entraîné une augmentation du nombre de décisions faisant mention de Conventions de l'OIT (la tendance restant toutefois limitée). Par exemple, en octobre 2014, la Cour d'appel d'Angers a classiquement considéré qu'une durée de période d'essai de dix mois était déraisonnable au regard de la Convention n° 158 de l'OIT sur le licenciement[244]. De même, cette Convention a également été utilisée (sans succès) devant la Cour administrative d'appel de Versailles pour contester une décision de refus de titularisation d'un agent de la fonction publique employé depuis dix-neuf ans[245]. Plus récemment, en 2018 et en 2019[246], plusieurs Conseils de prud'hommes[247] se sont notamment référés à la notion d'indemnité adéquate prévue par l'article 10 de la Convention pour écarter le

244 CA Angers, Soc., 14 octobre 2014, n° 12/02628

245 Cour administrative d'appel de Versailles, 27 mars 2014, n° 12VE01400, Inédit

246 Par exemple : CPH Troyes, 13 décembre 2018, n° 18/00036, CPH Amiens, 19 décembre 2018, n° 18/00040, CPH Lyon, 21 décembre 2018, n° 18/01238, CPH Grenoble, 19 janvier 2019, n° 18/00989, CPH Agen, 5 février 2019, n° 18/00049, CPH Montpellier, 17 mai 2019, n° 18/00152… Concernant ce contentieux, voir notamment MOULY (J.), « La barémisation des indemnités prud'homales : un premier pas vers l'inconventionnalité (A propos du jugement du conseil de prud'hommes de Troyes du 13 décembre 2018) », Droit social, février 2019, pp. 122-130 ; MOULY (J.), « L'inconventionnalité du barème : une question de proportionnalité ? », Droit social, mars 2019, pp. 234-239 ; PEYRONNET (M.), « Conseils de prud'hommes : conventionnalité (ou non) du plafonnement des indemnités de licenciement », Dalloz actualité, 4 février 2019

247 La Cour de cassation a quant à elle estimé, dans deux avis rendus le 17 juillet 2019, que les dispositions de l'article L. 1235-3 du code du travail fixant un barème applicable à la détermination du montant de l'indemnité pour licenciement sans cause réelle et sérieuse, étaient compatibles avec les stipulations de l'article 10 de la Convention n° 158 de l'OIT (Avis n° 15012 du 17 juillet 2019 - Formation plénière pour avis et Avis n° 15013 du 17 juillet 2019 - Formation plénière pour avis). Néanmoins, les arrêts respectivement rendus les 18 et 25 septembre 2019 par les cours d'appel de Paris puis de Reims montrent la marge de manœuvre dont disposent les juges du fond, en vertu de ces avis. En effet, si les deux premières cours d'appel saisies de la question du barème ont estimé qu'il était conforme aux textes conventionnels invoqués, elles ont considéré, pour la première, que le caractère adéquat et approprié de la réparation était établi au regard de la *« situation d'espèce »* (CA Paris, Pôle 6, chambre 3, 18 sept. 2019, n°17/06676) et, pour la seconde, que le caractère proportionné de l'éventuelle atteinte aux droits du salarié résultant de l'application du barème devait être apprécié *in concreto* (CA, Reims, ch. soc., 25 sept. 2019, n° 19/00003). Sur cette distinction entre contrôle de conventionnalité abstrait et contrôle de conventionnalité concret, voir PASQUIER (T.), « La diversification des contrôles de conventionnalité des lois en matière de barème d'indemnisation », Revue de droit du travail, n° 11, novembre 2019, pp. 683-693

barème fixant les montants minimaux et maximaux des dommages et intérêts pour licenciement sans cause réelle et sérieuse[248].

Au début des années 1970, Nicolas VALTICOS déplorait la rareté des décisions de justice impliquant l'utilisation des normes internationales du travail en France, en la mettant principalement sur le compte d'une méconnaissance du droit international du travail par les praticiens[249]. Quelques années plus tard, en 1986, en commentant une décision par laquelle un tribunal de grande instance s'était référé à la Convention n° 81 sur l'inspection du travail pour condamner un cadre qui avait eu une attitude inconvenante à l'égard d'un inspecteur du travail[250], le Professeur Antoine JEAMMAUD a, au contraire, salué la facilitation de l'accès aux sources de droit international, par la diffusion d'actes de colloques et des principales conventions[251]. Aujourd'hui, la généralisation de l'accès aux sources primaires de droit international du travail a définitivement abattu l'obstacle matériel à l'utilisation du droit international du travail par les juges et les parties. Il offre à certains d'entre eux la possibilité de se familiariser avec cs normes redécouvertes. Ce mouvement s'amplifiera par ailleurs en cas d'expansion durable de la doctrine nationale en la matière.

Les parties et leurs avocats sont les principaux moteurs du développement des sources internationales devant le juge interne. En matière administrative, le cadre juridique explique cette situation. Le Conseil d'Etat refuse en effet l'application d'office du droit international[252]. A l'inverse, les juges judiciaires sont tenus de soulever les moyens tirés de la violation d'une convention internationale[253]. Ils peuvent donc potentiellement recourir à un

---

[248] Tel qu'il résulte de l'article L. 1235-3 du code du travail en sa rédaction issue de l'ordonnance n° 2017-1387 du 22 septembre 2017 relative à la prévisibilité et la sécurisation des relations de travail, ratifiée par la loi n° 2018-217 du 29 mars 2018. Cf. infra. Chapitre 2

[249] VALTICOS (N.), « Droit international du travail et droit interne français », Travaux du Comité français de droit international privé, 1973-1975, Dalloz, 1977, p. 26

[250] TGI Montbrison, 28 février 1985

[251] JEAMMAUD (A.), « Sur l'applicabilité en France des conventions internationales du travail », Droit social, n° 5, mai 1986, p. 402

[252] *« La conformité de (...) [dispositions] aux normes supérieures et en particulier, s'agissant de dispositions législatives, aux traités ou accords internationaux, ne constitue pas une question d'ordre public »*. CE, ass., 6 déc. 2002, *Maciolak*, n° 239540, Recueil Lebon p. 426. Voir MINET (A.), « Le statut particulier du droit de l'Union européenne en droit français », RFDA, 2013, p. 1199

[253] Sur l'office du juge judiciaire en matière d'application du droit international et européen et l'obligation pour le juge d'appliquer un traité à tout litige en relevant substantiellement, voir notamment ANCEL (J-P.), « La prise en compte du droit

texte de droit international applicable en France, sans qu'aucune des parties n'ait sollicité la mise en œuvre d'un tel instrument[254]. Cela étant, malgré cette ouverture manifeste du juge judiciaire à l'égard des sources internationales, force est de constater que la mise en œuvre des Conventions de l'OIT devant le juge français, tant administratif que judiciaire, s'est réalisée à l'initiative des parties. Au-delà de l'intérêt croissant des justiciables pour ces sources supranationales, une explication à ce phénomène pourrait se trouver dans la formation des juges, très peu sensibilisés au droit issu de l'OIT[255].

La prise de conscience du potentiel du droit international du travail dans l'ordre interne incite les acteurs du droit à se saisir de la matière. Une tendance s'affirme : les décisions rendues par les juridictions suprêmes utilisant les normes internationales du travail opèrent un effet d'entraînement auprès de praticiens, qui comprennent peu à peu le potentiel de ces sources en matière contentieuse. Dans le même temps, cette attention des acteurs des procédures de justice pour les Conventions de l'OIT provoque une augmentation du nombre de décisions qui amènent les juges suprêmes à être saisis de la mise en œuvre du droit international du travail. Ce double mouvement, dans un système pyramidal où aucune juridiction ne peut ignorer les arrêts des juridictions suprêmes, laisse augurer une poursuite voire une augmentation de la quantité de décisions qui se réfèrent aux normes internationales du travail.

---

international et communautaire dans la jurisprudence de la Cour de cassation » in *L'internationalité dans les institutions et le droit. Convergences et défis. Etudes offertes à Alain Plantey*, Editions A. Pedone, 1995, pp. 62-68

[254] La chambre sociale de la Cour de cassation a par exemple pris l'initiative d'appliquer le Pacte international relatif aux droits économiques, sociaux et culturels. Se fondant sur l'article 6.1 du Pacte qui garantit à toute personne la possibilité de gagner sa vie par un travail librement choisi ou accepté, elle a considéré qu'un salarié assujetti à une obligation de non-concurrence ne pouvait être privé du bénéfice d'une contrepartie financière à la suite d'un licenciement pour faute grave. Cass, soc., 16 décembre 2008, n°05-40876. REMY (P.), FILLON (J-C.), « Internationalisation ou harmonisation des droits du travail allemand et français ? », Revue de droit du travail, 2009, p. 399 ; DE QUENAUDON (R.), « Application de l'article 6.1 du Pacte international relatif aux droits économiques, sociaux et culturels », Revue de droit du travail, 2009, p. 239

[255] Comme il a déjà été relevé (THOMAS (C.), OELZ (M.), BEAUDONNET (X.), « The use of international labour law in domestic courts: Theory, recent jurisprudence and practical implications », op. cit., pp. 284-285), la formation des juges et des avocats est essentielle pour promouvoir les normes internationales du travail dans l'ordre interne.

B/ Cas sud-africain : l'usage récurrent des normes internationales du travail

La principale caractéristique de l'usage des instruments de l'OIT en Afrique du Sud réside dans le caractère uniforme et récurrent de la pratique des juges à travers le pays, quel que soit leur niveau d'exercice.

Ce n'est pas tant la quantité de décisions (environ 90 décisions ont pu être recensées depuis 1998[256]) que le caractère diffus et régulier de la pratique juridictionnelle, depuis l'époque post-Apartheid, qui marque ici. Très rapidement après l'entrée en vigueur du droit moderne sud-africain, l'on a pu relever plusieurs décisions impliquant une référence aux travaux de l'OIT. Dès 1998[257], la référence aux travaux du Comité de la liberté syndicale a par exemple permis de rappeler que le droit de grève n'était pas uniquement protégé par la Constitution et la LRA mais également au niveau international[258].

D'une manière générale, tant au niveau de la *Labour Court* que de la *Constitutional Court* ou de la *Labour Appeal Court*, le juge sud-africain apparaît familiarisé avec les normes internationales du travail. Aucune différence de pratique, tant dans la nature des textes utilisés[259] qu'en termes de fréquence, ne peut être notée (la *Supreme Court of Appeal*, qui génère un flux de décisions assez restreint, apparaît néanmoins en retrait en la matière).

C'est ainsi que les juges de la *Labour Court* ont été amenés à examiner la question de l'enregistrement des organisations professionnelles à la lumière des travaux de l'OIT, après qu'une partie a souligné que les obligations internationales du pays étaient importantes pour interpréter la LRA[260]. Au niveau suprême, c'est en suivant une même logique que les juges de la *Constitutional Court* ont fait valoir en 2000 que le besoin d'éliminer les discriminations ne découlait pas uniquement de la Constitution mais également des obligations de l'Afrique du Sud sur la scène internationale[261].

---

[256] A travers la base de données consacré à la jurisprudence sud-africaine (www.saflii.org)

[257] *Government of Western Province v Congress of South African Trade Union and Another* (C162/98) [1998] ZALC 11 (8 May 1998)

[258] Ibid., para. 31

[259] Pour un aperçu relativement détaillé de l'étendue de leur utilisation, cf. supra. Sous-section 2

[260] *« South Africa's international obligations are important to the interpretation of the LRA »* ; *National Entitled Workers Union v Minister of Labour and Others* (J2180/06) [2010] ZALC 179; (2011) 32 ILJ 1372 (LC) (25 November 2010)

[261] Selon la *Constitutional Court*, *« the need to eliminate unfair discrimination does not arise only from Chapter 2 of our Constitution. It also arises out of international*

En Afrique du Sud, l'utilisation des sources émanant de l'OIT lors des procédures de justice est courante. Contrairement à la France (où le droit international du travail fut longtemps perçu comme moins avancé que le droit français[262]), l'usage du droit international ne suppose pas un effort du juge pour dépasser son cadre de référence mais s'opère principalement par une lecture téléologique d'un droit façonné par les normes internationales. Néanmoins, dans les deux pays, de façon plus ou moins marquée et fréquente, l'utilisation des instruments de l'OIT s'intègre dans un mouvement qui concerne l'ensemble des juridictions, qu'elles se situent au sommet ou à la base du système. Les choses apparaissent très différentes et plus complexes au Canada où le développement récent de la jurisprudence de la Cour suprême ne traduit pas le mouvement emprunté dans l'ensemble du pays.

§2. Particularité canadienne : une pratique différenciée selon les juridictions

Au Canada, le recours au droit international par les juges apparaît assez répandu. Toutefois, un certain nombre de juridictions restent étanches aux normes internationales du travail. Cette diversité de situations entre juridictions s'explique sans difficulté par le caractère fédéral propre au droit du travail canadien et par le caractère tentaculaire de l'organisation judiciaire canadienne, articulée autour des provinces[263].

A/ Une irrigation certaine

Plusieurs juridictions établies à travers le Canada ont été sensibles à la consécration du recours aux normes de l'OIT en tant qu'outils d'interprétation du droit national par la Cour suprême du Canada. De la

---

obligation » ; *Hoffmann v South African Airways* (CCT17/00) [2000] ZACC 17; 2001 (1) SA 1; 2000 (11) BCLR 1235 ; [2000] 12 BLLR 1365 (CC) (28 September 2000), para. 151

262 VERDIER (J-M.), « L'apport des normes de l'OIT au droit français du travail » in Coll., *Les transformations du droit du travail, Etudes offertes à Gérard LYON-CAEN*, Dalloz, 1989, p. 65. Telle était par exemple l'analyse de la place du droit de l'OIT dans l'ordre interne selon les auteurs du Précis Dalloz en 2002, relayée par une partie de la doctrine : *« son utilité dépend du niveau de ces standards (...). Or, [ils] ne sont pas très élevés (...). Un pays développé est rarement contraint à modifier son droit pour se hisser au niveau d'une norme OIT. Tel est le cas de la France »*. PELISSIER (J.), SUPIOT (A.), JEAMMAUD (A.), *Droit du travail*, Dalloz, 21ème éd., 2002, p. 103 cité par FONT (N.), *Le travail subordonné entre droit privé et droit public*, Dalloz, 2009, p. 272

263 Cf. supra. Chapitre préliminaire

même manière qu'au niveau suprême, l'utilisation du droit international aux fins d'interprétation apparaît comme le corollaire d'un mouvement de constitutionnalisation du droit du travail.

Les décisions de la Cour suprême ont ainsi eu un effet sur des juges établis à tous les niveaux de l'ordre juridictionnel, lesquels tendent désormais à se référer au droit international[264]. Dans certains cas, des juges apparaissent plus ouverts que la Cour suprême à l'égard des instruments de l'OIT, cette inclination se déduisant tant de la fréquence des références aux normes internationales du travail que de la diversité des textes invoqués.

1. La reprise de la jurisprudence de la Cour suprême

Pour se prononcer, plusieurs juridictions se sont appuyées sur les décisions de la Cour suprême du Canada et sa tendance à inclure les normes internationales du travail dans son raisonnement, particulièrement en matière de liberté d'association.

Par exemple, en 2009, la Cour du Banc de la Reine du Nouveau Brunswick s'est fondée sur l'arrêt *Health Services* pour se prononcer sur les contours de la protection de la négociation collective[265]. En l'espèce, la question se posait de savoir si des dispositions de la Loi relative aux relations de travail dans les services publics du Nouveau Brunswick méconnaissaient le principe de liberté d'association prévu par l'article 2 d) de la Charte canadienne des droits et libertés. Des syndicats alléguaient qu'un certain nombre de dispositions de la loi conduisaient à exclure les *« employés occasionnels »*[266] du bénéfice de ses dispositions *« dont celui d'adhérer à une "association d'employés", de participer aux activités licites découlant de ce "droit" d'association et de ne pas faire l'objet d'intimidation ou de menaces de congédiement dans l'exercice de ce "droit" ».*

Afin de définir l'étendue de la portée de la liberté d'association, le juge GARNETT s'est notamment référé aux arrêts *Dunmore* et *Health Services*[267]. Il a alors rappelé que, dans l'arrêt *Health Services*, en se fondant sur l'histoire du mouvement syndical au Canada et les *« conventions et*

---

[264] Sur une même idée, à propos de l'évolution de l'attitude du Conseil canadien des relations industrielles, voir VERGE (P.), ROUX (D.), « L'affirmation des principes de la liberté syndicale, de la négociation collective et du droit de grève selon le droit international et le droit du travail canadien : deux solitudes ? », op. cit., p. 469

[265] *CUPE c. PNB*, 2009 NBBR 164 (CanLII)

[266] A savoir les personnes employées temporairement, pour une durée inférieure à six mois continus

[267] *CUPE c. PNB*, 2009 NBBR 164, paras. 33 à 53

traités internationaux », la Cour suprême avait conclu que *« la dignité humaine, l'égalité, la liberté, le respect de l'autonomie de la personne et la mise en valeur de la démocratie font partie des valeurs inhérentes à la Charte (...) Assurer la protection de la négociation collective au moyen de l'al. 2d) de la Charte permet de compléter, même de promouvoir, toutes ces valeurs »*[268]. Le raisonnement ainsi mis en œuvre par le juge a finalement permis d'envisager la liberté d'association telle que protégée par la Charte canadienne des droits et libertés sous son acception la plus large et en sa dimension collective, recouvrant la liberté d'association et le droit de négociation collective.

L'alignement de juges sur la jurisprudence de la Cour suprême du Canada en matière de liberté d'association les conduit de manière naturelle à s'inspirer de ses raisonnements ou à reprendre ces derniers s'agissant de l'usage interprétatif des sources issues de l'OIT. Reflétant le mouvement de balancier établi par la jurisprudence de la Cour suprême, quelques décisions, tirant les conclusions de l'arrêt *Fraser*, démontrent l'incidence de limitation du champ de la liberté d'association et de l'influence de la Convention n° 87 de l'OIT.

Ainsi, en 2013, la Cour supérieure du Québec[269] s'est clairement alignée sur la conception de la négociation collective au sens de ce qui constituait alors la jurisprudence la plus récente de la Cour suprême. Les juges avaient notamment été conduits à répondre à des recommandations du Comité de la liberté syndicale, après la saisine de ce dernier par des syndicats canadiens. Le Comité avait en particulier appelé le gouvernement à s'abstenir de *« recourir à des interventions législatives imposant des conditions de travail, sans qu'il n'y ait eu de consultations franches et approfondies avec les parties impliquées »* ou bien encore à *« revoir les restrictions à la négociation, relatives aux salaires et la longue durée d'application des conventions collectives, avec les partenaires sociaux »*. Pour répondre à ces observations, les juges se sont appuyés sur la jurisprudence de la Cour suprême fondant l'exercice de la négociation collective sur la liberté d'association et envisageant son exercice de manière restrictive[270].

---

[268] Ibid., para. 43

[269] *Centrale des syndicats du Québec c. Québec (Procureur général)*, 2013 QCCS 32 (CanLII)

[270] *« Au-delà des principes dégagés en matière d'interprétation statutaire ou du droit international, l'élément essentiel, qui ressort à la fois de Health Services et de Fraser, est que l'obligation constitutionnelle de négocier de bonne foi doit être analysée à la lumière de la liberté protégée, soit la liberté d'association. Le Tribunal doit s'assurer que l'ingérence de l'État dans la négociation collective n'a pas nui à la capacité des employés de s'unir et de poursuivre des objectifs*

A travers un certain nombre de décisions provinciales, l'on observe une dissémination de la jurisprudence de la Cour suprême du Canada consistant à procéder à une interprétation des instruments de l'OIT, tant dans un sens extensif que suivant une vision restrictive. D'une manière générale, l'essor du recours au droit international du travail à travers le Canada par les juges s'est en effet abord opéré par la voie de la référence et de l'analyse de la jurisprudence de la Cour suprême en matière de liberté d'association. Quelques juridictions sont néanmoins allées bien au-delà, toutefois, en développant une jurisprudence plus volontaire que celle élaborée au sommet de l'appareil juridictionnel.

2. Le dépassement de la jurisprudence de la Cour suprême

L'ancrage des normes internationales du travail au Canada est également illustré par la propension d'un certain nombre de juridictions à mobiliser les normes internationales du travail les plus diverses, au-delà des textes qui ont pu être soulevés devant la Cour suprême du Canada, voire de tentatives de certains juges d'envisager de manière extensive l'interprétation des normes internationales du travail examinées par la Cour suprême.

L'utilisation des normes internationales du travail devant le Tribunal des droits de la personne du Québec apparaît relativement fréquente et diversifiée[271]. En raison de ses compétences, le tribunal a été amené à traiter de sujets ayant trait aux droits fondamentaux[272]. Ce faisant, afin de défendre les droits individuels des travailleurs, il a eu l'occasion de mobiliser un certain nombre de normes totalement distinctes de celles qui ont pu être utilisées par la Cour suprême sur les questions du travail, en particulier sur la Convention n° 111 en matière de discrimination. Cette pratique n'apparaît pas surprenante dans la mesure où les normes internationales sont régulièrement utilisées par ses juges, que ce soit afin de décrire la dynamique d'affirmation de certains droits et libertés ou de procéder à l'interprétation de la Charte[273].

---

communs ». Centrale des syndicats du Québec c. Québec (Procureur général), 2013 QCCS 32, para. 436

[271] Cf. infra. Chapitre 2

[272] Un phénomène identique se produit à l'échelle fédérale, le tribunal canadien des droits de la personne se référant régulièrement aux normes internationales du travail, en matière de discrimination. COUTU (M.), BOURGAULT (J.), DESJARDINS (A.), *Droit fédéral du travail*, op. cit., p. 39

[273] COUTU (M.), BOSSET (P.), « La dynamique juridique de la Charte » in Commission des droits de la personne et des droits de la jeunesse, *Après 25 ans : la Charte québécoise des droits et libertés*, 2003, pp. 285-286

La logique expliquant la propension des juges du Tribunal des droits de la personne à recourir au droit international aux fins d'interprétation est identique à celle sous-tendue par ce phénomène au niveau fédéral. Le mouvement de constitutionnalisation du droit du travail et le fait que les juges veillent à l'application d'un instrument de nature quasi-constitutionnelle[274] inspiré du droit international (en l'occurrence, la Charte des droits et libertés du Québec[275], inspirée des principaux textes onusiens existant en matière de protection des droits de l'Homme) explique la tendance à recourir aux textes de l'OIT[276].

L'implantation des normes internationales du travail dans le raisonnement des juges canadiens se reflète également à travers des interprétations par lesquelles certains d'entre eux, au niveau provincial, ont paru bien plus perméables à l'influence des interprétations des instruments de l'OIT élaborés par les organes de supervisions genevois que ne l'a été la Cour suprême. L'organisation fédérale du système canadien, où chaque province développe un droit du travail et, ce faisant, une jurisprudence et un rapport au droit international du travail qui lui sont propres, explique ce phénomène.

Par exemple, avant que la Cour suprême du Canada ne consacre l'exercice du droit de grève aux fins de négociation collective comme découlant de la liberté d'association, la Cour supérieure du Saskatchewan, avait, dans un

---

[274] Même si elle a une nature législative, certaines de ses dispositions lui accordent une prépondérance sur la loi, notamment en cas de doute sur l'interprétation de la loi. CARON (M.), « L'utilisation du droit international aux fins d'interprétation et d'application de la Charte des droits et libertés de la personne au Québec », Revue québécoise de droit international, avril 1984, p. 308

[275] Charte des droits et libertés de la personne adoptée le 27 juin 1975 par l'Assemblée nationale du Québec

[276] De façon générale, la Charte québécoise se prête idéalement au recours au droit international à des fins interprétatives. Assez tôt, en 1984 (la Charte est entrée en vigueur en 1976), le Professeur Madeleine CARON avait en effet souligné que les Pactes de 1966 ainsi que les décisions du Comité des droits de l'Homme de l'ONU constituaient *« une source d'une richesse inouïe en vue de l'interprétation et de l'application de la Charte québécoise en matière, par exemple, de protection de la famille et de la vie privée, des droits judiciaires, de la norme antidiscriminatoire, liberté d'association, du droit des personnes appartenant aux minorités ethniques, religieuses ou linguistiques. Les décisions du Comité auront, si l'on peut dire, une valeur exemplaire qu'aucun tribunal québécois, saisi de questions analogues, ne voudra ignorer »* (CARON (M.), « L'utilisation du droit international aux fins d'interprétation et d'application de la Charte des droits et libertés de la personne au Québec », op. cit., pp. 315-316). Si, rétrospectivement, cette prédiction peut paraître quelque peu optimiste, il n'en demeure pas moins que le tribunal des droits de la personne du Québec a montré un réel engouement pour le droit international.

premier temps, adopté cette position[277], laquelle allait être remise en cause en appel[278]. Alors que les décisions rendues par ces deux dernières juridictions apparaissent contradictoires, il est intéressant de relever la place accordée au droit international dans cette affaire. En première instance, l'argumentation des plaignants était venue orienter les débats sur le terrain du droit international. Ces derniers avaient rappelé que le sujet avait fait l'objet d'une plainte déposée auprès de l'OIT et que le Comité de la liberté syndicale avait condamné la restriction unilatérale par les autorités publiques du droit de grève dans les services essentiels, en insistant sur la nécessité d'accorder aux salariés concernés par le service minimum et privés du droit de grève des mesures de compensation (arbitrage, conciliation…)[279].

Dans ce contexte, pour répondre à la requête transmise par des syndicats du Saskatchewan et apprécier l'étendue de la notion de liberté d'association, les juges de la Cour supérieure se sont largement référés aux précédents de la Cour suprême, en particulier lorsqu'il s'est agi de l'envisager à travers le prisme du droit international[280]. Se fondant sur la dissidence du juge DICKSON et l'arrêt *Health Services*, la Cour supérieure a clairement rappelé la nécessité de prendre en compte les conventions ratifiées par le Canada pour procéder à l'interprétation de l'article 2 d) de la Charte[281]. Ainsi, la Cour a relevé que tant le Comité de la liberté syndicale que la Commission d'experts ou des Commissions d'enquête avaient considéré que le droit de grève était un corollaire de la liberté d'association[282].

L'on voit ainsi que la jurisprudence de la Cour suprême du Canada ne borne pas la faculté des juges canadiens à s'approprier les sources de l'OIT. A

---

[277] *Saskatchewan v. Saskatchewan Federation of Labour*, 2012 SKQB 62 (CanLII)

[278] *R v Saskatchewan Federation of Labour*, 2013 SKCA 43 (CanLII)

[279] *Saskatchewan v. Saskatchewan Federation of Labour*, op. cit., para. 37

[280] Afin de justifier son raisonnement, le juge BALL s'est notamment basé sur la dissidence du juge DICKSON de 1987, les arguments soulevés par ce dernier étant parfaitement intégrés (par voie de citation ou de paraphrase) dans la décision de la Cour. ADAMS (R-J.), « The Right to Strike in Canada: Comment on a Recent Saskatchevan Court Decision », E-Journal of International and Comparative Labour Studies, Vol. 1, n° 1-2 March-June 2012

[281] *Saskatchewan v. Saskatchewan Federation of Labour*, 2012 SKQB, paras. 100-101

[282] Ibid. para. 104. Par ailleurs, citant un certain nombre de décisions du Comité de la liberté syndicale et la dissidence du juge DICKSON selon lequel la Charte devrait offrir une protection au moins aussi étendue que ne le prévoient les instruments internationaux, le juge BALL a estimé que le droit de grève était protégé par la Charte, avant de démontrer qu'aucune justification ne permettait de la restreindre (para. 113)

l'opposé, comme le révèlent plusieurs cas, certaines juridictions restent hermétiques à l'influence du droit international.

B/ L'existence de poches de résistance

En 2003, le Professeur Michel COUTU et Pierre BOSSET estimaient que l'utilisation du droit international par les tribunaux canadiens était *« inégale »*[283]. Cette observation reste pertinente. Alors que la Cour suprême s'est récemment orientée vers une prise en compte du droit international, bon nombre d'autres juridictions, d'un niveau inférieur, continuent d'ignorer cette source de droit.

Comme il a été relevé en 2011[284] (cette affirmation paraît toujours valable), au niveau des tribunaux administratifs, les pratiques diffèrent grandement. Ainsi, au Québec, les tribunaux d'arbitrage continuent de marquer un désintérêt pour ces textes[285]. L'on peut supposer que, localement, certains juges se contentent d'un arsenal national qui leur paraît suffisant face à un droit international du travail excessivement touffu ou, dans une posture plus idéologique, refusent d'ouvrir leur raisonnement à l'international.

Ce désintérêt pour le droit international de la part d'un certain nombre de juridictions montre à quel point le recours au droit international par les juges canadiens ne relève pas de l'évidence et suppose un engagement particulier de leur part. Le droit international du travail figure toujours comme une source de droit « exotique » dont l'utilisation implique une ouverture certaine. Comme il a déjà été précisé à propos du cas québécois[286], une meilleure sensibilisation des juges et des avocats aux sources de droit internationales, alliée à une référence dans le préambule de Chartes canadiennes (comme la Charte québécoise des droits et libertés) de leur filiation avec le droit international pourrait favoriser une utilisation de celui-ci à travers le pays (bien que ces mesures ne suffiraient probablement pas à dépasser les réticences liées à l'idéologie individuelle de certains juges[287]).

---

[283] COUTU (M.), BOSSET (P.), « La dynamique juridique de la Charte » in Commission des droits de la personne et des droits de la jeunesse, *Après 25 ans : la Charte québécoise des droits et libertés*, 2003, pp. 282 et s. cité par ROBITAILLE (D.), *Normativité, interprétation et justification des droits économiques et sociaux : les cas québécois et sud-africain*, Bruylant, 2011, p. 170

[284] COUTU (M.), BOURGAULT (J.), DESJARDINS (A.), *Droit fédéral du travail*, op. cit., p. 39

[285] Ibid.

[286] COUTU (M.), BOSSET (P.), « La dynamique juridique de la Charte », op. cit., pp. 287-288

[287] *« L'exemple canadien suggère que la personne même du juge, ses valeurs, ses croyances et ses perceptions jouent un rôle majeur dans sa façon de décider ».*

Cet exemple canadien montre ainsi l'autonomie de juridictions au regard de la pratique de la Cour suprême. Plus globalement, à l'échelle nationale, la jurisprudence des juridictions suprêmes peut refléter voire susciter (à l'image de l'exemple français) un regain d'intérêt des juges et des justiciables pour le droit international. Pour autant, elle ne permet pas toujours de saisir l'ampleur du mouvement suivi ou d'en révéler les subtilités.

Conclusion du premier chapitre

Le contenu des normes internationales du travail, créatrices de droits pour les particuliers notamment, se prête particulièrement à une invocation juridictionnelle et permet une percée du droit international devant les tribunaux et les cours. Partant, bien que le Canada, la France et l'Afrique du Sud s'inscrivent dans des traditions juridiques extrêmement variées et entretiennent des histoires et rapports inégaux avec le droit international, les juges de ces trois pays peuvent être amenés à en faire usage, qu'il s'agisse de le mettre en œuvre directement ou de s'y référer de façon plus indirecte.

Rappelant le dépassement de la distinction entre monisme et dualisme, les pratiques observées montrent un phénomène comparable d'appropriation des normes internationales qui repose toutefois sur des ressorts différents : intérêt des parties, constitutionnalisation du droit du travail, recontextualisation d'un droit national influencé par le droit national.

Ainsi, que leur usage soit consacré par les juges suprêmes ou qu'elles soient utilisées par les juges ordinaires, les sources issues de l'OIT tendent désormais à s'implanter, diversement, au sein des juridictions françaises, canadiennes[288] et sud-africaines amenées à connaître des questions du travail.

TRUDEAU (G.), « La dimension internationale des litiges sociaux à la Cour suprême du Canada », op. cit., p. 237

[288] De façon inégale dans ce cas, compte tenu du poids du fédéralisme

Chapitre 2
Les modalités variées d'utilisation des instruments de l'OIT devant les juges nationaux

Les instruments de l'OIT sont de plus en plus souvent cités dans le cadre des procédures de justice françaises, canadiennes et sud-africaines. Toutefois, les modalités d'utilisation de ces textes varient fortement.

Au-delà de la distinction entre l'application directe du droit international par le juge français et le recours à des fins persuasives ou interprétatives des normes internationales par les juges canadiens et sud-africains, la diversité des pratiques juridictionnelles s'incarne bien plus subtilement, tant en amont, dans les textes mobilisés, qu'en aval, dans l'objectif qui motive leur utilisation. Une étude des jurisprudences nationales permet de comprendre le degré de contribution des normes internationales du travail dans les décisions des juges.

Partant du constat d'une pratique hétérogène quant à l'utilisation des instruments de l'OIT, il convient de s'interroger sur la profondeur de l'activité prétorienne. En d'autres termes, il s'agit de préciser si l'usage jurisprudentiel des instruments de l'OIT, d'une part, reflète l'étendue des engagements des Etats à l'égard de l'organisation et, d'autre part, produit un effet déterminant dans le raisonnement du juge.

La profondeur de l'ancrage des normes internationales du travail dans l'activité juridictionnelle apparaît à travers deux indicateurs. Le premier réside dans la diversité des instruments auxquels les magistrats sont confrontés : la richesse des thématiques peut être plus ou moins représentative des engagements diplomatiques nationaux et, dans certains cas, dépasser les Conventions ratifiées par les Etats (Section 1). Le second se trouve à travers le rôle du droit international du travail dans les décisions de justice : sa fonction peut tantôt paraître secondaire (en venant en renfort d'une argumentation, sans être nécessaire), tantôt être déterminante (en fondant une décision et en constituant un moyen permettant de justifier une solution) (Section 2).

Section 1 La diversité des sources mobilisées

Une étude des décisions des juridictions françaises, canadiennes et sud-africaines illustre la diversité des textes auquel les juges se réfèrent et reflète les relations inégales de ces derniers avec le droit international.

D'un côté, le juge français entretient un rapport au droit international à la fois autorisé et strictement encadré par la Constitution[1], en faisant alors preuve d'une certaine retenue dans la nature et l'objet des textes qu'il met en œuvre. D'un autre côté, l'observation des jurisprudences canadienne et sud-africaine révèle les effets des principes élaborés dans le cadre des rencontres tenues à Bangalore dans le courant des années 90 entre juges des pays membres du *Commonwealth*[2]. La sensibilité pour le droit international des juges canadiens et sud-africains[3] les conduit ainsi tous deux à recourir au droit international du travail aux fins d'interprétation, à défaut de pouvoir l'appliquer directement[4]. En conséquence, dès lors qu'il ne s'agit pas de mettre en œuvre directement le droit international, les juges s'autorisent à recourir à des textes non contraignants. Au-delà de cette tendance commune, les juges sud-africains apparaissent plus libres que leurs homologues canadiens.

Sous-section 1 : La relative diversité des Conventions mises en œuvre dans la pratique juridictionnelle française

Une étude des décisions des juridictions suprêmes donne un aperçu des textes utilisés par les juges en France[5]. Ils apparaissent variés dans la mesure où bon nombre de thématiques sont l'occasion de recourir aux normes internationales du travail. Cette diversité n'apparaît toutefois que relative

---

[1] Cf. supra. Chapitre 1

[2] Cf. supra. Chapitre 1

[3] Dans ce cas précis, il faut toutefois rappeler que des raisons historiques et constitutionnelles profondes expliquent en premier lieu l'inclination des juges sud-africains pour le droit international. Cf. supra Chapitre 1

[4] Cf. infra. Section 2

[5] En procédant par une méthode de recherche exhaustive sur la base de données Legifrance. Pour une démarche identique, voir DE QUENAUDON (R.), « L'application par le juge français des droits sociaux fondamentaux affirmés par l'OIT et l'ONU. Quelques données (première partie) », Revue de droit du travail, n° 2, 1er février 2007). L'étude d'un certain nombre décisions de Cours d'appel ou Conseils de prud'hommes disponibles sur la base de données *« Legifrance »* laisse suggérer que la pratique de la Cour de cassation et du Conseil d'Etat reflète le mouvement général des juridictions administratives et judiciaires

lorsque la vingtaine de Conventions utilisées est mise en perspective avec la centaine d'instruments par laquelle la France est liée[6].

§1. La diversité des thèmes abordés

Lorsque l'on évoque l'idée d'une utilisation des Conventions de l'OIT par ou devant le juge français, l'exemple de la mise en œuvre de la Convention n° 158 sur le licenciement revient de manière inévitable. L'écho donné aux décisions portant sur le Contrat Nouvelles Embauches et, plus tard, sur le barème d'indemnisation du licenciement sans cause réelle et sérieuse[7] ne doit cependant pas occulter le fait que l'utilisation judiciaire des Conventions internationales du travail s'étend au-delà de la Convention n° 158. Certains avocats ont en effet bien compris que celles-ci recelaient de grands principes pouvant remettre en question une norme interne[8]. De même, les juges du fond tendent de plus en plus à se fonder sur ces instruments.

L'observation des décisions des juridictions françaises[9] permet de confirmer le constat selon lequel l'action de l'OIT dépasse largement le cadre du droit du travail et s'inscrit dans une dynamique de quête de la justice sociale[10]. La

---

[6] Cf. supra. Chapitre préliminaire

[7] Cf. supra Chapitre 1

[8] Pour certains, ces textes *« impressionnent le juge »*. LECOURT (V.), « Les Conventions de l'OIT : une arme efficace », Semaine Sociale Lamy, 2012, 1554

[9] Pour une étude quantitative des procédures devant la Conseil constitutionnel, le Conseil d'Etat et la Cour de cassation impliquant les normes sociales de l'OIT et de l'ONU jusqu'en 2007, voir DE QUENAUDON (R.), « L'application par le juge français des droits sociaux fondamentaux affirmés par l'OIT et l'ONU. Quelques données (première partie) », Revue de droit du travail, n° 2, 1er février 2007, pp. 109-111 et DE QUENAUDON (R.), « L'application par le juge français des droits sociaux fondamentaux affirmés par l'OIT et l'ONU. Quelques données (seconde partie) », Revue de droit du travail, n° 5, 14 mai 2007, pp. 315-322. Pour une étude détaillée jusqu'en 2012 soulignant notamment l'intérêt de la partie salarié pour les instruments de l'OIT et rejoignant l'idée d'une amplification de l'attrait des juges pour le sujet, voir DE QUENAUDON (R.), « L'influence des conventions de l'OIT sur la jurisprudence de la Cour de cassation et du Conseil d'État in *Conseil de l'Europe et OIT, deux institutions au service de la justice sociale. Mise en œuvre et influence des normes en Europe et en France, Colloque organisé en partenariat avec l'Association Française pour l'Organisation internationale du travail*, Strasbourg, Maison du Conseil régional d'Alsace, 8 février 2013. Pour une étude plus générale concernant les normes internationales du travail au-delà de l'OIT moins détaillée s'agissant de cette dernière et s'étalant jusque 2011, voir LAMOUR (M.), « L'application par les juges français » in THOUVENIN (J-M.), TREBILCOK (A.) (dir.), *Droit international social*, Tome 1, op. cit., pp. 541-575

[10] Cf. infra. Première partie, Titre 2, Chapitre 1

diversité (certes relative) des cas dans lesquels les juges judiciaires et administratifs sont amenés à connaître de ces textes traduit cette réalité.

A/ L'activité de la Cour de cassation

L'activité de la Cour de cassation se concentre en grande partie sur l'examen de Conventions ayant trait à des questions générales de droit du travail (contentieux directement liés à la vie ou à la rupture du contrat de travail ou aux relations collectives, par exemple).

Très souvent, la Haute juridiction a été amenée à se prononcer en matière de licenciement, la Convention n° 158 étant alors invoquée. Si le contentieux relatif au CNE a nourri bon nombre de décisions[11], la Convention est désormais plus généralement invoquée en cas de rupture de contrat de travail par l'employeur. Il peut s'agir de contester le caractère raisonnable de la durée d'une période d'essai[12], de discuter du droit à la défense du salarié[13] ou bien encore des conséquences d'un licenciement irrégulier[14]. De façon plus isolée, l'article 2 de cet instrument a également été invoqué, vainement, pour remettre en cause la validité d'un contrat de travail à durée déterminée applicable au personnel des prestataires de services du domaine du secteur tertiaire (le *« contrat d'intervention à durée déterminée d'optimisation linéaire »*, créé par un accord de branche du 10 mai 2010)[15].

Ensuite, essentiellement ces dernières années, la Cour de cassation a examiné à plusieurs reprises des cas en matière de relations collectives de travail, à la lumière de dispositions des Conventions n° 87, 98 et 135. Les questions abordées dans ce cadre ont été extrêmement variées : discussion

---

[11] Cass. Soc., 25 janvier 2011, 09-40.028, Inédit ; Cass. Soc., 15 décembre 2010, 08-45.242, Publié au bulletin ; Cass. Soc., 3 novembre 2010, 09-41.489, Inédit ; Cass. Soc., 20 octobre 2010, 09-40.551, Inédit

[12] Cf. supra. Titre 2, Chapitre 1

[13] Cass. Soc., 29 janvier 2008, 06-44.983, Publié au bulletin (s'agissant de la rupture du contrat de travail des salariés dépourvus d'autorisation de travail)

[14] Cass. Soc., 22 février 2006, 03-46.027, Inédit

[15] Le syndicat requérant arguait de ce que cet accord privait *« le salarié concerné de toute garantie en matière de licenciement durant les douze premiers mois de son embauche dès lors qu['il] prévoit une dispense des délais de carence entre les contrats d'intervention à durée déterminée (...), qu'il est silencieux sur la durée maximum d'emploi des salariés embauchés dans ce cadre, que le salarié qui a travaillé pendant 12 mois et a accompli 500 heures minimum peut être amené à travailler 15 mois en contrat à durée déterminée avant de bénéficier d'un contrat de travail à durée indéterminée intermittent »*. Cass. Soc., 20 février 2019, 17-16.450, Publié au bulletin

des règles de représentativité professionnelles des organisations syndicales[16], conditions d'ancienneté pour la présentation de candidats à des élections professionnelles[17] et pour l'acquisition de la personnalité juridique par les syndicats[18]...

Dans le même domaine, l'article 1er de la Convention n° 111 concernant la discrimination a été utilisé pour contribuer à justifier *« l'obligation faite aux organisations syndicales de présenter aux élections professionnelles des listes comportant alternativement des candidats des deux sexes »* et à démontrer que celle-ci *« ne constituai[t] pas une atteinte disproportionnée au principe de la liberté syndicale (...) et procédai[t] à une nécessaire et équilibrée conciliation avec le droit fondamental à l'égalité »*[19].

En outre, la Convention n° 106 concernant le repos hebdomadaire dans le commerce et les bureaux a été utilisée pour examiner pour examiner les possibilités de dérogation au principe du repos dominical prévues par la loi n° 2008-3 du 3 janvier 2008[20].

La Cour de cassation a également pu se prononcer sur l'application de Conventions de l'OIT dans des cas plus spécifiques, parfois éloignés des considérations générales du droit du travail. Ainsi, la Convention n° 81 sur l'inspection du travail a été invoquée devant la chambre criminelle afin de discuter l'obligation pour l'inspecteur du travail d'informer l'employeur de sa visite[21] ou de remettre en cause son champ de compétence[22]...

En outre, en matière de sécurité sociale, la Convention n° 3 sur la protection de la maternité a été utilisée pour déterminer la période d'indemnisation au titre de l'assurance maternité[23].

Les questions de droit maritime ont aussi été l'occasion pour la Cour de cassation de faire usage de Conventions internationales du travail. Il en est allé ainsi s'agissant de l'attribution de la qualification d'ouvrier docker

---

[16] Cass. Soc., 14 novembre 2013, 13-11.316, Publié au bulletin ; Cass. Soc., 16 février 2011, 10-60.189 10-60.191, Inédit

[17] Par exemple : Cass. Soc., 10 mai 2012, 11-60.235, Inédit ; Cass. Soc., 29 février 2012, 11-60.203, Publié au bulletin

[18] Cass. Soc., 3 mars 2010, 09-60.283, Publié au bulletin

[19] Cass. Soc., 13 février 2019, 18-17.042, Publié au bulletin

[20] Cass. Soc., 14 novembre 2018, 17-18.259, Publié au bulletin

[21] Cass. Crim., 1 mars 2011, 10-82.636, Inédit

[22] Cass. Crim., 16 septembre 2003, 02-86.661, Publié au bulletin

[23] Cass. Civ. 2ème, 28 mars 1962, Publié au bulletin ; Cass. Soc., 4 février 1987, 85-13.120, Publié au bulletin

professionnel[24] (Convention n° 137[25]) ou bien encore s'agissant notamment de la durée de travail des capitaines de navires[26] (Convention n° 180[27]).

Exceptionnellement, la Convention n° 29 sur le travail forcé a été utilisée dans des décisions relatives à des personnes vulnérables exploités en qualité de travailleurs domestiques[28], la convention n° 138 concernant l'âge minimum d'admission à l'emploi ayant également été mobilisée par la chambre sociale dans l'un de ces très rares arrêts[29].

Les dispositions issues de la quinzaine de Conventions examinées à ce jour par la Cour de cassation[30] sont loin de correspondre au spectre étendu de textes ratifiés par la France mais elles couvrent néanmoins des domaines relativement variés. La juridiction administrative étant amenée à traiter de problématiques distinctes de celles soumises au juge judiciaire, l'activité du Conseil d'Etat permet de diversifier la mise en œuvre des Conventions de l'OIT par le juge national.

B/ L'activité du Conseil d'Etat

Contrairement à la Cour de cassation au sein de laquelle les questions portant sur la rupture du contrat de travail, d'une part, et à la liberté syndicale, d'autre part, concentrent l'essentiel des cas d'invocation de

[24] Cass. Soc., 26 novembre 2002, 00-44.403, Publié au bulletin

[25] Convention n° 137 concernant les répercussions sociales des nouvelles méthodes de manutention dans les ports (Entrée en vigueur : 24 juillet 1975)

[26] Cass. Soc., 18 janvier 2011, 09-40.094, Publié au bulletin ; Cass. Soc., 23 janvier 2013, 10-20.568, Publié au bulletin. Cf. infra. Titre 2, Chapitre 2

[27] Convention n° 180 concernant la durée du travail des gens de mer et les effectifs des navires (Entrée en vigueur : 08 août 2002). Cf. infra. Titre 2, Chapitre 1

[28] Cass. Crim., 5 mars 2013, 11-84.119, Inédit ; Cass. Soc., 3 avril 2019, 16-20.490, Publié au bulletin

[29] Cass. Soc., 3 avril 2019, 16-20.490, Publié au bulletin. Antérieurement, la Convention n° 29 avait également été discutée en dehors de cas de traite d'êtres humains, dans le cadre d'un contentieux portant sur une retenue sur salaire prononcée à l'encontre de salariés en grève lors de la journée de solidarité instituée en vue d'assurer le financement des actions en faveur de l'autonomie des personnes âgées ou handicapées. La cour avait alors considéré que les juges du fond ne pouvaient valablement invoquer le principe selon lequel *« tout travail exigé d'un individu sous la menace d'une peine quelconque et pour lequel l'individu ne s'est pas offert de son plein gré »* pour remettre en cause les dispositions instituant ladite journée de solidarité (Cass. Soc., 9 décembre 2009, 08-40.555 08-40.556 08-40.558 08-40.559 08-40.561 08-40.564 08-40.566 08-40.567 08-40.568 08-40.569 08-40.571, Inédit)

[30] Qu'elles soient décisives ou non, mises en œuvre isolément ou conjointement à d'autres textes. Cf. infra. Section 2

Conventions de l'OIT, l'activité du Conseil d'Etat apparaît plus équilibrée, une vingtaine de textes ayant été invoqués sur environ 90 arrêts faisant mention d'instruments de l'OIT. Le fait que les affaires examinées par le juge administratif concernent tant l'Etat employeur que l'Etat puissance publique a en effet favorisé une diversification des instruments cités.

L'activité du Conseil d'Etat l'a parfois conduit à connaître de Conventions identiques à celles examinées par la Cour de cassation. A plusieurs reprises, il s'est agi de se référer aux Conventions n° 158[31], 87[32] et 98[33].

Les questions d'emploi et de chômage ont également été l'occasion de mentionner les Conventions n° 29, 105[34], 122[35] et 168[36] face au décret relatif aux droits et devoirs des demandeurs d'emploi et au suivi de la recherche d'emploi[37]. Ces sujets ont également été examinés par le prisme de la Convention n° 44 sur le chômage, à propos de la convention instituant un

---

[31] En particulier dans le cadre des contentieux relatifs au CNE (CE, Section, 19 octobre 2005, 283471, publié au recueil Lebon), à la réforme des règles de motivation du licenciement prévue par l'ordonnance du 22 septembre 2017 (CE, 4ème et et 1ère chambres réunies, 6 mai 2019, 417299, Inédit au recueil Lebon) ou au barème d'indemnisation du licenciement sans cause réelle et sérieuse (CE, Juge des référés, 7 décembre 2017, 415243, Inédit au recueil Lebon) mais également sur des questions plus spécifiques, comme la remise en cause du décret permettant au directeur général de la caisse nationale du régime social des indépendants de mettre fin aux fonctions des directeurs et des agents comptables des caisses de base (CE, 1ère et 6ème sous-sections réunies, 26 février 2007, 289744) ou l'appréciation de la validité de la durée de la période probatoire d'un cadre de la Banque de France (CE, 2ème et 7ème sous-sections réunies, 5 juin 2015, 382015, Publié au recueil Lebon)

[32] Par exemple : CE, 1ère et 4ème chambres réunies, 18 février 2019, 417209 ; CE, 8 ème et 3ème sous-sections réunies, 23 décembre 2011, 341670, Inédit au recueil Lebon. Dans son arrêt du 18 février 2019, elle a précisé que les stipulations de l'article 3 de la Convention n° 87 *« cré[ai]ent des droits dont les particuliers peuvent directement se prévaloir »* et que celles de son article 11 *« requ[érai]ent l'intervention d'actes complémentaires pour produire des effets à l'égard des particuliers et sont, par suite, dépourvues d'effet direct »*

[33] Par exemple : CE, 4ème sous-section jugeant seule, 19 juin 2013, 342387, Inédit au recueil Lebon

[34] Convention concernant l'abolition du travail forcé (Entrée en vigueur : 17 janvier 1959)

[35] Convention concernant la politique de l'emploi (Entrée en vigueur : 15 juillet 1966)

[36] Convention concernant la promotion de l'emploi et la protection contre le chômage (Entrée en vigueur : 17 octobre 1991)

[37] CE, 1ère et 6ème sous-sections réunies, 9 avril 2010, 323246

« plan d'aide au retour à l'emploi » encadrant les recherches d'emploi[38]. Plus récemment, la question des dérogations locales au principe du repos dominical[39] a permis la mise en œuvre de la Convention n° 106[40].

De façon très spécifique, les juges du Palais-Royal ont été saisis s'agissant de la mise en œuvre de la Convention n° 29 sur le travail forcé[41]. Ce qui, de prime abord, pouvait sembler comme un texte concernant les formes de travail les plus dégradantes a été invoqué à propos de la mise en place de la journée de solidarité en vue d'assurer le financement des actions en faveur de l'autonomie des personnes âgées ou handicapées[42] ou bien encore de l'engagement des élèves-fonctionnaires de rester au service de l'Etat pendant une durée déterminée[43].

Des contentieux récurrents en matière d'inspection du travail ont conduit à la mise en œuvre des Conventions n° 81 et, plus rarement, 129[44] voire 178[45]. Il en est allé ainsi dans le domaine des contentieux qui faisaient suite à la mise en place des Directions régionales des entreprises, de la concurrence, de la consommation, du travail et de l'emploi (Direccte)[46], qui concernaient la compétence des inspecteurs du travail[47] ou leur indépendance[48],

---

[38] CE, 1ère et 2ème sous-sections réunies, 11 juillet 2001, 228361 228545 228606 229013 229095 229851 229867 229925 229926 229940 229947 229966 229967, publié au recueil Lebon

[39] CE, Juge des référés, 10 avril 2014, 376266, Inédit au recueil Lebon ; CE, Juge des référés, 12 février 2014, 374727, Inédit au recueil Lebon ; CE, 1ère et 6ème sous-sections réunies, 13 février 2013, 335640

[40] Convention n° 106 concernant le repos hebdomadaire dans le commerce et les bureaux (Entrée en vigueur : 04 mars 1959)

[41] Convention n° 29 concernant le travail forcé ou obligatoire (Entrée en vigueur : 01 mai 1932)

[42] CE, Section, 9 novembre 2007, 293987, Publié au recueil Lebon (10 arrêts ayant été rendu ce jour sur le même thème)

[43] CE, 3ème et 5ème sous-sections réunies, 13 mars 1981, 20435, mentionné aux tables du recueil Lebon

[44] Convention n° 129 concernant l'inspection du travail dans l'agriculture (Entrée en vigueur : 19 janvier 1972)

[45] Convention n° 178 concernant l'inspection des conditions de travail et de vie des gens de mer (Entrée en vigueur : 22 avril 2000)

[46] CE, 6ème et 1ère sous-sections réunies, 28 mars 2011, 335515 (s'agissant du remplacement des directeurs régionaux du travail par les directeurs régionaux des entreprises, de la concurrence, de la consommation, du travail et de l'emploi)

[47] CE, 1ère et 6ème sous-sections réunies, 14 novembre 2007, 307860, Inédit au recueil Lebon (s'agissant de la mise à disposition de la direction générale du travail auprès du ministre de l'immigration, de l'intégration, de l'identité nationale et du codéveloppement en tant qu'il charge ce dernier de la lutte contre le travail illégal des étrangers)

l'organisation du système d'inspection du travail[49] ou bien encore la mise en place du code de déontologie du service public de l'inspection du travail par le décret du 12 avril 2017[50].

Les questions qui touchent aux droits des étrangers ont également fourni une opportunité de réception des Conventions internationales du travail (n° 97[51], 111[52] ou 118[53]) de manière régulière, que cela concerne directement les questions du travail (discrimination[54]...), l'octroi d'une prestation sociale[55] ou la contestation d'un arrêté de reconduite à la frontière[56].

En outre, la Convention du travail maritime de 2006[57] a été utilisée lorsqu'il s'est agi de statuer sur la validité de trois actes réglementaires « *en tant qu'ils soumett[ai]ent certaines catégories de navires de plaisance à des conditions d'exploitation distinctes de celles applicables aux navires de commerce* »[58].

En dépit de leur richesse thématique, les travaux de la Cour de cassation et du Conseil d'Etat omettent bon nombre de Conventions ratifiées par la France.

---

48 CE, 24 mai 2000, 210558, inédit au recueil Lebon (s'agissant d'une circulaire du ministre de l'emploi et de la solidarité portant orientations et actions prioritaires de l'inspection du travail)

49 CE, 4ème et 5ème sous-sections réunies, 30 décembre 2015, 380480, Inédit au recueil Lebon

50 CE, 4ème chambre, 19 décembre 2018, 411554, Inédit au recueil Lebon

51 Convention n° 97 concernant les travailleurs migrants (révisée), 1949 (Entrée en vigueur : 22 janvier 1952)

52 Convention n° 111 concernant la discrimination en matière d'emploi et de profession (Entrée en vigueur : 15 juin 1960)

53 Convention n° 118 concernant l'égalité de traitement des nationaux et des non-nationaux en matière de sécurité sociale (Entrée en vigueur : 25 avril 1964)

54 CE, 2ème et 7ème sous-sections réunies, 23 octobre 2009, 314397 (s'agissant du décret excluant les ressortissants de pays de l'Union européenne en période transitoire de l'accès à certaines activités professionnelles sans autorisation de travail)

55 CE, 1ère et 6ème sous-sections réunies, 23 avril 2007, 283311, Inédit au recueil Lebon (s'agissant du décret excluant du bénéfice de l'allocation adultes handicapés les étrangers en situation irrégulière)

56 CE, 27 juin 2001, 230383, inédit au recueil Lebon

57 Convention du travail maritime, 2006 (MLC, 2006) (Entrée en vigueur : 20 août 2013)

58 CE, 4ème chambre, 16 mai 2018, 395170, Inédit au recueil Lebon

§2. Une diversité relative

Les juges français font preuve de la plus grande retenue s'agissant de la nature des instruments qu'ils mettent en œuvre. Contrairement à leurs homologues canadiens et sud-africains[59], ils se limitent à appliquer les seules Conventions ratifiées par les autorités. De surcroît, seule une minorité de ces Conventions ratifiées sont effectivement employées par les juges.

A/ L'application des seules Conventions ratifiées par la France

De manière peu surprenante du point de vue d'un juriste français, les juges se limitent à appliquer dans leurs décisions les seuls instruments ratifiées par la France. Contrairement aux juges sud-africains et canadiens, ils se refusent généralement à mettre en œuvre des Conventions non ratifiées, des Recommandations ou les décisions des organes de supervision de l'OIT (ce qui ne signifie pas qu'ils demeurent indifférents à ces sources[60]).

Cette situation s'explique par deux raisons : l'impossibilité pour le juge d'appliquer des instruments non ratifiés par les autorités ; sa distance avec la *soft law*.

1. L'absence de recours aux traités non ratifiés

Selon l'alinéa 14 du Préambule de la Constitution de 1946, *« la République française, fidèle à ses traditions, se conforme aux règles de droit public international »*. Toutefois, cette disposition générale et sans nuance apparaît essentiellement *« proclamatrice »*[61]. En pratique, le juge s'appuie sur d'autres textes lorsqu'il s'interroge quant aux rapports entre le droit national et l'ordre international. Dans le cadre fixé par l'article 55 de la Constitution selon lequel *« les traités ou accords régulièrement ratifiés ou approuvés ont (...) une autorité supérieure à celle des lois... »*[62], les juges se bornent en général à faire usage dans leurs décisions des seules Conventions de l'OIT ratifiées par la France.

Cette retenue des juges apparaît inhérente au système juridique français, tel que forgé depuis la Révolution de 1789. Partant de l'idée selon laquelle *« l'injonction du législateur, investi de la légitimité populaire, l'emporte sur*

---

59 Cf. infra. Sous-section 2

60 Cf. infra. Titre 2, Chapitre 1

61 BERGE (J-S.), *L'application du droit national, international et européen*, op. cit., p. 201

62 Cf. supra. Chapitre 1

toute tentative d'assouplissement judiciaire... »[63], le système français peut être qualifié de *« positiviste »*, selon le Professeur Robert KOLB[64]. Cet attribut du principe de séparation des pouvoirs se traduit dans l'interprétation et dans la mise en œuvre des traités : *« Le juge n'a pas à interférer avec les décisions du corps politique dépositaire de la légitimité "révolutionnaire" (...) Le juge ne doit pas gêner la politique étrangère »*[65]. De fait, de nombreuses décennies ont été nécessaires pour que les juridictions judiciaires et administratives s'autorisent à interpréter les traités, en s'émancipant du Ministère des affaires étrangères. Dans ce contexte où le juge se doit d'approcher le droit international avec le plus grande retenue, l'application des Conventions non ratifiées par la France apparaît inenvisageable, en ce qu'elle supposerait qu'il mette en œuvre un traité que le Président de la République ou le Parlement n'auraient pas ratifié.

La mobilisation de diverses sources de l'OIT se limite ainsi à des dispositions issues de textes contraignants, à savoir les Conventions en vigueur et ratifiées par la France[66]. En 2006[67], le Conseil d'Etat a clairement affirmé cette position rigoureuse, en refusant d'appliquer la Déclaration de Philadelphie du 10 mai 1944 concernant les buts et objectifs de l'OIT, au motif qu'elle ne figurait pas *« au nombre des textes diplomatiques qui, ayant été ratifiés et publiés, ont, aux termes de l'article 55 de la Constitution du 4 octobre 1958, une autorité supérieure à celle de la loi interne »*. En l'espèce, elle avait été invoquée, conjointement à d'autres textes de droit interne et international[68], afin de remettre en cause la validité des décrets portant sur les pièces justificatives devant être produites par les étrangers demandeurs

---

[63] KOLB (R.), *Interprétation et création du droit international*, op. cit., p. 64

[64] Ibid., p. 64

[65] Ibid., p. 65

[66] Si, dans un arrêt (CE, 4ème chambre, 19 décembre 2018, 411554), le Conseil d'Etat a visé la Convention n° 178, alors que celle-ci avait été dénoncée le 28 février 2014 par l'application de la Convention du travail maritime de 2006, il ne s'est agi pour les juges que de se référer à différents textes énonçant une même règle, consacrant la liberté des inspecteurs du travail munis de pièces justificatives de leurs fonctions de pénétrer dans les locaux qu'ils contrôlent aux fins d'inspections (à savoir l'article 12 de la convention n° 81 sur l'inspection du travail dans l'industrie et le commerce, l'article 16 de la convention n° 129 sur l'inspection du travail - agriculture et l'article 5 de la convention n° 178 sur l'inspection du travail - gens de mer)

[67] CE, 1ère et 6ème sous-sections réunies, 7 juin 2006, 285576, publié au recueil Lebon

[68] Tels que les Conventions n° 97 et 118 de l'OIT, la Convention européenne de sauvegarde des droits de l'Homme, le Pacte international relatif aux droits économiques, sociaux et culturels ou bien encore le Pacte international relatif aux droits civils et politiques et la Charte sociale européenne révisée

de l'aide médicale de l'Etat pour justifier de la régularité de leur séjour en France depuis au moins trois mois.

Il est néanmoins intéressant de relever que la Cour d'appel de Paris, pour justifier l'inconventionnalité de la loi instituant le CNE, s'est appuyée sur la Recommandation n° 119 sur la cessation de la relation de travail[69] adoptée en 1963, presque vingt ans avant l'adoption de la Convention n° 158 et de la Recommandation n° 166[70] afférente, pour énoncer que le motif valable de licenciement était caractérisé par référence aux pratiques nationales[71]. Alors que le demandeur soutenait que ni la Convention n° 158, ni la Recommandation n° 166 n'évoquaient ce point, la Cour de cassation a conforté l'analyse des juges du fond, en se bornant à énoncer les dispositions générales énoncées dans la Convention. Dans son avis, l'avocat-général a souligné l'importance de cette Recommandation, qui constitue selon lui un acte préparatoire pouvant aider à l'interprétation de la Convention n° 158[72].

Les juges français se distinguent ainsi des juges européens, qui ont mobilisé dans des décisions majeures des sources internationales relatives aux droits de l'Homme pour caractériser l'existence d'une norme, peu important que les textes invoqués soient ou non contraignants[73].

En comparaison avec d'autres autorités (comme les juges canadien et sud-africain), le juge français opère donc avec la plus grande minutie lorsqu'il choisit de mettre en œuvre les normes internationales du travail, en n'appliquant que les seuls instruments ratifiés par la France et en entretenant une certaine distance avec le droit souple.

---

[69] Recommandation n° 119 sur la cessation de la relation de travail, 1963

[70] Recommandation n° 166 concernant la cessation de la relation de travail à l'initiative de l'employeur, 1982

[71] CA Paris, 6 juillet 2007, 18ème chambre E, n°06/06992

[72] Cf. infra. Titre 2, Chapitre 1

[73] Cf. supra. Première partie, Titre 2, Chapitre 2 à propos de l'arrêt *Demir et Baykara* rendu par la Cour EDH en 2008. Pour des exemples au niveau de l'Union européenne, voir C-488/05 *International Transport Workers' Federation, Finnish Seamen's Union v Viking Line ABP, OÜ Viking Line Eesti* [2007] ECR I-10779 et C-341/05 *Laval und Partneri Ltd v Svenska Byggnadsarbetareförbundet Svenska Byggnadsarbetareförbun- dets avdelning 1, Byggettan, Svenska Elektrikerförbundet* [2007] ECR I-11767. ROBIN-OLIVIER (S.), « *Normative Interactions and the Development of Labour Law: A European Perspective* », Cambridge Yearbook of European Legal Studies, Vol. 11, 2008-2009), pp. 377 - 398 et spéc. pp. 384-387

2. *La distance à l'égard du droit souple*

Un nombre conséquent de sources de droit émanant de l'OIT ne sont pas contraignantes pour les juges en France : soit parce qu'aucun acte de droit interne ne leur donne effet (en l'absence de ratification), soit parce qu'elles ne sont pas destinées à revêtir une force obligatoire (Recommandations, décisions des organes de supervision ou la Déclarations[74]...). La question se pose de savoir si ce caractère non contraignant constitue réellement un obstacle quant à la mise en œuvre de ces sources par les juges internes.

Dans son étude annuelle de 2013, le Conseil d'Etat a estimé que le juge ne restait *« pas indifférent à cette omniprésence du droit souple »*[75]. Toutefois, cette sensibilité ne s'exprime pas sans réserve.

S'agissant de l'invocabilité des instruments relevant de la *soft law*, le Conseil d'Etat a fait preuve de la plus grande orthodoxie lorsqu'il a été interrogé à propos de l'invocabilité des circulaires administratives : *« soit la circulaire interprète inexactement l'état du droit, et elle est illégale (...), soit la circulaire donne l'exacte interprétation du droit, et il est inutile pour l'administration pour l'opposer et pour l'administré de l'invoquer »*[76]. Cette analyse de la commissaire du gouvernement Pascale FOMBEUR dans l'arrêt *Duvignères*[77] est très éclairante quant à l'attitude du juge administratif face aux textes dépourvus de force obligatoire. Tout au plus, lorsqu'ils sont convoqués, ce n'est jamais en tant qu'instruments de *soft law* mais parce que le juge parvient à les rattacher à des catégories de normes qu'il reconnaît déjà[78]. Dans ce cadre, à plus forte raison en ce qu'ils émanent d'une organisation supranationale, l'on comprend aisément que le juge administratif se refuse à construire son raisonnement sur des instruments de l'OIT autres que les Conventions ratifiées, comme l'a notamment montré le Conseil d'Etat dans son arrêt du 7 juin 2006 à propos de la Déclaration de Philadelphie[79].

De manière exceptionnelle et ayant indirectement trait aux instruments de l'OIT, le Conseil d'Etat a toutefois pris en compte en 2014 un rapport remis par le gouvernement français au BIT en vertu de l'article 2 de la Convention

---

[74] Cf. supra. 1.

[75] Conseil d'Etat, *Le droit souple, Etude annuelle 2013*, op. cit., p. 74

[76] Ibid., p. 78

[77] CE, 18 décembre 2002, n° 233618, Rec. p. 463

[78] LAVERGNE (B.), *Recherche sur la soft law en droit public français*, LGDJ, 2013, p. 441

[79] Cf. supra. 1.

n° 158 sur le licenciement[80]. Pour refuser l'applicabilité de la Convention aux agents publics soumis à un statut spécifique, les juges ont relevé que la France avait fait usage de la faculté qui lui était offerte par l'article 2 d'exclure du champ d'application de la convention certaines catégories de travailleurs soumis à un régime spécial. Si cette décision peut étonner en ce qu'elle se fonde sur un rapport remis en vertu de l'article 22 de la Constitution de l'OIT[81] et non sur une Convention ratifiée, elle ne suggère pas pour autant que le Conseil d'Etat peut tendre à appliquer la *soft law* en lien avec l'OIT : le rapport en question émane des autorités françaises[82] et a été établi dans le strict cadre de la Convention n° 158 et de la Constitution de l'OIT.

Il a également pu se référer expressément à une Recommandation de l'OIT. C'est ainsi qu'il a cité la Recommandantion n° 166 sur le licenciement pour souligner la conformité du décret n° 2017-1702 du 15 décembre 2017 relatif à la procédure de précision des motifs énoncés dans la lettre de licenciement avec les articles 4 et 7 de la Convention n° 158. Il a alors fait valoir que l'article 7 de ladite Convention, qui consacre le droit à la défense du travailleur concerné par une mesure de licenciement, avait *« été interprété par la Conférence générale de l'Organisation internationale du travail, dans sa Recommandation n° 166 sur le licenciement adoptée le 22 juin 1982, comme permettant seulement au salarié auquel le licenciement a été notifié de se faire délivrer par l'employeur 'une déclaration écrite du ou des motifs de licenciement' »*[83]. A nouveau, il s'est agi pour les juges d'appliquer une Convention, en se bornant à se référer à un instrument de *soft law* y afférent pour étayer son interprétation de cette dernière.

En ce sens, dans un arrêt rendu en 2019, il a clairement exposé sa doctrine vis-à-vis des Recommandations. Selon lui, une *« recommandation, si elle peut être prise en considération, le cas échéant, pour l'interprétation d'une convention à laquelle elle se rapporterait, est dépourvue de caractère contraignant »*, de sorte qu'elle ne peut être invoquée isolément pour remettre en cause la validité d'un décret[84].

Sur un plan théorique, concernant précisément les sources issues de l'OIT, dans son étude d'ensemble relative au droit souple, le Conseil d'Etat a classé les décisions des organes de contrôle de l'OIT dans la catégorie de *« droit*

---

[80] CE, 10 février 2014, n° 358992, Mentionné dans les tables du recueil Lebon
[81] Cf. supra. Première partie
[82] Et ayant accessoirement, en théorie, fait l'objet de consultation des organisations professionnelles françaises
[83] CE, 4ème et et 1ère chambres réunies, 6 mai 2019, 417299, Inédit au recueil Lebon
[84] CE, 1ère et 4ème chambres réunies, 1er avril 2019, 417652, Inédit au recueil Lebon

souple bénéficiant sous diverses formes d'une reconnaissance par le droit dur (prévu par un texte, homologué par une autorité publique, susceptible de recours devant le juge, pris en compte par le juge) n'allant pas jusqu'à leur conférer une portée juridique obligatoire »[85]. De façon générale, en-dehors du fait que les juges ne sont pas liés par les décisions des organes de supervision de l'OIT, l'on observe qu'ils refusent d'accueillir le moyen qui serait tiré de la seule méconnaissance de ces travaux[86].

En matière judiciaire, un constat similaire peut être réalisé[87]. L'on trouve néanmoins des traces des sources non-contraignantes issues de l'OIT dans quelques documents annexes à des décisions de justice[88], suggérant leur prise en compte au moins occasionnelle[89] par les juges.

Par exemple, dans un communiqué accompagnant l'arrêt du 29 mars 2006[90] qui admet l'application directe de la Convention n° 158 sur le licenciement, la Cour de cassation a fait mention d'un rapport de la Commission d'experts, précisant que si *« un tel avis ne présente pas caractère normatif, il constitue cependant une analyse juridique précise »*[91]. Sur le même sujet, dans son

---

[85] Conseil d'Etat, *Le droit souple, Etude annuelle 2013*, op. cit., p. 70

[86] Les juges du Palais-Royal l'ont ainsi rappelé en refusant d'accueillir le moyen tiré de la violation des conclusions d'un rapport du Comité de la liberté syndicale, après avoir estimé que le demandeur n'étayait pas suffisamment son argument lié à la violation de la Convention n° 87 : *« Considérant que le moyen tiré de la méconnaissance de la convention internationale du travail n° 87 n'est pas assorti des précisions permettant d'en apprécier le bien-fondé ; que la méconnaissance des conclusions d'un rapport du comité de la liberté syndicale de l'Organisation internationale du travail ne peut être utilement invoquée »*. CE, 1ère et 6ème sous-sections réunies, 23 juillet 2014, 358349. Cf. infra. Titre 2, Chapitre 2

[87] Certes, dans le domaine, la *soft law* peut, dans certains cas, trouver à s'appliquer lorsqu'il s'agit de rechercher un standard permettant d'apprécier le caractère fautif d'un comportement. Conseil d'Etat, *Le droit souple, Etude annuelle 2013*, op. cit., p. 79. Voir, par exemple, en matière de droit du travail : Cass. Soc., 3 mai 2000, n° 98-41759 : validation du licenciement pour faute grave d'un salarié ayant *« manqué aux prescriptions d'un guide de normes éthiques s'imposant à lui »*. DEUMIER (F.), « La réception du droit souple par l'ordre juridique » in Coll., *Le droit souple*, Actes du colloque « Le droit souple » organisé par l'Association Henri Capitant des admis de la Culture Juridique Française avec le concours de la faculté de droit de l'Université du Littoral Côté d'Opale, Dalloz, 2009, p. 122

[88] LAULOM (S.), « La réception par la Cour de cassation française des décisions des instances non juridictionnelles des organisations internationales », Revue de droit comparé du travail et de la sécurité sociale, 2014/1, pp. 58-67

[89] Cf. infra. Titre 2

[90] Cass. Soc., 29 mars 2006, n° 04-46499, Publié au bulletin

[91] DEUMIER (F.), « La réception du droit souple par l'ordre juridique » op. cit, p. 121

avis afférent à l'arrêt rendu le 1er juillet 2008 par la chambre sociale de la Cour de cassation, l'avocat-général a déclaré qu' *« en l'absence de saisine de la Cour internationale de Justice, seule formellement chargée de l'interprétation authentique des instruments de l'OIT, il (...) revient (...) [au juge] de prendre en compte cette "jurisprudence" des organes de contrôle aux fins d'interprétation du droit interne »*[92]. En ce sens, le rapport du conseiller-rapporteur et les conclusions de l'avocat-général, concernant les avis rendus le 17 juillet 2019 s'agissant de la conventionnalité du barème applicable à la détermination du montant de l'indemnité pour licenciement sans cause réelle et sérieuse, sont particulièrement évocateurs de l'attention prêtée par les magistrats à ces sources[93].

De manière plus explicite, dans un arrêt de 2018, la Haute juridiction a laissé paraître sa sensibilité aux analyses de la Commission d'experts, s'agissant de la conventionnalité de la législation nationale organisant la dérogation au principe du repos dominical[94], en se référant expressément aux travaux de la commission d'experts[95]. Si cette décision a été décrite comme révélant que la cour était *« prête à retenir une application des normes internationales du travail telles qu'interprétées par les organes habilités à cet effet encore que*

---

[92] DUPLAT (J.), « Le contrat nouvelles embauches et les normes internationales du travail. Avis de Jacques DUPLAT », Revue de droit du travail, septembre 2008, pp. 504 et s.

[93] En l'espèce, il s'agissait de définir la notion d' *« indemnité adéquate »* au sens de l'article 10 de la Convention n° 158, Avis n° 15012 du 17 juillet 2019 - Formation plénière pour avis et Avis n° 15013 du 17 juillet 2019 - Formation plénière pour avis. Cf. infra. Chapitre 2

[94] Cass. Soc., 14 novembre 2018, 17-18.259, Publié au bulletin. MOULY (J .), « Convention OIT n° 106 et dérogations permanentes au repos dominical : une invocabilité à géométrie variable », Droit social, janvier 2019, pp. 69-75

[95] *« Attendu, d'autre part, qu'ayant relevé que le rapport du Comité de l'Organisation internationale du travail chargé d'examiner la réclamation alléguant l'inexécution par la France de la Convention n° 106, des 10 et 24 mars 2016, a noté que la commission d'experts, après analyse complète et détaillée de la législation en cause, n'a pas considéré que les dispositions en question étaient contraires aux dispositions de la Convention n° 106, et ayant fait ressortir que les dérogations concernées étaient justifiées par la nature du travail, la nature des services fournis par l'établissement, l'importance de la population à desservir et le nombre des personnes employées et se fondaient sur des considérations économiques et sociales répondant à un besoin du public, en ce que l'aménagement de la maison auquel participe l'ameublement relève d'une activité pratiquée plus particulièrement en dehors de la semaine de travail, la cour d'appel a décidé à bon droit que les dispositions de la loi n° 2008-3 du 3 janvier 2008 n'étaient pas incompatibles avec celles des articles 6 et 7 § 1 de la Convention n° 106 »*

leurs décisions n'aient pas de force contraignante à son égard »[96], il convient de replacer cette référence dans son contexte. D'une part, il s'agissait de répondre au moyen du demandeur, lequel arguait de ce que *« le gouvernement français avait lui-même reconnu devant la Commission des experts de l'OIT » « qu'aucune consultation n'avait été tenue auprès des organisations syndicales représentatives »*. D'autre part, la Cour de cassation s'est bornée à valider le raisonnement des juges du fond qui s'étaient fondés, pour renforcer leur argumentation, sur une décision de la commission d'experts qui avait estimé que la législation française était conforme au droit international.

De façon générale, les juges français avancent de façon extrêmement précautionneuse lorsqu'ils sont confrontés à la *soft law*. En-dehors de leur utilisation officieuse dans le cadre de travaux préparatoires, l'unique chemin, qui tend à se frayer très progressivement, par lequel l'on peut concevoir une utilisation directe d'instruments de l'OIT autres que des Conventions ratifiées consiste à les rattacher à une catégorie existante et juridiquement contraignante. Le défaut de base constitutionnelle des principaux organes de supervision de l'application des normes internationales rendrait néanmoins difficile une assimilation généralisée de leurs décisions à une forme de *« droit dérivé »* de l'OIT, *a fortiori* lorsque celles-ci ne sont pas destinées à la France.

B/ Des Conventions inutilisées

Si la diversité des thématiques envisagées par les différentes Conventions étudiées par les juridictions suprêmes françaises doit être relevée, il faut également souligner que de très nombreuses normes internationales du travail ratifiées par la France n'ont jamais été mises en œuvre par les juges ou invoquées devant les juridictions suprêmes.

En premier lieu, certaines Conventions n'apparaissent pas utilisables devant les tribunaux français, en ce qu'elles portent sur des problématiques extrêmement spécifiques et étrangères à la situation française contemporaine (Convention n° 124 sur l'examen médical d'aptitude des adolescents à l'emploi aux travaux souterrains dans les mines…).

Ensuite, les circonstances de fait et l'objet des contentieux français peuvent expliquer la marginalisation d'un certain nombre d'instruments ratifiés par la

[96] MOULY (J.), « Convention OIT n° 106 et dérogations permanentes au repos dominical : une invocabilité à géométrie variable », op. cit.

France. Ainsi, s'agissant des Conventions fondamentales[97], la question du travail des enfants n'a fait l'objet que d'un contentieux, à ce jour, isolé[98]. Sans doute le caractère exceptionnel, dans le pays, des pratiques susceptibles de justifier l'invocation des Conventions portant sur ce thème explique-t-il ce phénomène. De même, la question du travail forcé n'a fait l'objet que d'un contentieux peu développé en termes quantitatifs, celui-ci pouvant par ailleurs englober des questions sortant du cadre des formes les plus indignes de travail[99]. A l'opposé, la multiplicité de plaintes portant sur la violation de droits syndicaux ou des cas de discrimination explique la fréquence d'utilisation des Conventions fondamentales portant sur les deux autres principes.

Par ailleurs, la généralité de plusieurs Conventions, davantage que leur vocation à régir les seules relations interétatiques[100], peut potentiellement les priver de caractère invocable. Il en va ainsi d'un certain nombre de textes dont il semble difficile pour les particuliers de tirer des droits[101] (tant leur contenu semble éloigné des préoccupations individuelles) et donc de se prévaloir de leur effet direct (Convention n° 63 concernant les statistiques des salaires et des heures de travail…).

---

97 Celles-ci portent sur les quatre thèmes suivants : liberté syndicale et reconnaissance effective du droit de négociation collective, élimination de toute forme de travail forcé ou obligatoire, abolition effective du travail des enfants et élimination de la discrimination en matière d'emploi et de profession.

98 Cass. Soc., 3 avril 2019, 16-20.490, Publié au bulletin

99 Cf. supra. §1. Par exemple, dans une décision ensuite censurée par la Cour de cassation, le Conseil de Prud'hommes de Dax a choisi en 2007 de faire une application décisive de la Convention n° 29 sur le travail forcé. En l'espèce, un salarié relevait que la journée de solidarité instituée en vue d'assurer le financement des actions en faveur de l'autonomie des personnes âgées ou handicapées était une journée travaillée mais non rémunérée : dans ces conditions, selon lui, la retenue sur salaire opérée par son employeur en raison de sa participation à une grève lors de cette journée s'analysait en une sanction pécuniaire, prohibée par le Code du travail. En invoquant également le Pacte international relatif aux droits économiques, sociaux et culturels et la Charte sociale européenne, les juges ont fait droit à sa demande. Dans un attendu lapidaire, ils ont fait valoir que *« la convention de l'OIT n° 29, sur le travail forcé, ratifiée par la France, interdit "tout travail exigé d'un individu sous la menace d'une peine quelconque et pour lequel ledit individu ne s'est pas offert de plein gré" »*. CPH Dax, 10 décembre 2007, RG N F 07/00049 (annulée par Cass. Soc., 9 décembre 2009, 08-40.555 08-40.556 08-40.558 08-40.559 08-40.561 08-40.564 08-40.566 08-40.567 08-40.568 08-40.569 08-40.571, Inédit)

100 Contrairement à bon nombre d'autres traités internationaux, les Conventions de l'OIT semblent le plus souvent contenir des dispositions intéressant au moins de manière indirecte les particuliers

101 Cf. supra. Chapitre 1 à propos des critères d'invocabilité des traités dans l'ordre interne français

Enfin, et surtout, au regard de l'importance et de la diversité des Conventions ratifiées par la France, l'hypothèse d'une sous-utilisation tant par les juges que par les parties explique largement pourquoi certaines d'entre elles semblent oubliées. Cela étant, depuis les décisions concernant le CNE, bon nombre de moyens annexes des arrêts de la Cour de cassation font mention de Conventions de l'OIT et reflètent l'engouement croissant des parties pour cette source redécouverte. De même, des décisions de juridictions inférieures laissent augurer une diversification des textes mis en œuvre, en atteste par exemple l'utilisation de la Convention n° 156 concernant l'égalité de chances et de traitement pour les travailleurs des deux sexes[102] afin de remettre en cause la validité d'une clause de mobilité[103].

Si la diversité des Conventions utilisées devant la Cour de cassation et le Conseil d'Etat ne reflète que très partiellement la quantité d'instruments ratifiés par la France, elle recouvre toutefois une certaine variété de domaines et sera sans nul doute appelée à s'accroître dans le futur. Au Canada et en Afrique du Sud, le rapport des juges aux normes internationales du travail apparaît très différent.

Sous-section 2 : La diversité marquée des instruments utilisés dans la pratique juridictionnelle sud-africaine

L'observation des décisions de justice rendues en Afrique du Sud, à tous les niveaux, laisse apparaître la grande variété des instruments de l'OIT déjà mobilisés devant le juge. Cette diversité d'objets et de natures des textes utilisés apparaît telle qu'elle dépasse les engagements souscrits par l'Etat à travers la ratification de Conventions.

§1. La diversité quant à l'objet des textes mobilisés

La diversité des textes de l'OIT cités dans la jurisprudence sud-africaine et des contextes dans lesquels elles s'inscrivent est éloquente. D'une manière générale, toutes les juridictions, quel que soit leur niveau, mettent en œuvre des instruments portant sur des objets variés.

---

[102] Convention n° 156 concernant l'égalité de chances et de traitement pour les travailleurs des deux sexes : travailleurs ayant des responsabilités familiales (Entrée en vigueur : 11 août 1983)

[103] CA Versailles, 17ème Ch., 5 septembre 2012, n° 11/00637. ADAM (P.), « Vie familiale et mobilité : des racines et des ailes. À propos d'un arrêt de la Cour d'appel de Versailles », Semaine Sociale Lamy, 2012, 1554

Le plus souvent (presque classiquement au regard des similitudes avec les situations française et canadienne), c'est en matière de relations collectives que le juge fait appel aux normes internationales du travail, en particulier devant la Cour constitutionnelle. Les Conventions n° 87 sur la liberté d'association et n° 98 sur le droit de négociation collective ont souvent été utilisées dans des affaires portant sur l'encadrement de l'exercice du droit de grève[104].

De façon plus originale, les Conventions n° 87 et n° 98 ont été utilisées en association avec les Conventions n° 97 et n° 143 sur les travailleurs migrants dans le cadre d'une décision portant sur la détermination du champ d'application personnel du *Labour Relations Act* et la question de savoir si les travailleurs dépourvus d'autorisation de travail pouvaient être considérés comme des salariés[105]. Ici, les Conventions n° 87 et n° 98 ont été invoquées pour dissocier le bénéfice d'un droit de l'existence formelle d'un contrat de travail[106].

Très souvent, en matière de rupture de contrat de travail, la Convention n° 158 sur le licenciement est citée[107]. Essentiellement, cette dernière est utilisée pour discuter la validité d'une procédure de licenciement. Par exemple, les juges ont eu l'occasion de s'y référer afin de délimiter le champ du pouvoir souverain de sanction de l'employeur[108], de s'interroger quant à

---

[104] Voir, par exemple, *South African Transport and Allied Workers Union (SATAWU) and Others v Moloto NO and Another* (2012 (6) SA 249 (CC); 2012 (11) BCLR 1177 (CC); [2012] 12 BLLR 1193 (CC); (2012) 33 ILJ 2549 (CC)) [2012] ZACC 32; [2012] ZACC 19 (21 September 2012) ; *South African Police Service v Police and Prisons Civil Rights Union and Another* (CCT 89/10) [2011] ZACC 21; [2011] 9 BLLR 831 (CC); 2011 (9) BCLR 992 (CC); 2011 (6) SA 1 (CC); (2011) 32 ILJ 1603 (CC) (9 June 2011) ; *National Union of Metalworkers of South Africa and Others v Bader Bop (Pty) Ltd and Another* [2002] ZACC 30; 2003 (3) SA 513 (CC) (les Conventions n° 135 concernant les représentants des travailleurs et n° 154 sur la négociation collective ayant ici été citées de manière accessoire) ; *Equity Aviation Services (Pty) Ltd v South African Transport and Allied Workers Union and Others* (JA49/06) [2009] ZALAC 3; [2009] 10 BLLR 933 (LAC) (14 May 2009) ; *Mzeku and others v Volkswagen SA (Pty) Ltd and others* (PA3/01) [2001] ZALAC 8 (22 June 2001)…

[105] *Discovery Health Limited v Commission For Conciliation, Mediation and Arbitration and Others* (JR 2877/06) [2008] ZALC 24; [2008] 7 BLLR 633 (LC) ; (2008) 29 ILJ 1480 (LC) (28 March 2008)

[106] Le juge se réfère ici à *South African National Defence Union v Minister of Defence and Others* (CCT65/06) [2007]

[107] Cf. infra. §2. sur l'utilisation de Conventions non ratifiées

[108] *Sidumo and Another v Rustenburg Platinum Mines Ltd and Others* (CCT 85/06) [2007] ZACC 22; [2007] 12 BLLR 1097 (CC); 2008 (2) SA 24 (CC) ; (2007) 28 ILJ 2405 (CC); 2008 BCLR 1558 (CC) (5 October 2007) ; *Engen Petroleum Limited v*

la validité de la rupture du contrat de travail d'un salarié absent lors de son entretien préalable de licenciement[109], de fixer la procédure devant être respectée en cas de licenciement d'un salarié participant à une grève illégale[110], de traiter de la question des formalités devant accompagner la démission d'un salarié[111]... Parfois, la référence à la Convention n° 158 s'accompagne du recours à la Recommandation n° 166 sur le licenciement[112].

Le contentieux en matière de discrimination au travail a été l'occasion de faire usage de la Convention n° 111 concernant la discrimination en matière d'emploi et de profession. Par exemple, celle-ci a été étudiée dans plusieurs affaires qui portaient sur le refus d'un employeur d'engager une personne porteuse du VIH[113], dans le cadre de contentieux relatifs au port de signes religieux sur le lieu de travail[114] ou à l'interdiction locale de l'emploi de personnes diabétiques en qualité de pompier[115].

De manière plus éparse, de nombreux autres instruments de l'OIT apparaissent dans la jurisprudence sud-africaine. La Convention n° 156 sur les travailleurs ayant des responsabilités familiales a ainsi été citée dans une décision portant sur la remise en cause d'un accord collectif revoyant les modalités de versement d'avantages sociaux aux salariés[116]. La Convention n° 95 sur la protection du salaire, quant à elle, a été utilisée dans un contentieux relatif aux conséquences de la révocation d'une promesse

---

Commissioner for Conciliation Mediation and Arbitration and Others (JA12/05) [2007] ZALAC 5 (4 May 2007)

109 *Old Mutual v Gumbi* [2007] SCA 52 (RSA)

110 *Modise and others v Steve's Spar Blackheath* (JA29/99) [2000] ZALAC 1 (15 March 2000)

111 *National Entitled Worker's Union v Commissioner for Conciliation Mediation and Arbitration (CCMA) and Others* (JA51/03) [2007] ZALAC 3 (13 March 2007)

112 Cf. infra. §2

113 *Hoffmann v South African Airways* (CCT17/00) [2000] ZACC 17; 2001 (1) SA 1; 2000 (11) BCLR 1235 ; [2000] 12 BLLR 1365 (CC) (28 September 2000) ; *Allpass v Mooikloof Estates (Pty) Ltd t/a Mooikloof Equestrain Centre* (JS178/09) [2011] ZALCJHB 7; 2011 (2) SA 638 (LC) ; [2011] 5 BLLR 462 (LC); (2011) 32 ILJ 1637 (LC) (16 February 2011) ; *Bootes v Eagles Systems Kwazulu-Natal Ltd* (D781/05) [2007] ZALC 185 (31 August 2007)

114 *Dlamini and Others v Green Four Security* (LD671/03, D671/2003) [2006] ZALC 4 (25 April 2006)

115 *Independent Municipal and Allied Trade Union and Another v City of Cape Town* (LC521/03) [2005] ZALC 10; [2005] 10 BLLR 1084 (LC) (18 July 2005)

116 *Co-Operative Worker Association and Another v Petroleum Oil & Gas Co-Operative of SA and Others* (C437/2003) [2006] ZALC 83 (1 September 2006)

d'embauche[117]. Dans une autre affaire, les Conventions n° 138 sur l'âge minimum et n° 182 sur les pires formes de travail des enfants ont été mobilisées afin d'annuler le contrat de travail d'une enfant de 11 ans victime d'un accident professionnel et condamner l'entreprise à l'indemnisation de l'ensemble des dommages subis par cette dernière[118].

Même si la référence à ces textes est parfois secondaire voire allusive[119], la variété des contextes d'utilisation des normes internationales du travail laisse suggérer une inscription des normes internationales du travail dans la culture des juges et des parties. A ce titre, il est essentiel de préciser que les juridictions sud-africaines ne se limitent pas à faire usage des seules Conventions ratifiées par le pays.

§2. La diversité quant à la nature des textes mobilisés

La nature des textes utilisés par le juge sud-africain, habitué à mobiliser des textes non-contraignants pour interpréter le droit national[120], dépasse le cadre des Conventions de l'OIT ratifiées par le pays. Des textes de diverses natures (notamment les Recommandations) peuvent en effet être cités dans leurs décisions. S'agissant des Conventions, la condition de leur ratification n'apparaît par ailleurs pas déterminante quant à leur mobilisation.

A/ L'utilisation des Recommandations

En 2002, le juge NGCOBO de la *Constitutional Court* a fait valoir que l' *« expérience internationale »* auxquels doivent se référer les juges pour rechercher la portée d'un concept était reflétée par les Conventions et les Recommandations de l'OIT[121]. Ainsi, ces dernières sont assez régulièrement citées.

---

117 *Jack v Director-Geneal Department of Environmental Affairs* (P734/02) [2002] ZALC 92 (1 November 2002)

118 *High Court, Van Wyk v. Daytona Stud Farm (Pty) Ltd. & others*, 28 July 2006, Case No. 9668/02. Sur le sujet, voir http://compendium.itcilo.org/en/compendium-decisions/high-court-van-wyk-v-daytona-stud-farm-pty-ltd-others-28-july-2006-case-no-9668-02?set_language=en

119 Cf. infra. Section 2 sur la fonction des instruments de l'OIT devant le juge sud-africain

120 Comme par exemple un Code de conduite adopté en septembre 1997 par le Conseil des ministres de la Communauté pour le développement de l'Afrique australe, lorsqu'il s'est agi de préciser que la séropositivité ne devait pas être un obstacle dans une carrière professionnelle ; *Hoffmann v South African Airways* (CCT17/00) [2000] ZACC 17, para. 51

121 *« In giving content to this concept the courts and tribunals will have to seek guidance from domestic and international experience. Domestic experience is*

Par exemple, la *Labour Appeal Court*, en 2012 a souligné que les dispositions du LRA qui encouragent la promotion de la négociation collective au niveau sectoriel et reconnaissent la primauté des conventions collectives sur les contrats individuels de travail étaient en adéquation avec la Recommandation n° 91 de l'OIT sur les conventions collectives[122]. De même, en 2008, la *Labour Court* du Cap s'est basée sur la relativement récente Recommandation n° 198 sur les relations de travail[123] afin d'appréhender la notion de travailleur[124]. Ensuite, en 2015[125], c'est pour entreprendre une interprétation correcte de la section 200A du LRA[126] (qui crée, sous conditions, une présomption de salariat lorsqu'un individu travaille pour le compte d'une autre personne, *« quelle que soit la forme de contrat »*) que la Recommandation n° 198 de l'OIT sur les relations de travail a été utilisée par la *Labour Appeal Court*. En l'espèce, il s'est agi pour le juge NDLOVU de montrer que la législation nationale, dans le même sens que la norme internationale, visait à combattre la pratique par laquelle des employeurs pouvaient chercher à conclure des arrangements contractuels de façon à éluder l'application du régime du salariat[127].

Le juge sud-africain affiche ainsi la plus grande indifférence quant à la nature des instruments de l'OIT auxquels il se réfère. Les Recommandations

---

reflected both in the equity-based jurisprudence generated by the unfair labour practice provision of the 1956 LRA as well as the codification of unfair labour practice in the LRA. International experience is reflected in the Conventions and Recommendations of the International Labour Organisation ». National Education Health & Allied Workers Union (NEHAWU) v University of Cape Town and Others (CCT2/02) [2002] ZACC 27; 2003 (2) BCLR 154; 2003 (3) SA 1 (CC) (6 December 2002), para. 34. Reflétant à nouveau l'ouverture des juges à l'égard des sources extérieures, il a par ailleurs ajouté que d'autres sources étrangères *« comparables »*, comme la Charte sociale européenne, pouvaient servir de référence

[122] Recommandation n° 91 concernant les conventions collectives, 1951

[123] Recommandation n° 198 sur la relation de travail, 2006

[124] En l'espèce toutefois, celle-ci s'est révélée insuffisante pour répondre à la problématique examinée par les juges, consistant à déterminer si une activité illicite (en l'occurrence, la prostitution) pouvait entrer dans le cadre protecteur du droit du travail

[125] *Universal Church of the Kingdom of God v Myeni and Others* (DA 3/14) [2015] ZALAC 31; [2015] 9 BLLR 918 (LAC); (2015) 36 ILJ 2832 (LAC) (28 July 2015)

[126] *« ...a better understanding of section 200A can only be informed by the clearer understanding of the circumstances surrounding the evolution of the section ». Universal Church of the Kingdom of God v Myeni and Others* (DA 3/14) [2015] ZALAC 31, para. 37

[127] Ibid., para. 39. En ce sens, le juge a estimé que la présomption prévue par la section 200A ne s'appliquait pas ici, aucune forme de contrat ou d'arrangement contractuel n'ayant été conclu entre les parties (para. 41)

sont placées au même plan que les Conventions lorsqu'il s'agit d'interpréter le droit national. D'une manière générale, comme le montrent très explicitement plusieurs décisions, de nombreuses sources émanant de l'OIT sont invoquées, au-delà des Conventions ratifiées.

B/ La référence aux décisions des organes de contrôle de l'OIT

Les juges sud-africains se réfèrent régulièrement aux décisions des organes de contrôle de l'OIT dans leur jurisprudence. En 2002, l'affaire *NUMSA c. Bader Bop*[128] a été l'occasion pour la *Constitutional Court* de poursuivre dans la voie ouverte par l'arrêt *Makwanyane*[129] et d'illustrer de manière très éloquente la place susceptible d'être accordée aux interprétations des organes de supervision de l'OIT dans la jurisprudence nationale.

Dans cette affaire majeure[130], les juges de la *Labour Appeal Court* avaient dans un premier temps considéré qu'était illégal le mouvement collectif initié par un syndicat minoritaire afin d'obtenir la reconnaissance de ses représentants (*« shop stewards »*) et de participer aux négociations collectives[131]. Pour reconnaître aux syndicats non majoritaire le droit de grève afin de faire valoir le bénéfice de droits collectifs, la Cour constitutionnelle s'est non seulement appuyée sur les Conventions n° 87 et 98 de l'OIT[132] mais également sur les travaux des organes de suivi de l'OIT.

Après avoir rappelé que, dans le cadre des directives d'interprétation prévues par l'article 23 de la Constitution, les Conventions et Recommandations de l'OIT constituaient une importante source de droit international, le juge O'REGAN a insisté sur le rôle des travaux de la Commission d'experts et du Comité de la liberté syndicale[133]. Plus concrètement, il a souligné que ces

---

[128] *National Union of Metalworkers of South Africa and Others v Bader Bop (Pty) Ltd and Another* [2002] ZACC 30; 2003 (3) SA 513 (CC). Cf. supra. Chapitre 1

[129] Cf. supra. Chapitre 1

[130] La place accordée aux décisions des organes de supervision de l'OIT dans l'affaire *Bader Bop* est d'autant plus remarquable qu'elle a contribué à opérer un revirement dans le droit sud-africain. Cf. infra. Titre 2, Chapitre 1

[131] En partant d'une lecture combinée de la section 14 (laquelle fixe les règles de désignation des représentants de syndicats représentatifs) avec la section 21 (Relative aux modalités d'exercice des droits collectifs) et le Chapitre relatif au droit de grève du LRA, la *Labour Court of Appeal* avait estimé qu'un syndicat minoritaire ne disposait pas du droit de désigner des *« shop stewards »* et, de fait, ne pouvait faire usage du droit de grève pour en bénéficier

[132] Tout en mentionnant par ailleurs la Convention n° 135 sur les représentants des travailleurs[132] et la Convention n° 154 sur la négociation collective

[133] *National Union of Metalworkers of South Africa and Others v Bader Bop (Pty) Ltd and Another* [2002] ZACC 30; 2003 (3) SA 513 (CC), paras. 28-31

derniers avaient considéré qu'un système majoritaire, accordant des droits particuliers aux syndicats ayant obtenu le plus de voix aux élections professionnelles, n'était pas incompatible avec la liberté syndicale dès lors qu'il permettait aux syndicats minoritaires d'exister, d'organiser ses membres, de formuler des revendications au nom de ces derniers ou bien encore d'être parfois en mesure de concurrence les syndicats majoritaires[134]. Puis, il a relevé que les deux organes genevois avaient déclaré que le droit de grève était essentiel à la négociation collective, même s'il n'était pas explicitement consacré par les instruments de l'OIT[135]. Liant des interprétations élaborées par les organes de l'OIT aux principes de la liberté d'association[136] garantie par la Constitution, le juge a ensuite estimé que ces derniers seraient violés dans l'éventualité où des salariés seraient privés de la possibilité de se faire représenter par un syndicat sur leur lieu de travail et contraints de choisir un représentant d'un syndicat concurrent auquel ils n'ont pas adhéré[137].

Par la suite, plusieurs autres décisions ont permis d'apprécier l'ancrage des travaux des organes de supervision de l'OIT dans la jurisprudence sud-africaine, à l'échelle de la *Labour Court* comme aux niveaux supérieurs. Par exemple, en 2012, la *Constitutional Court*[138], en se référant à l'affaire *NUMSA c. Bader Bop*, a rappelé que les organes de supervision de l'OIT avaient considéré que le droit de grève était essentiel à la négociation collective[139]. De la même manière, en 2005, la *Constitutional Court*, sous la plume du juge ZONDO, s'est également référée à cette affaire, ainsi qu'aux implications de l'appartenance de l'Afrique du Sud à l'OIT et aux décisions du Comité de la liberté syndicale, pour déduire de la section 189 du *Labour Relations Act* une obligation pour l'employeur de consulter un syndicat avant le licenciement de l'un de ses membres dans le cadre d'une restructuration d'entreprise[140].

Tout ceci souligne finalement l'aisance des juges à l'égard de l'ensemble de l'ensemble des sources émanant de l'OIT. Toutefois, bien qu'il ne soit pas

[134] Ibid., para. 30

[135] Ibid., para. 32

[136] Et, plus précisément, le droit de former et rejoindre un syndicat prévu par la section 23 (2) (a) de la Constitution ainsi que le droit pour les syndicats de s'organiser librement, garanti par l'article 23 (4) (b)

[137] *National Union of Metalworkers of South Africa and Others v Bader Bop (Pty) Ltd and Another* [2002] ZACC 30; 2003 (3) SA 513 (CC), para. 34

[138] Par la voix des juges YACOOB, FRONEMAN et NKABINDE

[139] *South African Transport and Allied Workers Union (SATAWU) and Others v Moloto NO and Another* [2012] ZACC 32

[140] *United National Breweries (SA) Limited v Khanyeza and Others* (DA4/04) [2005] ZALAC 6 (30 September 2005), para. 23

rare de trouver des références aux travaux des organes de supervision de l'OIT dans leurs décisions, le recours à ces travaux est aléatoire. Ceux-ci ne sont ni utilisés de façon systématique lorsque des normes internationales du travail sont citées, ni nécessairement étudiés de façon approfondie.

C/ L'utilisation de Conventions non ratifiées

L'une des caractéristiques les plus notables de la pratique des juges sud-africains réside dans l'utilisation qu'ils peuvent faire de Conventions non ratifiées par le pays.

1. L'utilisation de la Convention n° 158 sur le licenciement dans l'affaire Modise

En 2000, la *Labour Court of Appeal* a rendu une décision largement inspirée par la Convention n° 158 sur le licenciement. Dans l'affaire *Modise*[141], il s'agissait de savoir si le licenciement de salariés impliqués dans une grève illégale était subordonné au respect de règles procédurales.

En l'espèce, après avoir reçu un ultimatum de leur employeur, des salariés qui participaient à une grève illégale s'étaient vu signifier par courrier leur licenciement immédiat. Ils s'opposaient alors à leur employeur sur le point de savoir si le non-respect par l'employeur du principe du contradictoire (*« audi rule »*) rendait la procédure inéquitable.

Dans le silence du LRA (dans sa version de 1956), le juge ZONDO s'est livré à une étude des fondements de la *« audi rule »* dans le droit du travail sud-africain, à travers un examen de la jurisprudence et de la doctrine. Dans ce cadre, il s'est largement appuyé sur la Convention n° 158 et notamment sur son article 7[142], qui justifie le respect d'une procédure contradictoire. Le juge a insisté sur la règle générale prévue par la Convention selon laquelle un licenciement fondé sur le comportement ou la performance professionnelle ne pouvait être prononcé sans que le salarié n'ait eu l'opportunité de se défendre[143].

---

[141] *Modise and others v Steve's Spar Blackheath* (JA29/99) [2000] ZALAC 1 (15 March 2000)

[142] *« Un travailleur ne devra pas être licencié pour des motifs liés à sa conduite ou à son travail avant qu'on ne lui ait offert la possibilité de se défendre contre les allégations formulées, à moins que l'on ne puisse pas raisonnablement attendre de l'employeur qu'il lui offre cette possibilité »*

[143] *« The audi approach is in keeping with international standards. This cannot be said of the no audi approach. I say this because, quite clearly, the ILO Convention on Termination of Employment n° 158 of 1982 contains a general rule that an*

Dans un contexte d'indétermination de la loi, le recours à la Convention n° 158 semble ici avoir été décisif quant à l'issue de l'affaire. Originellement, comme l'a relevé le juge ZONDO, la Cour de première instance avait déduit le principe du contradictoire de bonnes pratiques des employeurs, de la jurisprudence anglaise, en plus de la Convention n° 158. C'est donc clairement dans une dynamique accueillante à l'égard de sources d'inspiration non contraignantes que cette Convention a été mobilisée. Le recours à la Convention n° 158, bien que non ratifiée, peut s'expliquer par le fait que celle-ci a influencé la législation sur la cessation d'emploi[144] (bien qu'ici, le LRA était appliqué dans sa version de 1956).

Cette décision fait écho à un jugement rendu un an plus tôt au Botswana[145]. Même s'il n'est pas cité par le juge ZONDO, l'on peut se demander si ce dernier n'a pas été influencé par le raisonnement mis en œuvre par ses voisins de l'*Industrial Court* établie à Gaborone. Dans ce cas, les juges s'étaient prononcés s'agissant de la validité du licenciement d'un salarié en raison d'une absence prolongée pour cause de maladie. En l'absence de base en droit interne, les juges s'étaient fondés sur les articles 4 et 6[146] de la Convention n° 158 pour annuler le licenciement. Alors que cette dernière n'avait pas été ratifiée par le pays, les juges avaient introduit son contenu dans l'ordre interne par le biais de l'*Equity*[147].

---

employer must not dismiss a worker for reasons based conduct or work performance without having first given such worker an opportunity to defend himself against the allegations made against him. In this regard the Convention does not say this does not apply to cases where workers are dismissed for striking. On the contrary it should apply also to the dismissal of strikers because those would fall under dismissals for reasons based on the employee's conduct. The Convention makes provision for one exception which is broad enough to refer to all the exceptions that normally apply to the audi rule. The no-audi approach is either directly contrary to the convention or at least it is inconsistent with it ». Modise and others v Steve's Spar Blackheath (JA29/99) [2000] ZALAC 1 (15 March 2000), para. 77.6

[144] CHEADLE (H.), « Reception of International Labour Standards in Common-Law Legal Systems », op. cit., p. 360

[145] *Industrial Court of Botswana, Joel Sebonego v. News Paper Editorial and Management Services Ltd*, 23 April 1999, No. IC 64/98 cité par THOMAS (C.), OELZ (M), BEAUDONNET (X.), « The use of international labour law in domestic courts: Theory, recent jurisprudence, and practical implications », op. cit., pp. 281-282

[146] Et, plus précisément, son premier paragraphe : *« L'absence temporaire du travail en raison d'une maladie ou d'un accident ne devra pas constituer une raison valable de licenciement »*

[147] *« As the Industrial Court is not only a court of law but also a court of equity, it applies rules of natural justice or rules of equity as they are some times called, when determining trade disputes. These rules of equity are derived from the common law*

2. *La fréquence du recours à des Conventions non ratifiées*

Régulièrement, les juges, qu'ils soient établis au niveau provincial ou au sommet du système juridictionnel, se basent sur un instrument comme la Convention n° 158 sur le licenciement. De manière plus superficielle et isolée, ils se sont également référés aux Conventions n° 143 sur les travailleurs migrants et n° 169 sur les peuples indigènes et tribaux[148], n° 159[149] sur la réadaptation professionnelle et l'emploi des personnes handicapées[150] ou bien encore n° 95[151] sur la protection du salaire[152]. Ces occasions apparaissent finalement marginales en comparaison avec le nombre de décisions impliquant la Convention n° 158, laquelle a souvent été utilisée afin de dessiner les contours de la procédure de licenciement devant être respectée dans le pays.

Après l'affaire *Modise*, et à un niveau supérieur, la Convention n° 158 a été employée à plusieurs reprises par les juges, y compris au sein de la *Constitutional Court* et de la *Supreme Court of Appeal*[153]. Toutefois, force

as well as from Conventions and Recommendations of the International Labour Organization (ILO) ». Industrial Court of Botswana, *Joel Sebonego v. News Paper Editorial and Management Services Ltd*, 23 April 1999, No. IC 64/98, p. 4. Dans le même sens, voir notamment : *Dube and Another v American Embassy/Botusa* (IC. 897_2006) [2009] BWIC 1 (30 January 2009), para. 16 ; *Sebat and Another v Urban Security (Botswana) (Pty) Ltd* (IC. 131/2005) [2006] BWIC 12; [2006] 1 BLR 592 (1 April 2006), para. 17

[148] Afin d'illustrer une tendance contemporaine *(« Nevertheless, there has in recent years been some discernible movement for recognition of the rights not just of individuals but of distinct groups in society, such as migrant workers and indigenous peoples »)* ; *Gauteng Provincial Legislature In re: Gauteng School Education Bill of 1995* (CCT39/95) [1996] ZACC 4; 1996 (4) BCLR 537; 1996 (3) SA 165 (4 April 1996), para. 66

[149] Convention n° 159 sur la réadaptation professionnelle et l'emploi des personnes handicapées, 1983

[150] En l'espèce, il s'agissait d'énumérer les multiplies instruments à l'origine de la définition du caractère équitable du licenciement de personnes handicapées ; Labour Court of Johannesburg, *Standard Bank of South Africa v Commission for Conciliation Mediation and Arbitration and Others* (JR 662/06) [2007] ZALC 152 (18 December 2007)

[151] Convention n° 95 sur la protection du salaire, 1949

[152] Afin de préciser la signification de la notion de rémunération. Labour Court of Port Elizabeth, *Jack v Director-Geneal Department of Environmental Affairs* (P734/02) [2002] ZALC 92 (1 November 2002)

[153] Cf. infra. Titre 2, Chapitre 1

est de constater qu'elle s'est révélée moins déterminante que dans l'affaire *Modise*.

Le juge sud-africain apparaît ainsi très ouvert à l'égard des sources de droit issues de l'OIT, qu'il utilise comme un soutien de son argumentation, sans qu'elles ne soient nécessairement déterminantes dans la résolution d'une affaire[154]. Contrairement au juge français qui agit dans un cadre contraint notamment par l'article 55 de la Constitution, il semble indifférent à la nature des textes qu'il emploie, ces derniers pouvant être des Conventions, ratifiées ou non, des Recommandations ou des décisions des organes de contrôle de l'OIT[155].

Sous-section 3 : La diversité contenue dans la pratique juridictionnelle canadienne

Le caractère décentralisé des juridictions canadiennes et les différences qui existent dans les pratiques de la Cour suprême et d'un certain nombre de juridictions provinciales[156] s'expriment dans la diversité des textes mis en œuvre par ces différentes formations. Alors que la première fait preuve de timidité, quelques juges à travers le pays affichent un volontarisme certain en la matière.

§1. Une jurisprudence de la Cour suprême empreinte de retenue

Au Canada, la jurisprudence de la Cour suprême impliquant le recours à des textes de l'OIT apparaît assez pauvre et se concentre sur un nombre très restreint de thématiques. Néanmoins, elle révèle une certaine ouverture du juge[157] quant à la nature des instruments auxquels il peut se référer[158], qu'ils soient ou non contraignants[159].

---

[154] Cf. infra. Section 2

[155] L'on note également dans une décision de la *Labour Court* de Durban une référence à la Déclaration de principes tripartite sur les entreprises multinationales et la politique sociale adoptée en 1977 par la Conférence internationale du travail ; *Moslemany v Unilever PLC and Another* (LD102/06, D102/06) [2006] ZALC 6 (26 June 2006)

[156] Cf. supra. Chapitre 1

[157] Moins prononcée qu'en Afrique du Sud. Cf. supra. Sous-section 2

[158] Il faut souligner que les instruments de l'OIT n'ont jamais été utilisés de façon isolée par le juge canadien, ceux-ci étant systématiquement combinés à d'autres sources supranationales. Cf. infra. Section 2

[159] Sur l'utilisation de textes non-contraignants en cas de recours au droit international du travail aux fins d'interprétation, voir THOMAS (C.), OELZ (M.), BEAUDONNET (X.), « The use of international labour law in domestic courts: Theory, recent jurisprudence and practical implications », op. cit., pp. 277-280

A/ L'objet des textes utilisés : la focalisation sur la liberté d'association

La liberté syndicale occupant une place centrale en droit du travail au Canada[160], l'essentiel des décisions qui impliquent une norme internationale du travail[161] a été l'occasion pour les juges de se référer aux instruments relatifs à la liberté d'association et principalement à la Convention n° 87 de l'OIT afin d'interpréter l'alinéa 2 d) de la Charte consacrant la liberté d'association[162].

Il en est allé ainsi dans les décisions majeures rendues par la Cour suprême du Canada entre 1987 et 2015[163]. De façon plus spécifique, dans l'arrêt *Dunmore* de 2001[164], l'interrogation était liée à la liberté d'association et le droit de négociation collective dans le secteur de l'agriculture en Ontario. Le juge BASTARACHE s'était non seulement référé à la Convention n° 87 sur la liberté d'association mais également aux Conventions n° 11 sur le droit d'association dans le secteur de l'agriculture et n° 141 sur les organisations de travailleurs ruraux, bien que celles-ci n'aient pas été ratifiées par le pays. C'est en utilisant de façon conjointe l'ensemble de ces Conventions que le juge a pu déduire l'idée selon laquelle la non-inclusion des travailleurs agricoles au sein du régime légal de relations de travail portait atteinte à la liberté d'association[165].

Au-delà du domaine des relations collectives de travail, ce n'est que de manière exceptionnelle que les sources issues de l'OIT ont été mobilisées. En 1988, dans l'arrêt *Bell*[166], la question portait sur la détermination du champ de la notion de *« conditions de travail »* et sur le point de savoir si celle-ci incluait la santé et la sécurité des travailleurs. Pour ce faire, le juge BEETZ s'est référé au Préambule de la Constitution de l'OIT. En 2018, dans l'affaire *Québec (Procureure générale) c. Alliance du personnel professionnel et technique de la santé et des services sociaux*[167], la Convention n° 100 sur l'égalité de rémunération a été citée par la juge

160 VERGE (P.), ROUX (D.), « L'affirmation des principes de la liberté syndicale, de la négociation collective et du droit de grève selon le droit international et le droit du travail canadien : deux solitudes ? », op. cit., p. 441

161 Cf. supra. Chapitre 1

162 Sur le recours au droit international aux fins d'interprétation, cf. supra. Chapitre 1

163 Cf. supra. Chapitre 1

164 *Dunmore c. Ontario (Procureur général)*, 2001 CSC 94, [2001] 3 RCS 1016

165 Ibid., para. 27

166 *Bell Canada c. Québec (Commission de la santé et de la sécurité du travail)*, [1988] 1 *RCS* 749, 1988 CanLII 81 (CSC)

167 *Québec (Procureure générale) c. Alliance du personnel professionnel et technique de la santé et des services sociaux*, 2018 CSC 17, [2018] 1 R.C.S. 464

ABELLA pour illustrer *« les approches utilisées dans certains instruments internationaux »*, s'agissant de l'égalité de salaires entre hommes et femmes, pour un travail de valeur égale[168].

Ces exemples illustrent par ailleurs la liberté que se sont octroyés les juges canadiens concernant la nature de leurs instruments de référence. Le juge canadien ne se borne en effet pas à utiliser des Conventions ratifiées par l'Etat.

B/ La nature des textes utilisés : une liberté surveillée

La variété des textes utilisés devant le juge canadien, habitué à mobiliser des textes non-contraignants lorsqu'il s'agit d'interpréter le droit national, dépasse le cadre des Conventions de l'OIT ratifiées par le pays. Des textes de diverses natures peuvent en effet être mis en œuvre. Le juge canadien apparaît toutefois bien moins décomplexé que son homologue sud-africain sur ce point.

Dans les affaires impliquant la mise en œuvre d'instruments de l'OIT, suivant la célèbre dissidence du juge en chef DICKSON de 1987[169], les juges suprêmes se sont référés explicitement aux travaux d'organes para-juridictionnels de l'OIT, tels que le Comité de la liberté syndicale[170]. L'ouverture de la Cour suprême du Canada à l'égard des sources émanant de l'OIT se retrouve de façon plus éloquente encore à travers l'usage très ponctuel de travaux élaborés par les fonctionnaires du BIT. Dans l'arrêt *Health Services*, les juges se sont ainsi référés à une étude du Bureau afin d'appréhender les principes régissant la négociation collective au sens du droit international[171]. Dans ce cas, les juges ont également choisi de se référer à la Déclaration relative aux principes et droits fondamentaux de 1998.

A cet égard, la dissidence de la juge ABELLA dans l'affaire *Meredith contre Canada*[172] mérite d'être soulignée. Dans cette décision, les juges ont considéré que la réduction sans consultation préalable des augmentations salariales prévues pour les membres de la Gendarmerie Royale du Canada ne

---

168 Ibid., para. 9

169 Cf. supra. Chapitre 1

170 En revanche, ils n'ont pas eu l'occasion de se référer à des Recommandations

171 *« B. Gernigon, A. Odero et H. Guido, "Les principes de l'OIT sur la négociation collective", (2000) 139 Revue internationale du travail 33, p. 55-57 ». Health Services and Support - Facilities Subsector Bargaining Assn. c. Colombie-Britannique*, 2007 CSC 27, [2007], para. 77. Cf. infra. Titre 2, Chapitre 1

172 *Meredith c. Canada (Procureur général)*, 2015 CSC 2 (CanLII)

portait pas atteinte à leur droit constitutionnel de négocier collectivement. Pour justifier son désaccord et insister sur le caractère impératif de la consultation des représentants des salariés en toutes circonstances, la juge ABELLA s'est notamment appuyée sur des décisions des organes de l'OIT, sans pour autant citer une Convention ratifiée par le pays[173].

Cette posture accueillante à l'égard des diverses sources issues de l'OIT a été critiqué par une partie de la doctrine. Réagissant à l'arrêt *Health Services*, le Professeur Brian LANGILLE a remis en question cette décision de la Cour suprême, en ce qu'elle reposait sur une vision inexacte et imprécise du droit international, les juges se basant sur leur perception globale du droit international davantage que sur les dispositions instruments négociés[174]. Par ailleurs, il a regretté l' *« erreur »* commise par les juges, qui ne s'étaient pas limités à se baser sur la Convention n° 87 sur la liberté d'association. Ils ont de fait, selon lui, utilisé de la Convention n° 98 sur la négociation collective (qui, elle, n'avait alors pas été ratifiée par le pays) en ce que les travaux du Comité de la liberté syndicale invoqués par les juges ne portaient pas uniquement sur l'interprétation de la Convention n° 87 mais également sur la Convention n° 98[175].

La critique du Professeur LANGILLE, qui invite à ignorer le principe du droit à la négociation collective tel que défendu au sein de l'OIT, remet en cause la philosophie suivie par les juges suprêmes canadiens lorsqu'ils recourent au droit international. L'usage *« persuasif »* du droit international vise à définir la dynamique générale devant guider la compréhension d'un texte de droit interne. Il ne s'agit pas de se baser uniquement sur les obligations effectivement souscrites par le pays mais de rechercher tout élément pouvant éclairer l'interprète, de définir l'esprit du *« mouvement*

---

[173] Cet élément dans la dissidence de la juge ABELLA constitue l'unique référence au droit international dans cet arrêt : *« Selon la Commission [d'experts], même en pleine crise financière, il y a des limites aux restrictions que les gouvernements peuvent imposer aux salaires du secteur public qui font l'objet de conventions collectives (Bureau international du Travail, La négociation collective dans la fonction publique : Un chemin à suivre (Conférence internationale du Travail, 102e session, 2013), p. 132-133). Fait important également, l'OIT a reconnu un principe général selon lequel "les limitations à la négociation collective de la part des autorités publiques devraient être précédées de consultations avec les organisations de travailleurs et d'employeurs en vue de rechercher l'accord des parties" (La liberté syndicale : Recueil de décisions et de principes du Comité de la liberté syndicale du Conseil d'administration du BIT (5e éd. (rév.) 2006, par. 999) ». Meredith c. Canada (Procureur général)*, 2015 CSC 2, para. 67

[174] LANGILLE (B.), « Can we rely on the ILO? », Canadian labour and employement law journal, vol. 13, 2007, pp. 294-295

[175] LANGILLE (B.), « Can we rely on the ILO? », op. cit., pp. 288-289

international contemporain des droits de la personne », selon la formule du juge en chef DICKSON[176]. En cela, les juges recourent régulièrement au droit étranger ou se réfèrent à des instruments régionaux comme la Convention européenne de sauvegarde des droits de l'Homme[177], ces derniers apparaissant aussi étrangers au droit canadien que ne le sont les Conventions de l'OIT non ratifiées. De surcroît, eu égard à la consécration au rang de principes et droits fondamentaux au travail de *« la liberté d'association et la reconnaissance effective du droit de négociation collective »* par la Déclaration de l'OIT de 1998[178], il n'apparaît plus inconcevable de considérer comme universels l'ensemble des droits et principes découlant de la liberté d'association et de la négociation collective. Comme l'annonçait le Professeur TRUDEAU au début des années 2000, l'adoption de la Déclaration en 1998 rend *« plus difficile à la Cour suprême du Canada de soutenir, comme elle l'a fait en 1987, que le droit à la négociation collective et le droit de grève n'ont pas encore atteint le statut de droits fondamentaux au Canada »*[179].

Au vu de la jurisprudence de la Cour suprême, le recours aux sources de l'OIT s'opère différemment au Canada et de façon moins marquée qu'il n'intervient en Afrique du Sud et en France. L'originalité du système canadien par rapport au système français réside sans nul doute dans son ouverture à l'égard des textes non-contraignants. Alors que le juge français est contraint de n'appliquer que les seuls textes ratifiés par le pays, le juge canadien dispose en théorie d'un cadre d'interprétation presqu illimité, puisqu'il est assez libre quant au choix des instruments auxquels il se réfère. Dans la tradition des pays de *Common Law*, le juge canadien se réfère à des sources indicatives quant aux obligations internationales du pays[180]. Toutefois, sa pratique semble bien moins affirmée que celle de son homologue sud-africain, même si un certain nombre de juridictions au niveau provincial font preuve d'un certain volontarisme.

[176] *Renvoi relatif à la Public Service Employee Relations Act (Alb.)*, [1987] 1 RCS 313, para. 57

[177] Cf. infra. Section 2 et Titre 2, Chapitre 1

[178] Cf. supra. Première partie

[179] TRUDEAU (G.), « Les droits fondamentaux de l'Homme au travail : de la logique internationale à la logique canadienne », op. cit., p. 341

[180] THOMAS (C.), OELZ (M.), BEAUDONNET (X.), « The use of international labour law in domestic courts: Theory, recent jurisprudence and practical implications », op. cit., p. 277

§2. Le volontarisme d'un certain nombre de juridictions

A un niveau inférieur à la Cour suprême, les juridictions faisant preuve d'une ouverture particulière à l'égard des instruments de l'OIT[181] apparaissent également enclines à utiliser des instruments variés quant à leur objet, comme le révèle la jurisprudence du Tribunal des droits de la personne du Québec. Du fait de ses compétences, ce dernier a été amené à traiter de sujets ayant trait aux droits individuels. Ce faisant, il a mobilisé un certain nombre de normes totalement distinctes de celles utilisées par la Cour suprême sur les questions du travail.

Le plus souvent, il s'est agi pour le Tribunal de faire usage de la Convention n° 111 en matière de discrimination. Il a notamment cherché à souligner l'importance accordée aux principes liés à la non-discrimination, tels que prévus par la Convention et dégagés par les organes de contrôle de l'OIT. Par exemple, en 2014, une affaire faisait suite à une plainte déposée par un individu qui s'était vu refuser un stage professionnel et un emploi de cadet policier. Celui-ci arguait d'une atteinte à son droit d'être traité en toute égalité sans distinction ou exclusion fondée sur les antécédents judiciaires[182]. Pour interpréter l'article 18.2 de la Charte québécoise des droits et libertés[183], le tribunal a rappelé[184] que plusieurs dispositions internationales[185], dont l'article 1§1 de la Convention n° 111 de l'OIT sur la discrimination, garantissaient le droit au travail et offraient une protection contre la discrimination dans l'emploi[186]. C'est dans ce cadre que le tribunal a étudié l'article 18.2 de la Charte, concluant toutefois que celui-ci n'imposait *« pas à un employeur d'engager une personne dont les agissements criminels passés*

---

[181] Cf. supra. Chapitre 1

[182] *Commission des droits de la personne et des droits de la jeunesse c. Montréal (Communauté urbaine de) (Ville de Montréal)*, 2014 QCTDP 7 (CanLII)

[183] *« Nul ne peut congédier, refuser d'embaucher ou autrement pénaliser dans le cadre de son emploi une personne du seul fait qu'elle a été déclarée coupable d'une infraction pénale ou criminelle, si cette infraction n'a aucun lien avec l'emploi ou si cette personne en a obtenu le pardon »*

[184] Comme il l'avait énoncé en 1997. *Commission des droits de la personne et des droits de la jeunesse c. Maksteel, 1997 CanLII 17150 (QC TDP)*, [1997] R.J.Q. 2891 (T.D.P.)

[185] L'article 23 de Déclaration universelle des droits de l'Homme, l'article 6§1 du Pacte international relatif aux droits économiques, sociaux et culturels, l'article 40 de la Convention relative aux droits de l'enfant

[186] *Commission des droits de la personne et des droits de la jeunesse c. Montréal (Communauté urbaine de) (Ville de Montréal)*, 2014 QCTDP 7, para. 86

révèlent des traits de caractère incompatibles avec l'emploi recherché, même s'il en a obtenu le pardon »[187].

Plus ponctuellement, un éventail relativement varié d'instruments a été mis en œuvre. Par exemple, dans une affaire qui portait sur l'allégation de faits de discrimination fondée sur la grossesse, le tribunal s'est référé à la Convention n° 183 (non ratifiée par le Canada) afin de rappeler que celle-ci prévoyait que la maternité ne devait pas constituer un obstacle à l'accès à l'emploi[188]. A cette occasion les juges ont mis en avant le rôle du droit international dans l'ordre interne : *« Ces divers instruments internationaux de protection contre la discrimination, tous ratifiés par le Canada (à l'exception de la Convention n° 183 sur la protection de la maternité, 2000) et auxquels le Québec a adhéré pour la plupart prévoient donc diverses obligations qui, si elles ne s'appliquent pas toutes avec la même rigueur en droit interne, peuvent néanmoins être utilisées à titre de source interprétative. [Ils] constituent une source d'obligations internationales, bien que ne s'appliquant pas directement à l'interne, et peuvent être utilisés comme source interprétative des instruments législatifs canadiens et québécois en matière de droits de la personne »*[189].

C'est en fait parce qu'il procède à une interprétation téléologique de la Charte québécoise des droits et libertés que le Tribunal est amené à accueillir tout type de textes, qu'ils soient ou non contraignants dans l'ordre interne[190]. Dans ce cadre, l'ambition du juge n'est pas de dresser l'état du droit positif tel qu'il est tenu de le mettre en œuvre mais simplement de définir les tendances juridiques générales permettant d'appréhender une notion donnée.

Finalement, il apparaît qu'au-delà des hésitations de la Cour suprême, les instruments de l'OIT tendent à pénétrer en profondeur le système juridictionnel canadien : l'audace de quelques juges provinciaux s'agissant

---

187 Ibid., para. 129

188 *Québec (Commission des droits de la personne et des droits de la jeunesse) c. Québec (Société de l'assurance automobile du)*, 2003 CanLII 33421 (QC TDP), para. 66

189 Ibid., para. 67

190 Ce lien entre la recherche des objectifs poursuivis par la Charte et le recours à des normes supranationales apparaît clairement dans un certain nombre de décisions. Ainsi, à propos de l'interdiction de la discrimination des femmes du fait de leur état de grossesse, le tribunal a ainsi déclaré : *« Cette protection accordée par la Charte québécoise s'inscrit dans l'objectif commun de protection des femmes contre la discrimination, notamment en matière d'emploi, énoncé à maintes reprises par les États membres des Nations Unies et par la communauté internationale ». Québec (Commission des droits de la personne et des droits de la jeunesse) c. Québec (Société de l'assurance automobile du)*, op. cit., para. 56

de la nature des sources mises en œuvre tranche avec la monotonie des instruments employés et le caractère épars des décisions rendues à travers le pays. Mis en parallèle avec les cas français et sud-africain, cet exemple canadien montre que, derrière la tendance globale en faveur d'une réception des normes internationales du travail par les juges, apparaissent des écarts notables quant aux sources mobilisées. En effet, même si les tribunaux et cours français sont le théâtre de l'utilisation d'un nombre relativement varié d'instruments, celui-ci demeure relativement faible (bien qu'il tende à se diversifier) au regard du nombre de Conventions ratifiées par les autorités. L'Afrique du Sud, finalement, apparaît comme le pays dans lequel les sources issues de l'OIT, quelles qu'elles soient, sont le plus profondément ancrées dans la pratique des juges.

A côté, la seconde distinction importante entre ces trois pays réside dans la diversité des fonctions prêtées aux sources mobilisées dans le raisonnement des juges et dans la résolution des affaires.

Section 2 Les fonctions multiples des sources mobilisées

L'étude des décisions de justice nationales révèle que les normes internationales du travail sont rarement déterminantes lorsqu'elles sont utilisées isolément, ces cas se concentrant en France. En général, elles viennent plus ou moins renforcer le raisonnement du juge en s'intégrant régulièrement dans une démarche de combinaison normative[191]. Au plan substantiel, au-delà de cette tendance commune, l'on remarque que, d'un pays à l'autre, leur usage peut ou non viser à protéger les intérêts des travailleurs.

Sous-section 1 : Une application isolée rarement déterminante

Alors que le juge français se distingue de ses homologues sud-africains et canadiens par le fait qu'il est habilité à mettre en œuvre directement les

[191] Compte tenu de la limitation du présent ouvrage à l'étude de trois pays, la démarche ici suivie consiste à dissocier les cas où le recours aux normes internationales du travail paraît ou non déterminant dans le raisonnement des juges. D'autres classifications, en trois ou quatre catégories, ont été proposées par le Centre de formation de l'OIT, Xavier BEAUDONNET (BEAUDONNET (X.), « L'utilisation des sources universelles du droit international du travail par les juridictions internes », op. cit., pp. 44-56) ou Julien BURDA (BURDA (J.), *Le droit international économique et les droits sociaux fondamentaux : pour une dimension sociale de la libéralisation des échanges*, op. cit., pp. 423-454).

normes internationales du travail[192], force est de constater, au vu des décisions rendues par les juridictions suprêmes judiciaire et administrative, que leur application isolée n'y est que rarement déterminante. La tendance croissante des juges français à connaître des Conventions de l'OIT est en effet loin d'impliquer une hégémonie de celles-ci dans l'ordre interne. L'application de ces textes en lieu et place du droit national est demeurée très rare, jusqu'à présent. Dans quelques cas seulement, l'application d'une norme internationale du travail, prise isolément, a permis de remettre en cause le droit national.

Sans surprise, en écho au contentieux qui a fait suite à la mise en place du Contrat Nouvelles Embauches[193], l'application de la Convention n° 158 et l'invalidation de périodes d'essai dont la durée a été considérée comme déraisonnable concentrent l'essentiel de ces décisions[194].

Dans un autre domaine, à deux reprises[195], la Cour s'est fondée sur les articles 3, 4, 5 la Convention n° 180 pour casser des arrêts d'appel (elle s'est par ailleurs appuyée sur l'article 18-3 de cette convention dans la dernière de ces décisions). Les juges du fond avaient estimé que, dès lors que le grade du salarié (capitaine dans la marine) s'opposait notamment à l'application de règles du Code du travail maritime, celui-ci ne pouvait bénéficier des règles relatives à la durée du travail. Ces décisions sont d'autant plus remarquables qu'elles portaient sur l'application d'un texte récent, la Convention n° 180 ayant été ratifiée par la France le 27 avril 2004.

Avant cela, il y plus de cinquante ans, la Cour avait utilisé la Convention n° 3 sur la protection de la maternité pour garantir aux femmes enceintes qui bénéficiaient d'une indemnité journalière de repos préalablement à leur accouchement le versement de celle-ci entre leur date d'arrêt et la date effective de leur accouchement et non la date prévisionnelle[196].

---

[192] Le juge sud-africain pourrait emprunter cette voie en reconnaissant un caractère *self-executing* à certains textes mais il semble favoriser l'utilisation à des fins d'interprétation. Cf. supra. Chapitre 1

[193] Cf. supra. Chapitre 1

[194] Par exemple : Cass. Soc., 1 juillet 2008, 07-44.124, Publié au bulletin ; Cass. Soc., 4 juin 2009, 08-41.359, Publié au bulletin ; Cass. Soc., 26 mars 2013, 11-25.580, Publié au bulletin ; Cass. Soc., 30 septembre 2014, 13-21.385

[195] Cass. Soc., 23 janvier 2013, 10-20.568, Publié au bulletin ; Cass. Soc., 18 janvier 2011, 09-40.094, Publié au bulletin. Cf. infra. Titre 2, Chapitre 2

[196] Cass. Civ. 2ème, 28 mars 1962, Publié au bulletin. Cf. supra. Chapitre 1

A un niveau inférieur, plus récemment[197], après que le Conseil de prud'hommes de Troyes a procédé par la combinaison de différentes sources pour parvenir au même résultat[198], le Conseil de prud'hommes d'Amiens[199] a écarté le barème plafonnant les dommages et intérêts dus au salarié ayant fait l'objet d'un licenciement sans cause réelle et sérieuse (tel qu'il résulte de l'article L. 1235-3 du code du travail en sa rédaction issue l'ordonnance n° 2017-1387 du 22 septembre 2017). Les juges ont estimé que le barème était contraire à l'article 10 de la Convention n° 158, lequel garantit au salarié ayant fait l'objet d'un licenciement injustifié *« le versement d'une indemnité adéquate ou toute autre forme de réparation considérée comme appropriée »*[200].

De son côté, le Conseil d'Etat a, dans quelques très rares cas également, fait prévaloir l'application de Conventions de l'OIT qu'il considérait comme ayant été violées. Dans la décision *GISTI et FAPIL* d'avril 2012, les juges ont considéré que les dispositions de l'article 6§1 de la Convention n° 97 sur les travailleurs migrants s'opposaient à ce qu'un critère de résidence ne s'applique qu'à certains travailleurs migrants pour bénéficier du droit au logement opposable mais également à ce que les titulaires de certains titres de séjour soient exclus du champ d'application de la mesure[201].

Ensuite, de manière très imprécise, en 2011, le Conseil d'Etat a fait référence aux normes internationales du travail pour considérer qu'une note, qui définissait les critères de délimitation des sections d'inspection du travail devant être mis en œuvre par les directeurs régionaux du travail, aurait dû faire l'objet d'un examen préalable par un comité technique paritaire[202]. Les

---

197 La Cour de cassation a, à l'inverse, estimé, dans deux avis du 17 juillet 2019, que les dispositions de l'article L. 1235-3 du code du travail fixant un barème applicable à la détermination du montant de l'indemnité pour licenciement sans cause réelle et sérieuse, étaient compatibles avec les stipulations de l'article 10 de la Convention n° 158 de l'OIT. Avis n° 15012 du 17 juillet 2019 - Formation plénière pour avis et Avis n° 15013 du 17 juillet 2019 - Formation plénière pour avis. Cf. infra. Sous-section 3

198 Cf. infra. Sous-section 2

199 CPH Amiens, 19 décembre 2018, n° 18/00040

200 *« Si les organismes mentionnés à l'article 8 de la présente convention arrivent à la conclusion que le licenciement est injustifié, et si, compte tenu de la législation et de la pratique nationales, ils n'ont pas le pouvoir ou n'estiment pas possible dans les circonstances d'annuler le licenciement et/ou d'ordonner ou de proposer la réintégration du travailleur, ils devront être habilités à ordonner le versement d'une indemnité adéquate ou toute autre forme de réparation considérée comme appropriée »*

201 CE, Ass., 11 avril 2012, 322326, Publié au recueil Lebon

202 CE, 8ème et 3ème sous-sections réunies, 27 avril 2011, n° 334041

juges ont construit leur raisonnement *« eu égard notamment aux stipulations de la convention n° 81 et des autres conventions internationales du travail qui encadrent les prérogatives et les conditions d'exercice de la fonction d'inspecteur du travail »*.

Plus souvent, le juge français est venu rejoindre ses homologues canadiens et sud-africains en se référant au droit international du travail pour orienter son raisonnement et renforcer une décision.

Sous-section 2 : La combinaison normative comme moyen de renforcement d'une décision

Très souvent, en Afrique du Sud comme au Canada ou en France, les normes internationales du travail sont mobilisées en combinaison avec d'autres sources juridiques[203]. Il s'agit alors pour le juge de renforcer sa décision, en recourant à des normes à vocation universelle. Les pratiques révèlent néanmoins que le droit international peut lui être plus ou moins nécessaire pour mener à bien son raisonnement.

§1. Une combinaison assez fréquente et parfois déterminante en France

Dans quelques cas, l'application de Conventions de l'OIT alliées avec des textes de droit interne, européen ou international, a permis de faire basculer l'issue d'un contentieux.

Du côté de la Cour de cassation, moins d'une dizaine de décisions entrent dans ce cadre. Pour l'essentiel, ces applications ont visé à énoncer des principes généraux permettant de défendre les droits fondamentaux des travailleurs, en matière syndicale. Ainsi, dans une démarche de constitutionnalisation du droit du travail moins répandue qu'en Afrique du Sud ou au Canada[204], il s'est souvent agi de combiner une Convention portant sur la liberté syndicale avec le préambule de la Constitution française ou bien la Convention européenne de sauvegarde des droits de l'Homme et des libertés fondamentales.

Par exemple, la chambre sociale de la Cour de cassation s'est appuyée sur la combinaison des alinéas 6 et 8 du Préambule de la Constitution du 27 octobre 1946, de l'article 1er de la Convention n° 135 relative à la protection des représentants des travailleurs pour énoncer la liberté de gérants dans l'expression et la défense libre des revendications de la collectivité qu'ils

[203] A propos de l'utilisation de la doctrine par les juges, cf. infra. Titre 2, Chapitre 1
[204] Cf. infra. Titre 2, Chapitre 1

représentent[205].

Ensuite[206], les juges ont procédé différemment, en mobilisant l'article 5 de la Convention n° 135 de l'OIT concernant les représentants des travailleurs[207] aux côtés de l'article L. 2422-2 du Code du travail[208]. Cette combinaison leur a permis de garantir au délégué syndical représentant de droit de son syndicat au comité d'entreprise le statut de salarié protégé ainsi que le bénéfice de la protection complémentaire de six mois après le terme de son mandat de représentant syndical en cas de réintégration à la suite de l'annulation de sa décision d'autorisation de licenciement. Au-delà de l'énoncé de l'article L. 2422-2 qui ne vise que les représentants du personnel, cette protection complémentaire bénéficie ainsi non uniquement aux représentants du personnel élus mais également aux représentants désignés par leur syndicat.

Selon le Professeur Jean-Yves KERBOURC'H, *« la Convention n° 135 est sans doute exagérément sollicitée, mais elle permet de justifier une mesure de bon sens en accordant la même protection aux représentants syndicaux qu'aux membres élus »*[209]. En suivant le Professeur Jean MOULY, il semble plutôt que l'invocation de cet *« article 5 peut (...) se justifier dans la mesure où il impose de prendre des mesures appropriées afin que la présence de représentants du personnel n'affaiblisse pas la situation des représentants syndicaux »*[210]. En recourant aux normes internationales du travail, la Cour

---

205 Voir par exemple : Cass. Soc., 28 septembre 2011, 10-21.294, Publié au bulletin ; Cass. Soc., 8 décembre 2009, 08-43.158, Inédit

206 Cass. Soc., 16 décembre 2014, 13-21.203, Publié au bulletin

207 *« Lorsqu'une entreprise compte à la fois des représentants syndicaux et des représentants élus, des mesures appropriées devront être prises, chaque fois qu'il y a lieu, pour garantir que la présence de représentants élus ne puisse servir à affaiblir la situation des syndicats intéressés ou de leurs représentants, et pour encourager la coopération, sur toutes questions pertinentes, entre les représentants élus, d'une part, et les syndicats intéressés et leurs représentants, d'autre part »*

208 *« Le délégué du personnel ou le membre du comité d'entreprise dont la décision d'autorisation de licenciement a été annulée est réintégré dans son mandat si l'institution n'a pas été renouvelée.*
Dans le cas contraire, il bénéficie pendant une durée de six mois, à compter du jour où il retrouve sa place dans l'entreprise, de la protection prévue à l'article L. 2411-5 »

209 KERBOURC'H (J-Y.), « Annulation d'une autorisation de licenciement d'un représentant syndical : protection complémentaire identique à celle des élus », Semaine Juridique Social n° 11, 17 mars 2015, pp. 1089 et s.

210 MOULY (J.), « L'article 5 de la convention OIT n° 135 au secours du représentant syndical au comité d'entreprise ne pouvant retrouver son mandat après réintégration », Droit social, n° 3, mars 2015, p. 287

confirme en effet une tendance (encore modérée) à consolider ses travaux en s'appuyant sur des éléments d'objectivation de son raisonnement.

En-dehors du domaine syndical, plus récemment, le 3 avril 2019[211], la chambre sociale de la cour de cassation a convoqué les articles 2 et 4 § 2 de la Convention n° 29 de l'OIT sur le travail forcé et l'article 1er de la convention n° 138 de l'OIT concernant l'âge minimum d'admission à l'emploi aux côtés de l'article 4 de la Convention européenne des droits de l'homme, de l'article 1382 devenu 1240 du code civil, de l'article 1er d) de la Convention supplémentaire relative à l'abolition de l'esclavage, de la traite des esclaves et des institutions et pratiques analogues à l'esclavage[212] ainsi que des articles 19 et 31 de la Convention relative aux droits de l'enfant du 20 novembre 1989. Elle a déduit de la combinaison de ces textes le principe selon lequel *« la victime d'une situation de travail forcé ou d'un état de servitude a droit à la réparation intégrale du préjudice tant moral qu'économique qui en découle, en application de l'article 1382 devenu 1240 du code civil, et que ce préjudice est aggravé lorsque la victime est mineure, celle-ci devant être protégée contre toute exploitation économique et le travail auquel elle est astreinte ne devant pas être susceptible de compromettre son éducation ou de nuire à son développement physique, mental, spirituel, moral ou social »*.

A un niveau inférieur, le Conseil de prud'hommes de Troyes[213], suivi par d'autres juridictions[214], a combiné l'article 10 de la Convention n° 158 avec le principe du paiement d' *« une indemnité adéquate ou à une autre réparation appropriée »* énoncé par l'article 24 de la Charte sociale européenne[215]. Il a ainsi considéré que le barème de plafonnement des

---

[211] Cass. Soc., 3 avril 2019, 16-20.490, Publié au bulletin

[212] Convention supplémentaire relative à l'abolition de l'esclavage, de la traite des esclaves et des institutions et pratiques analogues à l'esclavage Adoptée par une conférence de plénipotentiaires réunie en application des dispositions de la résolution 608(XXI) du Conseil économique et social en date du 30 avril 1956

[213] CPH Troyes, 13 décembre 2018, n° 18/00036

[214] Par exemple : CPH Lyon, 21 décembre 2018, n° 18/01238, CPH Grenoble, 19 janvier 2019, n° 18/00989, CPH Montpellier, 17 mai 2019, n° 18/00152… En revanche, dans ses deux avis rendus le 17 juillet 2019, la Cour de cassation a estimé que les dispositions de l'article 24 de la Charte sociale européenne étaient dépourvues d'effet direct dans les litiges entre particuliers, compte tenu de *« l'importance de la marge d'appréciation laissée aux parties contractantes »* par cette disposition. Avis n° 15012 du 17 juillet 2019 - Formation plénière pour avis et Avis n° 15013 du 17 juillet 2019 - Formation plénière pour avis. Cf. supra. Chapitre 1

[215] *« En vue d'assurer l'exercice effectif du droit à la protection en cas de licenciement, les Parties s'engagent à reconnaître (...) le droit des travailleurs*

indemnités dues au salarié ayant fait l'objet d'un licenciement sans cause réelle et sérieuse[216] était contraire aux engagements internationaux de la France, en ce qu'il prive le juge de la faculté *« d'apprécier les situations individuelles des salariés injustement licenciés dans leur globalité et de réparer de manière juste le préjudice qu'ils ont subi ».*

Du côté du Conseil d'Etat, cette pratique apparaît plus répandue. Dans une dizaine de décisions, il s'est agi de se référer à une Convention de l'OIT dans le visa d'un arrêt, aux côtés d'autres fondements[217], afin d'asseoir une décision. La référence aux Conventions n° 81 et n° 129 aux côtés notamment du Code du travail, du Code de la sécurité sociale et de la Convention européenne des droits de l'Homme a par exemple permis de renforcer et de décliner les diverses acceptions du principe d'indépendance des inspecteurs du travail[218]. De même, la référence aux Conventions n° 87 et 111 alliées notamment à la Constitution française, à la Convention européenne de sauvegarde des droits de l'Homme, au traité instituant à Communauté européenne ou bien encore à la Charte sociale européenne et au Pacte international relatif aux droits civils et politiques a justifié la suppression d'une condition de nationalité qui avait été imposée en matière d'éligibilité et de droit de vote des artisans aux élections aux chambres des métiers et de l'artisanat[219].

D'une manière générale, l'étude des décisions qui impliquent une combinaison de l'application des normes de l'OIT avec d'autres textes révèle qu'il s'agit avant tout pour les juges d'apporter une base supplémentaire à leur raisonnement. Cette pratique reflète en même temps leur tempérance lorsqu'ils recourent au droit international du travail[220].

---

licenciés sans motif valable à une indemnité adéquate ou à une autre réparation appropriée »

216 Cf. supra. Sous-section 1

217 CE, 4ème sous-section, 19 juin 2013, 342387, Inédit au recueil Lebon

218 Par exemple : CE, Section, 6 décembre 2002, 221319, publié au recueil Lebon

219 CE, Ass., 31 mai 2006, 273638, Publié au recueil Lebon

220 *« Il [le juge] tend, d'une part, à unifier l'interprétation des textes internationaux et internes portant sur le même objet et, d'autre part, à garantir la cohérence entre les différents niveaux de l'architecture juridique. En cela, l'interprétation combinée privilégie la modération plutôt que la destruction des normes par un recours excessif à la déclaration d'inconventionnalité ».* TRICOIT (J-P.), « La chambre sociale de la Cour de cassation face à la prolifération des instruments internationaux de protection des droits fondamentaux », op. cit., p. 180. La remarque de l'auteur visant la jurisprudence de la chambre sociale de la Cour de cassation paraît également s'appliquer aux travaux du Conseil d'Etat

Finalement, l'application des Conventions de l'OIT n'est que rarement déterminante pour l'issue d'un contentieux devant les juridictions suprêmes : il serait difficile de conclure que son utilisation est toujours déterminante (même si elle l'est parfois). Le juge français rejoint ainsi sur certains points les jurisprudences canadienne et sud-africaine.

§2. Une combinaison banalisée aux effets variables en Afrique du Sud

Souvent, les normes internationales du travail sont employées par le juge sud-africain dans le but de renforcer un argumentaire déjà construit sur d'autres bases. Cette combinaison de normes peut s'opérer tant avec des sources de droit interne qu'avec des instruments de droit international.

Si, en termes quantitatifs et de manière apparente, les normes internationales du travail apparaissent bien présentes dans les travaux des juridictions sud-africaines, la faculté d'utiliser ces textes afin d'interpréter le droit national ouvre des possibilités très inégales : le rôle des normes internationales du travail peut potentiellement être essentiel dans la compréhension du droit national et en déterminer la portée ; il peut renforcer l'argumentaire du juge en contribuant à l'interprétation sans paraître décisif ; il peut enfin ne viser qu'à fournir une référence internationale pour valider un raisonnement déjà construit.

Le jugement rédigé en 2000 par le juge NGCOBO de la *Constitutional Court* dans l'affaire *Jacques Charl Hoffman* montre comment les normes internationales du travail peuvent contribuer à énoncer des principes[221]. Dans ce cas, afin de condamner au nom de la prohibition des discriminations le refus d'employer une personne porteuse du VIH, le juge a souligné que cette interdiction ne découlait pas uniquement du *Bill of Rights* mais également des obligations internationales du pays, dont celles qui résultent des articles 1 et 2 de la Convention n° 111 de l'OIT sur la discrimination, ainsi que de la Convention sur l'élimination de toutes les formes de discrimination à l'égard des femmes de 1979, des Pactes onusiens de 1966 et de la Convention internationale sur toutes les formes de discrimination raciale de 1966. En dépit de cette énumération, il faut toutefois relever que la Convention n° 111 reste néanmoins l'unique texte examiné de manière relativement approfondie par la Cour.

---

[221] *Hoffmann v South African Airways* (CCT17/00) [2000] ZACC 17; 2001 (1) SA 1; 2000 (11) BCLR 1235 ; [2000] 12 BLLR 1365 (CC) (28 September 2000). Voir THOMAS (C.), OELZ (M.), BEAUDONNET (X.), « The use of international labour law in domestic courts: Theory, recent jurisprudence, and practical implications », op. cit., p. 274

De même, en 2007, la Cour constitutionnelle, a souligné la tendance érosive de la distinction entre les régimes applicables aux travailleurs du secteur privé et à ceux du secteur privé. Pour ce faire, après avoir rappelé que la Convention n° 87 (tout comme la Charte sociale européenne) concernait tant le secteur privé que le secteur public, le juge SKWEYIYA a avancé que la combinaison de cette exigence internationale avec les Conventions n° 98 sur le droit d'organisation et de négociation collective et n° 151 sur les relations de travail dans la fonction publique garantissait aux travailleurs des secteurs privés et publics (à l'exception des personnels de police et des forces armées) l'ensemble des droits afférant à la liberté d'association et à la négociation collective[222].

Dans le même sens, plusieurs affaires montrent la diversité des sources extérieures au système sud-africain auxquelles sont combinées les normes internationales du travail.

Devant la *Constitutional Court*, le juge CHASKALSON s'est, par exemple, livré à un important développement à propos des notions d'égalité et de discrimination au sens du droit international et telles que devant guider l'interprétation de ces expressions utilisées dans le droit national[223]. Il s'est ainsi principalement référé aux articles 7 de la Déclaration universelle des droits de l'Homme[224] et 26 du Pacte international relatif aux droits civils et politiques[225]. Accessoirement, il a rappelé l'existence de différents instruments traitant d'aspects spécifiques liées à la discrimination, tels que la Convention n° 111 de l'OIT, la Convention internationale relative à l'élimination de toutes les formes de discrimination raciale de 1966, la Convention sur l'élimination de toutes les formes de discrimination à l'égard des femmes de 1981 et la Convention contre les discriminations dans le

---

222 *Chirwa v Transnet Limited and Others* (CCT 78/06) [2007] ZACC 23; 2008 (4) SA 367 (CC); 2008 (3) BCLR 251 (CC) ; [2008] 2 BLLR 97 (CC) ; (2008) 29 ILJ 73 (CC) (28 November 2007), para. 101

223 *Brink v Kitshoff NO* (CCT15/95) [1996] ZACC 9; 1996 (4) SA 197; 1996 (6) BCLR 752 (15 May 1996)

224 *« Tous sont égaux devant la loi et ont droit sans distinction à une égale protection de la loi. Tous ont droit à une protection égale contre toute discrimination qui violerait la présente Déclaration et contre toute provocation à une telle discrimination »*

225 *« Toutes les personnes sont égales devant la loi et ont droit sans discrimination à une égale protection de la loi. A cet égard, la loi doit interdire toute discrimination et garantir à toutes les personnes une protection égale et efficace contre toute discrimination, notamment de race, de couleur, de sexe, de langue, de religion, d'opinion politique et de toute autre opinion, d'origine nationale ou sociale, de fortune, de naissance ou de toute autre situation »*

domaine de l'enseignement de 1960[226]. Au milieu de nombreux autres textes, la référence à la Convention n° 111 sur les discriminations a servi à alimenter l'idée selon laquelle l'interdiction des discriminations constituait un objectif poursuivi par la communauté internationale et les gouvernements[227].

De façon plus audacieuse, en matière de discrimination, dans l'affaire *Jacques Charl Hoffman*, la Convention n° 111 a été mobilisée par la *Constitutional Court* aux côtés de la Charte africaine des droits de l'Homme et des peuples, afin d'illustrer une dynamique visant à interdire toute forme de discrimination[228]. En ce sens, en 2002, le juge NGCOBO, dans l'affaire *NEHAWU*[229], a classiquement déclaré que le LRA devait être interprété à la lumière des engagements internationaux de l'Afrique du Sud, le juge devant être orienté à la fois par les expériences domestiques et internationales[230].

La combinaison de sources internationales variées avec les textes de l'OIT peut ainsi prendre plusieurs formes, ces derniers pouvant jouer un rôle plus ou moins important. Néanmoins, du fait de l'ancienneté de l'organisation genevoise[231], ces instruments occupent dans un certain nombre de cas une place centrale dans le raisonnement des juges lorsqu'il s'agit de se référer au droit international du travail.

Très souvent, le prestige du droit international et son caractère universel permettent au juge de conforter un raisonnement déjà fondé par ailleurs. Il s'agit ici de doubler une assise nationale d'une légitimité internationale, pour faire admettre que la décision prise s'inscrit dans le cadre de principes

---

[226] *Brink v Kitshoff NO* (CCT15/95) [1996] ZACC 9; 1996 (4) SA 197; 1996 (6) BCLR 752 (15 May 1996), para. 34

[227] Ibid., para. 39. La Cour s'est référée aux Constitutions et jurisprudences d'un certain nombre de pays (Etats-Unis, Inde et Canada) pour illustrer par ailleurs les différentes approches de l'idée de discrimination

[228] *Hoffmann v South African Airways* (CCT17/00) [2000] ZACC 17, para. 51

[229] Laquelle a conduit à inclure le droit de ne pas être licencié abusivement dans la notion de *« fair labour practice ». National Education Health & Allied Workers Union (NEHAWU) v University of Cape Town and Others* (CCT2/02) [2002] ZACC 27; 2003 (2) BCLR 154; 2003 (3) SA 1 (CC) (6 December 2002)

[230] Sur le recours au droit comparé par le juge sud-africain, cf. infra. Titre 2, Chapitre 1

[231] Voir, par exemple, le point de vue du juge O'REGAN dans l'affaire : *« In my view, the conventions and recommendations of the International Labour Organisation (the ILO), one of the oldest existing international organisations, are important resources for considering the meaning and scope of "worker" as used in section 23 of our Constitution »* ; *South African National Defence Union v. Minister of Defence*, 26 May 1999, Case No. CCT 27/98, para. 25

largement admis et partagés. Le juge sud-africain est d'autant plus enclin à mobiliser les textes de droit international les plus variés que ceux-ci ont contribué à la refondation de son droit national[232]. Bien que le pays ait été différemment influencé par le droit international[233], on retrouve une situation comparable au Canada.

§3. Une combinaison systématique avec d'autres sources internationales au Canada

Les instruments de l'OIT sont toujours mobilisés parmi d'autres textes, qu'ils soient ou non contraignants, et particulièrement d'origine internationale pour consolider une argumentation.

La jurisprudence de la Cour suprême montre une parfaite constance dans la pratique des juges à la recherche de références à vocation universelle : le Pacte international relatif aux droits civils et politiques et le Pacte international relatif aux droits économiques, sociaux et culturels, auxquels est partie le Canada, sont automatiquement cités conjointement aux instruments de l'OIT. S'agissant des décisions ayant trait à la définition de la liberté d'association, l'article 22 du PIDCP[234] et l'article 8 du PIDESC[235] s'avèrent souvent utiles lorsqu'il s'agit de mettre en exergue le niveau de protection de cette dernière.

Dans le jugement dissident rendu par le juge DICKSON en 1987 dans l'affaire du *Renvoi relatif à l'Alberta*, les instruments de l'OIT ont occupé une place centrale, aux côtés des textes onusiens. Il s'est agi ici pour le juge de réunir une série d'élément permettant de lire la Charte canadienne des droits et libertés. La formule du juge en chef DICKSON explique la voie qui est empruntée : *« La Charte est conforme à l'esprit de ce mouvement international contemporain des droits de la personne et elle comporte un bon nombre des principes généraux et prescriptions des divers instruments internationaux concernant les droits de la personne »*[236].

C'est, par exemple, en suivant cette philosophie que la Cour suprême, dans l'arrêt *Health Services*, a fait preuve d'ouverture en invoquant la Convention n° 87 de l'OIT aux côtés notamment du Pacte international relatif aux Droits économiques, sociaux et culturels et du Pacte international relatif aux Droits

---

[232] Cf. supra. Chapitre 1

[233] Cf. supra. Chapitre préliminaire

[234] Qui garantit la liberté d'association

[235] Qui garantit la liberté syndicale et le droit de grève

[236] *Renvoi relatif à la Public Service Employee Relations Act (Alb.)*, [1987] 1 RCS 313, para. 57

civils et politiques, tout en soulignant que *« l'interprétation de ces instruments, au Canada et à l'étranger, [avait permis] (...) de confirmer l'existence d'un droit de négociation collective en droit international »*[237]. Après s'être référés à ces instruments, les juges ont relevé que ces documents dégageaient *« non seulement le consensus international, mais aussi des principes que le Canada s'est lui-même engagé à respecter ».* Ce faisant, ils ont considéré que le droit de négociation collective bénéficiait d'une protection constitutionnelle, au nom de la liberté d'association.

La complémentarité entre les grands textes de l'ONU en matière de protection des droits de l'Homme avec certains instruments de l'OIT a déjà été notée[238], en ce que tous reconnaissent les droits fondamentaux au travail. Dès lors que le juge canadien met le plus souvent en œuvre des Conventions fondamentales[239], le recours conjoint aux textes de l'ONU se comprend aisément, d'autant plus que la Charte a été influencée par ces derniers instruments.

La tendance des juges canadiens à se référer au droit international semble surtout refléter leur intérêt pour les sources de droit extérieures à leur système juridique. Leur recherche de sources persuasives, dans un exercice confinant à la rhétorique, les conduit à s'inspirer de toutes les sources pouvant étayer une certaine approche de leur droit national. Dans cette perspective, le juge canadien recourt indifféremment aux droits étrangers, régionaux[240] et international, parallèlement ou conjointement à l'utilisation des normes internationales du travail. Le droit international du travail se trouve ainsi utilisé comme un *« élément persuasif parmi d'autres »*[241]. Il s'agit pour lui de chercher une source supplémentaire d'inspiration, d'asseoir plus fermement une approche donnée de son droit national. Dans tous les cas (au niveau de la Cour suprême), contrairement aux cas sud-africain et français, cette pratique vise à justifier une extension des droits des travailleurs.

---

237 *Health Services and Support - Facilities Subsector Bargaining Assn. c. Colombie-Britannique*, 2007 CSC 27, [2007], para. 72

238 TRUDEAU (G.), « Les droits fondamentaux de l'Homme au travail : de la logique internationale à la logique canadienne », op. cit., p. 314

239 La Convention n° 87 sur la liberté d'association principalement devant la Cour suprême mais l'on pourrait également citer la Convention n° 111 sur l'égalité devant le Tribunal québécois des droits de la personne

240 Sur le recours au droit comparé et aux décisions de justice étrangères aux fins d'interprétation, cf. infra. Titre 2, Chapitre 1

241 VERGE (P.), ROUX (D.), « L'affirmation des principes de la liberté syndicale, de la négociation collective et du droit de grève selon le droit international et le droit du travail canadien : deux solitudes ? », op. cit., p. 468

Sous-section 3 : Une référence aux normes internationales du travail ne visant pas nécessairement à protéger les intérêts des travailleurs

En dépit de la vocation sociale des instruments de l'OIT[242], leur utilisation juridictionnelle n'implique pas nécessairement une avancée des droits de travailleurs. Les cas français et sud-africains montrent la façon dont leurs juges peuvent s'y référer en développant une argumentation défavorable à ces derniers. A l'inverse, au Canada, la jurisprudence de la Cour suprême révèle que les normes internationales du travail occupent une place d'autant plus importante dans l'esprit des juges qu'ils cherchent à étendre les droits des travailleurs.

§1. Le constat fréquent du respect des Conventions de l'OIT en France

Même si, comme l'a souligné l'avocat-général Jacques DUPLAT dans son avis concernant l'arrêt du 1er juillet 2008 constant l'incompatibilité du CNE avec la Convention n° 158, le *« juge social, gardien de la légalité, (...) s'efforce, dans le respect de la hiérarchie de toutes les normes applicables, d'interpréter le droit du travail, sans perdre de vue sa finalité protectrice du salarié »*[243], l'application des normes internationales du travail ne garantit pas systématiquement la protection des intérêts des salariés. Le plus souvent, les juges constatent que les textes internationaux invoqués ont bien été mis en œuvre ou les utilisent afin d'ajouter une assise à leurs décisions[244].

Très souvent, la Cour de cassation a considéré que les dispositions nationales étaient conformes au droit international du travail[245]. Par exemple, la chambre sociale de la Cour de cassation a estimé que l'exigence d'une ancienneté minimale de deux ans subordonnant la présentation par une organisation syndicale de candidats au premier tour des élections professionnelles[246] ne privait pas le salarié de la liberté de créer un syndicat ou d'adhérer au syndicat de son choix prévue par la Convention n° 87 de l'OIT[247]. Les juges ont relevé que l'ancienneté de deux ans requise, en ce qu'il s'agissait d'une condition *« justifiée et proportionnée pour garantir la*

---

[242] Cf. supra. Première partie, Titre 2, Chapitre 1

[243] DUPLAT (J.), « Le contrat nouvelles embauches et les normes internationales du travail. Avis de Jacques DUPLAT », Revue de droit du travail, septembre 2008, p. 504

[244] Cf. supra. Sous-section 2

[245] TRICOIT (J-P.), « La chambre sociale de la Cour de cassation face à la prolifération des instruments internationaux de protection des droits fondamentaux », Droit social, n° 2, février 2012, p. 178

[246] Articles L. 2314-3 et L. 2324-4 du Code du travail

[247] Cass. Soc., 10 mai 2012, 11-60.235, Inédit

mise en œuvre du droit de participation des travailleurs par l'intermédiaire de leurs représentants et l'exercice par le syndicat de prérogatives au sein de l'entreprise », était conforme aux textes invoqués.

La Haute juridiction a également admis que la rupture du contrat de travail d'un salarié étranger dépourvu d'autorisation de travail était conforme à l'article 7 de la Convention n° 158 (prévoyant un droit à la défense pour les salariés licenciés), quand bien même elle s'inscrivait en-dehors du cadre protecteur du licenciement. Pour ce faire, les juges ont relevé que l'article 7 de la Convention ne visait que les licenciements *« pour des motifs liés à la conduite ou au travail »* et ne trouvait pas à s'appliquer aux cas de rupture de contrat de travail motivé par l'irrégularité de la situation d'un salarié[248].

Plus récemment, saisie pour avis par les Conseils de prud'hommes de Louviers et de Toulouse, la Cour de cassation a, le 17 juillet 2019, considéré que l'article 10 de la Convention n° 158 de l'OIT était d'application directe dans l'ordre interne. Elle a néanmoins estimé (à l'opposé d'un certain nombre de juridictions de première instance[249]), d'une part que, *« les dispositions de l'article L. 1235-3 du code du travail, qui prévoient notamment, pour un salarié ayant une année complète d'ancienneté dans une entreprise employant au moins onze salariés, une indemnité pour licenciement sans cause réelle et sérieuse comprise entre un montant minimal d'un mois de salaire brut et un montant maximal de deux mois de salaire brut, [étaient] compatibles avec les stipulations de [cet] article »*[250] et d'autre part, que ces dispositions, *« qui fixent un barème applicable à la détermination par le juge du montant de l'indemnité pour licenciement sans cause réelle et sérieuse, [étaient] compatibles avec les stipulations de l'article 10 de la Convention n° 158 de l'OIT »*[251].

---

[248] Cass. Soc., 29 janvier 2008, 06-44.983, Publié au bulletin

[249] Cf. supra. Sous-sections 1 et 2

[250] Avis n° 15012 du 17 juillet 2019 - Formation plénière pour avis. Voir notamment BARGAIN (G.), « Le contrôle de conventionnalité du barème d'indemnités : des choix contestables », Revue de droit du travail, n° 9, septembre 2019, pp. 569-574 ; BUGADA (A.), « *Mission control* : un petit pas pour le barème, un bond de géant pour le contrôle de conventionnalité », Droit social, n° 10, octobre 2019, pp. 803-814 ; MOULY (J.), « Qui a peur du Comité européen des droits sociaux ? », Droit social, n° 10, octobre 2019, pp. 814-822 ; ROBIN-OLIVIER (S.), « Le refus de l'assemblée plénière de la Cour de cassation de prendre part au développement du droit du travail international », Droit social, n° 10, octobre 2019, pp. 799-803 ; SCHMITT (M.), « Les avis d'assemblée plénière du 17 juillet 2019 ou l'occasion manquée d'une (re)conceptualisation du contrôle de conventionnalité », Revue de droit du travail, n°11, novembre 2019, pp. 699-712

[251] Avis n° 15013 du 17 juillet 2019 - Formation plénière pour avis

En ce qui concerne le Conseil d'Etat, la proportion de décisions constatant le respect des dispositions de Conventions de l'OIT semble également largement majoritaire. Les juges ont, par exemple, eu l'occasion d'énoncer que l'exigence de la mention sur le bulletin de vote de l'appartenance d'une organisation syndicale à une union de syndicats à caractère national était conforme aux articles 2 et 3 de la Convention n° 87 de l'OIT en ce qu'elle ne remettait pas en cause la liberté de constituer des organisations syndicales ou de s'y affilier, ni ne portait atteinte à la liberté d'organisation des syndicats[252]. Ils ont également considéré que *« la possibilité offerte à l'employeur de préciser, après la notification de la lettre de licenciement, les motifs du licenciement énoncés dans cette lettre »* (telle qu'elle résulte notamment de l'article L. 1235-2 du code du travail en sa rédaction issue de l'ordonnance n° 2017-1387 du 22 septembre 2017) était conforme aux exigences des articles 4 et 7 de la Convention n° 158 sur le licenciement[253].

La Cour de cassation a constaté la violation de Conventions de l'OIT plus fréquemment que le Conseil d'Etat. Cette différence s'explique notamment par le fait que le juge judiciaire a plusieurs fois fait application de la Convention n° 158 ces dernières années, afin de statuer sur des questions ayant trait à la durée de périodes d'essai, multipliant ainsi les occasions de faire prévaloir le texte international. Pour les deux juridictions, il apparaît finalement que les Conventions de l'OIT sont rarement déterminantes quant à l'issue d'un contentieux et permettent souvent au juge de constater que le droit national est conforme aux textes de l'OIT invoqués.

§2. Le recours au droit international du travail comme renforcement d'une argumentation en Afrique du Sud

Dans de nombreux cas[254], le juge sud-africain semble parfois se référer aux sources supranationales dans le seul but d'enrichir ses propos, de les éclairer par la citation de sources extérieures au système national, sans viser spécifiquement à protéger les droits des travailleurs.

Par exemple, dans une affaire qui portait sur la mise en congé de longue durée d'un salarié sur proposition de son employeur, la *Labour Court* de

---

252 CE, 8ème et 3ème sous-sections réunies, 23 décembre 2011, 341670, Inédit au recueil Lebon

253 CE, 4ème et et 1ère chambres réunies, 6 mai 2019, 417299, Inédit au recueil Lebon

254 Alors qu'une recherche par mots-clés (*« ILO »*, *« international labour organization »* ou *« international labour convention »*) dans la base de données consacré à la jurisprudence sud-africaine (www.saflii.org) débouche sur environ 90 décisions pertinentes, un nombre non négligeable d'entre elles ne contiennent que de brèves allusions aux normes internationales du travail, citées comme exemples

Durban[255] a rappelé que la *Common Law* ne prévoyait pas de droit à congé mais que celui-ci reposait sur des dispositions du *Basic Conditions of Employment Act* de 1995, trouvant leur origine dans différents instruments de l'OIT (aucun d'entre eux n'ayant été ratifié)[256]. La référence à des derniers, très superficielle, a simplement permis de présenter l'apparition des congés payés dans le droit sud-africain.

De la même manière, devant la *Labour Appeal Court*, le juge MURPHY s'est référé à la Recommandation n° 91 sur les conventions collectives afin de rappeler que la promotion de la négociation collective sectorielle par le LRA et la primauté des conventions collectives sur les contrats de travail était conforme aux dispositions de cet instrument international[257].

Suivant une logique opposée, les sources issues de l'OIT peuvent être utilisées non pas pour favoriser l'extension du droit social mais pour circonscrire son domaine.

C'est ainsi qu'en 2009, le juge ZONDO de la *Labour Court of Appeal* s'est référé aux travaux du Comité de la liberté syndicale pour justifier une approche restrictive de la notion de négociation collective. Pour interpréter l'article 64 (1) (b) de la LRA[258] qui définit les modalités d'exercice du droit de grève, il a admis qu'un salarié non-membre d'un syndicat ayant entamé une action collective du fait de l'échec d'une procédure de conciliation avec l'employeur pouvait être licencié en cas de participation à ce mouvement dès lors qu'il n'avait pas respecté le préavis requis[259]. Pour étayer son

---

[255] *Heyneke v Umhlatuze Municipality* (D908/09) [2010] ZALC 57; (2010) 31 ILJ 2608 (LC) (24 March 2010), para. 26

[256] Les Conventions n° 52 sur les congés payés, n° 101 sur les congés payés dans l'agriculture, n° 132 sur les congés payés (révisée), n° 140 sur le congé-éducation payé 1936 ; les Recommandations n° 47, n° 93, n° 98 et n° 148 afférant à ces Conventions

[257] *National Bargaining Council for the Road Freight Industry and Another v Carlbank Mining Contracts (Pty) Ltd and Another* (JA 52/10) [2012] ZALAC 11; [2012] 11 BLLR 1110 (LAC); (2012) 33 ILJ 1808 (LAC) (20 March 2012), para. 18

[258] *« Every employee has the right to strike and every employer has recourse to lock out if (...) in the case of a proposed strike, at least 48 hours' notice of the commencement of the strike, in writing, has been given to the employer, unless-*
(i) the issue in dispute relates to a collective agreement to be concluded in a council, in which case, notice must have been given to that council; or
(ii) the employer is a member of an employers' organisation that is a party to the dispute, in which case, notice must have been given to that employers' organisation... »

[259] Seuls les membres du syndicat opposé à un employeur sont protégés en cas de grève et ne sont pas tenus de respecter un préavis

argumentation, le juge s'est référé au Recueil des décisions du Comité de la liberté syndicale et a avancé que celui-ci n'interdisait pas une telle interprétation[260].

En juin 2014, la *Labour Court* de Johannesburg[261] s'est référée aux travaux de la Commission d'experts et du Comité de la liberté syndicale qui énoncent que le droit de grève n'est pas absolu et qu'il peut être *« restreint voire, en cas de circonstances exceptionnelles, interdit »*. Les juges se sont notamment basés sur l'étude d'ensemble de la Commission d'experts de 2012 selon laquelle, dans l'éventualité où une législation interdirait l'exercice du droit de grève durant l'application d'une convention collective, cette restriction devrait être limitée par un droit pour les salariés d'avoir recours à un dispositif rapide et impartial d'arbitrage concernant l'interprétation de l'accord en vigueur[262]. En cela, selon les juges, l'article 65 (1) (a) du LRA[263] paraît compatible avec les prescriptions de la Commission d'experts pour trois raisons : il n'interdit l'exercice du droit de grève pendant l'exécution d'une convention collective que dans l'éventualité où celui-ci contient une *« clause de paix »*, il n'interdit pas les mouvements collectifs durant l'exécution des conventions collectives et ces dernières doivent prévoir des mécanismes de conciliation et d'arbitrage d'agissant de leur application et de leur interprétation[264].

Plus récemment, les articles 2, 3 et 10 de la Convention n° 87 sur la liberté d'association ont été utilisés par la Cour suprême[265] afin d'interpréter la

---

[260] *Equity Aviation Services (Pty) Ltd v South African Transport and Allied Workers Union and Others* ([2009] 10 BLLR 933 (LAC); (2009) 30 ILJ 1997 (LAC)) [2009] ZALAC 36; [2009] ZALAC 3 (14 May 2009), para. 113

[261] *Chamber Of Mines Of South Africa obo Harmony Gold Mining Company Ltd and Others v Association Of Mineworkers Of SA and Others; In Re: Association Of Mineworkers And Construction Union and Others v Chamber Of Mines Of South Africa obo Harmony Gold Mining Company Ltd and Others* (J99/14) [2014] ZALCJHB 223; [2014] 9 BLLR 895 (LC); 2014 (11) BCLR 1369 (LC) (23 June 2014). Voir le Recueil de décisions de justice réalisé par le Centre de formation de l'OIT : http://compendium.itcilo.org/fr

[262] Ibid., paras. 60-61

[263] *« (1) No person may take part in a strike or a lock-out or in any conduct in contemplation or furtherance of a strike or a lock-out if-*
(a) that person is bound by a collective agreement that prohibits a strike or lock-out in respect of the issue in dispute »

[264] *Chamber Of Mines Of South Africa obo Harmony Gold Mining Company Ltd and Others v Association Of Mineworkers Of SA and Others*, para. 62

[265] *National Union of Metal Workers of South Africa v Lufil Packaging (Isithebe) and Others* (CCT 172/19) [2020] ZACC 7; 2020 (6) BCLR 725 (CC) (26 March 2020)

section 4 (1) (b) du *Labour Relations Act*[266]. La question portait précisément sur le sens de l'expression *« subject to its constitution »* encadrant le droit pour chaque salarié de rejoindre un syndicat. Il s'agissait ainsi de savoir si un syndicat (de la métallurgie) était fondé à accueillir, en qualité de membres, des salariés dont l'activité (dans le secteur du papier et de l'emballage) n'entrait pas dans le champ d'application de sa constitution et à solliciter auprès de leur employeur le bénéfice de droits collectifs. Tout en soulignant notamment que la loi reflétait les exigences de l'article 2 de la Convention[267], la Cour a estimé qu'il appartenait au syndicat d'amender sa constitution pour en élargir le champ d'application, s'il souhaitait accueillir des membres n'entrant pas dans son champ d'application.

En-dehors des cas où il est amené à statuer sur la conformité du droit interne avec le droit international, l'objectif ici poursuivi par les juges semble moins de donner corps aux principes qui découlent des normes internationales du travail que d'orner leurs raisonnements d'une référence à un droit supranational, sans nécessairement chercher à mettre en œuvre les instruments de l'OIT de façon à promouvoir les droits des travailleurs. La diversité des sorts réservés aux normes internationales du travail devant le juge sud-africain se distingue ainsi assez nettement de la pratique canadienne.

§3. Un argument justifiant l'extension des droits des travailleurs au Canada

Le plus souvent, le recours au droit international du travail vise à orienter le raisonnement des juges ou, dans une perspective réaliste, à le justifier. Plus encore, dans une Cour suprême à la jurisprudence encore limitée en termes quantitatifs[268], le recours à ces textes accompagne généralement une approche libérale, destinée à interpréter les dispositions de la Charte canadienne des droits et libertés dans un sens favorable aux travailleurs. Le droit international (issu notamment de l'OIT) permet d'énoncer des principes ou d'esquisser des tendances destinées à justifier une interprétation des

---

[266] *« Every employee has the right (...) to join a trade union has the right, subject to its constitution ».*

[267] *« Les travailleurs et les employeurs, sans distinction d'aucune sorte, ont le droit, sans autorisation préalable, de constituer des organisations de leur choix, ainsi que celui de s'affilier à ces organisations, à la seule condition de se conformer aux statuts de ces dernières ».*

[268] Le constat est différent devant une juridiction comme le Tribunal des droits de la personne au Québec. Alors que le recours aux normes internationales du travail y paraît relativement fréquent, l'on observe une banalisation de leur fonction : elles peuvent être utilisées par les juges sans accompagner la recherche d'une protection des droits des travailleurs. Cf. supra. Chapitre 1

textes nationaux qui concourt à une extension des droits des travailleurs[269]. En cela, la pratique canadienne se distingue des cas français[270] où sud-africains[271].

Le recours aux instruments de l'OIT, conjointement à d'autres textes, accompagne l'extension des droits des travailleurs. Toutefois, les juges font preuve de la plus grande vigilance en envisageant le droit international du travail, de façon à ne pas bouleverser le droit canadien.

A/ L'accompagnement d'une extension des droits des travailleurs

Sans qu'elle ne soit décisive, l'utilisation des travaux de l'OIT par les juges canadiens, particulièrement au niveau de la Cour suprême, contribue à justifier un raisonnement judiciaire qui favorise une extension des droits de travailleurs.

L'évolution de la jurisprudence de la Cour suprême montre clairement que la place octroyée dans ses décisions aux instruments de l'OIT et, plus largement, au droit international du travail a accompagné une extension de la garantie constitutionnelle de la liberté d'association. D'abord protégée en tant que droit individuel, elle a ensuite été défendue en tant que droit collectif dans l'arrêt *Dunmore* avant d'être entendue comme visant l'obligation de négocier de bonne foi dans l'arrêt *Health Services* puis comme recouvrant le droit de grève dans l'affaire *Saskatchewan Federation of Labour c. Saskatchewan*[272].

Les limites posées en 2011 dans l'arrêt *Fraser*[273] alimentent l'idée selon laquelle l'utilisation des instruments de l'OIT devant la Cour suprême du Canada vise à assurer la protection des travailleurs. Dans cet arrêt, les juges ont estimé que la Charte ne protégeait que le droit au processus général de

---

[269] Selon l'ancien juge à la Cour suprême Michel BASTARACHE, *« la Cour n'adopte pas les règles instaurées par les instruments internationaux, ni la jurisprudence des tribunaux internationaux afin de solutionner le litige. De manière distincte, elle ne les mentionne que pour montrer quelles sont les tendances, établies ou émergentes, en matière de jurisprudence des droits de l'homme à travers le monde »*. BASTARACHE (M.), « La mondialisation du droit et la Cour suprême du Canada », Les cahiers de la justice, 2010/3, p. 34. Sur l'idée du recours au droit international par le juge canadien pour étendre le champ de protection des droits, voir MIRON (A.), « L'application par les juges d'autres Etats », op. cit, pp. 586-587

[270] Cf. supra. §1

[271] Cf. supra. §2

[272] Cf. supra. Section 1

[273] *Ontario (Procureur général) c. Fraser*, [2011] 2 RCS 3, 2011 CSC 20 (CanLII). Cf. supra. Chapitre 1

négociation collective et ne saurait obliger le législateur à accorder aux travailleurs des droits de négociation particuliers pour permettre l'exercice de leur liberté d'association. Cette forme de limitation des droits des travailleurs s'est accompagnée d'une vision restrictive de la place du droit international dans l'ordre interne, deux juges ayant condamné le raisonnement suivi dans la décision de 2007 et appelé à une nouvelle lecture du droit international[274]. C'est ainsi en limitant le champ d'application du droit international que la Cour a justifié le recul du domaine de protection de la négociation collective.

Finalement, l'usage des instruments de l'OIT par les juges suprêmes permet de justifier une approche progressiste du droit national. Il ne s'agit jamais pour eux de s'abriter derrière un argument international pour expliquer une vision restrictive du droit du travail. Dans le même temps, ils apparaissent extrêmement précautionneux lorsqu'ils font usage des normes internationales du travail.

B/ Une « politique des petits pas »

L'observation des décisions de justice canadiennes, particulièrement au niveau de la Cour suprême, met en évidence la prudence des juges lorsqu'ils recourent aux normes internationales du travail. Leur démarche s'apparente à une *« politique des petits pas »*, tant ils se limitent à répondre aux problématiques de la façon la plus précise, comme pour circonscrire au mieux la portée de leurs décisions. Le long chemin parcouru jusqu'à la reconnaissance du droit de grève par la Cour suprême du Canada en 2015 illustre cette idée.

L'usage persuasif des instruments de l'OIT, conjointement à d'autres textes, vise à répondre à une problématique donnée, sans que le sens attribué à un texte international ne puisse être extrapolé. Depuis de nombreuses décennies, il est admis au sein de l'OIT que le droit de grève entre dans le cadre de la liberté d'association[275]. Au vu de la tendance des juges à se référer aux instruments de l'OIT pour interpréter la notion de liberté d'association, il paraissait depuis longtemps *« logique »*[276], en termes juridiques, que les juges consacrent le droit de grève comme faisant partie de la liberté d'association, à mesure que celle-ci voyait son périmètre s'étendre, à la lumière du droit international.

---

274 Cf. supra. Chapitre 1

275 Ce principe est néanmoins contesté depuis peu, en particulier par les représentants des employeurs à la Conférence internationale du travail. Cf. supra. Première partie

276 BRUNELLE (C.), « Human Rights and Canadian Law », op. cit., p. 132

Pourtant dans l'arrêt *Health Services* (sans doute la décision par laquelle la Cour suprême est allée le plus loin dans l'extension du champ de la liberté d'association et dans l'usage du droit international jusqu'en 2015), les juges ont pris soin d'écarter le sujet de leur raisonnement[277]. A l'opposé, dans sa dissidence dans l'affaire du *Renvoi relatif à l'Alberta*, le juge en chef DICKSON, avec le juge WILSON, avait estimé que *« dans le domaine des relations de travail, la liberté d'association garantie à l'al. 2d) de la Charte comprend non seulement la liberté de former des associations et d'y adhérer, mais aussi celle de négocier collectivement et de faire la grève »*[278].

De même, l'arrêt *Saskatchewan Federation of Labour c. Saskatchewan* de 2015[279], qui constitue la décision de la Cour suprême la plus progressiste depuis de nombreuses décennies en matière sociale, s'inscrit dans la démarche suivie jusqu'à présent. Les premières lignes de la décision ont en effet été l'occasion pour les juges d'en délimiter strictement la portée : *« La question en litige est celle de savoir si l'interdiction faite aux salariés désignés de prendre part à une grève aux fins de la négociation de leurs conditions de travail entrave substantiellement leur droit à un processus véritable de négociation collective (...). La question de savoir si d'autres formes d'arrêt collectif du travail sont protégées ou non par cette disposition n'a pas à être tranchée en l'espèce »*[280].

En reconnaissant de cette manière la protection du droit de grève, les juges ont montré l'extrême précaution avec laquelle ils manipulent les instruments de l'OIT. Certes, ceux-ci sont employés pour contribuer à étendre les droits des travailleurs, conjointement à d'autres textes. Néanmoins, ils ne sont jamais utilisés en tant que « cheval de Troie » du droit social international qui partirait à l'assaut du droit canadien et surtout des législations provinciales en matière de droit du travail. Face à la diversité des situations provinciales, la Cour suprême ne peut se permettre, sans risquer de remettre en cause plus que de raison la compétence législative provinciale, d'aller au-delà des questions précises qui lui sont posées. Le recours aux normes

---

[277] *« Nous constatons que le pourvoi ne concerne pas le droit de grève, dont il a été question dans des litiges antérieurs sur l'étendue du droit à la liberté d'association ». Health Services and Support - Facilities Subsector Bargaining Assn. c. Colombie-Britannique*, [2007] 2 RCS 391, 2007 CSC 27, para. 19. BRUNELLE (C.), « Human Rights and Canadian Law », op. cit., pp. 132-133

[278] *Renvoi relatif à la Public Service Employee Relations Act (Alb.)*, [1987] 1 RCS 313, 1987 CanLII 88 (CSC)

[279] *Saskatchewan Federation of Labour c. Saskatchewan*, 2015 CSC 4

[280] Ibid. para. 2. TRUDEAU (G.), « La dimension internationale des litiges sociaux à la Cour suprême du Canada », op. cit., p. 237

internationales du travail vise uniquement à permettre aux juges de consolider leur point de vue sur une problématique précise.

Conclusion du second chapitre

Les normes internationales du travail sont ancrées à des niveaux divers dans le raisonnement des juges sud-africain, canadien et français.

L'éventail des instruments mis en œuvre est variable et s'inscrit dans une situation paradoxale, où la France, de tradition moniste, voit son système juridictionnel plus fermé à l'égard de certaines sources internationales que l'Afrique du Sud et le Canada. Alors que le juge français est contraint de n'utiliser que les seules Conventions ratifiées par l'Etat, les pays de *Common Law* peuvent se baser sur des sources de toute nature et des instruments de *soft law*. En particulier, l'Afrique du Sud, particulièrement encline à se référer au droit international du travail en raison notamment des origines de son droit interne, apparaît comme la plus accueillante à l'égard des diverses sources issues de l'OIT.

L'utilisation isolée des instruments de l'OIT n'est que très rarement, voire exceptionnellement, déterminante. Le plus souvent, c'est aux côtés d'autres textes, de droit interne ou international, qu'ils prennent corps. Cela étant, en Afrique du Sud comme au Canada ou en France, un certain nombre de décisions de justice révèlent leur importance potentielle dans le raisonnement judiciaire.

Contrairement aux cas sud-africain et français pour lesquels l'on assiste parfois à une utilisation des normes internationales du travail dans des décisions qui ne confortent pas nécessairement les intérêts des travailleurs, la jurisprudence de la Cour suprême du Canada semble associer le recours au droit de l'OIT à l'extension des droits de ces derniers. Dans ce cas, optant pour une approche progressive, le juge demeure encore assez réservé quant aux instruments qu'il utilise (même si certaines juridictions paraissent plus créatives et réceptives que la Cour suprême). Il semble alors que le fait que des instruments de l'OIT soient mis en œuvre de façon plus ancienne et fréquente par les juges conduit à une forme de banalisation de leur fonction. Lorsqu'elles sont utilisées de façon plus rare, les normes internationales du travail tendent à être employées afin d'accompagner une extension des droits des travailleurs.

Finalement, en dépit de la subordination de l'utilisation des instruments de l'OIT par les juges nationaux à des circonstances purement nationales, un mouvement commun en faveur de l'usage juridictionnel des normes internationales semble se dessiner depuis quelques années.

Conclusion du titre premier

Si la réception des normes internationales du travail est largement entamée voire effective en Afrique du Sud, comme au Canada ou en France, ses modalités varient d'autant plus que les contextes juridiques nationaux sont inégaux.

De nombreux facteurs, juridiques, historiques, influent sur les conditions de réception des textes de l'OIT dans les ordres juridictionnels nationaux, sans pour autant que la question de la réception des instruments de l'OIT par les juridictions nationales ne puisse être décrite en suivant trois chemins rigoureusement séparés.

Témoignant du dépassement de la distinction entre monisme et dualisme, le recours juridictionnel aux normes internationales du travail s'opère dans une dynamique commune. Toutefois, alors qu'au Canada et en Afrique du Sud, la référence aux normes internationales du travail s'inscrit dans un mouvement de constitutionnalisation du droit du travail (doublée d'une recontextualisation en Afrique du Sud), leur usage en France obéit à une logique plus ordinaire de mobilisation d'instruments parmi d'autres. Seul subsiste de la distinction entre monisme et dualisme un paradoxe où le système constitutionnel en apparence le plus accueillant à l'égard du droit international contraint les juges à ne s'appuyer que sur les seules Conventions ratifiées. Au-delà de cette première tendance, la tentation de rapprocher les deux anciennes colonies britanniques et de distinguer la France, pays de tradition civiliste de surcroît, cède rapidement la place à une approche plus nuancée.

La structure fédérale du Canada explique le caractère inégal de la dissémination des normes internationales du travail devant les juges que ne connaissent pas les deux autres pays. La compétence provinciale dans le domaine du droit du travail amène la Cour suprême fédérale à évoluer avec la plus grande précaution lorsqu'elle tente d'intégrer les normes internationales du travail. Face à la « politique des petits pas », parfois hésitante, de la Cour suprême, un certain nombre de juridictions provinciales s'illustrent, soit par leur hermétisme vis-à-vis du droit international du travail, soit en raison de leur volontarisme en la matière.

A côté, par son histoire et sa reconstruction récente qui l'ont amenée à s'inspirer du droit international, l'Afrique du Sud apparaît comme un pays particulièrement réceptif aux sources issues de l'OIT, eu égard notamment à leur nature hétéroclite : allant plus loin que son homologue canadien avec qui il partage une tendance à s'inspirer des décisions des organes de supervision de l'OIT, le juge sud-africain s'appuie régulièrement sur des Conventions non ratifiées.

Si les décisions canadiennes expriment cette liberté caractéristique des systèmes de *Common Law* quant aux sources invoquées, les juges semblent en effet plus réservés face aux instruments de l'OIT, découverts plus récemment, même si la jurisprudence la plus récente laisse entrevoir un accroissement d'intérêt. Quoi qu'il en soit, force est de constater que l'usage des normes internationales a accompagné et justifié des décisions emblématiques pour les droits des travailleurs et influence régulièrement un certain nombre de juges à travers le pays.

A l'inverse, en France, l'appropriation des normes internationales du travail par les parties permet de les concevoir comme un outil de défense, amené à se développer dans le cadre de procédures de justice. Toutefois, comme en Afrique du Sud, la référence aux textes de l'OIT par les juges n'implique pas nécessairement l'adoption d'une décision protégeant les intérêts des travailleurs.

L'on voit finalement que la tendance commune de juges nationaux à recevoir des instruments de l'OIT traduit des réalités variables d'un pays à l'autre. Tout aussi différent est le sens qui peut leur être attribué par les autorités juridictionnelles.

Titre second
La signification des instruments de l'OIT selon les juges : du rapprochement des droits à la fragmentation du droit

L'interprétation des instruments de l'OIT mobilisés par les juges illustre les enjeux du pluralisme juridique avec la remise en cause d'un modèle pyramidal par un droit en réseau et la concurrence entre un modèle hiérarchisé et un paradigme d'interaction et d'enchevêtrement[1]. Les cours et tribunaux nationaux deviennent des lieux où s'entrecroisent des normes nationales et internationales. Les juges, confrontés à des arguments tirés de textes à vocation universelle, inscrivent leurs réflexions dans une nouvelle dimension[2].

La pluralité de sources au sein d'un ordre juridique étatique unique se traduit par un jeu d'influence et de résistance sur le théâtre des juridictions nationales. La signification attribuée à l'échelle internationale aux Conventions internationales du travail utilisées par les juges n'est pas sans conséquence sur la cohérence de leurs droits nationaux[3]. Parallèlement, le sens donné à ces textes devant les juridictions nationales n'est pas imperméable aux particularismes nationaux.

Face à la diversité des situations nationales, alors que les normes internationales du travail aspirent à l'universalité, *« la renonciation à l'universalité abstraite de la norme juridique paraît parfois nécessaire pour assurer à tous la jouissance des droits proclamés »*[4]. Se pose alors la

---

[1] OST (F.), VAN DE KERCHOVE (M.), *De la pyramide au réseau ? Pour une théorie dialectique du droit*, Publications des facultés universitaires de Saint-Louis, 2002, p. 14

[2] Qu'il s'agisse de traiter de problématiques purement nationales ou de sujets liés à la mondialisation (la question de la signification des instruments de l'OIT se posant en des termes identiques dans les deux cas). Sur la question spécifique de la compétence des juges face aux activités d'entreprises dans un contexte transnational, voir notamment : PATAUT (E.), « Le contentieux collectif des travailleurs face à la mondialisation. Réflexions à partir de l'affaire Comilog », Droit social, juin 2016, n° 6, pp. 554-563 ; DROUIN (R-C.), « Le développement du contentieux à l'encontre des entreprises transnationales : quel rôle pour le devoir de vigilance ? », Droit social, mars 2016, n° 3, pp. 246-263

[3] Partant du cas des conventions de droit international privé, le Professeur Karine PARROT a montré que le juge étatique avait l'obligation de tenir compte de la signification internationale des énoncés légaux conventionnels, sous peine d'engager la responsabilité internationale de l'Etat. PARROT (K.), *L'interprétation des conventions de droit international privé*, op. cit., p. 274

[4] LOCHAK (D.), *Le droit et les paradoxes de l'universalité*, PUF, 2010, p. 60

question de savoir en quoi l'interprétation juridictionnelle des textes de l'OIT contribue à une harmonisation des droits du travail nationaux, en permettant une pénétration des normes internationales du travail dans les ordres étatiques, dans le respect de leurs spécificités.

L'harmonisation ne doit pas être confondue avec l'unification : *« alors que l'unification suppose des règles précises auxquelles les États sont tenus de se conformer à l'identique, l'harmonisation implique seulement un rapprochement autour de principes directeurs communs, définis de façon plus imprécise, de telle sorte qu'il reste une sorte de droit à la différence, chaque État gardant la possibilité d'adopter ses propres règles quant à la mise en œuvre de ces principes, à condition que ces règles soient suffisamment proches du principe de référence pour rester compatibles »*[5].

Dans un contexte où les normes internationales du travail se retrouvent de plus en plus souvent dans le raisonnement des juges, il s'agit donc de comprendre le degré d'intégration des normes internationales du travail dans les ordres nationaux, en analysant les concepts qui circulent d'un système à l'autre, tout en dissociant les cas de résistance des juges à l'influence du droit international du travail de l'usage d'éventuelles marges d'appréciation.

L'expérience révèle que le recours de plus en plus fréquent aux textes de l'OIT par les juges nationaux conduit à un rapprochement des droits nationaux du travail (Chapitre 1). Cependant, les juges, lorsqu'ils recourent aux instruments de l'OIT, peuvent aussi développer des interprétations qui leur sont propres, concourant à la fragmentation du droit international du travail (Chapitre 2). Ce double constat impose de s'interroger sur les moyens pouvant être employés afin de surmonter cette tension entre deux mouvements contradictoires (Chapitre conclusif).

---

[5] DELMAS-MARTY (M.), IZORCHE (M-L.), « Marge nationale d'appréciation et internationalisation du droit. Réflexions sur la validité formelle d'un droit commun pluraliste », Revue internationale de droit comparé, 4-2000, p. 758

Chapitre 1
La circulation des interprétations des instruments de l'OIT : Vecteur de rapprochement des droits du travail nationaux

Selon le Professeur Harry ARTHURS, un mouvement transnational culturel, social, intellectuel et idéologique transnational se dessine au-delà des expressions commerciales et économiques de la globalisation. Cette *« globalisation de la pensée »* contribue à déterminer les politiques étatiques et privées[1] et à dessiner les contours du droit national.

A rebours de sa thèse selon laquelle, partant de l'exemple canadien, il montre que ce phénomène conduit à une imprégnation de la logique hégémonique économique et politique du voisin américain dans les modes de raisonnement des élites canadiennes et le droit national[2], l'on observe que cette *« globalisation de la pensée »* peut, parfois, s'opérer en suivant une logique sociale. Ainsi, depuis quelques années, les juges nationaux tendent parfois à partager des analyses protectrices des intérêts des travailleurs, lorsqu'ils se réfèrent aux instruments de l'OIT. Dans ce contexte, se pose la question de savoir quels sont les ressorts et les manifestations du rapprochement des droits nationaux du travail.

Par leur vocation universelle, les instruments de l'OIT, lorsqu'ils sont mis en œuvre par les juges, favorisent une convergence des droits du travail nationaux. Cette tendance à l'harmonisation induit l'idée d' *« un "rapprochement" des systèmes entre eux sans pour autant supprimer toutes les différences. En ce sens, elle favorise une conception tolérante et pluraliste du droit, mais ce pluralisme est "ordonné" par l'exigence, à*

---

[1] *« However, there is more to globalization than transnational corporate activity, the state-sponsored and transnational regimes which reinforce it, and the non-state regimes which regulate or resist it. If the WTO were to dissolve, if protectionism or autarky should again assert their ancient charms, if transnational corporations were all to settle into the congenial domesticity of social markets, this would not mean the end of globalization. We would still be deeply implicated in a global system driven not only by trade and economics, but also by transnational social and cultural, intellectual and ideological forces- what I refer to as "globalization of the mind". These forces play with particular force upon national, knowledge-based elites whose embrace of, or aversion to, globalization of the mind is an important determinant (but not the only one) of the extent to which national polities and private businesses become implicated in transnational economic systems ».* ARTHURS (H.), « Globalization of the Mind: Canadian Elites and the Restructuring of Legal Fields », Le Pluralisme juridique/Legal Pluralism. Special issue of Canadian Journal of Law and Society 12.2, 1997, p. 221

[2] Ibid., pp. 244-245

défaut d'une impossible identité, d'une certaine proximité d'un système à l'autre, excluant les différences trop fortes jugées incompatibles »[3].

Certes, les droits du travail et, plus largement, les systèmes de relations professionnelles canadiens, français et sud-africains ont été forgés par l'histoire de ces trois Etats : la distance entre leurs contextes juridiques et sociaux, inhérente aux particularités propres à chaque pays, limite le potentiel de rapprochement des droits nationaux[4]. Toutefois, l'on remarque que chaque cas de recours juridictionnel aux instruments de l'OIT constitue une nouvelle occasion pour les juges d'ouvrir leur droit du travail à des influences extérieures, permettant une identification avec un certain nombre de principes universalistes.

Ainsi, l'utilisation des normes internationales du travail et leur approche extensive peuvent constituer un moyen de rapprochement des droits du travail nationaux (Section 1). Ce phénomène se vérifie, dans une certaine mesure, par la consécration prétorienne de règles et principes communs, soutenue par des contextes favorables à certaines convergences (Section 2).

Section 1 Des influences communes à l'origine d'un possible rapprochement des droits du travail nationaux

Le juge, lorsqu'il combine son droit national avec des normes de niveau supérieur, peut viser à produire un *« effet équivalent »*[5], en dégageant des solutions similaires à celles proposées dans d'autres cadres. Le rapprochement des droits du travail nationaux par l'utilisation des normes internationales du travail s'opère ainsi dès lors que les juges entendent ces dernières de façon communément extensive, de la même manière que les organes de l'OIT.

Les cadres nationaux peuvent être plus ou moins propices à des approches extensives des normes internationales du travail. Dans ce contexte, les différents véhicules des influences internationales et étrangères qui favorisent un rapprochement se montrent diversement efficaces.

---

3 DELMAS-MARTY (M.), *Trois défis pour un droit mondial*, Editions du Seuil, 1998, p. 121-122

4 Cf. infra. Chapitre 2

5 BERGE (J-S.), *L'application du droit national, international et européen*, op. cit., p. 155

Sous-section 1 : Des cadres nationaux inégalement propices à des approches extensives

Au-delà de la liberté conférée par le recours au droit international à des fins d'interprétation[6], les jugements inspirés par la *Common Law* s'inscrivent dans la tradition du droit anglais où les juges s'affranchissement rapidement des textes de droit pour raisonner *« à l'aune des objectifs de politique juridique tels qu'entendus (...) à la lumière des faits de l'espèce »*[7]. A l'opposé, les décisions françaises interviennent *« comme de l'intérieur de la loi »*[8].

Face à un juge français qui n'envisage les instruments de l'OIT par le biais de méthodes extensives que de façon assez rare, les juges canadien et sud-africain s'engagent, au contraire, de façon bien plus fréquente dans cette voie.

§1. Un cadre institutionnel favorable à un alignement des juges canadien et sud-africain sur des conceptions internationales

Les juges canadien et sud-africain sont le plus souvent amenés à interpréter les instruments de l'OIT de façon extensive. Ils suivent pour cela deux chemins sensiblement différents.

D'un côté, au Canada, la loi et la jurisprudence invitent les juges à lire les textes qu'ils appliquent sous une acception large ou généreuse. D'un autre côté, en Afrique du Sud, la Constitution et la loi ordonnent non seulement au juge d'emprunter la voie téléologique mais également de se conformer aux standards internationaux.

A/ Le principe d'une interprétation large ou généreuse du droit national par le juge canadien

Le fait que le juge canadien ne s'arrête pas à la formulation des textes de l'OIT qu'il applique se comprend aisément compte tenu des techniques qu'il choisit de suivre, en particulier pour protéger les droits de la personne.

Selon la loi d'interprétation applicable au Canada, *« tout texte est censé apporter une solution de droit et s'interprète de la manière la plus équitable et la plus large qui soit compatible avec la réalisation de son objet »*[9]. Cette

---

[6] Cf. supra. Titre 1, Chapitre 1

[7] LEGRAND (P.), *Le droit comparé,* op. cit., p. 109

[8] Ibid.

[9] Loi d'interprétation, LRC 1985, c I-21, Article 12

préférence pour les méthodes téléologiques se retrouve dans la jurisprudence de la Cour suprême. En particulier, en 1996, dans l'arrêt *Gould*, le juge LA FOREST a rappelé qu'il convenait *« de donner à une loi sur les droits de la personne une interprétation large, libérale et fondée sur l'objet, de manière à donner pleinement effet aux objets qui la sous-tendent »*[10]. Au-delà de la question des droits de la personne, la Cour a très clairement énoncé la méthode à mettre en œuvre : *« ...il faut lire les termes d'une loi dans leur contexte global en suivant le sens ordinaire et grammatical qui s'harmonise avec l'esprit de la loi, l'objet de la loi et l'intention du législateur »*[11].

Dans ce cadre, lorsqu'il interprète la Charte canadienne des droits et libertés, le juge s'oriente presque systématiquement vers la recherche de l'intention du législateur[12]. Surtout, si cette opération ne permet pas de déterminer la signification du texte, le juge s'engage dans une interprétation *« généreuse ou libérale »*[13]. A cet égard, en 1985, le juge DICKSON a déclaré que l' *« analyse et l'objet du droit ou de la liberté en question doit être déterminé en fonction de la nature et des objectifs plus larges de la Charte elle-même, des termes choisis pour énoncer ce droit ou cette liberté, des origines historiques des concepts enchâssés et, s'il y a lieu, en fonction du sens et de l'objet des autres libertés et droits particuliers qui s'y rattachent selon le texte de la Charte (...). L'interprétation doit être libérale plutôt que formaliste et viser à réaliser l'objet de la garantie et à assurer que les citoyens bénéficient pleinement de la protection accordée par la Charte. En même temps, il importe de ne pas aller au-delà de l'objet véritable du droit ou de la liberté en question et de se rappeler que la Charte n'a pas été adoptée en l'absence de tout contexte... »*[14].

L'approche des juges canadiens s'inscrit ainsi dans une optique libérale, qui vise non seulement à rechercher l'intention du législateur ou du constituant mais également à étendre les droits des individus[15]. Le Professeur Jeanne SIMARD a analysé la pratique judiciaire de façon assez différente, en insistant sur le caractère évolutif de l'interprétation, sans remettre en cause l'idée d'un raisonnement libéral des juges. Selon elle, *« l'interprète doit*

---

[10] *Gould c. Yukon Order of Pioneers*, [1996] 1 RCS 571, 1996 CanLII 231 (CSC), para. 49. Les juges soulignent toutefois qu'un tel procédé ne les autorise pas à *« récrire la Loi »*

[11] *Rizzo & Rizzo Shoes Ltd. (Re)*, [1998] 1 RCS 27, 1998 CanLII 837 (CSC), para. 21 cité par EMOND (A.), *Introduction au droit canadien*, op. cit., p. 286

[12] EMOND (A.), *Introduction au droit canadien*, op. cit., pp. 291-292

[13] Ibid., p. 292

[14] *R. c. Big M Drug Mart Ltd.*, [1985] 1 RCS 295, 1985 CanLII 69 (CSC), para. 117. Voir EMOND (A.), *Introduction au droit canadien*, op. cit., p. 292

[15] Cf. supra. Titre 1, Chapitre 2

pouvoir saisir la réalité qui l'entoure et adapter le texte aux cas particuliers qui lui sont soumis. C'est ce qu'on appelle la dimension pratique du processus d'interprétation. Cette activité ne peut être purement mécanique, désincarnée, détachée des préoccupations présentes qui l'entourent. Elle fait appel à l'expérience acquise au fil des années (...). En faisant intervenir activement les faits dans la détermination du sens, le décideur se retrouvera devant un éventail de choix qu'il devra sélectionner en fonction du cas sous jugement »[16]. Surtout, elle rappelle que le législateur lui-même en étant volontairement vague dans l'élaboration de la loi, confie au juge le soin de la mettre à jour, *« afin de donner au discours juridique "la possibilité de rendre compte du monde réel" »*[17].

Sur ce point, dans le domaine social, dans l'arrêt *Police montée* du 16 janvier 2015, la Cour suprême a rappelé le chemin suivi par la jurisprudence concernant la liberté d'association : *« La jurisprudence sur la liberté d'association garantie par l'al. 2d) de la Charte (...) s'est principalement développée en matière de relations de travail (...) en deux périodes importantes. La première s'est caractérisée par une interprétation restrictive de la liberté d'association. La seconde a, pour sa part, graduellement privilégié une interprétation généreuse et fondée sur l'objet de la garantie constitutionnelle »*[18].

Ce rappel opéré par les juges en 2015 combiné à la percée du droit international dans leur raisonnement alimente l'idée selon laquelle les instruments mobilisés aux fins d'interprétation, comme les normes internationales du travail, permettent de justifier une interprétation du droit qui conforte les droits de travailleurs[19], à la lumière de critères contemporains. Partant, les juges ne peuvent se borner à faire une approche restrictive des textes internationaux, dès lors que leur utilisation vise à renforcer le droit social.

Face à cette dynamique qui amène le juge canadien à interpréter le droit international de façon extensive pour donner plein effet au droit national, en Afrique du Sud, la tendance à interpréter les instruments de l'OIT de façon

---

[16] SIMARD (J.), « L'interprétation législative au Canada : la théorie à l'épreuve de la pratique », Revue juridique Thémis, 2001, pp. 645-646

[17] ST-PIERRE (P.), « Le discours juridique : la maîtrise du réel » cité par SIMARD (J.), « L'interprétation législative au Canada : la théorie à l'épreuve de la pratique », op. cit., pp. 650-651

[18] *Association de la police montée de l'Ontario c. Canada (Procureur général)*, 2015 CSC 1, para. 30

[19] Cf. supra. Titre 1, Chapitre 1

extensive se retrouve dans la place conférée au droit international dans l'ordre national.

B/ L'ouverture du juge sud-africain en matière d'interprétation du droit national

La tendance des juges sud-africains à mettre en œuvre des méthodes d'interprétation extensives et à s'affranchir de la lettre des textes se retrouve dans plusieurs dispositions constitutionnelles et légales. Ces dernières justifient l'usage du droit international aux fins d'interprétation du droit national[20] et le fait que les juges ne s'enferment pas dans une approche littérale.

La Constitution et, plus largement, le droit de l'Afrique du Sud invitent à favoriser une lecture téléologique des textes normatifs. En matière de droits fondamentaux, l'article 39 (2) de la Constitution impose aux juges, lorsqu'ils interprètent un texte législatif ou connaissent de la *Common Law* ou du droit coutumier, de promouvoir l'esprit l'objet et le but du *Bill of Rights*. Par ailleurs, concernant précisément le droit du travail, influencé par le droit international[21], le *Labour Relations Act* comme l'*Employment Equity Act* invitent à se référer au droit international aux fins d'interprétation[22]. Plus largement, conformément à l'article 233 de la Constitution, les juges sont tenus de privilégier les interprétations compatibles avec le droit international sur tout autre résultat. L'interprétation du droit sud-africain, tant en matière de relations de travail que de droits fondamentaux, s'inscrit donc dans une dynamique ouverte, destinée à permettre aux individus et aux travailleurs de voir le droit qui leur est applicable et dont ils bénéficient alimenté par les standards internationaux[23].

En outre, historiquement, dans le contexte de transition démocratique du pays, au moment de définir les droits fondamentaux, la *Constitutional Court*, presque dépourvue d'éléments de référence en droit interne, s'est orientée vers des sources tirées du droit international et du droit comparé[24]. C'est ainsi que les juges sud-africains se basent sur l'emploi de méthodes d'interprétation extensives des instruments de l'OIT à la lumière desquelles ils lisent le droit national. Cette tendance se retrouve notamment (mais pas exclusivement) lorsqu'il s'agit de mettre en œuvre un certain nombre de textes profondément ancrés dans la pratique nationale, souvent utilisés dans

---

[20] Cf. supra. Titre 1, Chapitre 1
[21] Cf. supra. Titre 1, Chapitre préliminaire
[22] Cf. supra. Titre 1, Chapitre 1
[23] Cf. supra. Titre 1, Chapitre 1 sur l'affaire *Makwanyane*
[24] SALCEDO (C.), *La transition démocratique sud-africaine*, LGDJ, 2011, p. 150

plusieurs de leurs dispositions. Les Conventions n° 158 sur le licenciement et n° 87 et 98 sur la liberté d'association et la négociation collective se prêtent ainsi le plus souvent à l'exercice de l'interprétation extensive, sans pour autant que leur utilisation n'amène nécessairement à une remise en cause du droit national[25].

Face aux juges canadien et sud-africain soumis à des règles les invitant à une interprétation extensive du droit voire à se référer au droit international pour y parvenir, le juge français paraît dans une situation bien moins claire.

§2. Le choix du juge français en faveur d'un alignement ponctuel sur des conceptions internationales

Ce n'est que depuis le milieu des années 1990, après que la Commission et la Cour européenne des droits de l'Homme avaient déclaré que la technique du renvoi préjudiciel était incompatible avec le principe de l'indépendance des juges[26], que les juridictions suprêmes françaises ont affirmé l'autonomie de leur pouvoir d'interprétation des traités à l'égard du pouvoir exécutif. Jusqu'alors, elles s'étaient longtemps conformées à une doctrine inverse, motivée par le refus de s'immiscer dans les affaires diplomatiques[27] (même si, de fait, les juges pouvaient être amenés à procéder à l'interprétation des traités qu'ils appliquaient[28]).

Contrairement aux situations canadienne et sud-africaine, le droit français ne fournit aucune directive d'interprétation au juge, pas plus qu'il n'invite à

---

[25] Cf. supra. Titre 1, Chapitre 2 et infra. Sous-section 2

[26] Rapport de la Commission européenne des droits de l'Homme n° 15287/89 du 29 juin 1993 et Cour EDH, 24 novembre 1994, *Beaumartin c. France*, 35/1993/430/509, A n° 296-B. Voir ALLAND (D.), « Jamais, parfois, toujours. Réflexions sur la compétence de la Cour de cassation en matière d'interprétation des conventions internationales », RGDIP, 1996, n° 3, p. 601

[27] Pour les arrêts de référence où les juges judiciaire et administratif font état de l'étendue de leur pouvoir d'interprétation de traités, voir CE, Ass., 29 juin 1990, n° 78519, *GISTI* ; CE, Ass., 3 juillet 1996, n° 169219, *Koné* ; Cass. Civ. 1ère, 19 décembre 1995, n° 93.20.424, *Banque africaine de développement*. BERGE (J-S.), *L'application du droit national, international et européen*, op. cit., p. 223 et pp. 271-273

[28] Ainsi, en matière judiciaire, la nature de droit privé de certains litiges pouvait imposer d'interpréter l'intention des parties afin de déterminer le champ d'application d'une Convention (pour en déduire par exemple, l'exclusion des enfants naturels du champ d'application d'une Convention bilatérale sur les enfants issus de couples mixtes franco-algériens). ANCEL (J-P.), « La prise en compte du droit international et communautaire dans la jurisprudence de la Cour de cassation », op. cit., p. 62

accueillir le droit international au-delà des traités ratifiés[29]. Une observation de la jurisprudence laisse toutefois apparaître que, parfois, de façon limitée en termes quantitatifs, le juge français peut dépasser l'énoncé des Conventions qu'il met en œuvre et favoriser une approche extensive de ces dernières. Même si contrairement aux jugements canadiens et sud-africains, les décisions de justice françaises[30], lapidaires[31], ne laissent apparaître aucune référence à des textes non-contraignants[32], l'on retrouve des traces de travaux de ce type, issus notamment de l'OIT ou de l'étranger, dans les documents liés aux arrêts de juridictions suprêmes (avis de la Cour de cassation[33]…) mais également dans certaines décisions de Conseils de prud'hommes, au contenu particulièrement fourni.

La place de la culture juridique des juges nationaux dans leur approche des traités explique l'existence potentielle *« d'une doctrine jurisprudentielle française administrative et / ou judiciaire de tel instrument ou de tel autre »*[34]. Ainsi, la Convention n° 158 sur le licenciement constitue non seulement l'instrument le plus emblématique du rôle potentiel des normes internationales du travail dans l'ordre interne[35] mais elle révèle également l'aptitude (très) ponctuelle du juge français à mobiliser des méthodes d'interprétation extensives.

Par exemple, pour apprécier le caractère raisonnable de la durée de la période de consolidation prévue par le CNE, le Conseil des Prud'hommes de Longjumeau, dans son jugement du 28 avril 2006[36], s'est référé au droit étranger pour mettre en exergue le caractère excessif de la durée de la période d'essai prévue par le CNE[37].

Sur le même sujet, l'avis de l'avocat-général Jacques DUPLAT relativement à l'arrêt rendu le 1er juillet 2008 par la chambre sociale de la Cour de

---

[29] Sur la place de la *soft law* devant le juge français, cf. supra. Titre 1, Chapitre 2

[30] Tout du moins, au niveau de la Cour de cassation et du Conseil d'Etat

[31] En 2019, la Cour de cassation s'est engagée dans un exercice visant notamment à enrichir la motivation de ses décisions. GUIOMARD (F.), « Exercice de style à la cour de cassation », Revue de droit du travail, n°5, mai 2019, pp. 328-332

[32] Sauf exceptions (très isolées). Cf. supra. Titre 1, Chapitre 2

[33] Sur le sujet, voir ROBIN-OLIVIER (S.), REMY (P.), « Les migrations jurisprudentielles, facteurs de développement du droit international du travail ? », op. cit., pp. 83-85

[34] BERGE (J-S.), *L'application du droit national, international et européen*, op. cit., p. 272

[35] Cf. supra. Titre 1, Chapitre 1

[36] CPH Longjumeau, 28 avril 2006, n° 06/00316

[37] Cf. infra. Sous-section 2

cassation[38] est assez révélateur de l'approche extensive de la Convention n° 158 par le juge judiciaire[39]. Pour répondre à l'argument du demandeur selon lequel la Recommandation n° 119 relative à la cessation de travail, parce qu'elle avait été adoptée presque vingt-ans avant la Convention n° 158, ne pouvait être utilisée par les juges du fond, il a apporté une précision quant à l'utilisation aux fins d'interprétation du premier instrument : *« il apparaît à l'évidence que la recommandation R 119 ne saurait être considérée comme dotée d'une quelconque force contraignante. Mais, en l'absence de toute définition du motif valable par la Convention elle-même et par la recommandation n° 166, elle peut, dans la mesure où elle a contribué à l'élaboration de la Convention, comme acte préparatoire, être considérée comme un instrument de référence pouvant aider à l'interprétation de la convention »*[40].

Surtout, l'avocat-général s'est référé au rapport approuvé par le Conseil d'administration du BIT le 14 novembre 2007, pour faire suite à la réclamation déposée par le syndicat FO à propos du CNE, par lequel les autorités françaises avaient été invitées à faire en sorte qu'aucun contrat de ce type ne puisse être rompu en l'absence de motif valable. Il a insisté sur l'autorité des décisions des organes chargés de la supervision de l'application des normes internationales du travail (*« en l'absence de saisine de la Cour internationale de Justice, seule formellement chargée de l'interprétation authentique des instruments de l'OIT »* [41]), en prenant pour exemple des décisions de justice étrangères et européenne s'y référant[42].

---

[38] Cass. Soc., 1er juillet 2008, 07-44.124, Publié au bulletin

[39] DUPLAT (J.), « Le contrat nouvelles embauches et les normes internationales du travail. Avis de Jacques DUPLAT », op. cit., p. 504

[40] Ibid., pp. 504 et s. Une telle référence a permis d'entendre au sens large la notion de *« motif valable »* de licenciement, celui-ci devant concerner tous les licenciements pour motifs personnel

[41] DUPLAT (J.), « Le contrat nouvelles embauches et les normes internationales du travail. Avis de Jacques DUPLAT », op. cit., p. 504. Cf. supra. Titre 1, Chapitre 2

[42] *« Il convient de noter que les travaux des commissions d'experts de l'OIT, s'ils n'ont pas valeur normative, sont validés par de nombreuses cours suprêmes (Australie, Argentine, Canada, Espagne, Suède...) comme des développements faisant autorité vis à vis des principes contenus dans les Conventions de l'OIT [Cour Fédérale australienne, Commonwealth of Australia v. Human Rights and Equal Opportunity Commission, 15 déc. 2000, FCA, 1854 à propos de la définition de la discrimination indirecte].*
De son côté, la Cour européenne des droits de l'Homme, dans son arrêt du 27 juillet 2004 concernant les restrictions dans l'emploi pour certains agents du KGB c. Lituanie, s'est référée pour caractériser l'atteinte à leur droit au respect de la vie privée ainsi qu'à l'interdiction de la discrimination (art. 8 et 14 de la Convention) aux instruments de l'OIT, et en particulier aux observations de la commission

Cette faculté des juges à mobiliser des méthodes permettant d'interpréter de façon extensive les textes de droit international du travail par le juge français reste limitée[43]. Néanmoins, au-delà de l'affaire du CNE, même si les arrêts de la Cour de cassation ne font pas apparaître de façon aussi limpide le raisonnement suivis par les Hauts Magistrats, force est de constater que cette solution basée sur une approche extensive de la Convention n° 158 se retrouve dans plusieurs décisions judiciaires[44].

Les juges canadien, sud-africain et français ont finalement en commun d'être disposés à interpréter les instruments de l'OIT pour produire un *« effet équivalent »*[45] par rapport à la jurisprudence internationale, que cela soit de manière relativement isolée comme en France ou plus répandue, comme au Canada et en Afrique du Sud. Dans tous les cas, l'on observe que cette interprétation s'opère sous influence.

Sous-section 2 : Des influences véhiculées par des techniques variées

Dans les années 1990, le Professeur Günther TEUBNER annonçait que les organes législatifs perdraient de leur importance avec l'émergence d'un droit global[46], en ce qu'ils seraient concurrencés par des sources issues de procédures globalisées, de nature particulièrement technique et spécialisée. En matière sociale, sans pour autant conclure à une remise en cause du rôle du législateur, l'expérience conforte quelque peu cette analyse : l'harmonisation des droits du travail nationaux sous l'effet des normes internationales du travail peut s'opérer par le biais de deux phénomènes qui reflètent une volonté commune des juges de recevoir des influences extérieures. D'une part, l'origine supranationale des normes internationales du travail explique un mouvement d'influence verticale, où les juges développent des raisonnements conformes aux travaux ou à l'esprit des organes de l'OIT. D'autre part, suivant une trajectoire horizontale, les textes de l'OIT peuvent conduire les juges à s'inspirer des décisions de leurs homologues étrangers lorsqu'ils cherchent à attribuer une signification à un texte à vocation universelle. Dans le prolongement de ces *« migrations jurisprudentielles »*[47] de concepts qui ne s'imposent pas juridiquement aux

---

d'experts de l'OIT pour l'application des conventions et recommandations ».

[43] Cf. supra. Titre 1, Chapitre 2

[44] Cf. infra. Section 2

[45] BERGE (J-S.), *L'application du droit national, international et européen*, op. cit., p. 155

[46] TEUBNER (G.), « Legal Pluralism in the Word Society », op. cit., p. 8

[47] Selon le Professeur Sophie ROBIN-OLIVIER et Monsieur Patrick REMY, *« le droit du travail international ne se limite pas au droit né de l'action d'organisations*

juges, le recours à la doctrine internationaliste peut favoriser une circulation de points de vue.

§1. L'influence verticale : les travaux de l'OIT dans le raisonnement des juges

Les juges canadiens et sud-africains renvoient régulièrement aux travaux des organes de supervision de l'OIT[48]. En France, l'étude de documents annexes à un certain nombre d'arrêts révèle que l'application de Conventions de l'OIT peut également être l'occasion de se référer aux analyses internationales.

Dans tous ces cas, l'intention des juges ne vise pas spécifiquement à se conformer aux recommandations de l'OIT mais plutôt de trouver une assise supplémentaire pour justifier leur raisonnement et leur interprétation des Conventions[49]. Si ce mouvement descendant conduit à une dissémination plus ou moins fréquente et apparente de principes communs, le caractère volontaire de cette démarche n'est pas sans limite.

A/ Une fonction liée à celle exercée par les instruments de l'OIT

Cherchant à asseoir leur raisonnement en se basant sur des sources extérieures à leurs systèmes, les juges, peut-être séduits par le « prestige » du droit international, contribuent à développer une vision unifiée des normes internationales du travail.

Les deux anciennes colonies britanniques laissent souvent paraître un intérêt pour les analyses des instances établies au sein de l'OIT. Au Canada, les principales évolutions opérées par la Cour suprême dans le domaine de la liberté d'association se sont accompagnées de citations de travaux de la Commission d'experts ou du Comité de la liberté syndicale, sans se limiter à

---

internationales. Il est aussi le droit qui résulte d'une "pénétration transnationale, résultat d'une convergence plus ou moins spontanée de droits nationaux" (OST (F.), De la pyramide au réseau ? Pour une théorie dialectique du droit, Bruxelles, Presses universitaires de Saint-Louis, pp. 158 et s.). Les migrations jurisprudentielles contribuent à l'établissement de ce droit mondialisé en assurant une interprétation convergente des instruments de protection des droits sociaux, quelle que soit leur vocation : nationale, régionale ou internationale ». ROBIN-OLIVIER (S.), REMY (P.), « Les migrations jurisprudentielles, facteurs de développement du droit international du travail ? », op. cit., pp. 89-90

[48] Cf. supra. Titre 1, Chapitre 2 et infra. Chapitre 2

[49] Cette démarche s'intègre alors dans une mise en œuvre particulière de la recherche d'un effet équivalent. BERGE (J-S.), *L'application du droit national, international et européen*, op. cit., p. 155

la référence à des Conventions[50]. En Afrique du Sud, où les contextes d'utilisation des normes internationales du travail ont été plus diversifiés et où il arrive au juge d'envisager ces dernières sous une approche littérale[51], le recours aux conclusions de ces entités par les juridictions suprêmes est moins systématique, tout en étant assez fréquent[52].

La pratique du juge sud-africain diffère de celle de son homologue nord-américain sur un point majeur. Comme il a été montré précédemment à propos de l'utilisation des instruments élaborés au sein de l'OIT[53], la référence aux interprétations formulées par les organes de l'OIT en Afrique du Sud peut servir à justifier une limitation des droits sociaux. En cela, la démarche sud-africaine peut être rapprochée de la pratique française, où les interprétations des organes de l'OIT peuvent être utilisées, tant pour justifier une extension des droits de travailleurs qu'en sens inverse.

Par exemple, en 2006[54], tout en admettant pour la première fois l'applicabilité directe d'une disposition de la Convention n° 158 dans l'ordre interne, la chambre sociale de la Cour de cassation a estimé que les dispositions légales n'octroyant pas au salarié disposant d'une ancienneté inférieure à 6 mois d'un droit à préavis ou d'une indemnité compensatrice en cas de licenciement étaient conformes au droit international, en visant particulièrement les articles 2§2 b) et 11[55] de la Convention n° 158. En amont de cette décision, l'avocat-général, dans son avis, s'était appuyé sur les travaux de la Commission d'experts : *« bien que cette position n'ait pas de valeur normative, la compatibilité des dispositions des articles L. 122-5 et L. 122-6 du Code du travail avec l'article 11 de la convention n° 158 a été reconnue en 1995 par l'étude d'ensemble de la commission d'experts de*

---

[50] Cf. supra. Titre 1, Chapitres 1 et 2

[51] Cf. infra. Chapitre 2

[52] Notamment, l'utilisation des Conventions n° 87 et 98 par la *Constitutional Court* a très souvent donné lieu à une référence aux travaux du Comité de la liberté syndicale. De façon plus éloquente encore, dans l'affaire *SATAWU* de 2012 par laquelle les juges ont rappelé que le droit de grève était une composante de la négociation collective, ces derniers ont simplement cité les travaux du Comité de la liberté syndicale à l'appui de leur analyse, en ignorant les Conventions. *South African Transport and Allied Workers Union (SATAWU) and Others v Moloto NO and Another* [2012] ZACC 32, para. 59

[53] Cf. supra. Titre 1, Chapitre 2

[54] Cass. Soc., 29 mars 2006, n° 04-46499

[55] *« Un travailleur qui va faire l'objet d'une mesure de licenciement aura droit à un préavis d'une durée raisonnable ou à une indemnité en tenant lieu, à moins qu'il ne se soit rendu coupable d'une faute grave, c'est-à-dire une faute de nature telle que l'on ne peut raisonnablement exiger de l'employeur qu'il continue à occuper ce travailleur pendant la période du préavis »*

l'OIT sur l'effet donné à la convention par les gouvernements des États membres »[56].

De même, en 2019, lorsque l'Assemblée plénière de la Cour de cassation a estimé, par deux avis, que le barème applicable à la détermination du montant de l'indemnité pour licenciement sans cause réelle et sérieuse était compatible avec les stipulations de l'article 10 de la Convention n° 158 de l'OIT[57], la conseiller-rapporteur et l'avocat-général se sont notamment référés au *« manuel de rédaction des instruments de l'OIT »* de 2006 et aux travaux de la commission d'experts pour considérer que cet article laissait une marge d'appréciation aux Etats[58].

Cette tendance, inégale certes, des juges à étalonner leur droit national par rapport aux analyses non contraignantes dégagées par les organes de l'OIT constitue un vecteur d'harmonisation des droits nationaux du travail tels que conçus par les juges. Toutefois, cette démarche par laquelle les juges « se servent » librement de / dans la jurisprudence internationale n'est pas sans limite.

B/ Les limites d'une application volontaire

La juge sud-africaine Albie SACHS a résumé ainsi l'un des principaux écueils du recours au droit comparé dans le cadre juridictionnel : *« yes, we cherry pick all the times [but] it's got to be a cherry that fits »*[59]. Alors que les juges demeurent libres quant au choix de se référer aux instruments de *soft law* que sont les recommandations des organes de l'OIT, l'exemple canadien est particulièrement éloquent s'agissant des limites induites par cette liberté.

La jurisprudence développée par la Cour suprême jusqu'en 2015 montre la retenue des juges en matière de prise en compte des sources du droit international aux fins d'interprétation de la Charte. En effet, malgré les appels répétés, émanant tant de la doctrine que de l'OIT, en faveur d'une

---

[56] DUPLAT (J.), « La durée du préavis au regard de la convention n° 158 de l'OIT. Cour de cassation, chambre sociale 29 mars 2006 », Droit social, n° 6, juin 2006, pp. 636-641

[57] Avis n° 15012 du 17 juillet 2019 - Formation plénière pour avis et Avis n° 15013 du 17 juillet 2019 - Formation plénière pour avis. Cf. infra. Chapitre 2

[58] Cf. supra. Titre 1, Chapitre 2

[59] Propos rapportés dans SAUVE (J-M.), « Le Conseil d'Etat et la comparaison des droits » *in La comparaison en droit public, Hommage à Roland Drago, Colloque organisé par l'Institut français des sciences administratives et la Société de législation comparée*, Conseil d'Etat, 14 février 2014, p. 8

consécration au plus haut niveau du droit de grève, les juges suprêmes ont pendant très longtemps été réticents à lier celui-ci à la liberté d'association garantie par la Constitution. Pour ce faire, ils ont ignoré pendant plusieurs décennies la jurisprudence initiée par le Comité de la liberté syndicale et la Commission d'experts à la fin des années 1950, laquelle avait déjà expressément été rappelée aux autorités nationales à plusieurs reprises.

Il a fallu attendre 2015 et l'alignement du juge ABELLA sur le raisonnement du juge en chef DICKSON concernant notamment le droit international en 2015[60] pour voir la jurisprudence canadienne se rapprocher d'analyses internationales connues de longue date par les juristes canadiens. Cet exemple révèle finalement que le juge demeure souverain quant à l'intégration des travaux de l'OIT dans son raisonnement et à un rapprochement de son droit vers des conceptions internationales[61].

D'une manière générale, le recours aux travaux des organes de supervision de l'application des normes internationales du travail favorise une dissémination des travaux des organes de supervision de l'application des normes internationales du travail. L'on retrouve ici l'idée selon laquelle *« cette méthode fait perdre beaucoup de poids à la critique du développement d'instruments de soft law en droit international, parmi lesquels on peut ranger les décisions ou recommandations des organes chargés du contrôle de leur mise en œuvre : de tels instruments de droit "mou" peuvent s'avérer très forts, à condition qu'ils migrent »*[62].

Cette pratique connaît deux sérieuses limites. Tout d'abord, la retenue des juges dans la mise en conformité avec la jurisprudence de l'OIT dans son intégralité et le caractère purement volontaire de la référence à cette dernière constituent un premier obstacle à la dissémination des interprétations larges élaborées à Genève. De surcroît, dans certains cas, l'usage de la jurisprudence internationale peut viser à conforter une jurisprudence contraire aux intérêts des travailleurs.

§2. L'influence horizontale : les droits étrangers dans le raisonnement du juge

Le mouvement d'ouverture des juges à l'égard du droit international du travail peut constituer une porte d'entrée pour la réception du droit étranger

---

[60] *Saskatchewan Federation of Labour c. Saskatchewan*, 2015. Cf. supra. Titre 1
[61] Cf. infra. Chapitre conclusif
[62] ROBIN-OLIVIER (S.), REMY (P.), « Les migrations jurisprudentielles, facteurs de développement du droit international du travail ? », op. cit., p. 89

dans l'ordre interne[63]. A cet effet, la vocation universelle des normes internationales du travail les conduit parfois à s'inspirer des expériences étrangères pour déterminer le sens des textes qu'ils utilisent. Le plus souvent, il s'agit davantage pour eux de se limiter à citer le droit étranger[64] que de se livrer à de véritables réflexions comparatives, sans examiner les spécificités des systèmes auxquels ils se réfèrent[65].

L'observation des pratiques juridictionnelles révèle des disparités. Face à des juges canadien et sud-africain qui cherchent à rattacher leur raisonnement à une base objective, peu important qu'elle soit étrangère, le juge français ne se réfère aux sources étrangères que de manière isolée et indirecte.

A/ Le recours fréquent aux droits étrangers par les juges canadien et sud-africain

Les juges canadien et sud-africain entretiennent tous deux des rapports similaires aux droits étrangers, cette voie étant fréquemment empruntée de façon à justifier l'interprétation donnée à un instrument de l'OIT.

1. Le recours aux droits étrangers par le juge canadien

Le juge canadien se réfère régulièrement aux droits étrangers et régionaux, parallèlement aux normes internationales du travail, en tant qu'argument

[63] Selon le Professeur Sophie ROBIN-OLIVIER, *« l'harmonisation du droit gagnerait beaucoup (...) à ce les juges procèdent à des références croisées qui permettent effectivement des rapprochements »*. ROBIN-OLIVIER (S.), « La référence (non imposée) à d'autres droits par les juges des Etats membres de l'Union européenne » in ROBIN-OLIVIER (S.), FASQUELLE (D.), *Les échanges entre les droits, l'expérience communautaire*, op. cit., p. 142

[64] Les juges, pour reprendre la formule du Professeur Pierre LEGRAND (qui vise certains juristes sans désigner spécifiquement les juges), *« se transforment en simples répétiteurs d'un droit étranger (...) – ce qui, en toute rigueur, doit conduire à parler de comparatistes entre guillemets, car c'est une "fausse sortie" qui est en cause »*. LEGRAND (P.), *Le droit comparé*, op. cit., p. 11

[65] Or, selon le Professeur Pierre LEGRAND, *« le comparatiste soucieux de la qualité de l'entreprise comparative souhaitera, plutôt qu'une multiplication malthusienne des études prétendument comparatives tendant à déboucher autant que possible, par synthèse et par élimination de différends, par réconciliation, sur des solutions uniques, ultimes et parfaites "en droit", l'émergence d'analyses interdisciplinaires, critiques et contrariantes, en soubresauts et en cisailles, consacrées ou à la théorie de la pratique de la comparaison en droit ou à une pratique théorisée de celle-ci »*. LEGRAND (P.), *Le droit comparé*, op. cit., p.14

persuasif supplémentaire[66], sans qu'il ne s'agisse pour autant de s'aligner sur les analyses étrangères[67].

Au niveau de la Cour suprême fédérale, dans l'arrêt *Health Services*, par exemple, les juges ont fait appel au droit étranger pour justifier l'extension de la notion de liberté d'association, sans réellement développer la question[68].

De façon plus approfondie, dans l'arrêt *Saskatchewan Federation of Labour c. Saskatchewan* de 2015, les juges se sont appuyés sur une étude de travaux étrangers pour constater qu' *« un consensus se dégage[ait] à l'échelle internationale en ce qui concerne la nécessité du droit de grève pour une négociation collective véritable »*. Pour ce faire, la Cour a relevé que la Cour EDH avait énoncé dans ses arrêts *Démir et Baykara* et *Enerji Yapi-Yol Sen*, d'une part, que la liberté d'association protégeait le droit de négocier collectivement et, d'autre part, que le droit de grève garantissait l'exercice réel de ce droit[69]. Afin de conforter son argumentation, elle s'est par ailleurs appuyée sur les jurisprudences allemande[70] et israélienne[71], avant de rappeler

---

66 *« La référence faite à la jurisprudence étrangère vise essentiellement à apporter une légitimité aux décisions »* (BASTARACHE (M.), « La mondialisation du droit et la Cour suprême du Canada », op. cit., p. 37). Cf. supra. Titre 1, Chapitre 1

67 Selon l'ancien juge à la Cour suprême Michel BASTARACHE, *« l'analyse des décisions judiciaires étrangères ne doit pas conduire les juridictions canadiennes à parvenir à un résultat similaire (...). La Cour suprême du Canada a certes besoin d'élargir le discours juridique et la comparaison des décisions, mais en aucune manière d'essayer de suivre une sorte de mouvement international. Quand bien même ce serait le cas, il n'en demeure pas moins qu'il serait inextricable de tenter de déterminer quels seraient les États partageant la même position »*. BASTARACHE (M.), « La mondialisation du droit et la Cour suprême du Canada », op. cit., p. 36

68 *« Le PIDESC, le PIDCP et la Convention n° 87 accordent une protection aux activités des syndicats d'une manière qui permet de croire que le droit de négociation collective est compris dans la liberté d'association. L'interprétation de ces instruments, au Canada et à l'étranger, permet non seulement de confirmer l'existence d'un droit de négociation collective en droit international, mais tend également à indiquer qu'il y a lieu de reconnaître ce droit dans le contexte canadien en vertu de l'al. 2d) ». Health Services and Support - Facilities Subsector Bargaining Assn. c. Colombie-Britannique*, 2007 CSC 27, para. 72

69 *Saskatchewan Federation of Labour c. Saskatchewan*, 2015 CSC 4, para. 71

70 Selon laquelle *« le recours à la grève est protégé lorsqu'il complémente la négociation collective, c'est-à-dire lorsque la grève vise la conclusion d'une convention collective et que son exercice est proportionné à cet objectif (Hepple, p. 135; Manfred Weiss et Marlene Schmidt, Labour Law and Industrial Relations in Germany (4e rév. éd. 2008), par. 484-486) »*. Saskatchewan Federation of Labour c. Saskatchewan, 2015 CSC 4, para. 72

la reconnaissance constitutionnelle du droit de grève dans bon nombre de pays[72].

Ce recours aux droits étrangers au même titre qu'aux instruments de l'OIT apparaît également fréquent au sein du Tribunal des droits de la personne du Québec. La juridiction qui invoque régulièrement la Convention n° 111 en matière de discrimination[73] a, par exemple, mobilisé parallèlement à cette dernière une directive européenne[74] afin de traiter d'un cas de discrimination à l'embauche fondé sur l'état de grossesse d'une candidate[75].

Même si, dans ce dernier cas, les juges ont pris soin de préciser que le droit régional ne pouvait *« servir directement à interpréter le droit interne »*[76], il est intéressant de noter que, parfois, dans ses décisions, le Tribunal des droits de la personne du Québec intègre ses références au droit international dans des paragraphes globaux traitant du droit international et comparé (intitulés par exemple *« L'apport du droit international et l'éclairage du droit européen »*[77] ; *« L'interprétation en droit international et comparé de l'interdiction de pratiquer la discrimination fondée sur le critère de l'état*

---

[71] *« Les tribunaux israéliens tiennent également la liberté d'association pour un droit fondamental dérivé du droit à la dignité humaine. Ils ont statué que la liberté d'association englobe le droit de se syndiquer, le droit de négocier collectivement et le droit de faire la grève (Attorney-General c. National Labour Court, [1995-6] Isr. L.R. 149 (H.C.J.), p. 162; New Histadrut General Workers' Union c. State of Israel, (2006), 25 I.L.L.R. 375, par. 10;Koach La Ovdim c. Jerusalem Cinematheque, (2009), 29 I.L.L.R. 329, p. 331; Guy Davidov, « Judicial Development of Collective Labour Rights — Contextually »*, (2009-2010), 15 *C.L.E.L.J.* 235, p. 241). Saskatchewan Federation of Labour c. Saskatchewan, 2015 CSC 4, para. 73

[72] *« (...) maints pays ont expressément intégré le droit de grève à leur Constitution, y compris la France (Constitution de 1946, § 7 du préambule), l'Italie (Constitution de 1948, art. 40), le Portugal (Constitution de 1976, art. 57), l'Espagne (Constitution de 1978, par. 28(2)) et l'Afrique du Sud (Constitution de 1996, par. 23(2)) (B. Hepple, p. 135). De même, la Charte sociale européenne reconnaît l'importance de la liberté de grève aux fins d'une négociation collective véritable (STE 35, 1961, révisée en 1996, par. 6(4)) ». Saskatchewan Federation of Labour c. Saskatchewan*, 2015 CSC 4, para. 74

[73] Cf. supra. Titre 1, Chapitre 1

[74] La directive 2006/54/CE du 5 juillet 2006 relative à la mise en œuvre du principe d'égalité des chances et de l'égalité de traitement entre hommes et femmes en matière d'emploi et de travail

[75] *Commission des droits de la personne et des droits de la jeunesse c. Commission scolaire des Hauts-Bois-de-l'Outaouais*, 2010 QCTDP 4 (CanLII)

[76] Ibid., para. 125

[77] *Québec (Commission des droits de la personne et des droits de la jeunesse) c. Québec (Société de l'assurance automobile du)*, 2003, op. cit., para. 57

civil »[78]). Le juge utilise en réalité le droit international comme il se réfère au droit européen, un droit extérieur à son système, afin de préciser le contexte dans lequel il convient d'entendre la portée de la protection des salariées contre les discriminations.

De façon générale, la jurisprudence canadienne montre que les instruments de l'OIT ne sont jamais envisagés de manière isolée dans le raisonnement des juges. Ils peuvent être lus simultanément à des textes de toute nature, sortant du système juridique canadien.

2. *Le recours aux droits étrangers par le juge sud-africain*

Le recours aux droits étrangers[79] constitue une pratique courante pour le juge sud-africain, ceux-ci étant souvent mobilisés aux côtés de textes internationaux[80]. Basil MARKESINIS a ainsi relevé qu'entre juillet 1994 et août 1998, les décisions de la Cour suprême et de la Cour constitutionnelle comportaient 1258 références à des décisions de justice américaines, canadiennes, britanniques, allemandes, européennes et indiennes[81]. L'attrait des juges pour le droit comparé se retrouve dans la pratique de la Cour constitutionnelle, qui tend à se référer à des décisions étrangères sans analyser les différences entre les textes constitutionnels voire à des jugements minoritaires[82].

Par exemple, en 2002, le juge NGCOBO, dans l'affaire *NEHAWU*[83], a déclaré que le LRA devait être interprété à la lumière des engagements internationaux du pays. Dans ce cadre, après s'être référé à titre principal aux Conventions et Recommandations de l'OIT, le juge a précisé que d'autres instruments *« étrangers comparables »*, comme la Charte sociale

---

78 *C.D.P. c. Les Immeubles Ni/Dia Inc., T.D.P.Q. BEAUHARNOIS*, 1992 CanLII 2 (QC TDP)

79 Qu'il s'agisse de la loi ou de la jurisprudence étrangère. VALLIERES (A.), « L'influence des normes internationales et nationales étrangeres sur les droits de la personne en Afrique du Sud », op. cit., p. 141

80 Ibid.

81 MARKESINIS (B.), *Juges et universitaires face au droit comparé. Histoire des trente-cinq dernières années*, Dalloz, 2006, p. 101

82 Cette pratique a été critiquée par un certain nombre d'observateurs et de juges. DAVIS (D. M.), « Constitutional borrowing: The influence of legal culture and local history in the reconstitution of comparative influence: The South African experience », International Journal of Constitutional Law (2003) 1 (2), p. 191

83 *National Education Health & Allied Workers Union (NEHAWU) v University of Cape Town and Others* (CCT2/02) [2002] ZACC 27; 2003 (2) BCLR 154; 2003 (3) SA 1 (CC) (6 December 2002)

européenne pouvait être utilisés[84]. Ainsi, tout en mettant en exergue l'importance des Conventions fondamentales de l'OIT aux fins d'interprétation du droit national, il a rappelé un certain nombre de droits prévus par la Charte sociale européenne (conditions de travail équitable, rémunération équitable, égalité de traitement...)[85].

En 1999, en soutenant l'idée d'une approche commune du droit du travail en Afrique australe, un auteur insistait sur le rôle des normes transnationales du travail à cet effet. Il soulignait l'intérêt économique d'une telle démarche[86] et vantait leur flexibilité, en faisant un *« socle »* du droit du travail[87]. Rejoignant cette idée selon laquelle le droit international du travail peut être un facteur de rapprochement des droits nationaux du travail, les juges sud-africains ont choisi, de façon marginale, de se référer aux interprétations de textes de l'OIT dégagées par des juridictions étrangères.

Par exemple, en 2010, la *Labour Court* de Johannesburg, à travers le jugement rendu par le juge BODA, s'est basée sur une décision de justice namibienne, qui partait d'une analyse de la Convention n° 181 sur les agences d'emploi privées[88]. En l'espèce, l'affaire portait sur la possibilité pour une entreprise de travail temporaire de prendre en considération l'avis d'une entreprise utilisatrice dans ses relations avec ses salariés[89]. La

---

[84] *« International experience is reflected in the Conventions and Recommendations of the International Labour Organisation. Of course other comparable foreign instruments such as the European Social Charter 1961 as revised may provide guidance »*

[85] *NEHAWU v University of Cape Town and Others* (CCT2/02) [2002], op. cit., para. 34

[86] FEYS (T.), « Labour Standards in Southern Africa in the Context of Globalization: The Need for a Common Approach », Industrial Law Journal, Juta 1999, p. 1450

[87] Ibid., p. 1463. L'auteur énonçait les domaines devant être harmonisés : aux quatre droits et principes fondamentaux proclamés par la Déclaration de l'OIT de 1998 (liberté d'association et de négociation collective, interdiction du travail forcé, interdiction du travail des enfants, principe d'égalité et de non-discrimination), s'ajoutaient selon lui les règles de protection des travailleurs migrants et les normes de santé et de sécurité.

[88] *Nape v INTCS Corporate Solutions (Pty) Ltd* (JR 617/07) [2010] ZALC 33; (2010) 31 ILJ 2120 (LC) ; [2010] 8 BLLR 852 (LC) (10 March 2010)

[89] Un travailleur temporaire avait commis une faute au sein de l'entreprise d'accueil. L'entreprise de travail temporaire qui l'employait avait alors décidé de lui infliger un avertissement tandis que l'entreprise utilisatrice avait refusé de l'accueillir à nouveau. L'entreprise de travail temporaire avait alors informé le salarie de cette situation, avant de lui signifier son licenciement pour des motifs économiques.

référence à cette décision de justice[90] a permis de souligner que, conformément à la Convention n° 181, il convenait de mettre en rapport la faculté pour les employeurs de gérer leurs activités de travail temporaire avec le droit des travailleurs temporaires de ne pas être traités comme des produits[91]. Le juge O'REGAN en a déduit qu'une entreprise utilisatrice n'était pas fondée à intervenir de façon à affecter le droit de chaque salarié de bénéficier de pratiques équitables en matière d'emploi (*« fair labour practice »*)[92].

A nouveau, le recours au droit étranger permet au juge de lier son interprétation d'un instrument de l'OIT à une base intellectuelle préexistante, tout en se détachant de ses références nationales.

B/ Le recours masqué au droit étranger par le juge français

Bien moins répandue et, surtout, moins visible en France qu'au Canada ou en Afrique du Sud, l'utilisation du droit comparé concomitamment à l'application de Conventions de l'OIT y contribue néanmoins à la dissémination d'une vision harmonisée du droit du travail. La tendance révélée par les travaux récents des juges français en la matière rejoint l'idée d'un intérêt grandissant de ces derniers pour les droits étrangers, bien que l'exercice semble encore loin de s'être banalisé[93].

A défaut de référence dans les décisions de justice elles-mêmes, des renvois aux droits étrangers se retrouvent, parfois, dans leurs travaux préparatoires (à savoir le rapport du rapporteur public devant le Conseil d'Etat et, à la Cour de cassation, le rapport du conseiller rapporteur ou l'avis de l'avocat-général)[94]. Elargissant au domaine judiciaire les propos du vice-président du Conseil d'Etat Jean-Marc SAUVE, l'on peut considérer que *« le constat d'une multiplication des arguments dans les conclusions des rapporteurs publics ne suffit certes pas à déduire, de manière indubitable, que ceux-ci sont pris en compte par les formations de jugement. On ne peut toutefois*

[90] *Africa Personnel Services (Pty) Ltd v Government of The Republic of Namibia* SA 51/2008

[91] *Nape v INTCS Corporate Solutions (Pty) Ltd* (JR 617/07) [2010] ZALC 33; (2010) 31 ILJ 2120 (LC) ; [2010] 8 BLLR 852 (LC) (10 March 2010), para. 62

[92] Ibid., para. 63

[93] MARKESINIS (B.), *Juges et universitaires face au droit comparé. Histoire des trente-cinq dernières années*, op. cit., p. 167

[94] ROBIN-OLIVIER (S.), REMY (P.), « Les migrations jurisprudentielles, facteurs de développement du droit international du travail ? », op. cit., p. 83

sérieusement en douter, comme le prouve à de nombreuses reprises la solution des arrêts évoqués »[95].

Du côté du juge judiciaire, les affaires relatives au CNE ont été l'occasion pour les juges de faire usage de législations étrangères afin d'apprécier le caractère *« raisonnable »* d'une période d'essai[96]. Déjà, en première instance, les juges du CPH de Longjumeau eux-mêmes avaient pris l'initiative d'étudier le dispositif français à l'aune de droits étrangers. Ils avaient alors fait ressortir la durée excessive des périodes de consolidation de deux ans, en comparaison notamment avec le droit anglais, représentant en Europe d'une vision libérale du droit du travail et dont la durée maximale des périodes d'essai venait d'être portée de six mois à un an[97].

Plus rigoureux dans son raisonnement, l'avocat-général a choisi de poursuivre cette démarche, tout en dissociant clairement les pays ayant ratifié la Convention n° 158 (exemples de l'Espagne et du Luxembourg) des autres cas (Allemagne, Italie et Royaume-Uni). L'étude de l'ensemble de ces législations européennes, dont le juge a rappelé qu'elles avaient parfois été façonnées à la suite de décisions du CEDS[98] ou de la CJUE[99], a conduit à l'idée selon laquelle la période de consolidation de deux ans fixée par l'ordonnance instituant par le CNE n'était pas raisonnable au regard de l'article 2§2 b) de la Convention n° 158.

Du côté du juge administratif, l'on retrouve également des traces d'un certain intérêt, ponctuel, du juge pour les sources étrangères. Sur ce point, Jean-Marc SAUVE, qui souligne que *« le Conseil d'Etat pratique (...) de plus en plus la comparaison des droits, non par simple effet cosmétique,*

---

[95] SAUVE (J-M.), « Le Conseil d'Etat et la comparaison des droits », op. cit., p. 4

[96] Cf. supra. Sous-section 1

[97] *« Le Conseil constate que le Royaume Uni, dont le marché du travail est plus souple que le marché français, et dont l'économie, plus libérale et concurrentielle, en est nécessairement plus volatile, a récemment allongé la durée maximale de la période d'essai de 6 mois à un an »*. CPH Longjumeau, 28 avril 2006, n° 06/00316

[98] En Italie, la non-application de la protection contre le licenciement de certaines catégories de travailleurs a été jugée contraire à l'article 24 de la Charte sociale européenne par le CEDS (une procédure de licenciement sans motivation avec préavis ayant été mise en place pour les salariés en période d'essai d'une durée maximale de six mois, les employés de maison, les salariés de 60 ans admis au bénéfice d'une pension de retraite, les dirigeants et les athlètes professionnels).

[99] Le Royaume-Uni a été sanctionné par la Cour, pour discrimination indirecte prohibée, faute de preuve d'un effet bénéfique de la mesure sur l'emploi, à propos de la durée de la *« qualifying period »* fixée en 1985. Celle-ci a alors été portée à un an le 1er juin 1999. CJCE, 9 févr. 1999, aff. C-167-97, *Seymour, Smith et Perez*, Rec. CJCE, p. I-668

mais bien comme une aide précieuse à la décision »[100], a relevé les domaines dans lesquels le recours au droit comparé apparaît désormais fréquent : questions où sont en cause les rapports entre les systèmes juridiques, les affaires mettant en jeu les droits fondamentaux (droit d'asile, droit des étrangers ou droit des détenus en particulier) et, plus généralement, les affaires portant sur de grands principes, droits ou libertés (droit à une vie privée et familiale, principe d'impartialité...)[101].

L'on perçoit le potentiel du droit comparé (ou, du moins du recours aux droits étrangers) dans le cadre de procédures impliquant l'utilisation de normes internationales du travail à travers l'étude des conclusions du rapporteur public Gaëlle DUMORTIER[102], dans l'arrêt *GISTI et FAPIL*[103]. Afin de justifier sa nouvelle grille de lecture de l'invocabilité des traités internationaux, en partant du cas de la Convention n° 97 de l'OIT sur les travailleurs migrants, celle-ci s'est livrée à une étude appuyée de la jurisprudence étrangère. Pour présenter la genèse des notions d'effet directs et de traités *self-executing*, applicables sans que l'adoption d'une mesure de droit interne ne soit nécessaire, le rapporteur public s'est non seulement référé à l'avis consultatif rendu par la CPJI le 3 mars 1928 sur la compétence des tribunaux de Dantzig mais également sur l'arrêt *Foster et Elam v. Neilson*, rendu par la Cour suprême des Etats-Unis en 1829. Puis, le recours aux travaux étrangers a notamment permis d'offrir un panorama européen sur le point de savoir s'il était nécessaire, pour qu'une convention internationale soit invocable, que son objet vise à créer des effets sur la situation juridique des particuliers, au-delà de ses signataires[104].

Alors que, dans ce cas, il s'est agi de résoudre une problématique procédurale sans disserter sur le sens de la Convention n° 97, l'aisance de la magistrate vis-à-vis des sources étrangères laisse suggérer une potentielle extension de la pratique à des questions plus substantielles. Plus généralement, même si elle reste loin d'être systématique, l'influence des droits étrangers sur les juges français lorsqu'ils interprètent les Conventions de l'OIT n'en demeure pas moins palpable.

---

[100] SAUVE (J-M.), « Le Conseil d'Etat et la comparaison des droits », op. cit., p. 6
[101] Ibid., pp. 3-4
[102] DUMORTIER (G.), « L'effet direct des conventions internationales. Conclusions sur Conseil d'État, Assemblée, 11 avril 2012, Groupe d'information et de soutien des immigrés (GISTI) et Fédération des associations pour la promotion et l'insertion par le logement (FAPIL) », RFDA, 2012, n° 3, pp. 547 et s.
[103] CE, Ass., 11 avril 2012, n° 322326, Publié au recueil Lebon. Cf. supra. Titre 1, Chapitre 1
[104] Gaëlle DUMORTIER cite pour exemple le Luxembourg et les Pays-Bas, les juridictions des deux pays ayant renoncé à ce critère

Le recours au droit comparé en tant qu'illustration de tendances globales, aussi superficiel soit-il, constitue un moyen de dissémination de concepts communs, véhiculés d'autant plus facilement qu'ils peuvent accompagner la mise en œuvre de normes à vocation universelle. Il convient toutefois de se garder de toute conclusion tendant à généraliser cette tendance, tant celle-ci varie d'un pays à l'autre et résulte de la volonté du juge.

§3. La potentielle circulation de concepts à travers le recours à la doctrine

De façon moins répandue que les interprétations réalisées par les organes de l'OIT[105], les analyses doctrinales peuvent orienter le juge qui s'interroge sur la signification d'un instrument de l'OIT[106]. Elles peuvent favoriser la circulation de concepts en droit international du travail lorsqu'elles véhiculent des approches à vocation transnationale. Alors qu'au Canada, la pratique semble assez fréquente, elle est plus rare en Afrique du Sud et surtout en France, où elle reste limitée à des analyses nationales.

A/ L'importance de la doctrine international(ist)e au Canada

La doctrine internationaliste constitue un vecteur d'harmonisation des interprétations des instruments de l'OIT d'autant plus fort qu'elle peut circuler d'un système juridique à l'autre, les juges ne s'appuyant pas nécessairement sur les auteurs nationaux. Au Canada, cette pratique est largement exploitée.

Dans certains cas, ce procédé est simplement appliqué de façon à présenter l'état du droit positif (synthèse de la jurisprudence internationale, fonctionnement des organes de l'OIT…)[107]. Par exemple, en 2015, pour soutenir l'idée selon laquelle les restrictions au droit de grève concernant les travailleurs employés à des services essentiels devaient être entendues de façon restrictive[108], la juge ABELLA s'est référée aux écrits de Jean-Michel SERVAIS selon lequel *« les salariés de certaines catégories ne devraient*

---

[105] Cf. supra. §1

[106] Pour une approche théorique concernant les interactions entre jurisprudence et doctrine, voir notamment GEA (F.), *Contribution à la théorie de l'interprétation jurisprudentielle, Droit du travail et théorie du droit dans la perspective du dialogisme*, op. cit., pp. 1771-1854

[107] Voir, par exemple, à propos du droit de grève et pour une présentation du système de supervision de l'application des normes internationales du travail, *Saskatchewan Federation of Labour c. Saskatchewan,* 2015 CSC 4, para. 153

[108] Cf. infra. Section 2

pas être privés du droit de grève puisque l'interruption de leur travail ne compromet pas dans les faits la vie, la sécurité ou la santé des citoyens »[109] (SERVAIS (J.-M.), « ILO Law and the Right to Strike » (2009-2010), 15 C.L.E.L.J. 147, p. 154).

Parfois, les études élaborées au sein du BIT sont utilisées afin de justifier le sens attribué à un texte. Par exemple, dans l'arrêt *Health Services*, les juges se sont référés à une étude du BIT[110] pour appréhender les principes régissant la négociation collective au sens du droit international et souligner sa portée étendue.

De façon plus remarquable, le recours à la doctrine peut permettre aux juges de défendre un point de vue. Par exemple, dans sa dissidence de 1987, le juge en chef DICKSON s'est notamment appuyé sur un ouvrage de Wilfred JENKS, ancien Directeur général du BIT, pour justifier sa vision extensive de la notion de liberté d'association[111]. Dans certains cas, les juges se fondent sur des études moins impartiales. Ainsi, dans l'arrêt *Dunmore* de 2001, le juge BASTARACHE s'est appuyé sur une publication établie sous l'égide du Bureau pour les activités des travailleurs (lequel relaie les représentants des intérêts des travailleurs au sein de l'OIT) pour souligner que la liberté d'association était un droit collectif[112]. Cette dernière particularité doit toutefois être relativisée, la mobilisation de ces sources plus ou moins impartiales s'ajoutant à de nombreux autres arguments, tirés essentiellement de la jurisprudence internationale.

---

[109] *Saskatchewan Federation of Labour c. Saskatchewan*, 2015 CSC 4, para. 86

[110] *« B. Gernigon, A. Odero et H. Guido, "Les principes de l'OIT sur la négociation collective", (2000) 139 Revue internationale du travail 33, p. 55-57 »*

[111] *« C. Wilfred Jenks, ancien directeur général de l'O.I.T., fait valoir un argument semblable (Human Rights and International Labour Standards (1960), à la p. 49) : [...] À une époque d'interdépendance et d'organisations à grande échelle, où l'individu compte pour si peu, à moins qu'il ne coopère avec ses semblables, la liberté d'association est devenue la pierre angulaire des libertés civiles et des droits tant sociaux qu'économiques. Ce fut longtemps le rempart de la liberté religieuse et politique ; elle est devenue de plus en plus une condition nécessaire de la liberté économique et sociale du citoyen ordinaire ». Renvoi relatif à la Public Service Employee Relations Act (Alb.)*, para. 153

[112] *« L'Organisation internationale du Travail a maintes fois interprété le droit syndical comme étant un droit collectif (voir Bureau international du Travail, Des voix pour la liberté syndicale (Éducation ouvrière 1998/3, n° 112) : "la liberté ne vaut pas seulement pour le plein développement de la personnalité humaine, mais [. . .], dans les circonstances actuelles, elle doit être un aspect du droit public dans la complète indépendance de l'organisation syndicale" (Allocution de Léon Jouhaux, délégué des travailleurs) ». Dunmore c. Ontario (Procureur général)*, [2001] 3 RCS 1016, 2001 CSC 94, para. 16

Plus exceptionnellement, la doctrine peut être utilisée pour étayer une vision restrictive du droit international. Dans l'arrêt *Fraser* de 2011, pour justifier un reflux de l'emprise du droit international du travail sur le droit canadien et le fait que les juges ne pouvaient aligner leur raisonnement en matière de négociation collective sur celui dégagé au niveau international, le juge ROTHSTEIN s'est largement fondé[113] sur les écrits du Professeur, certes canadien mais s'inscrivant dans une réflexion internationaliste, Brian LANGILLE[114]. Ce faisant, il a notamment soutenu que la Cour suprême ne pouvait suivre une jurisprudence internationale concernant la Convention n° 98[115] non ratifiée par le Canada.

Au Canada, le recours à la doctrine, très fréquent, permet ainsi aux juges d'appuyer leurs analyses concernant le sens et la place des instruments de l'OIT dans l'ordre interne. L'utilisation de travaux de portée internationale favorise la dissémination d'interprétations transnationales de ces textes. La démarche apparaît moins marquée et diversement exploitée en Afrique du Sud et en France.

B/ Un recours à la doctrine centré sur des analyses nationales en Afrique du Sud et en France

En Afrique du Sud et surtout en France, le recours à la doctrine par le juge apparaît moins systématique que devant la Cour suprême du Canada. Dans ces pays, les juges semblent se limiter à se référer à des auteurs nationaux, sans chercher à enrichir leur point de vue d'analyses internationales.

En Afrique du Sud, par exemple, en 2010, dans une affaire ayant trait à la discrimination du candidat à un emploi porteur du virus du VIH (le sujet étant à l'origine d'une jurisprudence relativement foisonnante), la *Labour Court* de Johannesburg s'est livrée à un exercice d'interprétation de la Convention n° 111 sur la discrimination[116]. Le juge BHOOLA a rappelé qu'une distinction pouvait être opérée compte tenu des qualifications exigées

[113] *Ontario (Procureur général) c. Fraser*, [2011] 2 RCS 3, 2011 CSC 20, para. 248-249

[114] Et sur son article « Can We Rely on the ILO? », publié en 2007 en réaction à l'arrêt *Health Services*. LANGILLE (B.), « Can we rely on the ILO? », op. cit., pp. 273-300

[115] Cf. supra. Titre 1

[116] *Gary Shane Allpass v. Mooikloof Estates (Pty) Ltd*, 16 February 2011, Case no.: JS178/09

pour un emploi (*« inherent job requirement »*)[117]. Après avoir déclaré que cette faculté n'était pas définie par l'*Employment Equity Act* et résultait de la Convention n° 111 de l'OIT sur la discrimination[118], il a souligné que la Commission d'experts s'était prononcée en faveur d'une interprétation stricte de celle-ci[119]. Puis, pour illustrer cette idée, il a choisi de recourir à la doctrine, en citant la définition proposée par le Professeur John GROGAN. Selon lui, peuvent justifier une distinction *« les caractéristiques physiques particulières (par exemple, être un homme ou une femme, parler une langue particulière ou ne pas être handicapé) qui doivent être nécessaires pour accomplir effectivement les tâches afférentes à un poste donné »*[120]. Partant, le juge a considéré comme discriminatoire la distinction fondée sur l'affection au VIH.

La référence à la doctrine n'est pas apparue déterminante. Tout d'abord, au-delà de la Convention n° 111, le juge s'était également fondé sur la Recommandation n° 200 concernant le VIH et le sida et le monde du travail, laquelle condamne les discriminations fondées sur l'affection réelle ou supposée au VIH[121]. Par ailleurs, le recours au droit international est à nouveau venu renforcer l'application de dispositions nationales[122]. Surtout, comme en France, cette décision illustre non seulement une pratique assez rare de recours à la doctrine aux fins d'interprétations des instruments de l'OIT mais également une approche centrée autour de références nationales.

En France, l'étude de travaux préparatoires de décisions de justice laisse en effet apparaître dans quelques cas une certaine sensibilité des juges à la doctrine lorsqu'il s'agit de déterminer la signification des instruments de l'OIT[123]. Toutefois, contrairement à l'exemple canadien, la portée de cette

---

[117] Selon la jurisprudence *Leonard Dingler Employee Representative Council & others v Leonard Dingler (Pty) Ltd & others* (1997) 11 BLLR 1438 (LC)

[118] Son article 1§2 énonçant : *« Les distinctions, exclusions ou préférences fondées sur les qualifications exigées pour un emploi déterminé ne sont pas considérées comme des discriminations »*

[119] *Gary Shane Allpass v. Mooikloof Estates (Pty) Ltd*, op. cit., para. 56

[120] A *« particular personal physical characteristic (for example, being male or female, speaking a particular language, or being free of a disability) which must be necessary for effectively carrying out the duties attached to a particular position »*. *Gary Shane Allpass v. Mooikloof Estates (Pty) Ltd*, op. cit., para. 56

[121] Ibid., para. 40

[122] A savoir notamment la section 9 de la Constitution garantissant l'égalité ou bien encore la section 187 du *Labour Relations Act* interdisant les licenciements injustifiés ou les dispositions de l'*Employment Equality Act* interdisait les discriminations de personnes atteintes du VIH

[123] De façon plus générale, en matière de droit du travail, le Professeur Frédéric GEA insiste sur le *« "dialogue" constructif »* qui peut exister entre la doctrine et les

pratique est limitée par le fait que les juges semblent se borner à se référer à une doctrine française examinant le droit international sous un angle purement national.

Dans son avis afférent à l'arrêt de la Cour de cassation proclamant l'incompatibilité du CNE avec la Convention n° 158 de l'CIT sur le licenciement, l'avocat-général s'est par exemple référé aux travaux[124] des Professeurs Patrick MORVAN[125], Claude ROY-LOUSTAUNEAU[126] et Raymonde VATINET[127]. Soulignant les différentes sensibilités des auteurs s'agissant du sens de la notion de *« motif valable »* au sens de l'article 4 de la Convention, il en a déduit que *« les hésitations doctrinales t[enai]ent au fait que la Convention n° 158 ne défini[ssai]t pas elle-même la notion de "motif valable" »*[128]. Plus loin, en citant les travaux des Professeurs Françoise FAVENNEC-HERY[129], Patrick MORVAN[130] et Pierre RODIERE[131] et Raymonde VATINET[132], l'avocat-général a relevé que ces derniers soutenaient la possibilité d'exclure certains travailleurs du régime général du licenciement sur le fondement de l'article 2§5 de la Convention

---

juges, en partant d'exemples tirés de la jurisprudence de la Cour de cassation, à l'image des décisions relatives à la prise d'acte par le salarié de la rupture du contrat de travail. GEA (F.), *Contribution à la théorie de l'interprétation jurisprudentielle, Droit du travail et théorie du droit dans la perspective du dialogisme*, op. cit., p. 1869

124 Ceux-ci ont été invoqués par l'auteur du pourvoi de façon à soutenir l'idée selon laquelle l'appréciation du motif valable de licenciement prévu à l'article 4 de la Convention n° 158 pouvait conduire le juge à contrôler l'abus du droit de rompre ou un motif illicite, présentés comme *« des notions distinctes et d'un niveau d'exigence moindre que la cause réelle et sérieuse »*. DUPLAT (J.), « Le contrat nouvelles embauches et les normes internationales du travail. Avis de Jacques DUPLAT », op. cit., pp. 504 et s.

125 MORVAN (P.), « Le contrat de travail "nouvelles embauches" », JCP S 2005, 1117

126 ROY-LOUSTAUNEAU (C.), « Le contrat nouvelles embauches : la flexi-sécurité à la française », Droit social, 2005, p. 1112

127 VATINET (R.), « Application directe devant les juridictions nationales de la convention n° 158 de l'OIT », JCP S 2006, 1427

128 DUPLAT (J.), « Le contrat nouvelles embauches et les normes internationales du travail. Avis de Jacques DUPLAT », op. cit., pp. 504 et s.

129 FAVENNEC-HERY (F.), « Le CNE est-il conforme à la Convention n° 158 ? », Semaine Sociale Lamy, n° 1265, 12 juin 2006, pp. 6-9

130 MORVAN (P.), « Le contrat de travail "nouvelles embauches" », op. cit.

131 RODIERE (P.), « Le contrat "nouvelles embauches" et les principes (à propos de la décision du Conseil d'État du 19 octobre 2005) », Semaine Sociale Lamy, 2006, n° 1243

132 VATINET (R.), « Application directe devant les juridictions nationales de la convention n° 158 de l'OIT », op. cit.

n° 158[133]. Toutefois, il a ici choisi de rejeter cet argument, avançant que l'invocation de la seule taille des entreprises ne suffisait pas pour justifier de la mise en œuvre de la dérogation prévue à l'article 2§5[134].

Cet exemple issu de ce qui semble être l'une des décisions les plus volontaristes en matière de mise en œuvre du droit international du travail par les juges français reflète le faible impact apparent, jusqu'à présent, de la doctrine dans leur travail lorsqu'il s'agit d'interpréter les Conventions de l'OIT. Ils ne se livrent pas à une discussion approfondie autour du sens des textes à la lumière de travaux académiques et se limitent à se référer, dans leurs travaux préparatoires, à des auteurs qui inscrivent leurs réflexions dans une perspective strictement nationale. En-dehors du fait que cette situation traduit une certaine réticence des juges français à intégrer des sources doctrinales étrangères ou internationales ou une méconnaissance de ces dernières, elle peut également s'expliquer par la rareté des analyses doctrinales françaises portant sur les Conventions de l'OIT en tant que telles, par rapport à celles liées à leur place dans l'ordre interne.

Dans les trois pays, que cela soit de façon très isolée ou fréquente, apparente ou occulte, la doctrine apparaît finalement utilisée à l'image des sources de *soft law*, pour soutenir l'argumentation du juge. Cela étant, seul l'exemple canadien, à travers la diversité des auteurs et des sources mobilisées, alimente l'idée selon laquelle cette pratique favorise la circulation de concepts internationaux.

Plus généralement, qu'il s'agisse de faire usage des travaux des organes de l'OIT, de s'inspirer des expériences étrangères voire d'étudier la doctrine internationaliste, de nombreux moyens s'offrent aux juges pour concevoir les textes de l'OIT dans leur dimension internationale. Aucune de ces techniques ne garantit toutefois un rapprochement automatique des droits du travail nationaux de conceptions transnationales, le juge restant souverain dans la recherche de sources d'inspiration et les pratiques étant très variables d'un Etat à l'autre[135]. Néanmoins, l'observation de la portée de décisions de justice nationales conduit à leur reconnaître une réelle efficacité dans le rapprochement les droits nationaux du travail.

---

[133] Cette disposition prévoit une telle possibilité pour des *« catégories limitées de travailleurs salariés au sujet desquels se posent des problèmes particuliers revêtant une certaine importance, eu égard aux conditions particulières des travailleurs intéressés, à la taille de l'entreprise qui les emploie ou à sa nature »*

[134] DUPLAT (J.), « Le contrat nouvelles embauches et les normes internationales du travail. Avis de Jacques DUPLAT », op. cit., pp. 504 et s.

[135] Cf. infra. Chapitre 2

Section 2 Des interprétations communes conduisant à un rapprochement avéré des droits du travail nationaux

Le mouvement des juges vers une prise en compte d'éléments extranationaux dans leur raisonnement lorsqu'ils appliquent les instruments de l'OIT conduit à un rapprochement des droits du travail nationaux.

Différents facteurs conduisent les juges à développer des interprétations communes des textes de l'OIT. En ce sens, plusieurs exemples sont révélateurs de la tendance[136] suivie depuis quelques années.

Sous-section 1 : Des facteurs favorisant un rapprochement des droits du travail nationaux

Le rapprochement des droits du travail nationaux prospère sur un terreau doublement favorable. D'abord, au plan interne, l'engagement au niveau national depuis quelques années d'un mouvement en faveur des droits fondamentaux au travail facilite une convergence des pratiques juridictionnelles. Ensuite, au plan externe, l'action des juges semble désormais conditionnée par la pression exercée par les organes de l'OIT.

§1. Facteur interne : un mouvement de développement des droits fondamentaux au travail

Dans la lignée de l'idée selon laquelle *« la notion d'un droit commun international concernant les libertés individuelles essentielles a trouvé une base conventionnelle dans la partie XIII du traité de Versailles qui constitue la Charte de l'Organisation internationale du travail »*[137], le rapprochement des droits nationaux du travail s'opère concomitamment à un mouvement plus général : depuis les années 1990, les juges développent une jurisprudence qui vise à protéger les droits de l'Homme et les droits fondamentaux des travailleurs[138].

---

[136] Limitée. Cf. infra. Chapitre 2

[137] CASSIN (R.), « L'homme, sujet de droit international et la protection des droits de l'Homme dans la société universelle » in *La technique et les principes du droit public. Etudes en l'honneur du Professeur Georges SCELLE*, LGDJ, Tome 1, 1950, p. 68

[138] De nombreux auteurs et praticiens ont insisté sur la proximité entre les droits de l'Homme et le droit du travail. En 1960, Wilfred JENKS soulignait déjà la nécessité de faire des normes du travail un corollaire des droits de l'Homme, dans une nouvelle société caractérisée par son interdépendance, concernant tant les nations entre elles que les citoyens (JENKS (W.), *Human Rights and International Labour Standards*, Stevens and Sons, London, 1960, p. 5) De même, pour Nicolas VALTICOS, *« les concepts reconnus, sur le plan international, comme constituant*

Recoupant la notion de droits de l'Homme sans toutefois pouvoir y être assimilée formellement, l'idée de droits fondamentaux se caractérise, de manière schématique, par plusieurs éléments. Ils *« ont d'abord un caractère logiquement premier, ce qui sert normalement à identifier la position hiérarchique qui leur est attribuée ou revendiquée pour eux. Ils ont ensuite la plus grande généralité, la plus forte extension, surtout lorsque toute personne en est regardée comme titulaire. Ils ont ainsi vocation à pouvoir être invoqués dans toute relation. Enfin, ils doivent accéder à l'intensité la plus vigoureuse, ce qui vise l'efficacité juridique des règles qui les instituent ou reconnaissent... »*[139].

Si la Déclaration de l'OIT sur les droits et principes fondamentaux au travail a pu avoir un effet sur les juges (notamment au Canada), l'on remarque que la promotion des droits fondamentaux par les juges lui est antérieure et procède essentiellement de tendances nationales.

A/ Contexte français : le développement des droits fondamentaux au travail depuis le début des années 1990

Les Professeurs Antoine LYON-CAEN et Isabelle VACARIE ont montré que, depuis quelques années, il existait une prise de considération accrue pour *« la personne et ses prérogatives subjectives dans les relations de travail »*, sans que l'on puisse saisir les ressorts de ce mouvement[140].

---

le corps des droits de l'Homme, d'une part, et les normes protectrices du travail, d'autre part, se sont développés selon un calendrier et des méthodes différents, mais ils comportent plusieurs notions communes, ou en tout cas voisines », à travers notamment l'existence de nombreuses dispositions intéressant le travail tant dans des textes relatifs aux droits de l'Homme que dans des Conventions de l'OIT, en matière de discrimination, de droit syndical... VALTICOS (N.), « Droits de l'Homme et droits du travail sur le plan international. Questions anciennes et problèmes nouveaux » in *Mélanges en l'honneur de Jean-Maurice VERDIER. Droit syndical et droits de l'Homme à l'aube du XXIème siècle*, Dalloz, 2001, p. 474

[139] LYON-CAEN (A.), VACARIE (I.), « Droits fondamentaux et droit du travail » in *Mélanges en l'honneur de Jean-Maurice VERDIER. Droit syndical et droits de l'Homme à l'aube du XXIème siècle*, Dalloz, 2001, p. 423. Pour une présentation succinte de différentes approches nationales à travers les décisions de Cours constitutionnelles et une étude de la jurisprudence du Conseil constitutionnel, voir PAVIA (M-L.), « Eléments de réflexion sur la notion de droit fondamental », Les Petites Affiches, 6 mai 1994, pp. 6 et s.

[140] LYON-CAEN (A.), VACARIE (I.), « Droits fondamentaux et droit du travail », op. cit., p. 424

Dès 1982, le rapport Auroux qualifiait de droits fondamentaux le droit au travail, le droit à la formation, le droit à la santé et à la sécurité ou bien encore le droit à l'information[141]. C'est toutefois en 1992 avec l'intégration de l'article L. 120-2 au Code du travail[142] que les droits fondamentaux ont fait leur apparition décisive dans la loi. Cette disposition est apparue emblématique de la révolution d'une époque où les juristes *« n'osaient guère, en droit du travail, se référer aux droits de l'Homme dans leurs écrits ou dans leurs décisions »*[143] et a généré une jurisprudence foisonnante[144].

Les questions relatives aux droits fondamentaux sont l'occasion de faire se rencontrer les textes les plus variés. En ce sens, la juridiction suprême a, par exemple, estimé que le principe du repos dominical ne violait pas les libertés et droits fondamentaux des parties au contrat de travail[145]. Dans ce cas, un employeur avait fait valoir que *« l'article L. 2132-3 du Code du travail, qui donne qualité à agir au syndicat se prévalant de l'intérêt collectif de la profession qu'il représente, [était] contraire aux droits et libertés fondamentaux garantis par la Constitution, en particulier à la liberté personnelle du salarié et au droit à un recours effectif »*. L'employeur dénonçait notamment le fait que cet article autorisait les syndicats à exercer une action collective sans qu'aucune mesure permettant de recueillir le consentement ou de tirer les conclusions de l'opposition des salariés concernés par l'action ne soit prévue. Pour rejeter cet argument, les juges se sont appuyés sur l'article 6 du préambule de la Constitution du 27 octobre

---

[141] « Les droits des travailleurs », Rapport au Président de la République et au Premier ministre, septembre 1981, La Documentation française, 1981 cité par LYON-CAEN (A.), VACARIE (I.), « Droits fondamentaux et droit du travail » in *Mélanges en l'honneur de Jean-Maurice VERDIER. Droit syndical et droits de l'Homme à l'aube du XXIème siècle*, op. cit., p. 433

[142] Devenu l'article L. 1121-1 du Code du travail, il énonce que *« Nul ne peut apporter aux droits des personnes et aux libertés individuelles et collectives de restrictions qui ne seraient pas justifiées par la nature de la tâche à accomplir ni proportionnées au but recherché »*. Cette disposition généralise le principe qui avait été posé dès 1982 pour encadrer la légalité du règlement intérieur

[143] VERDIER (J-M.), « Droits fondamentaux, dignité de la personne et droit du travail : alliance, ambivalence, opposition… » in CHAMPEIL-DESPLATS (V.), FERRE (N.) (dir.), *Frontières du droit, critique des droits. Billets d'humeur en l'honneur de Danièle LOCHAK*, LGDJ, 2007, p. 231

[144] Pour un exemple devenu classique, voir l'affaire *Nikon* par laquelle la Cour a estimé que le salarié avait droit *« même au temps et au lieu de travail, au respect de l'intimité de sa vie privée »*, celle-ci impliquant *« en particulier le secret des correspondances »*. Cass. Soc., 2 octobre 2001, n° 99-42.942, Publié au bulletin

[145] Cass. Soc., 22 janv. 2014, n° 12-27.478. BOSSU (B.), « Le repos dominical ne viole pas les droits et libertés fondamentaux », La Semaine Juridique Social n° 38, 16 septembre 2014, 1350

1946[146], l'article 11 de la Convention européenne des droits de l'Homme[147] et l'article 2 de la Convention n° 87 de l'OIT. Partant du principe selon lequel le syndicat agissait sur le fondement de la défense de l'intérêt collectif des salariés de la profession qu'il représente, les juges ont estimé que le consentement des salariés pour travailler le dimanche était *« sans incidence sur le droit d'agir du syndicat qui poursuit la réparation d'une atteinte à l'intérêt collectif de la profession en présence d'une méconnaissance du repos dominical »*, l'action introduite par les syndicats étant *« recevable du seul fait que ladite action repos[ait] sur la violation d'une règle d'ordre public social »*.

De façon générale, un courant en faveur de la protection des droits fondamentaux des salariés par les juges français amène ces derniers à se référer de plus en plus au droit international du travail. Cela ne signifie pas que le recours aux normes internationales et aux travaux y afférents accompagne nécessairement la protection de droits fondamentaux[148]. Simplement, la recherche d'une protection des droits fondamentaux des travailleurs a conduit les juges à (re)découvrir les normes internationales du travail et à les intégrer dans leur raisonnement.

B/ Contexte canadien : des droits civils et politiques aux droits économiques et sociaux

Le Professeur Harry ARTHURS a montré que la Charte canadienne des droits et libertés n'avait pas été le moteur de l'extension des droits individuels et collectifs des travailleurs, celle-ci ayant notamment prospéré grâce à l'évolution des mœurs, aux mouvements collectifs (comme en matière d'égalité) ou aux évolutions législatives[149]. Néanmoins, sous un angle strictement positiviste, force est de constater que sous l'effet de l'adoption de la Charte en 1982, le droit du travail canadien (tel que conçu par la Cour suprême fédérale et au sein d'un certain nombre de provinces comme le Québec) s'est vu alimenté par des conceptions visant à la protection des droits de l'Homme. De fait, l'emprise croissante des droits de l'Homme sur le droit du travail s'est doublée d'un ancrage du droit international du travail dans le raisonnement des juges, consécutif

---

[146] *« Tout homme peut défendre ses droits et ses intérêts par l'action syndicale et adhérer au syndicat de son choix »*

[147] Concernant la liberté de réunion et d'association

[148] Sur la diversité des sorts réservés aux normes internationales du travail devant le juge français, cf. supra. Titre 1, Chapitre 2

[149] ARTHURS (H.), « Labour and the "Real" Constitution », Les Cahiers de droit, vol. 48, n° 1-2, 2007, pp. 49-52

notamment à l'adoption des principes de Bangalore adoptés en 1998[150]. Ce référentiel commun a contribué, dans une certaine mesure[151], à un rapprochement des droits nationaux du travail.

En 2001, opérant une rétrospective des jurisprudences fédérales et québécoises, le Professeur Pierre VERGE relevait ainsi que l'affirmation des libertés d'association et d'expression par la Charte n'avait pas été sans influence, de façon parfois subtile, sur l'application du régime collectif de travail, tant à l'échelle fédérale qu'au Québec, même si celles-ci n'avaient pas remis en cause l'intégrité du droit du travail[152]. Par exemple, il rappelait que la Cour suprême du Canada avait, dès 1986, estimé que le piquet de grève[153], comme les invitations au boycott formées par les syndicats[154], étaient protégées au titre de la liberté d'expression garantie par l'article 2 b) de la Charte. De même, en 1989[155], la Cour suprême avait choisi de faire prévaloir le droit au travail de la personne sur la liberté d'expression de l'employeur[156]. Contraignant l'employeur à rédiger une lettre de référence concernant un salarié ayant fait l'objet d'un licenciement injustifié, la Cour suprême, par l'intermédiaire du juge DICKSON, s'était appuyée sur l'article 6 du Pacte international relatif aux droits économiques et sociaux prévoyant le *« droit de travailler sous ses divers aspects »*, en soulignant l'idée de dignité des travailleurs[157].

Suivant un mouvement identique, au Québec, l'adoption d'un texte comme la Charte des droits et libertés de la personne inspirée par les Pactes de

---

150 *« It is the vital duty of . . . [the] judiciary . . . to interpret and apply national constitutions and . . . legislation in harmony with international human rights codes and customary international law, and to develop the common law in the light of the values and principles enshrined in international human rights law »*. The Challenge of Bangalore: Making Human Rights a Practical Reality, *in* 8 Developing Human Rights Jurisprudence, para. 268, Commonwealth Secretariat ed., 2001, (1998 Colloquium, Bangalore, India) cité par WATERS (M.), « Creeping monism », op. cit., pp. 646-647. Cf. supra. Titre 1, Chapitre 1

151 Cf. infra. Chapitre 2

152 VERGE (P.), « Droits de la personne et droit du travail. Recherche d'une interface » in *Mélanges en l'honneur de Jean-Maurice VERDIER. Droit syndical et droits de l'Homme à l'aube du XXIème siècle*, op. cit., p. 500

153 *SDGMR c. Dolphin Delivery Ltd*, 1986, 2 RCS 573

154 *Gauvin c. Tribunal du travail*, 1996, RJQ 1603

155 *Slaight communications inc. c. Davidson*, [1989] 1 RCS 1038, 1989 CanLII 92 (CSC). Cf. supra. Titre 1, Chapitre 1

156 MORIN (F.), « Liberté d'expression et droit au travail : l'arbitrage de la Cour suprême du Canada », Relations industrielles, vol. 44, n° 4, 1989, p. 924

157 TRUDEAU (G.), « Les droits fondamentaux de l'Homme au travail : de la logique internationale à la logique canadienne », op. cit., p. 330

l'ONU de 1966, a substantiellement limité les pouvoirs de l'employeur, notamment à travers la prohibition des discriminations et ses déclinaisons législatives[158]. A cet égard, l'étude de la jurisprudence du Tribunal des droits de la personne du Québec révèle qu'en veillant à la mise en œuvre d'une Charte inspirée des droits et principes internationaux relatifs aux droits de l'Homme, les juges paraissent parfois enclins à se référer aux sources issues de l'OIT lorsqu'il s'agit d'aborder la question des discriminations[159].

Les hésitations[160] et, pendant longtemps, la timidité de la Cour suprême du Canada concernant la portée de la liberté d'association ont été expliquées par le fait que la Charte canadienne des droits et libertés se fondait essentiellement sur les droits civils et politiques issus des instruments internationaux plutôt que sur les droits économiques et sociaux[161]. En ce sens, le tournant pris par la Cour suprême du Canada ces dernières années en matière de relations collectives de travail révèle une tendance des juges à dépasser une conception minimaliste des droits de l'Homme associée à la Charte. Au fil du temps, l'ouverture initiale des juges à l'égard des droits de l'Homme de « première génération » a en effet pu se muer en une quête de protection des droits sociaux fondamentaux des travailleurs[162]. En particulier, l'arrêt *Health Services* rendu en 2007 a clairement laissé apparaître la sensibilité des juges pour la Déclaration sur les principes et droits fondamentaux au travail en tant qu'outil d'interprétation de la Charte[163].

Au vu de la jurisprudence récente de la Cour suprême du Canada, l'on pourrait étendre au pays entier la remarque formulée en 2001 par le Professeur Pierre VERGE à propos de l'évolution de la jurisprudence québécoise : *« le droit en vigueur au Québec, dans la mouvance*

---

[158] VERGE (P.), « Droits de la personne et droit du travail. Recherche d'une interface », op. cit., pp. 504-507

[159] Cf. supra. Titre 1, Chapitre 2

[160] Que reflète particulièrement l'arrêt *Fraser*. Cf. supra. Titre 1, Chapitre 1. Voir FUDGE (J.), « Constitutional Rights, Collective Bargaining and the Supreme Court of Canada: Retreat and Reversal in the Fraser Case », Industrial Law Journal, Vol. 41, n° 1, mars 2012

[161] BRUNELLE (C.), VERGE (P.), « L'inclusion de la liberté syndicale dans la liberté générale d'association : un pari constitutionnel perdu ? », Canadian Bar Review, n° 83, 2003, p. 752

[162] L'arrêt *Dunmore* marque le point de départ de la nouvelle orientation de la Cour suprême en direction d'une protection des droits de seconde génération. CHOKO (M.), « L'évolution du dialogue entre l'OIT et le Canada en matière de liberté d'association : vers une protection constitutionnelle du droit de grève ? », McGill Law Journal - Revue de droit de McGill, 2011, p. 1162

[163] Cf. supra. Titre 1, Chapitre 1

contemporaine d'autres droits occidentaux et du droit international, est intervenu fortement, particulièrement depuis une vingtaine d'années, pour assurer, de diverses façons, la protection des droits fondamentaux de la personne dans la société. Il n'admet pas que cet ordre public, de plus en plus étendu, s'arrête au seuil de l'entreprise, même si, le cas échéant, la représentation collective des salariés y a cours. Le salarié doit y être reconnu pour ce qu'il a toujours été : une personne humaine au travail »[164]. Comme en France, la propension (contenue) des juges canadiens à s'aligner sur une vision internationalisée protectrice des travailleurs a été mue par un mouvement plus général de protection des droits fondamentaux.

C/ Contexte sud-africain : un droit du travail découlant de la Constitution

L'on observe en Afrique du Sud, comme dans de nombreux autres pays, un phénomène de constitutionnalisation du droit du travail[165], qui vise à protéger des droits des travailleurs considérés comme fondamentaux[166]. En comparaison avec le Canada et la France, l'internationalisation du droit du travail en Afrique du Sud se trouve catalysée par un double facteur. D'abord, l'usage du droit international du travail par les juges sud-africains y est ancré dans la pratique judiciaire, en particulier en raison de l'influence de l'OIT sur la législation du travail post-Apartheid[167]. Surtout, la Constitution protège originellement les droits des travailleurs puisque le droit social sud-africain met en œuvre les règles prévues par le texte fondamental de la République[168].

Fruit de combats simultanés tant en faveur de droits politiques que de droits sociaux[169], la Constitution sud-africaine s'illustre sur la scène internationale[170] par son caractère « social », érigeant au rang de constitutionnels, à travers le *Bill of Rights*, bon nombre de droits

---

164 VERGE (P.), « Droits de la personne et droit du travail. Recherche d'une interface », op. cit., p. 510

165 Cf. supra. Titre 1, Chapitre 2

166 Ce mouvement permet par ailleurs d'appliquer le plus largement le droit du travail sud-africain, en particulier dans le cadre de contrats de travail internationaux. CALITZ (K.), « Globalisation, the development of constitutionalism and the individual employee », Potchefstroom Electronic Law Journal, vol. 10, n° 2, 2007

167 Cf. supra. Titre 1, Chapitres préliminaire et 1

168 RUBIN (N.), « International labour law and the new law of the new South Africa », op. cit., p. 694

169 VAN ECK (S.), « Constitutionalisation of South African Labour Law », op. cit., pp. 268-269

170 KLUG (H.), *The Constitution of South Africa. A contextual analysis*, op. cit., p. 132

économiques et sociaux (concernant le droit du travail[171], le droit au logement[172] ou bien encore les droits d'accès à la santé, à la nourriture et à l'eau[173]...). Dans cette lignée, en 2000, la *Constitutional Court* a par exemple estimé, qu'en vertu de la section 26 (1) de la Constitution qui prévoit un droit d'accès pour chacun à un logement acceptable, il appartenait à l'Etat de mettre en œuvre un programme complet et coordonné permettant de mettre en place progressivement un droit à un logement acceptable. Surtout, conformément à la jurisprudence *Makwanyane*[174], les juges se sont basés sur un commentaire du Comité des droits économiques, sociaux et culturels pour interpréter la section 26 (1) et définir le contenu des droits socio-économiques garantis[175].

Appliquée plus spécifiquement au domaine du travail, cette tendance contribue à expliquer la propension des juges sud-africains à se rapprocher de standards internationaux. La section 23 de la Constitution intitulée *« Labour Relations »* énonce une série de droits bénéficiant à tout travailleur (droit à des conditions de travail équitable, le droit de grève...) : le prisme constitutionnel s'est donc révélé d'autant plus efficace pour un alignement des juges sur certaines conceptions internationales. De surcroît, l'application de ces dernières s'est trouvée favorisée par l'influence du droit international sur les dispositifs législatifs mettant en œuvre les principes posés par la Constitution[176].

En 1996, la *Constitutional Court* a par exemple été interrogée sur la question de savoir si le lock-out était protégé par le *Bill of Rights*, au titre du droit à la négociation collective[177]. Pour les partisans de cette conception, l'exercice effectif de cette dernière supposait que les parties à la relation de travail aient chacune la possibilité d'exercer un pouvoir économique l'une sur l'autre[178]. Afin d'écarter cet argument basé sur une idée de réciprocité et de déclarer que seuls les salariés disposaient d'un droit de grève constitutionnellement protégé, les juges ont fait valoir que la négociation collective reposait sur l'idée selon laquelle l'employeur bénéficiait d'un plus grand pouvoir

---

[171] Section 23
[172] Section 26
[173] Section 27
[174] *S v Makwanyane* 1995 6 BCLR 665 (CC). Cf. supra. Titre 1, Chapitre 1
[175] *Government of the Republic of South Africa and Others v Grootboom and Others* 2001 (1) SA 46 (CC), paras. 29-33
[176] Cf. supra. Titre 1, Chapitre 2
[177] *Certification of the Constitution of the Republic of South Africa*, 1996 (CCT 23/96) [1996] ZACC 26; 1996 (4) SA 744 (CC); 1996 (10) BCLR 1253 (CC) (6 September 1996)
[178] Ibid., para. 64

économique et social[179] que les travailleurs en tant qu'individus. Ces derniers doivent alors pouvoir agir collectivement avec suffisamment de force pour négocier effectivement[180]. Par ailleurs, sans pour autant se livrer à un exposé détaillé des instruments visés, les juges ont choisi de justifier leur position par le fait, d'une part, que le droit de grève bénéficiait plus souvent d'une protection dans les Constitutions nationales que le lock-out[181] et, d'autre part, qu'il ne faisait pas l'objet d'une protection dans les principaux instruments internationaux relatifs aux relations de travail[182].

L'imbrication entre le droit constitutionnel et le droit du travail sud-africain renforçant la tendance des juges à se référer à la Constitution pour défendre les droits fondamentaux des travailleurs, l'on observe en Afrique du Sud un phénomène encore plus marqué qu'en France ou au Canada. Dans ces trois pays, la recherche d'une protection des droits fondamentaux des travailleurs par les juges a été l'occasion pour eux de s'inspirer, de façon désordonnée[183] certes, d'une vision internationalisée du droit du travail[184]. Au-delà de ce facteur interne, le rapprochement des droits du travail nationaux s'explique également par un facteur externe, à travers la pression exercée par les organes de l'OIT, particulièrement en France et au Canada.

---

[179] Ce dernier dispose, selon les juges, de la faculté de licencier ses salariés, de remplacer sa main d'œuvre, d'imposer de nouvelles conditions d'emploi ou d'exclure les travailleurs du lieu de travail

[180] Ibid., para. 66. VAN ECK (S.), « Constitutionalisation of South African Labour Law », op. cit., p. 281

[181] *Certification of the Constitution of the Republic of South Africa*, 1996 (CCT 23/96) [1996], op. cit., paras. 66 et 68

[182] Ibid., para. 68

[183] Ou ordonnée par des questions nationales. Cf. infra. Chapitre 2

[184] La jurisprudence britannique relative au droit de grève offre l'illustration d'un mouvement opposé, où les effets du droit supranational semblent limités par une tendance défavorable aux droits fondamentaux, alors que l'arrêt *Demir et Baykara* de la Cour EDH (Cour EDH, 12 novembre 2008, req. n° 34503/97, *Demir et Baykara c. Turquie*) offrait l'occasion de s'interroger quant au potentiel renforcement des droits de grève dans les pays du Conseil de l'Europe. L'on pourrait en effet établir un parallèle entre, d'une part, le fait que cette décision n'ait pas favorisé dans le pays la consécration d'un droit de grève véritable (alors que celui-ci y connaît un certain nombre de restrictions, particulièrement au plan procédural) et, d'autre part, la volonté d'un certain nombre de conservateurs d'abroger ou d'amender le *Human Rights Act* qui incorpore la Convention européenne des droits de l'Homme en droit interne. LOKIEC (P.), « Le droit de grève au Royaume-Uni après les arrêts *Demir* et *Enerji Yapi Yol Sen* », Revue de droit du travail, n° 11, novembre 2011, pp. 665-667

§2. Facteur externe : l'exercice d'une pression institutionnelle de l'OIT sur les Etats

Le rapprochement des juges nationaux dans l'interprétation des instruments de l'OIT repose grandement sur leur prise en considération des travaux des organes de supervision de l'application des normes internationales du travail[185]. Les juges apparaissent en effet sensibles aux (risques de) condamnations de leurs Etats par les instances de l'OIT[186].

La mise en œuvre de la Convention n° 87 sur la liberté d'association a amené le Canada à s'illustrer par le nombre relativement important de discussions dont il a fait l'objet devant la Commission d'application des normes[187]. Le gouvernement fédéral canadien s'est ainsi vu reprocher à différentes reprises l'exclusion de catégories de travailleurs du champ d'application de la législation relative aux relations professionnelles dans plusieurs provinces[188]. En particulier, en 2010 et 2013, les membres de la Commission d'application des normes ont insisté sur *« l'importance d'agir pour que tous les travailleurs, sans distinction d'aucune sorte, aient le droit de constituer des organisations de leur choix et de s'y affilier »*[189].

Au-delà de la pression politique exercée par les mandants de la Conférence internationale du travail[190], une seconde source de contrainte peut résulter du

---

[185] Depuis quelques décennies, à travers son centre de formation de Turin et le développement d'outils d'information, l'OIT a réalisé un important travail de pédagogie, contribuant ainsi à sensibiliser les institutions nationales au contenu de ses instruments normatifs. Toutefois, l'organisation genevoise pourrait encore optimiser son fonctionnement de manière à favoriser davantage l'ancrage de ses normes dans les décisions de justice nationales. Cf. infra. Chapitre conclusif

[186] *« Les systèmes nationaux et internationaux de régulation du travail se nourrissent mutuellement »*. GRAVEL (E.), DELPECH (Q.), « Contrôle des normes internationales du travail et complémentarité des systèmes nationaux et internationaux : récentes évolutions », Revue internationale du travail, vol. 147, 2008, n° 4, p. 452

[187] Plus généralement, sur les contradictions entre les législations canadiennes et les observations des organes de contrôle de l'OIT, voir VERGE (P.), ROUX (D.), « L'affirmation des principes de la liberté syndicale, de la négociation collective et du droit de grève selon le droit international : deux solitudes ? », op. cit., pp. 452-467

[188] Voir en particulier : Observation (CAS) - adoptée 2013, publiée 102ème session CIT (2013). Observation (CAS) - adoptée 2010, publiée 99ème session CIT (2010). Observation (CAS) - adoptée 2004, publiée 92ème session CIT (2004). Observation (CAS) - adoptée 1999, publiée 87ème session CIT (1999).

[189] Observation (CAS) - adoptée 2010, publiée 99ème session CIT (2010). Observation (CAS) - adoptée 2013, publiée 102ème session CIT (2013)

[190] Cf. supra. Première partie, Titre 1, Chapitre 2

fait des organisations syndicales et de l'utilisation dont elles peuvent faire des moyens d'action dont elles disposent.

Au Canada, la centaine de plaintes déposées devant le Comité de la liberté syndicale[191] a révélé les écarts existant entre le droit du travail en vigueur dans le pays et les standards internationaux en matière de relations collectives[192]. La pression constante ainsi exercée a conduit les juges à s'intéresser puis à intégrer, progressivement, les analyses du Comité dans leur raisonnement. Les juges suprêmes du Canada se sont, par exemple, appuyés sur ses conclusions (bien qu'elles n'aient pas été spécifiquement adressées au Canada) pour affirmer que le droit de négociation collective ou que le droit de grève étaient constitutionnellement protégés[193].

En France, l'exemple emblématique de l'arrêt rendu le 1er juillet 2008[194] par lequel la chambre sociale de la Cour de cassation a estimé que le Contrat Nouvelles Embauches[195] méconnaissait la Convention n° 158 sur le licenciement s'inscrit dans la même dynamique[196]. Ainsi qu'il a déjà été montré[197], dans cette affaire, les juges se sont alignés sur le raisonnement développé par la Commission d'experts et le Comité tripartite du Conseil d'administration du BIT, lequel avait condamné la France le 14 novembre 2007, après qu'une réclamation eût été portée par un syndicat[198]. D'une

---

[191] 112 au mois de mai 2020 (107 cas sont clos, trois font l'objet d'un suivi et deux sont actifs). Chaque année voit éclore de nouvelles plaintes. Comme l'a relevé Maude CHOKO, entre 1982 (année de l'adoption de la Charte canadienne) et 2001 (année de l'arrêt *Dunmore*), 59 plaintes ont été déposées devant le Comité de la liberté syndicale, alors que seules 16 requêtes avaient été formulées au cours des trois décennies précédentes : *« face à l'absence d'amélioration ou, pire, de volonté d'amélioration, il [le Comité] en vient à adopter des termes plus sévères quant à la nécessité de modifier l'attitude ou les lois en cause »*. CHOKO (M.), « L'évolution du dialogue entre l'OIT et le Canada en matière de liberté d'association : vers une protection constitutionnelle du droit de grève ? », op. cit., pp. 1141 et 1145

[192] Cf. supra. Sous-section 1 à propos du droit de grève et de la notion de services essentiels.

[193] Cf. supra. Titre 1, Chapitre 1

[194] DUPLAT (J.), « Le contrat nouvelles embauches et les normes internationales du travail. Avis de Jacques DUPLAT », Revue de droit du travail, septembre 2008, p. 504

[195] Lequel permettait, dans les entreprises de moins de vingt salariés, à l'employeur ou au salarié, pendant une période dite de consolidation pouvant atteindre 2 ans, de rompre unilatéralement leur contrat de travail. Cf. supra. Section 1

[196] D'autres facteurs, purement internes, ont joué un rôle majeur. Cf. supra. Chapitre 2

[197] Cf. supra. Première partie, Titre 1, Chapitre 2

[198] GB 300/20/6, 300ème session, Genève, Novembre 2007, Sixième rapport supplémentaire: Rapport du comité chargé d'examiner la réclamation alléguant

manière générale, les organisations syndicales françaises semblent avoir compris l'intérêt des recours devant les organes para-juridictionnels de l'OIT (bien qu'elles soient moins offensives que leurs homologues canadiennes) puisque depuis le milieu des années 1990, onze plaintes et neuf réclamations ont été déposées respectivement devant le Comité de la liberté syndicale et devant le Conseil d'administration de l'OIT dans des cas concernant la France[199].

Si les juges sud-africains peuvent s'aligner sur une conception internationale du droit du travail, ce n'est pas tant en raison de la pression exercée par l'OIT[200] sur leur Etat que du fait de l'ancrage originel du droit international du travail dans le droit social moderne[201]. Cela étant, en 1993, dans sa thèse, Marita KÖRNER-DAMMANN annonçait que les recommandations de la Commission investigation et conciliation de l'OIT en matière de liberté syndicale[202] pourraient exercer un précédent inédit en Afrique du Sud, tant à travers la législation que dans la jurisprudence[203]. Alors que cette prédiction s'est vérifiée, il faut noter qu'à la différence des cas français et canadien, cette prise en considération des travaux de l'OIT ne s'est pas opérée à la suite de plaintes régulièrement déposées par les syndicats et, surtout, a visé à remettre en cause le système marqué par l'Apartheid en son ensemble.

Finalement, dans ce contexte doublement favorable à une convergence des droits du travail, plusieurs exemples montrent l'influence effective des

---

l'inexécution par la France des conventions (n° 87) sur la liberté syndicale et la protection du droit syndical, 1948, (n° 98) sur le droit d'organisation et de négociation collective, 1949, (n° 111) concernant la discrimination (emploi et profession), 1958, et (n° 158) sur le licenciement, 1982, présentée en vertu de l'article 24 de la Constitution de l'OIT par la Confédération générale du travail-Force ouvrière

199 Sur un total de 47 plaintes et 11 réclamations contre le pays entre la mise en place de ces procédures et le mois de mai 2020

200 Seules trois plaintes ont été déposées devant le Comité de la liberté syndicale depuis la réintégration du pays dans l'Organisation

201 Cf. supra. Titre 1, Chapitre 2 et §1.

202 Celle-ci s'était réunie après un renvoi de la plainte déposée par le Congrès des syndicats sud-africains devant le Conseil économique et social des Nations Unies, compte tenu du fait que le pays n'était alors plus membre de l'OIT. GB.253/15/7, LXXV, Série B (Supplément spécial). Rapport de la Commission d'investigation et de conciliation en matière de liberté syndicale concernant la République sud-africaine - Prélude aux changements : la réforme des relations professionnelles en Afrique du Sud

203 KÖRNER-DAMMANN (M.), *Bedeutung und faktische Wirkung von ILO-Standards: dargestellt am Beispiel Sudafrika Nomos Verlagsgesellschaft*, Baden-Baden, 1991 citée par MISCHKE (C.), « The significance and practical effect of ILO standards. A view from the outside », op. cit., p. 69

organes de supervision de l'application des normes internationales du travail dans le rapprochement des droits nationaux.

Sous-section 2 : Des domaines de rapprochement des droits du travail nationaux

Les juges peuvent converger dans l'interprétation du droit international du travail de telle sorte que leurs conceptions de leurs droits nationaux peuvent se rapprocher. Comme le montrent les cas du droit de grève et du licenciement, ce phénomène peut s'opérer dans l'intérêt des travailleurs, lorsque les juges entendent une disposition internationale dans son acception la plus protectrice. Dans le même temps, particulièrement en matière de rupture du contrat de travail, les juges ont en commun de savoir exploiter les marges de manœuvre prévues par le droit international du travail afin de préserver la liberté des Etats.

§1. La convergence des droits du travail nationaux : l'exemple de l'encadrement du droit de grève

De la même manière que le Comité de la liberté syndicale et la Commission d'experts ont déduit la protection du droit de grève et ses déclinaisons de la Convention n° 87 et du principe de liberté syndicale, les juges se sont appuyés sur cette dernière pour développer une jurisprudence tendant à garantir les actions collectives. Plus précisément, la jurisprudence très dense développée par les organes de l'OIT a parfois permis au juge de justifier les contours des modalités d'exercice du droit de grève et sa limitation, s'agissant des services essentiels.

A/ Une reconnaissance commune du droit de grève justifiée par le droit international

En Afrique du Sud comme au Canada, les juges se sont parfois appuyés sur les Conventions de l'OIT qui garantissent les droits collectifs des travailleurs ainsi que sur les interprétations livrées par le Comité de la liberté syndicale et la Commission d'experts concernant le droit de grève[204]. Alors que dans le premier pays, la référence au droit international a permis de conforter un droit déjà proclamé par la section 23 (1) de la Constitution, le recours au droit international a servi, dans le second, de fondement à une consécration par le juge du droit de grève en tant que composante de la liberté d'association.

---

[204] Cf. supra. Première partie, Titre 2, Chapitre 1

1. Le droit international du travail comme instrument de consécration du droit de grève au Canada

Dès 1985, au Canada, le Professeur Pierre VERGE, en opposant deux visions juridiquement envisageables de la liberté d'association, l'une individuelle, l'autre collective, soulignait que la seconde présentait *« l'avantage, sur le plan du droit positif, d'être une interprétation de (...) [l'article 2 d) de la Charte] conforme au droit conventionnel international, pour ce qui est du Canada »* et pouvait inclure une protection de la « *liberté de grève »*[205].

En dépit des espoirs qui avaient rapidement été placés en la Charte canadienne des droits et libertés après son adoption en 1982 s'agissant de la protection du droit de grève sur le fondement de la liberté d'association, la consécration constitutionnelle de ce dernier a constitué l'aboutissement d'une évolution jurisprudentielle très progressive et hésitante de la liberté d'association garantie par l'article 2 d) de la Charte. En tout état de cause, à l'image de l'évolution de la jurisprudence relative aux droits collectifs des salariés, la consécration tardive du droit de grève par le juge canadien s'est accompagnée d'un mouvement de percée du droit international du travail dans l'ordre interne[206].

En vertu de l'arrêt rendu en 2015 par la Cour suprême du Canada, *« non seulement le gouvernement et le législateur [au niveau provincial] devront-ils dorénavant s'abstenir d'entraver substantiellement le droit de grève, mais ceux-ci, dans certains cas, devront peut-être agir et adopter des mesures propres à assurer l'exercice effectif du droit de grève »*[207]. Plus généralement, les restrictions à ce droit fondamental devront systématiquement s'opérer dans le cadre de l'article 1 de la Charte canadienne des droits et libertés[208] qui prévoit cette possibilité *« dans des limites qui soient raisonnables et dont la justification puisse se démontrer dans le cadre d'une société libre et démocratique »*.

---

205 VERGE (P.), *Le droit de grève. Fondements et limites*, Editions Yvon Blais, 1985, pp. 113-115. L'auteur visait ici non seulement la Convention n° 87 sur la liberté d'association telle qu'interprétée au sein de l'OIT mais également les dispositions de l'article 8 du Pacte international relatif aux droits économiques, sociaux et culturels ainsi que la Charte sociale européenne et la Convention européenne des droits de l'Homme

206 Cf. supra. Titre 1, Chapitre 1

207 TRUDEAU (G.), « La constitutionnalisation du droit de grève au Canada. Une avancée juridique remarquable aux effets sociaux limités », op. cit., p. 479

208 Ibid.

Au Canada, la croissance du rôle du droit international dans l'ordre interne a finalement accompagné l'évolution des droits collectifs des travailleurs, jusqu'à la reconnaissance au plus haut niveau du droit de grève. En Afrique du Sud, la situation apparaît différente dans la mesure où la consécration du droit de grève au sommet de l'édifice juridique n'a pas résulté du travail du juge en ce qu'elle figurait déjà dans la Constitution.

2. *Le droit international du travail comme source de consolidation du droit de grève en Afrique du Sud*

Le droit de grève étant consacré par la Constitution sud-africaine, le rôle des juges a été, tout au long des années, de définir ses modalités d'exercice, à la lumière notamment du *Labour Relations Act.* En cela, le recours aux Conventions n° 87 et 98 de l'OIT et l'appropriation de leurs interprétations extensives par le juge ont contribué à leurs réflexions.

Ainsi, dans plusieurs affaires relatives à l'exercice du droit de grève, les juges sud-africains, tant au niveau de la *Constitutional Court*[209] que de la *Labour Court*[210], par exemple, se sont fondés sur les Conventions n° 87 et 98 et leurs interprétations fournies par les organes de l'OIT.

Après l'affaire *NUMSA c. Bader Bop*[211], la *Constitutional Court* s'est ainsi de nouveau basée en 2012 sur le droit international du travail pour entendre le droit de grève dans son acception la plus large. Dans l'affaire *SATAWU and Others v Moloto NO*[212], la question portait sur les modalités de mise en

---

[209] Voir, par exemple : *South African Transport and Allied Workers Union (SATAWU) and Others v Moloto NO and Another* (2012 (6) SA 249 (CC); 2012 (11) BCLR 1177 (CC); [2012] 12 BLLR 1193 (CC); (2012) 33 ILJ 2549 (CC)) [2012] ZACC 32; [2012] ZACC 19 (21 September 2012) ; *South African Police Service v Police and Prisons Civil Rights Union and Another* (CCT 89/10) [2011] ZACC 21; [2011] 9 BLLR 831 (CC); 2011 (9) BCLR 992 (CC); 2011 (6) SA 1 (CC); (2011) 32 ILJ 1603 (CC) (9 June 2011)

[210] *Eskom Holdings (Pty) Ltd v National Union of Mineworkers and Others* (JR1576/07) [2008] ZALC 127; [2009] 1 BLLR 65 (LC) ; (2009) 30 ILJ 894 (LC) (26 September 2008) ; *Food & Allied Workers' Union and Others v Pets Products (Pty) Limited* (C283/99) [2000] ZALC 25 (31 March 2000)

[211] Par laquelle la Cour a énoncé le principe selon lequel un syndicat non majoritaire pouvait exercer le droit de grève pour faire valoir le bénéfice de droits collectifs. *National Union of Metalworkers of South Africa and Others v Bader Bop (Pty) Ltd and Another* [2002], op. cit., paras. 28-31. Cf. supra. Titre 1, Chapitre 2

[212] *South African Transport and Allied Workers Union (SATAWU) and Others v Moloto NO and Another* (2012), op. cit.

œuvre de la section 64 (1) (b) du LRA[213], subordonnant la légalité d'une grève au respect d'un préavis de 48 heures et d'une information préalable de l'employeur. Il s'agissait ici de savoir si cette disposition imposait à chaque salarié gréviste, personnellement ou par le biais d'un représentant, d'adresser un préavis de grève à son employeur. Concrètement, dans un contexte de négociations salariales au sein d'une entreprise d'aéronautique, le syndicat *SATAWU*, majoritaire au sein de la société, avait déposé un préavis de grève. A l'issue de celle-ci, les salariés non-membres du syndicat avaient été licenciés, leur employeur considérant leur action comme illégale au regard de la section 64 (1) (b) du *Labour Relations Act*.

Dans un premier temps, la *Supreme Court* avait validé le licenciement des salariés grévistes non-membres du syndicat *SATAWU*, considérant que l'article 64 (1) (b) du *Labour Relations Act* les obligeait à informer leur employeur, personnellement ou par le biais d'un représentant[214]. Prenant le contrepied de cette analyse, la Cour constitutionnelle[215], se référant à l'affaire *NUMSA c. Bader Bop*, a rappelé que les organes de supervision de l'OIT avaient considéré que le droit de grève était essentiel à la négociation collective.

En refusant d'interpréter la section 64 (1) (b) sous une acception restrictive[216], les juges ont décrit le droit de grève comme visant à rétablir le rapport de force entre employeurs et salariés, dans un contexte d'inégalités

---

[213] Sauf, exception, la section 64 (1) (b) énonçant : *« in the case of a proposed strike, at least 48 hours' notice of the commencement of the strike, in writing, has been given to the employer, unless-*
(i) the issue in dispute relates to a collective agreement to be concluded in a council, in which case, notice must have been given to that council; or
(ii) the employer is a member of an employers' organisation that is a party to the dispute, in which case, notice must have been given to that employers' organisation... »

[214] *Equity Aviation Services (Pty) Ltd v South African Transport and Allied Workers Union and Others* (478/09) [2011] ZASCA 232; 2012 (2) SA 177 (SCA); [2012] 3 BLLR 245 (SCA); (2011) 32 ILJ 2894 (SCA) (30 November 2011)

[215] Par l'intermédiaire des juges YACOOB, FRONEMAN et NKABINDE

[216] *« The point of departure in interpreting section 64(1) is that we should not restrict the right to strike more than is expressly required by the language of the provision, unless the purposes of the Act and the section on "a proper interpretation of the statute ... imports them". The relevance of a restrictive approach is to raise a cautionary flag against restricting the right more than is expressly provided for. Intrusion into the right should only be as much as is necessary to achieve the purpose of the provision and this requires sensitivity to the constraints of the language used ». South African Transport and Allied Workers Union (SATAWU) and Others v Moloto NO and Another*, op. cit., para. 54

des pouvoirs économiques et sociaux, ne pouvant être exercé que collectivement[217]. Cette conception extensive du droit de grève a finalement conduit les juges suprêmes à énoncer que dans la présente espèce, le syndicat *SATAWU*, qui était compétent pour mener les négociations salariales, était également habilité à adresser le préavis de grève au nom de l'ensemble des salariés[218]. Pour les juges, une interprétation différente du *Labour Relations Act* aurait conduit à restreindre particulièrement le droit de grève des salariés non syndiqués ou membres de syndicats minoritaires, ceux-ci étant déjà par ailleurs privés du droit de négociation collective dans ce cas[219].

Alors qu'il serait exagéré d'attribuer le caractère protecteur pour les travailleurs de la jurisprudence sud-africaine relative au droit de grève au seul droit international, il faut relever que l'attitude accueillante des juges à l'égard des principes de l'OIT afférents à la liberté d'association et au droit de grève peut s'expliquer par des raisons historiques et par la collaboration du BIT à la refonte du droit du travail sud-africain après la fin de l'Apartheid.

En Afrique du Sud comme au Canada, le droit international du travail peut être présenté comme un élément de référence pour justifier la garantie du droit de grève. De même, lorsque se pose la question de sa délimitation, l'interprétation des instruments de l'OIT paraît comme un garde-fou et un moyen efficace d'asseoir le raisonnement judiciaire sur un élément extérieur objectif.

B/ Une limitation commune de l'exercice du droit de grève inspirée par le droit international : la notion de services essentiels

Bien que le droit de grève constitue un droit fondamental, il se heurte en pratique à une limite : les arrêts de travail et les interruptions de services qu'ils entraînent sont susceptible de mettre en péril certains droits comme *« le droit à la vie, à la santé et à la sécurité »*[220].

En conséquence, tout en reconnaissant le droit de grève de façon très large[221], le Comité de la liberté syndicale et la Commission d'experts ne

---

[217] Ibid., para. 61

[218] Ibid., para. 92

[219] Ibid.

[220] BERNIER (J.), « La détermination des services essentiels dans le secteur public et les services publics de certains pays industrialisés » in BERNIER (J.), *Grèves et services essentiels*, Les Presses de l'Université de Laval, 1994, p. 47

[221] Cf. supra. Première partie, Titre 2 sur la densité de la jurisprudence internationale en la matière

l'envisagent pas de façon absolue pour tous les travailleurs. Dans certains cas, leurs travaux ont été utilisés par les juges afin d'étudier sa limitation dans certains domaines.

1. La définition des services essentiels par les organes de l'OIT

La Commission d'experts, reprise par le Comité de la liberté syndicale, a défini les services essentiels, pour lesquels l'exercice du droit de grève peut être interdit, comme ceux *« dont l'interruption mettrait en danger, dans l'ensemble ou dans une partie de la population, la vie, la sécurité ou la santé de la personne »*[222].

Le Comité de la liberté syndicale a mis en avant la souplesse de la notion de services essentiels, celle-ci variant non seulement en fonction du contexte national mais également de la durée et de l'étendue de la grève[223]. Dans le même temps, avec la Commission d'experts, il a énuméré une série de secteurs et domaine d'activité pouvant être considérés comme services essentiels : le secteur hospitalier, les services d'électricité, les services d'approvisionnement en eau, les services téléphoniques, la police et les forces armées, les services de lutte contre l'incendie, les services pénitentiaires publics ou privés, la fourniture d'aliments pour les élèves en âge scolaire et le nettoyage des établissements scolaires, le contrôle du trafic aérien[224]. A l'inverse, de nombreux autres secteurs ont été considérés comme ne relevant pas des services essentiels : radio-télévision, transports ferroviaires, construction, monnaie, secteur de l'enseignement[225]...

Les instances de l'OIT ont précisé que les salariés employés à des services essentiels devaient pouvoir conserver un moyen pour appuyer leurs revendications auprès de leur employeur. C'est ainsi qu'ils doivent bénéficier de garanties compensatoires, telles que des *« procédures de conciliation et d'arbitrage appropriées, impartiales et expéditives, aux diverses étapes desquelles les intéressés devraient pouvoir participer, et*

---

[222] BIT, 1983b, para. 214 cité par GERNIGON (B.), ODERO (A.), GUIDO (H.), « Les principes de l'OIT sur le droit de grève », op. cit., p. 20

[223] *« Ce que l'on entend par service essentiel au sens strict du terme dépend largement des conditions spécifiques de chaque pays. En outre, ce concept ne revêt pas un caractère absolu dans la mesure où un service non essentiel peut devenir essentiel si la grève dépasse une certaine durée ou une certaine étendue, mettant ainsi en péril la vie, la sécurité ou la santé de la personne dans une partie ou dans la totalité de la population ». Compilation des décisions du Comité de la liberté syndicale*, op. cit., para. 837, p. 156

[224] *Compilation des décisions du Comité de la liberté syndicale*, op. cit., para. 840, p. 157

[225] Ibid., para. 587, pp. 124-125

dans lesquelles les sentences rendues devraient être appliquées entièrement et rapidement »[226].

La Commission d'experts et le Comité de la liberté syndicale, en développant une jurisprudence particulièrement détaillée concernant la notion de services essentiels, ont choisi de circonscrire précisément le domaine d'exclusion du droit de grève tout en veillant à garantir à tous les salariés un moyen de faire valoir leurs droits.

2. *La notion de services essentiels dans les jurisprudences nationales*

Les jurisprudences canadienne et sud-africaine montrent non seulement l'importance de la notion de *« services essentiels »* telle que dégagée au sein de l'OIT mais également la façon dont les juridictions envisagent les marges d'appréciation dont elles bénéficient en la matière.

Par exemple, en Afrique du Sud, en 2011[227], la *Constitutional Court* s'est prononcée à propos des services de police. Les sections 71 (10) et 213 du LRA énoncent que ces derniers sont réputés constituer des services essentiels. Il s'agissait alors de savoir si n'était visée que la seule activité exercés par les *« membres »* de ces services ou également celle réalisée par d'autres l'ensemble de ses travailleurs (affectés à des *« fonctions support »*...).

Pour se prononcer, les juges ont fait usage de travaux de l'OIT, en complément d'une réflexion essentiellement centrée sur le droit national (laquelle portait sur la notion de *« membre »* de services de police). Citant le Comité de la liberté syndicale, ils ont rappelé qu'une définition trop large des services essentiels aurait conduit à restreindre le droit de grève[228]. Dans ce cadre, ils ont ensuite écarté l'argument selon lequel toutes les personnes employées par les services de police devaient être considérées comme membres de ces derniers et, partant, comme affectées à des services

---

[226] Ibid., para. 595, p. 126

[227] *South African Police Service v Police and Prisons Civil Rights Union and Another* (CCT 89/10) [2011] ZACC 21; [2011] 9 BLLR 831 (CC); 2011 (9) BCLR 992 (CC); 2011 (6) SA 1 (CC); (2011) 32 ILJ 1603 (CC) (9 June 2011)

[228] *South African Police Service v Police and Prisons Civil Rights Union and Another*, op. cit., para. 30. La décision mentionne en note de bas de page : *« According to the Report on the International Labour Conference 81st Session 1994 Freedom of Association and Collective Bargaining at 69-70 para 159, the ILO adopts a restrictive interpretation of "essential services" to avoid limiting the right to strike. This is because "[t]he principle whereby the right to strike may be limited or even prohibited in essential services would lose all meaning if national legislation defined these services in too broad a manner", as the applicant does ».*

essentiels. D'une manière générale, même si, la référence aux travaux de l'OIT s'est ici révélée elliptique, elle a contribué à justifier une interprétation restrictive de la notion de services essentiels.

En 2019, à un niveau inférieur, la *Labour Court* de Johannesburg est partie du principe selon lequel le droit de grève n'était pas absolu pour rejeter la demande formée par le syndicat *National Union of Metalworkers*, qui sollicitait l'invalidation de la détermination des services essentiels par le président du Comité des services essentiels, au sein de la société nationale d'électricité *Eskom*[229]. Celui-ci avait admis que 30 % des salariés du département des ressources humaines de la société entraient dans le champ des services minimums et ne pouvaient exercer librement leur droit de grève. Pour se prononcer, la juridiction s'est, entre diverses analyses issues de la jurisprudence et du droit nationaux, notamment fondée sur les travaux de la Commission d'experts et du Comité de la liberté syndicale pour rappeler les caractéristiques du service minimum[230] et préciser les contours de la notion de services essentiels[231].

Si l'usage par le juge sud-africain des interprétations des organes de l'OIT sur les services essentiels n'a pas de caractère déterminant à lui seul, il

---

[229] *National Union of Mineworkers v Essential Services Committee and Others* (JR 1147/16) [2019] ZALCJHB 82 (10 April 2019)

[230] *« The position of the Committee of Experts on the Application of Conventions and Recommendations regarding a minimum operational service is that: "In the view of the Committee, such a service should meet at least two requirements. Firstly, and this aspect is paramount, it must genuinely and exclusively be a minimum service, that is one which is strictly necessary to meet the basic needs of the population or the minimum requirements of the service, while maintaining the effectiveness of the pressure brought to bear. Secondly, since this system restricts one essential means of pressure available to workers to defend their economic and social interest, their organisation should participate in defining such service" ». National Union of Mineworkers v Essential Services Committee and Others* (JR 1147/16) [2019], para. 30

[231] *« In the ILO Freedom of Association: Digest of the Decisions of Freedom of Association Committee of the Governing Body of the ILO, it is suggested that;*
"The establishment of minimum services in the context of essential services in the strict sense must be distinguished from (1) agreed minimum services in respect of a service that is not essential in the strict sense, but the cessation of which could nonetheless result in an acute national crisis endangering the normal living conditions of the population and (2)…"
and
"Services that are not essential but inconvenience to or longer term impact on the public when these services are not available are considered as justification for a limitation on a right to strike" ». National Union of Mineworkers v Essential Services Committee and Others (JR 1147/16) [2019], para. 32

permet néanmoins au juge de consolider son raisonnement à travers un argument lié à la conformité de la limitation du droit de grève avec les standards internationaux. Ces derniers forment un noyau de droits octroyés à tous les travailleurs, qu'ils soient ou non employés à des services essentiels. Cette tendance n'apparaît pas étonnante lorsque l'on se souvient que la protection du droit de grève par la Constitution et la législation sud-africaines a été présentée en doctrine comme une codification de la jurisprudence de la Commission d'experts et du Comité de la liberté syndicale[232]. Sans doute cette particularité explique-t-elle pourquoi le phénomène apparaît moins marqué et bien plus récent dans la jurisprudence canadienne.

Au Canada, pendant longtemps, l'absence de protection fédérale du droit de grève a entraîné certaines autorités provinciales à définir de façon extensive la notion de services essentiels dans le secteur public, le pays ayant fait l'objet de nombreuses plaintes devant le Comité de la liberté syndicale à ce propos[233]. Pour la première fois, la décision *Saskatchewan Federation of Labour*[234] rendue en 2015 a remis en cause les pratiques provinciales. La définition et la délimitation de la notion de services essentiels ont été l'occasion de se baser sur les travaux de l'OIT afin d'affirmer l'impossibilité pour le législateur provincial de considérer le secteur public en son ensemble comme constituant un service essentiel[235].

Ainsi, selon la juge ABELLA, *« le droit international fait (...) état de la nécessité de limiter précisément tant le droit de grève des salariés qui assurent des services essentiels que, de façon concomitante, les services qui*

---

[232] RUBIN (N.), « International labour law and the new law of the new South Africa », African Law Journal, 685, pp. 700-701

[233] Voir par exemple : Cas n° 3057 (Canada) - Date de la plainte : 4 février 2014, Syndicat national des employées et employés généraux et du secteur public (SNEGSP) appuyée par l'Internationale des services publics (ISP), le Congrès du travail du Canada (CTC) et la Fédération du travail de l'Alberta (AFL) ; Cas n° 2983 (Canada) - Date de la plainte : 27 août 2012, L'Association internationale des machinistes et des travailleurs et travailleuses de l'aérospatiale (AIMTA) appuyée par le Congrès du travail du Canada (CTC) ; Cas n° 2654 (Canada) - Date de la plainte : 12 juin 2008, Syndicat national des employées et employés généraux du secteur public (SNEGSP), Congrès du travail canadien (CTC) et Saskatchewan Federation of Labour (SFL) appuyés par l'Internationale des services publics (ISP)

[234] *Saskatchewan Federation of Labour c. Saskatchewan*, 2015 CSC 4

[235] Au cœur de cette affaire se posait la question de l'étendue du domaine des services essentiels, le P*SES Act* adopté en 2008 à l'initiative du gouvernement de la Saskatchewan prévoyant en particulier la possibilité d'interdire aux salariés du secteur public employés aux services essentiels l'exercice du droit de grève. Cf. supra. Titre 1, Chapitre 1

peuvent à juste titre être qualifiés d' "essentiels" »[236]. Visant plus précisément les Conventions de l'OIT, elle souligne, en citant Jean-Michel SERVAIS, que *« les salariés de certaines catégories ne devraient pas être privés du droit de grève puisque l'interruption de leur travail ne compromet pas dans les faits la vie, la sécurité ou la santé des citoyens »*[237]. Plus loin, elle poursuit son examen du dispositif provincial de 2008, en le confrontant aux travaux du Comité de la liberté syndicale, selon lequel constituent des services essentiels, ceux qui *« préviennent une "menace évidente et imminente pour la vie, la sécurité et la santé dans tout ou partie de la population" (Liberté d'association, par. 581) »*. Cette dernière considération justifie, selon elle, une condamnation d'un mécanisme qui offre au seul employeur le pouvoir d'apprécier si *« la vie, la santé, la sécurité ou le souci environnemental justifie la désignation de services essentiels »*, les salariés ne disposant d'aucune voie leur permettant de contester l'appréciation de l'employeur[238].

Cette décision rendue par la Cour suprême du Canada reflète la dissémination de la conception internationale de services essentiels, en tant que limite à l'exercice du droit de grève étroitement encadrée. Comme en Afrique du Sud, l'ambition du juge est ici de donner au droit de grève la portée la plus étendue, en soulignant que sa limitation dans le cas des services essentiels s'opère dans le cadre restreint du droit international.

Il y a quelques années, le *« manque de cohérence et de cohésion dans les solutions apportées »* à la question de l'équilibre entre le droit de grève et le maintien des services essentiels était remarqué[239]. La nécessité de maintenir à la fois une vision souple d'une notion aux enjeux liée à de multiples critères et de prendre en compte les standards fixés par les organes de l'OIT était soulignée[240]. La pratique des juges sud-africain et, bien plus récemment, canadien, révèle un potentiel d'harmonisation des règles nationales autour de standards minimaux communs. Concernant plus largement l'encadrement du droit de grève, on entrevoit une telle éventualité à travers l'alignement du juge sur les interprétations des Conventions de l'OIT formulées par les instances internationales. Ce phénomène s'exprime de façon différente dans le domaine du licenciement, où les autorités nationales disposent d'une marge d'appréciation plus conséquente.

---

[236] *Saskatchewan Federation of Labour c. Saskatchewan*, op. cit., para. 86
[237] Ibid. Cf. supra. Section 1
[238] *Saskatchewan Federation of Labour c. Saskatchewan*, op. cit., para. 92
[239] PANKERT (A.), « Protection du droit de grève et maintien des services essentiels » in BERNIER (J.), *Grèves et services essentiels*, op. cit., p. 285
[240] Ibid., pp. 286 et 291-292

§2. La convergence des droits du travail nationaux : l'exemple de l'application de la Convention n° 158 sur le licenciement par les juges français et sud-africain

Bien qu'elle soit en vigueur depuis le 23 novembre 1984, la Convention n° 158 sur le licenciement n'a été ratifiée que par 36 pays, parmi lesquels figure la France, mais pas l'Afrique du Sud[241]. Pourtant, dans les deux pays, elle est, de façon plus ou moins régulière, utilisée devant les tribunaux depuis plusieurs années.

Dans les deux cas, le recours à cet instrument par les juges a accompagné voire favorisé une extension du domaine de protection du salarié concerné par une mesure de licenciement. Dans un sens inverse, l'utilisation du droit international a également visé à circonscrire les limites des droits dont bénéficie ce dernier.

A/ L'extension du domaine de protection du salarié concerné par une mesure de licenciement

L'utilisation judiciaire de la Convention n° 158 sur le licenciement et son interprétation extensive permettent parfois de palier aux insuffisances ou aux imprécisions des droits nationaux afin d'encadrer les modalités de rupture du contrat de travail.

En France, le juge judiciaire français a prolongé la jurisprudence relative au CNE[242] à l'appréciation de la durée de périodes d'essai des contrats de droit commun, en examinant ces dernières à la lueur de l'exigence de *« durée raisonnable »* prévue par l'article 2§2 b) de la Convention n° 158. L'application de cette disposition lui a permis de censurer les durées maximales prévues par un certain nombre de conventions de branche conclues avant l'entrée en vigueur de la loi portant modernisation du marché du travail[243] (laquelle encadre les périodes d'essai[244] sans remettre en cause certaines dispositions conventionnelles conclues avant son entrée en

---

[241] Cf. supra. Titre 1, Chapitre préliminaire à propos des Conventions ratifiées par chacun des pays

[242] Cf. supra. Titre 1 et Chapitre 1

[243] Loi n° 2008-596 du 25 juin 2008 portant modernisation du marché du travail

[244] Variables de deux à quatre mois en fonction du statut du salarié, une possibilité de renouvellement d'une durée équivalente pouvant par ailleurs être prévue par une convention de branche. Article L. 1221-21 du Code du travail

vigueur[245]). Les juges ont par exemple considéré comme excessives la période d'essai de six mois pour des employés d'une banque[246] (la salariée concernant occupant un poste d'assistante commerciale), la période d'essai d'un an (renouvellement inclus) pour les cadres du secteur du commerce de gros et de détail à prédominance alimentaire (pour un directeur de magasin)[247] ou bien encore la période d'essai de dix mois, en application de la convention collective des Maisons Familiales Rurales qui fixait celle-ci à douze mois au maximum[248].

L'intégration de l'article 2 de la Convention n° 158 dans l'ordre juridictionnel français est telle que la chambre sociale de la Cour de cassation a décidé que celui-ci constituait une disposition impérative de la loi française[249]. Pour annuler la décision des juges du fond qui avaient estimé que le droit français ne pouvait se substituer au droit irlandais en matière de période d'essai[250], la Cour de cassation a fait valoir que *« pendant l'intégralité de la durée de la relation contractuelle, le contrat de travail avait été exécuté en France, et (...) que les dispositions de l'article 2 de la convention n° 158 de l'OIT constitu[ai]ent des dispositions impératives et qu'[étai]t déraisonnable, au regard des exigences de ce texte, une période d'essai dont la durée, renouvellement inclus, atteint un an »*.

---

245 Selon l'article L. 1221-22 du Code du travail, *« Les durées des périodes d'essai fixées par les articles L. 1221-19 et L. 1221-21 ont un caractère impératif, à l'exception :*
- de durées plus longues fixées par les accords de branche conclus avant la date de publication de la loi n° 2008-596 du 25 juin 2008 portant modernisation du marché du travail ;
- de durées plus courtes fixées par des accords collectifs conclus après la date de publication de la loi n° 2008-596 du 25 juin 2008 précitée ;
- de durées plus courtes fixées dans la lettre d'engagement ou le contrat de travail ».

246 Cass. Soc., 10 mai 2012, 10-28.512, Publié au bulletin

247 Cass. Soc., 11 janvier 2012, 10-17.945, Publié au bulletin. En l'espèce, la convention collective prévoyait en son article 2 de l'annexe III intitulé *« cadres »* que la durée normale de la période d'essai est fixée à 3 mois, sauf accord particulier entre les parties pour une durée différente pouvant atteindre 6 mois, renouvelable une fois après accord entre les parties

248 CA Angers, soc., 14 octobre 2014, n° 12/02628

249 Cass. Soc., 26 mars 2013, n° 11-25.580. ICARD (J.), « Dispositions impératives et conventions internationales », Cahiers sociaux, 31 mai 2013 n° 252, p. 162

250 Dans cette décision, les parties (une compagnie aérienne de droit irlandais et son salarié, employé en qualité de personnel navigant commercial) avaient décidé d'établir un contrat de travail en langue anglaise et de le soumettre au droit irlandais, en application de l'article 3 de la Convention de Rome. Le contrat était assorti d'une période d'essai de six mois, renouvelable une fois dans la limite de douze mois, laquelle fut rompue quelques jours avant l'arrivée de son terme, au cours de son neuvième mois d'exécution.

Dans le cadre de son étude d'ensemble de 1995 concernant la protection contre le licenciement injustifié, la Commission d'experts a rappelé que *« lors des travaux préparatoires [de la Convention n° 158], il a été relevé que les périodes considérées comme raisonnables varient sensiblement d'un pays à un autre et, parfois, d'une catégorie de travailleurs à une autre, et qu'il n'était donc pas possible de définir la notion de durée "raisonnable". Il appartient à chaque pays qui ratifie la convention de déterminer les périodes considérées comme raisonnables, sous réserve que cette détermination se fasse de bonne foi... »*[251]. Partant, force est de constater l'ardeur du juge français qui, en dépit des imprécisions du texte de la Convention et d'une jurisprudence assez souple de la Commission d'experts[252], a choisi d'encadrer strictement la durée des périodes d'essai prévues par le droit français.

Au-delà de l'article 2 de la Convention n° 158, son article 10 s'est également révélé décisif devant de nombreux conseils de prud'hommes, lorsqu'il s'est agi de remettre en cause le barème applicable à la détermination du montant de l'indemnité pour licenciement sans cause réelle et sérieuse[253]. Toutefois, au moment de la rédaction du présent ouvrage, l'Assemblée plénière de la Cour de cassation avait, par deux avis[254], estimé que le dispositif français était conforme au droit international. L'évolution future de ce contentieux pourrait permettre de définir avec plus de précision le potentiel de la Convention n° 158 dans la protection des travailleurs licenciés.

---

[251] Protection contre le licenciement injustifié, Etude d'ensemble des rapports sur la convention n° 158 et la recommandation n° 166 sur le licenciement, CIT, 82ème session, 1995, para. 40, p. 18

[252] En-dehors de la condamnation de la *« période de consolidation »* de deux ans mise en place dans le cadre du Contrat nouvelles embauches. GB 300/20/6, 300ème session, Genève, novembre 2007, Sixième rapport supplémentaire: Rapport du comité chargé d'examiner la réclamation alléguant l'inexécution par la France des conventions (n° 87) sur la liberté syndicale et la protection du droit syndical, 1948, (n° 98) sur le droit d'organisation et de négociation collective, 1949, (n° 111) concernant la discrimination (emploi et profession), 1958, et (n° 158) sur le licenciement, 1982, présentée en vertu de l'article 24 de la Constitution de l'OIT par la Confédération générale du travail-Force ouvrière. Cf. Première partie, Titre 1, Chapitre 2

[253] CPH Troyes, 13 décembre 2018, n° 18/00036 ; CPH Lyon, 21 décembre 2018, n° 18/01238, CPH Grenoble, 19 janvier 2019, n° 18/00989, CPH Montpellier, 17 mai 2019, n° 18/00152… Cf. supra. Titre 1

[254] Avis n° 15012 du 17 juillet 2019 - Formation plénière pour avis et Avis n° 15013 du 17 juillet 2019 - Formation plénière pour avis

Un mouvement comparable se produit en Afrique du Sud, où l'interprétation extensive de la Convention n° 158 permet de conférer au salarié un certain nombre de protections en matière procédurale. Essentiellement, cette dernière a été utilisée pour discuter la validité d'une procédure de licenciement. Contrairement au cas français où l'application isolée de la Convention n° 158 a pu faire basculer l'issue d'un contentieux, la jurisprudence sud-africaine révèle que le recours à ce texte a visé à apporter un élément de persuasion supplémentaire dans une argumentation, aux côtés d'instruments de droit interne ou supranationaux, contraignants ou non[255].

En 1986, alors que l'Afrique du Sud n'avait pas encore réintégré l'OIT, l'*Industrial Court* avait énoncé, de façon très circonstanciée, les caractéristiques d'une procédure disciplinaire équitable[256]. Tout en citant la Convention n° 158 dans leurs conclusions, les juges énoncé une formule bien plus *« détaillée et formaliste »*[257] que le texte de l'OIT, en énumérant l'ensemble des droits dont devait bénéficier le salarié faisant l'objet d'un entretien disciplinaire[258].

Dans la période moderne du droit du travail post-Apartheid, l'affaire *Modise* rendue par la *Labour Court of Appeal* en 2000[259] montre en quoi le recours à l'article 7 de la Convention n° 158, qui pose le principe d'un droit à la défense, a permis au juge d'imposer le respect d'une procédure

---

[255] *National Education Health & Allied Workers Union (NEHAWU) v University of Cape Town and Others* (CCT2/02) [2002] ZACC 27; 2003 (2) BCLR 154; 2003 (3) SA 1 (CC) (6 December 2002). Cf. supra. Section 1

[256] *Mahlangu v CIM Deltak* (1986) 7 ILJ 346 (IC) 375

[257] SMITS (P.), VAN ECK (BPS), « International perspectives on South Africa's unfair dismissal law », The Comparative and International Law Journal of Southern Africa, Vol. 43, No. 1, March 2010, p. 61

[258] *« The other important ingredients of a fair disciplinary hearing would include:*
the right to be told the nature of the offence or misconduct with relevant particulars of the charge;
the right of the hearing to take place timeously;
the right to be given adequate notice prior to the hearing;
the right of some form of representation ...;
the right to call witnesses; the right to an interpreter;
the right to a finding ... ;
the right to have previous service considered;
the right to be advised of the penalty imposed (verbal warnings, written warnings, termination of employment);and
the right of appeal, ie usually of a higher level of management ». SMITS (P.), VAN ECK (BPS), « International perspectives on South Africa's unfair dismissal law », op. cit., p. 61

[259] *Modise and others v Steve's Spar Blackheath* (JA29/99) [2000]

contradictoire, également en cas de licenciement pour participation à une grève illicite[260].

Après l'affaire *Modise*, la Convention n° 158 a été utilisée à plusieurs reprises par les juges, y compris au sein de la *Constitutional Court* et de la *Supreme Court of Appeal*. Toutefois, force est de constater qu'elle s'est révélée moins décisive que dans l'affaire *Modise*. Ainsi, en 2007, dans l'affaire *SIDUMO*[261], un agent de sécurité d'une mine avait été licencié, son employeur lui reprochant d'avoir fait preuve de négligence dans les procédures de fouille. Se posait donc la question du rôle du juge dans l'appréciation de la sanction infligée par un employeur à un salarié. Dans un premier temps, à l'issue d'une longue et complexe procédure, la *Supreme Court of Appeal* avait en effet considéré que les membres de la Commission de conciliation, de médiation et d'arbitrage (CCMA) ne devaient pas interférer dans l'exercice du pouvoir de sanction, discrétionnaire, de l'employeur, en dehors du cas où celle-ci apparaît abusive (*« unfair »*) ou a résulté d'une action abusive de l'employeur *(« where the employer acted unfairly in imposing the sanction »*).

La Cour constitutionnelle s'est alors notamment trouvée confrontée à la détermination du rôle du juge dans l'appréciation des sanctions décidées par l'employeur. Pour appuyer l'idée selon laquelle les membres de la CCMA se devaient d'arbitrer le licenciement en toute indépendance, le juge NAVSA s'est référé à l'article 8 de la Convention n° 158, selon lequel tout salarié licencié bénéficie du droit de recourir contre cette mesure devant un organisme impartial[262].

En 2008, la Cour a également eu l'occasion de se référer à la Convention sur le licenciement[263]. Dans ce cas, elle a mis en exergue l'obligation de motiver tout licenciement (comme le prévoit l'article 4 de la Convention) reprise à l'article 188 de la LRA[264]. A nouveau, le recours au droit international ne s'est pas révélé décisif, il a simplement permis de conforter une analyse d'abord centrée sur le droit national. Cela étant, le juge sud-africain est venu

---

[260] Cf. supra. Titre 1, Chapitre 2

[261] *Sidumo and Another v Rustenburg Platinum Mines Ltd and Others* (CCT 85/06) [2007] ZACC 22; [2007] 12 BLLR 1097 (CC); 2008 (2) SA 24 (CC) ; (2007) 28 ILJ 2405 (CC); 2008 () BCLR 1558 (CC) (5 October 2007)

[262] Ibid., para. 61

[263] Cette question étant accessoire à la problématique principalement traitée dans la décision, liée aux conséquences de l'irrégularité de la rupture du contrat de travail

[264] *Equity Aviation Services (Pty) Ltd v Commission for Conciliation, Mediation and Arbitration and Others* (CCT 88/07) [2008] ZACC 16; [2008] 12 BLLR 1129 (CC); 2009 (1) SA 390 (CC) ; (2008) 29 ILJ 2507 (CC) ; 2009 (2) BCLR 111 (CC) (25 September 2008), para. 25

rejoindre son homologue français en ce que la référence à la Convention n° 158 a permis d'accompagner la protection du salarié voyant son contrat de travail rompu.

A l'opposé, dans d'autres cas, le recours à la Convention n° 158 a permis de confirmer la conformité du droit national avec le droit international.

B/ Les limites du droit à la défense du salarié concerné par une mesure de licenciement

Les jurisprudences française et sud-africaine révèlent une certaine communauté d'approche des juges s'agissant de la portée du droit à la défense du salarié concerné par une procédure de licenciement, en vertu de l'article 7 de la Convention n° 158. Dans les deux pays, les juges considèrent que ce droit n'est pas absolu pour les salariés.

En 2007, dans l'affaire *Old Life Mutual Assurance v. Gumbi*, il s'agissait de savoir si un licenciement pouvait être prononcé alors que le salarié concerné avait été absent au moment de son entretien. En première instance, pour valider la procédure, les juges avaient considéré que le salarié avait délibérément et volontairement manqué l'entretien préalable à la rupture de son contrat de travail. Les juges d'appel avaient renversé cette décision, en se basant sur le fait que le salarié avait produit à un authentique certificat médical établissant le caractère involontaire de son absence.

Pour se prononcer, la *Supreme Court of Appeal* a rappelé la garantie d'un entretien préalable au licenciement existant en droit interne et les larges obligations induites par l'adhésion de l'Afrique du Sud à l'OIT. En vertu de la section 233 de la Constitution, cette situation implique d'interpréter la législation sud-africaine à la lueur de l'ensemble de ses instruments, qu'ils aient ou non été ratifiés. Dans ce contexte, la *Supreme Court of Appeal* s'est référée à l'article 7 de la Convention n° 158 qui accorde un droit à la défense au salarié en matière de licenciement.

Soulignant que la Convention n° 158 reconnaissait que ce droit n'était pas absolu et pouvait être écarté dans certaines circonstances, le juge JAFTA a choisi d'analyser le principe du contradictoire à la lueur du droit interne et de l'idée d'équité qu'il sous-tend. Il s'est ainsi référé à une décision rendue en 1996 par la *Supreme Court of Appeal*, selon laquelle l'équité invite à prendre en compte non seulement les intérêts des travailleurs mais aussi ceux des employeurs, en opérant un jugement moral ou de valeur s'agissant des faits et circonstances examinés[265].

C'est en suivant cette approche que le juge a considéré que le droit d'un salarié d'être entendu préalablement à son licenciement imposait uniquement à l'employeur d'offrir une telle opportunité au salarié, peu important que celui-ci la saisisse ou non[266]. Dans ce cas, le recours à la Convention n° 158 a permis à la Cour de valider la conformité des règles nationales (essentiellement issues de la *Common Law*) en matière de procédure de licenciement compte tenu des engagements internationaux du pays

Dans une autre affaire, la *Labour Court* de Johannesburg[267] s'est également appuyée sur la Convention n° 158 et sur les travaux de la Commission d'experts pour interpréter le droit national. En l'espèce, la question portait sur les modalités de l'enquête disciplinaire devant être diligentée par l'employeur qui envisage un licenciement (conformément au chapitre IX du LRA). La Cour s'est inspirée des travaux de la Commission d'experts selon lesquels le droit à la défense prévu en matière de licenciement implique un dialogue et une réflexion entre les parties préalablement au prononcé de la sanction mais n'impose pas de procédure contradictoire. Ce faisant, elle a justifié l'absence de nécessité d'organiser une enquête formelle dans le cadre d'une procédure de licenciement pour vol.

Dans le même sens, le juge français a rappelé les limites du droit à la défense du salarié qui fait l'objet d'une mesure de licenciement. En effet, conformément à l'article L. 1232-2 du Code du travail, l'employeur qui envisage de licencier un salarié doit le convoquer au préalable par courrier. Or, le Code du travail prévoit les mentions devant figurer dans cette lettre[268]

---

[265] *« Fairness comprehends that regard must be had not only to the position and interests of the worker, but also those of the employer, in order to make a balanced and equitable assessment. In judging fairness, a court applies a moral or value judgment to established facts and circumstances... ». National Union of Metalworkers of SA v Vetsak Co-operative Ltd and Others* [1996] ZASCA 69; 1996 (4) SA 577(A) in *Old Mutual v Gumbi* [2007] SCA 52 (RSA), para. 7

[266] Ibid., para. 8

[267] *Avril Elizabeth Home for the Mentally Handicapped v Commission for Conciliation Mediation and Arbitration and Others* (JR782/05) [2006] ZALC 44 (14 March 2006)

[268] Article R. 1232-1 du Code du travail :
« La lettre de convocation prévue à l'article L. 1232-2 indique l'objet de l'entretien entre le salarié et l'employeur.
Elle précise la date, l'heure et le lieu de cet entretien.
Elle rappelle que le salarié peut se faire assister pour cet entretien par une personne de son choix appartenant au personnel de l'entreprise ou, en l'absence d'institutions

et n'y intègre pas les motifs faisant envisager le licenciement. Cette situation, où un salarié peut ignorer les raisons de sa convocation, a amené des justiciables à remettre en cause cette formalité, méconnaissant selon eux le droit à la défense consacré par l'article 7 de la Convention n° 158.

Pour la première fois, dans une décision du 7 mai 2014, la Cour d'appel de Paris a estimé que l'absence de mention dans la lettre de convocation du motif de l'éventuel licenciement constituait un *« manquement dans le respect des dispositions de la Convention 158 de l'organisation internationale du travail, mais aussi d'un principe fondamental pour le respect des droits de la défense, [qui] entache également de nullité ledit licenciement »*[269]. Pour ce faire, elle a retenu que l'entretien préalable constituait *« la seule étape de la procédure pendant laquelle le salarié a, légalement, le droit de s'expliquer sur les faits qui lui sont reprochés, avec l'aide d'un défenseur, le respect des droits de la défense [ce qui] implique effectivement, que celle-ci puisse être préparée, dans la perspective de l'entretien préalable en connaissance de cause c'est-à-dire en connaissant, non seulement la sanction que l'employeur envisage de prendre, mais surtout les reproches que l'employeur s'apprête à articuler à l'encontre de son salarié »*.

Cette décision reste néanmoins isolée. Plusieurs arrêts de Cours d'appel[270] ont ultérieurement considéré que la législation était conforme au droit international, en particulier *« dès lors que le salarié a le droit d'être assisté au cours de l'entretien et qu'il peut se défendre contre les griefs formulés par l'employeur au cours de cet entretien »*[271]. En 2016, la Cour de cassation a réaffirmé cette position en déclarant que *« l'énonciation de l'objet de l'entretien dans la lettre de convocation adressée au salarié par un employeur qui veut procéder à son licenciement et la tenue d'un entretien préalable au cours duquel le salarié, qui a la faculté d'être assisté, peut se défendre contre les griefs formulés par son employeur, satisfont à l'exigence de loyauté et du respect des droits du salarié »*[272].

---

représentatives dans l'entreprise, par un conseiller du salarié ».

[269] CA Paris, pôle 6, ch. 6, 7 mai 2014, n° 12/02642. MARTINON (A.), « Pas de printemps pour l'article 7 de la Convention OIT 158 », Cahiers sociaux, janvier 2015 n° 270, pp. 10 et s.

[270] CA Paris, 21 mai 2014, n° 12/08687 ; CA Versailles, 18 juin 2014, n° 12/00583 (MARTINON (A.), « Pas de printemps pour l'article 7 de la Convention OIT 158 », op. cit.) ; CA Paris, 11 mars 2015, n° 12/05481 ; CA Chambéry, 9 avril 2015, n° 14/01750

[271] CA Versailles, ch. 11, 18 sept. 2014, n° 12/04794

[272] Cass. soc., 6 avril 2016, 14-23.198, Publié au bulletin

En France comme en Afrique du Sud, la retenue des juges concernant la portée du droit à la défense garanti par l'article 7 de la Convention n° 158 rejoint la précaution de la Commission d'experts en la matière. Cette dernière a en effet posé le principe selon lequel *« l'objectif de cet article est de faire précéder une éventuelle décision de licenciement d'un dialogue et d'une réflexion entre les parties »*[273]. Pour autant, *« il résulte des travaux préparatoires que la possibilité de se défendre a trait à la possibilité pour le travailleur d'être entendu par l'employeur, mais cela sans qu'il y ait nécessité d'une procédure contradictoire »*[274]. Les jurisprudences françaises et sud-africaines semblent ainsi s'inscrire dans les interstices laissés par la Commission d'experts : si le droit à la défense doit être garanti au salarié concerné par une mesure de licenciement, sa concrétisation n'impose pas systématiquement la mise en œuvre des mesures les plus favorables pour ce dernier.

Finalement, un certain nombre de décisions de justice nationales relatives au licenciement et au droit de grève illustrent une tendance des juges à se conformer au droit international du travail, ce dernier apparaissant alors comme un vecteur de rapprochement des droits nationaux, par l'effet d'interprétations communes d'instruments de l'OIT.

Loin de représenter une abdication du droit national face à des sources extérieures, cette pratique révèle que les juges peuvent parfois exploiter les marges de manœuvre que leur laissent les normes internationales du travail, lorsqu'ils veillent à la conformité de leurs droits avec les obligations internationales de leurs Etats.

Conclusion du premier chapitre

A la fois animés par un mouvement de promotion des droits fondamentaux des travailleurs et contraints par la pression exercée par les organes de supervision de l'application des normes internationales du travail, les juges sont les artisans d'un rapprochement des droits du travail nationaux, lequel apparaît bien éloigné de l'idée d'unification.

L'usage du droit international favorise une harmonisation des droits nationaux par le biais d'une influence descendante émanant des organes de l'OIT ou d'une circulation de concepts entre juges. Les juges canadiens et

273 Protection contre le licenciement injustifié, Etude d'ensemble des rapports sur la convention n° 158 et la recommandation n° 166 sur le licenciement, op. cit., para. 148, p. 70

274 Ibid., para. 147, p. 70

sud-africains agissent dans le cadre de normes internes qui prescrivent une interprétation téléologique du droit voire une utilisation des sources internationales les plus variées pour y parvenir. Ponctuellement, le juge français peut, lui, choisir d'entendre les Conventions de l'OIT sous leur acception la plus large.

Dans les trois pays, l'effet équivalent recherché par les juges qui interprètent les instruments de l'OIT résulte d'un choix de leur part. En dépit des libertés dont bénéficient leurs auteurs, l'observation des orientations prétoriennes permet néanmoins de constater une indéniable convergence des droits nationaux dans des domaines donnés. Cette harmonisation, qui repose sur la mise en œuvre des normes internationales du travail, se retrouve en même temps dans l'utilisation commune par les juges des marges d'appréciation accordées par les Conventions de l'OIT et par les organes de contrôle de leur application. Cette tendance leur permet de développer un droit international du travail éloigné de toute idée d'hégémonie d'un système dominant et dont la mise en œuvre des principes s'opère dans le respect des particularismes nationaux.

Toutefois, dans un certain nombre de cas, les juges utilisent leur liberté de façon à détacher les textes qu'ils utilisent de leur vocation première[275]. Ainsi, après avoir constaté, que le droit international du travail avait pénétré les systèmes juridictionnels nationaux, l'on peut se demander dans quelle mesure les interactions entre les normes internationales du travail et la pratique juridictionnelle débouchent sur un phénomène inverse à celui présenté précédemment : une fragmentation du droit international du travail.

---

275 ROBIN-OLIVIER (S.), REMY (P.), « Les migrations jurisprudentielles, facteurs de développement du droit international du travail ? », op. cit., p. 91

Chapitre 2
L'acculturation des instruments de l'OIT : source de fragmentation du droit international du travail

La tendance croissante des juges à se référer au droit international n'est pas sans risque. En 2000, réagissant à la *« prolifération de tribunaux internationaux »*, le juge Gilbert GUILLAUME, alors Président de la CIJ, soulignait le *« danger de fragmentation du droit pouvant conduire à une incohérence jurisprudentielle »* et appelait à un *« dialogue interjudiciaire »*[1].

Selon la Commission du droit international, *« la fragmentation se présente différemment dans chacun de ces trois types de conflit. Le premier type concerne à proprement parler les effets d'interprétations juridiques divergentes dans un environnement institutionnel complexe (...) ; les deux autres types renvoient à des conflits réels dans lesquels le droit lui-même (par opposition à certaines interprétations putatives de celui-ci) apparaît sous un jour différent selon le cadre normatif utilisé pour l'examiner[2] »*[3].

L'utilisation des instruments de l'OIT par les juges nationaux renvoie à la situation résultant du premier type de conflit, *« vertical »*[4], où la production d'interprétations à des niveaux différents conduit à prêter des significations multiples à un même texte[5]. En s'éloignant des analyses dégagées par les organes de l'OIT, ils peuvent potentiellement atteindre la substance des normes internationales du travail, en intégrant des instruments

---

[1] Propos rapportés par le Professeur Charles LEBEN. LEBEN (C.), « La fragmentation du droit applicable aux relations internationales » cité par BERGE (J.-S.), FORTEAU (M.), NIBOYET (M.-L.), THOUVENIN (J.-M.), *La fragmentation du droit applicable aux relations internationales*, op. cit., p. 21

[2] A savoir lorsque la fragmentation résulte de l'apparition d'un droit spécial en tant qu'exception au droit général et lorsqu'existe un conflit entre différents types de droit spécial

[3] CDI, 58ème session Genève, 1er mai, 9 juin, 3 juillet, 11 août 2006. *Fragmentation du droit international : difficultés découlant de la diversification et de l'expansion du droit international.* Rapport du Groupe d'étude de la Commission du droit international établi sous sa forme définitive par Martti KOSKENNIEMI, para. 48

[4] Sur l'utilisation de cet adjectif, voir DELMAS-MARTY (M.), *Résister, responsabiliser, anticiper*, Editions du Seuil, 2013, p. 7

[5] Les cas de fragmentation découlant des autres types de conflit visent quant à eux les problématiques auxquelles peuvent être confrontés les organes de supervision de l'application des normes face à la variété des situations nationales ainsi que les difficultés posées par la coexistence du droit international du travail avec d'autres domaines normatifs. Sur ces deux sujets, cf. supra. Première partie. Titre 1. Chapitres 1 et 2

« acculturés »[6] dans leurs systèmes juridiques. De fait, se pose donc la question de savoir en quoi cette pratique est susceptible de priver ces normes d'effectivité.

Un auteur a soutenu, à propos de la violation des droits fondamentaux résultant de textes internationaux ou européens du fait de l'utilisation d'une marge d'appréciation par les juges, que la fragmentation dans ce cas était *« inévitable mais acceptée, voire voulue a priori »*[7]. Ce point de vue n'apparaît pas parfaitement transposable au risque inhérent à l'application juridictionnelle des normes internationales du travail. En effet, le caractère général des textes ne vise pas à fournir aux juges de marge de manœuvre au moment de leur application. Compte tenu de la structure tripartite de l'OIT et de la Conférence internationale du travail, elle constitue le plus souvent le résultat ultime de discussions entre mandants aux intérêts contradictoires. Si une part d' *« incertitude négociée »*[8] peut résulter d'une abstention volontaire des parties à la négociation, cela ne signifie pas nécessairement que celles-ci ont entendu confier aux autorités nationales le soin de préciser la signification d'un texte compte tenu de spécificités locales (auquel cas l'instrument pourrait prévoir explicitement une clause de souplesse[9]). Dans ce contexte, l'appropriation des normes internationales du travail par les juges s'opère à l'insu de l'auteur des textes et peut potentiellement priver les instruments de l'OIT d'effectivité.

Ainsi, les juges peuvent envisager les instruments de l'OIT de façons très inégales, sans s'aligner sur les interprétations fixées à l'échelle internationale (Section 1). Agissant comme bon nombre d'acteurs nationaux ou régionaux[10], ils interprètent finalement le droit international à la lumière d'éléments purement nationaux (Section 2).

---

[6] Le doyen CARBONNIER évoque ce phénomène d'acculturation juridique (en citant l'exemple des anciennes colonies aux droits calqués sur les modèles européens). Selon lui, *« les règles greffées se heurteront à une résistance sociologique dans les profondeurs de la masse, où les vieilles règles continuent à vivre. D'où un heurt (clash), une rencontre combative entre le droit de source et le droit d'importation »*. CARBONNIER (J.), *Flexible droit. Pour une sociologie du droit sans rigueur*, op. cit., p. 20

[7] PLATON (S.), « Droits fondamentaux et fragmentation de l'application des droits international et européen » in ARLETTAZ (J.), TINIERE (R.) (dir.), *Fragmentation en droit. Fragmentation du droit*, Editions L'Epitoge, Lextenso, 2014, pp. 51-52

[8] MAUPAIN (F.), « L'interprétation des Conventions internationales du travail », op. cit., p. 585. Cf. supra. Première partie

[9] Cf. supra. Première partie, Titre 2, Chapitre 1

[10] Cf. supra. Première partie, Titre 2, Chapitre 2. A propos de la pratique au sein de l'Union européenne, voir BENLOLO-CARABOT (M.), « Droit européen et fragmentation du droit applicable » in BERGE (J.-S.), FORTEAU (M.), NIBOYET

Section 1 Des approches restrictives des instruments de l'OIT traduisant un repli des juges

Même si, conformément à une vision réaliste, les méthodes d'interprétation ne guident pas la signification attribuée à un texte de droit[11], la mise en œuvre de méthodes restrictives peut traduire une attitude de repli des juges[12] face à une jurisprudence internationale qui repose essentiellement sur des interprétations extensives des instruments de l'OIT[13]. D'un point de vue plus substantiel, le résultat des interprétations des instruments de l'OIT opéré par les juges nationaux peut les conduire à s'éloigner des analyses élaborées à Genève et à leur faire produire un *« effet différent »*[14].

L'approche interprétative des traités varie grandement d'une juridiction nationale à l'autre[15]. Les méthodes d'interprétation employées par le juge peuvent apparaître de façon limpide dans ses décisions comme au Canada ou en Afrique du Sud ou ne se dévoiler que par des voies détournées (rapports, avis d'avocats-généraux…) comme en France. Dans tous les cas, l'autonomie des juges dans l'interprétation des textes de l'OIT qu'ils utilisent montre une opposition entre ceux qui tendent à favoriser une approche littérale et centrée sur les textes, particulièrement en France, et

---

(M.-L.), THOUVENIN (J.-M.), *La fragmentation du droit applicable aux relations internationales*, op. cit., pp. 97-110

[11] Cf. supra. Première partie, Titre 2, Chapitre préliminaire

[12] Selon le Professeur Jean-Sylvestre BERGE, un acteur institutionnel (représentant non seulement le pouvoir judiciaire mais aussi les pouvoirs exécutif voire législatif) peut être réticent à procéder à l'application d'une méthode ou d'une solution juridique ne provenant pas de son système. Cette attitude de repli, lorsqu'elle est systématique et repose sur une position de rejet à l'égard des sources extérieures au système national, est *« contestable »*. En revanche, lorsqu'il s'agit de *« protéger un système juridique des perturbations qu'il pourrait subir du fait de la coexistence d'autres systèmes juridiques placés à d'autres niveaux que le sien »*, cette position n'en est pas moins utile. BERGE (J-S.), *L'application du droit national, international et européen*, op. cit., pp. 270-271

[13] Cf. supra. Première partie, Titre 2

[14] BERGE (J-S.), *L'application du droit national, international et européen*, op. cit., p. 157

[15] La Convention de Vienne sur le droit des traités de 1969 ne permet pas de régler la question de l'interprétation des conventions internationales par les juges. Contrairement au Canada, ni la France, ni l'Afrique du Sud n'ont ratifié le texte. Certes, les principes posés par la Convention reflètent la coutume internationale, la ratification des Etats n'étant pas un préalable à leur opposabilité. Cela étant, dans tous les cas, les marges de manœuvre considérables offertes par la Convention ne permettent pas de régler de manière univoque et ferme la question de l'interprétation des traités. Cf. supra. Première partie. Titre 2. Chapitre préliminaire

ceux qui s'inscrivent dans une démarche plus extensive[16].

L'étude des textes apparaît largement favorisée par le juge français, lequel envisage les instruments internationaux sous un angle bien plus formel que ses homologues canadiens et sud-africain.

Sous-section 1 : Le mode d'interprétation privilégié par les juges français

L'observation des jurisprudences administrative et judicaire laisse apparaître une pratique récurrente : les juges se limitent souvent à une étude de la lettre des Conventions qu'ils utilisent, celles-ci devant dès le départ être suffisamment précises pour pouvoir être invoquées dans le cadre d'une procédure de justice[17].

En-dehors des cas où les dispositions conventionnelles invoquées par les parties apparaissent suffisamment univoques pour limiter le travail d'interprétation, l'on observe que les juges français favorisent une approche littérale des instruments de droit international et, plus précisément, des textes de l'OIT[18]. Dès lors que l'énoncé d'une norme internationale du travail ne vise pas expressément un agissement donné ou ne prohibe pas une pratique déterminée, ils ne cherchent pas à en étendre son champ d'application, quitte à en limiter la portée.

§1. Une approche littérale parfois suffisante pour donner effet aux normes internationales du travail

La tendance des juges français à appréhender les Conventions de l'OIT par le biais de méthodes littérales ne signifie pas nécessairement qu'ils les envisagent systématiquement dans une optique réductrice.

Dans certains cas, la clarté d'un texte n'implique pas de travail d'interprétation pour permettre au juge de constater l'inconventionnalité du droit français. Par exemple, dans ses décisions des 18 janvier 2011[19] et 23

---

[16] Pour une explication des facteurs expliquant cette tendance, cf. supra. Chapitre 1
[17] Cf. supra. Titre 1, Chapitre 1
[18] Pour des exemples soulignant allant à l'encontre de cette tendance générale, cf. supra. Chapitre 1
[19] Cass. Soc., 18 janvier 2011, 09-40.094, Publié. CHAUMETTE (P.), « Du temps de travail du capitaine et de sa responsabilité personnelle », Droit social, n° 4, avril 2011, pp. 462-465

janvier 2013[20], la chambre sociale de la Cour de cassation a estimé que le fait qu'un marin ait le grade de capitaine ne pouvait justifier qu'il soit privé du paiement d'heures supplémentaires, de repos compensateurs et de congés payés, en dépit des dispositions légales, réglementaires et conventionnelles applicables[21]. Pour ce faire, les juges se sont appuyés sur les dispositions de la récente Convention n° 180 sur la durée du travail des gens de mer et les effectifs des navires et, plus spécifiquement, sur ses articles 3, 4, 5 (l'arrêt rendu en 2013 fait également mention l'article 18-3 qui concerne les modalités d'entrée en vigueur de la Convention). Dans la décision rendue en 2013, les magistrats ont relevé *« qu'il résult[ait] des trois premiers articles (...) que la durée du travail pour les gens de mer comme pour les autres travailleurs [était] en principe de huit heures par jour avec un jour de repos par semaine, plus le repos correspondant aux jours fériés ; que dans les situations où un marin [était] en période d'astreinte, celui-ci d[eva]it bénéficier d'une période de repos compensatoire adéquate si la durée normale de son repos [était] perturbée par des appels »*.

L'on retrouve dans ces deux décisions l'ambition générale de la Convention n° 180 qui vise, notamment en son article 4, *« les gens de mer »*, sans distinguer en fonction du grade d'occupation des salariés concernés. Il importe de relever que les conseillers rapporteurs se sont bornés à se référer à la lettre de la Convention n° 180, sans invoquer d'autres sources issues de l'OIT.

De la même manière, dans l'arrêt *GISTI et FAPIL* d'avril 2012[22], une référence à la lettre de la Convention n° 97 sur les travailleurs migrants semble avoir suffi pour invalider le décret[23] qui fixait, pour certains ressortissants étrangers extra-européens, un régime spécifique s'agissant des conditions de permanence du séjour en France leur ouvrant un droit au logement opposable[24]. Les juges ont ici mobilisé l'article 6§1 de la

---

[20] Cass. Soc., 23 janvier 2013, 10-20.568, Publié. CHAUMETTE (P.), « Le temps de travail du capitaine de navire clarifié par l'effet direct de la convention n° 180 de l'OIT », Droit social, n° 3, mars 2013, pp. 287-290

[21] Les juges d'appel, pour rejeter la demande du capitaine, avaient notamment relevé *« qu'en vertu des articles L. 742-1 du code du travail alors applicable, et 104 du code du travail maritime, les dispositions des articles 24 à 30 du même code relatifs à la réglementation du travail, notamment aux durées légales hebdomadaire et quotidienne du travail effectif et de l'astreinte, ne sont [n'étaient] pas applicables au capitaine, qualité qu'avait le salarié en tant que patron de pilotine »*

[22] CE, Ass., 11 avril 2012, 322326, Publié au recueil Lebon. Cf. supra. Titre 1 et Chapitre 2

[23] Décret n° 2008-908 du 8 septembre 2008 relatif aux conditions de permanence de la résidence des bénéficiaires du droit à un logement décent et indépendant

[24] Il prévoyait un critère de résidence qui ne s'appliquait qu'à certains travailleurs

Convention n° 97 qui prohibe notamment les discriminations fondées sur la nationalité en matière de logement[25]. Partant par ailleurs de la définition des travailleurs migrants proposée à l'article 11 de la Convention[26], ils ont estimé que le décret n'était *« pas compatible avec ces stipulations en tant, d'une part, qu'il subordonne le droit au logement opposable de certains travailleurs migrants au sens de cette convention à une condition de résidence préalable de deux ans sur le territoire national qui ne s'applique pas aux ressortissants nationaux, d'autre part, qu'il exclut de son champ d'application des titres de séjour susceptibles d'être attribués à des personnes pouvant avoir la qualité de travailleur migrant au sens de cette convention »*.

Au-delà de ces rares cas où l'approche littérale des Conventions suffit pour leur donner un rôle décisif, celle-ci tend plus souvent à les priver d'effets dans l'ordre interne.

§2. Une approche littérale pouvant priver d'effets les normes internationales du travail

Souvent, en envisageant les Conventions de l'OIT par une approche littérale, les juges les privent d'effets. Dans certains cas, leur volonté de s'éloigner des décisions des organes de l'OIT apparaît patente.

Les juges du Palais-Royal ont ainsi refusé d'accueillir le moyen tiré de la violation des conclusions d'un rapport du Comité de la liberté syndicale[27]. Dans ce cas, la Convention n° 87 et son interprétation par l'instance genevoise avaient été invoquées de façon à contester la licéité des articles 3 et 5 du décret n° 2012-224 du 16 février 2012 modifiant le décret n° 82-447 du 28 mai 1982 relatif à l'exercice du droit syndical dans la fonction publique *« en tant qu'ils limitent à certaines organisations syndicales les*

---

migrants et excluait les titulaires de certains titres de séjour (à savoir la carte de séjour temporaire portant la mention *« étudiant »* ou *« salarié en mission »* et la carte de séjour *« compétences et talents »*) du champ d'application de la mesure

[25] Il impose aux Etats parties à la Convention d' *« appliquer, sans discrimination de nationalité, de race, de religion ni de sexe, aux immigrants qui se trouvent légalement dans les limites de son territoire, un traitement qui ne soit pas moins favorable que celui qu'il applique à ses propres ressortissants en ce qui concerne (...) le logement »*

[26] *« Aux fins de la présente convention, le terme* ***travailleur migrant*** *désigne une personne qui émigre d'un pays vers un autre pays en vue d'occuper un emploi autrement que pour son propre compte ; il inclut toute personne admise régulièrement en qualité de travailleur migrant »*

[27] CE, 1ère et 6ème sous-sections réunies, 23 juillet 2014, 358349

avantages qu'ils prévoient »[28]. Les juges ont rejeté cette demande, en refusant de reconnaître l'invocabilité des conclusions du Comité de la liberté syndicale[29].

Cette propension des juges à baser leurs analyses sur le seul contenu des Conventions et à en faire une interprétation restrictive se retrouve de façon moins explicite dans une décision de la chambre sociale de la Cour de cassation du 14 novembre 2013 relative aux règles de représentativité professionnelles des organisations syndicales[30], à travers laquelle les magistrats n'ont pas accueilli l'argument des parties qui invoquaient des travaux du Comité de la liberté syndicale.

Dans ce cas, un syndicat invoquait une recommandation du Comité de la Liberté Syndicale de l'OIT de novembre 2011 par laquelle ce dernier déclarait que *« pour être conforme à l'article 3 de la convention n° 87, la désignation du représentant d'une section syndicale devait découler du libre choix du syndicat concerné ».*

En réponse, les juges ont préféré une approche de la Convention n° 87 fondée sur les textes. Alors que le Comité de la liberté syndicale a déduit des droits accordés par l'article 3 de la Convention[31] aux organisations professionnelles un principe de non-ingérence dans leurs activités de façon permettant d'assurer une grande liberté aux syndicats, la Haute Juridiction s'est, quant à elle, attachée à une lecture différente, plus formelle. Selon elle, *« l'interdiction faite aux syndicats non représentatifs de désigner à nouveau au sein de l'entreprise ou de l'établissement, en qualité de représentant de section syndicale, le salarié désigné antérieurement aux dernières élections*

---

[28] Le décret permettait de *« déterminer les organisations syndicales pouvant bénéficier de la mise à disposition d'un local et de la faculté de tenir des réunions mensuelles d'information durant les heures de service et, d'autre part, les critères de répartition entre organisations syndicales du contingent global de crédit de temps syndical »*

[29] *« Considérant que le moyen tiré de la méconnaissance de la convention internationale du travail n° 87 n'est pas assorti des précisions permettant d'en apprécier le bien-fondé ; que la méconnaissance des conclusions d'un rapport du comité de la liberté syndicale de l'Organisation internationale du travail ne peut être utilement invoquée ».* Cf. supra. Titre 1, Chapitre 2

[30] Cass. Soc., 14 novembre 2013, 13-11.316, Publié au bulletin

[31] *« 1. Les organisations de travailleurs et d'employeurs ont le droit d'élaborer leurs statuts et règlements administratifs, d'élire librement leurs représentants, d'organiser leur gestion et leur activité, et de formuler leur programme d'action.*
2. Les autorités publiques doivent s'abstenir de toute intervention de nature à limiter ce droit ou à en entraver l'exercice légal. »

professionnelles à l'issue desquelles le syndicat n'a pas obtenu au moins 10 % des suffrages exprimés, ne heurte aucune prérogative inhérente à la liberté syndicale et, tendant à assurer la détermination par les salariés eux-mêmes des personnes les plus aptes à défendre leurs intérêts dans l'entreprise, [elle] ne constitue pas une ingérence arbitraire dans le fonctionnement syndical... »[32].

Prenant cette tendance à contrepied, il faut relever que, plus tard, dans un arrêt du 14 novembre 2018[33], la chambre sociale a validé le raisonnement des juges du fond qui avaient « *relevé que le rapport du Comité de l'Organisation internationale du travail chargé d'examiner la réclamation alléguant l'inexécution par la France de la Convention n° 106, des 10 et 24 mars 2016, a noté que la commission d'experts, après analyse complète et détaillée de la législation en cause, n'a pas considéré que les dispositions en question étaient contraires aux dispositions de la Convention n° 106* »[34].

D'une manière générale, en termes quantitatifs, la jurisprudence de la Cour de cassation et du Conseil d'Etat laisse suggérer que les juges se limitent le plus souvent à une approche littérale des Conventions qu'ils appliquent : ceci est lié à la condition même de l'effet direct de ces textes dans l'ordre interne, lesquels doivent être suffisamment précis, s'agissant notamment des droits qu'ils confèrent aux particuliers[35]. Si la volonté des juges est résolument de s'en tenir à une approche littérale des textes, elle ne vise pas nécessairement à limiter leur portée[36]. La pratique apparaît fort différente au Canada et en Afrique du Sud, où les juges se bornent bien plus rarement à une approche textuelle.

Sous-section 2 : Des méthodes plus rarement employées par les juges influencés par la *Common Law*

En dépit des éléments les conduisant à privilégier des interprétations extensives, généreuses ou libérales qui leur permettent d'entretenir une certaine distance avec le libellé des textes qu'ils appliquent[37], quelques

---

[32] Pour une analyse de la jurisprudence relative aux règles de représentativité à la lumière des travaux du Comité de la liberté syndicale, cf. infra. Section 2

[33] Cass. Soc., 14 novembre 2018, 17-18.259. Publié au bulletin. MOULY (J.), « Convention OIT n° 106 et dérogations permanentes au repos dominical : une invocabilité à géométrie variable », Droit social, janvier 2019, pp. 69-75

[34] Cf. supra. Titre 1, Chapitre 2. Sur la jurisprudence du Conseil d'Etat, cf. infra. Section 2

[35] Cf. supra. Titre 1, Chapitre 1

[36] Cf. supra. §1

[37] Cf. supra. Chapitre 1

(rares) exemples illustrent que les juges influencés par la *Common Law* peuvent se limiter à se référer au seul texte des Conventions de l'OIT.

Du côté juge sud-africain, il en va ainsi dès lors que cette méthode se révèle suffisante pour être déterminante. Au Canada, comme le montre la jurisprudence de la Cour suprême fédérale, cette approche est favorisée par les juges entendant limiter l'influence du droit international dans l'ordre interne.

§1. L'approche textuelle protectrice du juge sud-africain

Parfois, le juge sud-africain se limite à se référer à la lettre des instruments qu'il utilise. Cette approche est souvent[38] utilisée lorsqu'elle est décisive pour les travailleurs, compte tenu de la place de l'interprétation téléologique dans le domaine des droits de l'Homme et du droit du travail.

Dans un certain nombre de cas, l'approche littérale des instruments de l'OIT se révèle suffisante en ce que leur libellé peut être suffisamment précis ou, au contraire, vaste pour permettre aux juges d'en déduire un principe protecteur. Les obligations imposées par les textes peuvent paraître assez claires pour permettre aux juges d'interpréter le droit national dans le sens d'une extension des droits des travailleurs. Le plus souvent, une telle approche se trouve justifiée car le contexte rend suffisante une étude littérale des instruments, lorsqu'ils confortent une vision déjà préétablie.

Par exemple, en 2008, dans son jugement, le juge NKABINDE de la Cour constitutionnelle s'est uniquement référé au contenu de l'article 4 de la Convention n° 158 sur le licenciement[39]. Ainsi, il a constaté que l'article 188 du LRA était conforme aux dispositions de cette dernière, en ce qu'il empêche l'employeur de mettre fin à un contrat de travail sans raison valable[40]. En l'espèce, l'étude superficielle du contenu de l'article 4 s'explique par le fait que le juge a simplement souhaité valider la conformité de la loi au regard du contenu de ce dernier.

A titre principal, l'affaire portait sur les conséquences de l'annulation d'un licenciement injustifié. La référence à la Convention n° 158 n'a visé qu'à confirmer un aspect essentiel, connexe à la question principale, à savoir la nécessité pour l'employeur de justifier la rupture d'un contrat de travail. Dès lors qu'il s'est agi de rappeler un principe juridique déjà largement admis,

---

[38] Pour quelques contre-exemples, cf. infra. Section 2

[39] Qui subordonne la validité d'un licenciement à l'existence d'un motif valable

[40] *Equity Aviation Services (Pty) Ltd v Commission for Conciliation, Mediation and Arbitration and Others* (CCT 88/07) [2008] ZACC 16, para. 26

lequel n'a par ailleurs pas suscité de débats dans l'affaire, il n'est pas apparu nécessaire d'approfondir les réflexions quant au sens de l'article 4 de la Convention n° 158.

Ensuite, le contentieux relatif à la discrimination de salariés porteurs du VIH a régulièrement été l'occasion pour les juges de fonder leur raisonnement sur la lettre de la Convention n° 111 sur la discrimination. Dans l'affaire *Jacques Charl Hoffmann* de 2000, le juge NGCOBO a notamment souligné que cette dernière interdisait les discriminations ayant pour effet de détruire ou d'altérer l'égalité de chances ou de traitement en matière d'emploi ou de profession[41]. Ici, le juge a repris les dispositions relatives aux effets des discriminations prévues à l'article 1§1 a) de la Convention, en éludant l'étude des motifs de discrimination énumérés par la Convention, pour lesquels une approche littérale aurait considérablement restreint la portée de la Convention[42]. En complément, le juge a rappelé que l'article 2 de la Convention imposait aux Etats d'appliquer des politiques visant à promouvoir l'égalité de chances et de traitement en matière d'emploi et de profession, en vue d'éliminer les discriminations. Cette référence au texte de la Convention n° 111 a finalement contribué à sanctionner un employeur ayant refusé de recruter un individu du fait de sa séropositivité.

Dans ce dernier cas, la brièveté de l'examen du contenu de la Convention n° 111 s'explique par le fait que celle-ci a été mobilisée aux côtés d'autres instruments, comme la Charte africaine des droits de l'Homme et des peuples, afin d'illustrer une dynamique visant à interdire toute forme de discrimination. Dans ce contexte, en ce que le recours à un instrument de l'OIT ne vise qu'à contribuer à dessiner les traits d'une tendance d'ensemble, une simple lecture de son contenu apparaît suffisante dès lors qu'elle entre dans un cadre plus général.

Ainsi, dans un certain nombre de cas, l'étude littérale des instruments de l'OIT, s'est trouvée justifiée en ce qu'elle suffisait à leur donner corps.

§2. Une question controversée devant les juges suprêmes au Canada

En observant la jurisprudence de la Cour suprême du Canada, l'on remarque que dès lors que l'usage judiciaire des normes internationales du travail vise à justifier l'extension des droits de travailleurs[43], les juges cherchent généralement à les interpréter le plus largement. C'est la raison pour

---

[41] *Hoffmann v South African Airways* (CCT17/00) [2000] ZACC 17, para. 51

[42] A propos de la mise en œuvre de méthodes extensives d'interprétation des motifs de discrimination, cf. supra. Chapitre 1

[43] Cf. supra. Titre 1, Chapitre 2

laquelle, à l'opposé de la situation sud-africaine où l'approche littérale est employée quand elle suffit à protéger les salariés, celle-ci est souvent prônée par les juges cherchant à voir la portée des normes internationales du travail limitée[44].

Dans leur *obiter dictum* prononcé dans le cadre de l'arrêt *Fraser* rendu en 2011 par la Cour suprême du Canada, les juges CHARRON et ROTHSTEIN ont vivement réagi à la méthode employée par la Cour quatre années plus tôt dans l'arrêt *Health Services*, en ce qu'elle s'était éloignée du texte de la Convention n° 87 ratifiée par le pays et révélait, selon eux, *« deux erreurs »*[45] : *« Le Canada a bien ratifié la Convention n° 87 de l'OIT, mais celle-ci porte sur la liberté d'association sans faire aucunement mention de la négociation collective. En outre, la formation majoritaire confond deux conventions distinctes de l'OIT, car elle se reporte à la Convention n° 87, mais utilise en fait le texte de la Convention n° 98. Or, le Canada n'a pas ratifié la Convention n° 98, de sorte qu'elle ne le soumet à aucune obligation. Même si la Convention n° 98 s'appliquait au Canada, dans Health Services, la formation majoritaire aurait tout de même tort de s'appuyer sur elle pour constitutionnaliser la négociation collective entendue au sens où l'employeur est tenu de négocier de bonne foi ».*

Pour ces juges, au-delà du fait que le droit canadien ne saurait être influencé par des textes non ratifiés par le pays, la Convention n° 87 ne saurait être lue à la lumière d'éléments ne figurant pas dans son libellé.

La consécration en 2015 du droit de grève en tant que droit constitutionnellement protégé en vertu de la Charte canadienne des droits et libertés a également laissé apparaître une franche opposition entre, d'un côté, des juges s'alignant sur les interprétations les plus libérales de la Convention n° 87 qui tend à reconnaître le droit de grève et, d'un autre côté, les partisans d'une approche littéraliste de cette dernière.

Dans leur dissidence concernant l'arrêt *Saskatchewan Federation of Labour c. Saskatchewan* du 30 janvier 2015, les juges ROTHSTEIN et WAGNER ont soutenu que le droit de grève ne figurait *« ni dans le texte de la convention [n° 87], ni dans la Constitution de l'OIT (...), ni dans la Déclaration de Philadelphie (...). Le paragraphe 1 de l'article 3 de la Convention n° 87 protège le droit des organisations de travailleurs et*

---

[44] La question se posant avec une acuité particulière en ce qui concerne les Conventions relatives à la liberté syndicale et à la négociation collective (au cœur des contentieux devant la Cour suprême), celles-ci étant rédigées en des termes pour le moins équivoques et ouverts à l'interprétation

[45] Cf. supra. Titre 1

d'employeurs de "formuler leur programme d'action", mais la question de savoir si ce droit comprend celui de faire la grève est l'objet de débats (...). Les organismes de l'OIT eux-mêmes ne s'entendent pas sur l'interprétation de la Convention n° 87 de l'OIT. Le Comité de la liberté syndicale et la Commission d'experts pour l'application des conventions et recommandations reconnaissent l'existence d'un droit de grève dans la Convention n° 87 »[46].

Le cœur de l'argumentation des juges dissidents dans cet arrêt réside ainsi dans la dénonciation du caractère incertain de la jurisprudence des organes de l'OIT face au contenu écrit des Conventions[47]. Le texte des Conventions est ici présenté comme le cadre au sein duquel les normes internationales du travail peuvent être déduites de façon univoque.

L'idée des juges suprêmes se prononçant pour une approche littérale des normes internationales du travail, et particulièrement de la Convention n° 87 sur la liberté d'association, vise à leur faire produire les effets les plus limités possibles, de façon à préserver le droit national d'une influence extérieure. Cela étant, une telle interprétation, textuelle, reste marginale dès lors que la Cour choisit de mettre en œuvre des textes de l'OIT.

Au Canada, l'usage des normes internationales du travail apparaît assez rare et les juges recourent essentiellement aux instruments de l'OIT qu'ils interprètent de façon extensive lorsqu'ils cherchent à justifier une protection des droits des travailleurs[48]. A l'opposé, si l'on constate une tendance particulière des juges français à opérer des interprétations restrictives des textes de l'OIT, cela ne signifie pas nécessairement qu'ils sont plus réticents que leurs homologues à accueillir le droit international du travail. Comme en Afrique du Sud, cette pratique peut parfois (même si cette tendance semble plus prononcée dans le second pays) traduire une certaine ouverture à l'égard des sources internationales, décisives pour protéger les intérêts des travailleurs.

En tout état de cause, les différences d'approche des textes de l'OIT conduisent parfois les juges à s'écarter de la jurisprudence internationale. Le risque de fragmentation du droit international du travail apparaît alors réel.

---

[46] *Saskatchewan Federation of Labour c. Saskatchewan*, 2015 CSC 4, paras. 152-153

[47] Les juges avancent par ailleurs que le Pacte international relatif aux droits civils et politiques ne protège pas expressément le droit de grève, ce qu'a reconnu le Comité des droits de l'Homme des Nations Unies. *Saskatchewan Federation of Labour c. Saskatchewan*, 2015 CSC 4, para. 154

[48] Cf. supra. Titre 1, Chapitre 2

Section 2 Des approches variables justifiées par les modes de raisonnement différents

De la même manière que les juridictions et organes de contrôle établis à l'échelle régionale[49], les juges nationaux, lorsqu'ils interprètent les instruments de l'OIT, raisonnent en prenant en compte les critères propres au système dans lequel ils évoluent et en vertu duquel ils sont amenés à agir.

En ce que les juges cherchent d'abord à résoudre des questions internes[50], leur tendance à l'appropriation des normes internationales du travail est justifiée. Celle-ci ne devient problématique qu'à partir du moment où ils résistent aux recommandations des organes de l'OIT et que les textes mis en œuvre paraissent dénaturés. En ce sens, une observation des interprétations des instruments de l'OIT déconnectées des travaux internationaux laisse apparaître des écarts de jurisprudences plus ou moins marqués.

Sous-section 1 : La prise en compte de situations purement nationales

Le pluralisme des règles qui structurent l' *« ordonnancement des relations du travail »*[51] explique la diversité des cadres dans lesquelles celles-ci s'inscrivent. Rejoignant cette idée, l'interprétation des instruments internationaux par les juges est liée à des éléments d'ordre national.

Tout d'abord, en partant d'un exemple sud-africain, l'on voit que le sens attribué aux instruments de l'OIT peut refléter une conception particulière du rapport entre les domaines économique et social. Ensuite, la situation canadienne révèle que la signification attribuée aux instruments de l'OIT doit être conforme aux traditions nationales en matière constitutionnelle et dans le domaine des relations industrielles. Finalement, comme le montre le cas français, le juge peut être contraint par la configuration de son système juridique, moins par l'effet d'une obligation positive formelle que par un impératif de cohérence.

---

[49] Cf. supra. Première partie, Titre 2, Chapitre 1

[50] *Le juge « se veut surtout un agent de l'ordre qui l'institue, dont il ambitionne à étirer la couverture axiologique pour qu'elle couvre les droits sociaux »*. MIRON (A.), « L'application par les juges d'autres Etats », op. cit, pp. 576-577

[51] JEAMMAUD (A.), LE FRIAND (M.), LYON-CAEN (A.), « L'ordonnancement des relations de travail », Recueil Dalloz, octobre 1998, n° 38, pp. 359-368

§1. L'interprétation reflétant une conception nationale des rapports entre les sphères sociale et économique : illustration sud-africaine

Le juge sud-africain joue un rôle important dans la régulation du marché du travail national, que ce soit en exerçant ses fonctions d'interprétation de la loi, en appréciant la constitutionnalité de cette dernière ou en déclenchant l'adoption de nouvelles législations[52]. Dans ce contexte, le juge fait preuve d'une certaine souplesse, en favorisant une approche téléologique[53]. Les normes internationales du travail sont alors appréhendées par le prisme de la régulation du marché du travail national.

Si les instruments de l'OIT sont (principalement) utilisés afin d'interpréter le droit interne, ils doivent s'intégrer et être compris dans le système de raisonnement des juges. Alors que la mission de poursuite de la justice sociale par l'OIT incite systématiquement ses organes à rechercher la meilleure protection des travailleurs[54], la quête de justice par le juge sud-africain s'apparente, dans certaines décisions[55], à une transposition du modèle de la balance équilibrée entre deux parties égales, les travailleurs d'un côté, les employeurs de l'autre[56].

Le juge sud-africain a, dans quelques affaires, souligné qu'il était chargé de maintenir une balance équilibrée entre les employeurs et les travailleurs. C'est en suivant ce raisonnement qu'un juge a considéré, en se référant à l'article 8 de la Convention n° 158 sur le licenciement (lequel prévoit que tout salarié doit pouvoir disposer d'un moyen de recours juridictionnel

---

[52] VAN STADEN (M.), « The role of the judiciary in balancing flexibility and security », De Jure Law Journal, 2013

[53] Comme l'a souligné la doctrine sud-africaine, le juge se doit d'appréhender les textes de droit en suivant différentes étapes et en restant attaché au but qu'ils poursuivent, conformément au *Bill of Rights* : *« [b]roader [read purposive] approach which the Court favours includes the following distinct steps: (i) establish the central purpose of the provision in question; (ii) establish whether that purpose would be obstructed by a literal interpretation of the provision; if so, (iii) adopt an alternative interpretation of the provision that "understands" [read promotes] its central purpose; and (iv) ensure that the purposive reading of the legislative provision also promotes the object, purport and spirit of the Bill of Rights »*. LE ROUX 2006 *SAPL* 382 386 cité par VAN STADEN (M.), « The role of the judiciary in balancing flexibility and security », op. cit.

[54] Cf. supra. Première partie, Titre 2, Chapitre 1

[55] L'on ne peut en effet généraliser cette observation : en matière de droit de grève, les juges sud-africains ont affirmé leur prise en compte du déséquilibre de rapport de force entre employeurs et salariés. Cf. supra. Chapitre 1

[56] Pour un exemple régional de tiraillement entre impératifs sociaux et économiques, voir la jurisprudence de la CJUE. Cf. supra. Première partie, Titre, 2, Chapitre 1

contre une décision de licenciement), qu'il lui appartenait de mettre en balance les intérêts concurrents des travailleurs et des employeurs[57]. Il est vrai qu'il s'agissait avant tout de répondre à l'argument selon lequel le *Labour Relation Act* devait être interprété de façon telle que le juge était tenu d'examiner le licenciement du point de vue de l'employeur.

De la même manière, en 2007, lorsqu'elle a été amenée à étudier la mise en œuvre de la Convention n° 158 sur le licenciement[58], la *Supreme Court of Appeal* a bien résumé son approche de la notion d'équité (*« fairness »*). Après avoir mis en avant que l'objectif premier du LRA consistait à donner effet aux obligations du pays en tant que membre de l'OIT et de promouvoir la justice sociale sur le lieu de travail, le juge JAFTA a choisi de se référer à une décision que la Cour avait rendue en 1996, et selon laquelle l'équité invite à prendre en compte non seulement les intérêts des travailleurs mais également ceux des employeurs[59]. Pour être plus précis, le juge JAFTA a ajouté qu'il était essentiel que le juge s'attache aux objectifs poursuivis par la loi, sans rechercher à définir de critères universels de l'équité[60]. C'est ainsi en suivant cette approche qu'il a considéré que le droit d'un salarié d'être entendu préalablement à son licenciement imposait uniquement à l'employeur d'offrir une telle opportunité au salarié, peu important que celui-ci la saisisse ou non[61].

A l'opposé de ce raisonnement, il est intéressant de remarquer qu'en France, dans l'affaire la plus emblématique de l'utilité, pour les travailleurs, des normes internationales du travail, l'avocat-général a rappelé au début de son avis l'ambition protection du droit du travail : *« Quant au juge social, gardien de la légalité, il s'efforce, dans le respect de la hiérarchie de toutes les normes applicables, d'interpréter le droit du travail, sans perdre de vue sa finalité protectrice du salarié »*[62].

---

[57] *Sidumo and Another v Rustenburg Platinum Mines Ltd and Others* (CCT 85/06) [2007], para. 66

[58] *Old Mutual v Gumbi* [2007] SCA 52 (RSA). Cf. supra. Chapitre 1

[59] *« Fairness comprehends that regard must be had not only to the position and interests of the worker, but also those of the employer, in order to make a balanced and equitable assessment. In judging fairness, a court applies a moral or value judgment to established facts and circumstances... ». National Union of Metalworkers of SA v Vetsak Co-operative Ltd and Others* [1996] ZASCA 69; 1996 (4) SA 577(A) cité par *Old Mutual v Gumbi* [2007] SCA 52 (RSA), para. 7

[60] *Old Mutual v Gumbi* [2007] SCA 52 (RSA), para. 7

[61] Ibid., para. 8

[62] DUPLAT (J.), « Le contrat nouvelles embauches et les normes internationales du travail. Avis de Jacques DUPLAT », op. cit., p. 20

Finalement, les conceptions du juge concernant le rapport de force entre employeurs et travailleurs orientent le sens attribué aux instruments de l'OIT qu'il applique (même s'il serait inexact de réduire l'activité juridictionnelle du juge sud-africain à une telle vision). Dans un même ordre d'idées, l'interprétation des textes de l'OIT par les juges nationaux peut être conditionnée par le système institutionnel et de relations collectives dans lequel elle s'insère.

§2. L'interprétation dans le cadre d'un système institutionnel et de relations industrielles national : illustration canadienne

Le cadre national dans lequel les juges intègrent leurs interprétations des instruments de l'OIT est d'abord constitué d'éléments juridiques : les juges recourent aux textes constitutionnels, légaux, issus de la négociation collective ou de la jurisprudence qu'ils envisagent comme des *« systèmes de contrainte »*[63]. Dans ce contexte, les normes internationales du travail, lorsqu'elles sont appréhendées par les juges nationaux, ont vocation à s'intégrer dans un système de relations industrielles, en tant que conception des relations entre une communauté de travailleurs, un employeur et les autorités publiques[64].

L'exemple de la jurisprudence de la Cour suprême du Canada dans le domaine des relations collectives de travail montre d'une manière assez limpide en quoi le cadre institutionnel en matière de droit du travail peut contraindre le juge lorsqu'il s'interroge sur la signification des instruments de l'OIT auxquels il se réfère.

A/ Les relations industrielles dans le cadre institutionnel national

Même si, au Canada, le droit du travail relève de la compétence provinciale[65], l'on constate une communauté de pratiques et de législations au niveau national en ce qui concerne le modèle de relations collectives de travail. Un aperçu historique de l'émergence de ce modèle montre la dynamique suivie depuis de nombreuses années, celle-ci protégeant d'une

---

[63] Voir l'étude menée par les Professeurs Frédéric GEA et Catherine MARRAUD s'agissant notamment de la Chambre sociale de la Cour de cassation ; GEA (F.), MARRAUD (C.), *Programme analytique sur l'argumentation judiciaire en droit du travail. La justification de la prémisse normative, Mission de recherche*, Droit et justice, février 2008

[64] DROUIN (R-C.), « Le pluralisme industriel : point de rencontre, point de rupture entre relations industrielles, droit du travail et management », Semaine sociale Lamy Supplément, 18 mars 2013, n° 1576, p. 13

[65] Cf. supra. Titre 1, Chapitre préliminaire et infra. B/

façon générale les droits des syndicats, tout en assurant la préservation des intérêts des entreprises.

Adopté en 1935 dans le cadre du *New Deal* aux Etats-Unis, le *National Labor Relations Act*, plus communément appelé *Wagner Act*, s'est rapidement exporté au Canada, en raison de la proximité géographique des deux pays et de l'influence des syndicats américains[66]. Il promeut le syndicalisme et la négociation collective dans l'intérêt de l'économie[67]. Parmi les nombreux principes découlant de cette loi, deux permettent de comprendre les particularismes du système canadien, lorsqu'il est, par exemple, comparé au système français : le monopole représentation syndicale[68] et un droit de grève connaissant certaines limites.

Alors qu'un mouvement syndical s'est rapidement développé dans les décennies qui ont suivi la formation du pays en 1867, le droit de grève s'est heurté à une préoccupation liée à la protection de l'intérêt public. En 1907, avait été adopté l'*Industrial Disputes Investigation Act*[69], qui restreignait substantiellement ce droit en imposant, dans les entreprises *« dont la continuité de la production représente un enjeu important pour l'intérêt public »*, une étape de conciliation avant le déclenchement de toute grève ou lock-out[70]. Par ailleurs, ses dispositions subordonnaient le déclenchement d'une grève à la seule initiative de l'unique syndicat accrédité au sein d'un groupe de travailleurs, le mouvement ne pouvant être exercé que par les seuls travailleurs représentés par ce syndicat. Même si, en 1925, le dispositif a été invalidé par le Conseil privé de Londres, du fait de l'absence de compétence fédérale en matière de droit du travail, il a été repris dans sa substance par la plupart des Parlements provinciaux[71].

A la fin de la Seconde Guerre mondiale, compte tenu des circonstances exceptionnelles liées à la mobilisation du pays et dans un contexte d'importants mouvements sociaux, le gouvernement fédéral s'est vu confier d'importants pouvoirs. C'est ainsi qu'en 1944, il a adopté l'Arrêté en Conseil 1003, lequel reprend les caractéristiques non seulement du *Wagner*

---

[66] TRUDEAU (G.), « La grève au Canada et aux États-Unis : d'un passé glorieux à un avenir incertain », Revue juridique Thèmis, n° 1, 2004, p. 18

[67] Ibid.

[68] Le syndicat majoritaire au sein d'un groupe de salariés (désigné *« unité de négociation »*) est seul habilité à mener les négociations avec l'employeur au nom du groupe de salariés. TRUDEAU (G.), « La grève au Canada et aux États-Unis : d'un passé glorieux à un avenir incertain », op. cit., p. 18

[69] TRUDEAU (G.), « La grève au Canada et aux États-Unis : d'un passé glorieux à un avenir incertain », op. cit., pp. 16-17

[70] Ibid., p. 15

[71] Ibid., p. 41

Act mais également de l'*Industrial Disputes Investigation Act* de 1907. Alors qu'il fixait initialement le régime de relations de travail applicable aux industries impliquées dans l'effort de guerre, il a finalement inspiré l'ensemble des législations provinciales, au point de devenir et rester le modèle dominant de relations de travail dans le pays[72].

Historiquement, le système de relations industrielles canadien s'est donc d'abord construit en suivant le principe selon lequel la négociation collective permettait aux travailleurs, à travers leurs syndicats, de défendre leurs droits. Ce n'est qu'assez récemment que l'intervention de l'Etat a été perçue comme nécessaire à la protection de leurs intérêts[73], celle-ci procédant *« d'un renforcement et d'un raffinement du régime de représentation et de négociation collectives axé sur le milieu immédiat de travail »*[74]. D'une manière générale, la démarche suivie dans le pays est empreinte d'une certaine retenue : alors que la négociation collective a été assez rapidement protégée, l'objectif a en même temps consisté à encadrer et limiter les prérogatives de la collectivité des travailleurs, dans l'intérêt de l'entreprise. Cela étant, si les provinces peuvent converger dans leurs pratiques et législations en matière de relations collectives, elles demeurent souveraines en la matière.

L'interprétation des instruments de l'OIT suit une philosophie identique, en incitant d'abord la Cour suprême du Canada à faire preuve de mesure dans son approche interprétative des instruments de l'OIT sur la liberté syndicale. De surcroît, cette dernière se refuse à institutionnaliser un modèle fédéral précis de relations collectives, de façon à respecter la compétence des provinces.

B/ Les normes internationales du travail face aux particularismes du système national de relations industrielles

Le Professeur Harry ARTHURS évoque la *« véritable Constitution »* qui déterminerait les droits sociaux et du travail au Canada[75]. Premièrement, selon lui, le fédéralisme canadien amène à ce que les politiques sociales

---

72 Ibid., p. 18
73 BRUNELLE (C.), « Human Rights and Canadian Law », op. cit., p. 120
74 MURRAY (G.), VERGE (P.), *La représentation syndicale. Visage juridique actuel et futur*, Les Presses de l'Université de Laval, 1999, p. 12
75 Sans nécessairement les diminuer, compte tenu des ambiguités ou contradictions qui peuvent résulter de toute Constitution. ARTHURS (H.), « Labour and the "Real" Constitution », Les Cahiers de droit, op. cit., p. 63

restent dominées par les règles du commerce international[76]. En outre, l'architecture institutionnelle du pays conduit à une subordination des droits sociaux et du travail à la politique économique (la responsabilité de la politique sociale incombant *in fine* au Ministre des Finances et du Commerce international ou au chef de la Banque Centrale)[77]. Enfin, le développement de procédures d'arbitrage permet à des arbitres nationaux et internationaux, aux côtés des juges, de faire obstacle à l'adoption par les gouvernements et législateurs de politiques qui porteraient atteinte au commerce[78].

Dans le même sens, même s'il apparaît clair que le juge canadien affiche une sensibilité certaine à l'égard du droit international du travail[79], l'interprétation de textes internationaux peut faire évoluer le droit national[80] sans pour autant permettre son bouleversement[81]. L'autonomie dont disposent les provinces en matière de droit du travail peut conduire le juge suprême à donner une acception restrictive aux instruments de l'OIT qu'il mobilise.

Même si leurs législations en matière de relations collectives convergent, les provinces usent largement de leurs compétences en la matière. En 2010, les Professeurs Pierre VERGE et Dominic ROUX ont montré que de nombreux écarts entre les principes du droit international et les législations provinciales subsistaient[82]. Selon eux, *« le fait que le droit international du travail soit demeuré ainsi, dans la mesure constatée, sans influence sur les législateurs canadiens, situation injustifiable au regard des engagements internationaux du pays, ne trouve (...) pas véritablement explication dans la réalité canadienne contemporaine du travail. De surcroît, certaines des situations*

---

76 En ce que le gouvernement fédéral peut initier des politiques de restructuration (souvent au détriment des salariés), en voyant de surcroît sa marge de manœuvre limitée par la réaction potentielle des marchés et des investisseurs. De même, si les gouvernements provinciaux peuvent s'opposer aux traités internationaux portant préjudice à l'emploi et aux relations de travail, ils ne peuvent agir dans une économie intégrée aux plans nationaux et internationaux. ARTHURS (H.), « Labour and the "Real" Constitution », op. cit., p. 62

77 Ibid.

78 Ibid.

79 Cf. supra. Titre 1

80 Cf. supra. Chapitre 1

81 Cf. supra. Titre 1, Chapitre 2 sur l'évolution de la jurisprudence de la Cour suprême du Canada

82 Cf. supra. Section 1

d'exclusion (...) pourraient se révéler incompatibles avec les exigences constitutionnelles dégagées par la Cour suprême du Canada »[83].

Les provinces apparaissent très autonomes dans l'exercice de leur pouvoir de légiférer en matière de travail. Bon nombre d'entre elles ont adopté des législations particulières dans le domaine des relations collectives. En cela, si l'Etat fédéral a choisi de ne pas ratifier la Convention n° 98 relative au droit d'organisation et de négociation collective jusqu'en 2017, il s'est agi d'être réaliste au regard de la diversité des situations provinciales en matière de négociation collective[84]. La réticence exprimée par les juges à associer la Convention n° 87 à la protection de la négociation collective peut ainsi s'expliquer par une volonté de ne pas faire pénétrer dans le système canadien par le biais de l'interprétation un certain nombre de principes issus de la Convention n° 98 auquel les provinces et l'Etat fédéral ont longtemps refusé de se soumettre. Suivant une même logique, des juges arguent régulièrement des caractéristiques du système canadien de relations collectives pour justifier leur décision et, par la même occasion, l'acception pouvant être donnée à un texte de l'OIT intégré dans l'ordre canadien[85].

Certes, dans ses décisions phares en matière de négociation collective (*Dunmore*[86] et *Health Services*[87]), la Cour suprême a remis en cause des législations provinciales à la lueur notamment du droit international du travail. Cela étant, dans l'arrêt *Fraser*, les juges ont souligné la latitude dont

---

[83] VERGE (P.), ROUX (D.), « L'affirmation des principes de la liberté syndicale, de la négociation collective et du droit de grève selon le droit international et le droit du travail canadien : deux solitudes ? », op. cit., pp. 459-460

[84] Selon les Professeurs Pierre VERGE et Dominic ROUX, *« l'obligation internationale liant le Canada suit – et non précède – la législation relevant de l'ordre intérieur s'y rapportant »*. VERGE (P.), ROUX (D.), « L'affirmation des principes de la liberté syndicale, de la négociation collective et du droit de grève selon le droit international et le droit du travail canadien : deux solitudes ? », op. cit., p. 450

[85] Historiquement, le niveau élevé d'exigence du droit international du travail par rapport au droit canadien a déjà posé des difficultés (par exemple, sur la limitation à huit heures de la journée de travail). Selon le Professeur Adelle BLACKETT, le manque de volonté politique s'est poursuivi par une question de compétences, le gouvernement fédéral considérant qu'une action des provinces était plus appropriée (son raisonnement ayant été validée en 1937 par le Conseil privé dans l'Avis sur les Conventions du travail, [1937] A.C. 326). Cette conception a porté atteinte aux obligations du Canada en tant que membre de l'OIT. BLACKETT (A.), « Mutual Promise: International Labour Law and B.C. Health Services », op. cit., p. 371

[86] *Dunmore c. Ontario (Procureur général)*, [2001] 3 RCS 1016, 2001 CSC 94

[87] *Health Services and Support - Facilities Subsector Bargaining Assn. c. Colombie-Britannique*, 2007 CSC 27, [2007]

disposaient les Parlements provinciaux pour protéger l'exercice du droit de négociation collective. Pour censurer la décision rendue par la Cour d'appel de l'Ontario, les juges majoritaires ont fait valoir qu'en analysant la *« reconnaissance du droit de négociation collective [comme] la consécration d'un type particulier de système de négociation collective, soit le modèle Wagner, qui prédomine au Canada »*, les juges d'appel ont surestimé l'article 2 d) de la Charte canadienne des droits et libertés protégeant la liberté d'association[88]. Pour les juges suprêmes, la protection constitutionnelle de la négociation collective doit être comprise en tant que principe, sans viser une procédure particulière[89].

Allant plus loin encore à travers leur *obiter dictum* dans la critique de la jurisprudence *Health Services* qui laissait augurer une extension du domaine de la protection constitutionnelle du droit de négociation collective, les juges CHARRON et ROTHSTEIN ont clairement exposé leur point de vue et invité à distinguer le modèle *Wagner* des obligations internationales du pays. Pour eux, *« le droit international n'appuie pas la constitutionnalisation du droit de négocier collectivement. Selon une proposition formulée par la formation majoritaire dans Health Services, la négociation collective fait partie intégrante de la liberté d'association reconnue en droit international (...). Même si la Convention n° 98 s'appliquait au Canada, dans Health Services, la formation majoritaire aurait tout de même tort de s'appuyer sur elle pour constitutionnaliser la négociation collective entendue au sens où l'employeur est tenu de négocier de bonne foi. Bien que la Convention n° 98 protège le processus de négociation collective, elle y voit un processus "volontaire" fondamentalement distinct de celui que prévoit le modèle Wagner. La Convention n° 98 n'oblige pas les parties à négocier de bonne foi »*.

La jurisprudence de la Cour suprême du Canada illustre ainsi l'exercice auquel se livrent les juges nationaux : donner un sens aux instruments de l'OIT qui soit compatible avec les singularités institutionnelles du pays. Cet exemple rejoint l'idée selon laquelle l'interprétation des instruments de l'OIT est nécessairement subordonnée à un contexte national spécifique : la

---

88 *Ontario (Procureur général) c. Fraser*, 2011 CSC 20, para. 44-45

89 *« La logique qui sous-tend les arrêts Dunmore et Health Services n'admet pas l'idée que l'al. 2d) protège un type particulier de négociation collective. Comme il a été vu précédemment, cet alinéa protège le droit de s'associer afin de réaliser des objectifs collectifs. La loi ou la mesure de l'État qui rend impossible la réalisation d'objectifs collectifs a pour effet de restreindre la liberté d'association en la privant de sens. C'est dans ce sens dérivé que l'al. 2d) protège le droit de négociation collective (...). Cependant, aucun type particulier de négociation n'est protégé ».* *Ontario (Procureur général) c. Fraser*, 2011 CSC 20, para. 46

liberté d'association doit permettre *« aux milieux intéressés d'adapter eux-mêmes leur comportement de négociation aux exigences changeantes du marché du travail »*[90]. De façon plus circonstancielle, l'interprétation peut être guidée par un certain nombre de contraintes plus factuelles.

§3. L'interprétation contrainte par le contexte des relations sociales : l'exemple français

Selon la théorie des contraintes juridiques, l'interprétation d'un texte de droit est conditionnée par un certain nombre de causes, liées au système juridique (par opposition aux causes psychologiques, politiques…). Pour les Professeurs Véronique CHAMPEIL-DESPLATS et Michel TROPER, *« l'acteur cède à une contrainte lorsqu'il est dans une situation telle que, parmi tous les choix que son pouvoir discrétionnaire permet, seul un ou quelques-uns apparaissent possibles : la contrainte juridique a pour effet de réduire les choix [d'interprétation] possibles »*[91]. La contrainte est ici entendue comme *« une situation de fait dans laquelle un acteur du droit est conduit à adopter telle solution ou tel comportement plutôt qu'une ou un autre, en raison de la configuration du système juridique qu'il met en place ou dans lequel il opère »*[92].

Dans ce cadre, force est de constater que la signification attribuée aux instruments de l'OIT mobilisée par les juges est subordonnée à des questions liées au système juridique national au lieu de s'inscrire dans un cadre international non contraignant. Celles-ci peuvent être structurelles et liées, par exemple, au système de relations sociales ou industrielles ou à l'organisation constitutionnelle du pays. De façon plus particulière, des problématiques plus ponctuelles peuvent également influer sur le point de vue du juge.

Au vu de la pratique juridictionnelle française, l'on peut suggérer une certaine sensibilité, chez certains juges, aux conditions d'adoption d'un texte de droit national lorsqu'il s'agit de déterminer la portée des engagements internationaux du pays. Dans certains cas, le choix de s'aligner ou non sur des conceptions internationales des instruments de l'OIT paraît motivé par la volonté de remettre en cause ou, au contraire, d'affirmer la validité d'un

---

[90] VERGE (P.), « L'affirmation constitutionnelle de la liberté d'association : une nouvelle vie pour l'autonomie collective ? », Les Cahiers de droit, vol. 51, n° 2, 2010, p. 374

[91] CHAMPEIL-DESPLATS (V.), TROPER (M.), « Proposition pour une théorie des contraintes juridiques », op. cit., p. 14

[92] Selon la définition proposée par le Centre de Théorie du Droit de Nanterre. CHAMPEIL-DESPLATS (V.), TROPER (M.), op. cit., p. 12

texte de droit interne, en prenant en compte l'implication des partenaires sociaux dans leur élaboration. Au-delà de la nécessité pour le juge de *« garantir la cohérence entre les différents niveaux de l'architecture juridique »* et de *« ne pas remettre en cause l'édifice juridique du point de vue constitutionnel »*[93], le replacement de la législation dans son contexte national contribue ainsi à expliquer les choix interprétatifs qu'il opère.

L'on comprend ainsi pourquoi les juges se sont alignés sur la vision de la notion de durée raisonnable de période d'essai prônée au sein de l'OIT et ont ignoré les recommandations du Comité de la liberté syndicale à propos des modalités de désignation du représentation de section syndicale qui imposent aux syndicats d'obtenir au moins 10 % d'audience pour reconduire leurs représentants sortants[94] (cette règle ayant été contestée au moyen de la Convention n° 98 sur le droit de négociation collective).

A ce sujet, il faut rappeler que la loi n° 2008-789 du 20 août 2008 portant rénovation de la démocratie sociale et réforme du temps de travail avait été adoptée à la suite d'une concertation entre les partenaires sociaux. Quelques mois avant l'adoption de la loi, d'importantes organisations de salariés et d'employeurs représentatives[95] avaient élaboré une position commune par laquelle ils s'accordaient sur la nécessité *« d'actualiser les critères de représentativité des organisations syndicales de salariés »*[96]. Surtout, concernant la désignation des représentants de section syndicale, elles avaient convenu expressément convenu le mécanisme qui allait être repris à l'article L. 2142-1-1 du Code du travail : *« Les organisations reconnues représentatives dans les entreprises de 50 salariés et plus peuvent désigner un délégué syndical qui est choisi parmi les candidats ayant recueilli individuellement au moins 10 % des voix aux dernières élections »*[97]. Finalement, la convergence de points de vue entre des organisations professionnelles majeures précédant la modification de la loi a pu amener la Cour de cassation à se limiter à faire une interprétation restrictive des instruments de l'OIT relatifs à la liberté d'association et à la négociation collective (la mise en conformité du droit français avec les textes de l'OIT

---

93 TRICOIT (J-P.), « La chambre sociale de la Cour de cassation face à la prolifération des instruments internationaux de protection des droits fondamentaux », op. cit., p. 180

94 L'article L. 2142-1-1 du Code du travail interdit aux syndicats ayant recueilli moins de 10 % aux élections professionnelles de reconduire leur représentant de section sortants jusqu'aux six mois précédant les élections suivantes. Cf. infra. Sous-section 2

95 La CGT, la CFDT, le MEDEF et la CGPME

96 Position commune du 9 avril 2008 sur la représentativité, le développement du dialogue social et le financement du syndicalisme

97 Ibid., Article 10-3

ayant finalement résulté de l'intervention du législateur[98]).

A l'opposé, dans le cas du CNE, le juge français a paru contraint par des circonstances à la lisière des domaines juridique et social. La remise en cause de la période de consolidation de deux ans qui accompagnait ce nouveau type de contrat s'est opérée sur un terrain particulièrement propice où différents facteurs peuvent expliquer pourquoi les juges se sont alignés sur le droit international. Tout d'abord, les juges se sont probablement montrés davantage disposés à accueillir favorablement le rapport du comité d'experts au Conseil d'administration du 14 novembre 2007 s'agissant d'un dispositif adopté par ordonnance, sans réelle concertation, qu'un texte adopté à la suite d'un long processus de concertation, lequel s'était soldé par l'adoption de la loi du 20 août 2008 réformant les modalités de désignation des représentants de section syndicale. Le CNE avait en effet été mis en place dans le cadre des mesures d'urgence pour l'emploi. Le gouvernement s'était vu autorisé à instituer *« un contrat de travail sans limitation de durée comportant pendant une période déterminée des règles de rupture et un régime indemnitaire spécifique »* et visant *« à favoriser l'embauche dans les petites entreprises »*[99].

Ensuite, il faut rappeler que dans les mois suivant l'adoption du CNE, le gouvernement avait proposé un dispositif similaire pour les travailleurs âgés de moins de vingt-six ans[100] dans le cadre de dispositif du Contrat Première Embauche. Dans le courant du mois de mars 2006, quelques semaines avant que le CPH de Longjumeau ne se prononce à propos du CNE[101], un vaste mouvement d'opposition des syndicats et des étudiants s'était engagé avec succès, en réaction précisément à l'institution une période de consolidation d'une durée maximale d'une durée de deux ans pour les jeunes travailleurs[102].

---

[98] Cf. infra. Sous-section 2

[99] Loi d'habilitation n° 2005-846 du 26 juillet 2005. Voir l'avis de l'avocat-général concernant l'arrêt rendu par la chambre sociale de la Cour de cassation le 1er juillet 2008 (n° 07-44.124, Publié au bulletin). DUPLAT (J.), « Le contrat nouvelles embauches et les normes internationales du travail. Avis de Jacques DUPLAT », op. cit., p. 20

[100] Article 8 de la loi 2006-396 du 31 mars 2006 pour l'égalité des chances, abrogé par la loi n° 2006-457 du 21 avril 2006 sur l'accès des jeunes à la vie active en entreprise.

[101] CPH Longjumeau, 28 avril 2006, n° 06/00316

[102] Selon le Professeur Jean PELISSIER, le CPE *« restera un événement marquant pour les sociologues et les politistes. Il a favorisé le regroupement des organisations syndicales ; il a démontré la maturité et le sens de l'organisation des jeunes ; il a révélé la solidarité des classes d'âge et la force de l'expression populaire. Il est à l'origine d'une nouvelle forme de promulgation où l'autorité qui ordonne*

Ainsi, la contestation sociale en France et juridique devant le Conseil d'administration du BIT a amené les autorités et les partenaires sociaux à renforcer le dispositif de protection des salariés en matière de rupture de contrat de travail. L'article 4 de l'accord national interprofessionnel du 11 janvier 2008, préfigurant les articles L. 1221-21 et suivants du Code du travail, est venu encadrer les durées maximales de périodes d'essai, en fonction de la catégorie professionnelle du salarié. L'accord rappelle également l'obligation de motiver les licenciements[103]. Dans la lignée, l'article 4 du projet de loi portant modernisation du marché du travail, alors en passe d'être adopté, énonçait que tout licenciement devait être motivé et justifié par une cause réelle et sérieuse[104]. En outre, l'article 9 de la loi allait abroger le CNE le 25 juin 2008 et prévoir sa requalification en CDI[105].

Compte tenu de ces éléments et de l'évolution de la configuration du système juridique, il aurait paru difficile pour la Haute juridiction dans son arrêt du 1er juillet 2008 de donner une acception étroite à la Convention n° 158 de l'OIT et de proclamer la validité du CNE. Non seulement, une telle conception aurait méconnu le droit international tel qu'il avait été rappelé à la France par le Conseil d'administration de l'OIT. Surtout, elle aurait conduit à raviver un dispositif moribond, à contrecourant de l'ensemble des tendances sociales et juridiques.

Le raisonnement des juges était donc bien moins contraint lorsque, dans ses deux avis rendus au mois de juillet 2019, la Cour de cassation a considéré que le barème encadrant les indemnités dues aux salariés faisant l'objet d'un licenciement sans cause réelle et sérieuse était compatible avec l'article 10 de la Convention n° 158[106]. Bien que ce dispositif résulte de la décriée

---

l'application de la loi interdit en même temps l'application de certaines de ses dispositions. Il a donné naissance à une nouvelle forme d'amendement : les amendements d'origine parlementaire décidés par le pouvoir exécutif et rédigés par celui-ci ». PELISSIER (J.), « Le contrat première embauche a vécu », Revue de droit du travail, n° 20, juin 2006, p. 20

[103] Article 11 - Encadrer et sécuriser les ruptures de contrat de travail : *« Tout licenciement doit être fondé sur un motif réel et sérieux qui doit être porté à la connaissance du salarié concerné. En conséquence, les parties signataires demandent aux pouvoirs publics de prendre les dispositions pour que ce principe s'applique à tous les contrats de travail »*

[104] DUPLAT (J.), « Le contrat nouvelles embauches et les normes internationales du travail. Avis de Jacques DUPLAT », op. cit., pp. 20 et s.

[105] Article 9 de la n° 2008-596 du 25 juin 2008 portant modernisation du marché du travail

[106] Avis n° 15012 du 17 juillet 2019 - Formation plénière pour avis et Avis n° 15013 du 17 juillet 2019 - Formation plénière pour avis

ordonnance du 22 septembre 2017 relative à la prévisibilité et la sécurisation des relations de travail, le Conseil d'administration du BIT ne s'était alors pas encore prononcé sur le fond sur la réclamation déposée en 2017 par les syndicats CGT et FO[107], comme l'a relevé le conseiller-rapporteur. Par ailleurs, au plan interne, en dépit de contestations, ce dispositif apparaissait comme la norme désormais applicable dans le pays.

Une conjonction de facteurs conditionne ainsi le raisonnement du juge lorsqu'il procède à l'interprétation des instruments de l'OIT. L'audace du juge dans son approche extensive ou, à l'inverse, son attitude de repli matérialisée par une interprétation restrictive peut s'inscrire dans la continuité du contexte d'adoption de textes de droit interne. De même, sa retenue peut reposer sur une volonté de ne pas bouleverser les institutions nationales ou être conditionnée par une approche interprétative centrée sur la conciliation des intérêts entre deux parties supposées égales. Cette expression de la souveraineté des Etats conduit régulièrement à des écarts de jurisprudence qui deviennent problématiques dès lors qu'ils contreviennent à la signification attribuée aux textes de l'OIT au niveau international.

Sous-section 2 : Des différences d'approches conduisant à des écarts de jurisprudences

La recherche de sources extranationales par les juges n'est pas désintéressée : la combinaison du droit international avec le droit national s'inscrit généralement dans une *« démarche finaliste »*, visant à tirer profit du pluralisme mondial ou, au contraire, à le contourner[108]. En pratique, les juges qui se réfèrent aux instruments de l'OIT cherchent surtout à conforter leur point de vue, que ce soit en alignant leur raisonnement sur des sources extérieures ou en se référant à une disposition normative internationale[109].

Quelques exemples révèlent la grande liberté dont disposent les juges à l'occasion de la mise en œuvre des normes internationales du travail et de leur interprétation. Celle-ci dépasse le cadre d'une éventuelle marge dont les limites seraient dessinées par les organes de l'OIT et est susceptible d'excès.

---

[107] Réclamation alléguant l'inexécution par la France des conventions n° 87 sur la liberté syndicale et la protection du droit syndical, 1948, n° 98 sur le droit d'organisation et de négociation collective, 1949, et n° 158 sur le licenciement, 1982, présentée par la Confédération générale du travail-Force ouvrière (CGT-FO) et la Confédération générale du travail (CGT) en vertu de l'article 24 de la Constitution de l'OIT

[108] BERGE (J-S.), *L'application du droit national, international et européen*, op. cit., p. 154

[109] Cf. supra. Titre 1, Chapitre 2

En ce sens, la déconnexion et les différences entre, d'une part, les jurisprudences nationales et, d'autre part, les conclusions et recommandations des organes de supervision de l'application des normes internationales du travail mettent en évidence les limites d'instruments universels s'intégrant dans des systèmes d'interprétation autonomes et indépendants. A cet égard, en France et surtout au Canada, plusieurs cas se montrent éloquents. En Afrique du Sud, la pratique paraît plus fidèle aux analyses genevoises.

§1. Le cas de la France : des déconnexions ponctuelles

Il serait abusif d'affirmer de manière générale que les décisions des juridictions suprêmes françaises contreviennent aux principes degagés par les instances internationales de supervision de l'application des normes internationales du travail[110]. Néanmoins, l'étude de la portée attribuée aux Conventions internationales du travail par les juges est révélatrice de l'étendue de leur pouvoir d'interprétation.

L'interprétation de la Convention n° 106 de l'OIT concernant le repos hebdomadaire dans le commerce et les bureaux[111] a donné lieu à de vives controverses quant à la portée de ses dispositions en France. En dépit de l'importance portée par les juges à la jurisprudence de l'OIT, les syndicats ont dénoncé une violation des dispositions conventionnelles, eu égard à la multiplication de dispositifs légaux et réglementaires autorisant les dérogations au principe du repos dominical[112].

Ainsi, avant que le Conseil d'Etat ne rappelle la compatibilité du dispositif de dérogation au repos dominical avec la Convention n° 106[113], le rapporteur

---

[110] Sur les liens entre les organes de supervision de l'OIT et la France, voir LYON-CAEN (P.), « L'application par la France des Conventions internationales du travail », Droits fondamentaux, n° 8, janvier – décembre 2010

[111] Convention concernant le repos hebdomadaire dans le commerce et les bureaux (Entrée en vigueur : 04 mars 1959)

[112] D'une manière générale, depuis 2008, les autorités françaises entendent de plus en plus largement les dérogations susceptibles d'être apportées à la Convention n° 106. Ceci explique pourquoi un syndicat a déposé une réclamation en 2014 devant le Conseil d'administration du BIT, sur le fondement de l'article 24 de la Constitution. Réclamation alléguant l'inexécution par la France de la convention n° 106 sur le repos hebdomadaire (commerce et bureaux), 1957, présentée par la Fédération des employés et cadres de la Confédération générale du travail-Force ouvrière en vertu de l'article 24 de la Constitution de l'OIT (GB.322/INS/14/6)

[113] En soulignant le respect des dispositions relatives à la consultation des partenaires sociaux (article 7§4) ainsi que la possibilité pour l'autorité administrative

public Claire LANDAIS avait examiné en détail les travaux de la Commission d'experts[114]. Elle avait étudié les considérations sociales avancées et le champ des dérogations au principe du repos dominical, avant de conclure à la conformité du dispositif français avec le droit international en s'immisçant dans les espaces des analyses de la Commission.

Si, à la suite de la réclamation portée par FO, le Comité tripartite mis en place a validé en 2016 la législation française en invitant le Conseil d'administration à clore la procédure de réclamation, il a néanmoins rappelé au gouvernement un certain nombre de règles issues de la Convention n° 106. Notamment, réagissant au décret du 7 mars 2014 autorisant l'ouverture des commerces de bricolage le dimanche, le Comité a rappelé (de façon abstraite) que la mise en place d'un régime spécial de repos hebdomadaire devait *« se faire dans le contexte du pays concerné compte tenu des critères établis par la convention, notamment des considérations sociales et économiques pertinentes à prendre en compte »*[115]. En parallèle, elle a enjoint au gouvernement de soumettre un rapport à la Commission d'experts pour qu'elle puisse l'examiner dans le cycle régulier.

La distance entre les juges et les décisions des organes de l'OIT se retrouve de façon plus flagrante dans les décisions concernant les règles de désignation des représentants de section syndicale.

A plusieurs reprises, pour remettre en cause la désignation d'un représentant de section syndicale, les juges se sont fondés sur l'article L. 2142-1-1 du Code du travail qui interdit aux syndicats ayant recueilli moins de 10 % aux élections professionnelles de reconduire leur représentant de section sortants jusqu'aux six mois précédant les élections suivantes. Plusieurs contestations ont été formulées s'agissant de la compatibilité de ce dispositif avec le droit international (et européen) du travail.

---

de poursuivre les infractions aux règles relatives au repos dominical (article 7§10). CE, 1ère et 6ème sous-sections réunies, 13 février 2013, 335640

[114] LANDAIS (C.), « Les dispositions de la loi 10 août 2009 réaffirmant le principe du repos dominical n'ont pas méconnu la convention de l'OIT », Revue juridique de l'économie publique n° 700, août 2012

[115] Conseil d'administration, 326ème session, Genève, 10-24 mars 2016, GB.326/INS/15/8, Huitième rapport complémentaire : rapport du comité chargé d'examiner la réclamation alléguant l'inexécution par la France de la convention (n° 106) sur le repos hebdomadaire (commerce et bureaux), 1957, présentée en vertu de l'article 24 de la Constitution de l'OIT par la Fédération des employés et cadres de la Confédération générale du travail - Force ouvrière, para. 47, p. 18

Par exemple, dans un arrêt du 14 avril 2010[116], les juges ont estimé que les Etats demeuraient libres de réserver le droit de négociation collective aux syndicats représentatifs, *« ce que ne prohibent ni les articles 5 et 6 de la Charte sociale européenne ni l'article 28 de la Charte des droits fondamentaux de l'Union européenne, ni les conventions n° 98 et 135 de l'OIT »*. Ils ont par ailleurs ajouté que *« l'obligation faite aux syndicats représentatifs de choisir, en priorité, le délégué syndical parmi les candidats ayant obtenu au moins 10 % des voix ne heurte aucune prérogative inhérente à la liberté syndicale et que, tendant à assurer la détermination par les salariés eux-mêmes des personnes les plus aptes à défendre leurs intérêts dans l'entreprise et à conduire les négociations pour leur compte, elle ne constitue pas une ingérence arbitraire dans le fonctionnement syndical »*.

Dans cette affaire, la position du conseiller-rapporteur[117] montre que les écarts éventuels entre la jurisprudence française et l'avis du Comité de la liberté syndicale ne résultent en aucun cas d'une ignorance ou d'une incompréhension du juge français des interprétations dégagées au sein de l'OIT mais précisément d'une divergence d'analyse. Le conseiller-rapporteur a en effet construit une solide argumentation, bâtie sur une étude des travaux des organes de l'OIT ayant trait à la Convention n° 98 de l'OIT sur le droit d'organisation et de négociation collective[118] et sur des Recommandation de l'OIT, pour discuter le jugement rendu en première instance par le tribunal d'instance de Brest le 27 octobre 2009. Le juge a ainsi souligné qu' *« aucune des conventions, voire des simples recommandations, de l'OIT relatives aux syndicats ou à la négociation collective n'interdi[sai]t de réserver la négociation collective aux syndicats représentatifs. Bien au contraire, le comité de la liberté syndicale du conseil d'administration du BIT, organe d'experts, certes sans pouvoir normatif, a rappelé à de multiples reprises que les normes de l'OIT ne s'opposaient pas à ce que les États édictent une telle exigence »*[119].

---

[116] Cass. Soc., 14 avril 2010, 09-60.426 09-60.429, Publié au bulletin

[117] BERAUD (J-M.), « Les nouvelles règles sur la représentativité : l'évaluation de la Cour de cassation », Revue de droit du travail, mai 2010, pp. 276-284

[118] Ainsi que sur la jurisprudence européenne

[119] *« 349. Les systèmes dans lesquels la représentation syndicale conditionnant l'exercice des droits syndicaux collectifs se fonde sur le nombre d'adhérents des syndicats, de même que ceux dans lesquels la représentation syndicale dépend d'une élection générale où votent tous les travailleurs ou fonctionnaires et, enfin ceux qui reposent sur une combinaison de ces deux mécanismes sont compatibles avec les conventions n° 87 et 98 (Recueil de décisions et de principes du Comité de la liberté syndicale du Conseil d'administration du BIT, cinquième édition, révisée).*
Il a même préconisé de soumettre la négociation et la signature des conventions collectives à une condition de représentativité :

Parmi les nombreux autres points de droit international discutés, le juge a écarté une incompatibilité du dispositif français avec l'article 3 de la Convention n° 87[120] qui garantit notamment aux organisations professionnelles la liberté d'élire leurs représentants et interdit aux autorités publiques de limiter ce droit. Pour lui, le constat d'inconventionnalité serait revenu à confondre *« la liberté du syndicat d'élire ses représentants, au sens d'organes dirigeants, et la faculté, lorsqu'une législation nationale le prévoit, de désigner un représentant dans une entreprise, faculté nécessairement limitée à commencer par l'exigence que ce représentant soit un salarié de l'entreprise »*. En outre, il a relevé que *« surtout, la Convention n° 87 ne figure pas au nombre des instruments de l'OIT retenus par le jugement dans ses motifs (le tribunal ne la mentionne qu'au titre des prétentions du syndicat) »*.

Bien qu'approfondie, cette analyse, ne garantit pas une conformité de la législation nationale avec les interprétations formées par le Comité de la liberté syndicale. En effet, à la suite d'une plainte déposée en 2009 par le syndicat Force Ouvrière[121], le Comité de la liberté syndicale a invité le gouvernement français à examiner la possibilité de réviser la législation, à la lumière de *« la liberté pour les organisations reconnues comme représentatives de choisir leurs délégués syndicaux aux fins de la*

---

953. La reconnaissance par un employeur des principaux syndicats représentés dans son entreprise ou du plus représentatif d'entre eux constitue la base même de toute procédure de négociation collective des conditions d'emploi au niveau de l'établissement (V. Recueil 1996, paragr. 822 ; 307ème rapport, cas n° 1890, § 373 ; 333ème rapport, cas n° 2301, § 595, cas n° 2281, § 635, cas n° 2291, § 916 et 338ème rapport, cas n° 2378, § 1141.)
Dans son article 3, paragraphe 5, la Constitution de l'OIT consacre elle-même la notion d' 'organisations professionnelles les plus représentatives' afin de limiter l'accès des organisations syndicales à la Conférence internationale annuelle du travail à Genève.
De même, la Recommandation n° 163 concernant la promotion de la négociation collective, adoptée en 1981, prévoit expressément elle aussi un système fondé sur la représentativité (...) ». BERAUD (J-M.), « Les nouvelles règles sur la représentativité : l'évaluation de la Cour de cassation », op. cit., p. 280

[120] *«* 1. Les organisations de travailleurs et d'employeurs ont le droit d'élaborer leurs statuts et règlements administratifs, d'élire librement leurs représentants, d'organiser leur gestion et leur activité, et de formuler leur programme d'action.
2. Les autorités publiques doivent s'abstenir de toute intervention de nature à limiter ce droit ou à en entraver l'exercice légal *»*

[121] Cas n° 2750 (France) - Date de la plainte : 2 décembre 2009. Confédération Générale du Travail - Force Ouvrière (CGT-FO)

négociation collective »[122]. A cette occasion, non sans souligner les aspects positifs des règles de représentativité, le Comité a notamment insisté sur le fait qu'il appartenait *« au syndicat de déterminer la personne la plus à même de le représenter au sein de l'entreprise et de défendre ses membres dans leurs réclamations individuelles, même lorsque cette dernière n'a pas recueilli 10 pour cent des suffrages lors des élections sociales »*[123].

En dépit du scepticisme du Comité de la liberté syndicale, les juges ont maintenu leur position, notamment dans un arrêt rendu par la chambre sociale de la Cour de cassation le 14 novembre 2013[124]. Afin de contester la demande de l'employeur et le jugement de première instance, le salarié et le syndicat ont invoqué différentes recommandations rendues par le Comité de la liberté syndicale à propos de la loi du 20 août 2008 et de ses textes d'application. Ils ont notamment rappelé que le Comité avait estimé que *« pour être conforme à l'article 3 de la convention n° 87, la désignation du représentant d'une section syndicale devait découler du libre choix du syndicat concerné »*. Pour rejeter cette demande, les juges ont, de façon lapidaire, fait valoir que le dispositif légal contesté *« ne heurt[ait] aucune prérogative inhérente à la liberté syndicale et, tendant à assurer la détermination par les salariés eux-mêmes des personnes les plus aptes à défendre leurs intérêts dans l'entreprise, ne constitu[ait] pas une ingérence arbitraire dans le fonctionnement syndical »*.

En mars 2016, le Comité de la liberté syndicale a rappelé qu'il avait estimé qu'il appartenait au *« syndicat de déterminer la personne la plus à même de le représenter au sein de l'entreprise »*. A cette occasion, il a exprimé son souhait de voir entamées des discussions avec les partenaires sociaux, en vue d'une révision *« sans délai »* de la législation à la lumière de ce principe[125].

Finalement, au mois de juin 2019, le comité a considéré que ce cas n'appelait plus un examen approfondi après que le gouvernement français l'avait informé de ce que *« l'article 6 de la loi n° 2018-217 du 29 mars 2018*[126] *ajout[ait] une importante dispense additionnelle à l'exigence posée*

---

[122] Comité de la liberté syndicale, 362ème rapport, novembre 2011, para. 947. MITTERRAND (S.), ODOUL ASOREY (I.), « Décision de l'OIT sur la loi du 20 août 2008, quelles suites ? », Revue de droit du travail, n° 2, février, 2012 p. 107

[123] Comité de la liberté syndicale, 362ème rapport, novembre 2011, para. 957

[124] Cass. Soc., 14 novembre 2013, 13-11.316, Publié au bulletin. Cf. supra. §1 sur l'approche littérale

[125] Suites données aux recommandations du comité et du Conseil d'administration - Rapport n° 377, mars 2016. Cas n° 2750 (France) - Date de la plainte : 2 décembre 2009 - En suivi, para. 34

[126] Celui-ci modifie l'article L. 2143-3 du code du travail et élargit les possibilités de désignation des délégués syndicaux au-delà des candidats aux élections

par la loi du 20 août 2008 selon laquelle le délégué syndical d[eva]it être choisi par son organisation parmi les candidats ayant obtenu personnellement au moins 10 pour cent des suffrages exprimés aux élections professionnelles »[127]. La mise en conformité du droit français avec le droit international n'est donc intervenue que consécutivement à l'intervention du législateur.

Bien qu'il soit loin d'être insensible aux travaux des organes de l'OIT, le juge français est donc apparu en opposition avec le Comité de la liberté syndicale s'agissant de la validité des règles de représentativité des représentants de section syndicale, au regard du principe de liberté syndicale. Cette tendance à déconnecter la Convention n° 87 de la signification qui lui est attribuée au niveau international ressort avec une acuité particulière dans la jurisprudence de la Cour suprême du Canada, plus concentrée.

§2. Le cas du Canada : une autonomie interprétative du juge longtemps assumée

Alors qu'il a fallu attendre une décision du 30 janvier 2015 pour que la Cour suprême du Canada consacre la protection constitutionnelle du droit de grève au nom de la liberté d'association[128], sa jurisprudence antérieure est assez riche d'enseignements quant à la faculté des juges de s'éloigner des interprétations des organes de l'OIT. En particulier, l'arrêt *Fraser* rendu en

---

professionnelles qui ont recueilli à titre personnel et dans leur collège au moins 10 % des suffrages exprimés au premier tour des dernières élections au comité social et économique, tel qu'il résulte de l'alinéa 1er de cet article. Ainsi, selon le deuxième alinéa, *« si aucun des candidats présentés par l'organisation syndicale aux élections professionnelles ne remplit les conditions mentionnées au premier alinéa (...) ou s'il ne reste, dans l'entreprise ou l'établissement, plus aucun candidat aux élections professionnelles qui remplit les conditions mentionnées au même premier alinéa, ou si l'ensemble des élus qui remplissent les conditions mentionnées audit premier alinéa renoncent par écrit à leur droit d'être désigné délégué syndical, une organisation syndicale représentative peut désigner un délégué syndical parmi les autres candidats, ou, à défaut, parmi ses adhérents au sein de l'entreprise ou de l'établissement ou parmi ses anciens élus ayant atteint la limite de durée d'exercice du mandat au comité social et économique fixée au deuxième alinéa de l'article L. 2314-33 »*

[127] Suites données aux recommandations du comité et du Conseil d'administration - Rapport n° 389, juin 2019. Cas n° 2750 (France) - Date de la plainte : 2 décembre 2009 - En suivi, para. 39

[128] *Saskatchewan Federation of Labour c. Saskatchewan*, 2015 CSC 4. Cf. supra. Titre 1 et supra. Chapitre 1

2011[129] révèle la distance de conceptions de la liberté syndicale entre les juges nationaux et les organes de l'OIT.

Sans évoquer les motifs liés à la Déclaration de l'OIT relatives aux principes et droits fondamentaux au travail « sacralisant » la reconnaissance effective du droit de négociation collective, l'arrêt *Fraser* se heurte aux principes dégagés par le Comité de la liberté syndicale en la matière, lesquels tendent à déduire un droit de négociation collective du principe de liberté d'association découlant de la Convention n° 87.

Par exemple, le Comité a considéré que toute intervention des autorités nationales tendant à limiter ou à entraver l'exercice légal du droit de négociation entre employeurs et syndicats violait le principe fixé par l'article 3 de la Convention n° 87, selon lequel les organisations de travailleurs et d'employeurs ont le droit d'organiser leur gestion et leur activité, et de formuler leur programme d'action[130]. Sur ce point, le Comité a souligné le fait que *« les travaux préliminaires à l'adoption de la convention n° 87 indiquent clairement que "l'un des buts principaux de la garantie de la liberté syndicale est de permettre aux employeurs et aux salariés de s'unir en organisations indépendantes des pouvoirs publics, capables de régler, par voie de conventions collectives librement conclues, les salaires et autres conditions d'emploi" (Liberté d'association et relations industrielles, rapport VII, Conférence internationale du Travail, 30e session, Genève, 1947, p. 53.) »*[131].

La critique des juges CHARRON et ROTHSTEIN dans leurs motifs concordants quant au résultat de l'affaire *Fraser* se heurte aux conceptions promues par le Comité de la liberté syndicale, en ce qu'elle tend à n'associer le droit de la négociation collective qu'à la seule Convention n° 98 (qui n'avait alors pas encore été ratifiée par le pays) et à entendre ce droit de manière restrictive A cet égard, avant cette décision, le Comité d'experts de l'OIT a rappelé le Canada à ses obligations à propos d'un certain nombre de législations provinciales qui excluaient certaines catégories de travailleurs du bénéfice du régime légal instituant des rapports collectifs au travail[132].

---

[129] *Ontario (Procureur général) c. Fraser*, 2011 CSC 20. Cf. supra. Titre 1 et supra. Chapitre 1

[130] Voir notamment *Compilation des décisions du Comité de la liberté syndicale*, op. cit., para. 1232, p. 233

[131] Ibid., para. 1233, p. 233

[132] Cf. supra. Chapitre 1 sur la supervision des pratiques canadiennes par les organes de l'OIT

Comme l'ont montré les Professeurs Pierre VERGE et Dominic ROUX en 2010, les observations adressées au Canada par la Commission d'experts et le Comité de la liberté syndicale se sont, dans plusieurs cas, révélées insuffisantes pour faire évoluer les législations provinciales dans le domaine de la liberté syndicale[133]. Les législateurs provinciaux ont en effet maintenu le régime dérogatoire qui écartait certaines catégories de travailleurs des régimes généraux en matière de liberté syndicale et de relations collectives (au mépris de l'article 2 de la Convention n° 87[134] régulièrement utilisée par le Comité pour rappeler le Canada à ses obligations et souligner l'inconventionnalité du modèle canadien de relations collectives excluant certaines catégories de travailleurs[135]).

C'est ainsi que le Comité continue de traiter des plaintes qui ont trait à la restriction des droits collectifs de certaines catégories de travailleurs[136]. Néanmoins, à l'image de la jurisprudence la plus récente concernant les membres de la Gendarmerie Royale du Canada, la Cour suprême du Canada, considérant que le *« gouvernement ne saurait adopter des lois ou imposer un processus de relations de travail qui entrave substantiellement le droit des employés de s'associer en vue de réaliser véritablement des objectifs collectifs relatifs au travail »*, semble à nouveau s'orienter vers une mise en conformité avec le droit international[137].

Suivant une même logique, la position de la Cour suprême du Canada, de même que la lenteur de sa progression jusqu'à l'établissement d'un lien entre le droit de grève et la liberté d'association en janvier 2015[138], met en avant la résistance du juge canadien aux influences internationales lorsqu'il s'est agi d'interpréter la Convention n° 87 de l'OIT. Alors que le pays a, à plusieurs reprises, vu son cas examiné par le Comité de la liberté syndicale en raison de restrictions du droit de grève sur le fondement de la Convention n° 87[139],

---

[133] Quelques évolutions devant toutefois être signalées, en complément de la question du droit de grève. Cf. supra. Chapitre 1

[134] *« Les travailleurs et les employeurs, sans distinction d'aucune sorte, ont le droit, sans autorisation préalable, de constituer des organisations de leur choix, ainsi que celui de s'affilier à ces organisations, à la seule condition de se conformer aux statuts de ces dernières »*

[135] VERGE (P.), ROUX (D.), « L'affirmation des principes de la liberté syndicale, de la négociation collective et du droit de grève selon le droit international et le droit du travail canadien : deux solitudes ? », op. cit., p. 455

[136] Cf. supra. Chapitre 1

[137] Cf. supra. Chapitre 1

[138] *Saskatchewan Federation of Labour c. Saskatchewan*, 2015 CSC 4. Cf. supra. Titre 1, supra. Sous-section 1 et supra. Chapitre 1

[139] Voir par exemple : Cas n° 2894 (Canada) - Date de la plainte : 15 août 2011. Syndicat des travailleurs et travailleuses des postes (STTP) appuyée par le Congrès

la Cour suprême est pourtant restée réfractaire à l'idée d'une consécration constitutionnelle de ce dernier au titre de l'article 2 d) de la Charte.

En pratique, cette conception canadienne dépasse le cadre de l'activité judiciaire puisque les législateurs provinciaux et fédéraux ont, à de nombreuses reprises, adopté des lois visant à restreindre le droit de grève. Afin d'en limiter les conséquences économiques, des lois ont en effet régulièrement été adoptées pour faire cesser des actions collectives, déclenchant régulièrement la réaction de la Commission d'experts ou du Comité de la liberté syndicale[140]. C'est ainsi qu'à la suite d'une plainte déposée en 2010, le Comité de la liberté syndicale a estimé qu'une loi qui imposait la reprise du travail adoptée par le gouvernement de l'Ontario pour interrompre une grève de 85 jours dans une université violait la Convention n° 87, en ce que le gouvernement mettait fin, de manière unilatérale, à une grève légale. Le Comité s'est alors prononcé en faveur de la mise en place d'un mécanisme volontaire et efficace de prévention et de règlement des différends, en lieu et place de l'imposition par la loi de la reprise du travail[141].

Même si la Cour suprême du Canada tend désormais à se rapprocher des analyses des organes de l'OIT sur bon nombre de points dans le domaine des relations collectives de travail[142] et alors que le pays a récemment ratifié la Convention n° 98, la lenteur du processus a mis en exergue les écarts existant entre les jurisprudences nationale et internationale et le potentiel d'opposition du juge et des autorités publiques en la matière.

---

du travail du Canada (CTC), l'UNI Global Union et la Confédération syndicale internationale (CSI) (à propos d'une loi mettant un terme à une grève dans les services postaux et imposant un arbitrage obligatoire et contraignant) ; Rapport définitif - Rapport n° 360, juin 2011 Cas n° 2803 (Canada) - Date de la plainte: 16 juin 2010 (à propos d'une loi provinciale imposant la reprise du travail pour mettre fin à une grève de 85 jours dans une université) ; Rapport définitif - Rapport n° 337, juin 2005. Cas n° 2349 (Canada) - Date de la plainte : 20 mai 2004 (à propos d'une loi de retour au travail comportant des pénalités sévères visant à mettre fin à une grève légale et à imposer par voie législative une convention collective)

[140] Sur le sujet, voir VERGE (P.), ROUX (D.), « L'affirmation des principes de la liberté syndicale, de la négociation collective et du droit de grève selon le droit international et le droit du travail canadien : deux solitudes ? », op. cit., pp. 460-467

[141] Rapport définitif - Rapport n° 360, juin 2011 Cas n° 2803 (Canada) - Date de la plainte : 16 juin 2010, para. 344

[142] Cf. supra. Chapitre 1

§3. Le cas de l'Afrique du Sud : l'utilisation des marges de manœuvre octroyées par les organes de l'OIT

L'observation de la jurisprudence sud-africaine à travers les travaux de ses juridictions supérieures laisse apparaître une certaine conformité des analyses nationales avec la jurisprudence de l'OIT. Le fait que les normes internationales soient souvent mobilisées aux côtés des travaux de leurs organes de contrôle semble assurer une cohérence entre les jurisprudences nationale et internationale s'agissant de la signification attribuée aux instruments mobilisés.

L'exemple de la jurisprudence concernant la procédure de licenciement montre la précaution des juges lorsqu'ils choisissent de restreindre la portée d'un instrument. Il ne s'agit pas de rompre avec le droit international du travail tel qu'il est conçu et interprété au sein de l'OIT. Les décisions allant à l'encontre des intérêts des travailleurs s'appuient davantage sur les libertés accordées par les Conventions et les acteurs genevois.

Ainsi, l'on a vu que, dans l'affaire *Old Mutual v. Gumbi*, les juges ont estimé que le droit à la défense ne constituait qu'une obligation pour l'employeur de mettre un travailleur en mesure d'être entendu avant d'être licencié. Le fait que le salarié exerce ou non la faculté qui lui est proposée est sans incidence sur la validité de la procédure[143]. Pour parvenir à cette solution, les juges ont souligné que l'article 7 prévoyait que le droit à la défense n'était pas un droit absolu. Il serait abusif de suggérer que les juges sud-africains ont ici instrumentalisé le contenu de la Convention n° 158 ou ont dévoyé le sens de son article 7. Ce dernier offre en effet une certaine marge de manœuvre aux employeurs, le droit à la défense devant être garanti, *« à moins que l'on ne puisse pas raisonnablement attendre de l'employeur qu'il lui offre cette possibilité »*. Sur ce dernier point, la Commission d'experts a admis la souplesse de cette disposition, ne devant pas être comprise comme exigeant *« que la défense soit impossible, mais seulement qu'on ne puisse raisonnablement attendre de l'employeur qu'il l'accorde »*[144].

Dans ce cas, le juge s'est certes éloigné d'une approche protectrice pour les travailleurs de la Convention n° 158. Cela étant, il ne s'est pas agi pour lui de se limiter à une approche restrictive de ses dispositions, mais également, de s'appuyer sur la souplesse reconnue par la Commission d'experts.

---

143 *Old Mutual Life Asurance Co SA Ltd v Gumbi* [2007], para. 8. Cf. supra. Chapitre 1

144 Conférence internationale du Travail, 82ème session 1995, Etude d'ensemble des rapports sur la convention (n° 158) et la recommandation (n° 166) sur le licenciement, 1982, para. 149, p. 70

D'une manière générale, même lorsque l'usage des normes internationales du travail par le juge sud-africain n'implique pas une recherche de la protection des travailleurs, force est de constater que l'étude fréquente de la jurisprudence de l'OIT[145] évite une appropriation des textes qui tendrait à les dénaturer. En cela, ses travaux tranchent avec certaines décisions françaises et, surtout, avec la jurisprudence canadienne en matière de relations collectives telle qu'elle a été développée pendant de nombreuses années, où l'autonomie des juges en matière d'interprétation des textes de l'OIT a pu laisser apparaître un risque de dévoiement des normes internationales du travail.

Conclusion du deuxième chapitre

Comme l'a souligné le Professeur Pierre LEGRAND, *« écrire que, "[p]our être légitime, le droit politiquement édicté par une communauté juridique concrète doit à tout le moins s'accorder avec des principes moraux qui, par-delà la communauté juridique particulière, peuvent prétendre à une validité universelle"[146], c'est ainsi refuser toute possibilité de comparaison des droits pourtant structurellement inscrite dans la diversité juridique »*[147]. Plus concrètement, en elle-même, la fragmentation du droit international du travail découlant de l'utilisation des normes internationales du travail par les juges nationaux ne constitue pas un frein à leur effectivité.

Le pluralisme, traduit par la diversité des façons dont sont acceptés les instruments de l'OIT dans les ordres nationaux, apparaît salutaire d'un certain point de vue, dans la mesure où il permet d'adapter leur contenu aux particularités nationales. Les textes normatifs internationaux peuvent être utilisés et voir leur signification adaptée pour répondre à des situations purement internes. D'une part, un certain nombre d'éléments d'ordre structurel guident la réflexion des juges, qu'ils relèvent de causes institutionnelles (organisation juridique du pays…) ou sociales (système de relations industrielles, équilibre des rapports de force entre employeurs et travailleurs…). D'autre part, sur un plan conjoncturel, les juges peuvent être influencés dans leurs choix interprétatifs par des facteurs contraignants (circonstances d'adoption d'un texte, évolution législative…).

---

[145] Cf. supra. Sous-section 1

[146] HABERMAS (J.), *Droit et démocratie*, trad. ROCHLITZ (R.) et BOUCHINDHOMME (C.), Gallimard, 1997, p. 307 cité par LEGRAND (P.), *Le droit comparé*, op. cit., p. 87

[147] LEGRAND (P.), *Le droit comparé*, op. cit., p. 88

Toutefois, cette tendance pose potentiellement un risque réel de dénaturation (où les normes telles qu'elles sont conçues à l'échelle internationale peuvent perdre de leur substance) voire d'instrumentalisation (où les juges chercheraient à s'abriter derrière des textes internationaux, en contournant le sens que leur prête l'OIT) des normes internationales du travail[148]. La liberté dont disposent les juges pour donner corps à des instruments internationaux, souvent rédigés en des termes très généraux, peut les amener à en déduire les normes les plus variées, parfois contradictoires d'un système à l'autre. Le fait que les juges ne se conforment pas systématiquement aux interprétations proposées par les organes de l'OIT impose de renforcer ce cadre international, à travers la mise en place au sein de l'OIT d'une autorité centrale, qui exprimerait de façon unifiée la signification des instruments de l'OIT.

[148] Sur l'idée de violation des droits fondamentaux, dans un contexte d'application judiciaire du droit international et européen, résultant de l'utilisation d'une marge d'appréciation laissée par un texte de droit, voir PLATON (S.), « Droits fondamentaux et fragmentation de l'application des droits international et européen », op. cit., pp. 51-52

Chapitre conclusif
La recherche d'une approche harmonisée des normes internationales du travail : la nécessaire affirmation du rôle de l'OIT

Selon l'ancien Président de la section du contentieux du Conseil d'Etat, Jean-Paul COSTA, l'adaptation des juges aux mouvements d'internationalisation du droit et de construction d'une Europe juridique *« ne saurait exclure la légitime fidélité à une conception de l'Etat de droit qui est ancienne, et élevée »*. Il ajoute que la question se pose de savoir s'il n'est pas du *« devoir d'un juge national d'attirer l'attention des juridictions internationales sur une intégration juridique parfois prématurée, risquant d'aboutir aux résultats inverses de ceux recherchés »*[1].

Sans rejoindre cette idée, l'on constate surtout que les juges inscrivent leur raisonnement dans un cadre de réflexion national lorsqu'ils appliquent ou se réfèrent au droit international, dès lors qu'ils ne se sentent pas contraints par les interprétations dégagées au sein de l'OIT. Dans ce contexte, face à des Etats souverains et à des instruments de l'OIT ne devant qu'au bon vouloir des juges la conformité de leurs interprétations avec les analyses genevoises, il semble indispensable que l'OIT s'affirme davantage en tant que garante du sens attribué aux textes élaborés en son sein.

Le fait que les juges nationaux s'émancipent des interprétations proposées par les organes de l'OIT n'est pas problématique en soi : une telle pratique peut favoriser une adaptation du droit international aux spécificités et contextes nationaux. Dans le même temps, dès lors que l'interprétation des instruments de l'OIT permet aux Etats de définir le domaine de leurs obligations internationales (Section 1), il apparaît nécessaire pour l'OIT d'affirmer son rôle dans l'interprétation de ses textes et de définir plus clairement l'autonomie dont disposent les juges et les Etats en la matière (Section 2)[2].

---

[1] COSTA (J-P.), « La prise en compte du droit international et communautaire dans la jurisprudence du Conseil d'Etat » in Coll., *L'internationalité dans les institutions et le droit. Convergences et défis. Etudes offertes à Alain Plantey*, Editions A. Pedone, 1995, p. 56

[2] Pour une discussion autour de la nécessité de réaffirmer le rôle de l'OIT sur la scène internationale, dans un contexte d'utilisation de ses travaux par les acteurs privés et dans des accords de libre-échange, cf. supra. Première partie, Titre 2, Chapitre 2

Section 1 : La détermination par les Etats du domaine de leurs obligations

Avec l'affirmation de la souveraineté des Etats par le juge, la principale explication des divergences d'appréciation entre les juges nationaux, d'une part, et les organes de l'OIT, d'autre part, se trouve dans leurs méthodes de travail et, plus précisément, dans le point de vue à partir duquel ils s'expriment : les juridictions nationales ne prennent en compte que les seules circonstances intéressant le pays[3].

Le point de vue international des organes de l'OIT et la vocation universelle de leurs interprétations ne signifient pas qu'ils demeurent imperméables aux contextes nationaux. Le Comité de la liberté syndicale a clairement affirmé la position suivante : il *« prend toujours en compte les particularités nationales telles que l'histoire des relations professionnelles ou la situation sociale et économique lorsqu'il examine une plainte mais les principes de la liberté syndicale s'appliquent uniformément et constamment à tous les pays »*[4]. Suivant une même idée d'application unifiée des principes internationaux, la Commission d'experts a, quant à elle, fait usage d'une formule moins nuancée : *« dans l'évaluation de la législation et de la pratique nationales par rapport aux prescriptions des conventions de l'OIT, sa fonction consiste à déterminer si les prescriptions d'une convention donnée sont remplies, quelles que soient les conditions économiques et sociales existant dans un pays donné. Ces prescriptions demeurent constantes et uniformes pour tous les pays, sous la seule réserve des dérogations éventuelles que la Convention elle-même autorise expressément. En effectuant cette tâche, la commission n'est guidée que par les normes contenues dans la convention, sans toutefois perdre de vue le fait que les modalités de leur mise en œuvre peuvent différer suivant les Etats. Il s'agit de normes internationales, et la manière dont leur application est évaluée doit être uniforme et ne doit pas être affectée par des conceptions dérivées d'aucun système social ou économique particulier »*[5].

En tant que garants de la bonne application des normes internationales du travail, il apparaît naturel que les organes internes de l'OIT veillent à la l'application uniforme de leur contenu. Dans les faits, ils attachent

---

[3] Cf. supra. Chapitre 2. Sur la question des différences de conception de la justice sociale, voir MOREAU (M.-A.), « Autour de la justice sociale : perspectives internationales et communautaires », Droit social, 2010, n° 3, p. 324

[4] *Compilation des décisions du Comité de la liberté syndicale*, op. cit., para. 16, p. 8. Cf. supra. Première partie, Titre 2, Chapitre 1

[5] CIT, 73ème session, 1987, Rapport du CEACR, Rapport III, Partie 4A, para. 20

néanmoins une certaine importance aux circonstances locales (sociales, économiques, politiques…) afin d'orienter au mieux leurs décisions[6].

Au niveau national, la logique est toute autre. Alors que les juges sont susceptibles d'employer les modes de raisonnement les plus variés, ils se prononcent au nom de l'Etat auquel ils doivent leur légitimité. Le contexte national est ici le référentiel d'application de l'engagement international du pays. Du fait du caractère autonormateur du droit international, les Etats disposent d'une grande latitude dans la détermination de la portée des traités qu'ils concluent, laquelle peut déboucher sur des conflits d'interprétation[7].

En complément, le caractère non contraignant des décisions des organes de l'OIT tend à les éloigner des logiques de raisonnement des juges. Ainsi, ces derniers font souvent preuve d'hésitation ou d'un certain manque de rigueur concernant les conditions d'application et d'invocation du droit dérivé international, compte tenu notamment des complexités propres à chaque organisation internationale à propos de la valeur de celui-ci[8]. Il va sans dire que les débats qui existent au sein même de l'OIT concernant la valeur des interprétations fournies notamment par la Commission d'experts et le Comité de la liberté syndicale[9] permettent difficilement d'imaginer les juges se sentir liés par les analyses formulées par ces organes, non seulement élaborés en-dehors du cadre constitutionnel mais également susceptibles d'être remises en cause à l'échelle internationale[10]. Dans un même ordre d'idées, la faiblesse des interprétations dégagées au sein de l'OIT s'explique par le fait qu'il ne s'agit pas d'interprétations authentiques, lesquelles pourraient être en mesure de contrebalancer le pouvoir d'interprétation du juge[11].

Bien que la pratique des juges soit susceptible de priver d'effectivité certaines normes internationales du travail, il semblerait réducteur de la

---

[6] Cf. supra. Première partie, Titre 2, Chapitre 1

[7] SIMON (D.), *L'interprétation judiciaire des traités d'organisations internationales*, op. cit., pp. 19-25

[8] BERGE (J.-S.), *L'application du droit national, international et européen*, Dalloz, 2013, p. 210

[9] Leurs partisans les qualifient de *« soft law »* tandis que leurs adversaires leur dénient toute légitimité. Voir à ce propos la déclaration du représentant de la délégation des employeurs lors de la session de juin 2012 de la Conférence internationale du travail. CIT, Compte rendu provisoire, 101ème session, Genève, mai - juin 2012, pp. 27/2 à 27/5. Cf. supra. Première partie, Titre 1, Chapitre 2

[10] Cf. infra. §2. sur le rôle que pourrait exercer un éventuel tribunal international du travail en la matière

[11] BERGE (J.-S.), *L'application du droit national, international et européen*, op. cit., p. 272

qualifier de résistance, laquelle renverrait à un simple motif d'opportunité, conjoncturel. Les écarts d'interprétation entre le niveau international et le niveau national semblent aussi et surtout relever de raisons structurelles : les juges choisissent d'attribuer une signification donnée à une disposition en prenant en compte des situations purement nationales. Quoiqu'il en soit, la liberté dont ils disposent lorsqu'ils utilisent les instruments de l'OIT doit amener à repenser la place de l'OIT sur la scène internationale et son architecture, de façon à éviter qu'elle soit dépossédée de la détermination de la signification des textes dont elle est l'auteur[12].

Section 2 : La nécessité pour l'OIT de borner l'autonomie des Etats en matière d'interprétation

L'autonomie des juges brouille la frontière entre l'adaptation des normes internationales du travail et leur dévoiement : en l'absence de pouvoir contraignant, les organes de l'OIT ne peuvent définir un cadre limitant le pouvoir d'interprétation-création des juges. Il convient alors de s'interroger sur l'autonomie dont peuvent disposer les Etats et, *in fine*, les juges pour interpréter les textes qu'ils appliquent.

La *« marge nationale d'appréciation »*[13], en conférant aux Etats une *« certaine souplesse qui facilite les ajustements et réajustements caractérisant le processus d'harmonisation »*, a été présentée comme *« la principale clef du pluralisme ordonné »*[14] : *« d'une part, elle exprime la dynamique centrifuge, la résistance nationale à l'intégration ; mais, d'autre part, la marge n'étant pas illimitée mais bornée par des principes communs, elle impose une limite, un seuil de compatibilité qui ramène au centre... »*[15].

Le mot marge *« suggère l'idée d'une certaine possibilité de faire un pas de côté, de s'écarter de quelque chose, de bénéficier d'une certaine latitude. Mais l'expression contient aussi l'idée de mesure : l'écart est limité, le délai n'est point trop long, le "jeu" qui est accordé n'est pas illimité »*[16]. Ainsi, pour garantir une mise en œuvre effective des normes internationales du

---

[12] Sur le même sujet, à propos de l'utilisation des normes internationales par les acteurs privés et dans le cadre d'accords commerciaux, cf. supra. Première partie, Titre 2, Chapitre 2

[13] Sur cette idée, cf. supra. Première partie, Titre 2, Chapitre 1

[14] DELMAS-MARTY (M.), *Les forces imaginantes du droit (II). Le pluralisme ordonné*, op. cit., p. 78

[15] Ibid.

[16] DELMAS-MARTY (M.), IZORCHE (M-L.), « Marge nationale d'appréciation et internationalisation du droit. Réflexions sur la validité formelle d'un droit commun pluraliste », op. cit., p. 754

travail qui ne soit pas déconnectée des conceptions internationales, le pouvoir d'interprétation des juges devrait être borné par une marge d'appréciation. Celle-ci ne pourrait prendre corps qu'à condition de donner les moyens à l'OIT de s'affirmer en tant qu'autorité de référence en matière d'interprétation de ses textes.

Sous-section 1 : L'éventualité d'une marge nationale d'appréciation

Citant HABERMAS, les Professeurs DELMAS-MARTY et IZORCHE décrivent l'exercice qu'impose le pluralisme de droits dans un contexte de développement d'un droit transnational : *« le droit s'internationalise sans que disparaisse l'attachement aux diversités nationales. C'est le paradoxe évoqué par Habermas*[17] *: d'un côté l'internationalisation, au sens large impliquant la recherche d'un droit commun qu'il nomme "droit cosmopolitique", donc d'un ordre commun, paraît inévitable dans un monde où se multiplient des relations d'interdépendance qui unissent désormais tous les êtres humains, y compris les générations futures, en une "communauté involontaire de risques" ; de l'autre "tout donne à penser qu'il s'agirait plutôt d'une relève que d'une suppression de l'État-nation". En effet les particularismes, infra nationaux, nationaux et régionaux, résistent, parfois même exacerbés par la menace que semble représenter le phénomène dit de mondialisation »*[18]. Dans ce cadre, la marge nationale d'appréciation permet de conjuguer le droit interne et le droit international, tous deux exerçant l'un sur l'autre des tensions réciproques de façon à respecter un certain pluralisme[19], comme le révèle la mise en œuvre des textes de l'OIT par les juges nationaux.

Le caractère général et imprécis des instruments de l'OIT (particulièrement dans le domaine des droits fondamentaux des travailleurs) empêche de percevoir dans leur libellé les marges dont disposeraient éventuellement les Etats[20]. Ainsi, à l'échelle nationale, la difficulté est double. Elle se trouve d'abord dans la définition de l'espace d'appréciation dont disposent les juges. Elle réside ensuite dans la question de savoir dans quelle mesure ils peuvent s'éloigner du sens attribué à un texte par les organes de l'OIT sans le priver de son essence. Le fait que les juges puissent parfois ignorer

[17] HABERMAS (J.), *La paix perpétuelle, le bicentenaire d'une idée kantienne*, 1997 ; *Adde L'intégration républicaine*, Fayard, 1998, p. 119

[18] DELMAS-MARTY (M.), IZORCHE (M-L.), « Marge nationale d'appréciation et internationalisation du droit. Réflexions sur la validité formelle d'un droit commun pluraliste », op. cit., p. 755

[19] Ibid., p. 756

[20] La Convention n° 87 sur la liberté d'association fournit de nombreuses illustrations de cette difficulté. Cf. supra. Chapitre 2

(délibérément) les recommandations directement adressées à leur pays par les organes internationaux chargés de la supervision de l'application des normes internationales du travail[21] montre que les limites de ces travaux.

Cette situation impose d'affirmer les interprétations dégagées par les organes de l'OIT en tant qu'éléments de référence s'agissant de la marge d'appréciation dont disposent les Etats et leurs juges, en ce que celles-ci font partie intégrante du corpus normatif social international[22]. En outre, celles-ci apparaissent comme des limites d'autant plus solides que la Commission d'experts a plusieurs fois indiqué qu'elle n'entendait pas adapter ses interprétations en fonction de circonstances nationales[23], les particularismes locaux n'étant pris en compte qu'au seul moment de l'élaboration des textes, conformément à l'article 19§3 de la Constitution. Dans le même temps, une typologie de marges de tolérance apparaît déjà en germe dans les interprétations existantes : en fonction du type de disposition interprété, les interprétations élaborées à l'échelle internationale peuvent se révéler plus ou moins précises et offrir des libertés et des possibilités d'adaptations locales plus ou moins prononcées[24].

Lorsque la marge nationale d'appréciation conduit à admettre un « *pluralisme juridique* », il convient d'en *« rationaliser l'usage en précisant les conditions qui permettront, grâce à elle, une mise en ordre du pluralisme autour de principes directeurs communs »*[25]. Face à une Cour EDH où, *« en*

---

[21] Cf. supra. Chapitre 2

[22] Cf. supra. Première partie, Titre 1, Chapitre 2 et Titre 2, Chapitre 1

[23] Selon la Commission d'experts, sa *« fonction consiste à déterminer si les prescriptions d'une convention donnée sont remplies, quelles que soient les conditions économiques et sociales existant dans un pays donné. Ces prescriptions demeurent constantes et uniformes pour tous les pays, sous la seule réserve des dérogations éventuelles que la convention elle-même autorise expressément. En effectuant cette tâche, la commission n'est guidée que par les normes contenues dans la convention, sans toutefois perdre de vue le fait que les modalités de leur mise en œuvre peuvent différer suivant les Etats. Il s'agit de normes internationales et la manière dont leur application est évaluée doit être uniforme et ne doit pas être affectée par des conceptions dérivées d'aucun système social ou économique particulier »*. CIT, 63ème session, 1977, Rapport du CEACR, Rapport III, Partie 4A, para. 31, p. 11 ; CIT, 73ème session, 1987, Rapport du CEACR, Rapport III, Partie 4A, para. 20, p. 13. Cf. supra. Première partie, Titre 2, Chapitre 1

[24] Cf. supra. Première partie, Titre 2, Chapitre 1

[25] DELMAS-MARTY (M.), *Les forces imaginantes du droit. Tome 2, Le pluralisme ordonné*, op. cit., p. 92

expansion constante »[26], la marge nationale d'appréciation ne fait plus figure d'exception depuis de nombreuses décennies et tend à offrir une autorité considérable aux Etats[27], l'OIT et son système d'interprétation développé en-dehors de tout cadre institutionnel officiel demeurent en retrait. Dans ces conditions, la question de l'affirmation d'une marge d'appréciation, aux contours plus clairs que la marge de tolérance qui semble aujourd'hui être acceptée, peut être exploitée, à condition que soit reconnue la prééminence de l'OIT en la matière. Dans ce cadre, les juges nationaux pourront bénéficier d'un cadre clair limitant leur créativité dans l'application des normes internationales du travail.

Sous-section 2 : Une nécessaire réaffirmation de l'autorité de l'OIT en tant qu'interprète de référence

Le système international de supervision de l'application des normes internationales du travail permet d'encadrer les pratiques nationales (qu'elles soient législatives, gouvernementales ou judiciaires) entrant dans leur champ. Pour que les conclusions qui en résultent encadrent efficacement le raisonnement des juges, il apparaît nécessaire de repenser l'architecture d'un mécanisme qui repose sur plusieurs entités et à l'origine de travaux difficiles d'accès d'un point de vue extérieur.

Au-delà du rôle devant être exercé par les organisations professionnelles dans le cadre des procédures à leur disposition, une évolution du fonctionnement de l'OIT apparaît nécessaire pour lui permettre de trouver un écho plus favorable et surtout systématique au sein des Etats. La mise en place d'une juridiction internationale du travail au sein de l'OIT présenterait, d'une part, l'avantage de rendre plus lisibles ses interprétations. Elle permettrait, d'autre part, de consolider un mouvement, certes bien engagé, mais à la merci d'une remise en cause de la légitimité juridique des nombreux acteurs contribuant au suivi de l'application des normes internationales du travail[28].

Il y a quelques années, le juge Jean-Paul COSTA justifiait la tendance croissante du Conseil d'Etat à se référer au droit européen des droits de l'Homme par deux raisons : la précision du corpus juridique élaboré sous l'égide du Conseil de l'Europe (lequel répond à la vocation de la plus haute juridiction administrative français de protéger les libertés publiques et les

---

26 TULKENS (F.), DONNAY (L.), « L'usage de la marge nationale d'appréciation par la Cour européenne des droits de l'Homme : paravent juridique superflu ou mécanisme indispensable par nature ? », op. cit., p. 8

27 Cf. supra. Première partie, Titre 2, Chapitre 1

28 Cf. Première partie, Titre 1, Chapitre 2

libertés individuelles) ; l'existence d'un juge strasbourgeois qui veille à l'application de la Convention européenne des droits de l'Homme et à l'origine d'une jurisprudence *« respectable et respectée »*[29].

Cette idée du respect attaché à certains travaux jurisprudentiels peut contribuer à expliquer l'écart qui sépare les décisions nationales des analyses élaborées par les organes de l'OIT. La capacité d'une organisation internationale à résoudre les conflits entre le droit international et les droits nationaux varie en fonction du respect que lui accordent les gouvernements[30] et, plus largement, les acteurs nationaux. Si, à l'échelle internationale, l'image des organes d'interprétation genevois et de leurs travaux leur assure une autorité certaine[31], il en va autrement au plan national. Certes, les analyses élaborées au niveau international peuvent servir de point de référence, comme le montrent bon nombre de décisions sud-africaines. Dans le même temps, l'absence d'unité des organes d'interprétation empêche l'émergence d'une jurisprudence internationale s'imposant naturellement aux juges. Bien qu'exceptionnels, ces désaccords entre organes de l'OIT sont largement exploités par les détracteurs du corpus jurisprudentiel international. L'on a ainsi vu, par exemple à l'occasion de l'affaire *Saskatchewan Federation of Labour c. Saskatchewan*, des juges dissidents de la Cour suprême du Canada s'appuyer sur les divergences intervenues entre la Commission d'experts et le Comité de la liberté syndicale sur le droit de grève pour lui dénier toute protection en vertu du droit international[32].

---

[29] COSTA (J-P.), « La prise en compte du droit international et communautaire dans la jurisprudence du Conseil d'Etat » in Coll., *L'internationalité dans les institutions et le droit. Convergences et défis. Etudes offertes à Alain Plantey*, Editions A. Pedone, 1995, p. 50

[30] LEARY (V.), *International Labour Conventions and National Law*, Martinus Nijhoff Publishers, 1984, p. 153. De même, pour le Professeur Janine BELLACE, à défaut de *respect* par les membres d'organisations internationales, les déclarations des organes de supervision établis au sein de ces dernières seront ignorées. BELLACE (J.), « Pushback on the right to strike: resisting the thickening of soft law », op. cit., p. 185

[31] Cf. Première partie, Titre 1, Chapitre 2 sur le sujet et sur ses limites (à propos du droit de grève)

[32] Les juges ROTHSTEIN et WAGNER ont remis en cause la protection du droit de grève par la Convention n° 87 de l'OIT, au motif en premier lieu que celle-ci, de même que la Constitution de l'OIT ou la Déclaration de Philadelphie, ne le consacrait pas textuellement. Surtout, ils ont mis en avant la division des organes de l'OIT sur le sujet. A la Commission d'experts et au Comité de la liberté syndicale *« n'exer[ça]nt pas de fonctions judiciaires et ne veill[a]nt pas au respect des obligations prévues dans les conventions de l'OIT »*, ils ont opposé la Commission d'application de normes *« commission tripartite composée de représentants de*

Suivant un même raisonnement, en réaction à l'arrêt *Health Services* qui laissait augurer un alignement de la Cour suprême du Canada sur une jurisprudence internationale pleinement reconnue par les juges dans leur décision de 2007, Sonia REGENBOGEN, représentante des employeurs canadiens auprès de la Conférence internationales du travail, a dénoncé la vision selon laquelle le droit de grève découlerait de la liberté d'association au sens du droit international. Elle soulignait notamment que l'OIT ne constituait ni une institution monolithique (compte tenu, selon elle également, des divisions survenues en 2012 au sein de la Conférence), ni une juridiction[33] et dénonçait la vision simpliste du système de supervision de l'application des normes internationales du travail par les juges suprêmes[34].

Les divisions entre organes de l'OIT apparaissent ainsi comme une aubaine pour les détracteurs d'une partie de leurs travaux. Les critiques formulées montrent finalement que si la complémentarité des organes de l'OIT a permis l'émergence d'une jurisprudence globalement unifiée, il convient de s'interroger sur l'opportunité d'afficher un « référent » unique de l'interprétation des instruments normatifs à l'égard des acteurs nationaux : la complexité du système international d'interprétation, élaboré par strates successives pour répondre à des problématiques particulières[35], expose ces travaux à une remise en cause[36].

---

l'État, du patronat et des travailleurs n'est pas parvenue à un consensus sur l'inclusion du droit de grève dans la liberté d'association ». Saskatchewan Federation of Labour c. Saskatchewan, 2015, para. 153

[33] *« At a basic level, this has much to do with the fact that the ILO is not a monolithic institution and that as a source of law, it is far from analogous to a court. The ILO has several "supervisory" bodies that play a variety of roles, many of which are not truly legal in nature. Indeed, to imply that the Committee of Experts or the CFA [Committee on Freedom of Association] is an authoritative legal body or is "quasi-judicial" along the lines of a court obscures the role of those institutions within the ILO system ».* REGENBOGEN (S.), « The International Labour Organization and Freedom of Association: Does Freedom of Association Include the Right to Strike? », Canadian Labour and Employment Law Journal, 2012, Vol. 16 Issue 2, p. 388

[34] *« The Supreme Court has oversimplified and, more consequentially, misunderstood how the ILO supervisory process works. In doing so, the Court has improperly privileged the work of the Committee of Experts and the CFA,and has mistaken their opinions for legal authority ».* REGENBOGEN (S.), « The International Labour Organization and Freedom of Association: Does Freedom of Association Include the Right to Strike? », op. cit., p. 388

[35] La Commission d'experts veillant à l'application régulières des normes internationales du travail, le Comité de la liberté syndicale intervenant plus ponctuellement en cas de plaintes…

[36] Cf. supra. Première partie, Titre 1, Chapitre 2

La réponse à ce phénomène est d'ordre institutionnel : l'émergence d'un tribunal sur le fondement de l'article 37§2 de la Constitution[37], ou à tout le moins d'une autorité centrale au sein de l'OIT en matière d'interprétation, éviterait toute division susceptible de nuire à la portée des interprétations des instruments normatifs. De fait, sans pour autant que cette interprétation n'émanant pas de l'auteur du texte à proprement parler ne bénéficie du prestige des interprétations authentiques[38], la jurisprudence internationale centralisée au sein d'une juridiction serait alors frappée d'un « sceau de respectabilité », lui permettant de mieux pénétrer dans les systèmes juridictionnels nationaux.

De surcroît, l'on pourrait imaginer que si une instance juridictionnelle voyait le jour, elle pourrait traiter de demandes d'avis consultatifs transmises par les plus hautes juridictions nationales[39]. Cette structure pourrait apporter toute question à la demande d'Etats sur le sens des instruments mis en œuvre dans le cadre de procédures de justice. A la différence des interprétations fournies par le Bureau et à l'autorité remise en cause au début des années 1980[40], celles-ci auraient l'avantage de résulter d'une structure reconnue par l'ensemble des mandants de l'OIT.

Compte tenu de la liberté dont disposent les juges en la matière, une approche harmonisée au niveau national des normes internationales du travail et le rapprochement des droits nationaux en résultant ne pourront ainsi se faire sans repenser le fonctionnement actuel de l'OIT. Il s'agirait de délimiter clairement les marges de manœuvre dont disposent les Etats tout en permettant à l'OIT de réaffirmer son autorité.

---

[37] Cf. Première partie

[38] Sur le cadre très restreint des interprétations authentiques au sein de l'OIT, cf. supra. Première partie, Titre 1, Chapitre 2

[39] Suivant le modèle de la procédure d'avis consultatifs devant la Cour EDH. Protocole n° 16 à la Convention de sauvegarde des droits de l'Homme et des libertés fondamentales. Sur cette idée, voir FRATERMAN (J.), « Article 37 (2) of the ILO Constitution: can an ILO interpretive tribunal end the hegemony of international trade law ? », op. cit., pp. 895-896

[40] Cf. supra. Première partie, Titre 1, Chapitre 2

Conclusion du titre second

Même si le sens donné aux instruments de l'OIT résulte de la volonté des juges, ces derniers n'apparaissent pas moins sensibles aux travaux élaborés à Genève, tant pour renforcer leur démarche visant à une protection des droits fondamentaux des travailleurs que pour éviter une condamnation par les organes de l'OIT. Dans ce contexte, il apparaît nécessaire pour l'OIT de redoubler d'efforts afin de sensibiliser au mieux les juges quant au rôle du droit international dans l'ordre interne et de disséminer de la façon la plus efficace ses interprétations.

En 1949, le Professeur Jules BASDEVANT, alors Président de la Cour internationale de justice, expliquait la réticence de la Cour de cassation vis-à-vis de l'interprétation des traités par le fait que les juges méconnaissaient des éléments tels que les travaux préparatoires de ces textes. Ils veillaient alors à ne pas élaborer d'interprétations incompatibles avec la *« véritable signification »* des accords internationaux, de façon à éviter que la responsabilité internationale de l'Etat ne soit engagée[1].

Alors que l'observation des jurisprudences nationales tendant de moins en moins à appréhender les Conventions de l'OIT de façon littérale ne permet pas de souscrire à cette analyse, cette dernière n'en souligne pas moins les risques posés par l'appropriation des normes internationales du travail par les juges. En ce sens, il appartient à l'OIT de se réformer de façon à prendre le contrôle de l'interprétation de ses instruments.

[1] BASDEVANT (J.), « Le rôle du juge national dans l'interprétation des traités diplomatiques », Revue critique de droit international privé, 1949, p. 426 cité par VALTICOS (N.), « Les conventions internationales du travail devant le juge français (à propos de l'arrêt Klaiss de la 2ème section civile du 28 mars 1962) », Revue critique de droit international privé, 1962, p. 61

Conclusion de la seconde partie

De plus en plus profondément ancrés dans l'esprit des acteurs de la justice, les instruments de l'OIT contribuent à faire évoluer les droits du travail nationaux dans un sens favorable aux travailleurs. Toutefois, la diversité des voies de raisonnement des juges et la place inégale du droit international dans leurs œuvres laissent subsister de nombreuses différences.

L'étude de l'utilisation des instruments de l'OIT par les juges canadien, français et sud-africain permet de dépasser un certain nombre d'*a priori*, liés par exemple à la distinction entre systèmes monistes et dualistes. Le juge sud-africain, dont le droit a été fortement influencé par les normes internationales du travail à la fin de l'Apartheid, figure comme le plus inspiré par les normes internationales telles qu'elles sont conçues par les organes de l'OIT. Il en va autrement au Canada où le droit international apparaît bien plus distant des règles nationales et semble moins communément appliqué, son rôle consistant souvent à renforcer la justification d'avancées sociales. En France, alors que les normes internationales du travail sont utilisées plus fréquemment qu'au Canada, l'approche éloignée des analyses genevoises favorisée par les magistrats en fait des instruments encore rarement décisifs en matière contentieuse.

Les juges paraissent finalement tiraillés entre deux approches contradictoires. D'une part, un certain nombre de facteurs les conduisent à ouvrir leurs modes de raisonnement lorsqu'ils utilisent et interprètent les instruments de l'OIT, qu'il s'agisse de promouvoir les droits fondamentaux des travailleurs ou, plus trivialement, d'éviter à leur pays une condamnation internationale. Face à ce phénomène favorisant une harmonisation des droits du travail nationaux, les juges n'en demeurent pas moins chargés de résoudre des problématiques purement internes. Parce qu'ils conçoivent les normes internationales du travail dans leur cadre institutionnel, tout en étant orientés par leur vision de la finalité du droit social, ils sont inévitablement amenés à développer, de façon inégale, des conceptions variables des normes internationales du travail, plus ou moins fidèles à celles dégagées par les instances genevoises.

D'une façon générale, aussi puissantes et encourageantes que la force de résonance du droit international du travail et des conceptions transnationales de relations de travail puissent être, l'exemple sud-africain illustre le chemin restant à parcourir : alors que l'étude du droit national a révélé les multiples occasion de rencontres entre le droit international du travail et l'ordre national, les événements survenus sur le site de la mine de Marikana en août

2012[1] rappellent que la facilité avec laquelle les juges se réfèrent au droit international n'évite pas, en pratique, les manquements les plus flagrants aux droits de l'Homme.

[1] A l'occasion desquels 34 mineurs en grève afin d'obtenir des hausses de salaire et une amélioration de leurs conditions de travail avaient été tués par des policiers. « Afrique du Sud : la police tire sur les mineurs en grève, tuant 34 personnes », Le Monde, 16 août 2012

Conclusion générale

En même temps qu'elles rendent prégnante la question de leur interprétation, la souplesse et la généralité des instruments de l'OIT constituent probablement leurs plus grands atouts, en ce qu'elles leur ont permis de traverser le temps et de se confronter aux problématiques les plus variées. La propension d'un certain nombre d'acteurs à se saisir des normes internationales du travail contribue à les rendre effectives dans un système d'interprétation qui s'inscrit dans un contexte pluraliste. Toutefois, la démarche connaît ses limites.

En termes institutionnels, les procédures internationales d'interprétation, aux contours imprécis et à la mise en œuvre complexes, ont rapidement été supplantées par des mécanismes plus en accord avec la structure tripartite de l'organisation. En l'absence de reconnaissance officielle, les procédures issues de la supervision régulière de l'application des normes internationales du travail et d'actions plus ponctuelles (plaintes, demandes d'interprétation auprès du Bureau...) se sont imposées tant en raison de leurs qualités intrinsèques (rapidité, expertise de ses auteurs, légitimité représentativité...) que de leur complémentarité (laquelle leur a permis de réunir bon nombre de qualités propres aux juridictions). Au fil des années, un corpus d'interprétation très consistant a pu être développé.

Sans que l'encadrement de leurs travaux par la Convention de Vienne sur le droit des traités n'entrave leur pouvoir d'interprétation-création, les organes de l'OIT se sont engagés dans une approche constructive des textes interprétés de façon à leur donner plein effet, au regard de l'objectif de justice sociale poursuivi par l'OIT. Face au défi de l'universel et du relatif, à la diversité des situations nationales et aux mutations du travail, les interprètes se sont livrés avec succès à un exercice qui leur a permis de délivrer des interprétations uniformes, tout en restant sensibles aux spécificités nationales et leur assurant leur évolutivité.

A l'échelle nationale, les Etats peuvent conforter la portée des travaux des organes de l'OIT en s'appropriant leur jurisprudence et en construisant leurs décisions de justice, tout en s'alignant sur leur raisonnement. Les juges apparaissent désormais comme des acteurs de premier plan de la mise en œuvre des normes internationales du travail, peu important qu'ils évoluent dans des systèmes dits monistes ou dualistes. A cet égard, les jurisprudences canadienne, française et sud-africaine illustrent une tendance indéniable des juges à se saisir des normes internationales du travail, en s'alignant parfois sur les conceptions internationales, telles qu'elles résultent des travaux de l'OIT et, dans une moindre mesure, d'analyses étrangères. Bien que cette pratique n'emporte pas toujours (ni même souvent) de conséquences décisives, sa reproduction contribue, dans une certaine mesure, à un rapprochement des droits du travail nationaux. Elle reste néanmoins subordonnée au degré d'ouverture des systèmes nationaux et à la volonté des juges, dont la tâche dépasse largement la recherche de justice sociale.

De façon générale, le talon d'Achille de cette vision réside dans la faiblesse de la base juridique des travaux interprétatifs dégagés au sein de l'organisation genevoise. Comme l'a montré la controverse liée à la reconnaissance du droit de grève sur le fondement de la Convention n° 87 sur la liberté syndicale et la protection du droit syndical, une division entre les mandants de l'OIT est susceptible de remettre en cause un édifice interprétatif dépourvu de base constitutionnelle, voire de diminuer l'écho des travaux de l'OIT auprès des juridictions nationales.

Corrélativement, la multiplication des cas d'utilisation des instruments de l'OIT en-dehors de l'enceinte genevoise ne garantit pas le développement des normes internationales du travail. La tendance d'un certain nombre d'acteurs à s'approprier ces dernières induit en effet un risque de fragmentation du droit international du travail. D'une part, dans un contexte de prise en considération des conséquences sociales de la mondialisation, un nombre croissant d'acteurs (multinationales, organisations régionales…) tend à s'appuyer sur les textes de l'OIT et en particulier sur la Déclaration de 1998 sur les principes et droits au travail, en attribuant parfois à cette dernière une signification déconnectée de celle prêtée aux normes fondamentales du travail par les instances de l'OIT. D'autre part, dans le cadre de procédures juridictionnelles, les juges peuvent dans certains cas utiliser des textes acculturés, en se livrant à une interprétation à la lumière de facteurs nationaux.

Tous ces éléments convergent vers la nécessité de revoir le système d'interprétation tel qu'il existe au sein de l'OIT et, en particulier, d'envisager la mise en œuvre d'un interprète officiel, par le biais de la mise en place d'un tribunal d'interprétation sur le fondement de l'article 37§2 de la Constitution. Par sa place centrale sur la scène internationale, sa fonction d'édiction des Conventions, Recommandations et autres Déclarations en matière sociale, l'OIT apparaît comme l'acteur de référence des interprétations de textes adopter pour donner corps à la justice sociale. Face à une remise en cause par la volonté d'entités multiples usant de leur liberté en matière de création interprétative, il apparaît nécessaire de consolider l'acquis jurisprudentiel en dotant l'OIT d'une juridiction formellement reconnue en tant que telle, de façon à ce qu'elle puisse reprendre le contrôle de son œuvre. Un tel dispositif devra lui permettre d'affirmer son autorité face aux autorités nationales mais également à l'égard d'acteurs nonétatiques qui tendent de plus en plus à se référer aux normes internationales du travail.

Annexe 1 : Organisation juridictionnelle de l'Afrique du Sud
Juridictions compétentes en matière de travail (schéma simplifié ; hors juridictions d'arbitrage, de conciliation et de médiation)

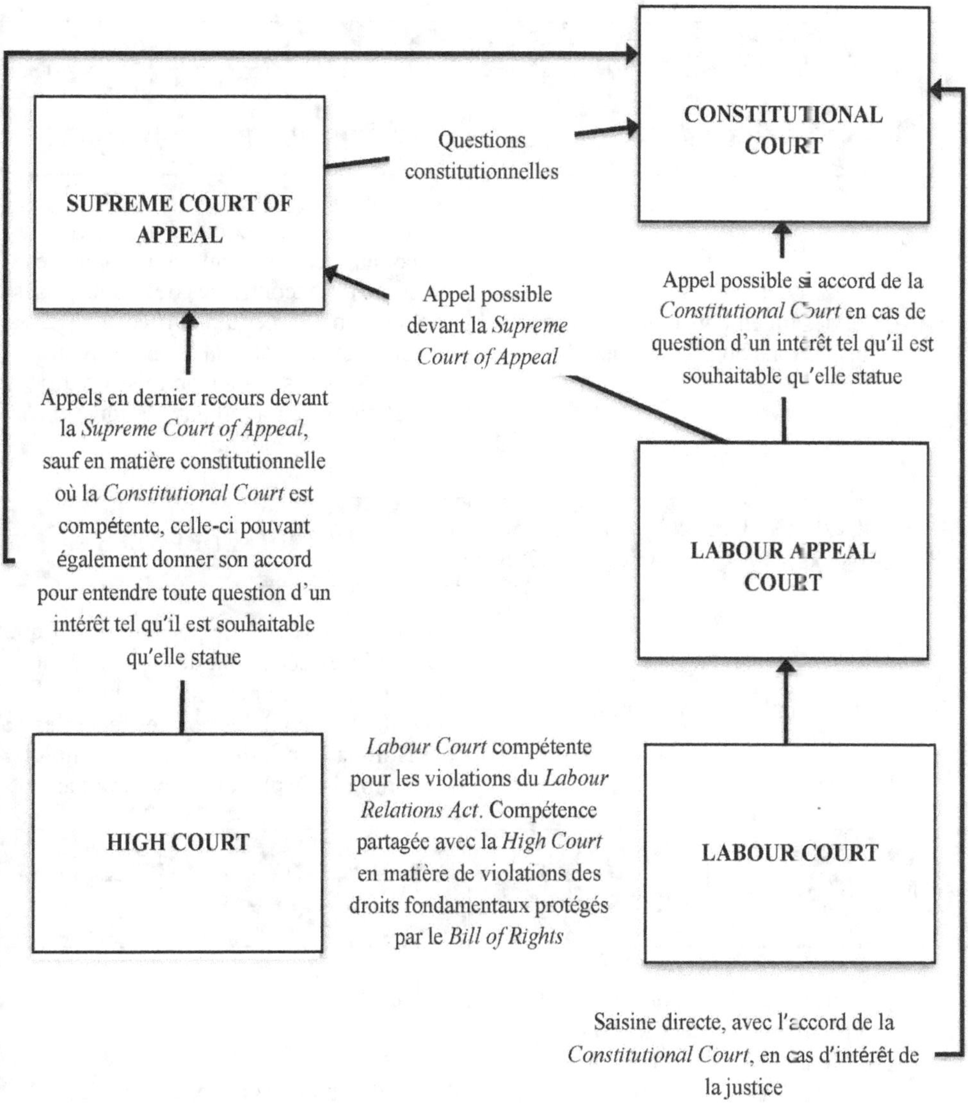

Annexe 2 : Organisation juridictionnelle du Canada
Juridictions compétentes en matière de travail (tableau simplifié)

<table>
<tr><th colspan="3">COUR SUPREME</th></tr>
<tr><td colspan="3">Appel général contre les décisions des juridictions provinciales et fédérales</td></tr>
<tr><td colspan="2">NIVEAU PROVINCIAL</td><td>NIVEAU FEDERAL</td></tr>
<tr><td colspan="2">COURS D'APPEL PROVINCIALES</td><td>COURS D'APPEL FEDERALES</td></tr>
<tr><td colspan="2">Appel des jugements rendus par les juridictions du premier degré</td><td>Outre leurs fonctions d'appel, elles connaissent en première instance de recours à l'encontre des décisions prises notamment par certains offices fédéraux, (comme le Conseil canadien des relations industrielles ou la Commission des relations de travail dans la fonction publique)</td></tr>
<tr><td colspan="2">COURS SUPERIEURES PROVINCIALES / TERRITORIALES</td><td>COURS FEDERALES</td></tr>
<tr><td colspan="2">Juridictions de droit commun</td><td>Les cours fédérales ne peuvent traiter que des affaires découlant des lois fédérales, portant notamment sur la santé et la sécurité au travail, les normes fédérales du travail, la discrimination dans l'emploi, l'emploi dans la fonction publique…</td></tr>
<tr><td>TRIBUNAUX ADMINISTRATIFS PROVINCIAUX</td><td>COURS PROVINCIALES</td><td>TRIBUNAUX ADMINISTRATIFS FEDERAUX</td></tr>
<tr><td>Litiges avec le gouvernement provincial

Juridictions spécialisées</td><td>Conflits ayant trait aux lois provinciales et territoriales et à d'autres affaires pour lesquelles les règles fédérales les déclarent compétentes</td><td>Litiges avec le gouvernement fédéral</td></tr>
</table>

PRINCIPAUX RAPPORTS, DECISIONS, JURISPRUDENCES ET AVIS

1. Cour internationale de justice et Cour permanente de justice internationale

CIJ, Avis consultatif du 23 octobre 1956, *Jugements du Tribunal administratif de l'Organisation internationale du travail sur requête de l'Organisation des Nations Unies pour l'éducation, la science et la culture*

CPJI, Avis consultatif du 15 novembre 1932, *Interprétation de la Convention de 1919 concernant le travail de nuit des femmes*, Série A/B, fascicule n° 50

CPJI, Avis consultatif du 26 août 1930, *Ville libre de Dantzig*, Série B, n° 18

CPJI, Avis consultatif du 23 juillet 1926, *Compétence de l'OIT pour réglementer accessoirement le travail personnel du patron*, Série B, n° 13

CPJI, Avis consultatif du 12 août 1922, *Compétence de l'OIT pour la réglementation internationale des conditions du travail des personnes employées dans l'agriculture*, Série B n° 2

CPJI, Avis consultatif du 12 août 1922, *Compétence de l'OIT pour l'examen de proposition tendant à l'organisation et à développer les moyens de production agricole*, Série B, n° 3

2. Organisation internationale du travail[1]

- ***Commission d'application des normes de la Conférence***

Observation (CAS) - adoptée 2013, publiée 102ème session CIT (2013), Convention n° 182 sur les pires formes de travail des enfants, 1999 – Sénégal

Observation (CAS) - adoptée 2013, publiée 102ème session CIT (2013), Convention n° 87 sur la liberté syndicale et la protection du droit syndical, 1948 - Canada

[1] Ne figure ici qu'une sélection de travaux rendus dans le cadre de procédures de supervision de l'application des normes internationales du travail. De nombreux documents (travaux élaborés par le BIT, certains rapports élaborés par la Commission d'experts ainsi que les comptes-rendus des débats de la Conférence et du Conseil d'administration) ne sont pas recensés

Observation (CAS) - adoptée 2010, publiée 99ème session CIT (2010), Convention n° 87 sur la liberté syndicale et la protection du droit syndical, 1948 - Canada

Observation (CAS) - adoptée 1999, publiée 87ème session CIT (1999), Convention n° 87 sur la liberté syndicale et la protection du droit syndical, 1948 - Bangladesh

- ***Commission d'experts pour l'application des Conventions et des Recommandations (Observations)***

Observation (CEACR) - adoptée 2013, publiée 103ème session CIT (2014), Convention n° 102 concernant la sécurité sociale (norme minimum), 1952 - Costa Rica

Observation (CEACR) - adoptée 2013, publiée 103ème session CIT (2014) Convention n° 102 concernant la sécurité sociale (norme minimum), 1952 - Grèce

Observation (CEACR) - adoptée 2012, publiée 102ème session CIT (2013), Convention n° 87 sur la liberté syndicale et la protection du droit syndical, 1948 - Bahamas

Observation (CEACR) - adoptée 2012, publiée 102ème session CIT (2013), Convention n° 29 sur le travail forcé, 1930 - Algérie

Observation (CEACR) - adoptée 2012, publiée 102ème session CIT (2013). Convention n° 102 concernant la sécurité sociale (norme minimum), 1952 - Niger

Observation Générale (CEACR) - adoptée 2010, publiée 100ème session CIT (2011), Convention n° 169 relative aux peuples indigènes et tribaux

Observation (CEACR) - adoptée 2009, publiée 99ème session CIT (2010), Convention n° 182 sur les pires formes de travail des enfants, 1999 - Suisse

Observation (CEACR) - adoptée 2008, publiée, 98ème session CIT (2009), Convention n° 138 sur l'âge minimum, 1973 - Malaisie

Observation (CEACR) - adoptée 2008, publiée, 98ème session CIT (2009), Convention n° 138 sur l'âge minimum, 1973 - Malaisie

Observation Générale (CEACR) - adoptée 2006, publiée 96ème session CIT (2007), Convention n° 100 sur l'égalité de rémunération

Observation (CEACR) - adoptée 1995, publiée 82ème session CIT (1995), Convention n° 29 sur le travail forcé, 1930 - Myanmar

- ***Commission d'experts pour l'application des Conventions et des Recommandations (Etudes d'ensemble)***

Etude d'ensemble concernant les instruments relatifs au temps de travail, 2018

Etude d'ensemble des rapports sur la Convention n° 131 et la Recommandation n° 135 sur la fixation des salaires minima, 2014

Etude d'ensemble relative aux relations de travail et à la négociation collective dans la fonction publique, 2013

Etude d'ensemble sur les Conventions fondamentales, 2012

Etude d'ensemble concernant les instruments relatifs à la sécurité sociale à la lumière de la Déclaration de 2008 sur la justice sociale pour une mondialisation équitable, 2011

Etude d'ensemble sur les instruments relatifs à l'emploi à la lumière de la Déclaration de 2008 sur la justice sociale pour une mondialisation équitable, 2010

Etude d'ensemble relative à la Convention n° 155, à la Recommandation n° 164 sur la sécurité et la santé des travailleurs et au protocole de 2002 relatif à la Convention sur la sécurité et la santé au travail, 2009

Etude d'ensemble relative à la Convention n° 29 sur le travail forcé et à la Convention n° 105 sur l'abolition du travail forcé, 2007

Etude d'ensemble relative à la Convention n° 81 sur l'inspection du travail et au protocole de 1995 relatif à la Convention sur l'inspection du travail), à la Recommandation n° 81 sur l'inspection du travail, à la Recommandation n° 82 sur l'inspection du travail (mines et transports), à la Convention n° 129 sur l'inspection du travail (agriculture) et à la Recommandation n° 133 sur l'inspection du travail (agriculture), 2006

Etude d'ensemble des rapports concernant la convention n° 144 sur les consultations tripartites relatives aux normes internationales du travail, 1976, et concernant la recommandation n° 152 sur les consultations tripartites relatives aux activités de l'Organisation internationale du Travail, 2000

Etude d'ensemble des rapports sur la Convention n° 158 et la Recommandation n° 166 sur le licenciement, 1995

Etude d'ensemble des rapports sur la Convention n° 87 sur la liberté syndicale et la protection du droit syndical et la Convention n° 98 sur le droit d'organisation et de négociation collective, 1994

Etude d'ensemble des rapports concernant la Convention n° 147 sur la marine marchande (normes minima) et la Recommandation n° 155 sur la marine marchande (amélioration des normes), 1990

Etude d'ensemble des rapports concernant la Convention n° 111 et la Recommandation n° 111 sur la discrimination (emploi et profession), 1988

- ***Comité de la liberté syndicale***

Cas n° 3057 (Canada) - Date de la plainte : 4 février 2014. Syndicat national des employées et employés généraux et du secteur public (SNEGSP) appuyée par l'Internationale des services publics (ISP), le Congrès du travail du Canada (CTC) et la Fédération du travail de l'Alberta (AFL)

Cas n° 2983 (Canada) - Date de la plainte : 27 août 2012. L'Association internationale des machinistes et des travailleurs et travailleuses de l'aérospatiale (AIMTA) appuyée par le Congrès du travail du Canada (CTC)

Cas n° 2934 (Pérou) - Date de la plainte : 14 février 2012. Fédération des travailleurs de l'électricité du Pérou (FTLFP)

Cas n° 2894 (Canada) - Date de la plainte : 15 août 2011. Syndicat des travailleurs et travailleuses des postes (STTP) appuyée par le Congrès du travail du Canada (CTC), l'UNI Global Union et la Confédération syndicale internationale (CSI)

Cas n° 2820 (Grèce) - Date de la plainte : 21 octobre 2010. Confédération générale grecque du travail (GSEE), Confédération des fonctionnaires (ADEDY), Fédération générale des employés de la Société nationale de l'électricité (GENOP-DEI-KIE) et Fédération grecque des employés du secteur privé (OIYE) appuyée par la Confédération syndicale internationale (CSI)

Cas n° 2750 (France) - Date de la plainte : 2 décembre 2009. Confédération Générale du Travail - Force Ouvrière (CGT-FO)

Cas n° 2654 (Canada) - Date de la plainte : 12 juin 2008. Syndicat national des employées et employés généraux du secteur public (SNEGSP), Congrès du travail canadien (CTC) et Saskatchewan Federation of Labour (SFL) appuyés par l'Internationale des services publics (ISP)

Cas n° 1261 (Royaume-Uni) - Date de la plainte : 14 février 1984. Le Congrès des syndicats britanniques (TUC, la Confédération internationale des syndicats libres (CISL) et l'Internationale des services publics (ISP)

Cas n° 28 (Royaume-Uni / Jamaïque) - Date de la plainte : 1er juillet 1951. Fédération syndicale mondiale

Voir également :

La liberté syndicale. Compilation des décisions du Comité de la liberté syndicale, 6ème éd., 2018

La liberté syndicale. Recueil de décisions et de principes du Comité de la liberté syndicale du Conseil d'administration du BIT, 5ème éd. (révisée), 2006

- ***Autres décisions et rapports***

Sixième rapport supplémentaire: Rapport du comité chargé d'examiner la réclamation alléguant l'inexécution par la France des Conventions n° 87 sur la liberté syndicale et la protection du droit syndical, 1948, n° 98 sur le droit d'organisation et de négociation collective, 1949, n° 111 concernant la discrimination (emploi et profession), 1958, et n° 158 sur le licenciement, 1982, présentée en vertu de l'article 24 de la Constitution de l'OIT par la Confédération générale du travail-Force ouvrière. Conseil d'administration, 300ème session, novembre 2007

Résolution concernant les autres mesures sur la question du Myanmar adoptées en vertu de l'article 33 de la Constitution de l'OIT, Conférence internationale du travail, 88ème session, juin 2000

Rapport de la Commission d'enquête instituée en vertu de l'article 26 de la Constitution de l'Organisation internationale du Travail pour examiner l'observation de la Convention n° 111 concernant la discrimination (emploi et profession), 1958, par la République fédérale d'Allemagne (Vol. LXX, 1987, Series B, Supplement 1)

3. Conseil de l'Europe

- ***Cour européenne des droits de l'Homme***

Cour EDH, 12 septembre 2012, req. n° 10593/08, *Nada c. Suisse*

Cour EDH, 26 juillet 2011, req. n° 58222/09, *Juricic c. Croatie*

Cour EDH, 7 juillet 2011, req. n° 37452/02, *Stummer c. Autriche*

Cour EDH, 12 novembre 2008, req. n° 34503/97, *Demir et Baykara c. Turquie*

Cour EDH, 20 mai 2008, req. n° 16330/02, *Gülmez c. Turquie*

Cour EDH, 12 novembre 2002, req. n° 28394/95, *Döry c. Suède*

Cour EDH, 25 avril 1978, req. n° 5856/72, *Tyrer c. Royaume-Uni*

Cour EDH, 21 février 1975, req. n° 4451/70, *Golder c. Royaume-Uni*

Cour EDH, 27 juin 1968, req. n° 2122/64, *Wemhoff c. Allemagne*

- ***Comité européen des droits sociaux***

CEDS, 3 juillet 2013, *LO et TCO c. Suède*, Réclamation n° 85/2012

CEDS, 23 mai 2012, *Fédération générale des employés des compagnies publiques d'électricité (GENOP-DEI) et Confédération des syndicats des fonctionnaires publics (ADEDY) c. Grèce*, Réclamation n° 65/2011 et Réclamation n° 66/2011

CEDS, 23 juin 2010, *Confédération française de l'Encadrement CFE-CGC c. France*, Réclamation n° 56/2009

4. Union européenne

CJUE, 18 juillet 2013, aff. C- 426/11, *Alemo-Herron*

CJCE, 18 décembre 2007, aff. C- 341/05, *Laval und Partneri Ltd c. Svenska Byggnadsarbetareförbundet Svenska Byggnadsarbetareförbundets avdelning 1, Byggettan, Svenska Elektrikerförbundet*

CJCE, 11 décembre 2007, *aff. C-488/05 International Transport Workers' Federation, Finnish Seamen's Union c. Viking Line ABP, OÜ Viking Line Eesti*

CJCE, 17 septembre 1997, aff. C-54/96, *Dorsch Consult*

CJCE, 25 juillet 1991, aff. C-345/89, *Stoeckel*

5. Canada

- ***Cour suprême du Canada***

Québec (Procureure générale) c. Alliance du personnel professionnel et technique de la santé et des services sociaux, 2018 CSC 17, [2018] 1 R.C.S. 464

Saskatchewan Federation of Labour c. Saskatchewan, 2015 CSC 4

Meredith c. Canada (Procureur général), 2015 CSC 2

Association de la police montée de l'Ontario c. Canada (Procureur général), 2015 CSC 1

Ontario (Procureur général) c. Fraser, 2011 CSC 20

Health Services and Support - Facilities Subsector Bargaining Assn. c. Colombie-Britannique, 2007 CSC 27

Dunmore c. Ontario (Procureur général), 2001 CSC 94

Baker c. Ministre de la Citoyenneté et de l'Immigration, [1999] 2 R.C.S. 817

Delisle v. Canada (Deputy Attorney General), [1999] 2 S.C.R. 989

Gould c. Yukon Order of Pioneers, [1996] 1 RCS 571, 1996 (CSC)

Institut professionnel de la fonction publique du canada c. Territoires du nord-ouest (Commissaire), [1990] 2 RCS 367, 1990 (CSC)

Slaight communications inc. c. Davidson, [1989] 1 RCS 1038

Bell Canada c. Québec (Commission de la santé et de la sécurité du travail), [1988] 1 RCS 749

Renvoi relatif à la Public Service Employee Relations Act (Alb.), [1987] 1 RCS 313

SDGMR c. Saskatchewan, [1987] 1 RCS 460

Oil, Chemical and Atomic Workers c. Imperial Oil, [1963] R.C.S 584

Avis sur les Conventions du travail, [1937] A.C. 326

- ***Tribunal des droits de la personne du Québec***

Commission des droits de la personne et des droits de la jeunesse c. Montréal (Communauté urbaine de) (Ville de Montréal), 2014 QCTDP 7

Commission des droits de la personne et des droits de la jeunesse c. Commission scolaire des Hauts-Bois-de-l'Outaouais, 2010 QCTDP 4

Québec (Commission des droits de la personne et des droits de la jeunesse) c. Québec (Société de l'assurance automobile du), 2003 CanLII 33421 (QC TDP)

C.D.P. c. Les Immeubles Ni/Dia Inc., T.D.P.Q. BEAUHARNOIS, 1992

- ***Autres juridictions***

Centrale des syndicats du Québec c. Québec (Procureur général), 2013 QCCS 32

R v Saskatchewan Federation of Labour, 2013 SKCA 43

Saskatchewan v. Saskatchewan Federation of Labour, 2012 SKQB 62

6. France

- ***Conseil d'Etat***

CE, 4ème et et 1ère chambres réunies, 6 mai 2019, n° 417299

CE, 1ère et 4ème chambres réunies, 1er avril 2019, n° 417652

CE, Juge des référés, 7 décembre 2017, n° 415243

CE, 3ème et 5ème sous-sections réunies, 30 décembre 2015, n° 380480

CE, 2ème et 7ème sous-sections réunies, 5 juin 2015, n° 382015

CE, 1ère et 6ème sous-sections réunies, 23 juillet 2014, n° 358349

CE, Juge des référés, 10 avril 2014, n° 376266

CE, 7ème et 2ème sous-sections réunies 10 février 2014, n° 358992

CE, 4ème sous-section, 19 juin 2013, n° 342387

CE, 1ère et 6ème sous-sections réunies, 13 février 2013, n° 335640

CE, Ass., 11 avril 2012, n° 322326, *GISTI, Fédération des associations pour la promotion et l'insertion par le logement (FAPIL)*

CE, 1ère et 6ème sous-sections réunies, 28 mars 2011, n° 335515

CE, 1ère et 6ème sous-sections réunies, 9 avril 2010, n° 323246

CE, 1ère et 6ème sous-sections réunies, 14 novembre 2007, n° 307860

CE, Section, 9 novembre 2007, n° 293987

CE, 1ère et 6ème sous-sections réunies, 26 février 2007, n° 289744

CE, 1ère et 6ème sous-sections réunies, 7 juin 2006, n° 285576

CE, Ass., 31 mai 2006, n° 273638

CE, Section, 19 octobre 2005, n° 283471

CE, Ass., 6 déc. 2002, n° 239540, *Maciolak*

CE, 1ère et 2ème sous-sections réunies, du 11 juillet 2001, n° 228361

CE, Section, 23 avril 1997, n° 163043, *GISTI*

CE, Ass., 3 juillet 1996, n° 169219, *Koné*

CE, 2ème et 6ème sous-sections réunies, 10 mars 1995, n° 141083

CE, Ass., 29 juin 1990, n° 78519, *GISTI*

CE, Ass., 30 octobre 1998, req. n° 200286 et 200287, *Sarran*

CE, Ass., 20 octobre 1989, n° 108243, *Nicolo*

CE, 3ème et 5ème sous-sections réunies, du 13 mars 1981, n° 20435

CE, 2ème et 6ème sous-sections réunies, 25 juillet 1975, n° 91534

- ***Cour de cassation***

Avis n° 15012 du 17 juillet 2019 - Formation plénière pour avis

Avis n° 15013 du 17 juillet 2019 - Formation plénière pour avis

Cass. Soc., 3 avril 2019, 16-20.490

Cass. Soc., 20 février 2019, 17-16.450

Cass. Soc., 14 novembre 2018, 17-18.259

Cass. Soc., 6 avril 2016, n° 14-23.198

Cass. Soc., 6 octobre 2015, n° 14-17.539

Cass. Soc., 16 décembre 2014, n° 13-21.203

Cass. Soc., 28 mai 2014, n° 13-13.947

Cass. Soc., 22 janv. 2014, n° 12-27.478

Cass. Soc., 14 novembre 2013, n° 13-11.316

Cass. Soc., 26 mars 2013, n° 11-25.580

Cass. Crim., 5 mars 2013, n° 11-84.119

Cass. Soc., 23 janvier 2013, n° 10-20.568

Cass. Soc., 10 mai 2012, n° 11-60.235

Cass. Soc., 29 février 2012, n° 11-60.203

Cass. Crim., 25 septembre 2012, n° 10-82.938

Cass. Soc., 28 septembre 2011, n° 10-21.294

Cass. Soc., 16 février 2011, n° 10-60.189, n° 10-60.191

Cass. Soc., 25 janvier 2011, n° 09-40.028

Cass. Soc., 18 janvier 2011, n° 09-40.094

Cass. Soc., 15 décembre 2010, n° 08-45.242

Cass. Soc., 3 novembre 2010, n° 09-41.489

Cass. Soc., 20 octobre 2010, n° 09-40.551

Cass. Soc., 14 avril 2010, n° 09-60.426 et 09-60.429

Cass. Soc., 3 mars 2010, n° 09-60.283

Cass. Soc., 1er juillet 2008, n° 07-44124

Cass. Soc., 29 janvier 2008, n° 06-44.983

Cass. Soc., 29 mars 2006, n° 04-46499

Cass. Soc., 22 février 2006, n° 03-46.027

Cass. Civ. 1ère, 14 juin 2005, n° 04-16.942

Cass. Crim., 16 septembre 2003, n° 02-86.661

Cass. Soc., 26 novembre 2002, n° 00-44.403

Cass., Ass. Plén., 2 juin 2000, n° 99-60.274, *Fraisse*

Cass. Soc., 8 avril 1999, n° 97-18.956

Cass. Soc., 4 décembre 1997, n° 95-18.467

Cass. Civ. 1ère, 19 décembre 1995, n° 93.20.424, *Banque africaine de développement*

Cass. Civ. 1ère, 10 mars 1993, n° 91-11.310, *Le Jeune*

Cass. Soc., 4 février 1987, n° 85-13.120

Cass. Mix., 24 mai 1975, n° 73-13556, *Société des Cafés Jacques Vabre*

Cass. Soc., 11 février 1971, n° 70-10.566

Cass. Civ. 2ème, 28 mars 1962, *Klaiss*

Cass. Req., 27 février 1934, *Castanié contre Dame Veuve Hurtado*

- ***Autres juridictions ou institution***

CA Paris, pôle 6, chambre 3, 18 sept. 2019, n°17/06676

CA, Reims, ch. soc., 25 sept. 2019, n° 19/00003

CA Angers, soc., 14 octobre 2014, n° 12/02628

CA Versailles, ch. 11, 18 sept. 2014, n° 12/04794

CA Paris, pôle 6, ch. 6, 7 mai 2014, n° 12/02642

CAA Versailles, 27 mars 2014, n° 12VE01400

CA Versailles, 17ème ch., 5 septembre 2012, n° 11/00637

CA Paris, 6 juillet 2007, 18ème ch. E, n°06/06992

CPH Montpellier, 17 mai 2019, n° 18/00152

CPH Lyon, 21 décembre 2018, n° 18/01238

CPH Amiens, 19 décembre 2018, n° 18/00040

CPH Troyes, 13 décembre 2018, n° 18/00036

CPH Dax, 10 décembre 2007, n° 07/00049

CPH Longjumeau, 28 avril 2006, n° 06/00316

Conseil constitutionnel, 15 janvier 1975, décision n° 74-54 DC, *Loi relative à l'interruption volontaire de grossesse*

7. Afrique du Sud

- ***Constitutional Court***

National Union of Metal Workers of South Africa v Lufil Packaging (Isithebe) and Others (CCT 172/19) [2020] ZACC 7; 2020 (6) BCLR 725 (CC) (26 March 2020)

South African Transport and Allied Workers Union (SATAWU) and Others v Moloto NO and Another [2012] ZACC 32

South African Police Service v Police and Prisons Civil Rights Union and Another (CCT 89/10) [2011] ZACC 21; [2011] 9 BLLR 831 (CC); 2011 (9) BCLR 992 (CC); 2011 (6) SA 1 (CC); (2011) 32 ILJ 1603 (CC) (9 June 2011)

Equity Aviation Services (Pty) Ltd v Commission for Conciliation, Mediation and Arbitration and Others (CCT 88/07) [2008] ZACC 16; [2008] 12 BLLR 1129 (CC); 2009 (1) SA 390 (CC) ; (2008) 29 ILJ 2507 (CC) ; 2009 (2) BCLR 111 (CC) (25 September 2008)

Chirwa v Transnet Limited and Others (CCT 78/06) [2007] ZACC 23; 2008 (4) SA 367 (CC); 2008 (3) BCLR 251 (CC) ; [2008] 2 BLLR 97 (CC) ; (2008) 29 ILJ 73 (CC) (28 November 2007)

Sidumo and Another v Rustenburg Platinum Mines Ltd and Others (CCT 85/06) [2007] ZACC 22; [2007] 12 BLLR 1097 (CC); 2008 (2) SA 24 (CC) ; (2007) 28 ILJ 2405 (CC); 2008 () BCLR 1558 (CC) (5 October 2007)

South African National Defence Union v Minister of Defence and Others (CCT65/06) [2007] ZACC 10; 2007 (5) SA 400; 2007 (8) BCLR 863 (CC) ; [2007] 9 BLLR 785 (CC) ; (2007) 28 ILJ 1909 (CC) (30 May 2007)

National Union of Metal Workers of South Africa and Others v Bader Bop (Pty) Ltd and Another (CCT14/02) [2002] ZACC 30; 2003 (2) BCLR 182 ; 2003 (3) SA 513 (CC) ; [2003] 2 BLLR 103 (CC) (13 December 2002)

National Education Health & Allied Workers Union (NEHAWU) v University of Cape Town and Others (CCT2/02) [2002] ZACC 27; 2003 (2) BCLR 154; 2003 (3) SA 1 (CC) (6 December 2002)

Hoffmann v South African Airways (CCT17/00) [2000] ZACC 17; 2001 (1) SA 1; 2000 (11) BCLR 1235 ; [2000] 12 BLLR 1365 (CC) (28 September 2000)

South African National Defence Union v Minister of Defence (CCT27/98) [1999] ZACC 7; 1999 (4) SA 469; 1999 (6) BCLR 615 (26 May 1999)

Certification of the Constitution of the Republic of South Africa, 1996 (CCT 23/96) [1996] ZACC 26; 1996 (4) SA 744 (CC); 1996 (10) BCLR 1253 (CC) (6 September 1996)

Brink v Kitshoff NO (CCT15/95) [1996] ZACC 9; 1996 (4) SA 197; 1996 (6) BCLR 752 (15 May 1996)

Gauteng Provincial Legislature In re: Gauteng School Education Bill of 1995 (CCT39/95) [1996] ZACC 4; 1996 (4) BCLR 537; 1996 (3) SA 165 (4 April 1996)

S v Makwanyane 1995 6 BCLR 665 (CC)

- ***Supreme Court of Appeal***

Old Mutual Life Asurance Co SA Ltd v Gumbi (211/2006) [2007] ZASCA 52; [2007] SCA 52 (RSA) ; [2007] 4 All SA 866 (SCA) (17 May 2007)

Minister of Defence and Others v South African National Defence Union; Minister of Defence and Others v South African National Defence Union and Another (307/05) [2006] ZASCA 92; [2006] SCA 91 (RSA) ; [2007] 1 All SA 57 (SCA)

- ***Labour Appeal Court***

Universal Church of the Kingdom of God v Myeni and Others (DA 3/14) [2015] ZALAC 31; [2015] 9 BLLR 918 (LAC); (2015) 36 ILJ 2832 (LAC) (28 July 2015)

Equity Aviation Services (Pty) Ltd v South African Transport and Allied Workers Union and Others ([2009] 10 BLLR 933 (LAC); (2009) 30 ILJ 1997 (LAC)) [2009] ZALAC 36; [2009] ZALAC 3 (14 May 2009)

Engen Petroleum Limited v Commissioner for Conciliation Mediation and Arbitration and Others (JA12/05) [2007] ZALAC 5 (4 May 2007)

National Entitled Worker's Union v Commissioner for Conciliation Mediation and Arbitration (CCMA) and Others (JA51/03) [2007] ZALAC 3 (13 March 2007)

United National Breweries (SA) Limited v Khanyeza and Others (DA4/04) [2005] ZALAC 6 (30 September 2005)

Modise and others v Steve's Spar Blackheath (JA29/99) [2000] ZALAC 1 (15 March 2000)

- ***Labour Court***

National Union of Mineworkers v Essential Services Committee and Others (JR 1147/16) [2019] ZALCJHB 82 (10 April 2019)

Gary Shane Allpass v Mooikloof Estates (Pty) Ltd t/a Mooikloof Equestrain Centre (JS178/09) [2011] ZALCJHB 7; 2011 (2) SA 638 (LC) ; [2011] 5 BLLR 462 (LC); (2011) 32 ILJ 1637 (LC) (16 February 2011)

National Entitled Workers Union v Minister of Labour and Others (J2180/06) [2010] ZALC 179; (2011) 32 ILJ 1372 (LC) (25 November 2010)

Heyneke v Umhlatuze Municipality (D908/09) [2010] ZALC 57; (2010) 31 ILJ 2608 (LC) (24 March 2010)

Nape v INTCS Corporate Solutions (Pty) Ltd (JR 617/07) [2010] ZALC 33; (2010) 31 ILJ 2120 (LC) ; [2010] 8 BLLR 852 (LC) (10 March 2010)

Eskom Holdings (Pty) Ltd v National Union of Mineworkers and Others (JR1576/07) [2008] ZALC 127; [2009] 1 BLLR 65 (LC) ; (2009) 30 ILJ 894 (LC) (26 September 2008)

Discovery Health Limited v Commission For Conciliation, Mediation and Arbitration and Others (JR 2877/06) [2008] ZALC 24; [2008] 7 BLLR 633 (LC) ; (2008) 29 ILJ 1480 (LC) (28 March 2008)

Standard Bank of South Africa v Commission for Conciliation Mediation and Arbitration and Others (JR 662/06) [2007] ZALC 152 (18 December 2007)

Bootes v Eagles Systems Kwazulu-Natal Ltd (D781/05) [2007] ZALC 185 (31 August 2007)

Co-Operative Worker Association and Another v Petroleum Oil & Gas Co-Operative of SA and Others (C437/2003) [2006] ZALC 83 (1 September 2006)

Moslemany v Unilever PLC and Another (LD102/06, D102/06) [2006] ZALC 6 (26 June 2006)

Dlamini and Others v Green Four Security (LD671/03, D671/2003) [2006] ZALC 4 (25 April 2006)

Avril Elizabeth Home for the Mentally Handicapped v Commission for Conciliation Mediation and Arbitration and Others (JR782/05) [2006] ZALC 44 (14 March 2006)

Independent Municipal and Allied Trade Union and Another v City of Cape Town (LC521/03) [2005] ZALC 10; [2005] 10 BLLR 1084 (LC) (18 July 2005)

Jack v Director-Geneal Department of Environmental Affairs (P734/02) [2002] ZALC 92 (1 November 2002)

Volkswagen SA (Pty) Ltd v Brand NO and Others (88/01/01) [2001] ZALC 36 (6 March 2001)

Government of Western Province v Congress of South African Trade Union and Another (C162/98) [1998] ZALC 11 (8 May 1998)

8. Autres décisions

Industrial Court of Botswana, Joel Sebonego v. News Paper Editorial and Management Services Ltd, 23 April 1999, No. IC 64/98

Différends n° 58 (et 61) porté devant l'organe de règlement des conflits de l'OMC. Décision adoptée le 6 novembre 1998 (affaire « *Crevettes-tortues* »)

BIBLIOGRAPHIE

1. Sources officielles, recueils de décisions et sélection de documents internes du BIT

BIT, *Etendre le champ d'application de la législation du travail à l'économie informelle. Recueil de commentaires des organes de contrôle de l'OIT ayant trait à l'économie informelle*, 2010

BIT, *La liberté syndicale. Compilation des décisions du Comité de la liberté syndicale*, 6ème éd., 2018

BIT, *La liberté syndicale, Recueil de décisions et de principes du Comité de la liberté syndicale et du Conseil d'Administration du BIT*, 5ème éd., Genève, 2006

BIT, *Manuel sur les procédures en matière de conventions et recommandations internationales du travail*, 2019

BIT, *Recueil de règles applicables au Conseil d'administration du Bureau international du travail*, Genève, novembre 2011

Commission mondiale sur l'avenir du travail, *Travailler pour bâtir un monde meilleur*, OIT, 2019

256ème session, Genève, mai 1993, *Article 37, paragraphe 2, de la Constitution et interprétation des Conventions internationales du travail*, GB 256/SC/2/2

322ème session, Genève, novembre 2014, *Initiative sur les normes : Suivi de la session de 2012 de la Commission de l'application des normes de la Conférence internationale du Travail*, GB.322/INS/5

338ème session, Genève, mars 2020, *Initiative sur les normes : propositions concernant de nouvelles dispositions en vue d'assurer la sécurité juridique et point sur les autres mesures contenues dans le plan de travail visant à renforcer le système de contrôle*, GB 338/INS/5

BIT, *Non-document sur l'interprétation des Conventions internationales du travail*, 2010

BIT, *Document exploratoire informel sur l'interprétation des Conventions internationales du travail*, 2010

2. Ouvrages

a. Dictionnaires, ouvrages généraux, manuels

AUBY (J-M.), AUBY (J-B.), DIDIER (J-P.), TAILLEFAIT (A.), *Droit de la fonction publique*, Dalloz, 7ème éd., 2012

BERGE (J-S.), ROBIN-OLIVIER (S.), *Droit européen. Union européenne. Conseil de l'Europe*, PUF, 2ème éd. 2011

BRUN (H.), TREMBLAY (G.), *Droit constitutionnel*, 3ème éd., Editions Yvon Blais, Bibliothèque nationale du Québec, 1997

CARREAU (D.), JUILLARD (P.), *Droit international économique*, Dalloz, 5ème éd., 2013

COMBACAU (J.), SUR (S.), *Droit international public*, Montchrestien, 11ème éd., Paris, 2014

CORNU (G.), *Vocabulaire juridique*, PUF, 2011

COUTU (M.), BOURGAULT (J.), DESJARDINS (A.), *Droit fédéral du travail*, Editions Yvon Blais, 2011

DAVID (R.), JAUFFRET-SPINOSI (C.), GORE (M.), *Les grands systèmes de droit contemporains*, Dalloz, 12ème éd., 2016

DEUMIER (P.), *Introduction générale au droit*, LGDJ, Paris, 2011

DUPUIS (P-M.), KERBRAT (Y.), *Droit international public*, Dalloz, 14ème éd., 2018

EMOND (A.), *Introduction au droit canadien*, Wilson & Lafleur, 2012

FAVOREU (L.), GAÏA (P.), GHEVONTIAN (R.), MESTRE (J-L.), PFERSMANN (O.), ROUX (A.), SCOFFONI (G.), *Droit constitutionnel*, Dalloz, 21ème éd., 2019

GROGAN (J.), *Workplace Law*, Juta, 10ème éd., 2009

HENNION (S.), LE BARBIER-LE BRIS (M.), DEL SOL (M.), *Droit social européen et international*, 2ème éd., PUF, 2013

KDHIR (M.), *Dictionnaire juridique de la Cour internationale de justice*, 2ème éd., Bruylant, Bruxelles, 2000

LEGRAND (P.), *Le droit comparé,* Que sais-je ?, PUF, 4ème éd., 2011

LYON-CAEN (G.), LYON-CAEN (A.), *Droit social international et européen*, Dalloz, 8ème éd., 1993

NGUYEN QUOC (D.), DAILLER (P.), FORTEAU (M.), PELLET (A.), MÜLLER (D.), *Droit international public*, LGDJ, 8ème éd., 2009

PESCATORE (P.), *Introduction à la science du droit*, Bruylant, Bruxelles, 2009

SANTULLI (C.), *Droit du contentieux international*, Montchrestien, 2005

SERIAUX (A.), *Le droit, Une introduction*, Ellipses, Paris, 1997

SUDRE (F.), *Droit européen et international des droits de l'Homme*, 13ème éd., PUF, Paris, 2016

TERRE (F.), *Introduction générale au droit*, Dalloz, 10ème éd., Paris, 2015

TROPER (M.), *La philosophie du droit*, PUF, Collection Que Sais-Je ?, 2010

VALTICOS (N.), *Droit international du travail*, 2ème éd., Dalloz, Paris, 1983

VAN DER MERWEN (C. G.), DU PLESSIS (J.), *Introduction to the Law of South Africa*, Fluwer Law International, 2004

VAN JAARSVELD (F.), VAN ECK (S.), *Principles of labour law*, Butterworths, 2ème éd., 2002

b. Ouvrages spécialisés

La paix de Versailles, Législation internationale du travail, Les Editions internationales, Paris, 1932

Le droit souple, Actes du colloque « Le droit souple » organisé par l'Association Henri Capitant des admis de la Culture Juridique Française avec le concours de la faculté de droit de l'Université du Littoral Côte d'Opale, Dalloz, 2009

ALCOCK (A.), *History of the International Labour Organisation*, Octagon Books, New York, 1971

ALIPRANTIS (N.) (éd.), *Les droits sociaux dans les instruments européens et internationaux : défis à l'échelle mondiale, Actes du colloque organisé par le Centre de droit comparé et européen du travail de l'Université Démocrite de Thrace ; en coopération à l'Université Robert Schuman de Strasbourg*, Bruxelles, Bruylant, 2008

ALLAND (D.), *L'interprétation du droit international public*, RCADI, vol. 362, 2013

ALVAREZ (J.), *International organizations as law-makers*, OUP Oxford, 2006

AMSELEK (P.) (dir.), *Interprétation et droit*, Bruylant, Presses universitaires d'Aix-Marseille, 1995

ARLETTAZ (J.), TINIERE (R.), *Fragmentation en droit. Fragmentation du droit*, Editions L'Epitoge, Lextenso, 2014

AUDREN (F.), HALPERIN (J-L.), *La culture juridique française. Entre mythes et réalités. XIXème-XXème siècles*, CNRS Editions, 2013

AUVERGNON (P.), *Libertés individuelles et relations de travail : le possible, le permis et l'interdit ? Eléments de droit comparé*, Presses universitaires de Bordeaux, 2011

AUVERGNON (P.), *L'effectivité du droit du travail. A quelles conditions ?*, Presses universitaires de Bordeaux, 2008

AUVERGNON (P.) (dir.), *Liberté, Egalité, Fraternité. Actualités en droit social, Actes du colloque organisé à l'université de Bordeaux les 8 et 9 septembre 1989*, LCF, 1990

BARAV (A.), *Etudes sur le renvoi préjudiciel*, Bruylant, Bruxelles, 2011

BARBIER (J-C.), *La longue marche vers l'Europe sociale*, PUF, Paris, 2008

BASTID (S.), *Les traités dans la vie internationale, Conclusion et effets*, Economica, Paris, 1985

BEN ACHOUR (R.), LAGHMANI (S.), *Droit international et droits internes, développements récents, Actes des rencontres internationales de la faculté des sciences juridiques, politiques et sociales de Tunis, des 16 au 18 avril 1998*, Editions A. Pedone, 1998

BENELHOCINE (C.), *La Charte sociale européenne*, Editions du Conseil de l'Europe, 2011

BERGE (J-S.), *L'application du droit national, international et européen*, Dalloz, 2013

BERGE (J-S.), FORTEAU (M.), NIBOYET (M-L.), THOUVENIN (J-M.), *La fragmentation du droit applicable aux relations internationales*, Actes de la journée d'étude du 16 avril 2010, CEDCACE, CEDIN, Editions A. Pedone, 2011

BERNIER (J.), *Grèves et services essentiels*, Les Presses de l'Université de Laval, 1994

BESSONE (M.), *Sans distinction de race ? Une analyse critique du concept de race et de ses effets pratiques*, Librairie philosophique J. Vrin, Paris, 2013

BEZOU (C.), *La clause sociale, La négociation internationale et l'OIT*, Editions ESKA, 2007

BLACKETT (A.), TREBILCOCK (A.) (dir.), *Research handbook on transnational labour law*, Edward Elgar Publishing, 2015

BLANPAIN (R.), COLUCCI (M.), *The Globalization of Labour Standards. The Soft Law Tracks*, Kluwer Law International, 2004

BLANPAIN (R.), ENGELS (C.) (dir.), *The ILO and the Social Challenges of the 21st Century, The Geneva lectures*, Kluwer Law International, 2001

BONVIN (J-M.), *L'Organisation internationale du travail, Etude sur une agence productrice de normes*, PUF, Paris, 1998

BOWMAN (M.), KRITSIOTIS (D.) (ed.), *Conceptual and Contextual Perspectives on the Modern Law of Treaties*, Cambridge, 2018

BRAND (J.), LÖTTER (C.), STEADMAN (F.), NGCUKAITOBI (T.), *Labour Dispute Resolution*, Juta, 2ème éd., 2008

BURGORGUE-LARSEN (L.) (dir.), *La justice sociale saisie par les juges en Europe*, Editions A. Pedone, Paris, 2013

CARBONNIER (J.), *Flexible droit. Pour une sociologie du droit sans rigueur*, LGDJ, 10ème éd., 2014

CHAMPEIL-DESPLATS (V.), TROPER (M.), GRZEGORCZYK (C.) (dir.), *Théorie des contraintes juridiques*, Bruylant – LGDJ, « La pensée juridique moderne », 2005

CHEROT (J-Y.), VAN REENEN (T.) (dir.), *Les droits sociaux fondamentaux à l'âge de la mondialisation*, Presses universitaires d'Aix-Marseille, 2005

Commission mondiale sur l'avenir du travail, *Travailler pour bâtir un monde meilleur*, OIT, 2019

DAUGAREILH (I.) (dir.), *Mondialisation, travail et droits fondamentaux*, Bruylant, 2005

DAUGAREILH (I.) (dir.), *Responsabilité sociale de l'entreprise transnationale et globalisation de l'économie*, Bruylant, 2010

DAWSON (J.), *Oracles of the law*, The University of Michigan, 1968

DE LA CRUZ (B.), VON POTOBSKY (G.), SWEPSTON (L.), *The International Labour Organisation: the international standards system and basic human rights*, Oxford, Westview Press, 1996

DELMAS-MARTY (M.), *Pour un droit commun*, Seuil, 1989

DELMAS-MARTY (M.), *Trois défis pour un droit mondial*, Editions du Seuil, 1998

DELMAS-MARY (M.), *Les forces imaginantes du droit (I). Le relatif et l'universel*, Editions du Seuil, 2004

DELMAS-MARTY (M.), *Les forces imaginantes du droit (II). Le pluralisme ordonné*, Editions du Seuil, 2006

DELMAS-MARTY, *Les forces imaginantes du droit (III). La refondation des pouvoirs*, Editions du Seuil, 2007

DELMAS-MARTY (M.), *Les forces imaginantes du droit (IV), Vers une communauté de valeurs*, Editions du Seuil, 2011

DELMAS-MARTY (M.), *Résister, responsabiliser, anticiper*, Editions du Seuil, 2013

DELMAS-MARTY (M.), *Le travail à l'heure de la mondialisation*, Fayard, Collège de France, 2013

DE SCHUTTER (O.), *La Charte sociale européenne : Une Constitution sociale pour l'Europe*, Bruylant, Bruxelles, 2010

DE VISSCHER (C.), *Théories et réalités en droit international public*, 4ème éd., Editions A. Pedone, Paris, 1970

DILLON (C. H.), *International Labour Conventions, their interpretation and their revision*, Chapel Hill, The University of North Carolina Press, 1942

DUGARD (J.), *International Law, A South African Perspective*, Juta, 3ème éd., 2005

DUPUY (R-J.), *Manuel sur les organisations internationales*, Académie de droit international de La Haye, La Haye, Nijhoff, 1998

DWORKIN (R.), *A matter of principle*, Harvard University Press, 1985

DWORKIN (R.), *L'empire du droit*, trad. SOUBRENIE (E.), PUF, 1994

DWORKIN (R.), *Prendre les droits au sérieux,* trad. ROSSIGNOL (M-J.), LIMARE (F.), « Leviathan », PUF, 1995

EYFFINGER (A.), *La Cour internationale de justice 1946-1996*, Kluwer Law International, 1997

FAURE (B.) (dir.), *Les objectifs dans le droit, Actes du colloque organisé à l'université de La Rochelle les 25 et 26 septembre 2009*, Dalloz, Paris, 2010

FAUVELLE-AYMAR (F-X.), *Histoire de l'Afrique du Sud*, Editions du Seuil, 2013

FENGER (N.), BROBERG (M.), *Le renvoi préjudiciel de la Cour de justice de l'Union européenne*, Larcier, 2013

FENWICK (C.), NOVITZ (T.), *Human rights at work, Perspectives on law and regulation*, Hart Publishing, 2010

FITZMAURICE (G.), *The general principles of international law considered from the standpoint of the rule of law*, RCADI, 92, 1957

FRYDMAN (B.), *Le sens du droit, Histoire de l'interprétation et de la raison juridique*, Bruylant, 3ème éd., Bruxelles, 2011

FRYDMAN (B.), *Petit manuel pratique de droit global*, Académie Royale de Belgique, 2014

GADAMER (H-G.), *Vérité et méthode*, Seuil, trad. FRUCHON (P.), GRONDIN (J.), MERLIO (G.), 1996

GEMAR (J-C.), KASIRER (N.) (dir.), *Jurislinguistique : entre langues et droits*, Bruylant, 2005

GERARD (P.), OST (F.), VAN DE KERCHOVE (M.), *Fonction de juger et pouvoir judiciaire*, Publications des Facultés universitaires Saint-Louis, Bruxelles, 1983

GHEBALI (V-Y.), *L'Organisation internationale du travail*, Georg Editeur, Genève, 1987

GHERARI (H.), KERBRAT (Y.) (dir.), *L'entreprise dans la société internationale, Actes du colloque tenu le 11 et 12 décembre 2008 à Aix-en-Provence*, Editions A. Pedone, 2010

GILLIAUX (P.), *Droit(s) européen(s) à un procès équitable*, Bruylant, 2012

GREWE (C.), RUIZ-FABRI (H.), *Droits constitutionnels européens*, PUF, Paris, 1995

GRONDIN (J.), *L'herméneutique*, P.U.F., Que sais-je ?, 2008

GUILLAUME (G.), *La Cour internationale de justice à l'aube au XXIème siècle, Le regard d'un juge*, Editions A. Pedone, Paris, 2003

GUILLOREL (H.), KOUBI (G.), *Langues et droits. Langues du droit, droit des langues*, Bruylant, Bruxelles, 1999

GUIOMARD (F.), ROBIN-OLIVIER (S.) (dir.), *Diversité et discriminations raciales, Une perspective transatlantique*, Dalloz, 2009

HABERMAS (J.), *Vérité et justification*, Gallimard, « NRF Essais », 2001

HART (H.L.A.), *Le concept de droit*, trad. VAN DE KERCHOVE (M.), Publication des Facultés universitaires Saint-Louis, Bruxelles, 2ème éd., 2005

HEPPLE (B.), *Labour laws and global trade*, Hart Publishing, 2005

HERRERA (C-M.), *Les droits sociaux*, PUF, Que sais-je ?, Paris, 2009

HEYMANS (C.), *Statut et règlement de la Cour permanente de justice internationale : éléments d'interprétation*, Institut für Auslandisches Öffentliches Recht und Volkerrecht, 1934

HOEHKTER (D.), KOTT (S.), *A la rencontre de l'Europe au travail, Récits de voyages d'Albert Thomas (1920-1932)*, Publication de la Sorbonne / Bureau International du Travail, 2015

JARDIN (E.), *Le travail : mutation et organisation*, Bréal, 2ème éd., 2011

JAVILLIER (J-C.) (dir.), *Les normes internationales du travail, Une approche globale*, BIT, Genève, 2001

JAVILLIER (J-C.) (dir.), *Gouvernance, droit international et responsabilité sociétale des entreprises*, BIT, Genève, Institut international d'études sociales, 2007

JENKS (W.), *The international protection on trade unions freedom*, Stevens and Sons, London, 1957

JENKS (W.), *Human Rights and International Labour Standards*, Stevens and Sons, London, 1960

JENKS (W.), *Law, Freedom and Welfare*, Stevens and Sons, London, 1963

JOUANJAN (O.) (dir.), *Théories réalistes du droit*, Presses universitaires de Strasbourg, 2000

JUST (G.), *Interpréter les théories de l'interprétation*, L'Harmattan, 2005

KAUFMANN (C.), *Globalisation and Labour Rights, The conflict between core labour rights and international economic law*, Hart Publishing, Portland, 2007

KELSEN (H.), *Théorie pure du droit*, trad. THEVENAZ, 1988, éd. de la Baconnière, 2ème éd., 1953

KLUG (H.), *The Constitution of South Africa. A contextual analysis*, Hart Publishing, 2010

KOLB (R.), *Interprétation et création du droit international, Esquisse d'une herméneutique juridique moderne pour le droit international public*, Bruylant, Editions de l'Université de Bruxelles, 2006

KOLB (R.), *Réflexions de philosophie du droit international*, Bruylant, 2003

LAMBERT (E.), *Le gouvernement des juges et la lutte contre la législation sociale aux Etats-Unis,* Dalloz-Sirey, 2005

LAMY (P.), *The Geneva Consensus. Making trade work for all*, Cambridge University Press, 2013

LANDY (E. A.), *The effectiveness of international supervision. Thirty years of ILO experience*, London, Stevens and Sons, 1966

LAUTERPACHT (H.), *The development of international law by the international court*, Grotius, rééd., Cambridge, 1982

LEARY (V.), *International Labour Conventions and National Law*, Martinus Nijhoff Publishers, 1984

LESAFFRE (H.), *Le règlement des différends au sein de l'OMC et le droit de la responsabilité internationale*, LGDJ, Paris, 2007

LOCHAK (D.), *Le droit et les paradoxes de l'universalité*, PUF, 2010

LOUIS (M.), *Qu'est ce qu'une bonne représentation ? L'Organisation internationale du travail de 1919 à nos jours*, Dalloz, 2016

LYON-CAEN (A.), URBAN (Q.), *Le droit du travail à l'épreuve de la globalisation, Actes de la journée d'études du 28 janvier 2008 à la faculté de droit de Strasbourg / organisé par le Centre de droit de l'entreprise de l'université Robert Schuman de Strasbourg et le service de la formation continue de la Cour d'appel de Colmar ; sous le patronage de l'association française de droit du travail*, Dalloz, 2008

MAC KINNON (C.), *Sexual harassment of working women*, Yale University Press, 1979

MARKESINIS (B.), *Juges et universitaires face au droit comparé. Histoire des trente-cinq dernières années*, Dalloz, 2006

MARMOR (A.), *Law and interpretation*, Clarendon Press Oxford, 1995

MAUPAIN (F.), *L'OIT à l'épreuve de la mondialisation financière. Peut-on réguler sans contraindre ?*, BIT, Genève, Institut international d'études sociales, 2012

MOHAMED SALAH (M.), *Les contradictions du droit mondialisé*, Presses Universitaires de France, 2002

MONTESQUIEU (C.), *De l'Esprit des lois,* Tome 1, Garnier-Flammarion, 1993

MOREAU (M-A.), *Normes sociales, droit du travail et mondialisation*, Dalloz, 2006

MOREAU (M-A.), FRANCIONI (F.) (dir.), *La dimension pluridisciplinaire de la responsabilité sociale de l'entreprise*, Presses universitaires d'Aix-Marseille, 2007

MOREAU (M-A.), MUIR-WATT (H.), RODIERE (P.) (dir.), *Justice et Mondialisation en Droit du Travail, Du rôle du juge aux conflits alternatifs*, Dalloz, 2010

MORSE (D.), *The Origin and Evolution of the ILO and Its Role in the World Community*, New York State School of Industrial and Labour Relations, Ithaca, New York, 1969

MURRAY (G.), VERGE (P.), *La représentation syndicale. Visage juridique actuel et futur*, Les Presses de l'Université de Laval, 1999

NIJMAN (J.), NOLLKAEMPER (A.), *New Perspectives on the Divide Between National and International Law*, Oxford University Press, 2007

ORAKHELASHVILI (A.), WILLIAMS (S.) (éd.), *40 years of the Vienna Convention on the law of treaties*, British institute of international and comparative law, 2010

OLSON (T.), CASSIA (P.), *Le droit international, le droit européen et la hiérarchie des normes*, PUF, Droit et justice, 2006

OSIEKE (E.), *Constitutional law and practice in the International Labour Organization*, Martinus Nijhoff Publishers, 1985

OST (F.), *Le temps et le droit*, Editions Odile Jacob, 1999

OST (F.), VAN DE KERCHOVE (M.), *Entre la lettre et l'esprit. Les directives d'interprétation en droit*, Bruylant, Bruxelles, 1989

OST (F.), VAN DE KERCHOVE (M.), *De la pyramide au réseau ? Pour une théorie dialectique du droit*, Publications des facultés universitaires de Saint-Louis, 2002

PERELMAN (C.) (dir.), *Le problème des lacunes en droit*, Bruylant, 1968

PERTEK (J.), *Coopération entre juges nationaux et Cour de justice de l'Union européenne, Le renvoi préjudiciel*, Bruylant, Paris, 2013

POLITAKIS (G.) (dir.), *Protecting Labour Rights as Human Rights: Present and Future of International Supervision*, BIT, Genève, 2007

POLITAKIS (G.), KOHIYAMA (T.), LIEBY (T.) (dir.), *Law for Social Justice*, BIT, Genève, 2019

RABAULT (H.), *L'interprétation des normes : l'objectivité de la méthode herméneutique*, L'Harmattan, 1997

REUS-SMIT (C.) (éd.), *The politics of International Law*, Cambridge University Press, 2004

REUTER (P.), *Introduction au droit des traités*, PUF, 3ème éd., 1985

RICŒUR (P.), *Les conflit des interprétations, essais d'herméneutique*, Editions du Seuil, « L'ordre philosophique », 1969

RIGAUX (F.), *La loi des juges*, Editions Odile Jacob, 1997

ROBE (J-P.), *Le temps du monde de l'entreprise. Globalisation et mutation du système juridique*, Dalloz, 2015

ROBIN-OLIVIER (S.), FASQUELLE (D.), *Les échanges entre les droits, l'expérience communautaire*, Bruylant, 2008

RODGERS (G.), LEE (E.), SWEPSTON (L.), VAN DAELE (J.), *L'Organisation internationale du travail et la quête de justice sociale, 1919-2009*, Bureau international du travail, Genève, 2009

ROMAN (D.) (dir.), *Droits des pauvres, pauvres droits ?, Recherches sur la justiciabilité des droits sociaux*, Centre de Recherches sur les droits fondamentaux (CREDOF), Université Paris Ouest Nanterre la Défense, novembre 2010

ROMAN (D.) (dir.), *La justiciabilité des droits sociaux : vecteurs et résistances* (Actes du colloque tenu au Collège de France à Paris les 25 et 26 mai 2011), Editions A. Pedone, Paris, 2012

ROSENFELD (M.), *Les interprétations justes,* La pensée juridique, LGDJ, 2000

ROSENNE (S.), *The Law and practice of the international Court*, Vol. 2, A. W. SIJTHOFF-LEYDEN, 1965

RUIZ-FABRI (H.), SICILIANOS (L-A.), SOREL (J-M.) (dir.), *L'effectivité des Organisations Internationales. Mécanismes de suivi et de contrôle, Actes des Journées franco-helléniques organisées par la Société hellénique pour le droit international et les relations internationales et la Société française pour le droit international*, 7-8 mai 1999, Editions A. Pedone, 2000

SCELLE (G.), *L'Organisation Internationale du Travail et le BIT*, Paris, Rivière, 1930

SERMET (L.) (dir.), *Droit et démocratie en Afrique du Sud*, L'Harmattan, 2001

SERVAIS (J-M.), *Normes internationales du travail*, LGDJ, 2004

SERVAIS (J-M.), *International Labour Law*, Kluwer Law International, 2011

SFDI, *Pays en voie de développement et transformation du droit international, Actes du colloque d'Aix-en-Provence*, Editions A. Pedone, 1974

SFDI, *Régionalisme et universalisme dans le droit international contemporain, Actes du colloque tenu à Bordeaux du 20 au 22 mai 1976*, Editions A. Pedone, 1977

SFDI, *La juridictionnalisation du droit international en question, Actes du colloque organisé par l'Université de Lille 2 les 12, 13 et 14 septembre 2002*, Editions A. Pedone, 2003

SIMON (D.) (dir.), SOULARD (C.), RIGAUX (A.), MUNOZ (R.), *Contentieux de l'Union européenne /3*, Lamy, Paris, 2011

SINCLAIR (I.), *The Vienna Convention on the law of treaties*, Manchester University Press, 2ème éd., 1984

SODINI (R.), *Comité des droits économiques, sociaux et culturels*, Montchrestien, Paris, 2000

SUDRE (F.), *L'interprétation de la Convention européenne des Droits de l'Homme*, Bruylant, Bruxelles, 1998

SUPIOT (A.), *Le travail en perspectives*, LGDJ, 1998

SUPIOT (A.), *Homo juridicus. Essai sur la fonction anthropologique du Droit*, Editions du Seuil, 2005

SUPIOT (A.), *L'esprit de Philadelphie, La justice sociale face au marché total*, Editions du Seuil, Paris, 2010

SUPIOT (A.) (dir.), *L'entreprise dans un monde sans frontières. Perspectives économiques et juridiques*, Dalloz, 2015

TEUBNER (G.) (ed.), *Global law without a State*, Dartmouth Publishing Company, 1997

THOUVENIN (J-M.), TREBILCOK (A.) (dir.), *Droit international social*, Tomes 1 et 2, Bruylant, Paris, 2013

TOURAINE (A.), *La fin des sociétés*, Seuil, 2013

TREBILCOCK (M.), HOWSE (R.), ELIASON (A.), *The Regulation of International Trade*, Routledge, 4th ed, 2013

TROPER (M.), *La théorie du droit, le droit, l'Etat*, PUF, « Léviathan », 2001

TROPER (M.), *Le droit et la nécessité*, PUF, « Léviathan », 2001

VELTZ (P.), *Le nouveau monde industriel*, Gallimard, 2000

VERGE (P.), *Le droit de grève. Fondements et limites*, Editions Yvon Blais, 1985

VERGE (P.) (dir.), *Droit international du travail, Perspectives canadiennes*, Editions Yvon Blais, 2010

VILLIGER (M. E), *Commentary on the 1969 Convention on the law of treaty*, Martinus Nijhoff Publishers, Leyden, 2009

WEISS (I.), *L'interprétation*, Collection Philo Notions, Ellipses, 2005

WISSKIRCHEN (A.), HESS (C.), *Manuel à l'usage des employeurs sur les activités normatives de l'OIT*, BIT, Genève, 2001

YASSEEN (M. K.), *L'interprétation des traités d'après la Convention de Vienne sur le droit des traités*, RCADI, vol. 151, 1976-III

3. Mélanges

La conscience des droits, Mélanges Costa, Dalloz, 2011

La technique et les principes du droit public. Etudes en l'honneur du Professeur Georges SCELLE, LGDJ, Tome 1, 1950

Les transformations du droit du travail, Etudes offertes à Gérard Lyon-Caen, Dalloz, 1989

Liber Amirocum Michel Mahieu, Larcier, 2008

L'internationalité dans les institutions et le droit. Convergences et défis. Etudes offertes à Alain Plantey, Editions A. Pedone, 1995

Mélanges en l'honneur de Jean-Maurice VERDIER. Droit syndical et droits de l'Homme à l'aube du XXIème siècle, Dalloz, 2001

Mélanges offerts à Léon-Eli TROCLET, Editions de l'Institut de Sociologie, Université Libre de Bruxelles, 1967

Problèmes de droit des gens, Mélanges offerts à Henri Rolin, Editions A. Pedone, Paris, 1964

BARDONNET (D.), COMBACAU (J.), DUPUY (P-M.), WEIL (P.), *Mélanges Virally, Le droit international au service de la paix, de la justice et du développement*, Editions A. Pedone, 1991, Paris

BEAULAC (S.), DEVINAT (M.) (dir.), *Mélanges en l'honneur de Pierre-André Côté*, Editions Yvon Blais, Cowanswille (Québec), 2011

DE BECHILLON (P.), CHAMPEIL-DESPLATS (V.), MILLARD (E.) (dir.), *L'architecture du droit, Mélanges en l'honneur du professeur Michel TROPER*, Economica, 2006

CHAMPEIL-DESPLATS (V.), FERRE (N.) (dir.), *Frontières du droit, critique des droits. Billets d'humeur en l'honneur de Danièle LOCHAK*, LGDJ, 2007

COUVRAT (P.) (dir.), *Les orientations sociales du droit contemporain. Ecrits en l'honneur de Jean SAVATIER*, PUF, 1992

DUPUY (J-R.) (dir.), *Mélanges en l'honneur de Nicolas Valticos, Droit et Justice*, Editions A. Pedone, Paris, 1999, 705 p.

GERNIGON (B.), JAVILLIER (J-C.), POLITAKIS (G.) (dir.), *Les normes internationales du travail : un patrimoine pour l'avenir, Mélange en l'honneur de Nicolas VALTICOS*, BIT, Genève, 2004

GÖTTINGEN (F.), DE GIVRY (J.), HEPPLE (B.), VERDIER (J-M.) (éd.), *In memoriam Sir Otto Kahn-Freund*, C.H. Beck'Sche Verlagsbuchhandlung, 1980

HAARSCHER (G.), INGBER (L.) (dir.), *Justice et Argumentations, Essais à la mémoire de Chaïm PERELMAN*, Editions de l'Université de Bruxelles, Bruxelles, 1986

4. Thèses, mémoire

BARRAULT (M.), *L'évolution de la réponse normative de l'OIT en situation de crise économique et financière*, Université de Montréal, 2012

BURDA (J.), *Le droit international économique et les droits sociaux fondamentaux : pour une dimension sociale de la libéralisation des échanges*, Université Panthéon-Assas Paris II, 2009

CHATZILAOU (K.), *L'action collective des travailleurs et les libertés économiques. Essai sur une rencontre dans les ordres juridiques nationaux et supranationaux*, LGDJ, « Collection des thèses », 2016

DUBIN (L.), *La protection des normes sociales dans les échanges fondamentaux*, Presses Universitaires d'Aix-Marseille, 2003

FISCHER (G.), *Les rapports entre l'Organisation internationale du travail et la Cour permanente de justice*, Editions A. Pedone, Paris, 1946

FONT (N.), *Le travail subordonné entre droit privé et droit public*, Dalloz, 2009

GEA (F.), *Contribution à la théorie de l'interprétation jurisprudentielle, Droit du travail et théorie du droit dans la perspective du dialogisme*, LGDJ, « Collection des thèses », 2009

GUYON (C.), *L'influence des normes supranationales sur le droit français du travail*, Lexis Nexis, 2016

HUSSON-ROCHCONGAR (C.), *Droit international des droits de l'Homme et valeurs. Le recours aux valeurs dans la jurisprudence des organes spécialisés*, Bruylant, 2012

IMBERT (P-H.), *Les réserves aux traités multilatéraux*, Editions A. Pedone, 1979

JEANSEN (E.), *L'articulation des sources du droit, Essai en droit du travail*, Economica, 2008

LA HOVARY (C.), *Les droits fondamentaux au travail, Origines, statut et impact en droit international*, Presses Universitaires de France, 2009

LAVERGNE (B.), *Recherche sur la soft law en droit public français*, LGDJ, 2013

MORIN-GALVIN (A.), *La convergence des jurisprudences de laCour de cassation et du Conseil d'Etat. Contribution au dialogue des juges en droit du travail*, LGDJ, 2013

PARROT (K.), *L'interprétation des conventions de droit international privé*, Dalloz, 2006

PHILIP (C.), *Normes internationales du travail : universalisme ou régionalisme ?*, Bruylant, 1978

RIDEAU (J.), *Juridictions internationales et contrôle du respect des traités constitutifs des organisations internationales*, Librairie générale de droit et de jurisprudence, Paris, 1968

ROBITAILLE (D.), *Normativité, interprétation et justification des droits économiques et sociaux : les cas québécois et sud-africain*, Bruylant, 2011

RUNAVOT (M-C.), *La compétence consultative des juridictions internationales, Reflet des vicissitudes de la fonction judiciaire internationale*, LGDJ, Paris, 2010

SCIOTTI-LAM (C.), *L'applicabilité des traités internationaux relatifs aux droits de l'Homme en droit interne*, Bruylant, 2004

SERVERIN (E.), *De la jurisprudence en droit privé. Théorie d'une pratique*, Presses Universitaires de Lyon, 1985

SIMON (D.), *L'interprétation judiciaire des traités d'organisations internationales*, Editions A. Pedone, Paris, 1981

SUR (S.), *L'interprétation en droit international*, LGDJ, 1974

SALCEDO (C.), *La transition démocratique sud-africaine*, LGDJ, 2011

TOURARD (H.), *L'internationalisation des constitutions nationales*, LGDJ, 2000

VIDES ACIEGO (S.), *L'Organisation internationale du travail à l'heure de la mondialisation*, Université Paris XI – Paris Sud, 2004

VOICU (I.), *De l'interprétation authentique des traités internationaux*, Editions A. Pedone, 1968

5. Rapports et études

BARTHELEMY (J.), CETTE (G.), *Refondation du droit social : concilier protection des travailleurs et efficacité économique*, Conseil d'analyse économique

Bureau des activités pour les travailleurs, *Les normes internationales de travail : manuel d'éducation ouvrière*, BIT, Genève, 4ème éd., 1998

Conseil d'Etat, *Le droit souple, Etude annuelle 2013*, La documentation française, 2013

Département des normes internationales du travail, *La Commission de l'application des normes de la Conférence internationale du Travail, Dynamique et impact : des décennies de dialogue et de persuasion*, BIT, Genève, 2011

Département des normes internationales du travail, *Promotion des consultations tripartites : Ratifier et appliquer la convention n° 144*, Département des relations professionnelles et des relations d'emploi, BIT, Génève, 2011

Direction générale du Commerce, *Le système de préférences généralisées de l'Union européenne*, Commission européenne, 2004

DUPLESSIS (I.), GERNIGON (B.), GRAVEL (E.), *Le Comité de la liberté syndicale : quel impact depuis sa création* ?, BIT, Genève, 2001

GREER (S.), *La marge d'appréciation : interprétation et pouvoir discrétionnaire dans le cadre de la Convention européenne des Droits de l'Homme*, Editions du Conseil de l'Europe, 2000

Institut international d'études sociales, *Etudes sur la croissance et l'équité. La dimension sociale des accords de libre-échange*, BIT, Genève, 2013

Institut international d'études sociales, *World of Work Report 2012: Better jobs for a better economy*, OIT, 2012

JANSEN (M.), LEE (E.), *Commerce et Emploi, un défi pour la recherche en matière de politiques*, OMC, BIT, 2007

TORRES (R.) (dir.), *The global crisis. Causes, responses and challenges*, BIT, Genève, p. 210

6. Articles, chapitres d'ouvrages, commentaires, discours

« The research work of the International Labour Office », International Labour Review, 1955, pp. 128-147

ADAM (P.), « Vie familiale et mobilité : des racines et des ailes. À propos d'un arrêt de la Cour d'appel de Versailles », Semaine Sociale Lamy, 2012, 1554

ADAMS (R-J.), « The Right to Strike in Canada: Comment on a Recent Saskatchevan Court Decision », E-Journal of International and Comparative Labour Studies, Vol. 1, n° 1-2 March-June 2012

AEBERHARD-HODGES (J.), « Le harcèlement sexuel sur les lieux de travail : jurisprudence récente », Revue internationale du Travail, vol. 135 (1996), n° 5

AGO (R.), « Les avis consultatifs "obligatoires" de la Cour internationale de justice : problèmes d'hier et d'aujourd'hui », *Mélanges Virally, Le droit international au service de la paix, de la justice et du développement*, Editions A. Pedone, 1991, Paris, pp. 9-25

AKANDJI-KOMBE (J-F.), « Le droit social : droit national, européen ou international ? », Semaine sociale Lamy, Les 13 paradoxes du Droit du travail, 2011-1508

AKANDJI-KOMBE (J-F.), « L'applicabilité ratione personae de la Charte sociale européenne : ombres et lumières » in DE SCHUTTER (O.), *La Charte sociale européenne : Une Constitution sociale pour l'Europe*, Bruylant, Bruxelles, 2010, pp. 79-93

AKANDJI-KOMBE (J-F.), « De l'invocabilité des sources européennes et internationales du droit social devant le juge interne », Droit social, n° 11-12, novembre-décembre 2012, pp. 1014-1026

AKANDJI-KOMBE (J-F.), « Le dialogue entre le CEDS et la CEDH en matière professionnelle », Revue de droit du travail, 2014, pp. 359-370

ALLAND (D.), « Jamais, parfois, toujours. Réflexions sur la compétence de la Cour de cassation en matière d'interprétation des conventions internationales », RGDIP, 1996, n° 3, pp. 599-652

ALLAND (D.), « L'applicabilité directe du droit international du point de vue de l'office du juge. Des habits neufs pour une vieille dame ? », RGDIP, 1998, n° 1, pp. 203-244

ALSTON (P.), « Core labour standards and the transformation of the international labour right regime », European Journal of International Law, June 2004, pp. 459-521

ALSTON (P.), « Facing up the complexities of the ILO's core labour standards agenda », European Journal of International Law, vol. 16, n° 3, June 2005, pp. 467-480

AMSELEK (P.), « L'interprétation à tort et à travers » in AMSELEK (P.) (dir.), *Interprétation et droit*, Bruylant, Presses universitaires d'Aix-Marseille, 1995, pp. 11-25

AMSELEK (P.), « L'interprétation dans la théorie pure du droit », *Mélanges en l'honneur de Pierre-André Côté*, Editions Yvon Blais, Cowanswille (Québec), 2011

ANCEL (J-P.), « La prise en compte du droit international et communautaire dans la jurisprudence de la Cour de cassation » in *L'internationalité dans les institutions et le droit. Convergences et défis. Etudes offertes à Alain Plantey*, Editions A. Pedone, 1995, pp. 61-75

ARTHURS (H.), « Globalization of the Mind: Canadian Elites and the Restructuring of Legal Fields », Le Pluralisme juridique/Legal Pluralism. Special issue of Canadian Journal of Law and Society 12.2, 1997, pp. 219-246

ARTHURS (H.), « Labour and the "Real" Constitution », Les Cahiers de droit, vol. 48, n° 1-2, 2007, pp. 49-64

ARTHURS (H.), « Labour law after labour », Comparative Research in Law & Political Economy. Research Paper No. 15/2011, pp. 13-29

ASCENSIO (H.), « La notion de juridiction internationale en question » in SFDI, *La juridictionnalisation du droit international en question*, Colloque organisé par l'Université de Lille 2 les 12, 13 et 14 septembre 2002, Editions A. Pedone, Paris, 2003

AUZERO (G.), « La mise en œuvre de la clause de mobilité appréciée à l'aune des droits fondamentaux du salarié », Revue de droit du travail, n° 12, décembre 2008, pp. 731-732

BACOT (G.), « Réflexions sur les clauses qui rendent obligatoires les avis consultatifs de la CPJI et de la CIJ », Revue générale de droit international public, 1980, pp. 1027-1067

BARGAIN (G.), « Le contrôle de conventionnalité du barème d'indemnités : des choix contestables », Revue de droit du travail, n° 9, septembre 2019, pp. 569-574

BASTARACHE (M.), « La mondialisation du droit et la Cour suprême du Canada », Les cahiers de la justice, 2010/3, pp. 31-46

BEAUDONNET (X.), « Quelques observations sur l'utilisation des normes de l'OIT par les tribunaux nationaux » in POLITAKIS (G.), KOHIYAMA

(T.), LIEBY (T.) (dir.), *Law for Social Justice*, BIT, Genève, 2019, pp. 745-766

BEAUDONNET (X.), « L'utilisation des sources universelles du droit international du travail par les juridictions internes », Bulletin de droit comparé et de la sécurité sociale, 2005, pp. 37-77

BEAULAC (S.), « Arrêtons de dire que les Tribunaux du Canada sont "liés" par le droit international », Revue juridique Thémis, 2004, pp. 359-387

BEGUIN (B.), « Le tripartisme dans l'Organisation internationale du travail », BIT, Genève, 1959

BELLACE (J.), « Pushback on the right to strike: resisting the thickening of soft law » in BLACKETT (A.), TREBILCOCK (A.) (dir.), *Research handbook on transnational labour law*, Edward Elgar Publishing, 2015, pp. 181-193

BELORGEY (J-M.), « La charte sociale du Conseil de l'Europe et son organe de régulation (1961-2011), le comité européen des droits sociaux : esquisse d'un bilan », Revue Trimestrielle des droits de l'Homme, n° 88, octobre 2011, pp. 787-806

BENJAMIN (P.), « Assessing South Africa's Commission for Conciliation, Mediation and Arbitration (CCMA) », Working Paper n° 47, Département Gouvernance et Tripartisme, Bureau international du travail, Genève, avril 2013

BENLOLO-CARABOT (M.), « Droit européen et fragmentation du droit applicable » in BERGE (J-S.), FORTEAU (M.), NIBOYET (M-L.), THOUVENIN (J-M.), *La fragmentation du droit applicable aux relations internationales*, Actes de la journée d'étude du 16 avril 2010, CEDCACE, CEDIN, Editions A. Pedone, 2011, pp. 97-110

BENLOLO-CARABOT (M.), « Les droits sociaux et l'Union européenne » in ROMAN (D.), *La justiciabilité des droits sociaux : vecteurs et résistances*, Editions A. Pedone, Paris, 2012, pp. 189-206

BERAUD (J-M.), « Le contrat nouvelles embauches et la Convention n° 158 de l'OIT », Revue de jurisprudence sociale, octobre 2008, pp. 775-784

BERAUD (J-M.), « Les nouvelles règles sur la représentativité : l'évaluation de la Cour de cassation », Revue de droit du travail, mai 2010, pp. 276-284

BERGE (J-S.), « Interactions du droit international et européen. Approche du phénomène en trois étapes dans le contexte européen », Journal de droit international, juillet-août-septembre 2009, pp. 903-922

BERMANN (G. A.), « La codification aux Etats-Unis », Revue française d'administration publique, 1987, n° 82, pp. 221-225

BERNIER (J.), « La détermination des services essentiels dans le secteur public et les services publics de certains pays industrialisés » in BERNIER (J.), *Grèves et services essentiels*, Les Presses de l'Université de Laval, 1994, pp. 47-85

BLACKETT (A.), « Whither social clause? Human rights, trade theory and treaty interpretation », Columbia Human. Rights Law Review, Vol. 31, No. 1, 1999

BLACKETT (A.), « Global Governance, Legal Pluralism and the Decentered State: A Labor Law Critique of Codes of Corporate Conduct », Indiana Journal of Global Legal Studies, Vol. 8, 2001, pp. 401-447

BLACKETT (A.), « Trade liberalization, labour law, and development: A contextualization », International Institute for Labour Studies, Geneva, 2007

BLACKETT (A.), « Mutual Promise: International Labour Law and B.C. Health Services », Supreme Court Law Review, Vol. 48, 2009, pp. 365-407

BLACKETT (A.), « Commerce international et travail : définir le rôle réglementaire de l'Etat dans la nouvelle économie » in VERGE (P.) (dir.), *Droit international du travail, Perspectives canadiennes*, Ed. Yvon Blais, 2010, pp. 227-255

BLANCHARD (F.), « Une page d'histoire de l'OIT : la Pologne » in JAVILLIER (J-C.), GERNIGON (B.), *Les normes internationales du travail : un patrimoine pour l'avenir, Mélanges en l'honneur de Nicolas Valticos*, BIT, Genève, 2004, pp. 83-88

BOISSON DE CHAZOURNES (L.), « The ILO and International Judicial Mechanisms: A Story of Control and Trust » in POLITAKIS (G.), KOHIYAMA (T.), LIEBY (T.) (dir.), *Law for Social Justice*, BIT, Genève, 2019, pp. 189-214

BOIVIN (I.), ODERO (A.), « La Commission d'experts pour l'application des conventions et recommandations et les progrès des législations nationales », Revue internationale du Travail, vol. 145, n° 3, 2006, pp. 235-249

BOSSU (B.), « Conformité des modalités de désignation du RSS à la convention OIT n° 87 », La Semaine Juridique Social n° 12, 25 mars 2014, 1116

BOSSU (B.), « Le repos dominical ne viole pas les droits et libertés fondamentaux », La Semaine Juridique Social n° 38, 16 septembre 2014, 1350

BOURQUE (R.), « Les accords-cadres internationaux et la négociation collective internationale à l'ère de la mondialisation », Institut international d'études sociales, BIT, Genève, 2005

BRILLAT (R.), « La Charte sociale européenne et le contrôle de son application » in ALIPTRANTIS (N.) (éd.), *Les droits sociaux dans les instruments européens et internationaux*, Bruylant, Bruxelles, 2008

BRONSTEIN (A.), « The role of the International Labour Office in the framing of national labour law », Comparative Labour Law and Policy Journal, Vol. 26 : 339, 2004-2005, pp. 339-374

BROUILLET (J.), RIGAUX (M.), VANDAMME (F.), « Le modèle social européen : source ou moteur de la construction européenne ? », Droit social, 2006, pp. 1176-1183

BRUNELLE (C.), « La liberté d'association se porte mieux : un commentaire de l'arrêt Health Services », Conférence des juristes de l'État 2009 : XVIIIème Conférence, Cowansville, Yvon Blais, 2009, pp. 237-264

BRUNELLE (C.), « Human Rights and Canadian Law » in FENWICK (C.), NOVITZ (T.), *Human rights at work, Perspectives on law and regulation*, Hart Publishing, 2010, pp. 119-148

BRUNELLE (C.), COUTU (M.), TRUDEAU (G.), « La constitutionnalisation du droit du travail : un nouveau paradigme », Les cahiers de droit, vol. 48, n° 1-2, mars-juin 2007, pp. 5-42

BRUNELLE (C.), VERGE (P.), « L'inclusion de la liberté syndicale dans la liberté générale d'association : un pari constitutionnel perdu ? », Canadian Bar Review, n° 83, 2003, pp. 711-755

BRUNET (P.), « Aspects théoriques et pratiques de l'interprétation normative », Revue Générale de droit international public, Tome 115, n° 2, 2011, pp. 311-327

BUGADA (A.), « *Mission control* : un petit pas pour le barème, un bond de géant pour le contrôle de conventionnalité », Droit social, n° 10, octobre 2019, pp. 803-814

BURDA (J.), « La justiciabilité des droits sociaux fondamentaux au travail » in ROMAN (D.) (dir.), *Droits des pauvres, pauvres droits ?, Recherches sur la justiciabilité des droits sociaux*, Centre de Recherches sur les droits fondamentaux (CREDOF), Université Paris Ouest Nanterre la Défense, novembre 2010, pp. 249-266

CAILLOSSE (J.), « Le statut de la fonction publique et la division de l'ordre juridique français » in SUPIOT (A.), *Le travail en perspectives*, LGDJ, 1998, pp. 347-357

CALITZ (K.), « Globalisation, the development of constitutionalism and the individual employee », Potchefstroom Electronic Law Journal, vol. 10, n° 2, 2007

CARON (M.), « L'utilisation du droit international aux fins d'interprétation et d'application de la Charte des droits et libertés de la personne au Québec », Revue québécoise de droit international, avril 1984, pp. 305-317

CASSIA (P.), ROBIN-OLIVIER (S.), « L'invocabilité limitée des conventions internationales dans la jurisprudence administrative », JCP G, 2 juillet 2012, n° 27

CASSIN (R.), « L'homme, sujet de droit international et la protection des droits de l'Homme dans la société universelle » in *La technique et les principes du droit public. Etudes en l'honneur du Professeur Georges SCELLE*, LGDJ, Tome 1, 1950, pp. 67-91

CAVARE (L.), « La notion de juridiction internationale », Annuaire français de droit international, vol. 2, 1956, pp. 496-509

CHAMPEIL-DESPLATS (V.), « Les droits sociaux : éléments de définition » in ROMAN (D.), *La justiciabilité des droits sociaux : vecteurs et résistances*, Editions A. Pedone, Paris, 2012, pp. 15-27

CHAMPEIL-DESPLATS (V.), TROPER (M.), « Proposition pour une théorie des contraintes juridiques » in CHAMPEIL-DESPLATS (V.), TROPER (M.), GRZEGORCZYK (C.) (dir.), Théorie des contraintes juridiques, Bruylant – LGDJ, « La pensée juridique moderne », 2005, pp. 11-23

CHATZILAOU (K.), « La réponse du CEDS aux arrêts Viking et Laval », Revue de droit du travail, n° 3, 28 mars 2014, pp. 160-167

CHAUMETTE (P.), « Du temps de travail du capitaine et de sa responsabilité personnelle », Droit social, n° 4, avril 2011, pp. 462-465

CHAUMETTE (P.), « Le temps de travail du capitaine de navire clarifié par l'effet direct de la convention n° 180 de l'OIT », Droit social, n° 3, mars 2013, pp. 287-290

CHEADLE (H.), « Reception of International Labour Standards in Common-Law Legal Systems », Acta Juridica, 2012, pp. 348-364

CHEMILLIER-GENDREAU (M.), « L'entreprise est-elle soumise aux règles du droit international ? » in SUPIOT (A.) (dir.), *L'entreprise dans un monde sans frontières. Perspectives économiques et juridiques*, Dalloz, 2015, pp. 87-101

CHOKO (M.), « L'évolution du dialogue entre l'OIT et le Canada en matière de liberté d'association : vers une protection constitutionnelle du droit de grève ? », McGill Law Journal - Revue de droit de McGill, 2011, pp. 1113-1185

CLAUDEL (E.), « Jurisprudence et pratique décisionnelle - Le communiqué sur la méthode de détermination des sanctions pécuniaires validé sans réserve par la cour d'appel de Paris : ou la soft law en roue libre », RTD Com., 2014, pp. 78-86

COCHOY (F.), LACHEZE (A.), « Capture et contre-capture dans les politiques de responsabilité sociale de l'entreprise » in DAUGAREILH (I.) (dir.), *Responsabilité sociale de l'entreprise transnationale et globalisation de l'économie*, Bruylant, 2010, pp. 31-69

COHEN (T.), MOODLEY (L.), « Achieving "decent work" in South Africa? », Potchefstroom Electronic Law Journal, 2012 (15) 2

COLUCCI (M.), « L'avenir de l'Union européenne entre libertés économiques et droits sociaux fondamentaux », Revue du droit de l'Union européenne, 1-2009, pp. 55-72

COMPA (L.), « L'ALENA et les droits fondamentaux des travailleurs des pays partenaires » in DAUGAREILH (I.) (dir.), *Mondialisation, travail et droits fondamentaux*, Bruylant, 2005, pp. 83-97

CORBIN (A.), « The Restatement of the Common Law by the American Law Institute », Yale Law School Legal Scholarship Series, 1929, pp. 19-41

CORNIL (P.), « Le rôle de la Commission d'experts de l'O.I.T. dans le contrôle de l'application des conventions internationales du travail », Revue belge de droit international, 1970, pp. 265-277

CORTEN (O.), « Les techniques reproduites aux articles 31 à 33 de la Convention de Vienne : approche objectiviste ou approche volontariste de l'interprétation ? », Revue Générale de droit international public, Tome 115, n° 2, 2011, pp. 351-366

COSTA (J-P.), « La prise en compte du droit international et communautaire dans la jurisprudence du Conseil d'Etat » in Coll., *L'internationalité dans les institutions et le droit. Convergences et défis. Etudes offertes à Alain Plantey*, Editions A. Pedone, 1995, pp. 45-57

CÔTE (C-E.), « La réception du droit international en droit canadien » in VERGE (P.) (dir.), *Droit international du travail, Perspectives canadiennes*, Editions Yvon Blais, 2010, pp. 341-435

COUTU (M.), BOSSET (P.), « La dynamique juridique de la Charte », *Après 25 ans, La Charte québécoise des droits et libertés*, Commission des droits de la personne et des droits de la jeunesse du Québec, 2003

DAUGAREILH (I.), « L'audace retenue du Comité européen des droits sociaux, A propos de la décision *FIDH c/ France* », Revue de droit sanitaire et social, n° 4, 11 juillet 2005, pp. 555-564

DAUGAREILH (I.), « La dimension internationale de la responsabilité sociale des entreprises européennes : observations sur une normativité à vocation transnationale » in MOREAU (M-A.), FRANCIONI (F.) (dir.), *La dimension pluridisciplinaire de la responsabilité sociale de l'entreprise*, Presses universitaires d'Aix-Marseille, 2007, pp. 283-315

DAUGAREILH (I.), « La Déclaration de principe tripartite de l'OIT sur les entreprises multinationales et la politique sociale » in DAUGAREILH (I.) (dir.), *Responsabilité sociale de l'entreprise transnationale et globalisation de l'économie,* Bruylant, 2010, pp. 429-457

DAUGAREILH (I.), « L'ISO à l'assault du social : risques et limites d'un exerce de normalisation sociale » in DAUGAREILH (I.) (dir.), *Responsabilité sociale de l'entreprise transnationale et globalisation de l'économie*, Bruylant, 2010, pp. 563-614

DAUGAREILH (I.), « La Déclaration du centenaire de l'OIT : tout un programme ! », Droit social, n° 1, janvier 2020, pp. 5-17

DAVIS (D. M.), « Constitutional borrowing: The influence of legal culture and local history in the reconstitution of comparative influence: The South African experience », International Journal of Constitutional Law (2003) 1 (2), pp. 181-195

DELIYANNI-DIMITRAKOU (C.), « La Charte sociale européenne et les mesures d'austérité grecques : à propos des décisions n° 65 et 66/2012 du Comité européen des droits sociaux fondamentaux », Revue de droit du travail, 2013, pp. 457-474

DELMAS-MARTY (M.), IZORCHE (M-L.), « Marge nationale d'appréciation et internationalisation du droit. Réflexions sur la validité formelle d'un droit commun pluraliste », Revue internationale de droit comparé, 4-2000, pp. 753-780

DE MONTECLER (M-C.), « Le Conseil d'Etat au secours des bricoleurs du dimanche », AJDA, 9 mars 2015, p. 424

DE QUENAUDON (R.), « L'application par le juge français des droits sociaux fondamentaux affirmés par l'OIT et l'ONU. Quelques données (première partie) », Revue de droit du travail, n° 2, 1er février 2007, pp. 109-111

DE QUENAUDON (R.), « L'application par le juge français des droits sociaux fondamentaux affirmés par l'OIT et l'ONU. Quelques données (seconde partie) », Revue de droit du travail, n° 5, 14 mai 2007, pp. 315-322

DE QUENAUDON (R.), « L'influence des conventions de l'OIT sur la jurisprudence de la Cour de cassation et du Conseil d'État » in *Conseil de l'Europe et OIT, deux institutions au service de la justice sociale. Mise en œuvre et influence des normes en Europe et en France, Colloque organisé en partenariat avec l'Association Française pour l'Organisation internationale du travail*, Strasbourg, Maison du Conseil régional d'Alsace, 8 février 2013

DESCOLONGES (M.), « Le caractère infini du "contrôle" des accords-cadres internationaux. Des apprentissages syndicaux » in DAUGAREILH (I.) (dir.), *Responsabilité sociale de l'entreprise transnationale et globalisation de l'économie*, Bruylant, 2010, pp. 215-239

DEUMIER (F.), « La réception du droit souple par l'ordre juridique » in Coll., *Le droit souple*, Actes du colloque « Le droit souple » organisé par l'Association Henri Capitant des admis de la Culture Juridique Française avec le concours de la faculté de droit de l'Université du Littoral Côte d'Opale, Dalloz, 2009, pp. 113-139

DISTEFANO (G.), « L'interprétation évolutive de la norme internationale », Revue Générale de droit international public, Tome 115, n° 2, 2011, pp. 373-396

DOUMBIA-HENRY (C.), GRAVEL (E.), « Accords de libre-échange et droits des travailleurs : évolution récente », Revue internationale du Travail, vol. 145, 2006, n° 3, pp. 211-234

DROUIN (R-C.), « Procédures de règlement interne des différends de droit du travail dans l'entreprise multinationale » in MOREAU (M-A), MUIR-WATT (H.), RODIERE (P.), dir., *Justice et Mondialisation en Droit du Travail, Du rôle du juge aux conflits alternatifs*, Dalloz, 2010, pp.185-205

DROUIN (R-C.), « Responsabiliser l'entreprise transnationale : portrait d'une normativité du travail en évolution » in VERGE (P.) (dir.), *Droit international du travail, Perspectives canadiennes*, Ed. Yvon Blais, 2010, pp. 287-340

DROUIN (R-C.), « Le pluralisme industriel : point de rencontre, point de rupture entre relations industrielles, droit du travail et management », Semaine sociale Lamy Supplément, 18 mars 2013, n° 1576, pp. 13-21

DROUIN (R-C.), « Le développement du contentieux à l'encontre des entreprises transnationales : quel rôle pour le devoir de vigilance ? », Droit social, mars 2016, n° 3, pp. 246-263

DROUIN (R-C.), DUPLESSIS (I.), « La régulation internationale du travail de 1998 à 2008 : un Eldorado normatif ou un désert interprétatif ? », Lex Electronica, vol. 14 n° 2, Automne 2009

DUCOULOMBIER (P.), « La liberté des Etats parties à la Charte sociale européenne dans le choix de leur engagement : une liberté surveillée », Revue trimestrielle des droits de l'Homme, n° 96, 1er octobre 2013, pp. 829-857

DUGARD (J.), « International Law and the South African Constitution », European Journal of International Law, 1997 8 (1), pp. 77-92

DUMORTIER (G.), « L'effet direct des conventions internationales. Conclusions sur Conseil d'État, Assemblée, 11 avril 2012, Groupe d'information et de soutien des immigrés (GISTI) et Fédération des associations pour la promotion et l'insertion par le logement (FAPIL) », RFDA, 2012, n° 3, pp. 547 et s.

DUPLAT (J.), « La durée du préavis au regard de la Convention n° 158 de l'OIT. Cour de cassation, chambre sociale 29 mars 2006 », Droit social, n° 6, juin 2006, pp. 636-641

DUPLAT (J.), « Le contrat nouvelles embauches et les normes *internationales* du travail. Avis de Jacques DUPLAT », Revue de droit du travail, septembre 2008, pp. 504-514

DUPLESSIS (I.), « La molesse et le droit international du travail : mode de régulation privilégié pour société décentralisée » in JAVILLIER (J-C.) (dir.), *Gouvernance, droit international et responsabilité sociétale des entreprises*, BIT, Genève, Institut international d'études sociales, 2007, pp. 1-23

DUPLESSIS (I.), « Un abrégé de l'histoire des normes de l'OIT et de leur application » in VERGE (P.) (dir.), *Droit international du travail, Perspectives canadiennes*, Editions Yvon Blais, 2010, pp. 63-142

DU PLESSIS (L.), « International Law and the Evolution of (domestic) Human-Rights Law » in NIJMAN (J.), NOLLKAEMPER (A.), *New Perspectives on the Divide Between National and International Law*, Oxford University Press, 2007

DU TOIT (D.), « The Evolution of the Concept of "Unfair Discrimination" in South African Labour Law », Industrial Law Journal, vol. 27, July 2006, pp. 1311-1341

DWORKIN (R.), « Is there really no right answer in hard cases? », *A matter of principle,* Harvard University Press, 1985, pp. 119-145

EBERT (F.), POSTHUMA (A.), « Labour Provisions in Trade Agreements: Current Trends and Perspectives », Discussion paper series, 205, Institut international d'études sociales, BIT, Genève, 2011

ERPELDING (M.), « L'esclavage en droit international : aux origines de la relecture actuelle de la définition conventionnelle de 1926 », Journal of the History of International Law, 17(2), 2015, pp. 170-220

ESKRIDGE (W.), « Dynamic statutory interpretation », University of Pennsylvania Law Review, Vol. 135, 1985, pp. 1479-1555

EWING (K.D.), HENDY (J.), « The Dramatic Implications of *Demir and Baykara* », Industrial Law Journal, Vol. 39, n° 1, March 2010

FAVENNEC-HERY (F.), « Le CNE est-il conforme à la Convention n° 158 ? », Semaine Sociale Lamy, n° 1265, 12 juin 2006, pp. 6-9

FENWICK (C.), KALULA (E.), LANDAU (I.), « Labour law: A Southern African perspective », International Institute for Labour Studies, Geneva, 2007

FEYS (T.), « Labour Standards in Southern Africa in the Context of Globalization: The Need for a Common Approach », Industrial Law Journal, Juta 1999, pp. 1448-1482

FIFE (R-E.), « Les techniques interprétatives non juridictionnelles de la norme internationale » in Revue générale de droit international public, Tome 115, 2011, n° 2, p. 367-372

FILALI-MEKNASSI (R.), « L'effectivité du droit du travail et l'aspiration au travail décent dans les pays en développement : une grille d'analyse », Institut international d'études sociales, Genève, 2007

FITZMAURICE (M), « Dynamic (Evolutive) interpretation of treaties and the European Court of Human Rights » in ORAKHELASHVILI (A.), WILLIAMS (S.) (éd.), *40 years of the Vienna Convention on the law of treaties*, British institute of international and comparative law, 2010, pp. 55-95

FLEURIOT (C.), « Terrorisme : rapports entre Convention européenne et résolutions du Conseil de sécurité », Dalloz Actualité, 31 octobre 2012

FLÜCKIGER (A.), « Le multilinguisme de l'Union européenne : un défi pour la qualité de la législation » in GEMAR (J-C.), KASIRER (N.) (dir.), *Jurislinguistique : entre langues et droits*, Bruylant, 2005, pp. 339-361

FORTEAU (M.), « Les techniques interprétatives de la Cour internationale de justice » in Revue générale de droit international public, Tome 115, 2011, n° 2, pp. 399-420

FRANCIONI (F.), « Four ways of enforcing the international responsibility for human rights violations by multinational corporations » in MOREAU (M-A.), FRANCIONI (F.) (dir.), *La dimension pluridisciplinaire de la responsabilité sociale de l'entreprise*, Presses universitaires d'Aix-Marseille, 2007, pp. 155-174

FRAPART (M.), « L'influence des Conventions de l'OIT sur les entreprises transnationales » in *Conseil de l'Europe et OIT, deux institutions au service de la justice sociale. Mise en œuvre et influence des normes en Europe et en France, Colloque organisé en partenariat avec l'Association Française pour l'Organisation internationale du travail*, Strasbourg, Maison du Conseil régional d'Alsace, 8 février 2013

FRATERMAN (J.), « Article 37 (2) of the ILO Constitution: can an ILO interpretive tribunal end the hegemony of international trade law ? », Georgetown Journal of international law, 2011, Vol. 42, pp. 879-922

FRYDMAN (B.), « Exégèse et Philologie : Un cas d'herméneutique comparée », Revue interdisciplinaire d'études juridiques, 1994.33, pp. 59-83

FUDGE (J.), « Constitutional Rights, Collective Bargaining and the Supreme Court of Canada: Retreat and Reversal in the Fraser Case », Industrial Law Journal, Vol. 41, n° 1, mars 2012

GERNIGON (B.), « Le Comité de la liberté syndicale de l'OIT », texte d'une conversation orale présentée à l'Université de Séville, 1999

GERNIGON (B.), ODERO (A.), GUIDO (H.), « Les principes de l'OIT sur le droit de grève », BIT, Genève, 1998

GRANGER (C.), SIROEN (J-M.), « La clause sociale dans les traités commerciaux » in DAUGAREILH (I.) (dir.), *Mondialisation, travail et droits fondamentaux*, Bruylant, 2005, pp. 181-212

GRAVEL (E.), « Appropriation des normes internationales du travail par de nouveaux acteurs et action normative traditionnelle de l'OIT : substitution ou complémentarité ? » in JAVILLIER (J-C.) (dir.), *Gouvernance, droit international et responsabilité sociétale des entreprises*, BIT, Genève, Institut international d'études sociales, 2007, pp. 55-73

GRAVEL (E.), CHARBONNEAU-JOBIN (C.), « La Commission d'experts pour l'application des conventions et recommandations : Dynamique et impact », BIT, Genève, 2003

GRAVEL (E.), DELPECH (Q.), « Contrôle des normes internationales du travail et complémentarité des systèmes nationaux et internationaux : récentes évolutions », Revue internationale du travail, vol. 147, 2008, n° 4, pp. 439-452

GRAVEL (E.), DELPECH (Q.), « The comments of the ILO's Supervisory bodies: Usefulness in the context of the sanction-based dimension of labour provisions in US free trade agreements », ILO Research Paper No.4, BIT, Genève, mars 2013

GRAVEL (E.), KOHIYAMA (T.), TSOTROUDI (K.), « The role of international labour standards in rebalancing globalization: A legal perspective » in TORRES (R.) (dir.), *The global crisis. Causes, responses and challenges*, BIT, Genève, 2011, pp. 209-221

GRAVEL (E.), KOHIYAMA (T.), TSOTROUDI (K.), « A legal perspective on the role of international labour standards in rebalancing globalization », Revue Interventions économiques [Online], 49, 2014

GRAWITZKY (R.), « From Workplace Rights to Constitutional Rights in South Africa. The role and actions of the tripartite ILO constituency in the challenge to apartheid and the transition to democracy », International Labour Organization Century Project, November 2008

GROSBON (S.), « Les ruptures du droit international » in ROMAN (D.), *« Droits des pauvres, pauvres droits ? » Recherches sur la justiciabilité des droits sociaux*, Centre de Recherches sur les droits fondamentaux (CREDOF), Université Paris Ouest Nanterre la Défense, novembre 2010, pp. 45-70

GUASTINI (R.), « Théorie et ontologie du droit chez Dworkin », Droit et société, 2-1986

GUASTINI (R.), « A Sceptical View on Legal Interpretation », *Analisi i diretto 2005*, a cura di P. COMANDUCCI e R. GUASTINI, p. 141

GUASTINI (R.), « Le “point de vue” de la science juridique », Colloque « La question du point de vue interne dans la science du droit », Université d'Aix-Marseille, Aix-en-Provence, novembre 2006

GUIOMARD (F.), « Exercice de style à la cour de cassation », Revue de droit du travail, n°5, mai 2019, pp. 328-332

GUIOMARD (F.), ROBIN-OLIVIER (S.), « Discrimination, diversité et race : les mots et les concepts » in GUIOMARD (F.), ROBIN-OLIVIER (S.) (dir.), *Diversité et discriminations raciales, Une perspective transatlantique*, Dalloz, 2009, pp. 1-21

HANNOUN (C.), « L'impact de la financiarisation de l'économie sur le droit du travail » in LYON-CAEN (A.), URBAN (Q.), *Le droit du travail à l'épreuve de la globalisation*, Dalloz, 2008, pp. 35-51

HEPPLE (B.), « Does law matter? The future of binding norms » in POLITAKIS (G.) (dir.), *Protecting Labour Rights as Human Rights: Present and Future of International Supervision*, BIT, Genève, 2007, pp. 221-232

HEPPLE (B.), « Is South African labour law fit for the global economy? », Acta Juridica, 1, 2012

ICARD (J.), « Dispositions impératives et conventions internationales », Cahiers sociaux, 31 mai 2013 n° 252, p. 162

JAMIN (C.), « Le vieux rêve de Saleilles et Lambert revisité. A propos du centenaire du Congrès international de droit comparé de Paris », Revue internationale de droit comparé, vol. 52, n° 4, octobre-décembre 2000, pp. 733-751

JAVILLIER (J-C.), « Existe-t-il un véritable conflit entre le droit national et international ? », Semaine sociale Lamy, Les 13 paradoxes du Droit du travail, 2011, 1508

JAVILLIER (J-C.), « Que reste-t-il de l'âge d'or du droit du travail ? », JCP, n° 41, 7 octobre 2014, pp. 1-6

JEAMMAUD (A.), « Sur l'applicabilité en France des conventions internationales du travail », Droit social, n° 5, mai 1986, pp. 399-405

JEAMMAUD (A.), « Le concept d'effectivité du droit » in AUVERGNON (P.), *L'effectivité du droit du travail. A quelles conditions ?*, Presses universitaires de Bordeaux, 2008, pp. 35-56

JEAMMAUD (A.), LE FRIAND (M.), LYON-CAEN (A.), « L'ordonnancement des relations de travail », Recueil Dalloz, octobre 1998, n° 38, pp. 359-368

JENKS (C. W.), « Universality and ideology in the ILO, An Address at the Graduate Institute of International Studies », Genève, 27 octobre 1969

JIMENA QUESADA (L.), « Profils juridictionnels et effectivité des décisions du Comité européen des droits sociaux » in ROMAN (D.) (dir.), *La justiciabilité des droits sociaux : vecteurs et résistances*, Editions A. Pedone, Paris, 2012, pp. 165-185

JOHANSSON (A.), « Durée du travail. Habillage. Contreparties. Conditions cumulatives », Droit social, n° 3, mars 2012, pp. 307-309

JOUANNET (E.), « La notion de jurisprudence internationale en question » in SFDI, *La juridictionnalisation du droit international en question, Actes du colloque organisé par l'Université de Lille 2 les 12, 13et 14 septembre 2002*, Editions A. Pedone, Paris 2003, pp. 344-391

KERBOURC'H (J-Y.), « Annulation d'une autorisation de licenciement d'un représentant syndical : protection complémentaire identique à celle des élus », Semaine Juridique Social n° 11, 17 mars 2015, pp. 1089 et s.

LA HOVARY (C.), « Les droits fondamentaux au travail » in THOUVENIN (J-M.), TREBILCOK (A.) (dir.), *Droit international social*, Tome 2, Bruylant, Paris, 2013, pp. 884-902

LA HOVARY (C.), « The ILO's supervisory bodies' "soft law jurisprudence" » in BLACKETT (A.), TREBILCOCK (A.) (dir.), *Research handbook on transnational labour law*, Edward Elgar Publishing, 2015, pp. 316-328

LAMBERT (P.), « Marge nationale d'appréciation et contrôle de proportionnalité » in SUDRE (F.), *L'interprétation de la Convention européenne des Droits de l'Homme*, Bruylant, Bruxelles, 1998, pp. 63-89

LAMOUR (M.), « L'application par les juges français » in THOUVENIN (J-M.), TREBILCOK (A.) (dir.), *Droit international social*, Tome 1, Bruylant, Paris, 2013, pp. 541-575

LAMOUR (M.), « Juridictions à vocation universelle » in THOUVENIN (J-M.), TREBILCOK (A.) (dir.), *Droit international social*, Tome 2, Bruylant, Paris, 2013, pp. 626-661

LANDAIS (C.), « Les dispositions de la loi 10 août 2009 réaffirmant le principe du repos dominical n'ont pas méconnu la convention de l'OIT », Revue juridique de l'économie publique n° 700, août 2012

LANGILLE (B.), « Core labour rights, The true story (reply to Alston) », European Journal of International Law, June 2005

LANGILLE (B.), « Can we rely on the ILO? », Canadian labour and employement law journal, vol. 13, 2007, pp. 273-300

LARONZE (F.), DE QUENAUDEAU (R.), « Réflexions juridiques après la tragédie du Rana Plaza », Revue de droit du travail, n° 7, juillet 2013, pp. 487-490

LA ROSA (A-M.), DUPLESSIS (I.), « L'expérience singulière du tripartisme au sein de l'OIT », ILO ITC, 2000

LAULOM (S.), « Les actions collectives contre le dumping social », Semaine sociale Lamy, 7 janvier 2008, n° 1335, pp. 8-12

LAULOM (S.), « L'enchevêtrement des sources internationales du droit du travail : à propos des décisions du Comité européen des droits sociaux du 23 juin 2010 », Revue de droit du travail, n° 5, mai 2011, pp. 298-308

LAULOM (S.), « Une interprétation de la Charte préjudiciable aux droits des salariés », Semaine sociale Lamy, n° 1116, 23 décembre 2013

LAULOM (S.), « La réception par la Cour de cassation française des décisions des instances non juridictionnelles des organisations internationales », Revue de droit comparé du travail et de la sécurité sociale, 2014/1, pp. 58-67

LEADER (S.), « The Collateral Protection of Rights in a Global Economy », New York Law School Law Review, Volume 53, 2008/09, pp. 805-814

LEBEN (C.), « La fragmentation du droit applicable aux relations internationales » in BERGE (J-S.), FORTEAU (M.), NIBOYET (M-L.), THOUVENIN (J-M.), *La fragmentation du droit applicable aux relations internationales*, Actes de la journée d'étude du 16 avril 2010, CEDCACE, CEDIN, Editions A. Pedone, 2011, pp. 21-26

LEVADE (A.), « Regard constitutionnel sur l'exercice des libertés individuelles dans les relations de travail en France » in AUVERGNON (P.), *Libertés individuelles et relations de travail : le possible, le permis et l'interdit ? Eléments de droit comparé*, Presses universitaires de Bordeaux, 2011, pp. 79-96

LIEBY (T.), « The interpretation of International Labour Convention and the Principle of 'Systemic Integration' – The Way Forward for an ILO Tribunal » in POLITAKIS (G.), KOHIYAMA (T.), LIEBY (T.) (dir.), *Law for Social Justice*, BIT, Genève, 2019, pp. 923-951

LOKIEC (P.), « L'applicabilité directe de la convention n° 158 de l'OIT », Revue de droit du travail, octobre 2006, pp. 273-274

LOKIEC (P.), « Le droit de grève au Royaume-Uni après les arrêts Demir et Enerji Yapi Yol Sen », Revue de droit du travail, n° 11, novembre 2011, pp. 665-667

LOKIEC (P.), « Le changement d'horaires : une nouvelle approche ? », Recueil Dalloz, n° 1, janvier 2012, pp. 67-71

LOKIEC (P.), ROBIN-OLIVIER (S.), MAN (X.), KLARE (K.), « Libéralisation du commerce et justice sociale : lectures croisées d'une étude menée conjointement par le BIT et l'OMC », Revue de droit du travail, octobre 2007, pp. 608-615

LYON-CAEN (A.), VACARIE (I.), « Droits fondamentaux et droit du travail » in *Mélanges en l'honneur de Jean-Maurice VERDIER. Droit syndical et droits de l'Homme à l'aube du XXIème siècle*, Dalloz, 2001, pp. 421-453

LYON-CAEN (P.), « L'application par la France des Conventions internationales du travail », Droits fondamentaux, n° 8, janvier – décembre 2010

MABAKA (P.), « L'incorporation de la Convention européenne des Droits de l'Homme dans l'ordre juridique britannique », RTDH, n° 2000/41, pp. 11-42

MADURO (M. P.), « Interpreting European Law: Judicial Adjudication in a Context of Constitutional Pluralism », European Journal of Legal Studies, vol. 1, n° 2, pp. 1-21

MARGUENAUD (J-P.), MOULY (J.), « L'avènement d'une Cour européenne des droits sociaux, (à propos de CEDH 12 novembre 2008, *Demir et Baykara c/ Turquie*) », Recueil Dalloz, 2009, p. 739

MARGUENAUD (J-P.), MOULY (J.), « Les incursions de la Cour européenne des Droits de l'Homme en droit du travail : une œuvre encore en demi-teinte », Revue de droit du travail, n° 1, 18 janvier 2008, pp. 16-21

MARLEAU (V.), « Réflexion sur l'idée d'un droit international coutumier du travail » in GERNIGON (B.), JAVILLIER (J-C.), POLITAKIS (G.) (dir.), *Les normes internationales du travail : un patrimoine pour l'avenir, Mélange en l'honneur de Nicolas VALTICOS*, BIT, Genève, 2004, pp. 363-409

MARTINON (A.), « Pas de printemps pour l'article 7 de la Convention OIT 158 », Cahiers sociaux, janvier 2015 n° 270, pp. 10 et s.

MARZO (C.), « Controverses doctrinales quant à la protection des droits sociaux par la Cour européenne des Droits de l'Homme », Cahiers de droit européen, 2010, n° 1-2, pp. 95-119

MARZO (C.), « La Cour de justice de l'Union européenne et la Charte des droits fondamentaux : une illustration des splendeurs et misères de la régulation sociale par la mobilisation des droits sociaux fondamentaux par le juge », Droit social, mars 2016, n° 3, pp. 209-219

MAUPAIN (F.), « Une révolution tranquille dans le droit des traités : l'abrogation des conventions internationales du travail obsolètes », Annuaire français de droit international, vol. 42, 1996, pp. 629-635

MAUPAIN (F.), « L'interprétation des Conventions internationales du travail » in DUPUY (J-R.) (dir.), *Mélanges en l'honneur de Nicolas Valticos, Droit et Justice*, Editions A. Pedone, Paris, 1999, pp. 567-584

MAUPAIN (F.), « Revitalization not retreat: the real potential of the 1998 ILO Declaration for the universal protection of workers' rights », European Journal of International Law, June 2005, pp. 439-465

MAUPAIN (F.), « Persuasion et contrainte aux fins de la mise en œuvre des normes et objectifs de l'OIT » in GERNIGON (B.), JAVILLIER (J-C.), POLITAKIS (G.) (dir.), *Les normes internationales du travail : un patrimoine pour l'avenir, Mélange en l'honneur de Nicolas VALTICOS*, BIT, Genève, 2004, pp. 687-709

MAUPAIN (F.), « Nouvelle fondation ou nouvelle façade ? La déclaration de l'OIT sur la justice sociale pour une mondialisation équitable », Droits fondamentaux, n° 7, janvier 2008 – décembre 2009

MAUPAIN (F.), « L'efficacité du système de supervision de l'Organisation internationale du travail à l'approche de son centenaire : une Rolls Royce en mal de révision ? », Revue générale de droit international public, n° 3, septembre 2010, pp. 465-499

MAUPAIN (F.), « Renforcer l'engagement solidaire des Etats en mobilisant la responsabilité sociale des entreprises hors frontières par un label "travail décent" » in DAUGAREILH (I.) (dir.), *Responsabilité sociale de l'entreprise transnationale et globalisation de l'économie*, Bruylant, 2010, pp. 615-630

MIALHE (J.), « Les origines du droit international social (jusqu'aux premières années de l'Organisation internationale du travail) » in THOUVENIN (J-M.), TREBILCOK (A.) (dir.), *Droit international social*, Tome 1, Bruylant, Paris, 2013, pp. 34-44

MILLARD (E.), « Quelques remarques sur la signification politique de la théorie réaliste de l'interprétation » in DE BECHILLON (P.), CHAMPEIL-DESPLATS (V.), MILLARD (E.) (Ed.), *L'architecture du droit, Mélanges en l'honneur du professeur Michel TROPER*, 2006, pp. 725-734

MILLARD (E.), « Qu'est-ce qu'une norme juridique », Cahiers du Conseil constitutionnel n° 21, janvier 2007

MINET (A.), « Le statut particulier du droit de l'Union européenne en droit français », RFDA, 2013, p. 1199

MIRON (A.), « L'application par les juges d'autres Etats » in THOUVENIN (J-M.), TREBILCOK (A.) (dir.), *Droit international social*, Tome 1, Bruylant, Paris, 2013, pp. 575-604

MISCHKE (C.), « The significance and practical effect of ILO standards. A view from the outside », Industrial Law Journal Juta 63 1993, pp. 63-70

MITTERRAND (S.), ODOUL-ASOREY (I.), « Décision de l'OIT sur la loi du 20 août 2008, quelles suites ? », Revue de droit du travail, n° 2, février 2012, pp. 107-110

MONTAS (A.), ROUSSEL (G.), « Les principaux apports de la décision de la Cour de cassation dans l'affaire Erika, Commentaire de l'arrêt Crim. 25 septembre 2012, n° 10-82.938, Erika », AJ pénal 2012, pp. 574-577

MOREAU (M-A.), « L'utilisation des droits sociaux fondamentaux par les travailleurs dans l'Union européenne » in CHEROT (J-Y.), VAN REENEN (T.) (dir.), *Les droits sociaux fondamentaux à l'âge de la mondialisation*, Presses universitaires d'Aix-Marseille, 2005, pp. 175-188

MOREAU (M-A.), « Négociation collective transnationale : réflexions à partir des accords-cadres internationaux du groupe ArcelorMittal », Droit social, n° 1, 10 janvier 2009, pp. 93-102

MOREAU (M-A.), « Mondialisation et justice : les enjeux théoriques des conflits sociaux transnationaux » in MOREAU (M-A.), MUIR-WATT (H.), RODIERE (P.), dir., *Justice et Mondialisation en Droit du Travail, Du rôle du juge aux conflits alternatifs*, Dalloz, 2010, pp. 3-14

MOREAU (M-A.), « Autour de la justice sociale : perspectives internationales et communautaires », Droit social, n° 3, mars 2010, pp. 324-333

MOREAU (M-A.), « De la transnationalité de la relation de travail », Droit social, n° 12, décembre 2011, pp. 1174-1185

MOREAU (M-A.), « Vers un nouveau souffle pour une vieille dame, l'OIT », Revue de droit du travail, n° 10, octobre 2012, pp. 533-535

MOREAU (M-A.), « Travail forcé, RSE et sous-traitance dans l'industrie textile en Asie : réflexion sur l'action de l'OIT », Droit social, n° 5, mai 2014, pp. 413-422

MOREAU (Y.), « Transformation de la relation de travail dans les entreprises de secteur public » in SUPIOT (A.), *Le travail en perspectives*, LGDJ, 1998, pp. 427-442

MORIN (F.), « Liberté d'expression et droit au travail : l'arbitrage de la Cour suprême du Canada », Relations industrielles, vol. 44, n° 4, 1989, pp. 921-932

MORVAN (P.), « Contrariété de l'ordonnance du 2 août 2005 à la convention OIT n° 158 », La Semaine Juridique Social n° 21, 23 mai 2006, pp. 1424 et s.

MOULY (J.), « L'article 5 de la convention OIT n° 135 au secours du représentant syndical au comité d'entreprise ne pouvant retrouver son mandat après réintégration », Droit social, n° 3, mars 2015, pp. 286-287

MOULY (J.), « Convention OIT n° 106 et dérogations permanentes au repos dominical : une invocabilité à géométrie variable », Droit social, janvier 2019, pp. 69-75

MOULY (J.), « La barémisation des indemnités prud'homales : un premier pas vers l'inconventionnalité (A propos du jugement du conseil de prud'hommes de Troyes du 13 décembre 2018) », Droit social, février 2019, pp. 122-130

MOULY (J.), « L'inconventionnalité du barème : une question de proportionnalité ? », Droit social, mars 2019, pp. 234-239

MOULY (J.), « Qui a peur du Comité européen des droits sociaux ? », Droit social, n° 10, octobre 2019, pp. 814-822

NIVARD (C.), « La justiciabilité des droits sociaux au sein du Conseil de l'Europe » in ROMAN (D.), *Droits des pauvres, pauvres droits ? Recherches sur la justiciabilité des droits sociaux*, Centre de Recherches sur les droits fondamentaux (CREDOF), Université Paris Ouest Nanterre la Défense, novembre 2010, pp. 207-221

NIVARD (C.), « Comité européen des droits sociaux : Violation de la Charte sociale européenne par les mesures "anti-crise" grecques » in Lettre « Actualités Droits-Libertés » du CREDOF, 15 novembre 2012

NIVARD (C.), « L'effet direct de la Charte sociale européenne devant les juridictions suprêmes françaises », Revue de droits et libertés fondamentaux, 2012, chronique n° 28

NIVARD (C.) « La justice sociale dans la jurisprudence conventionnelle » in BURGORGUE-LARSEN (L.) (dir.), *La justice sociale saisie par les juges en Europe*, Editions A. Pedone, Paris, 2013, pp. 61-80

NIVARD (C.), « L'invocabilité des conventions internationales du travail devant les hautes juridictions françaises », Revue de droit du travail, n° 12, décembre 2019, pp. 808-816

ODERO (A.), TRAVIESO (M-M.), « Le Comité de la liberté syndicale (I) : origines et genèse » in GERNIGON (B.), JAVILLIER (J-C.), POLITAKIS (G.) (dir.), *Les normes internationales du travail : un patrimoine pour l'avenir, Mélange en l'honneur de Nicolas VALTICOS*, BIT, Genève, 2004, pp. 159-194

ODERO (A.), TRAVIESO (M-M.), « Le Comité de la liberté syndicale (II) : composition, procédure et fonctionnement » in GERNIGON (B.), JAVILLIER (J-C.), POLITAKIS (G.) (dir.), *Les normes internationales du travail : un patrimoine pour l'avenir, Mélange en l'honneur de Nicolas VALTICOS*, BIT, Genève, 2004, pp. 195-216

OLIVER (P.), « La recevabilité des questions préjudicielles : la jurisprudence des années 1990 », Cahiers de droit européen, 2001, n° 1-2, pp. 15-43

OMARJEE (I.), ROBIN-OLIVIER (S.), « Questionnement sur la place des normes internationales et européennes dans l'ordre juridique communautaire.

La place des normes internationales dans le droit social communautaire », Petites affiches, 29 juillet 2002 n° 150, p. 8

OST (F.), « Juge-pacificateur, juge-arbitre, juge-entraîneur. Trois modèles de justice » in GERARD (P.), OST (F.), VAN DE KERCHOVE (M.), *Fonction de juger et pouvoir judiciaire*, Publications des Facultés universitaires Saint-Louis Bruxelles, 1983, pp. 1-70

PANKERT (A.), « Protection du droit de grève et maintien des services essentiels » in BERNIER (J.), *Grèves et services essentiels*, Les Presses de l'Université de Laval, 1994, pp. 285-298

PASQUIER (T.), « La diversification des contrôles de conventionnalité des lois en matière de barème d'indemnisation », Revue de droit du travail, n° 11, novembre 2019, pp. 683-693

PATAUT (E.), « Concurrence internationale des systèmes juridiques et droit social : quelles méthodes ? » in LYON-CAEN (A.), URBAN (Q.), *Le droit du travail à l'épreuve de la globalisation*, Dalloz, 2008, pp. 19-32

PATAUT (E.), « Le contentieux collectif des travailleurs face à la mondialisation. Réflexions à partir de l'affaire *Comilog* », Droit social, juin 2016, n° 6, pp. 554-563

PAVIA (M-L.), « Eléments de réflexion sur la notion de droit fondamental », Les Petites Affiches, 6 mai 1994, pp. 6 et s.

PELISSIER (J.), « Le contrat première embauche a vécu », Revue de droit du travail, n° 20, juin 2006, p. 20

PELLET (A.), « Vous avez dit "monisme" ? Quelques banalités de bon sens sur l'impossibilité du prétendu monisme constitutionnel à la française » in DE BECHILLON (P.), CHAMPEIL-DESPLATS (V.), MILLARD (E.) (dir.), *L'architecture du droit, Mélanges en l'honneur du professeur Michel TROPER*, 2006, pp. 827-857

PESCATORE (P.), « Le Recours, dans la jurisprudence de la Cour de Justice des Communautés Européennes, à des normes déduites de la comparaison des droits des États membres », Revue internationale de droit comparé, 1980, vol. 32, n° 2, pp. 337-359

PETTITI (C.), « La Charte européenne révisée », Revue Trimestrielle des droits de l'Homme, n° 29, 1997, pp. 3-16

PEYRONNET (M.), « Conseils de prud'hommes : conventionnalité (ou non) du plafonnement des indemnités de licenciement », Dalloz actualité, 4 février 2019

PFERSMANN (O.), « Le droit comparé comme interprétation et comme théorie du droit », Revue internationale de droit comparé, Vol. 53, n° 2, avril-juin 2001, pp. 275-288

PFERSMANN (O.), « Contre le néo-réalisme juridique. Pour un débat sur l'interprétation », Revue de droit constitutionnel, 2002/4, n° 52, pp. 789-836

PHELAN (E.), Discours prononcé à la 27ème session de la Conférence, Paris, 1945

PICARD (L.), « Le contrôle de la mise en œuvre des instruments adoptés par l'Organisation internationale du travail » in THOUVENIN (J-M.), TREBILCOK (A.) (dir.), *Droit international social*, Tome 1, Bruylant, Paris, 2013, pp. 702-756

PILLAY (D.), « The Constitutionalisation of Fair Labour Practices in South Africa », New York Law School, Public Law and Legal Theory Research Paper Series 04/05, n° 13

PLATON (S.), « Droits fondamentaux et fragmentation de l'application des droits international et européen » in ARLETTAZ (J.), TINIERE (R.) (dir.), *Fragmentation en droit. Fragmentation du droit*, Editions L'Epitoge, Lextenso, 2014

POLITAKIS (G.), « Deconstructing flexibiliy in international labour Conventions » in GERNIGON (B.), JAVILLIER (J-C.), POLITAKIS (G.) (dir.), *Les normes internationales du travail : un patrimoine pour l'avenir, Mélange en l'honneur de Nicolas VALTICOS*, BIT, Genève, 2004, pp. 463-496

POLITAKIS (G.), MARKOV (K.), « Les recommandations internationales du travail : instruments mal exploités ou maillon faible du système normatif ? » in GERNIGON (B.), JAVILLIER (J-C.), POLITAKIS (G.) (dir.), *Les normes internationales du travail : un patrimoine pour l'avenir, Mélange en l'honneur de Nicolas VALTICOS*, BIT, Genève, 2004, pp. 497-525

POUSSON (A.), « Les objectifs en droit du travail » in FAURE (B.) (dir.), *Les objectifs dans le droit*, Dalloz, Paris, 2010, pp. 139-161

PRISO ESSAWE (S-J.), « La garantie du droit international des droits de l'Homme dans la Constitution » in SERMET (L.) (dir.), *Droit et démocratie en Afrique du Sud*, L'Harmattan, 2001, pp. 155-172

RAIMONDI (G.), « Réserves et conventions internationales du travail » in GERNIGON (B.), JAVILLIER (J-C.), POLITAKIS (G.) (dir.), *Les normes internationales du travail : un patrimoine pour l'avenir, Mélange en l'honneur de Nicolas VALTICOS*, BIT, Genève, 2004, pp. 527-539

RAIMONDI (G.), TREBILCOCK (A.), « Cadre constitutionnel » in THOUVENIN (J-M.), TREBILCOK (A.) (dir.), *Droit international social*, Tome 1, Bruylant, Paris, 2013, pp. 240-267

RANJEVA (R.), « L'environnement, la Cour internationale de Justice et la Chambre spéciale pour les questions de l'environnement », Annuaire français de droit international, Vol. 40, 1994. pp. 433-441

REGENBOGEN (S.), « The International Labour Organization and Freedom of Association: Does Freedom of Association Include the Right to Strike? », Canadian Labour and Employment Law Journal, 2012, Vol. 16 Issue 2, pp. 385-417

REMY (B.), « Techniques interprétatives et systèmes de droit », Revue Générale de droit international public, Tome 115, 2011-2, pp. 329-348

REMY (P.), FILLON (J-C.), « Internationalisation ou harmonisation des droits du travail allemand et français ? », Revue de droit du travail, 2009, p. 399

RIETIKER (D.), « Un enlèvement d'enfant devant la Grande chambre de la Cour européenne des droits de l'Homme : l'affaire Neulinger et Shuruk contre Suisse analysée à la lumière eds méthodes d'interprétation des traités internationaux », Revue trimestrielle des droits de l'Homme, avril 2012, n° 90, pp. 377-413

ROBIN-OLIVIER (S.), « La référence (non imposée) à d'autres droits par les juges des Etats membres de l'Union européenne » in ROBIN-OLIVIER (S.), FASQUELLE (D.), *Les échanges entre les droits, l'expérience communautaire*, Bruylant, 2008, pp. 141-153

ROBIN-OLIVIER (S.), « Droit du commerce international et protection des droits sociaux » in BERGE (J-S.), FORTEAU (M.), NIBOYET (M-L.), THOUVENIN (J-M.), *La fragmentation du droit applicable aux relations internationales*, Actes de la journée d'étude du 16 avril 2010, CEDCACE, CEDIN, Editions A. Pedone, 2011, pp. 49-61

ROBIN-OLIVIER (S.), « Transferts d'entreprise : une jurisprudence à contresens », RTD Eur., avril-juin 2014, pp. 525-530

ROBIN-OLIVIER (S.), « Les normes sociales internationales et européennes et le développement du droit par les juges en Europe », Droit social, mars 2016, n° 3, pp. 219-227

ROBIN-OLIVIER (S.), « Le refus de l'assemblée plénière de la Cour de cassation de prendre part au développement du droit du travail international », Droit social, n° 10, octobre 2019, pp. 799-803

ROBIN-OLIVIER (S.), LOKIEC (P.), SERVAIS (J-M.), OPPENHEIMER

(D.), GUIBOURG (R.), « Mise en œuvre du droit du travail et cultures nationales », Revue de droit du travail, n° 3, mars 2007, pp. 124-131

ROBIN-OLIVIER (S.), PATAUT (E.), « Europe sociale ou Europe économique (à propos des affaires *Viking* et *Laval*) », Revue de droit du travail, n° 2, février 2008, pp. 80-88

ROBIN-OLIVIER (S.), REMY (P.), « Les migrations jurisprudentielles, facteurs de développement du droit international du travail ? » in MOREAU (M-A.), MUIR-WATT (H.), RODIERE (P.), dir., *Justice et Mondialisation en Droit du Travail, Du rôle du juge aux conflits alternatifs*, Dalloz, 2010, pp. 65-97

ROZAKIS (C.), « Through the looking glass: an "insiders's" view of the margin of appreciation » in Coll., *La conscience des droits, Mélanges Costa*, Dalloz, 2011, pp. 527-537

RUBIN (N.), « International labour law and the new law of the new South Africa », African Law Journal, 685, 1998, pp. 685-709

RUBIN (N.), « From pressure principle to measured militancy - The ILO in the campaign against Apartheid », Institut international d'études sociales, Genève, 2009

RUIZ-FABRI (H.), « La juridictionnalisation du règlement des litiges économiques entre Etats », Revue de l'arbitrage, 2003, n° 3, pp. 881-947

SACHS-DURAND (C.), « Commentaire de l'accord France Télécom du 21 décembre 2006, sur les droits sociaux fondamentaux », Revue de droit du travail 2007 p. 107

SANTULLI (C.), « Qu'est-ce qu'une juridiction internationale ? Des organes répressifs internationaux à l'O.R.D », Annuaire français de droit international, volume 46, 2000. pp. 58-81

SARMIENTO (D.), « La justice sociale dans la jurisprudence de la Cour de justice » in BURGORGUE-LARSEN (L.) (dir.), *La justice sociale saisie par les juges en Europe*, Editions A. Pedone, Paris, 2013, pp. 33-59

SAUVE (J-M.), « Le Conseil d'Etat et la comparaison des droits » in *La comparaison en droit public, Hommage à Roland Drago, Colloque organisé par l'Institut français des sciences administratives et la Société de législation comparée*, Conseil d'Etat, 14 février 2014

SAVATIER (R.), « Les creux du droit positif au rythme des métamorphoses d'une civilisation » in PERELMAN (C.) (dir.), *Le problème des lacunes en droit*, Bruylant, 1968, pp. 521-535

SCHMITT (M.), « L'influence des conventions de l'OIT sur les jurisprudences européennes. Approche comparée en matière de droit de négociation collective », Revue de droit du travail, n° 7-8, juillet 2013, pp. 513-526

SCHMITT (M.), « L'influence de l'Union européenne sur les réformes françaises du marché du travail et de l'emploi », Revue de droit du travail, n° 7, juillet 2014, pp. 454-462

SCHMITT (M.), « Les avis d'assemblée plénière du 17 juillet 2019 ou l'occasion manquée d'une (re)conceptualisation du contrôle de conventionnalité », Revue de droit du travail, n°11, novembre 2019, pp. 699-712

SERVAIS (J-M.), « La souplesse et la rigueur des normes internationales de travail », Revue internationale du travail, Vol. 125, mars-avril 1986

SERVAIS (J-M.), « Normes internationales du travail et disparités économiques et sociales » in AUVERGNON (P.) (dir.), *Liberté, Egalité, Fraternité. Actualités en droit social*, LCF, 1990, pp. 233-244

SERVAIS (J-M.), « Le couple travail-emploi et son évolution dans les activités de l'OIT, avec une référence spécifique au travail indépendant » in SUPIOT (A.), *Le travail en perspectives*, LGDJ, 1998, pp. 145-159

SERVAIS (J-M.), « Normes internationales du travail et responsabilité sociale des entreprises » in GERNIGON (B.), JAVILLIER (J-C.), POLITAKIS (G.) (dir.), *Les normes internationales du travail : un patrimoine pour l'avenir, Mélange en l'honneur de Nicolas VALTICOS*, BIT, Genève, 2004, pp. 565-584

SERVAIS (J-M.), « Normes internationales et cultures nationales », Revue de droit du travail, 2007, n° 7, pp. 124 et s.

SERVAIS (J-M.), « L'incontournable besoin d'une agence de régulation sociale », Revue de droit du travail, n° 10, octobre 2012, p. 530

SHEPPARD (C.), « Inclusive equality and new approaches to discrimination » in BLACKETT (A.), TREBILCOCK (A.) (dir.), *Research handbook on transnational labour law*, Edward Elgar Publishing, 2015, pp. 247-259

SIMARD (J.), « L'interprétation législative au Canada : la théorie à l'épreuve de la pratique », Revue juridique Thémis, 2001, pp. 549-661

SMITS (P.), VAN ECK (BPS.), « International perspectives on South Africa's unfair dismissal law », The Comparative and International Law Journal of Southern Africa, Vol. 43, No. 1, March 2010, pp. 46-67

STRUILLOU (Y.), « Le droit du travail, horizon indépassable du droit de la fonction publique », AJDA, 12 décembre 2011

SUDRE (F.), « Le protocole additionnel à la Charte sociale européenne prévoyant un système de réclamations collectives », RGDIP, 1996, pp. 715-728

SUDRE (F.), « Les droits sociaux et la Convention européenne des droits de l'Homme », Revue universelle des droits de l'Homme, 2000, pp. 28-32

SUKTHANKAR (A.), « Global organizing and domestic constraints » in BLACKETT (A.), TREBILCOCK (A.) (dir.), *Research handbook on transnational labour law*, Edward Elgar Publishing, 2015, pp. 37-64

SUPIOT (A.), « Le travail et l'opposition public / privé » in SUPIOT (A.), *Le travail en perspectives*, LGDJ, 1998, pp. 335-345

SUPIOT (A.), « Cinq questions pour la construction d'une société européenne », Recueil Dalloz, 2003, pp. 289-294

SUPIOT (A.), « Justice sociale et libéralisation du commerce international », Droit social, n° 2, février 2009, pp. 131-141

SUR (S.), « Progrès et limites de la réception du droit international en droit français » in BEN ACHOUR (R.), LAGHMANI (S.), *Droit international et droits internes, développements récents, Actes des rencontres internationales de la faculté des sciences juridiques, politiques et sociales de Tunis, des 16 au 18 avril 1998*, Editions A. Pedone, 1998, pp. 227-243

TEUBNER (G.), « Legal Pluralism in the Word Society » in TEUBNER (G.) (ed.), *Global law without a State*, Dartmouth Publishing Company, 1997, pp. 3-28

TEUBNER (G.), « L'auto-constitutionnalisation des ETN ? Sur les rapports entre les codes de conduite "privés" et "publics" des entreprises », Revue interdisciplinaire d'études juridiques, Vol. 73, 2015/2, pp. 1-25

THOMAS (C.), OELZ (M.), BEAUDONNET (X.), « The use of international labour law in domestic courts: Theory, recent jurisprudence and practical implications » in GERNIGON (B.), JAVILLIER (J-C.), POLITAKIS (G.) (dir.), *Les normes internationales du travail : un patrimoine pour l'avenir, Mélange en l'honneur de Nicolas VALTICOS*, BIT, Genève, 2004, pp. 249-285

THOUVENIN (J-M.), « Les techniques interprétatives du juge de l'Union européenne » in Revue générale de droit international public, Tome 115, 2011, n° 2, pp. 489-515

THOUVENIN (J-M.), « Travail forcé ou obligatoire » in THOUVENIN (J-M.), TREBILCOK (A.) (dir.), *Droit international social*, Tome 1, Bruylant, Paris, 2013, pp. 1416-1431

TOUZE (S.), « Les techniques interprétatives des organes de protection des droits de l'Homme » in Revue générale de droit international public, Tome 115, 2011, n° 2, pp. 517-532

TREBILCOK (A.), « International labour standards and the informal economy » in GERNIGON (B.), JAVILLIER (J-C.), POLITAKIS (G.) (dir.), *Les normes internationales du travail : un patrimoine pour l'avenir, Mélange en l'honneur de Nicolas VALTICOS*, BIT, Genève, 2004, pp. 585-613

TREBILCOCK (A.), « Discrimination en matière d'emploi et de profession et promotion de l'égalité de traitement » in THOUVENIN (J-M.), TREBILCOK (A.) (dir.), Droit international social, Tome 1, Bruylant, Paris, 2013, pp. 1432-1458

TREBILCOCK (A.), « The International Labour Organization » in BOWMAN (M.), KRITSIOTIS (D.) (ed.), *Conceptual and Contextual Perspectives on the Modern Law of Treaties*, Cambridge, 2018, pp. 848-880

TRICOIT (J-P.), « La chambre sociale de la Cour de cassation face à la prolifération des instruments internationaux de protection des droits fondamentaux », Droit social, n° 2, février 2012, pp. 178-186

TROPER (M.), « Une théorie réaliste de l'interprétation » in JOUANJAN (O.) (dir.), *Théories réalistes du droit*, Presses universitaires de Strasbourg, 2000, pp. 51-68

TROPER (M.), « Réplique à Otto PFERSMANN », Revue de droit constitutionnel, 2002/2, n° 50, pp. 343-346

TRUDEAU (G.), « La grève au Canada et aux États-Unis : d'un passé glorieux à un avenir incertain », Revue juridique Thèmis, n° 1, 2004, pp. 1-48

TRUDEAU (G.), « Les droits fondamentaux de l'Homme au travail : de la logique internationale à la logique canadienne », *Mondialisation, Travail et Droits fondamentaux*, DAUGAREILH (I.) (dir.), Bruylant, 2005, pp. 309-347

TRUDEAU (G.), « La constitutionnalisation du droit de grève au Canada. Une avancée juridique remarquable aux effets sociaux limités », Revue de droit du travail, n° 7, juillet 2015, pp. 479-487

TRUDEAU (G.), « La dimension internationale des litiges sociaux à la Cour suprême du Canada », Droit social, n° 3, mars 2016, pp. 237-245

TULKENS (F.), « Les techniques interprétatives des organes de protection des droits de l'Homme », Revue Générale de droit international Public, Tome 115, n° 2, 2011, pp. 532-540

TULKENS (F.), DONNAY (L.), « L'usage de la marge nationale d'appréciation par la Cour européenne des droits de l'Homme : paravent juridique superflu ou mécanisme indispensable par nature ? », Revue de science criminelle et de droit pénal comparé, 2006, n° 1, pp. 3-24

TULKENS (F.), VAN DROOGHENBROECK (S.), « Le *soft law* des droits de l'Homme est-il vraiment si soft ? » in Coll., *Liber Amirocum Michel Mahieu*, Larcier, 2008, pp. 505-526

TUNC (A.), « L'importance de la doctrine dans le droit des Etats-Unis », Droits, Revue française de théorie juridique, n° 20, 1994, pp. 75-84

VALLIERES (A.), « L'influence des normes internationales et nationales étrangeres sur les droits de la personne en Afrique du Sud », Revue québécoise de droit international, 14(2), 2001, pp. 137-188

VALTICOS (N.), « La Charte sociale européenne et les normes internationales du travail : I », Revue internationale du travail, n° 84, juillet-décembre 1961, pp. 388-411

VALTICOS (N.), « Les conventions internationales du travail devant le juge français (à propos de l'arrêt *Klaiss* de la 2ème section civile du 28 mars 1962) », Revue critique de droit international privé, 1962, pp. 41-72

VALTICOS (N.), « Droit international du travail et droit interne français », Travaux du Comité français de droit international privé, 1973-1975, Dalloz, 1977, pp. 11-37

VALTICOS (N.), « Normes universelles et normes régionales dans le domaine du travail » in SFDI, *Régionalisme et universalisme dans le droit international contemporain* (Actes du colloque tenu à Bordeaux du 20 au 22 mai 1976), Editions A. Pedone, 1977, pp. 289-312

VALTICOS (N.), « Le développement d'une jurisprudence internationale au sujet des normes établies par les organisations internationales » in GÖTTINGEN (F.), DE GIVRY (J.), HEPPLE (B.), VERDIER (J-M.) (éd.), *In memoriam Sir Otto Kahn-Freund*, C.H. Beck'Sche Verlagsbuchhandlung, 1980, pp. 717-735

VALTICOS (N.), « Le développement d'une jurisprudence internationale au sujet des normes établies par les organisations internationales (spécialement à propos des normes relatives au travail) » in *In Mémoriam Sir Otto Kahn-Freund*, München : Beck, 1980, pp. 717-735

VALTICOS (N.), « Une nouvelle forme d'action internationale : les contacts directs de l'OIT », Annuaire français de droit international, 1981, pp. 447-489

VALTICOS (N.), « Les Commissions d'enquête de l'Organisation internationale du travail », Revue générale de Droit international public, n° 91, 1987, pp. 847-879

VALTICOS (N.), « L'OIT : vue rétrospective et perspectives d'avenir », Revue internationale du travail, vol. 135, n° 3-4, 1996, pp. 519-526

VALTICOS (N.), « Droits de l'Homme et droits du travail sur le plan international. Questions anciennes et problèmes nouveaux » in *Mélanges en l'honneur de Jean-Maurice VERDIER. Droit syndical et droits de l'Homme à l'aube du XXIème siècle*, Dalloz, 2001, pp. 473-490

VALTICOS (N.), WOLF (F.), « L'Organisation internationale du travail et les pays en voie de développement : technique d'élaboration et mise en œuvre de normes universelles » in SFDI, *Pays en voie de développement et transformation du droit international*, Colloque d'Aix-en-Provence, Paris, Editions A. Pedone, 1974, pp. 127-146

VAN ECK (S.), « Constitutionalisation of South African Labour Law » in FENWICK (C.), NOVITZ (T.), *Human rights at work, Perspectives on law and regulation*, Hart Publishing, 2010, pp. 260-291

VAN STADEN (M.), « The role of the judiciary in balancing flexibility and security », De Jure Law Journal, 2013

VARGHA (C.), « Promouvoir le travail décent dans les chaînes de production mondiale. L'expérience de Better Factories Cambodia » in DAUGAREILH (I.) (dir.), *Responsabilité sociale de l'entreprise transnationale et globalisation de l'économie*, Bruylant, 2010, pp. 395-409

VATINET (R.), « Application directe devant les juridictions nationales de la convention n° 158 de l'OIT », La Semaine Juridique Social n° 21, 23 mai 2006, pp. 1427 et s.

VERDIER (J-M.), « L'apport des normes de l'OIT au droit français du travail » in Coll., *Les transformations du droit du travail, Etudes offertes à Gérard LYON-CAEN*, Dalloz, 1989, pp. 51-65

VERDIER (J-M.), « En guise de manifeste : le droit du travail, terre d'élection pour les droits de l'Homme » in COUVRAT (P.) (dir.), *Les orientations sociales du droit contemporain. Ecrits en l'honneur de Jean SAVATIER*, PUF, 1992, pp. 427-437

VERDIER (J-M.), « Droits fondamentaux, dignité de la personne et droit du travail : alliance, ambivalence, opposition… » in CHAMPEIL-DESPLATS (V.), FERRE (N.) (dir.), *Frontières du droit, critique des droits. Billets d'humeur en l'honneur de Danièle LOCHAK*, LGDJ, 2007, pp. 231-236

VERGE (P.), « Droits de la personne et droit du travail. Recherche d'une interface » in *Mélanges en l'honneur de Jean-Maurice VERDIER. Droit syndical et droits de l'Homme à l'aube du XXIème siècle*, Dalloz, 2001, pp. 491-511

VERGE (P.), « Inclusion du droit de grève dans la liberté générale et constitutionnelle d'association : justification et effets », Les Cahiers de Droit, vol. 50, n° 2, juin 2009, p. 267-299

VERGE (P.), « L'affirmation constitutionnelle de la liberté d'association : une nouvelle vie pour l'autonomie collective ? », Les Cahiers de droit, vol. 51, n° 2, 2010, pp. 353-374

VERGE (P.), ROUX (D.), « L'affirmation des principes de la liberté syndicale, de la négociation collective et du droit de grève selon le droit international et le droit du travail canadien : deux solitudes ? » in VERGE (P.) (dir.), *Droit international du travail, Perspectives canadiennes*, Ed. Yvon Blais, 2010, pp. 441-474

VERHOEVEN (J.), « A propos de la fonction de juger en droit international public » in GERARD (P.), OST (F.), VAN DE KERCHOVE (M.), *Fonction de juger et pouvoir judiciaire*, Publications des Facultés universitaires Saint-Louis Bruxelles, 1983, p. 449

VIRALLY (M), « Sur un pont aux ânes : les rapports entre droit international et droits internes » in *Problèmes de droit des gens, Mélanges offerts à Henri Rolin*, Editions A. Pedone, Paris, 1964, pp. 488-505

VOGEL-POLSKY (E.), « L'opinion publique internationale comme facteur de développement du droit social international : le cas de l'Afrique du Sud à l'OIT » in Coll., *Mélanges offerts à Léon-Eli TROCLET*, Editions de l'Institut de Sociologie, Université Libre de Bruxelles, 1967, pp. 245-321

WATERS (M.), « Creeping monism », Columbia Law Review, Vol. 107, April 2007, n° 3, pp. 628-705

WEIL (P.), « Vers une normativité relative en droit international ? », Revue générale de droit international public, Tome 86, 1982, pp. 5-47

ZHENG (A.), « La responsabilité sociale des entreprises en Chine. Analyse sous l'angle du droit du travail » in DAUGAREILH (I.) (dir.), *Responsabilité sociale de l'entreprise transnationale et globalisation de l'économie*, Bruylant, 2010, pp. 373-385

7. Sites internet

Organisation internationale du travail : www.ilo.org

NORMLEX – Base de données de l'OIT sur les normes internationales du travail : www.ilo.org/dyn/normlex/en/f?p=NORMLEXPUB:1:0

Recueil de décisions de justice recensées par le Centre de formation de l'OIT : www.compendium.itcilo.org/fr

Cour internationale de justice : www.icj-cij.org

Institut canadien d'information juridique : www.canlii.org

Legifrance : www.legifrance.gouv.fr

South African Legal Information Institute (répertoire de jurisprudence des pays d'Afrique australe, essentiellement) : www.saflii.org

INDEX

TABLE DES MATIERES

Structures éditoriales du groupe L'Harmattan

L'Harmattan Italie
Via degli Artisti, 15
10124 Torino
harmattan.italia@gmail.com

L'Harmattan Hongrie
Kossuth l. u. 14-16.
1053 Budapest
harmattan@harmattan.hu

L'Harmattan Sénégal
10 VDN en face Mermoz
BP 45034 Dakar-Fann
senharmattan@gmail.com

L'Harmattan Cameroun
TSINGA/FECAFOOT
BP 11486 Yaoundé
inkoukam@gmail.com

L'Harmattan Burkina Faso
Achille Somé – tengnule@hotmail.fr

L'Harmattan Guinée
Almamya, rue KA 028 OKB Agency
BP 3470 Conakry
harmattanguinee@yahoo.fr

L'Harmattan RDC
185, avenue Nyangwe
Commune de Lingwala – Kinshasa
matangilamusadila@yahoo.fr

L'Harmattan Congo
67, boulevard Denis-Sassou-N'Guesso
BP 2874 Brazzaville
harmattan.congo@yahoo.fr

L'Harmattan Mali
Sirakoro-Meguetana V31
Bamako
syllaka@yahoo.fr

L'Harmattan Togo
Djidjole – Lomé
Maison Amela
face EPP BATOME
ddamela@aol.com

L'Harmattan Côte d'Ivoire
Résidence Karl – Cité des Arts
Abidjan-Cocody
03 BP 1588 Abidjan
espace_harmattan.ci@hotmail fr

L'Harmattan Algérie
22, rue Moulay-Mohamed
31000 Oran
info2@harmattan-algerie.com

L'Harmattan Maroc
5, rue Ferrane-Kouicha, Talaâ-Elkbira
Chrableyine, Fès-Médine
30000 Fès
harmattan.maroc@gmail.com

Nos librairies en France

Librairie internationale
16, rue des Écoles – 75005 Paris
librairie.internationale@harmattan.fr
01 40 46 79 11
www.librairieharmattan.com

Lib. sciences humaines & histoire
21, rue des Écoles – 75005 Paris
librairie.sh@harmattan.fr
01 46 34 13 71
www.librairieharmattansh.com

Librairie l'Espace Harmattan
21 bis, rue des Écoles – 75005 Paris
librairie.espace@harmattan.fr
01 43 29 49 42

Lib. Méditerranée & Moyen-Orient
7, rue des Carmes – 75005 Paris
librairie.mediterranee@harmattan.fr
01 43 29 71 15

Librairie Le Lucernaire
53, rue Notre-Dame-des-Champs – 75006 Paris
librairie@lucernaire.fr
01 42 22 67 13

www.ingramcontent.com/pod-product-compliance
Lightning Source LLC
LaVergne TN
LVHW011215061026
849535LV00001BA/36
* 9 7 8 2 3 4 3 1 9 3 7 0 0 *